행정법의 연구 I

행정법의 작용형식

행정법의 작용형식

선정원 지음

경인문화사

머리말

이 책은 지금까지 행정법의 작용형식에 대해 저자가 작성했던 논문들을 모으고 일부 보정한 것이다. 행정법의 연구 시리즈 중 첫 번째 책이다. 행정법의 작용형식의 중심 주제라 할 수 있는 행정행위와 입법을 수록대상으로 한정하여 행정법의 해석론에 기여하고자 과거 논문들 중 작성 당시뿐만 아니라 아직도 시의성이 있는가 여부를 고려하여 선정하였다.

게재된 글들은 학술발표를 거쳐 학술지에 수록된 것들인데 이 과정에서 이미 고인이 되신 김도창 선생님, 서원우 선생님, 최송화 선생님, 그리고 김동희 선생님으로부터 격려를 받았을 뿐만 아니라 현재에도 활동하시는 많은 행정법학자들과 실무자들의 조언과 비판을 받아 작성되었다. 많은 논문들이 흩어져 있거나 찾기가 어렵거나 관련 맥락을 찾지 못해 젊은 학자들과 실무자들로부터 외면받는 것을 안타깝게 여겨 단권으로 출판을 결심하게 되었다.

수록된 글 한편 한편이 저자에게는 자료수집이나 분석 그리고 새로운 아이디어의 추가과정에서 때로는 기쁨을 때로는 고통을 주었던 것들이다. 학술자료가 디지털문서로 쉽게 구할 수 없는 시절 독일, 미국, 프랑스, 오스트리아, 일본 등 많은 국가들을 돌아다니며 필요한 자료들을 구하기 위해 돌아다녔었다.

논문작성에 있어 민주적 법치사회로서 우리 사회에 적합하고 자주적인 행정법을 위해 우리나라의 관점에서 분석하고 대안을 발견하려 노력했는데, 작성된 글의 관점과 내용에 대해 독자들과 공감할 수 있다면 더없는 기쁨이 될 것이다.

2018. 12.

저자 씀

차 례

머리말

제1편
행정행위론

제1장 행정행위와 항고소송의 대상적격

제1절 독일행정법상 행정행위 확장이론들의 등장과 발전

I. 행정행위 확장이론들의 의의

행정행위 이론은 개별 실체법상의 요건규정과 효과규정을 근거로 이루어지는 행정의 권력적 활동들에 대하여, 행정절차법상의 절차적 정의의 이념에 의한 자기통제의 범위를 결정하고, 더 나아가 행정소송법의 자연적 정의의 이념에 의한 타자통제의 범위를 결정하기 위한 의미를 갖는다. 행정절차법과 행정소송법은 적용주체가 행정과 법원으로 서로 다르기 때문에, 법질서의 통일성을 중시하여 동일한 행정행위 정의규정을 도입할 것인지, 아니면 개별 법질서의 다양성을 존중하여 서로 다른 정의규정을 도입할 것인지는 입법자가 판단할 재량사항이었다. 우리 나라는 오랫동안 행정소송법과 행정심판법에만 행정행위 정의규정을 도입하고 있었으나, 1998년 시행된 행정절차법은 행정소송법과 동일한 정의규정을 둠으로써 행정통제에 있어 자기통제에 관한 법과 타자통제에 관한 법의 적용범위를 일치시킴으로써 법질서의 통일성을 우선하는 태도를 취하였다.

한편 행정소송법과 행정절차법상의 처분규정은 그 적용범위가 매우 넓게 정의되고 있는데, 현재의 상황에서 완결적으로 이 규정의 적용대상을 유형화하는 것이 가능하고 바람직할 것인가? 완결된 행정행위 이론체계를 지향한 Kormann은 일반적 체계이론을 시도하는 것은 법령과 판례 등 매우 방대한 자료를 다루어 백과사전을 편찬하는 것과 같은 작업을 해야 한다는 것을 의미한다고 하면서,[1] 일반적 체계이론은 판사나 행정공무원이 구체적 상황에서 개별 사례마다 행정행위인지 여부를 심사해야 하는 과제를 덜어주는 중요한 의미를 가진다는 것, 즉, 구체적 개별적 판단으로 인한 "수고스럽고, 성과는 낮고 위험하기까지 한" 작업을 면제해준다고 한다.[2]

그러나 우리 실정법상의 정의규정은 일반조항으로서 매우 넓고 상당히 불명확하게 되어 있기 때문에 현재의 역사발전단계에서 완결된 유형체계를 제시하는 것은 불가능할 뿐만 아니라 미래로의 발전을 제한하는 결과를 가져올 수도 있을 것이다.[3] 폐쇄체계의 관점을 버리고 진화론적, 발전론적 관점에서 행정행위 이론을 구성하는 것이 타당하다고 생각된다. 체계관점에서 접근하는 것과 확장 내지 축소의 관점에서 접근하는 것을 비교할 때, 전자가 완결된 것을 추구하여 결과적으로 폐쇄적이고 열거적인 기능을 발휘하게 될 위험성이 있는 반면에, 후자는 미래에 대하여 열려 있고 발전가능성을 고려하며, 제시된 전형들도 예시적인 기능을 발휘할 것이다. 다만 확장론적 관점에 따를 때, 행정법총론에서 민법총론에서와 같이 완결된 일반이론을 제시하는 것은 포기된다.

이 논문에서는 일본을 통하여 또는 직접적으로 한국에 영향을 미쳤거나 미칠 가능성이 있는 독일의 행정행위 확장이론들의 원형을 파악하여 한국에서 확장이론들이 확실한 기초위에서 새롭게 발전하는데 기여하고자 한다.

---

1) Karl Kormann, System der rechtsgeschäftlichen Staatsakte, 1910, S.1. 이하 Kormann 으로 인용.
2) Kormann, S.2.
3) 19세기말 독일의 민법전편찬논쟁에서 사비니가 반대했던 논거이기도 하다.

II. 독일 행정법상 행정행위 확장이론들의 등장

1. 1960년 행정법원법 제정까지 행정행위에 관한 독일법상황

한국에 영향을 미친 독일 행정행위 이론들의 출현배경을 이해하기 위해서는 2차 대전 직후부터 1960년 현행 행정법원법이 제정되기까지의 관계법상황을 아는 것이 필요하다. 왜냐하면 1951년에 제정된 한국 행정소송법에 강한 영향을 미친 일본 행정사건소송특례법은 2차 대전 이전의 일본 행정재판소법의 영향을 일부 받았다고 하지만, 사실은 같은 패전국가로서 행정소송법을 제정해가고 있던 그 당시의 독일의 법들에 의하여 결정적 영향을 받았기 때문이다.

1960년 행정법원법(VwGO)이 제정되기 전, 1946년에 바이에른주 등 남부 독일의 세 주에는 남부독일의 행정재판권에 관한 법(Gesetz über die Verwaltungsgerichtsbarkeit)이 제정되어 있었는데, 이 법에는 취소소송(제35조 제1항), 의무이행소송(제35조 제2항) 및 당사자소송(Parteistreitigkeiten, 제5장의 제85조에서 제100조까지)이 규정되어 있었다. 남부독일의 행정재판권에 관한 법은 행정행위에 관한 정의규정을 두지 않았지만, 제85조에서 당사자소송의 본질과 행정행위 개념의 이해를 위해 중요한 당사자소송의 정의규정을 두고 있다.[4] 제85 제1항은 다음과 같다.

> "제85조 (1) 당사자소송은 대등한 법 주체들 사이의 공법소송이다. 두 당사자들 중의 일방에 의한 청구권의 주장이나 거부가 그 청구권에 관한 구속적 결정을 포함하지 않을 때, 두 당사자들은 소송에서 대등하다."
> 이러한 제85조로부터 취소소송이나 의무이행소송의 대상은 '부대등한 법 주체들 사이에서 두 당사자들 중의 일방에 의한, 청구권에 관한 구속적 결

---

4) 한국 행정소송법 제3조 2호는 당사자소송에 관하여 "행정청의 처분등을 원인으로 하는 법률관계에 관한 소송 그밖에 공법상의 법률관계에 관한 소송으로서 그 법률관계의 한쪽 당사자를 피고로 하는 소송"이라고 정의하고 있다.

정'이라는 반대이해가 가능하다.

한편 2차대전 후까지도 행정소송사항에 관하여 열거주의를 취하고 있던 상태에서 영국군이 점령하고 있던 함부르크를 중심으로 한 북부지역에서는, 1948년 4월 1일부터 효력을 발생한 영국군 군정명령 141호(Verordnung Nr.141)가 제정됨으로써 모든 행정행위에 대한 소송제기가 가능해져 개괄주의가 채택되었다.[5) 군정명령 141호에는 독일 법제사에 있어 중요한 의미를 가지는 행정행위에 관한 실정법상의 정의가 최초로 등장하게 된다. Otto Mayer 이후 많은 독일 학자들이 각각 행정행위를 정의하고 판례도 행정행위라는 용어를 쓰고 있었으나 이 때까지 실정법상의 정의규정은 없었던 것이다.[6)

군정명령 141호 제2조 제1항은 "이 명령에서의 행정행위(Verwaltungsakt)는 공법의 영역에서 - 민사소송법, 형벌집행을 포함한 형사소송법 및 비송사건(der Freiwilligen Gerichtsbarkeit)을 제외하고 - 개별 사례의 규율을 위하여 행정청이 발한, 모든 처분(verfügung), 명령, 결정 또는 그 밖의 조치(sonstige Maßnahme)이다"고 규정하였다.[7) 이 정의규정은 1948

---

5) 독일 행정소송에서 개괄주의의 채택은 두 개의 입법적 결정과 관련해서 나온 용어이다. 첫 번째는 열거된 몇 개의 행정행위가 아닌, 모든 행정행위에 대하여 소제기가 가능하다는 것이고, 두 번째는 비헌법적 종류의 모든 공법상의 사건들에 대하여 행정소송의 제기가 가능해졌다는 점이다. 이러한 내용은, Klaus Stern, 판례평석, NJW 1958, S.684. 및 Bettermann, 토론내용, VVDStRL Heft 15, S.215 참조. 우리 행정소송체계는 두 번째의 개괄주의의 관점에서 평가할 때 불완전한 개괄주의가 채택되어 있는 것으로 보인다.

6) 다만 1931년 Hegelmaier에 의하여 제안된 뷔르템베르크를 위한 행정법원법 초안(Entwurfs einer Verwaltungsgerichts- ordnung für Würtemberg (EntWVRO)) 제61조는 "이 법에서 행정행위는 행정청이 공권력을 행사하여 개별사례에서 특정한 관계의 규율을 위하여 발한 처분과 결정이다. 그러나 특별권력관계 직무권력(Dienstgewalt), 영조물권력(Anstaltgewalt))내에서의 처분과 결정은 제외된다"고 규정하고 있었으나, 이 초안은 효력을 발생하지 못했다. 그럼에도 이 초안은 그 후의 독일 행정법의 발전에 중대한 영향을 미쳤다고 평가받고 있다. Klaus Obermayer, Verwaltungsakt und innerdienstlicher Rechtsakt, 1956, S.32.

년 9월 13일부터 효력을 발생하게 된, 121개의 조문으로 된 영국군 군정 명령[8] 165호 제25조 제1항에 거의 그대로 계수된다.[9]

그러나 1960년 4월 1일 효력을 발생한 독일 행정법원법(VwGO)은 행정행위에 관한 정의규정을 두지 않게 된다.[10] 이러한 삭제 내지 흠결이 무엇을 의미하는가 그리고 각 소송유형은 어떠한 의미의 행정행위 개념을 전제로 하는 것인가를 놓고 학설과 판례는 상당한 논쟁을 벌이게 되는 것이다.

2. 준법률행위적 행정행위 이론

1) 준법률행위적 행정행위 이론의 등장

Otto Mayer에 의해 확립된 행정행위 개념은 Kormann이 교수자격논문을 쓸 당시인 1910년에도 이미 너무 협소했기 때문에 많은 학자들은 행정행위 개념을 확장시키려고 노력했다. 법률행위적 행정행위(rechtsgeschäftliche Verwaltungsakte)를 고유한 의미에서의 행정행위[11]로 보는 Kor-

---

7) 우리 행정소송법 제2조 제1항 1호는 "행정청이 행하는 구체적 사실에 관한 법집행으로서의 공권력의 행사 또는 그 거부와 그밖에 이에 준하는 행정작용"이라고 처분을 정의하고 있다. 이 정의규정을 1976년 제정된 독일의 연방행정절차법 제35조의 정의규정과 비교하면 한국의 현행 규정과의 유사성을 쉽게 확인할 수 있다. "행정행위란 공법의 영역에서 개별 사례의 규율을 위해 행하며, 직접적인 법적 효과를 외부에 발생케 하는 모든 처분, 결정 기타 다른 권력적 조치(andere hoheitliche Maßnahme)이다"고 규정하고 있다. 일반처분에 관한 단서규정은 번역에서 제외하였다.
8) "영국점령군지역의 행정재판권"("Verwaltungsgerichtsbarkeit in der britischen Zone").
9) Hans Klinger, Die Verordnung über die Verwaltungsgerichtsbarkeit in der britischen Zone, 3.Aufl.,1954, S.187.
10) 1976년이 되어서야 비로소 독일 연방행정절차법 제35조에 행정행위에 관한 정의규정이 등장하게 된다.
11) im eigenntlichen Sinn. Kormann, S.21.

mann에게 있어 준법률행위적 행정행위(rechtshandlungsmäßige Verwal-tungsakte)는 행정행위의 범위를 확장시키기 위한 이론이다.12) 민법상의 법률행위와 준법률행위의 구별을 이용하여 행정행위의 개념을 확장시키려는 시도는 Kormann의 문헌에 따를 때 이미 그에 앞서서 몇 사람이 시도했었다.13) 다만 Kormann자신도 "나의 연구는 민법학설에 매우 의존하고 있다"고 고백하면서,14) 민법학에서조차 "준법률행위 이론은 아직 연구가 완성된 분야가 아니기 때문에 공법에서 이 분야에 관한 충분한 이론을 제시하는 것은 주제넘고 위험한 것이다"고 지적하고 있는 것을 볼 때, Kormann의 준법률행위적 행정행위 이론은 법률행위적 행정행위 이론에 비하여 완성도가 낮은 이론임을 인정해야 할 것 같다.

그리고 Kormann의 핵심적 관심은 행정행위 확장이론의 제시가 아니라 행정법의 총론을 구성하는 것으로서 민법총칙에서 법률행위론에 상응하는 일반적이고 원칙적인 체계를 제시하는 것이었다.

2) 법률행위적 행정행위와 준법률행위적 행정행위의 구별

(1) 구별기준과 구별실익

법률행위적 행정행위는 법을 제외한 공법상의 의사표시(Willenserk-lärung)로서 그 의사에 따라 법적 효과가 발생되고 결정된다. 그러나 준법률행위적 행정행위는 의사가 아닌 인식의 표시로서 법적 효과도 그

---

12) 법률행위적 행정행위를 공법상의 법률행위(publizistischer Rechtsgeschäft)로 부르기도 하고, 준법률행위적 행정행위를 공법상의 준법률행위(publizistische Rechtshand-lung)라고 부르기도 한다.

13) Datscher, Klein 그리고 Schönborn 등이 행정법을 위해 준법률행위 이론을 이용하려 시도했으나 그 내용들은 그렇게 충실하지 않고 적절한 것도 아니라고 Kormann은 비판하고 있다. Kormann, S.23.

14) Kormann, S.28.

인식이 아니라 입법자의 의도에 따라 법이 결정한다.[15]

　법률행위적 행정행위에서는 행정의 의사가 효과를 결정하기 때문에 실정법상 허용되지 않는 것과 같은 특수한 사정이 있는 경우를 제외하고 효과를 수정하는 의미를 갖는 부관을 붙일 수 있지만, 준법률행위적 행정행위에서는 행정의 의사가 효과를 결정하는 것이 아니라 법이 효과를 결정하기 때문에 효과를 제한하는 부관을 붙일 수 없다.[16]

(2) 준법률행위적 행정행위에 관한 Kormann의 분류

　준법률행위적 행정행위에 관한 Kormann의 체계를 현재 한국의 통설 체계와 비교할 때 그 유형상 중대한 차이가 있다. Kormann은 준법률행위적 행정행위로 단지 세 개의 유형만을 제시한다. 즉, 적극적 행정행위로서 통지(Mitteilung)[17]와 공증(Beurkundung)을, 그리고 소극적 행정행위로 의사표시의 수리(Entgegennahme)를 열거할 뿐, 확인(Feststellung)을 제외시킨다.[18]

---

15) Kormann, SS.18-22.

16) Kormann, S.24.

17) Kormann은 통지(Mitteilung)에 대해서도 관념의 통지(Vorstellungsmitteilung)와 의도의 통지(Absichtsmitteilung, 한국에서는 효과의사가 아닌 의사의 통지로 번역되고 있다.)로 나눈다. Kormann, S.124 ff. 관념의 통지는 넓은 의미에서 사실에 대한 통지인데, 더 정확하게는 어떤 사실에 관한 관념, 판단 및 견해의 통지이다. 법이나 권리구제방법 등에 관한 통지까지 포함하지만 법률효과를 발생하는 것에 한정한다. 의도의 통지는 외적으로는 침익적 행정행위와 매우 닮아 있지만, 내적으로는 전혀 다른 것이다. 의도의 통지만으로는 어떤 의무나 부담을 발생시키지 않는다. 예를 들어 질서벌의 계고는 의도의 통지인데 이 계고는 계고받은 자에게 법적 불이익을 부과할 것이라는 의도를 통지함으로써 계고받은 사람이 그렇게 행동하도록 원하고 있지만, 이 의도는 계고를 위한 동기일 뿐 이 의도가 효력을 발생시키는 것은 아니다.(S.126.) 법률효과를 발생하지 않는 계고는 여기서 말하는 통지가 아니다.

18) Kormann, SS.124-135. ; 일본의 경우 준법률행위적 행정행위의 종류에 관하여 확인, 공증, 통지 및 수리의 4가지를 거론하는 것이 일반적이어 왔지만 이외에도 제5의 유형으로서 상벌을 포함시키는 학자들도 있었다. 대표적으로 柳瀨良幹, 準法律行爲的

Kormann에 있어서 확인(Feststellung)은 법률행위적 행정행위이다.[19] 확인은 의사표시로서 표시자가 의욕하고 있기 때문에 효력을 발생한다. 따라서 확인의 내용의 정확성과는 상관없이 효력이 발생되므로 그 부정확성이 매우 명백해도 효력을 발생한다. 그러나 공증의 경우는 완전히 다르다. 공증의 경우 공증하는 사람이 의욕하기 때문에 효력을 발생하는 것이 아니다. 공증은 오직 정확하기 때문에 그리고 정확한 범위에서만 효력을 발생한다. 공증은 증거수단일 뿐이다. 그러므로 공증에 의해 증명된 사실은 다른 사실에 의해서도 증명될 수 있고, 다른 증거에 의해 공증에 반한 증명도 가능하다.

3) 공증법(Beurkundungsgesetz) 제정때까지의 공증에 관한 논의

Kormann에 의해 준법률행위적 행정행위로 제시된 것들 중 오늘날까지 한국 판례상으로도 해명이 이루어지지 않고 많은 문제를 제기하고 있는 것이 공증이다. 따라서 여기서는 공증에 한정하여 독일의 논의들을 조사하기로 한다. 우선 1969년 공증법(Beurkundungsgesetz)을 제정할 때까지 공증의 법적 성격에 관한 독일의 학설들을 살펴 볼 것이다.

공증에 대하여 공증적 행정행위(beurkundende Verwaltungsakte)로서 행정행위 성격을 긍정한 초기의 대표적 학자로 꼽히는 Forsthoff는 공증이 법적 상황을 직접 변경시키는 것은 아니지만 높은 증명력이라는 법적 효과를 발생시키는 증거수단이라고 하였다.[20] 이외에도 Ule,[21] Nebinger[22]

行政行爲の 種別について, 憲法の 諸問題, 1963, 571면 이하.; 美濃部達吉, 日本 行政法(上), 1936, 229면. ; 土橋友四郎, 行政行爲法槪論, 1955, 94면.

19) Kormann,S.131.

20) Ernst Forsthoff, Lehrbuch des Verwaltungsrechts, 2.Aufl., S.170.

21) C.H.Ule, Die Lehre vom Verwaltungsakt im Licht der Generalklausel, Recht/Staat/ Wirtschaft Bd.III,1951,S.266.

22) Nebinger, Verwaltungsrecht, 2.Aufl., S.198.

등이 공증적 행정행위 개념을 인정하였다. 이들은 공증이 법적 상황이나 사실적 상황에 관하여 보고하고 확인하여 법적 상황의 형성적 변경을 위한 요건을 구성할 뿐이기 때문에 확인적 행정행위에 속한다고 보았다.

2차대전 후 1969년 공증법이 제정될 때까지 공증의 법적 성격에 관한 논의에 있어 Simon은 독보적 위치를 차지한다.[23] Simon은 진정한 의미의 공증은 보고기능과 증명기능만을 갖는 것이라고 하면서 허가가 뒤에 숨겨져 있거나 형성력을 갖는 증명서인 운전면허증, 무기소지증, 행상허가증, 수렵면허증 및 귀화허가증 등은 그 교부행위가 당연히 행정행위이 겠지만 진정한 의미의 공증은 아니라고 하였다.[24]

Simon은 1950년대에 나온 공증의 법적 성격에 관한 독일 판례 4가지를 평석하는 것으로 논의를 시작하였는데, 대상 판례들은 다음과 같았다. 첫째, 노동자나 학생이 왕복차표를 구입하는데 필요한 주소지증명서(Wohnsitzbescheinigung)를 교부하거나 거부하는 것은 그것이 증거수단으로서 의미를 가지고 법적 효과발생의 요건이 되고 있기 때문에 행정행위라는 Hessen 행정법원의 판결.[25] 둘째, 하자 때문에 전혀 운행할 수 없는 자동차를 구매한 사람이 민사소송에서 판매자로부터 자동차매매대금의 청구를 받자 행정기관인 자동차검사소에서 자동차를 검사하여 자동차의 하자로 인한 운행불가능성의 증명을 받으려고 하였다. Kassel 행정법원은 1955년 9월 14일의 판결[26]에서 법적으로 중요한 효과가 증명서의 발급여부에 달려 있기 때문에 이 증명서의 발급행위는 행정행위라고 판시했다. 셋째, 자신의 농지관리인이 농지를 부실하게 관리하였다는 이

---

23) Jürgen Simon, Behöedliche Bescheinigungen als Verwaltungsakte, DVBl. 1956, 355ff.(이하 Simon으로 인용.) 이 논문은 1959년 시점까지 공증의 법적성격에 관해 본격적으로 논구한 유일한 논문이라고 평가받고 있다. Otto Groetschel, Was bedeutet "Tatbestandswirkung"?, DVBl. 1959, S.414 참조.

24) Simon, S.355.

25) ESVGH 3, 107 ; DÖV 1954, 378 ; VRspr. 6, 507.

26) Kassel VG Nr.I 230/55. 미공간판결.

유로 민사소송형태의 손해배상을 청구한 상태에서, 그 농지관리인이 자신을 유능한 농지관리인으로 기술하고 있는 국유지관리장부의 기록등본을 국유지관리소에 청구하여 교부받자, 농지소유자가 그 기록등본의 회수를 국유지관리소에 청구했으나 거절당했고, 농지소유자인 원고는 이 거부에 대하여 취소소송을 제기하였다. 1955년 9월 28일 Kassel 행정법원은 그 기록의 교부행위는 대등한 관계에서 이루어진 행정작용으로 권력작용의 영역에 속하지 않기 때문에 행정행위가 아니라고 하였다.[27] 넷째, 토지세와 소득세 감면의 요건이 되는 주택임대에 관한 증명서를 행정청에 신청했으나 거절당한 건물소유자가 행정소송을 제기하였는데, 1955년 9월 28일의 판결에서 연방행정법원은 조세감면의 요건이 되는 증명서의 발급을 거부한 행위는 행정행위라고 판시했다.[28]

이상의 판례들은 현재 독일의 논의기준들을 고려할 때 몇 가지 특징들을 갖는다. 첫째, 공중에 대한 필요가 다른 행정작용의 허용을 위한 요건이기는 하지만, 사법관계의 성립요건인 경우[29]에도 두 개의 판례가 행정행위로서 공중을 인정하였으나,[30] 다른 하나의 판례는 행정행위 성격을 부정한 것으로 볼 때 판례의 입장이 명확히 정립되어 있지 않았다는 것을 알 수 있다. 둘째, 조세감면이라는 공법관계의 성립요건인 공중의 경우에는 당연히 공중을 행정행위로서 인정하였다. 셋째, 공중의 교부행위와 공중의 거부행위를 거부처분의 이론에 따라 달리 취급하는 것이 현재의 독일 학계의 다수설이라는 점을 고려할 때, 이 당시의 판례는 아직까지 이 부분을 특별히 고려하지는 않고 있었다는 점이다.

Simon은 영국군 군정명령 제165호의 제 25조상의 행정행위에 관한 정의규정으로부터 공중의 실정법적 근거를 발견하려 하였다. 제25조는 행

---

27) Kassel VG Nr. I 286/55.
28) NJW 1955, 1893.; 동일 취지의 판결은 OVG Lüneburg Urteil 20.10.1955 - I/A 41/55 - DVBl. 1956, 56.
29) 차표구입행위, 자동차매매대금의 확정 및 손해배상금액의 확정.
30) 차표구입행위 및 자동차매매대금의 확정.

정행위에 대하여 "행정청이 공법의 영역에서 개별사례의 규율을 위해
내린 모든 처분, 명령, 결정 또는 그 밖의 조치이다."고 하고 있었는데,
공증은 "그 밖의 조치"(Sonstige Maßnahme)에 속한다고 하였다.31) 이 기
준으로부터 공증은 우선 공법의 영역에서의 조치이어야 한다고 한다. 국
유지관리기록에 관한 것은 국고행정의 영역에 속하므로 공법영역에서의
조치가 아니라는 점에서 1955년 9월 28일 Kassel 행정법원의 판결은 옳
다는 것이다. 그리고 개별사례의 규율이라는 징표로부터 완전히 불구속
적인 공증은 행정행위가 될 수 없다는 결론을 내릴 수 있게 한다고 한다.

다만 구체적으로 규율이 언제 존재한다고 볼 수 있는가 하는 문제가
제기되는데, 법률, 법규명령 또는 관습법이 권리발생요건으로서 공증의
존재 자체를 요구하고 있는 경우에는 그 공증은 규율의 효과를 갖게 된
다고 한다.32) 이때 공증 내용의 정확성이나 진실 여부는 다른 증거수단
에 의해서 뒤집어질 수도 있기 때문에 권리발생요건으로서 공증내용의
진실까지 요구하여 그것에 규율효과를 의존시키지는 않는다. 1955년 9
월 28일 연방행정법원의 판결에서 나타난, 조세감면요건으로서 요구된
공증이 여기에 해당된다 한다.

더 나아가 공증의 내용에 대하여 그의 정확성이나 진실성에 대한 추
정이 발생되면 그러한 공증은 규율효과를 발생시키는가? Simon은 법률,
법규명령이나 관습법과 같은 법으로부터 반박할 수 없는 진실의 추정이
부여된다면 그러한 공증은 규율효과를 갖기 때문에 행정행위라고 할 수
있다고 한다.33) 이러한 공증에 대해 소송이 제기되면 입증책임의 전환
을 가져오기 때문에 준형성적 효과를 갖는다고 한다. 다만 이러한 경우
에도 공증은 기존의 권리자체에 직접 개입하는 것이 아니라 단지 증명
을 쉽게 하거나 어렵게 하는 것이기 때문에 진정한 형성적 효과를 갖는

---

31) Simon, S.355.
32) Simon, S.356. 358.
33) Simon, S.356. 358.

것은 아니지만, 행정행위의 존재를 위해서는 유효성의 추정으로 충분하다는 점을 고려한다면 문제가 없을 것이라고 한다.

공증의 내용에 대하여 그의 정확성이나 진실성에 대한 추정이 대중의 일반적 확신으로 존재하고 있다면 그러한 경우의 공증도 행정행위라고 할 수 있다는 견해를 주장하면서, 이러한 사례로 경찰의 전과기록, 행정청에의 주소등록 및 국적을 증명하는 여권을 제시한다.[34]

그리고 공증거부의 법적 성격에 관하여 Simon은 공증행위가 행정행위일 경우뿐만 아니라 구속력이 결여되어 행정행위가 아닌 경우에도 행정행위일 수 있다고 한다. 그러나 공증에 대한 거부행위 모두가 항상 행정행위라는 견해에는 명백히 반대한다. 국고관계를 발생시키는 사법계약에서의 행정청의 거부행위는 행정행위가 아니라고 한다.[35]

Simon의 논문을 의식하면서 그와는 별도로 행정행위인 공증의 징표를 제시하려고 노력한 Groetschel은 공증이 행정행위인 경우는 공증이 공법의 영역에서 개별 사례를 구속적으로 규율하는 경우라고 하면서, 공증에 의하여 개별 사례의 구속적 규율이 이루어진 경우란, 첫째, 공증이 공법의 영역에서 사인의 의무를 창설하거나 사인의 권리에 대한 적극적 또는 소극적 침해를 발생시킨 때와, 둘째, 공법의 영역에서 당해 공증이 창설하는 권리나 의무에 관하여 법적으로 규정된 다른 행정절차나 다른 행정행위가 존재하지 않는 때라고 하였다.[36]

또 Josef Hoven은 보통의 경우 공증은 어떤 법적 규율을 포함하지 않기 때문에 행정행위가 아니고 단순한 직무활동일 뿐이라고 한다. 그러나 공증이 법률, 법규명령이나 행정규칙에 규정되어 있고 공증을 발하는 행정청 자신이나 다른 행정청이 신청자의 권리에 관한 決定을 할 때 공증에 拘束된다면, 그 공증은 법적 효과를 갖는 것이고 규율을 포함하므로

---

34) Simon, S.357-358.
35) Simon, S.357-358.
36) Otto Groetschel, Was bedeutet "Tatbestandswirkung"?, DVBl. 1959, SS.416-417.

행정행위가 되게 된다. 공증이 법률, 법규명령 및 행정규칙에 근거를 둔 것이 아니라면, 그 공증은 법적으로 중요하지 않은 것으로 추정된다. 따라서 규율이 아니고 행정행위도 아니다.[37]

3. 독일과 일본의 권력적 사실행위 이론

1) 일본의 권력적 사실행위 이론

일본의 경우 의사표시를 중시하는 법률행위적 행정행위와 인식의 표시에 기초한 준법률행위적 행정행위의 구별만으로는 사회의 변화에 따라 권력행정의 확장과 다양화로 인해 나타나는 또 다른 권력남용에 대응하지 못하고 있었다. 특히 정신적 행정작용이 아닌 물리적 행정작용을 다루지 못하고 있었다. 이러한 상황 속에서 일본 행정불복심사법상의 처분규정[38]을 근거로 하여 권력적 사실행위 개념으로까지 취소소송의 대상을 확장하고 처분개념을 확장하려는 시도가 등장하게 되었다. 다만 어려움은 권력적 사실행위에 관한 이론을 구성함에 있어 독일의 권력적 사실행위 이론에 의존하지 않을 수 없었다는 점이다. 그러나 독일의 권력적 사실행위에 관한 논의는 일본과는 다른 법체계에서 출현한 것이라는 점을 심각하게 고려하지 못함으로 인해 많은 이론적 딜레마를 초래하고 있다. 독일에서 행정소송은 '비헌법적 종류의 공법상의 사건'에 대해서 허용되고 있고 행정행위는 取消소송과 의무履行소송의 對象을 구

---

37) Josef Hoven, Wann ist eine Bescheinigung ein Verwaltungsakt ?, Staats-und Komunalverwaltung 1968, S.44.

38) 1962년 10월 1일부터 시행되고 있는 현행 행정불복심사법 제2조 제1항은 "이 법률에서 말하는 처분은 개별 법에 특별한 규정이 있는 경우를 제외하고는 공권력의 행사에 해당하는 사실상의 행위로 사람의 수용, 물건의 유치 기타 그 내용이 계속적 성질을 갖는 것이 포함된 것이다"고 규정하고 있다.

별시켜 주는 기능, 즉, 소송유형선택의 기능만을 수행한다. 독일에서 권력적 사실행위에 관한 논의는 취소소송의 대상을 확정 시키기 위한 것이 아니라 공법사건을 권력적 작용으로부터 나오는 사건으로 이해하고 있기 때문에 民事事件으로부터 區別시켜주는 의미를 가진다. 특히 소송유형으로서는 일반적 이행소송의 대상을 민사소송사항으로부터 구별시켜주는 의미를 갖는 것이고 취소소송의 대상을 확대시키기 위한 논의가 아니다. 그러므로 독일에서 권력적 사실행위에 관한 논의는 행정행위가 아니지만 행정의 공법적 개입수단은 어디까지인가 하는 관점에서 나온 것이다. 일본학자들과는 기본적 관심의 차이가 존재하고 있는 것이다.

　독일에서의 행정행위는 독일 행정절차법上 행정행위의 要件規定을 준수하여 행정절차법이 부여하는 법적 효과를 발생시킨 행위인 것이고, 사실행위는 행정행위의 요건규정을 준수하지 않아 행정절차법상의 효과가 부여되지 않은 행위인 것이다. 법해석이론은 실정법의 체계를 고려하여 나타난다. 행정행위에 관한 문헌에서 법적 효력의 유무에 관한 논의도 행정절차법상의 행정행위규정의 적용범위에 관한 논의에 다름 아닌 것이고 모든 법체계에서 초시간적으로 법적 효력을 갖는가에 관한 논의는 아니다. 오늘날 실정법의 양적 팽창과 질적 다양화에 따라 어떤 조치가 어떤 법 영역에서 법적 효력을 발생하는 조치인가 하는 논의는 해당 실정법이 다시 개정되어질 수도 있기 때문에 시간과 따라 다르게 대답되어질 수밖에 없는 문제가 되어 가고 있다. 독일의 경우에도 과거 절대주의시대에 전쟁과 사회불안상황하에서 행정이 이해관계인들의 권리에 대한 고려 없이 광범위하게 물리적 강제력을 사용했으나, 점차 법치국가적 요청이 확대됨에 따라 물리적 강제력의 행사에 있어 지켜야 할 절차를 법적으로 규율하여 이해관계인과의 사이에서 행정의 예측가능성을 보장하고 법적 안정성을 확보하며 사인의 권리를 보호하고자 하였고, 이 과정에서 절차법의 적용영역이 확장되었던 것이다.[39]

　여기서 제기되는 핵심적인 쟁점은 행정절차법과 행정소송법상 행정행위의 요건규정과 효과규정들의 상호관계를 어떻게 해석할 것인가 이다. 일본의 권력적 사실행위 이론이 응답해야 하는 논점도 독일 학자들의 이론체계에서 행정행위로서의 효과가 배제되어 있는 사실행위에 대해서 독일 이론에 의존하지 않고 어떻게 법적 효과가 부여된다고 이론구성할 수 있는가 하는 점이다. 그러나 그것은 이론적으로 불가능하거나 모순된 시도가 될 수밖에 없다. 왜냐하면 권력적 사실행위 이론자체를 독일의 이론에 의존했기 때문에 독일의 이론의 결론인 권력적 사실행위는 법적 효과를 발생시키지 않는다는 명제를 부정할 수 없게 되어, 단지 실무적 으로 실용적 관점에서 취소소송의 대상으로 삼아야 한다는 불철저한 주 장밖에 할 수 없게 되었던 것이다. 이것은 계수법학의 숙명적인 어려움 인지도 모른다. 그러나 우리는 여기서 이론적 명확화를 위해 좀 더 견디 어 보아야 한다.

2) 독일의 권력적 사실행위 이론

(1) 법적 성질에 대한 평가변화의 계기

독일 행정법상 학설은 소송법상의 행정행위로 분류되던 것들 중의 일 부에 대하여 행정법원법의 제정을 계기로 점차 권력적 사실행위로 이해 하기 시작한다. 이러한 역사를 통해서 알 수 있는 것은 용어는 많은 경 우 각국 역사의 산물로서 보편성을 지닌 것은 아니라는 점이다.

1960년 행정법원법(VwGO)이 제정된 후 취소소송, 의무이행소송 및 일반적 이행소송 상호간의 소송대상들에 대하여 논쟁이 벌어졌는데, 그 당시 Eyermann/Fröhler는 소송법상의(광의의) 행정행위 이론을 주장하면 서 취소소송과 의무이행소송에 의하여 행정의 모든 권력행위에 관한 소

---

39) Rainer Pietzner, Unmittelbare Ausführung als Verwaltungsakt, Verwaltungsarchiv 82, 1991, S.291.

송을 처리하려 하였지만,[40] Bettermann은 취소소송으로 협의의 행정행위에 관한 사건을 다루지만 행정법원법 제113조 제5항의 문언을 고려하여 의무이행소송의 경우에는 거부되거나 해태된 "직무활동"("Amtshandlung")을 소송대상으로 삼아야 한다고 주장하였다.[41] 그러나 Rupp는 협의의 행정행위 이외의 그 밖의 직무활동에 대해서는 일반적 이행소송의 대상으로 삼아 취소소송, 의무이행소송 및 일반적 이행소송의 상호간에 역할분담을 시켜야 한다고 주장했었다.[42] 오늘날 Rupp의 견해가 통설이 되었다.

Rupp의 견해가 통설이 된 후 일반적 이행소송도 소송유형으로서 인정되게 되었으나 소송대상에 대해서는 비헌법적 종류의 공법상의 사건이지만 행정행위가 아닌 것을 소송대상으로 한다고 설명되었을 뿐이었다. 사실행위는 행정행위가 아니라는 의미일 뿐 적극적으로 그 개념의 징표를 제시해주는 개념은 아니었다. 적극적으로는 비헌법적 종류의 공법상의 사건이 무엇인지, 어떤 징표에 의해서 민사사건과 구별되는지 문제되었다. 공법과 사법의 구별에 관한 독일의 다수설이라고 할 수 있는 H.J.Wolff의 신주체설 내지 귀속설은 형식적인 구별기준으로서 공법의 실질적인 성격을 보여주지 못하고 있었다. 이 상황에서 특히 일반적 이행소송의 대상을 한정 지우기 위하여 Wolfgang Martens, Michael Hoffmann 등에 의하여 "권력적 사실행위"("hoheitliche Realakte")에 관한 체계화가 시도되었다.[43] 그것은 공익실현에 관한 법으로서보다는 권력

---

40) Eyermann/Fröhler, VwGO, §42, 1974, Rn.14.

41) Karl August Bettermann, Die Verpflichtungsklage nach der Bundesverwaltungs-gerichtsordnung, NJW 1960, 649ff.

42) Hans Heinlich Rupp, Zur neuen Verwaltungsgerichtsordnung : Gelöste und unge-löste Probleme, AöR 85, 1960, SS. 303-305.

43) Wolfgang Martens, öffentlichrechtliche Probleme des negatorischen Rechtsschutzes gegen Immission, FS.Friedrich Schack, 1966, 그리고 Negatorischer Rechtsschutz im öffentlichen Recht, 1973, SS.11-23. ; Michael Hoffmann, Der Abwehranspruch gegen rechtswidrige hoheitliche Realakte, 1969.; Wolfgang Martens는 권력적 사실

행사에 관한 법으로서 행정법학을 이해하는 독일 행정법학자들의 시각
을 명확하게 보여주는 것이었다.

(2) 권력적 사실행위와 행정행위의 구별

　행정행위를 권력적 사실행위와 구별하기 위해 노력한 Michael Hoff-
mann은 권력적 사실행위가 직접적으로는 사실상의 효과만을 창출할 뿐
법적 효과를 발생시키지 않는다는 견해를 비판한다. 그는 행정행위의 본
질을 이해하기 위하여 Kormann이 체계화시킨 법률행위적 행정행위 이
론에서의 의사표시를 여전히 행정행위의 핵심적 징표로 적절한 것으로
보고 있다.[44] 이에 따르면 행정행위에서는 행정의 의사가 법적 효과발
생과 그 효과의 내용을 위해 기준이 되지만, 권력적 사실행위는 법적 효
과를 직접 발생시킬 수는 있지만 발생된 법적 효과는 행정청의 의사와
는 독립되어 있다.[45]
　오늘날 일반적 이행소송의 대상에 대해서는 여전히 "사실행위"
("Realakte")라는 용어를 쓰는 사람이 다수이지만 사실행위로 보아지던
행정작용들 중 일반적 이행소송의 소송대상이 된 것들이 아닌 것들에
대해 갖는 차별적 성격을 인식하여 "법적 행위"("Rechtsakt")라는 표현을
쓰는 사람도 있다.[46] 어떤 소송의 대상이 된 것은 법적 분쟁으로서 의미

행위의 예로서 공공시설이나 공물로부터 발생하는 Immission, 사적 소유권에 영향을
미치는 공공도로의 건설과 폐지, 행정공무원에 의한 명예 침해적인 발언 등을 판례분
석을 통하여 제시하고 있다. Wolfgang Martens, Negatorischer Rechtsschutz im
öffentlichen Recht, 1973, SS.12-15.
44) Michael Hoffmann, Der Abwehranspruch gegen rechtswidrige hoheitliche Realakte,
1969., SS.15-19.
45) 그러나 사견으로는 이 구별에 따를 때 준법률행위적 행정행위와 권력적 사실행위의
법적 성격을 구별하는데 어려움을 초래하게 된다.
46) 기본법 제19조 제4항 1문에 따라 공권력행사를 통제의 대상으로 하여야 하므로 일반
적 이행소송의 대상은 고권행위(Hoheitsakt)이어야 하고 법적 행위(Rechtsakt)이어야

를 갖기 때문이라 할 수 있으므로 법적 효력을 직접적으로 발생시키지 못한다고 정의되는 사실행위가 아니라, 독일 행정절차법상의 행정행위에 관한 효력규정의 적용을 받지는 않지만, 준거가 되는 개별 실체법들에 의하여 인정된 법적 효과를 발생하는 "법적 행위"("Rechtsakt")가 소송대상이 된다고 이해하여야 할 것이다.

4. 소송법상의 행정행위 이론

1) 소송법상의 행정행위의 개념

"소송법상의 행정행위"47) 이론은 2차 대전 이후 행정행위 개념이 실정법에 규정되기 시작하면서 오랫동안 독일 학계에서 유력한 소수설로 주장되어 왔는데, 취소소송과 당사자소송의 구별이라는 소송체계의 분류방식과 매우 밀접한 관계를 맺고 있었다.48)

소송법상의 행정행위란 적법성의 심사를 위하여 행정법원에 제출될 수 있는 모든 권력적 직무활동이다. 행정행위를 부인하게 되면 당사자소

한다. Schmitt Glaeser, Verwaltungsprozeßrecht, 13.Aufl,.1994, Rn. 375.

47) ein prozessualer Verwaltungsakt. der verwaltungsprozessuale Begriff des Verwaltungsakts. 이 두 표현은, Georg Mörtel, Auswirkungen der veränderten Generalklausel auf Verwaltung und Verwaltungsrechtssprechung, Wandlung der rechtsstaatlichen Verwaltung, 1962, S.149,150 에 나온다. 1950년 Bayern 주 등 남부 독일 세 주의 행정재판권에 관한 법(VGG)의 주석서를 썼고, 1960년 제정된 현행 독일 행정법원법(VwGO)의 주석서도 쓴 Eyermann/Fröhler는 소송법상의 행정행위론에 관한 대표적 지지자이었는데, 1960 이후에는 "행정법원법의 의미에서의 행정행위" ("Verwaltungsakt im Sinne der VwGO")라고 불렀다.

48) 그러나 Eyermann/Fröhler가 1988년(제9판) 최근에 와서야 그들의 입장을 바꾸었고 그 전까지는 행정법원법이 제정 된 후에도 오랫동안 소송법상의 행정행위 이론의 지지자이었던 것을 고려한다면, 취소소송과 당사자소송의 구별방식에서만 가능한 것은 아닌 듯하다.

송이 제기되어야 할 때, 이와 같이 이해된 광의의 행정행위 개념이면 충분하고 권력적 직무활동 내에 다시 권력적 사실행위를 인정할 실익이 없게 된다.

2) 소송법상의 행정행위 이론의 내용

소송법상의 행정행위 이론의 가장 중요한 지지자는 Eyermann/Fröhler 이다. 이 주석자들은 "행정법원법의 의미에서의 행정행위"("Verwaltungsakt im Sinne der VwGO")를 복종관계에서 발해지는 모든 권력적 직무활동(alle hoheitliche Amtshandlung)으로 이해한다.[49] 이렇게 소송법의 영역에 적용되는 행정행위 개념은 사실행위도 포함한다. 행정행위 개념을 이처럼 확장시킨 것은 행정법원법의 배경이 되는 권리보호사고를 우위에 두기 때문이다.[50] 소송법상의 행정행위 개념을 취한 판례도 부분적으로 나타났다.[51]

이들의 견해에 따르면 모든 공법적 분쟁은 대등관계에서의(koordina-

---

49) Eyermann/Fröhler, VwGO, §42, 1974, Rn.14. ; 다만 Eyermann/Fröhler는 1988년에 발행된 9판 이후에는 이 입장을 포기하였다. 일반적 이행소송의 대상은 행정행위가 아닌 행정의 조치로서 보통은 대등관계에서 발해지지만 복종관계에서 발해질 수 있다고 하였다. Eyermann/Fröhler, VwGO, 9.Aufl., 1988, §42, Rn.9.37.

50) 이외에도 여러 학자들이 지지하고 있다. Dürig(Maunz/Dürig/Herzog, GG. Art 19 Abs.4, Rn.24.), Fickert(Fickert,H.C., Der Begriff „Einvernehmen,, im Bundesbaugesetz und seine Handhabung im Baugenehmigungsverfahren, DVBl. 1964, 173(175).), Thomas(Thomas, Jürgen, Verfahrensart bei Klagen gegen innerdienstliche Maßnahmen der Poliyei, NJW 1964, 438.), Wendt(Wendt, Peter, Über die Rechtsnatur der Untersuchungsberichte des Luftfahrtbundesamtes, DöV 1963, 89 (91)) 참조.

51) 1964년 3월 20일의 판결.BVerw GE18,154. "행정행위의 소송법상의 개념(prozeßrechtliche Begriff des Verwaltungsakts)을 적용할 때에는 관대하게 다루어야 한다. 헌법상의 포괄적 권리보호라는 기본이념에 의해 그것이 요청된다." ; BVerwGE 26,161 "행정법원법의 의미에서의 행정행위"("Verwaltungsakt im Sinne der VwGO")라는 표현을 명시적으로 사용한다. ; OVG Lüneburg 5.6.1969, DÖV 1970,390.

tionsrechtliche) 분쟁과 우월관계에서의(Subordinationsrechtliche) 분쟁으로
나눌 수 있다. 대등관계에서의 분쟁은 1960년의 행정법원법 제정이전에
는 당사자소송으로 해결될 수 있었고, 1960년 이후에는 일반적 이행소송
으로 해결될 수 있다. 그러나 우월관계에서 발생한 사건들에서는 취소소
송과 의무이행소송이 최종적으로 해결해야 한다. 우월관계를 발생시킨
모든 행정조치는 "행정법원법의 의미에서의 행정행위"("Verwaltungsakt
im Sinne der VwGO")로 보게 된다. 이들의 견해에 따를 때 일반적 이행
소송으로 권력적 사실행위를 처리하도록 하자는 통설의 견해는 의무이
행소송의 근거규정인 행정법원법 제113조 제5항에서 "직무행위" ("Am-
tshandlung")를 소송대상으로 하도록 규정한 문언에 맞지 않게 된다.

　소송법상의 행정행위 이론을 반대한 Bettermann[52] 은 실체법상의 행
정행위만을 소송법상으로도 행정행위로 인정하여 취소소송을 이러한 의
미의 행정행위에 한정하지만, 행정법원법 제113조의 "직무행위" ("Amts-
handlung")라는 문언을 고려하여 의무이행소송의 경우에는 거부되거나
해태된 직무행위를 발하도록 요구하는 소송으로 이해한다.[53] 즉, 취소소
송과 의무이행소송의 대상을 분리한다.

3) 소송법상의 행정행위 이론에 대한 비판

　소송법상의 행정행위 이론을 반대하여 취소소송과 의무이행소송의 대
상은 오직 실체법상의 행정행위에 국한되고 권력적 사실행위를 포함한
그 밖의 사실행위에 대해서는 일반적 이행소송의 대상으로 하여야 한다
는 주장을 한 사람은 대표적으로 Rupp를 들 수 있는데,[54] 현재는 통설이

---

52) 광의와 협의의 행정행위를 구별하는 것은 가능하지도 않고 필요하지도 않다.
　　Bettermann, Karl August, DVBl.1967, S. 862.

53) Bettermann, Karl August, Die Verpflichtungsklage nach der Bundesverwaltung-
　　sgerichtsordnung, NJW 1960, S.649 ff.

54) Hans Heinlich Rupp, Zur neuen Verwaltungsgerichtsordnung : Gelöste und ungelöste

되었지만 1960대에도 이 입장을 지지한 학자들은 다수 있었다.[55]

이들은 Eyermann/Fröhler가 행정법원법(VwGO)이 당사자소송(Parteis-treitigkeiten)을 묵시적으로 계수한 것으로 본 것과는 달리 말썽 많은 당사자소송이 포기되었다고 주장한다. 당사자소송의 정의가 모호하다는 것이다. 특히 대등관계가 존재하는 때란 "일방 당사자가 다른 당사자를 구속하는 구속적 결정을 내릴 수 없는 때" 존재할 뿐만 아니라 소송 기술적 관점하에서는 이미 구속적 결정이 내려졌었던 사건에서도 존재한다.[56] 특히 Hegel은 행정법원법(VwGO)이 실체법상의 행정행위 개념을 채택했다고 강력히 주장하였는데,[57] 그 논거는 사실행위는 법적 효력을 발생하지 않으므로 행정법원법 제42조 제1항에 따라 취소할 수 없고, 또 행정법원법 제42조와 제43조는 취소할 수 있는 행정행위와 무효인 행정행위를 구별하고 있는데 사실행위에서는 이것도 가능하지 않다는 점을 제시했다.

Probleme, AöR 85(1960), SS.303-305.

55) Schäfer, Walter, Die Klagearten nach der VwGO, DVBl 1960, S.837. ; Naumann, Richard, Streitigkeiten des öffentlichen Rechts, in : Staatsbürger und Staatsgewalt, Bd.II, 1963, S.378. ; Hegel, Hermann, Kann mit verpflichtungsklage auch die Verurteilung zur Vornahme einer sog. Amtshandlung begehrt werden ?, JZ 1963, S.16.

56) Harmut Zysk, System eines Verwaltungsrechtsschutzes ohne Verwaltungsakt, 1976, S.10-11. 20.

57) Hegel, Hermann, Kann mit Verpflichtungsklage auch die Verurteilung zur Vornahme einer sog. Amtshandlung begehrt werden ?, JZ 1963, S.16ff.

5. 독일의 ‘형식적 행정행위’ 이론, 이단계 이론 및 일본의 형식적 행정행위 이론

1) 독일의 ‘형식적 행정행위’ 이론의 등장

독일에서 형식적 행정행위(der formelle Verwaltungsakt)와 실체적 행정행위(der materielle Verwaltungsakt)라는 구별방식을 처음 체계적으로 주장한 사람은 Menger이다.[58] 현재 독일 학계에서 Schenke 등 여러 학자들에 의하여 논의되고 있는 형식적 행정행위 이론은 형식적 행정행위라는 용어를 사용하고는 있지만 Menger의 견해를 수정하고 논점을 보다 분명히 한 것이다.

(1) Menger에 의한 형식적 행정행위와 실체적 행정행위의 구별

Menger는 1954년 취소소송의 대상으로서 실체적 행정행위에 대하여, “공법의 영역에서 행정청의 처분, 명령, 결정 또는 그 밖의 조치로서 당해 구체적 사례에서 행위의 상대방에게 합법적인 것으로 통지된 것”으로 정의한다.[59] 실체적 행정행위의 이해에 있어서 Menger는 1946년의 남부독일의 행정재판권에 관한 법(Gesetz über die Verwaltungsgerichtsbarkeit) 제85조 제1항의 당사자소송 정의규정에서 제시된 “구속적 決定”(“verbindliche Entscheidung”)의 계기를 중요시한다. 구속적 결정의 존부가 취소소송과 당사자소송을 구별하기 위한 기준으로서 적절하다고 본다.[60]

---

58) C.H.Menger, System des verwaltungsgerichtlichen Rechtsschutzes, 1954, SS. 102-113. 이하 Menger로 인용.

59) Menger, SS.109-110.

60) Menger, S.109. 상대방에 대하여 국가기관의 최소한 잠재적인 구속적 결정이 필요하다고 한다. 그리고 실체적 행정행위를 명령적, 형성적, 및 확인적 행정행위 이외에

한편 형식적 행정행위는 종국적 규율을 의미하는 실체적 행정행위가 성립하기 전이나 후에 모두 성립할 수 있는 것으로, 실체적 행정행위를 발한 행정청이나 행정심판청 또는 실체적 행정행위를 집행하는 행정청이 발하는, 구체적인 사례를 위한 외부적 조치가 모두 형식적 행정행위가 된다. 형식적 행정행위 개념을 독립적으로 정립하는 실익은 보통의 경우에는 그 자체 규율을 포함하지 않고 실체적 행정행위의 규율에 도움을 주는 역할을 하고 있으나, 경우에 따라서 실체적 행정행위이외에 형식적 행정행위도 소송대상이 될 수 있다는 점에 있다. 실체적 행정행위가 발해지기 전이라 할지라도 그 상대방이 보호에 적합하게 되었고 보호받고 있는 법적 지위를 침해받았다면 이러한 형식적 행정행위에 대해서는 소를 제기할 수 있을 것이다.[61] 또 Menger는 집행행위 자체도 행정행위가 될 수 있는가 하는 문제를 형식적 행정행위 이론으로 설명한다. 집행행위는 실체적 행정행위가 선행한 경우와 선행하지 않는 경우로 나누어 볼 수 있는데, 선행하지 않는 경우에는 그 집행행위는 형식적 행정행위로서 취소소송의 대상이 될 것이지만, 실체적 행정행위가 선행하고 있다면 보통의 경우에는 분리해서 소송대상이 될 수 있는 정도의 권리보호이익을 갖지 못하게 될 것이다.[62]

이러한 Menger의 견해를 직접적으로 지지하면서 특히 행정행위의 집행을 위한 강제집행이나 즉시강제와 관련하여 형식적 행정행위 개념을 이용함으로써 취소소송의 소송대상을 확장하려는 시도도 나타났고,[63] "강제수단을 행사하는 집행 행정청의 조치에 대해서는 이 조치가 독립적으로 권리를 침해하고 있다고 주장할 수 있다면 정식의 권리구제가

거부처분으로 분류한다.

61) Menger, SS.103-105.
62) Menger, S.106.
63) Neumann, Die Anfechtung formeller Verwaltungsakte, insbesondere der Festsetzung von Zwangsmitteln, - Zur Vollziehung von Verwaltungsakten -, DVBl 1957, SS. 304-306.

허용된다"고 몇 개의 입법에 규정됨으로써 입법에도 반영되었으나,64) Menger에 의한 구별시도와 형식적 행정행위 이론에 대해 비판적인 학자도 나타났다. 즉, 행정행위는 법 개념이고 사회학적 개념이 아닐 뿐만 아니라 형식적 행정행위 개념을 인정하면 여러 행정기관들이 하나의 행정절차의 각 단계에서 발한 결정들 중 어느 것을 취소소송의 대상으로 삼아야 하는지 하는 판단에 어려움을 가져올 것이라고 한다.65)

(2) 행정행위의 형식과 형식적 행정행위 이론

독일 행정법상으로 행정행위를 발할 때 실무상 문서이용이 빈번하다 하더라도 문서를 이용해야 하는 것은 법적으로 의무적인 것이 아니다. 이 점은 한국과 다르다. 불요식 원칙을 취하고 있다. 그러나 행정행위를 발하는 형식에는 문서와는 다른 것들도 있다. 理由를 提示해야 하고 권리구제방법을 고지해야 한다. 행정청이 실질적으로 권력적 성격을 갖지 않는 행위, 예를 들어 행정계약이나 조세반환에 있어 이유를 제시하고 권리구제방법을 고지하였다면 이 행위는 행정행위가 되는 것일까? 이러한 법적 상황과 관련하여 다시 새롭게 제기되고 있는 것이 형식적 행정행위 이론이다.

Menger가 형식적 행정행위 이론을 행정의 서로 다른 조치들 중 적어도 잠재적으로 구속적 결정으로서 종국적인 실체적 행정행위와 그 밖의 행정결정들에 관한 형식적 행정행위로 나눈 것은 나중에 가행정행위, 확약 등으로 다른 곳에서 부활되지만, 하나의 행정조치의 형식과 실체를 분리시켜 당해 조치의 법적 성격을 판단하는데 있어 무엇이 기준이 되는가 하는 방식으로 문제를 명확하게 하여 제시한 사람은 Schmitt이었

---

64) BayVwZVG 제38조 제3항과 ThürVwZVG 제43조 제3항.

65) Kurt Egon Von Turegg, Gefährliche und gefährdete Generalklausel, 1956, S.25, Fn.19.

다.66) 이하에서는 Schmitt의 견해를 소개한다.

형식적 행정행위에 대하여 행정행위로서 성격을 부여하는 입장은 행정조치의 외적 형식과 그 형식에 의하여 식별하여야 할 행정청의 의사에 주목한다. 어떤 조치의 법적 성격을 판단함에 있어 행정청의 권력적 의사가 행정행위의 존재를 인식시켜주는 가장 명확한 징표라고 본다. 다만, 그 의사를 언제나 확실하게 확인할 수 있는 것은 아니기 때문에 언제 어떠한 징표에 의하여 행정청의 의사의 존재를 식별할 수 있는지가 문제된다. 행정행위의 형식징표의 존재는 행정의 의사를 식별시켜주는 가장 중요한 징표이고 그 상대방이나 제3자에게 침익적이고 불리한 외관을 띨 수가 있게 된다. 그리고 행정행위의 형식은 보통의 행정절차에서 행정, 그 상대방 및 제3자와의 관계에서 확인에 필요한 노력과 비용을 경감시켜 준다. 또 행정행위의 형식을 이용함으로써 행정의 상대방뿐만 아니라 제3자와의 관계에서도 제3자효를 발생시키게 되면, 민사소송의 대상으로 할 때 분쟁을 제3자와의 관계에서 공정하게 처리할 수 없으므로 취소소송의 대상으로 하지 않으면 안 된다는 것이다.

형식적 행정행위에 대하여 행정행위로서의 법적 성격을 부정하는 입장을 취하는 쪽에서는 소송대상으로서의 적격을 판단함에 있어서 행정청이 의도한 성질이 아니라 실제의 성질에 따라 결정하여야 한다는 점을 논거로 제시할 것이다. 당해 행정조치의 본질과 객관적 내용이 중요한 것이지 행정청의 의도나 그 의도를 반영한 형식은 중요하지 않다는 것이다. 즉, 규율을 위하여 행동하려 한 의도 하나만으로 행정행위의 존재를 인정할 수 없다는 것이다.

Schmitt 자신은 이러한 견해들을 제시하면서 결국 형식에 나타난 행정의 의사가 아니라 권리보호필요와 법적 명확성의 관점을 고려하여 판단하여야 한다고 주장하여 실체적 행정행위 이론을 지지한다.67)

---

66) Schmitt, Anfechtungsklage und formaler Verwaltungsakt, DVBl.1960, SS.382-384. 이하 Schmitt로 인용.

2) 독일의 이단계 이론과 일본의 형식적 행정행위 이론

(1) 독일의 이단계 이론

공법과 사법의 혼합을 특징으로 했던 행정사법론과 달리 이단계 이론은 보조금교부나 공공시설 이용 등의 영역에서 공법적 측면과 사법적 측면을 분리하여 법적 문제를 해결하려는 이론이다. 이 이론은 Ipsen[68] 에 의하여 그 당시까지 사법에 속한 것으로 이해되고 있던 보조금교부법의 영역에서 공법부분을 확대하려는 의도하에 개발되었다.[69] 특히 2차대전 후 전후복구를 위하여 정부가 주택건축에 대부하거나 농민에게 보조금을 대부하는 등의 상황을 처리하기 위해 출현하였다.[70]

예를 들어 보조금교부에 관하여 이단계 이론에 따라 설명하면, 제1단계에서 누구에게 보조금을 줄 것인가 아닌가를 결정하는 단계인데 공법의 영역에 속하고, 제2단계는 그 결정을 집행하는 단계인데 보조금을 어떻게 교부할 것인가를 사법의 형식을 이용하여 구체적으로 형성하는 단계이다. 제1단계를 행정행위로 봄으로써 평등원칙을 적용하고 행정소송의 통제를 받도록 하여 법치국가적 구속을 보조금교부행정에서도 관철시킬 수 있게 된다고 한다.[71]

(2) 일본의 형식적 행정행위 이론

일본 학자들은 일본에서의 소위 형식적 행정행위 이론의 최초 주장자로 雄川一郎을 꼽는데, 그는 1966년의 짧은 논문에서[72] 다음과 같은 견

---

67) Schmitt, S.384.
68) H.P.Ipsen, Öffentliche Subventionierung Privater, 1956, S.62ff.
69) 이러한 평가는 H.P.Bull, Allgemeines Verwaltungsrecht, 2.Aufl., 1986, Rn.387.
70) Harmut Maurer, Allgemeines Verwaltungsrecht, 10.Aufl., 1995, §17, Rn.13.
71) Harmut Maurer, Allgemeines Verwaltungsrecht, 10.Aufl., 1995, §17, Rn.13.

해를 주장했다.

"본래는 비권력적 작용이라 할 수 있지만, 법률상, 형식적으로 행정행위로 구성시킬 수도 있다. 그것의 타당한 예는, 각종의 사회보장 및 사회보험의 급부를 들 수 있을 것이다.(국가공무원공제조합법 제41조, 생활보호법 제24조,64조, 건강보험법 제180조, 후생연금보험법 제90조 등 참조.) 이들 급부는 본래의 의미에서 권력지배의 성질을 갖지 않는 행정서비스라 할 수 있는 것이고, 또 법기술적으로 보아도 별도로 급부결정이라는 행정행위를 개입시킬 필연의 이유는 없고, 채권채무의 관계로서 처리할 수 있는 것이다. 그럼에도 불구하고 법이 그것에 행정행위를 개입시키고 있는 것은 이들 급부에 관한 법률관계를 처리하기 위한 보다 합목적적 기술로서 행정행위에 관한 법리를 사용하도록 하려는 것이다. 그 실질적 의미는 대량으로 발생되고 있는 법률관계를 명확하게 하기 위하여 전체적 통일을 보호하여 처리할 필요에서 나온다고 생각된다. 그러므로 이들 급부결정은, 형식적 법기술적으로는 「공권력의 행사」인 행정행위이지만 그것은 공권력발동의 실체를 수반하지 않는 형식적 개념인 듯하다."73)

雄川一郎이외의 다른 일본 학자들의 형식적 행정행위 이론들은 이미 한국에도 소개되어 있고, 또 비권력 행정에서 행정행위 이론의 적용범위를 확장시키는데 관심을 갖는다는 점에서 雄川一郎의 입장과 동일하므로 이 논문에서는 더 이상 다루지 않는다.

3) 독일의 행정행위 확장이론과 일본의 형식적 행정행위 이론

일본학자들이 말하는 형식적 행정행위 이론은 그 적용영역을 급부행

---

72) 雄川一郎, 現代に おける 行政と 法, 現代の 法, 1966, 行政の 法理, 1986, 196-212면에 재수록된 논문을 참조했다.
73) 雄川一郎, 現代に おける 行政と 法, 行政の 法理, 1986, 212면.

정분야로 예상한 점에 있어서는 독일의 이단계 이론과 유사하지만, 사용하는 명칭에 있어서는 형식적 행정행위라는 표현을 사용하는데, 이것은 1950년대 독일에서 행정행위의 확장이론으로 대표적인 것들이 Menger의 형식적 행정행위 이론과 Ipsen의 이단계 이론인데, 아마도 雄川一郎은 이 두 개의 이론을 수용하려 한 듯하다. 그러나 Menger의 형식적 행정행위 이론은 매우 불투명하기는 하지만 결국 형식에 의한 행정행위 이론의 기원이 되고, Ipsen의 이단계 이론은 행정에 의한 권력적 결정의 계기에 초점을 맞춘 실체적 행정행위 이론이기 때문에 양자는 相互 異質적인 것이어서 합성되기 어려운 것이었다. 그럼에도 양자를 합성시켰기 때문에 일본의 형식적 행정행위 이론은 일본과 한국 모두에서 더 이상 발전하지 못하고 있고 매우 모호하고 불철저한 이론으로 인식되고 있는 듯하다. 한국에서 행정행위 확장이론이 보다 명확해지고 발전하기 위해서는 합성되어져 모호해지기 이전의 원형을 파악하고 그 위에서 다시 발전을 모색해야 할 것으로 생각한다.

Ⅲ. 독일 행정법상 행정행위 확장이론들의 발전

1. 거부처분과 '추단적 의사표시'의 이론

1) 거부처분

(1) 한국 행정법상 거부처분

우리 대법원은 신청인이 행정청에 대하여 구하고 있는 행위 자체가 공권력의 행사가 아니거나 국민의 권리의무관계에 직접 영향이 없어 처분성이 인정되지 아니할 때에는 신청권의 존부를 따질 필요없이 처분성

을 부인하고 있다.[74] 대법원에 따를 때 거부처분이 취소소송의 대상이
되려면, ① 신청한 행위가 공권력의 행사이고, ② 신청인의 법률관계에
영향을 미치는 행위이어야 하며, ③ 신청인에게 그러한 신청을 할 권리
가 있어야 한다.[75]

그러나 학설은 신청의 내용이 행정행위를 내용으로 하지 않는 이른바
절차적 거부처분개념도 인정하고 있어 대법원의 입장과는 달리 처분개
념을 확장하려 하고 있다.[76]

(2) 독일 행정법상 거부처분

독일 행정법상 의무이행소송은 부작위나 거부처분을 그 소송대상으로
하는데, 부작위의 경우에는 행정절차법상의 행정행위의 범위와 그 적용
영역이 동일하지만 거부처분의 경우에는 상당히 다른 논의가 진행되고
있다. 쟁점은 거부된 조치의 법적 성격이 행정절차법상의 행정행위일 때
만 당해 거부행위는 행정행위인가 아니면 행정절차법상의 행정행위이외
의 조치를 거부한 행위도 행정행위인가 하는 문제이다. 이의없이 합의되
어 있는 부분은 거부되는 조치의 내용이 행정행위일 때에는 당연히 거
부행위 자체도 행정행위라는 것이다.[77]

그러나 거부되는 조치의 내용이 행정행위가 아닐 때, 거부행위의 법
적 성격은 무엇이고 권리구제방법은 무엇인가? 이러한 거부행위도 행정
행위로 보는 입장을 취하는 사람들은 권리구제방법에 대하여 제소기간

---

74) 백윤기, 거부처분의 처분성인정요건으로서의 신청권, 행정법연구 1997 상반기, 230면.
75) 조용호, 항고소송의 대상인 행정처분, 행정소송에 관한 제문제(상), 154면. ; 배병호,
   건축주명의 변경신청 수리거부행위의 취소소송대상 여부, 행정법연구 1997 상반기,
   243면.
76) 백윤기, 전게 논문, 221면 ; 조용호, 전게 논문, 155면. ; 배병호, 전게 논문, 243면.
77) Knack, VwVfG, 6.Aufl., 1998, §35, Rn.4.1.4.; BVerwG NJW 56, 235 ; VGH
   München NJW 58, 643.

내에 의무이행소송을 제기하거나,[78] 아니면 취소소송과 일반적 이행소
송을 병합하여 제기하여야 할 것이라고 한다.[79] 사실적 조치의 거부행
위가 신청자의 청구권에 관한 구속적 규율을 포함하고 있을 때에는 사
실적 조치의 거부행위를 행정행위로 보는 입장도 많다.[80] 판례상으로도
건축대장에의 등재와 삭제행위 자체는 행정행위로 보지 않으면서도 그
거부행위는 행정행위로 보았다.[81] 경찰기관의 정보제공자의 이름공개거
부행위도 행정행위이고,[82] 또 강의에서 특정한 강의교재의 사용을 중지
할 것을 요구한 학생의 신청을 거부한 행위도 "잠재적 구속력"을 갖는
결정으로서 행정행위라고 보았다.[83] 교사임용신청시 첨부된 서류들에
대한 열람공개의 거부도 행정행위이다.[84] 이밖에도 증거수단의 폐기신
청에 대한 거부행위,[85] 행정문서에 대한 정정신청의 거부행위, 자신에
불리한 직무평가기록을 변경해달라는 신청의 거부행위[86] 등도 모두 행
정행위라고 판시했다.

　사실적 조치의 거부행위를 행정행위로 보지 않는 사람들은 신청거부
가 구속적 규율을 포함하고 있다는 점을 반박한다.[87] 이 견해는 행정청
이 신청을 거부할 때 사실관계와 법적 상황에 대해 밀도 있는 심사를 하
지 않았을 수도 있으므로 그 거부에 너무 강하고 광범위한 구속력을 인

---

78) 행정청이 보유한, 자신에게 불리한 기록의 삭제를 청구한 행위의 거부행위는 행정행
　　위이고 의무이행소송의 대상이다. HessVGH DVBl 1993, 616 =NJW 1993, 3011.
79) Schoch/Schmidt-Aßmann/Pietzner, VwGO, 1997, §42① Rn.32. 96.
80) Stelkens/Bonk/Sachs, VwVfG, 4.Aufl.,1993, §35 Rn.75. ; Schoch/Schmidt-Aßmann/
　　Pietzner, VwGO, 1997, §42① Rn.32. 96.
81) NJW 1991, 2786.
82) BVerwGE 31, 301 = NJW 1969, 1131.
83) BVerwGE 61, 164(167 f.).
84) BVerwGE 50, 255(259f.) = NJW 1976, 1364.
85) BVerwGE 11, 181 ; 26, 169.
86) BVerwGE 28, 191(193).
87) v.Wedel, MDR 1975, S.96(98) ; Wendt, Zustandekommen, Inhalt Fehlerhaftigkeit
　　von Verwaltungsakten, JA 1980, S. 29.도 비판적 견해를 제시했다.

정하는 것은 실무 상황에 맞지 않다는 점을 그 근거로 제시한다.

그러나 법의 일반원칙에 따를 때, 거부는 청구권에 관한 구속적 규율을 확인한 것으로 평가되고 그것은 여기서도 예외일 수는 없다는 재비판이 있다.[88]

2) '추단적 의사표시'에 의한 행정행위

'추단적(konkludent) 의사표시'에 의한 행정행위 이론의 이론적 연원은 두 가지의 이론들에서 찾고 있는 듯하다. 첫째는 프로이센 고등법원의 판례[89]를 확대 발전시킨 Jellinek[90]와 Forsthoff[91]의 '사실적 성질의 행정행위' 이론이고,[92] 둘째는 Rupp의 '이단계 이론'이다. 추단적 의사표시를 행정행위 성립의 주요 계기로 보는 사고방식은 행정청의 의사표시를 행정행위 성립의 핵심적 계기로 보는 법률행위적 행정행위 이론의 사고방식을 계승하면서 행정청의 조치 과정에서 명시적으로 표시되지는 않은 행정청의 의사를 다른 사실이나 상황으로부터 명백히 추론할 수 있을 때 행정행위가 존재한다고 본다. 추단적 의사표시는 의사의 "표시"이므로 단순한 침묵과는 구별된다. 명백한 행위가 존재하여야 하며 그 의사표시의 내용은 특별한 규정이 없으면 이 행위로부터 해석에 의하여 추론되어야 한다.[93]

추단적 의사표시 이론의 영향을 받은 대표적 판결로 여러 학자들에

---

88) Seibert, Die Bindungswirkung von Verwaltungsakten, 1989, S.511.
89) 사실적 성질의 행정행위 이론은 프로이센 고등행정법원이 선행하는 행정행위 없는 경찰강제조치인 즉시강제조치에 대해서 행정행위로서의 성격을 인정하기 위하여 개발하였다. Rainer Pietzner, Rechtsschutz in der Verwaltungs- vollstreckung, Verw-Archiv 1993, S.278-279.
90) Walter Jellinek,Verwltungsrecht, 1931, S.258.
91) Ernst Forsthoff, Lehrbuch des Verwaltungsrechts, 10.Aufl., 1973, S.193.
92) Schoch/Schmidt-Aßmann/Pietzner, VwGO, 1997, §42① Rn.32.
93) Stelkens/Bonk/Sachs, VwVfG, 4.Aufl., 1993, §35, Rn.40.

의해 거론되는 연방행정법원의 판결은 1967년 2월 9일의 판결이다.[94]
이 판결은 쉬바벤 지역의 소요(Schwabinger Krawllen)사태에서 경찰이 군
중을 해산시키기 위하여 무기를 사용한 행위에 대해 다음과 같은 이유
로 행정행위라고 판시하였다. "이 조치는 단지 순수한 사실적 행위가 아
니라 …… 행정법원법 제42조의 의미에서의 행정행위의의 개념징표를
충족시킨다. 직접적인 강제력의 행사에 의해 개인들의 권리가 매우 밀접
하게 영향받거나, 상세히 규정받기 때문이다. …… 경찰은 서면이나 구
두의 행정행위에 의해서뿐만 아니라 육체적인 힘을 사용한 추단적 행위
에 의해서도 이해관계인들에게 특정한 행위를 하도록 할 수 있다."

수인명령의 이론[95] 도 추단적 의사표시 이론의 한 유형으로 볼 때, 수
인명령의 이론을 받아들인 초기의 판례로 1966년 10월 28일의 Karlsruhe
행정법원의 판결을 들 수 있는데,[96] 이해관계인에 대한 수인명령을 묵
시적으로 포함하는, 행정청의 사실상의 행위들은 행정법원법 제42조의
의미에서의 행정행위라고 하였다.[97] Frankfurt 법원의 판결도 구금된 자
의 카메라를 압수하는 행위에는 수인명령이 포함되어 있다고 하였다.[98]
Bayern 행정법원도 기본권을 침해하는 행정청의 직접강제조치 속에는
당해 경찰조치를 수인하라는 수인명령이 포함되어 있다고 하면서 규율
개념을 확대해석하여 행정행위를 확장하였다.[99] 이러한 판례들을 제시

---

94) BVerwGE 26, 161 (164f.)= DVBl.1967, 379.=DÖV 1967, 367. = MDR 1967, 425.

95) 수인명령의 이론은 프로이센 고등행정법원이 경찰처분(Polzeiliche Verfügung)에 제
한되었던 취소소송의 대상을 넓히기 위해 개발한 이론이다. 프로이센 고등행정법원
에서 수인명령의 이론을 적용한 판례로는, 행정이 사인의 토지위를 통과하는 배수구
를 설치함으로써 사인의 토지소유권을 침해하여 제기된 소송에서 수인명령의 이론을
이용하여 경찰처분의 존재를 긍정하였다. PrOVGE 9, 180. Reiner Pietzner, Unmitte-
lbare Ausführung als fiktiver Verwaltungsakt, VerwArchiv 1991, S.299에서 재인용.

96) DVBl.1967, 861.

97) Ernst Rasch, Der Realakt insbesondere im Polizeirecht, DVBl.1992, S. 210.

98) Frankfurt a.M., Urteil.v.12.2.1981, NJW 1981, 2732.

99) BayVGH 16.5.1988 NVwZ 1988, 1055.

하면서 Hessen 행정법원의 부소장인 Rasch는 수인명령을 포함하는 직접 강제조치(Maßnahmen des unmittelbaren Zwanges)나 즉시집행(Unmittelbare Ausführung)이 원칙적으로 행정행위라고 한다. 다만 이러한 강제조치는 상대방에게 도달되어야 하며, 이때 비로소 행정행위가 된다.[100]

추단적 의사표시 이론을 적용한 사례들은 독일 판례의 경우 공용지정에서도 출현하는데, 행정이 공용지정의 명백한 의사표시 없이 어린이 놀이터나 스포츠시설 또는 공원 등의 공공용도로 이용을 개시하는 경우이다.[101] 또 생활보호자금을 특별한 의사표시 없이 지급하는 경우에도 추단적 행정행위가 인정된다.[102] 특정한 형식의 이용이 규정되어 있다면 행정은 그 형식을 준수하여야 하므로 추단적 의사표시에 의한 행정행위는 그 형식을 준수하지 않았기 때문에 성립될 수 없다. 이미 발해진 행정행위를 철회하는 경우에도 추단적 의사표시가 존재한다고 볼 수 있는 경우도 있다. 본래의 행정행위를 변경하거나 새로운 행정행위를 발하면서 기존의 행정행위를 취소 철회하지 않은 경우이다. 예를 들어 이미 교부한 보조금에 대하여 기존의 행정행위를 취소하거나 철회하지 않고 보조금의 반환을 요구한 경우 보조금교부결정의 묵시적 철회가 인정된다.[103] 취소나 철회행위가 행정청의 재량에 속하고 그 반환청구에 충분한 재량형량의 근거가 발견되지 않으면 추단적 취소나 철회는 위법하다.[104]

조세신고를 행정이 유보없이 수리하는 경우도 조세금액을 확정하여 통지하는 행위를 추론시키는 행정행위이다.[105] 근로소득세의 정산시 너

---

100) Ernst Rasch, Der Realakt insbesondere im Polizeirecht, DVBl.1992, S. 210-211.
101) Stelkens/Bonk/Sachs, VwVfG, 4.Aufl., 1993, §35, Rn.40.
102) BSG NVwZ 1987, 927.
103) F.O.Kopp, VwVfG, 5,Aufl., 1991, §35 Rn.9, ; BVerwGE 62, 1(5) ; 67, 305(308, 313)=NVwZ 1984, 518. ; BVerwG NVwZ 1985, 488(489).
104) Schoch/Schmidt-Aßmann/Pietzner, VwGO, 1997, §42① Rn.96.
105) F.O.Kopp, VwVfG, 5,Aufl., 1991, §35 Rn.9, ; BVerwGE 19, 69. ; 26, 55.

무 많이 지급한 근로소득세를 반환하는 행위,106) 일방적으로 비용을 계산한 후 계산서를 송부한 경우,107) 회의 참석을 위한 출장수당의 지급행위108) 등에서 금액에 관한 결정이 추론적으로 인정된다. 특별한 의사표시 없는 정보의 교부나 그 거부조치에서는 정보의 교부 신청권의 유무에 관한 결정을 추론적으로 인정할 수 있다.109)

판례상 '추단적 의사표시'에 의한 행정행위가 광범위하게 인정되는 곳 중의 하나가 강제집행의 영역이다. 노숙자숙박시설의 철거조치에서도 과거에 발한 노숙자숙박구역지정처분의 철회를 추론할 수 있다. 외국인을 추방시키는 조치에서도 이전에 발한 출국금지조치를 철회한 것으로 추론할 수 있다.110) 그 이외에도 다음의 사례들에서 행정행위의 성격이 긍정되었다. 데모하는 사람들에 대한 사진촬영, 비디오촬영 및 경찰의 통제,111) 징병검사의 강제적인 실시,112) 경찰에 의한 자동차문의 파손,113) 잘못 주차된 자동차의 견인,114) 도로건설을 위한 사인의 토지의 점유, 전화접속의 차단이나 전기의 차단,115) 민속축제시설의 설치.116)

---

106) BFH NJW 1974, 1784 - 다른 사람에게 잘못 지급한 경우.; BGH NJW 1978, 1385.
107) BVerwGE 48, 248.- 견인비용에 대해.
108) Berlin NVwZ 1982, 253.
109) BFH 108, 520 ; 127, 379.; 조세비밀을 고려한 정보의 거부에 대해서도 BFH NJW 1979, 735.
110) NVwZ 1988, 184.
111) VG Bremen NVwZ 1989, 895.
112) Lüneburg NVwZ 1990, 787.
113) Münster DAR 1980, 223.
114) NJW 1978, 656 ; BayVBl 1989, 248.
115) Münster NJW 1984, 1642. ; NJW 1986, 446.
116) BVerwGE 77, 70 = DÖV 1987, 935 ; Münster NVwZ 1984, 531.

2. 형식적 행정행위의 이론

1) 형식의 개념과 형식적 행정행위 이론의 문제의식

형식에 대하여 매우 높은 가치를 부여한 Jhering은 형식을 "자의의 불구대천의 원수"("die geschworene Feindin der Willkür")이고 "자유의 쌍둥이자매"("die Zwillingsschwester der Freiheit")라고 하였다.117)

(1) 형식의 개념

행정활동의 형식은 무엇을 의미하는가? 가장 광범위하게 형식을 고찰할 때 형식이란 용어 속에는 다양한 관념들이 결합되어 있어 공통의 특징을 추출하기 어려운 백지용어(Leerformel)처럼 보인다.118) 형식은 행정과 외부세계를 연결시켜 주는 최소한도의 매개수단으로서 외부세계에 출현함으로써 의미를 획득한다. 행정절차 자체가 행정활동에 대해 법치국가 관점에서 명령된 형식으로 볼 수도 있다. Engisch도 이러한 관점에서 형식을 "입법자에 의해 의도적으로 형성된 법률관계나 법적 과정의 외부요건"으로 정의하고 있다.119)

Krause는 특정한 행위유형과 관련하여 그 동일성을 유지시켜주는 것으로 행위형식을 이해함으로써 Engisch보다는 좁게 이해한다. 즉, "그 구체적 내용과는 독립적으로 행위방식, 기능과 법적 효과에 있어서 행위들을 일치시켜 주는 구조"로서 행위형식을 이해한다.120) 그러나 행정청에

---

117) Gerhard Zimmer, Handlungsformen und Handlungsbefugnisse der öffentlichen Verwaltung - Eine ungelöste Grundfrage des Verwaltungsrechts -, Jura 1980, S. 242에서 재인용.

118) Pestalozza, Formenmißbrauch des Staates, S.2.

119) Engisch, Form und Stoff in der Jurisprudenz, in : FS.F.v.Hippel, S.65.

120) Krause, Rechtsformen des Verwaltungshandelns, S.14.

의한 행정행위 형식의 이용과 권리보호에서 제기되는 문제들을 다루기 위해서는 보다 제한적으로 이해하기 위하여 행정청의 최종적인 조치에서 드러난 것들을 중심으로 형식문제를 판단해야 할 것이다.121)

(2) 형식적 행정행위 이론의 문제의식

형식적 행정행위 이론이 문제삼는 것은 두 가지 유형이다. 첫째는 행정청이 행정행위의 형식을 의도적으로 이용했으나 권력적 규율의 실질을 갖고 있지 못하는 경우이다. 예를 들어 사인의 성명변경에 대한 권한을 갖고 있는 행정청이 권리구제방법을 고지한 결정의 형식으로 성명변경을 통지한 경우나,122) 공무원을 전근시키면서 권리구제방법을 기재한 문서에 의한 경우,123) 또는 실체적으로 볼 때 사실행위로 평가되던 행정의 단순한 의사표시를 행정행위 형식을 이용하여 발한 경우(단순한 금전납부의 독촉) 등이다.

둘째는, 법적인 근거가 전혀 없는데도 불구하고 행정이 공권력을 행사한 경우로서 행위상대방의 관점에서는 행정행위로 이해될 수 있는 개입이 문제된다. 예를 들어 독일 판례에 출현한 것으로 행정과 사법상의 계약으로 철도역구내에서 숙박업을 하고 있던 사람에 대하여 계약을 해지해야 함에도 불구하고 상대방이 스스로 물러나지 않아 행정행위의 형식(권리구제방법의 고지)을 이용한 철거명령을 발한 경우, 그것에 대해 법원은 형식적 행정행위를 발한 것으로 보았다.124) 이 사례에서 행정청

---

121) Jürgen Beschorner, Individualrechtsschutz bei inkonkurenten Form-Inhalt- Beziehungen des Verwaltungshandelns, 1985, S.8.

122) 그러나 실체적으로는 행정절차법 제35조상의 "규율"("Regelung")을 포함하고 있지 않다.

123) 독일법상 단순한 전근은 행정행위로 보지 않는다고 한다. Schenke, Wolf-Rüdiger, Rechtsschutz bei Divergenz von Form und Inhalt staatlichen Verwaltungshandelns, VerwArch 72(1981), S.187-188.

124) OVG Lüneburg, DVBl. 1954, 297f.

은 개별 법에서 전혀 권력행사의 근거를 마련해 놓지 않아 권력행사를 할 수 없는데도 불구하고 개입을 한 것이 된다. 이러한 행정개입은 행정행위로 보아도 중대한 하자가 존재한다고 할 수는 있겠지만 그 하자가 명백하지 않아 무효라고 할 수는 없다.[125] 이 때 그 행위를 단지 불법적인 사실행위라고 보아야 하는가?

다만 형식적 행정행위 이론[126]에 관하여 어떤 입장을 취하건 입법자가 행위형식의 이용에 법적 성격에 관한 판단을 포함시킨 경우이거나,[127] 행위의 성격상 행정활동의 형식이 동시에 그 내용에 영향을 미치는 사례의 경우에는 행정활동의 형식도 법적 성격판단의 기준이 될 수 있다는 점에는 이의가 없다.[128]

2) 형식적 행정행위 이론을 지지하는 입장

현재 독일 행정법상 형식적 행정행위 이론은 다수설을 차지하고 있고 많은 판례가 이것을 지지하고 있다.[129] 형식에 의한 행정행위(VAe kraft Form)라고도 부르면서 이것은 행정행위이기 때문에 외관상 행정행위 (Scheinverwaltungsakt)라는 표현은 행정행위가 아니면서 그 외관만을 가지고 있는 듯한 인상을 주므로 적절하지 않다고 비판한다.[130]

---

125) Klaus Erfmeyer, Der nichtmaterielle Verwaltungsakt - rechtswidrige und über-flüssige Fiktion, DÖV 1996, S.636.
126) 형식에 의한 행정행위(VAe kraft Form)라고도 한다. Pietzner/Ronellenfitsch, Das Assesorexamen im Öffentlichen Recht, 8.Aufl., 1993, §31 I, Rn.5.
127) 예를 들어 개별법에서 일정한 행정활동들에 대하여 특별 행정심판의 이용을 강제해 놓은 경우.
128) Schenke, Wolf-Rüdiger, Formeller oder materieller Verwaltungsaktsbegriff?, NVwZ 1990, S.1018. ; Schenke, Verwaltungsprozeßrecht, 2.Aufl., 1994, §5, Rn. 231.
129) 이러한 평가는 F.O.Kopp, VwVfG, 5.Aufl., 1991, Rn.4a. 그리고 형식적 행정행위 이론의 반대자인 Schenke도 동의한다. Schenke, Wolf-Rüdiger, Formeller oder materieller Verwaltungsaktsbegriff?, NVwZ 1990, S.1010.

형식적 행정행위 이론가들 중에서 특히 Kopp는 행정절차법 주석서에서 이 이론을 자세하게 전개하여 대표적인 지지자로 소개되고 있다.131) 이하에서는 Kopp의 견해를 요약한다. Kopp에 따를 때 법규정의 내용이나 법논리를 고려할 때 법규명령으로 제정되어야 할 사항을 행정행위 형식으로 발하거나, 사법적 사항에 대해서 행정행위 형식을 이용할 때에도 행정행위로 다루어져야 한다. 이러한 행정행위는 하자가 있거나 경우에 따라 무효일 수는 있지만 행정행위라는 점은 분명하다는 것이다. 행정행위는 행정의 행위형식으로서 그리고 권리보호를 위하여 의미를 가지는데 법적 안정성을 보장하고 명백하고 쉽게 권리보호 여부를 판단할 수 있도록 하기 위해서는 외적 구별기준에 따라 그 존부를 판단하여야 한다. 여기서 어떤 행정개입이 행정행위 형식으로 발해지도록 규정되어 있는가 하는 문제가 중요한 것이 아니라,132) 행위 상대방이나 제3자에게 객관적으로 인식될 수 있는 것들이 중요하다. 이 때 판단의 대상은 그 행위 자체나 또는 그것을 발한 상황인 것이다. 판단기준은 행정청이 의도했거나 생각했던 내적 의사가 아니라 객관적인 의미내용으로,133) 문서이용여부, 이유제시여부 및 권리구제방법의 통지 등이 고려되어야 하고, 그밖에 이해관계인 등에게 알려졌거나 인식할 수 있었던 사정을 고려하여 신의와 성실에 따라 객관적으로 해석하여 판단하여야 할 것이다. 경우에 따라서는 이해관계인에게 알려진 사후적인 상황, 특히 그 사건에 대한 행정심판청의 조치와 재결의 이유 등도 고려되어야 한다. 결정적인 것은 행위 상대방의 관점이다. 법적 성격의 판단이 불명확할 때 그것은 행정의 불이익이 된다.134)

---

130) Pietzner/Ronellenfitsch, Das Assesorexamen im Öffentlichen Recht, 8.Aufl., 1993, §31 I, Rn.5.
131) F.O.Kopp, VwVfG, 5.Aufl., 1991, Rn.4a-7.
132) 이것은 오직 적법성의 문제일 뿐이다.
133) BVerwGE 74, 126. ; DVBl 1980, 882. ; NVwZ 1987, 598.
134) BVerwGE 41, 306. ; 48, 281.

이미 Bettermann도 영국군 군정명령 165호 제25조 제1항의 행정행위 정의규정에 나오는 "개별사례의 규율을 위하여"라는 문언을 해석하면서 행정청이 결정을 통해 규율한 법률관계가 공법에 속하는가 사법에 속하는가 하는 것이 중요한 것이 아니라, 행정청의 조치나 결정의 근거가 된 의도가 결정적이라고 하였다. 즉, 공법의 영역에서 개별사례의 규율을 할 의도가 확인되면 충분하다고 하였다.[135]

이외에도 형식적 행정행위 이론을 지지하는 학자들은 Maurer,[136] Pietzner/Ronellenfitsch, [137]Wolff/Bachof/Stober,[138] Faber,[139] Meyer/Borgs,[140] Martens,[141] Zimmer,[142] Kramer,[143] Berg[144] 등이 있다. 형식적 행정행위 이론의 반대자인 Schenke도 행정이 단순한 의사표시를 하면서 행정행위 형식을 이용하여 발한 경우, 예를 들어 이미 확정 통보된 금전납부의무

---

135) Karl August Bettermann, DVBl 1954, S.299.
136) Harmut Maurer, !0.Aufl., 1995, §10 Rn.8, S.230.
137) Pietzner/Ronellenfitsch, Das Assesorexamen im Öffentlichen Recht, 8.Aufl., 1993, §31 I, Rn.5.
138) Wolff/Bachof/Stober, 10.Aufl., 1994, §46 Rn.27-29.
139) Heiko Faber, Verwaltungsrecht, 2.Aufl., 1989, §29Ic, S.170은 경제성원칙을 근거로 하여 형식적 행정행위 이론을 지지한다.
140) Meyer/Borgs, VwVfG, 2.Aufl., §35, Rn.66.
141) Joachim Martens, Die Rechtssprechung zum Verwaltungsverfahrensrecht, NVwZ 1982, S.482. 오직 실체적 기준에 따라야 한다는 Schenke(VerwArch 1981,199)를 비판하면서 행정행위의 형식은 행정절차법에서 중요한 의미를 가지고 있다는 점을 간과하고 있다고 한다.
142) Gerhard Zimmer, Handlungsformen und Handlungsbefugnisse der öffentlichen Verwaltung - Eine ungelöste Grundfrage des Verwaltungsrechts -, Jura 1980, S.248. 사법적 사건에 대해 행정행위 형식을 이용하게 되면 행정강제의 방법에 의해 집행될 위험이 있게 되고, 제소기간이 지난 후에는 불가쟁력 때문에 취소소송을 제기할 수 없게 될 수도 있다. 따라서 이해관계인은 이러한 행위에 대해 취소소송을 제기할 수 있어야 한다. S.245.
143) 행정행위의 형식을 이용하여 성명변경을 통지한 사건에 대하여 행정행위로 보았다. Kramer, JuS 1973, S.488.
144) Wilfried Berg, Das Hausrecht des Landesgerichtspräsidenten - VGH München, BayVBl 1980, 723, JuS 1982, S.260ff.

의 이행을 다시 독촉하면서 행정행위 형식을 이용한 경우, 반복처분으로
보아서는 안되고 두 번째의 결정으로 보아야 할 것이라고 한다.[145]

　건축허가에 있어 처분청에 대한 감독청도 당해 건축허가에 대한 동의
권을 가지고 있는 경우, 감독청이 그 건축허가에 대한 동의의 거부를 허
가신청자에게 행정행위 형식으로 통지했을 때, 연방행정법원은 건축허
가를 거부한 처분청의 거부처분에 대한 심사에 있어서도 감독청의 건축
허가동의의 거부를 심사해야 하므로 소송경제적인 이유에서 동의거부행
위를 형식적 행정행위로 보고 취소소송의 대상으로 삼았다.[146]

3) 형식적 행정행위 이론을 반대하는 입장

　형식적 행정행위 이론의 반대자들은 Schenke,[147] Eyermann/Fröhler,[148]
Borchert,[149]Beschorner,[150] Erfmeyer[151] 등이다. 행정행위를 형식이 아니
라 내용 내지 실체에 따라 그의 존부를 판단해야 한다는 이들의 주장을
요약하면 다음과 같다.

　첫째, 형식적 행정행위로 거론되는 문제들을 행정행위의 외관을 띠는
행정활동들의 문제로 보면서, 행정행위의 외관문제(Scheinproblem)는 존

---

145) Wolf-Rüdiger Schenke, Rechtsschutz bei Divergenz von Form und Inhalt
　　　staatlichen Verwaltungshandelns, VerwArch 72(1981), S.194.
146) BVerwGE 16, 116(127f.); BawüVGH, DVBl 1967, 205(206).
147) Wolf-Rüdiger Schenke, Rechtsschutz bei Divergenz von Form und Inhalt
　　　staatlichen Verwaltungshandelns, VerwArch 72(1981), S.185ff. ; Formeller oder
　　　materieller Verwaltungsaktsbegriff?, NVwZ 1990, S.1009ff. ; Verwaltungs- proze-
　　　ßrecht, 2.Aufl., 1994, §5, Rn.231-233.
148) Eyermann/Fröhler,VwGO, 9.Aufl., 1988, §42. Rn.22.23.
149) Hartmut Borchert, Schein-Verwaltungsakt und Anfechtungsklage, NJW 1972, SS.
　　　854-855.
150) Jürgen Beschorner, Individualrechtsschutz bei inkonkurenten Form-Inhalt- Bezie-
　　　hungen des Verwaltungs- handelns, 1985, S.196.233.
151) Erfmeyer, Klaus, Der nichtmaterielle Verwaltungsakt - rechtswidrige und über-
　　　flüssige Fiktion, DÖV 1996, SS.629-638.

재하지만, 형식적 행정행위란 존재하지 않는다는 견해를 주장한다. 행정
행위의 형식을 행정청이 의도적으로 이용하였으나 권력적 규율의 실질
을 갖지 못한 경우에도 행정의 권력적 활동은 그것의 단순한 외관만으
로는 충분하지 않고 실제로 권력적 규율을 포함하고 있어야 한다고 한
다. 행정청이 권력적 규율을 의도했는가 아닌가는 중요하지 않다거나 아
니면 권력적 규율의 결과를 야기하지 않는 단순한 의사는 행정행위의
존재를 긍정하기 위해 충분하지 않고 결과적으로 권력적 규율을 내렸다
는 점이 중요하다는 것이다.152) 이러한 관점에서 Schenke도 행정행위 형
식을 이용했다 하더라도 성명변경의 통지는 행정행위가 아니기 때문에
취소소송의 대상이 될 수 없다고 한다.153)

  둘째, 권력적 개입이기 때문에 행위상대방의 관점에서는 행정행위로
보여질 수 있지만 당해 권력적 개입의 법적 근거가 전혀 없는 경우,154)
그 개입은 행정행위인가 아니면 사실행위에 불과한가? Erfmeyer는 행정
행위는 적어도 권력적 개입을 할 수 있는 공법의 영역에서 발해졌을 경
우에만 행정행위로 보아야 하고 공법영역이 아닌 경우는 행정행위로 보
아서는 안되며 행정법원법 제43조에 따라 법률관계의 확인소송으로 다
루어야 한다고 주장한다.155) 그러나 사견으로는 과연 객관적으로 명백

---

152) Hartmut Borchert, Schein-Verwaltungsakt und Anfechtungsklage, NJW 1972,
    SS.854-855. ; 그러나 이 논문의 평석대상인 Münster 고등행정법원의 판결은 "행정
    행위를 발할 의사로 행정행위의 형식으로 한 행정청의 의사표시는 취소소송의 대상
    이 될 수 있다"는 것이었다. OVG Münster.v.15.4.1971 -VIII A 1088/70, NJW 71,
    2088.

153) Wolf-Rüdiger Schenke, Rechtsschutz bei Divergenz von Form und Inhalt staat-
    lichen Verwaltungshandelns, VerwArch 72(1981), S.194.

154) 예, 행정과 사법상 계약을 체결한 철도역 구내 사업자(임차인)에 대해 행정행위 형
    식(권리구제방법의 고지)으로 철거명령을 발한 경우.

155) Klaus Erfmeyer, Der nichtmaterielle Verwaltungsakt - rechtswidrige und überf-
    lüssige Fiktion, DÖV 1996, S.636-637. ; 그러나 Schenke는 철도구역내의 숙박업
    자에 대한 사례를 평가하면서 이와 같은 경우에는 사실상 공권력을 행사한 것만으
    로도 당해 권한의 법적 근거가 결여되더라도 규율이 있었으므로 행정행위를 발한

한 공법영역이 선험적으로 존재할 수 있겠는가 하는 의문이 든다.

4) 절충적인 입장

Schmitt Glaeser는 행위 상대방이 인식하고 있거나 인식할 수 있는 상황을 객관적으로 평가하여 명확한, 그리고 충분히 식별 가능한 징표에 의해 행정행위의 존부를 판단할 때만 권리보호의 효율성이 보장될 것이라고 하여 형식적 행정행위 이론을 원칙적으로는 지지한다. 그러나, 예외적으로 외적 형식이 다의적일 때는 당해 조치의 내용이 기준이 되어야 한다고 한다. 또 행정이 특정한 소송종류를 피하기 위하여 외적 형식을 이용하는 것은 형식남용이 될 것이므로 그 형식이 아니라 실체 내지 내용에 따라 판단하여야 할 것이라고 한다.156)

3. 독일법상 공증에 관한 규율체계, 학설 및 판례

1) 독일법상 공증에 관한 규율체계

독일법상 공증157) 은 공증인(Notar)에 의해 처리되는 것이 대부분이지만,158) 행정도 행정이 보존하거나 행정작용과 관련된 경우로서 공증법

것으로 보아야 한다고 하여 Erfmeyer와 다른 견해를 편다. Schenke, Wolf-Rüdiger, Rechtsschutz bei Divergenz von Form und Inhalt staatlichen Verwaltungshandelns, VerwArch 72(1981), S.190.

156) Schmitt Glaeser, Verwaltungsprozeßrecht, 13.Aufl., 1994, Rn.141, S.91. ; Schenke 도 Schmitt Glaeser의 입장을 절충설 내지 중간설이라고 한다. Schenke, Wolf-Rüdiger, Formeller oder materieller Verwaltungsaktsbegriff?, NVwZ 1990, S.1010.

157) Beurkundung을 Beglaubigung과 함께 별다른 구별없이 함께 이용하고 있다 한다. Meyer/Borgs, VwVfG, 2.Aufl., 1982, Vor §33, Rn.2.

158) 1969년 8월 28일 제정된 공증법(Beurkundungsgesetz)에 따라 공증인(Notar)에게 거

이 적용되지 않는 경우에는 공증을 실시해오고 있다. 행정의 공증에 관해서는 행정절차법 제33조와 제34조가 규율하고 있는데, 이 규정이 등장하기 전까지는 행정이 전통과 관습법에 따라 처리하여 왔다고 한다.[159]

제33조와 제34조는 행정절차법상의 규정들이지만 공증에 의하여 발행되는 문서들은 반드시 행정절차법의 적용대상인 문서에만 한정되는 것은 아니어서 행정절차법 제9조의 엄격한 의미에서의 행정절차와 긴밀하게 결합되어 있지 않고 단지 느슨하게 결합된 부속물일 뿐이다.[160]

2) 공증의 법적 성격에 관한 현재의 학설과 판례

독일 행정법상 행정의 공증의 법적 성격에 관한 현재의 학설들을 세 가지 종류로 나누어 볼 수 있을 것이다.

첫째는 공증행위 자체로는 행정행위가 아니지만 공증행위에 앞서 공증할 것인가 말 것인가 또는 어떤 내용의 공증을 할 것인가에 관한 구속적 결정이 선행하고 있다고 추론할 수 있는 경우에는 공증이 행정행위라는 것이다. 이 입장에서는 행정절차법 제33조와 제34조에 의해 사인은 행정에 대하여 특정한 내용의 공증을 청구할 수 있는 권리를 갖지는 못하고 공증에 있어 재량하자없는 형식적 주관적 권리를 가질 뿐이라고 한다. 두 번째 입장보다는 약간 더 확장적으로 보는 경향이 있다. 이 입장을 지지하는 학자들은 Kopp,[161] Schoch/ Schmidt-Aßmann/Pietzner,[162] Obermayer[163] 등이다.

의 독점적 권한이 주어졌다.
159) F.O.Kopp, VwVfG, 5.Aufl., 1991, Vor §33, Rn.1. ; Meyer/Borgs, VwVfG, 2.Aufl., 1982, Vor §33, Rn.1.
160) F.O.Kopp, VwVfG, 5.Aufl., 1991, Vor §33, Rn.1.
161) F.O.Kopp, VwVfG, 5.Aufl., §35, Rn.10.
162) Schoch/ Schmidt-Aßmann/Pietzner, VwGO, 1997, §42①, Rn..28.
163) Klaus Obermayer, VwVfG, 2.Aufl., 1990, §33, Rn.6.

예를 들어 Kopp는 수공업자명부에의 등재의 법적 성질을 평가하면서, 어떤 수공업자가 수공업자명부에 등재하는 것은 수공업자로서 요건이 갖추어져 그 등재가 가능해졌다는, 관념상 전제되어 있는 결정의 집행으로서 행정행위라고 한다.164) 다만 이 입장에서도 당해 공증이 이해관계인의 권리나 법적 지위에 직접 관련되어 있어야 하는 것을 요구하고 있다.165)

이 입장을 구체화한 판례들로는 다음과 같은 것들이 있다. 범죄기록부에의 등재와 같이 직접적으로 개인의 법적 지위와 관련되어 있을 때에는 그 기록부에의 등재가 행정행위이고,166) 감정서류에 지문이나 사진을 표시하는 행위도 행정행위이다. 그래서 조세감면요건이나 생활보호대상자의 요건을 증명하는 서류도 행정의 공증의 대상이라면 행정행위이다.167) 신체장애자의 생활보호비 지급의 전제조건이 되는 의사의 신체검사서의 발급행위도 행정행위이다.168) 또 문화재로 등재하는 행위도 행정에 의한 사전지정결정이 전제되어 있다고 할 수 있고, 등재된 자에게 특별한 보존의무와 이용의무가 발생하고, 소유권변경에 관해서도 특별한 법적 구속이 가해지므로 행정행위이다.169) 여권에의 등재나 말소행위는 그 등재와 말소에 관한 결정 속에 체류를 허가하거나 체류허가를 거부하는 결정이 전제되어 있는 것으로 볼 수 있으므로 행정행위이다. 교회탈퇴증명의 교부도 행정행위이다.170) 신분관계기록에의 등재나 말소에 관한 결정은 의심스러울 때는 행정행위로 보아야 한다.171)

---

164) F.O.Kopp, VwVfG, 5.Aufl.,§35, Rn.10.
165) Achterberg도 학생이 할인표 구입을 위해 주소를 증명하는 경우처럼 공증이 권리행사를 위한 요건일 때에, 그 공증을 위로 본다. Norbert Achterberg, Allgemeines Verwaltungsrecht, 1986, §21, Rn.46, S.417.
166) 등재말소에 관하여 DÖV 1960, 716는 행정행위로 보았다.
167) F.O.Kopp, VwVfG, 5.Aufl.,§35, Rn.10.
168) BVerwG DVBl 1961, 87.88. ; Sadan/Ziekow (Hg.), VwGO, 1996, §42, Rn.180.
169) Schoch/ Schmidt-Aßmann/Pietzner, VwGO, 1997, §42①, Rn..28.
170) VGH München BayVBl 1976, 466(467).

그러나 공무원지원자에 대한 대기장부에의 등재는 그의 권리를 직접 창출하는 것이 아니므로 행정행위가 아니라고 한다.172) 또, 교통위반기록장부에 특정인의 교통위반을 기록하는 것은 경찰이 새로운 결정을 하는데 있어 참고자료가 되는 것일 뿐이므로 행정행위가 아니다.173)

두 번째는 공증행위 자체가 행정절차법상의 이유제시나 권리구제방법 고지 등의 절차규정을 적용할 수 있을 정도로 규율적 성격을 가져야 한다는 입장인데, 이 견해는 행정행위로 인정되는 공증의 범위를 조금 더 축소시켜 보려는 입장인 것 같다. 두 번째 입장을 명백히 지지하는 학자는 Lässig다.174) Lässig에 따를 때 공증이 행정행위인 경우는 어떤 물건이나 사람의 구체적이고 중요한 속성이 공법규범의 법률요건징표이거나 공법상의 법률효과의 연결점이고 다른 행정기관에 대한 구속력을 의도하여 규율하고 있을 때이다.175)

언제 규율을 하고 있다고 볼 것인지 불명료할 때에는 법적 효과에 대한 확정의 필요를 고려하여 판단하여야 한다고 한다. 그리하여 행정청이 이해관계인에 대하여 법적 효과를 구속적으로 확정하려 하는가, 구속력이 발생한 후 사실관계나 법적 관계에 대한 반복심사를 배제하려고 하는가, 그리고 행정절차법상의 행정행위에 관한 규정들을 적용할 필요가 있는가 하는 점이 기준이 된다. 이러한 관점에서 연방행정법원이 교통위반기록부에의 등재가 행정행위가 아니라고 하거나,176) 공무원의 근무평가기록부에의 등재에 대해서 행정행위가 아니라고 한 것177) 을 적절하

---

171) VG Augsburg NVwZ 1987, 258.
172) F.O.Kopp, VwVfG, 5.Aufl.,§35, Rn.10. ; 그러나 판례는 교사직을 위한 대기장부에의 등재를 행정행위로 본다. DVBl 1990, 867 = NVwZ - RR 1990, 619.
173) BVerwGE 77, 271 = NJW 1988, 151. ; 그러나 Lüneburg NJW 1979, 563은 교통위반기록의 말소행위를 행정행위로 본다.
174) Curt Lutz Lässig, Registereintragungen als Verwaltungsakte? - BVerwGE 77, 268. JuS 1990, S.459. 이하 Lässig로 인용.
175) Lässig, S.464.
176) BVerwGE 77, 268(274).

다고 보았다. 공증이 사실관계의 확정을 위한 것이 아니고 장래를 위해서 특정 사실관계를 증명하거나 나중의 결정을 위한 보조수단으로서 의미를 갖는 것은 행정청의 인식의 표시에 구속의 의사가 없기 때문에 당해 사실관계의 반복 심사를 막을 수 없어서 기록이 잘못된 경우에도 행정행위의 취소나 철회절차를 밟을 필요없이 정정절차를 밟으면 된다고 한다.[178]

Forsthoff가 공증적 행정행위(beurkundende Verwaltungsakte)라는 표현을 사용한 것은 모든 공증활동에 대해서 단순히 증명기능을 갖는 것과 규율기능을 갖는 것을 구별하는데 도움이 되지 않으므로 잘못된 표현이라 한다.[179] 또 공증을 보통의 행정행위와 달리 특별 취급하여야 한다는 견해, 즉 기술적인 직무수행활동이고 행정일상에서 반복되고 있는 것이기 때문에 권리침해에 대한 구제가 어렵다는 점을 고려하여 행정절차법 제35조 1문에서의 규율이라는 징표를 요구하지 말아야 한다는 견해에 대해서,[180] 행정청에게 해결할 수 없는 많은 문제를 발생시킬 우려가 있다고 비판한다.[181]

세 번째는 행정의 공증을 가장 넓게 행정행위로 보는 입장인데 단지 증명적 효과만을 갖는 공증도 행정행위로 본다.[182] 이 입장에서 근거로 들 수 있는 판결은 행정의 공증의 법적 성격에 관한 1971년 1월 22일의 연방행정법원의 판결이다.[183] 이 판례는 개정되기 전의 구수관리법(§16

---

177) BVerwGE 28, 191(192f. ; 49, 351(353ff.).
178) Lässig, S.463.
179) Lässig, S.463.
180) Kummer, Denkmalschutzrecht als gestaltendes Baurecht, 1981, S.73.
181) Lässig S.463. 교통위반기록의 등재작업을 하는 연방중앙통제소(Kraftfahrt- Bunde-samt)는 하루 평균 1만 건의 기록등 활동을 한다고 한다. Lässig, S.461.
182) Meyer/Borgs, VwVfG, 2.Aufl., 1982, vor §33, Rn.2.; 불명확하지만 Stelkens/Bonk/Sachs, VwVfG, 4.Aufl., 1993, §35 Rn132. 133도 동지인 듯하다.
183) BVerwGE 37, 103ff.; 이외에도 BVerwG DÖV 1972, 174도 반대증명을 허용하는 공증도 행정행위라고 한다.

I WassHG)에 따른 어업권등기부(Wasserbuch)에의 등재는 "어떤 권리창
설적이거나 권리변경적 효과는 갖지 않지만", 공증적 행정행위(ein
beurkundender Verwaltungsakt)라고 하였다. 그것의 진실은 법적으로 추정
되는 것도 아니었고 단지 사실상의 추정만을 발생시킬 뿐이었다. 그러나
Lässig는 단지 진실의 사실상의 추정효과만을 갖는 어업권등기부에의 등
재를 행정행위로 본 이 판결에 대해서도 비판적이다.[184]

장부에의 등재행위가 아니라 등재된 기록의 제거신청을 거부하는 행
위는 거부처분의 해석방법에 따라 법적 성격에 관한 다른 평가가 이루
어지고 있다.[185] 예를 들어 교통위반기록부에 등재된 기록의 삭제거부
행위는 행정행위이다.[186] 기존의 기록을 말소하고 새로운 기록을 교통
위반기록부에 등재시키고자 원한다면 그 등재행위는 행정행위가 아니기
때문에 기존 기록 말소거부처분의 취소소송과 일반적 이행소송을 병합
하여 제기하여야 할 것이다.[187]

IV. 행정행위의 확장근거의 명확화

독일 행정소송에서 개괄주의의 채택은 두 개의 입법적 결단과 관련해
서 나온 용어이다. 첫 번째는 열거된 몇 개의 행정행위가 아닌, 모든 행
정행위에 대하여 소제기가 가능해야 한다는 점이고, 두 번째는 비헌법적

---

184) Lässig, S.462. 463.
185) Hans Joachim Knack, VwVfG, 4.Aufl., 1994, Vor §33, Rn.5는 공증의 거부행위를
규율성격이 없는 공증에 대해 행정행위로 보지 않으면서도 그러한 공증의 거부행위
를 행정행위로 본다. ; Stelkens/Bonk/Sachs, VwVfG, 4.Aufl., 1993, §33, Rn.5.; 단
순히 직무활동의 증명을 내용으로 하는 공증도 신청된 것을 거부한 경우에는 행정
행위라는 견해도 있다. Lässig, S.462.
186) Lüneburg NJW 1979, 563. ; Sadan/Ziekow (Hg.), VwGO, 1996, §42, Rn.283.
187) Stelkens/Bonk/Sachs, VwVfG, 4.Aufl., 1993, §33, Rn.3.

종류의 모든 공법상의 사건들에 대하여 행정소송의 제기가 가능해야 한 다는 점이다.[188) 우리 행정소송체계는 두 번째의 개괄주의의 관점에서 평가할 때 불완전한 개괄주의가 채택되어 있는 것으로 보인다. 따라서 민주적 법치국가의 이념이 철저히 실현되기 위해서는 완전한 개괄주의 의 채택을 위한 행정소송의 개혁이 필요하지만,[189) 현행법의 철저한 해 석을 통하여 행정통제의 확대가 가능한 공간을 확보하기 위해서도 노력 해야 할 것이다.

해방이후 엄청나게 증가한 실정법들을 근거로 하여 행정의 권력적 행 위들이 다양해지고 양적으로도 크게 늘어났다. 이러한 전개과정에서 행 정행위의 권력징표를 분석하여 권력행사의 합리성을 보장해야 할 임무 를 띠는 행정행위 이론은 그에 상응하는 발전을 하지 못하고 있다. 초기 의 확장이론인 준법률행위적 행정행위 인론에 대한 비판이 증가하고 있 고, 일본으로부터 새롭게 받아들여진 형식적 행정행위나 권력적 사실행 위 인론 등은 그 징표의 불명확성으로 인하여 더 이상 발전을 하지 못하 고 있으며, 행정행위사건이외의 행정법사건을 다루기 위한 당사자소송 도 그것에 부여된 행정통제의 역할을 다하고 있지는 못하다.

행정영역에 따라 다양한 권력적 규율행위들이 출현하고 있어 特定 행 정영역에만 빈번하게 출현하는 특수한 권력징표들은 다른 행정영역에는 잘 출현하지 않기도 한다. 예를 들어 공증에 잘 등장하는 부정확한 문서 에 의한 권리침해현상은 경찰에 의한 강제력의 행사와 같이 긴급하고 신속한 행정작용의 경우에 출현하는 권력남용행태[190) 와는 매우 다르다.

---

188) 이러한 내용은, Klaus Stern, 판례평석, NJW 1958, S.684. 및 Bettermann, 토론내용, VVDStRL Heft 15, S.215 참조.
189) 현시점에서 필요한 행정소송의 개혁방향에 대해서는, 선정원, 외국의 행정소송, 1999년 3월 15일 행정소송·행정법연구과정 교재 (서울대학교 법학연구소 주최), 24-26면 참조.
190) 이에 관해서는 선정원, 오스트리아 행정법상 '절차로부터 자유로운 행정행위'와 그 에 대한 권리救濟 - 특히 강제행위를 중심으로 -, 행정법연구 제2호, 1998, 60면 이

따라서 행정행위에 관한 일반조항이 수행하는 행정의 적법성을 보장하고 권리를 보호하는 역할은 행정절차의 성격에 따라 어느 정도 그 특수성을 반영하지 않는다면 내용 없고 공허한 것이 되어 일반조항의 위험성을 그대로 노출시키게 될 것이다.[191] 따라서 행정절차법 제정자의 행정행위에 관한 법질서 통일의지에도 불구하고 개별 권력작용의 근거법인 개별 실체법의 특수성과 다양성을 반영하지 않을 수 없을 것이다.

법질서의 통일성과 다양성을 조화시키면서 행정행위 이론이 지속적으로 발전할 수 있기 위해서는 어떤 조치를 행정행위일 수 있게 하는 징표가 명확해져야 할 것이다. 이 논문에서는 독일 행정법사를 고찰하여 행정행위의 확장을 위한 계기 또는 징표를 명확하게 제시하려고 노력했다. 나중에 한국에 등장할 확장이론들은 확장의 계기 내지 근거를 명확하게 제시하는 것이 이론의 전제요건이 되어야 할 것이다.

하 참조.

191) 일반조항의 불명확성과 위험성에 대해서는, 심헌섭, 一般條項 小考, 법학 1989.5, 107면 이하 및 강희원, 이른바 "일반조항(Generalklauseln)"에 관한 기초법학적 이해, 고황법학 제1권, 1994, 209면 이하 참조.

제2절 공부변경 및 그 거부행위의 처분성[192]

대상판결 1 ; 대법원 2000.12.22 99두11349 등기촉탁거부처분취소청구사건
        2 ; 헌재 1999.06.24 97헌마315 지목변경신청거부행위의 위헌확인

　　항고소송에 의한 공증의 통제문제를 다시 검토할 필요성에 대해 회의를 갖고 있는 법학계와 실무계의 일반적 정서와 달리, 조헌수 변호사[193]에 이어 이 논문에서 공증문제로 잘못 분류되어 왔던 공부변경 및 그 거부행위를 공적 장부의 내용확정·표시행위의 통제라는 관점에서 재검토

---

192) 2002년 행정판례연구 제7권에 발표된 이 글은 2004년 대법원 전원합의체판결(대법원 2004. 4. 22. 선고 2003두9015 전원합의체 판결)에 반영되어 공적 장부 관련행위의 사법적 통제 확대에 이론적 기초를 제공하는데 기여했다.

193) 조헌수, 건축물대장 직권정정행위의 처분성, 행정판례연구 IV (1999), 296-302면. 이 논문은 대법원 1995. 5. 26 선고 95누3428판결을 평석한 것이었는데, 등기부등본과 건축물대장에는 "주택 및 창고"로 되어 있으나 개발제한구역관리규정에 의하여 작성된 건축물관리대장에는 "우사"로 등재되어 있어 각 공부가 서로 상이하다는 점을 들어 건축물증·개축허가신청을 거부하였다. 그 후 행정소송을 제기하여 원고가 승소하였다. 행정청은 판결의 기속력에 따라 거부처분취소에 따라 판결의 취지를 존중하여 재처분의무를 이행하여 하므로, 새로운 사정변경이 있으면 다시 거부할 수도 있겠지만 통상의 경우라면 건축허가처분을 하여야 함에도 불구하고, 오히려 행정이 스스로 허가요건의 충족에 중요한 상태를 스스로 변경시켜 기존의 등기부등본과 건축물대장을 직권정정하여 그 용도를 우사로 변경하였다. 이에 대해서 다시 원고가 직권정정행위의 위법을 주장하며 행정소송을 제기하였으나 고등법원과 대법원이 모두 처분이 아니라는 이유로 각하하였다. 정정행위의 성질에 대한 법원의 주류적 판례의 입장을 고수하기 위하였다고 생각되지만, 우리나라에서 판례자체는 법원성이 인정되고 있는 것도 아니고, 법원은 판결의 기판력의 이론을 적용하여 두 번째 거부처분의 위법을 판시할 수도 있었지 않을까 생각한다. 이 판례의 평석을 읽으면서 공적 장부에 기재된 내용은 그 후에 건축허가처분의 요건이 되었으므로 공증이 공법관계에 직접적 구속력을 갖는 경우도 많지 않은가, 형식적 법논리야 어찌되었든 아직도 국민들의 법감정으로는 도저히 납득할 수 없는 판례들도 있지 않은가, 무엇인가 바뀌어야 하지 않을까 생각하는 계기가 되었다.

하게 된 이유는 다음에 있다.

부실한 공문서를 통제해야 할 현대적 필요성이 새롭게 부각되면서 항고소송의 기능과 독자적 필요성을 다른 사법적 통제수단들과의 관계에서 종합적으로 검토할 필요가 있었다는 점이다. 특히, 새로운 통제수단으로 등장하고 있는 헌법소원과의 관계가 시급히 해결해야 할 과제로 제시되었다. 행정의 공권력행사에 대한 정상적인 통제수단인 항고소송은 비상의 통제수단인 헌법소원에 대한 관계에서 부실공문서의 통제문제에 대해 어떻게 역할분담을 해야 하는가, 그 기준은 무엇인가 하는 점이 명확해져야 한다.

I. 대상판결들의 내용과 부실공문서통제를 위한 공증이론의 도구적 한계

1. 대상판결들의 내용

1) 대상판결1의 사건개요와 판결의 내용

대상판결1에서 대법원은 환지등기촉탁거부행위라는 공적 장부의 내용변경 거부행위의 처분성을 인정하였다.

사실관계는 다음과 같다. 도봉지구토지구획정리사업으로 인해 1억여 원의 청산금이 부과되는 내용의 환지처분이 공고되었는데, 행정청이 환지처분의 공고 이후에도 오랫동안 위 토지에 대한 환지등기의 촉탁을 하지 않자, 원고가 환지등기를 촉탁하여 줄 것을 신청하였으나, 서울시는 청산금 및 이자가 납부되지 않았다는 이유로 징수청산금 납부대상 토지에 대하여는 당해 물건지의 등기 촉탁을 보류할 수 있다는 서울특별시토지구획정리사업청산금사무처리규칙(서울특별시 규칙 제2004호) 제

24조 제1항 본문의 규정을 내세워 위 신청을 거부하였다. 그런데, 구 토지구획정리사업법 제62조 제1항에 의하면 환지처분의 공고가 있는 경우에는 환지계획에서 정하여진 환지는 그 환지처분의 공고일의 다음날부터 종전의 토지로 간주되므로 종전의 토지 위에 존재하던 권리관계는 환지에 그 동일성을 유지하면서 이전하게 되므로 소유권의 내용은 공고된 대로 이미 확정된 것이 된다. 청산금은 단지 채권으로서 청산금을 징수할 권리는 5년간 이를 행사하지 아니하면 시효로 소멸하도록 하고 있는데, 이 사안에서는 청산금납부의무는 시효소멸하였다.

그런데, 이 사건에서는 명확하게 의식되어 검토되지는 않았지만 중요한 쟁점은 환지등기거부라는 행위가 행정사무집행의 편의와 사실증명의 자료로 삼기 위한 것일 뿐, 당해 토지에 대한 실체상의 권리관계에 어떤 변동을 가져오는 것이 아니므로 처분이 아닌가 하는 점이다. 이와 관련하여 대법원은 "재산을 처분함에 있어 받는 제약을 최소화하기 위하여 사업시행자에게 환지처분의 공고가 있은 후 지체 없이 환지등기를 촉탁하도록 의무를 부과하고 있는 것이라고 할 것이므로, 사업시행자가 별다른 이유 없이 환지등기의 촉탁을 장기간 지체하는 경우 토지의 소유자로서는 사업시행자에 대하여 환지등기의 촉탁을 신청할 수 있는 조리상의 권리가 있다고 할 것이고, 사업시행자가 이를 거부하였다면 위법한 처분이 된다고 할 것이다"고 판시했다.

2) 대상판결2의 사건개요와 판결의 내용

헌법재판소는 공적 장부의 내용확정·표시행위의 법적 성격을 평가함에 있어 앞으로 이에 관한 법이론과 재판에 중대한 영향을 미칠 헌법소원결정을 하였다.(1999.06.24 97헌마315 지목변경신청거부행위의 위헌확인) 이하에서는 그 내용을 살핀다.

청구인이 매매계약을 체결할 당시 이 사건 종전토지는 허가를 받아

택지조성을 하고 준공검사까지 마치고서 토지대장상으로는 이미 지목이
"대"로 등록되어 있었는데, 그 후 강서구청장은 청구인이 이 사건 종전
토지를 매수한 후 그 소유권리전등기를 경료하기 이전에 서울특별시장
으로부터 녹지지역 내의 토지 중 지목이 "대"로 되어 있으나 현황이 임
야, 전, 답 등인 토지는 현황대로 지목을 정리하라는 등의 "지목변경정
리지침"을 시달받고서, 이 사건 종전토지의 지목을 "대"에서 "전"으로
직권변경하였다. 이에 청구인은 토지지목변경신청서를 제출하였으나 강
서구청장은 지목변경을 거부하였다. 이 사건에서 가장 큰 쟁점은 강서구
청장의 주장대로 "지적공부에 등록된 지목의 변경행위는 행정사무집행
의 편의와 사실증명의 자료로 삼기 위한 것일 뿐, 그 지목의 등록이나,
변경등록으로 인하여 당해 토지에 대한 실체상의 권리관계에 어떤 변동
을 가져오는 것이 아니므로, 지목의 등록 또는 변경등록의 거부를 헌법소
원의 대상이 되는 공권력의 행사나 불행사로 볼 수 없"는가 하는 점이다.

이에 관하여 헌법재판소의 다수의견은 "지적법 제38조 제2항에 의하
면 토지소유자에게는 지적공부의 등록사항에 대한 정정신청의 권리가
부여되어 있고, 이에 대응하여 소관청은 소유자의 정정신청이 있으면 등
록사항에 오류가 있는지를 조사한 다음 오류가 있을 경우에는 등록사항
을 정정하여야 할 의무가 있는바, 피청구인의 반려행위는 지적관리업무
를 담당하고 있는 행정청의 지위에서 청구인의 등록사항 정정신청을 확
정적으로 거부하는 의사를 밝힌 것으로서 공권력의 행사인 거부처분이
라 할 것이므로 헌법재판소법 제68조 제1항 소정의 "공권력의 행사"에
해당"한다고 보았으며,

"지목은 토지에 대한 공법상의 규제, 공시지가의 산정, 손실보상가액
의 산정 등 각종 토지행정의 기초로서 공법상의 법률관계에 법률상·사
실상의 영향을 미치고 있으며, 토지소유자는 지목을 토대로 한 각종 토
지행정으로 인하여 토지의 사용·수익·처분에 일정한 제한을 받게 되므
로, 지목은 단순히 토지에 관한 사실적·경제적 이해관계에만 영향을 미

치는 것이 아니라 토지의 사용·수익·처분을 내용으로 하는 토지소유권을 제대로 행사하기 위한 전제요건으로서 토지소유자의 실체적 권리관계에 밀접히 관련되어 있다고 할 것이고, 따라서 지목에 관한 등록이나 등록변경 또는 등록의 정정은 단순히 토지행정의 편의나 사실증명의 자료로 삼기 위한 것에 그치는 것이 아니라, 해당 토지소유자의 재산권에 크건 작건 영향을 미친다고 볼 것이며, 정당한 지목을 등록함으로써 토지소유자가 누리게 될 이익은 국가가 헌법 제23조에 따라 보장하여 주어야 할 재산권의 한 내포(내포)로 봄이 상당하다"고 했다.

그러나, 소수의견은 "지적법상의 지목은 토지의 현상을 사실대로 반영하여 지적공부에 등재한 것에 불과하므로 원칙적으로 토지대장상의 지목이 변경된다고 하여 당해 토지에 관한 법률관계가 변경된다고 할 수 없으나, 만일 법률의 규정에 의하여 토지대장상의 지목이 토지 소유자의 권리관계에 영향을 미친다면 행정청이 토지대장상의 지목을 등재하거나 변경하는 행위는 헌법소원심판청구의 대상이 되는 공권력의 행사 또는 불행사에 해당한다고 할 것이다"고 전제하고서,

"제주도개발특별법 제21조 제2항 제3호에 의하여 제주도 내 상대보전지역내에서는 지목이 대인 토지에 한하여 건축허가를 받을 수 있고, 국토이용관리법 제15조 제1항, 같은 법시행령 제17조에 의하여 자연환경보전지역내에서는 지목이 대인 토지에 한하여 일정한 건축을 허용하고 있는 것이 있다. 따라서 위 각 법률에 규정된 지역내에서의 지목변경행위는 해당 토지에 대한 공법상 규제를 직접적으로 변경하게 되어 토지소유자의 권리관계에 영향을 미치므로 공권력의 행사에 해당한다고 할 수 있다"고 한다.

또, "지목변경행위가 공권력의 행사에 해당하는지 여부는 개별적인 사안에 따라 과연 토지 소유자의 권리관계에 영향을 미치는지 여부에 따라 판단하여야 할 것"이라고 하면서, "이 사건 토지의 지목 변경으로 인하여 토지 소유자의 권리관계에 영향을 미친다는 점을 인정할 만한

자료가 전혀 없으므로 이 사건 토지에 대한 지목변경행위는 토지 소유자의 공법상 권리관계에 영향을 미치는 공권력의 행사에 해당하지 아니한다고 할 것이다"고 한다.

그리고, "다만 토지의 지목으로 인하여 건축법상 건축허가를 받는데 어려움이 발생하는 등 사실상의 불이익을 받을 수 있으나, 이러한 사실상의 불이익은 당해 건축허가에 대한 쟁송을 통하여 해결하는 것이 직접적이고 효과적인 방법이지 토지의 지목변경에 의하여 해결하려고 하는 것은 우회적이고 간접적인 방법이므로 이를 인정할 필요가 없다. 그리고 이러한 우회적인 방법의 분쟁해결을 인정할 경우, 자칫 당사자들이 토지의 지목변경에 대한 쟁송을 건축법이나 농지법 또는 도시계획법에 의한 규제를 회피하는 방법으로 악용할 소지가 있으므로 이러한 우회적인 방법에 의한 분쟁해결은 바람직하지 아니한 것이다. 다수의견은 지목등록 또는 변경행위 자체에 대한 불복을 허용하지 않는다면 건축법등에 의한 행정작용이 행하여질 때마다 그 행정작용에 대하여 정당한 지목을 주장하면서 다투어야 하는 번거로움이 있으므로 지목 자체에 대한 불복을 허용하는 것이 바람직하다고 주장한다. 그러나 토지의 지목에 대한 쟁송에서 승소하였다고 하여 그로 인한 행정작용이 무효로 되는 것은 아니므로 토지의 소유자는 또다시 행정작용에 대하여 소송을 제기하여야 하는 이중의 절차를 밟아야 한다. 따라서 지목에 대한 쟁송을 인정하는 것이 반드시 토지 소유자에게 직접적인 권리구제방법을 인정하는 것은 아니며, 오히려 앞서 본 바와 같이 우회적인 방법으로 권리구제를 받을 수 있는 편법을 인정하는 결과를 초래할 수 있다"고 한다.

2. 부실공문서통제를 위한 공증이론과 정정방식 및 국가배상 소송에 의한 권리보호방식의 한계

1) 부실공문서통제를 위한 공증이론의 도구적 한계

행정법학에서는 공증이란 행정청 또는 공무원이 그의 직무권한 내에서 어떤 사실이나 법률관계의 존부나 그 내용을 공적으로 증명하는 행위로서 의문 또는 다툼이 없는 사항에 관하여 공적 권위로써 이를 증명하는 행위라고 설명해왔다.[194] 그러나, 대상 판례에서 드러나듯이 공적 장부의 기재내용의 정확성 내지 진실성에 대한 다툼이 매우 심각한 경우들이 실무상 많이 문제되고 있는 상황에서, 공적 장부의 기재내용에 관한 다툼이 없는 경우에 관한 이론인 공증이론을 공적 장부의 변경 및 그 거부행위에 대해서까지 적용해왔던 점은 잘못이었다고 할 수 있을 것이다. 따라서, 이 논문에서는 공부변경 및 그 거부행위에 대하여 기존의 공증이론과는 다른 각도에서 논의를 전개하겠다.

2) 정정방식에 의한 권리보호의 한계

주류적 판례는 공문서의 변경 및 그 거부행위의 분쟁실체를 보지 않고 공증에 관한 이론의 영향을 받아 공증행위가 실체상의 권리관계에 어떤 변경을 가져오는 것은 아니라고 보면서, 정정청구에 대한 개인의

---

194) 행정법학에서는 국민의 권리의무와 관계있는 문서로서 행정이 작성하고 보관하는 문서에 대해서 행정이 수행하는 공증에 대해서만 학문적 관심을 표시해왔다. 공증 업무는 외국에서는 공증인에 의하여 이루어지는 경우가 많고 우리나라에서도 공증인이 주로 사법상의 법률관계(예, 유언)에 관한 문서들에 대해서 공증을 하고 있다. 공증인이 공증인법의 규정에 따라 작성한 공정증서는 진정한 공문서로 추정된다(민사소송법 제327조 제1항). 즉, 형식적 증거력이 인정된다. 독일 민사소송법 제415조는 공증인에 의하여 증서에 기재된 사항은 완전한 증거(voller Beweis)가 된다고 함으로써 실질적 증거력도 인정하고 있으나, 우리 민사소송법에는 그러한 규정이 없다.

권리를 인정하지 않고 행정만이 공문서의 내용을 정정할 수 있는 권한을 가진다고 보아 왔다.

정정절차라는 것은 법령에 특별한 규정이 없는 한 이해관계인의 신청이나 행정의 직권으로 개시되고 이해관계인이나 다른 공공기관들에게 구속력을 갖는 것도 아니므로 그 법적 성질도 사실행위이고 쟁송의 대상이 되는 것도 아니다. 정정에 대한 시간적 제한도 없어서 그것이 발견되었을 때는 언제든지 가능하다. 정정에는 법적 근거도 필요하지 않으며 원칙적으로 행정청의 재량사항이어서 정정해야 할 의무도 지지 않는다. 당사자 등의 이해관계인이 정정을 신청하여도 그것은 촉구하는 의미를 가질 뿐 행정청을 구속하지 못한다. 행정청이 정정을 거부한다 하더라도 당사자등은 그 거부에 대하여 권리구제수단을 갖지 못한다. 부작위에 대해서도 마찬가지이다. 문서의 내용에 대한 이해관계인들이나 공중의 신뢰가 형성된 경우에도 정정된 내용이 당사자등 이해관계인의 권리의무에 영향을 미치지 못하기 때문에 보호되지 못한다. 따라서 단순한 정정절차만으로는 권리보호에 중대한 한계가 있다.

다만, 호적법이나 지적법의 경우처럼 정정절차에 관하여 법령에 특별한 규정이 있는 경우에는 당해 법령에 따라 정정이 이루어져야 한다.

3) 국가배상소송 등 행위의 주관적 측면통제방식에 의한 공문서 관리 부실의 통제와 그 한계

(1) 국가배상소송에 의한 공문서 관리부실의 통제

부실 공문서에 대한 사법적 통제방식 중 행위자의 주관적 측면을 통제하는 대표적인 방식중의 하나가 국가배상소송이다. 국가배상소송에 의한 공문서관리부실의 통제는 대부분 공무원이 부주의로 중요한 민원문서의 처리를 잘못한 경우에 인정된다. 공무원의 중대한 과실이 인정될 때에는 공무원 개인이 자기재산으로 배상하여야 하므로 해당 업무부서에 처음 배치되거나 신규로 임용된 공무원들에게 있어 국가배상소송은 잠재적으로 문서업무의 처리과정에서 상당한 통제수단이 된다. 하지만, 국가배상소송은 공문서내용의 정확성이나 진실성의 오류를 시정하는 것에 목적이 있는 것이 아니고 공문서의 발급과정에서 권한있는 자에게 발급했는지 여부, 공문서의 작성과정에서 상대방의 기망행위에 속임을 당할 때 필요한 주의의무를 다하였는지 여부 등 공문서관리공무원의 주관적 성실성을 통제하고자 하는 것이다. 이하에서는 대법원판례상 주로 문제되었던 인감과 관련된 사례들을 검토하여 그 특색을 살펴본다.

국가배상법 제2조의 공무원과실사건 중 대법원까지 올라온 사건들을 성질에 따라 분류해볼 때 가장 많은 것이 인감업무의 과실에 관한 사건들이다. 그 이유는 인감업무에 대해서는 비송사건절차에 의한 통제도 이루어지고 있지 않아 다른 적절한 통제수단이 없어서 사법적 통제수단들 중 국가배상소송이 가장 중요한 기능을 발휘하고 있기 때문인 것으로 보인다.

인감증명은 인감 자체의 동일성을 증명함과 동시에 거래행위자의 동일성과 거래행위가 행위자의 의사에 의한 것임을 확인하는 자료로서 일반인의 거래상 극히 중요한 기능을 갖고 있다. 인감의 신고가 있는 경우 담당공무원은 본인이 신고한 경우에는 신고인이 본인인지, 대리인이 신고한 경우에는 본인의 의사에 기한 것인지를 확인하고, 신고서에 기재된 내용이 사실인지를 확인한 후에 신고를 접수해야 한다. 출원신고의 경우에 본인인지 여부는 주민등록증, 자동차운전면허증, 여권에 의하여 확인한다. (인감증명법 제7조 제1항, 동법시행령 제7조 제2항) 담당공무원은 인감신고가 본인 또는 본인의 의사에 기한 것이라고 인정되면 신고를 접수하고, 그렇지 않으면 신고의 접수를 거부하여야 한다. 의심이 들 때에는 신고인에게 질문하여 확인할 수 있다. 인감증명의 신청이 있는 경우에도 본인여부 또는 본인의 의사에 기한 것인지 여부를 확인하여야 하며, 신청인이 소지한 인감의 인영과 인감대장상의 인영의 동일성 여부를 확인하여야 한다.

인감업무와 관련한 국가배상사건들에 대한 대법원판례들을 살펴보면, 담당공무원이 주민등록증 등을 확인하지 않은 채 인감접수를 한 경우 또는 인감증명을 한 경우에는 과실이 있다고 하고 있다. 구체적으로는 주민등록증이 없음을 알고서도 인감증명서를 발급해준 경우에 담당공무원에게 과실이 있으며, (대판 1978. 9. 12. 78다1074) 인감증명의 신청을 받은 공무원이 주민등록증의 제시를 받고도 그 주민등록증의 위조여부의 확인을 게을리 한 경우에는 과실이 있다고 하였다.(대판 1992. 10. 13. 92다29511) 그리고 인감의 개인신고시에 개인신고인이 진술하는 인적사항 및 그가 제시하는 주민등록증과 증명청에 비치되어 있는 가능한 모든 자료를 비교 검토하여 개인신고인이 본인이라는 확신이 들 경우에 한하여 그 개인신고를 접수·수리하여야 한다. 신고인이 주민등록증을 분실하였다는 말만을 믿고서 개인별 주민등록표에 부착된 사진과 신고인의 얼굴만을 대조하여 동일인인 것으로 잘못 판단한 경우에도 과실이 있다고 하였다.(대판 1994. 1. 11. 933다50185) 개인신고인의 면전에서 주민등록증상의 인적사항과 증명청에 비치되어 있는 개인별 주민등록표에 기재된 인적사항과도 비교하여(특히 개인신고인 본인의 얼굴과 주민등록증상의 사진, 개인별 주민등록표의 사진 등을 비교) 개인신고인이 원래의 인감신고인 본인과 동일한 자인지 여부를 확인하여야 한다. 개인신고인이 제시하는 주민등록증이 외관상 위조 또는 변조되었는지 또는 그가 진술하는 인적사항이 주민등록증상의 그것과 일치하는지 여부도 확인하여야 한다고 했다.(대법원 1996. 5. 10. 95다34477)

인감관리부실사건들의 성격을 보면 신고된 인감의 정확성에 대한 사건들이 아니라 신고된 인감의 정확성을 전제로 하여 본인이나 적법한 대리인에게 인감증명을 발급했는지 여부 또는 인감개인신고시에 권한있는 자 본인임을 적절하게 확인했는지 여부에 관한 것에 집중되고 있다.

(2) 부실공문서에 대한 행위의 주관적 측면의 통제방법들의 의의·한계

　　부실 공문서에 관한 행위자의 주관적 측면에 대한 통제방법은 공무원
이 고의로 허위공문서를 작성한 경우의 형사처벌과 공무원이 부주의로
권한없는 자에게 공문서(예, 인감증명)를 발급한 경우의 국가배상을 그
주된 통제방법으로 가지고 있는데, 이 방법들은 공문서의 내용자체에 문
제가 있는 경우보다는 공문서를 작성하는 자의 고의나 과실을 통제하려
는 것이었다. 공문서를 허위로 위조 또는 변조하거나, 아니면 고의 또는
부주의로 부진정한 당사자에게 발급하는 것과 같은 상황이 존재할 때만
국가배상소송에 의한 통제가 가능하다. 공문서의 내용을 둘러싸고 다툼
이 발생하는 경우에도 기존의 문서를 진정한 당사자에게 그대로 발급하
는 공무원에게는 국가배상책임이 발생할 수 없어서, 항고소송의 대상적
격으로 문제되는 공적 장부의 변경 부작위 또는 변경거부에 대해서는
국가배상책임이 발생하기 어렵다. 그리고 공문서의 직권변경과 말소에
대해서도 공무원에게 인정되는 심사권과 심사의무를 공무원이 이행하기
만 하였다면 국가배상책임을 묻기는 어렵다. 국가배상제도에 의한 부실
공문서통제의 한계는 여기에 있다.

Ⅱ. 부실공문서의 내용에 대한 통제제도- 민사소송과 독일의 취소소송의 경우의 검토 -

1. 민사소송에 있어 판례에 의한 새로운 부실공문서통제제도 도입에 있어 준수한 원칙들

　　행위의 내용 및 결과에 대한 사법적 통제제도들은 부실한 공문서가
개인의 권리의무에 중대한 영향을 미치는 경우 권리보호의 흠결을 구제

하기 위하여 호적법과 같은 특별법이나 경계확정의 소, 민사소송형태의
건축주명의변경의 소와 같은 새로운 소송유형을 인정하거나,[195) 아니면
건축주명의변경수리거부에 관한 항고소송의 경우처럼 판례를 변경하여
대응해왔다. 대법원이 실무상의 필요에 의하여 부실공문서에 대한 새로
운 유형의 통제방법들을 발견해낸 노력들은 높이 평가할만한 것이라고
생각된다. 이하에서는 그 내용들을 살펴본다.

1) 경계확정의 소

경계확정소송은 인접한 2필의 토지의 경계가 불분명하여 다툼이 있는
경우, (토지경계확정의 소, 대법원 1996.4.23. 95다54761) 민사판결에 의
하여 그 경계를 확정하여 줄 것을 구하는 소송이다. 토지경계확정의 소
라고도 불리우는데 그것은 건물경계확정의 소는 인정하지 않고 토지에
관한 다툼이 있는 때에만 경계확정의 소를 인정하고 있기 때문이다. 건
물의 경우에는 사람의 눈으로 확인하기 쉬워 "사회통념상 독립한 건물
로 인정되는 건물사이의 현실의 경계에 의하여 특정되는 것이므로, 이러
한 의미에서 건물의 경계는 공적으로 설정 인증된 것이 아니고 단순히
사적관계에 있어서의 소유권의 한계에 불과함을 알 수 있"으므로 건물
에 관한 소유권의 범위를 확정하기 위해서는 소유권확인소송에 의하여
야 하기 때문이다.(대법원 1997.7.8 96다36517) 그에 비하여 토지의 경우
에는 "토지의 개수는 지적법에 의한 지적공부상의 필수, 분계선에 의하
여 결정되는 것이고, 어떤 토지가 지적공부상 1필의 토지로 등록되면 그
지적공부상의 경계가 현실의 경계와 다르다 하더라도 다른 특별한 사정
이 없는 한 그 경계는 지적공부상의 등록, 즉 지적도상의 경계에 의하여

---

195) 민사소송에는 행정소송과 달라서 법률이 새로운 소송유형을 도입하지 않아도 판례
    가 새로운 소송유형을 인정하는데 장애가 없다. 이 점 행정소송에 상당한 시사점을
    준다.

특정되는 것이므로 이러한 의미에서 토지의 경계는 공적으로 설정 인증된 것이고, 단순히 사적관계에 있어서의 소유권의 한계선과는 그 본질을 달리하는 것으로서, 경계확정소송의 대상이 되는 '경계'란 공적으로 설정 인증된 지번과 지번과의 경계선을 가리키는 것이고, 사적인 소유권의 경계선을 가리키는 것은 아니다".(대법원 1997.7.8 96다36517)

경계확정소송에 있어 그 청구원인은 인접필지간의 경계가 불분명하여 다툼이 있다는 주장만으로 족하고 원고가 주장하는 경계선까지 원고의 토지라는 소유권의 주장을 할 필요는 없다.(대법원 1993.11.23 93다41792, 41808) 필지간의 경계는 공법적인 문제이므로 경계확정소송에는 변론주의(자백)가 적용되지 않고 청구의 포기, 인락, 화해(대법원 1996.4. 23 95다54761) 등도 인정되지 않는다. 법원은 당사자가 주장하는 경계선에 구애됨이 없이 당사자가 제출한 증거는 물론 필요하면 직권증거조사를 하여 진실한 경계를 찾아야 하고 그 경계선이 원고의 청구보다 유리하거나 불리하거나 상관없으나 증거가 없다고 기각할 수는 없다.[196] 경계확정소송의 목적은 반드시 진실하거나 적절한 경계를 확정받게 하여 반사적으로 그 경계선까지 소유권확인판결을 받는 것과 동일한 효과를 얻게 하려는 것이다.

2) 건축주명의변경에 대한 민사소송과 항고소송에 의한 통제

(1) 건축주명의변경의 절차

건축허가를 받은 자가 건축 또는 대수선중인 건축물을 양도하거나, 허가를 받거나 신고를 한 건축주가 사망한 경우, 허가를 받거나 신고를 한 법인이 다른 법인과 합병을 한 경우, 그 양수인·상속인 또는 합병후

---

[196] 박현순, 현실의 경계와 지적도상 경계가 상위한 경우의 법적 문제, 사법논집 제19집 (88. 12), 46면.

존속하거나 합병에 의하여 설립되는 법인은 건축관계자변경신고서를 허가권자에게 제출하여야 한다.(건축법시행규칙 제11조 제1항) 허가권자는 건축관계자변경신고서를 받은 때에는 그 기재내용을 확인한 후 건축관계자변경신고필증을 신고인에게 교부하여야 한다.(건축법시행규칙 제11조 제3항)

(2) 건축주명의변경에 관한 민사소송

건축관계자중 특히 건축주는 건축공사를 함에 있어 건축신고를 할 필요가 있는 경우가 있고, 중간검사를 신청할 필요가 있는 경우가 있으며, 공사를 완료한 후 준공신고를 하여야 하고, 이에 위반하는 때에는 처벌되므로 건축허가관계서류의 명의변경을 할 필요가 있다. 또, 양수인이 소유권보존등기를 신청하기 위해서는 건축허가관계서류를 제출하여 건축물관리대장에 기재한 후 건축물관리대장에 변경된 내용을 제출해야 한다. 그런데, 건축중인 건축물을 양도한 자가 건축주명의변경에 동의하지 아니한 경우 양수인은 그 의사표시에 갈음하여 판결을 받을 필요가 있다. 이 때 양수인의 의사에 갈음하는 기능을 하는 소송이 민사소송형태의 건축주명의변경소송이다. "건축허가서는 허가된 건물에 관한 실체적 권리의 득실변경의 공시방법이 아니고 그 추정력도 없으므로 건축허가서에 건축주가 피고로 기재되어 있다고 한들 피고가 그 건물의 소유권을 취득한 것이라 볼 수 없고, 건축법 제5조 제4항에 따라 관할 행정관청의 허가를 얻어 건축허가사항을 변경한다고 하여도 그 명의변경이 그 건물의 실체적 권리관계에 아무런 영향을 미치는 것이 아니다".(서울고법 1988.01 87나3609) 이러한 이유로 서울고등법원은 건축허가서의 건축주 명의를 원고 앞으로 변경할 것을 청구할 구체적인 법적이익이 없다고 보았으나, 대법원은 준공신고나 건축물관리대장의 명의변경후 소유권보존등기신청에 필요하다는 이유로 "건축중인 건축물을 양수한 자가 건축주 명의변경에 동의하지 않는 양도인을 상대로 그 의사표시에 갈음하여 건축허가서의 건축주 명의변경절차 이행을 구하는 소는 소의 이익이 있다"고 판시한 바 있다. (대법원 1989.05.09 88다카6754 건축허가명의변경) 또, "건축허가서의 건축주 명의를 타인에게 신탁한 자가 이를 해지하고 건축주명의변경에 동의하지 않는 수탁자를 상대로 그 의사표시에 갈음하여 건축허가서의 건축주명의변경절차이행을 구하는 소는 소의 이익이 있다"고 판시하였다.(대법원 1996.10.11 95다29901 건축주명의변경)

(3) 건축주명의변경에 관한 항고소송

건축주명의변경을 위한 항고소송이 필요하게 된 이유는 건축물의 양수인이 양도인으로부터 명의변경에 필요한 서류를 받았다 하더라도 소관행정청이 건축허가관계서류에 건축주명의변경신고의 수리를 거부하는 경우가 생기고 이 때에는 항고소송이외의 다른 구제수단이 없기 때문이다.

건축허가를 받은 자가 건축물을 양도한 때에는 양수인은 건축관계자변경신고서를 허가권자에게 제출하여야 하며, (건축법시행규칙 제11조 제1항) 허가권자는 건축관계자변경신고서를 받은 때에는 그 기재내용을 확인한 후 건축관계자변경신고필증을 신고인에게 교부하여야 한다.(건축법시행규칙 제11조 제3항) 이 때, "건축주명의변경신고에 관한 건축법시행규칙 제3조의2의 규정은 단순히 행정관청의 사무집행의 편의를 위한 것에 지나지 않는 것이 아니라, 허가대상건축물의 양수인에게 건축주의 명의변경을 신고할 수 있는 공법상의 권리를 인정함과 아울러 행정관청에게는 그 신고를 수리할 의무를 지게 한 것으로 봄이 상당하므로, 허가대상건축물의 양수인이 위 규칙에 규정되어 있는 형식적 요건을 갖추어 시장 군수에게 적법하게 건축주의 명의변경을 신고한 때에는 시장

군수는 그 신고를 수리하여야지 실체적인 이유를 내세워 그 신고의 수리를 거부할 수는 없다". (대법원 1992.03.31 91누4911 건축주명의변경신고수리거부처분취소[197]) 대법원의 다른 판결도 "형식적 요건을 갖추어 시장 군수에게 적법하게 건축주의 명의변경을 신고한 때에는 시장 군수는 그 신고를 수리하여야지 실체적인 이유를 내세워 신고의 수리를 거부할 수 없다"고 하고 있다.(대법원 1993.10.12 93누883)

그러나, 건축주명의변경의 신고에 대한 수리나 그 거부행위를 판례가 처음부터 처분으로 본 것은 아니었다. 즉, 초기에는 다른 공증행위와 똑같이 처분성을 부인하다가 90년대에 들어와서는 다른 공증행위에 대한 법적 평가와는 차별성을 인정하여 처분성을 인정하고 있다. 70년대 말에 나온 건축주명의변경승인취소청구사건(대법원 1979.10.30 79누190)에서 대법원은 "건축허가는 대물적 허가의 성질을 가지는 것으로 그 허가의 효과는 허가대상 건축물에 대한 권리변동에 수반하여 이전되고, 별도의 승인처분에 의하여 이전되는 것이 아니며, 건축주 명의변경은 당초의 허가대장상 건축주 명의를 바꾸어 등재하는 것에 불과하므로 행정소송의 대상이 될 수 없다"고 하였다.[198]

3) 새로운 부실공문서통제제도의 도입에 있어 민사판례가 고려한 내용들

이상의 민사판례의 내용을 분석함으로써 우리는 중요한 시사점을 얻을 수 있다. 즉, 새로운 유형의 통제제도를 판례변경 등에 의해 도입하

---

197) 이 판례에 대한 평석은, 배병호, 건축주명의변경신청 수리거부행위의 취소소송대상 여부, 행정법연구 창간호(1997), 238면 이하 참조. 대법원은 이 판결에서 수리거부행위를 처분으로 보면서도 "건축물의 소유권을 둘러싸고 소송이 계속중이어서 판결로 소유권의 귀속이 확정될 때까지 건축주명의변경신고의 수리를 거부함이 상당하다"고 판시했다.

198) 그러나, 대법원 1993.10.12 93누883 건축주명의변경신고수리거부취소청구사건에서 대법원은 판례변경절차를 밟지 않고 수리거부행위의 처분성을 인정하였다.

는 경우 지켜야 할 사항은 그 소송이 가장 확실한 방법인가, 당해 소송을 인정하지 않는다면 다른 구제방법이 없는 거의 유일한 구제방법인가 하는 점이 매우 중요한 기준이 된다. 이 때, 기존의 관련된 다른 소송제도들과 유기적으로 역할분담이 이루어져 모순이 발생하지 않도록 하여야 한다. 예를 들어 사법상의 소유권과 같은 권리관계의 증명을 위해서는 소유권확인의 소를 제기하여 해결하는 것이 원칙이고 장부가 아니라 눈으로 그 경계확정이 가능하므로 건축물의 경우에는 경계확정의 소를 이용해서는 안된다. 그러나, 토지의 경우에는 비록 부동산등기가 제1차적인 문서로서 중요하고 지적공부는 제2차적인 문서라 하더라도 사람의 눈으로 그 경계를 식별하기가 곤란하고 경계표시가 없는 부동산등기만으로는 그 경계를 알 수도 없으므로 지적공부를 대상으로 하여 민사소송방식의 경계확정의 소를 다른 이해관계인을 피고로 하여 제기하는 것이 그 분쟁의 당사자들이 종국적으로 문제를 해결할 수 있는 거의 유일한 방법인 것이다. 건축물의 양수인이 건축주명의변경에 동의하지 아니하는 건축물의 양도인을 상대로 양도인의 의사표시에 갈음하기 위해 제기하는 소송도 그 방법이 유일하고 적절하기 때문이다. 또, 건축물의 양수인이 양도인으로부터 명의변경에 필요한 서류를 받았다 하더라도 소관행정청이 건축허가관계서류에 건축주명의변경신고의 수리를 거부하는 경우가 생기기 때문에 **건축주명의변경에 관한 항고소송**이 필요하게 된 것이다.

그 소송이 가장 확실한 방법인가, 당해 소송을 인정하지 않는다면 다른 구제방법이 없는 거의 유일한 구제방법인가 하는 점은 대법원의 경우에 있어 새로운 유형의 통제제도를 도입할 것인가를 판단함에 있어 중요한 기준이 되고 있음을 명확하게 보여주는 판결은 **무허가건물대장에 건물주명의의 말소를 구한 민사소송사건**이다.(대법원 1998.6.26 97다48937) 이 판결에서 대법원은 "무허가건물대장은 행정관청이 무허가건물 정비에 관한 행정상 사무처리의 편의를 위하여 직권으로 무허가건물의 현황을 조사하고 필요 사항을 기재하여 비치한 대장으로서 건물의 물권 변동을 공시하는 법률상의 등록원부가 아니며 무허가건물대장에 건물주로 등재된다고 하여 소유권을 취득하는 것이 아닐 뿐만 아니라 권리자로 추정되는 효력도 없는 것"이라고 하면서도, "무허가건물대장이 건물의 물권 변동을 공시하는 법률상의 등록원부가 아니라고 하더라도 그 건물주 명의 기재의 말소를 구하는 청구가 일률적으로 법률상 소의 이익이 없다고 볼 것은 아니고 개별적 사건에 있어 구체적 사정을 고려하여 이를 판단하여야 한다"고 하고, "지방자치단체의 조례가 무허가건물대장에 등재된 건물에 대하여 공익사업에 따른 철거시 철거보상금을 지급하도록 규정하고 있고 종전에도 관할 동사무소가 무허가건물에 관하여 무허가건물대장상 건물주 명의의 말소를 명하는 확정판결에 따라 업무를 처리한 경우, 무허가건물대장상 건물주 명의의 말소를 구하는 청구가 소의 이익이 있다"고 판시한 것이다.

　이 판결에서 명확해지듯이 무허가건물대장이라는 공적 장부는 물권변동을 공시하는 등록원부가 아니어서 소유권을 취득시키거나 권리자로 추정되는 효력도 인정되지 않지만, 지방자치단체가 철거보상금을 지급해야 하는 보상금청구권리라는 권리를 발생시키는 요건이 된다. 이 경우 무허가건물대장상의 건물명의자의 변경말소 등의 행위에 대해서 사인간에 분쟁이 생겼을 때에는 무허가건물대장상 건물주명의의 말소를 구하는 소가 다른 구제방법이 없는 유일한 구제방법이 된다. 만약 변경, 말소 등과 관련된 행정청의 행위가 문제되었다면 그것이 유일한 구제방법이라면 항고소송의 대상이 될 수도 있을 것이다.

2. 공적 장부의 내용확정·표시행위에 관한 독일판례들의 분석

1) '법률상 보호이익'에 대한 법원의 인식과 그 문제점

공적 장부의 내용확정·표시행위에 관한 주류적 판례는 "행정청이 건축물대장에 일정한 사항을 등재하는 것은 행정사무집행의 편의와 사실증명의 자료로 삼기 위한 것이고, 건축물의 멸실에 따라 건축물대장을 말소하는 행위도 건축물대장을 정리, 마감하기 위한 절차에 불과하며 그러한 등재나 말소행위로 인하여 그 건축물에 대한 실체상의 권리관계에 변동을 가져오는 것이 아니므로, 건축물대장에 대한 말소행위의 취소를 구하는 소는 부적법하다"는 논리를 사용하였는데, (대법원 2001. 6. 12. 99 두 7777 건축물재축신청수리불가처분취소) 여기서 말하는 '실체적 법률관계'는 단지 사법상의 권리의무관계만을 의미하므로 공적 장부의 내용확정·표시행위가 공법상의 법률관계에 구속력을 미치는 경우에는 사법상의 법률관계에 변동을 가져오지 않는다는 이유로 처분성이 부인되게 된다. 이 입장에서는 허가를 받을 법률상의 보호이익은 보호할 수 없게 된다. 이러한 인식을 보여주는 것으로, "건축허가는 시장, 군수 등의 행정관청이 건축행정상 목적을 수행하기 위하여 수허가자에게 일반적으로 행정관청의 허가없이는 건축행위를 하여서는 안된다는 상대적 금지를 관계법규에 적합한 일정한 경우에 해제하여 줌으로써 일정한 건축행위를 하여도 좋다는 자유를 회복시켜 주는 행정처분일 뿐 수허가자에게 어떤 새로운 권리나 능력을 부여하는 것이 아니며, 건축허가서는 허가된 건물에 관한 실체적 권리의 득실변경의 공시방법이 아니고 그 추정력도 없으므로" 라는 서울고등법원의 판단(서울고법 1988.01 87나3609)에 대하여 대법원이 "건축허가의 성질이나 건축허가서의 기능에 관한 원심판결의 이유는 옳다"고 한 판단하고 있는 것이다.(대법원 1989.05.09 88다카6754 건축허가명의변경)

그러나, 이러한 인식은 문제가 있다. 행정법학에서 항고소송의 제기를 위한 원고적격의 기준이 되는 '법률상 이익'에 대한 보호필요를 부인하고 있기 때문이다. 처분의 가장 중요한 특징은 이해관계있는 사인들이나 다른 행정기관을 처분의 내용에 의해 구속하는 구속력을 갖는다는 점이고, 이 구속력에 의해 이들의 법률상 이익에 중대한 영향을 미치는 것이다. 공적 장부의 내용확정·표시행위의 내용이 그 후 다른 처분의 내용결정에 구속력을 미치는 경우에는 그 행위는 구속력을 갖는다고 할 수 있으므로 처분의 가장 중요한 성격을 갖추게 되는 셈이다. 우선 독일의 상황을 살펴보기로 한다.

2) 공적 장부의 내용확정·표시행위에 관한 독일의 판례들과 학설

독일 **행정판례와 통설은 공적 장부의 내용확정·표시행위에 앞서 그 행위를 할 것인가 말 것인가 또는 어떤 내용의 표시를 할 것인가에 관한 구속적 결정이 선행하고 있다고 추론할 수 있는 경우, 즉, 당해 공적 장부의 내용확정·표시행위가 법률요건이 되거나 법률효과발생의 연결점일 때,** 공적 장부의 내용확정·표시행위의 처분성을 긍정한다. 어떤 물건이나 사람의 구체적이고 중요한 속성이 다른 법규범이 규율하고 있는 법률요건의 징표이거나 법률효과의 연결점일 때, 그 속성에 대해 내용을 확정하여 표시하는 행정청은 다른 행정청이나 이해관계인에 대해 구속력을 미치므로 보다 신중한 심사를 해야 하기 때문이다. 또, 공적 장부의 내용확정·표시행위가 사법상의 법률관계뿐만 아니라 공법상의 법률관계에도 구속력을 미치는 경우에는 처분성을 인정하고 있다.

1950년대 나온 독일의 초기판례들을 보면 공적 장부의 내용확정·표시행위의 항고소송대상적격에 관한 판단방법이 우리와는 달랐다는 것을 알 수 있다.199)200)

첫째 사례는, 노동자나 학생이 왕복차표를 구입하는데 필요한 주소지

증명서(Wohnsitzbescheinigung)를 교부하거나 거부하는 것은 그것이 증거
수단으로서 의미를 가지고 법적 효과발생의 요건이 되고 있기 때문에
Hessen 행정법원은 행정행위라고 판시했다.201) 이 판례는 주소지증명서
라는 공적 장부의 내용확정·표시행위가 왕복차표구입이라는 사법관계
의 성립요건이 되고 있다.

　두번째 사례는, 하자 때문에 전혀 운행할 수 없는 자동차를 구매한 사
람이 민사소송에서 판매자로부터 자동차매매대금의 청구를 받자 행정기
관인 자동차검사소에서 자동차를 검사하여 자동차의 하자로 인한 운행
불가능성의 증명을 받으려고 하였다. Kassel 행정법원은 1955년 9월 14
일의 판결202)에서 법적으로 중요한 효과가 증명서의 발급여부에 달려
있기 때문에 이 증명서의 발급행위는 행정행위라고 판시했다.

---

199) 이 사례들은 Simon은 1950년대에 나온 공증의 법적 성격에 관해 평석하기 위해
　　 검토한 것들이다. 2차대전 후 1969년 공증법이 제정될 때까지 공증의 법적 성격에
　　 관한 논의에 있어 Simon은 중요한 위치를 차지한다. Jürgen Simon, Behöedliche
　　 Bescheinigungen als Verwaltungsakte, DVBl. 1956, 355ff. 이 논문은 1959년 시점
　　 까지 공증의 법적성격에 관해 본격적으로 논구한 유일한 논문이라고 평가받고 있
　　 다. Otto Groetschel, Was bedeutet "Tatbestandswirkung"?, DVBl. 1959, S.414 참
　　 조. 대상 판례들에서 나타난 쟁점은, 첫째, 공증이 처분이기 위해서는 단순한 증명
　　 력만으로는 부족하고 권리의무의 발생을 위한 요건이어야 하는가, 둘째, 공법관계의
　　 성립요건이어야 하는가 아니면 사법관계의 성립요건인 경우에도 처분이 되는가, 셋
　　 째, 공증자체는 처분이 아니거나 불분명해도 그 거부행위는 처분이 될 수 있는가
　　 하는 점들이다.
200) 독일법상 공증은 1969년 8월 28일 제정된 공증법(Beurkundungsgesetz)에 따라 공
　　 증인(Notar)에 의해 처리되는 것이 대부분이지만, 행정도 행정이 보존하거나 행정작
　　 용과 관련된 경우로서 공증법이 적용되지 않는 경우에는 공증을 실시해오고 있다.
　　 행정의 공증에 관해서는 행정절차법 제33조와 제34조가 규율하고 있는데, 이 규정
　　 이 등장하기 전에는 행정이 전통과 관습법에 따라 처리하여 왔다. 제33조와 제34조
　　 는 행정절차법상의 규정들이지만 공증에 의하여 발행되는 문서들은 반드시 행정절
　　 차법의 적용대상인 문서에만 한정되는 것은 아니어서 행정절차법 제9조가 적용되는
　　 엄격한 의미에서의 행정절차와 단지 느슨하게 연결되어 있을 뿐이다.
201) ESVGH 3, 107 ; DÖV 1954, 378 ; VRspr. 6, 507.
202) Kassel VG Nr.I 230/55. 미공간판결.

이 판례에서 공적 장부의 내용확정·표시행위는 자동차매매대금의 청구권의 존부라는 사법관계의 성립요건이 되고 있다.

셋째 사례는, 토지세와 소득세 감면의 요건이 되는 주택임대에 관한 증명서를 행정청에 신청했으나 거절당한 건물소유자가 행정소송을 제기하였는데, 1955년 9월 28일의 판결에서 연방행정법원은 조세감면의 요건이 되는 증명서의 발급을 거부한 행위는 행정행위라고 판시했다.[203]

이 판례에서 주택임대에 관한 증명서발급여부는 토지세와 소득세 감면의 요건, 즉, 공법관계의 성립요건이 되었다.

최근까지도 이 입장은 견지되고 있는데, 다음의 판례들이 나타났다. 범죄기록부에의 등재와 같이 직접적으로 개인의 법적 지위와 관련되어 있을 때에는 그 기록부에의 등재가 행정행위이고,[204] 감정서류에 지문이나 사진을 표시하는 행위도 행정행위이다. 조세감면요건이나 생활보호대상자의 요건을 증명하는 서류의 발급행위도 행정행위이다.[205] 신체장애자의 생활보호비 지급의 전제조건이 되는 의사의 신체검사서의 발급행위도 행정행위이다.[206] 또 문화재로 등재하는 행위도 행정에 의한 사전지정결정이 전제되어 있다고 할 수 있고, 등재된 자에게 특별한 보존의무와 이용의무가 발생하고, 소유권변경에 관해서도 특별한 법적 구속이 가해지므로 행정행위이다.[207] 여권에의 등재나 말소행위는 그 등재와 말소에 관한 결정 속에 체류를 허가하거나 체류허가를 거부하는 결정이 전제되어 있는 것으로 볼 수 있으므로 행정행위이다. 교회탈퇴증명의 교부도 행정행위이다.[208] 신분관계기록에의 등재나 말소에 관한

---

203) NJW 1955, 1893.; 동일 취지의 판결은 OVG Lüneburg Urteil 20.10.1955 - I/A 41/55 - DVBl. 1956, 56.
204) 등재말소에 관하여 DÖV 1960, 716는 행정행위로 보았다.
205) F.O.Kopp, VwVfG, 5.Aufl.,§35, Rn.10.
206) BVerwG DVBl 1961, 87.88. ; Sadan/Ziekow (Hg.), VwGO, 1996, §42, Rn.180.
207) Schoch/ Schmidt-Aßmann/Pietzner, VwGO, 1997, §42①, Rn..28.
208) VGH München BayVBl 1976, 466(467).

결정은 의심스러울 때는 행정행위로 보아야 한다.209)

그러나 공무원지원자에 대한 대기장부에의 등재는 그의 권리를 직접 창출하는 것이 아니므로 행정행위가 아니다.210) 또, 교통위반기록장부에 특정인의 교통위반을 기록하는 것은 경찰이 새로운 결정을 하는데 있어 참고자료가 되는 것일 뿐이므로 행정행위가 아니다.211)

이 판례들의 내용은 공적 장부의 발급행위에 앞서 구속적 결정이라는 공적 장부의 내용확정행위가 선행하고 있다고 볼 수 있는 경우의 공적 장부의 내용확정·표시행위에 대해서는 처분성을 인정하고 있다는 점이다.

3) 거부된 행위와 거부행위의 법적 성질평가에 있어 분리

판례에 따를 때 거부처분이 취소소송의 대상이 되려면, ① 신청한 행위가 처분이고, ② 신청인에게 그러한 신청을 할 권리가 있어야 한다. 즉, "국민의 신청에 대한 행정청의 거부행위가 항고소송의 대상이 되는 행정처분에 해당하기 위하여는 국민이 행정청에 대하여 그 신청에 따른 행정행위를 하여 줄 것을 요구할 수 있는 법규상 또는 조리상의 권리가 있어야 한다".212) 이 요건들 중 신청한 행위가 처분이어야 하는가에 관해서만 검토하기로 한다.

독일 행정법상 의무이행소송은 부작위나 거부처분을 그 소송대상으로 하는데, 부작위의 경우에는 행정절차법상의 행정행위의 범위와 그 적용 영역이 동일하지만 거부처분의 경우에는 다르다. 거부되는 조치의 내용

---

209) VG Augsburg NVwZ 1987, 258.
210) F.O.Kopp, VwVfG, 5.Aufl.,§35, Rn.10. ; 그러나 판례는 교사직을 위한 대기장부에의 등재를 행정행위로 본다. DVBl 1990, 867 = NVwZ - RR 1990, 619.
211) BVerwGE 77, 271 = NJW 1988, 151. ; 그러나 Lüneburg NJW 1979, 563은 교통위반기록의 말소행위를 행정행위로 본다.
212) 대법원 1999.12.07. 97누17568. ; 1998.10.13. 97누13764. ; 1998.09.04. 96누16438.

이 행정행위일 때에는 당연히 거부행위 자체도 행정행위이지만,213) 다수설과 행정절차법의 주석서 저자들은 사실적 조치의 거부행위가 신청자의 청구권에 관한 구속적 규율을 포함하고 있을 때에는 사실적 조치의 거부행위도 행정행위라고 본다.214) 사실적 조치의 거부행위를 행정행위로 보지 않는 소수견해도 존재하는데, 이 입장에서는 신청거부가 구속적 규율을 포함하고 있다는 점을 비판한다.215) 행정청이 신청을 거부할 때 사실관계와 법적 상황에 대해 밀도 있는 심사를 하지 않았을 수도 있으므로 그 거부에 너무 강하고 광범위한 구속력을 인정하는 것은 실무 상황에 맞지 않다는 것이다. 그러나 법의 일반원칙에 따를 때, 거부는 청구권에 관한 구속적 규율을 확인한 것으로 평가되고 그것은 여기서도 예외일 수는 없다는 재비판이 있다.216)

거부되는 조치의 내용이 행정행위가 아님에도 불구하고 이러한 거부행위를 행정행위로 보는 입장을 취하는 사람들은 권리구제방법에 대하여 제소기간내에 의무이행소송을 제기하거나,217) 아니면 취소소송과 일반적 이행소송을 병합하여 제기하여야 할 것이라고 한다.218)

독일 판례상으로도 경찰기관이 정보제공자의 이름공개를 거부한 행위도 행정행위이고,219) 또 강의에서 특정한 강의교재의 사용을 중지할 것을 요구한 학생의 신청을 거부한 행위도 "잠재적 구속력"을 갖는 결정으

---

213) Knack, VwVfG, 6.Aufl., 1998, §35, Rn.4.1.4.; BVerwG NJW 56, 235 ; VGH München NJW 58, 643.

214) Stelkens/Bonk/Sachs, VwVfG, 4.Aufl.,1993, §35 Rn.75. ; Schoch/Schmidt-Aßmann/Pietzner, VwGO, 1997, §42① Rn.32. 96.

215) v.Wedel, MDR 1975, S.96(98) ; Wendt, Zustandekommen, Inhalt Fehlerhaftigkeit von Verwaltungsakten, JA 1980, S. 29.도 비판적 견해를 제시했다.

216) Seibert, Die Bindungswirkung von Verwaltungsakten, 1989, S.511.

217) 행정청이 보유한, 자신에게 불리한 기록의 삭제를 청구한 행위의 거부행위는 행정행위이고 의무이행소송의 대상이다. HessVGH DVBl 1993, 616 =NJW 1993, 3011.

218) Schoch/Schmidt-Aßmann/Pietzner, VwGO, 1997, §42① Rn.32. 96.

219) BVerwGE 31, 301 = NJW 1969, 1131.

로서 행정행위라고 보았다.220) 교사임용신청시 첨부된 서류들에 대한 열람공개의 거부도 행정행위이다.221) 이밖에도 증거수단의 폐기신청에 대한 거부행위,222) 행정문서에 대한 정정신청의 거부행위, 자신에 불리한 직무평가기록을 변경해달라는 신청의 거부행위223) 등도 모두 행정행위라고 판시했다.

우리나라에서도 신청자가 원했으나 거부된 행위와 거부행위는 처분성 인정여부의 가장 중요한 특징인 구속력의 발생과 관련하여 서로 다른 평가를 발생시키는 경우가 있음을 인정할 필요가 있다고 본다. 거부행위는 전통적인 행정행위개념의 핵심적 징표인 행정청의 명확한 의사표시가 존재하기 때문에, 그 의사표시가 구속력을 발생하기만 한다면 처분성을 인정하지 않을 수는 없을 것이기 때문이다. 특히, 부실공문서의 통제와 관련하여 분리는 매우 중요하다.

Ⅲ. 항고소송의 대상적격의 판단기준과 대상판례들의 평석

1. 헌법소원 및 항고소송에 의한 부실공문서통제의 의의

헌법재판소가 등장하기 전까지 대법원은 **판례법질서의 형성과 유지에** 관한 한 독점적 지위를 가지고 있었지만, 지금은 헌법재판소가 판례법의 여러 분야에서 질서의 재형성을 시도하면서 새로운 도전에 직면하고 있다. 항고소송의 대상과 헌법소원의 대상을 둘러싸고 벌어지는 양 사법기관의 판단차이는 점점 심해지고 있고, 그 차이는 국민에 의하여 점점 평

---

220) BVerwGE 61, 164(167 f.).
221) BVerwGE 50, 255(259f.) = NJW 1976, 1364.
222) BVerwGE 11, 181 ; 26, 169.
223) BVerwGE 28, 191(193).

가를 받고 있다. 공적 장부의 변경 및 그 거부행위와 관련된 헌법재판소의 판결로 인하여 법원이 직면한 도전의 핵심은 **대법원의 기존입장이 현 상태에서도 정당하여 수정될 필요가 없는지 하는 문제와 변경한다면 어떤 원칙에 의하여 판례법질서의 안정성을 유지할 것인가 하는 문제이다. 이 문제의 해결의 실마리는 우선 대법원이 행위결과인 공문서내용의 정확성을 통제하기 위해 노력해왔던 기존의 판례들과 헌법재판소의 대상판례가 어떤 일관성을 가지고 있는지, 아니면 전혀 새로운 의미를 가지고 있는지를 검토하는 데서부터 찾아져야 한다.**

지금까지 공부변경 및 그 거부행위가 항고소송의 대상인지에 관해 다룬 주류적 판례들은 공부변경 및 그 거부행위가 실체상의 권리관계에 어떤 변경을 가져오는 것은 아니라고 보면서 변경청구에 대한 개인의 권리를 인정하지 않음으로써 건축주명의변경과 같은 사례를 제외하고는 항고소송은 부실공문서통제방법으로 거의 의미를 갖지 못하는 것으로 보아왔다.

하지만, 국가배상소송과 같은 행위의 주관적 측면의 통제방법들과 비교할 때, 헌법소원과 항고소송과 같이 행위자가 아니라 행위의 내용과 그 결과를 통제하는 방법들은 행정재량의 통제능력에 있어 상당한 강점을 가지고 있다. 헌법소원은 항고소송의 경우와 유사하게 공권력의 행사나 불행사가 존재하고 그것이 위헌이며 그것에 의해 소제기자의 기본권이 침해되었다면 공권력을 행사하거나 불행사한 공무원의 업무처리과정에 있어서의 고의나 과실은 문제삼지 않는다. 또, 공권력을 행사하는 과정에서 재량이 존재한다면 재량권의 일탈이나 남용까지 통제할 수 있다. 항고소송에서는 행정절차법상의 사전의견제출기회나 사후이유제시의무, 이해관계인의 참가나 청문과 같은 절차준수의무의 이행여부를 통제할 수도 있다. 그러므로, 헌법소원이나 항고소송에서는 민사법상의 불법행위소송이나 국가배상소송에 비하여 통제의 범위가 매우 넓어지게 된다.

따라서, 현대로 넘어올수록 행위결과에 대한 새로운 유형의 사법적

통제제도들이 등장하게 되는 것이다. 그렇지만 행위결과에 대한 통제제
도중에서도 민사소송형태의 경계확정의 소나 건축주명의변경의 소는 사
법상의 권리관계에 영향을 미치는 경우의 공적 장부에 대해서만 통제할
수 있다는 한계를 갖는다. 지목과 같이 건축허가의 요건이 되는 지적공
부내용의 변경행위에 대해서는 사법상의 권리관계에 영향을 미치지 않
는다고 보므로 민사소송에 의해서 지목변경과 관련된 행정청의 재량남
용을 통제할 수 없다. 대상판례중의 하나인 헌법소원도 행위결과, 특히
공법상의 권리관계에 영향을 미치는 지목변경행위를 통제하기 위한 새
로운 유형의 통제제도의 하나인 것이다.

그러나, 대상판례인 헌법재판소의 결정은 법원에 매우 당혹감을 주었
고 기존의 대법원의 판례이론과의 조화문제가 매우 심각하게 제기되었
다. 그것은 헌법재판소가 다른 사법적 통제방법들과의 관계에서 헌법소
원으로 통제하고자 하는 바의 적절한 논거를 제시하는데 실패하였기 때
문인 것으로 보인다. 이하에서는 대법원이 그 동안 민사소송분야에서 판
례를 통해 부실공문서통제를 위한 새로운 제도들을 도입하면서 고려했
던 기준들과 독일의 행정소송판례들이 제시한 기준들을 토대로 항고소
송에서의 대상적격의 판단기준을 찾아보기로 한다.

2. 항고소송의 대상적격의 판단기준

해석적 관점에서 어떤 행정청의 조치에 대해 처분성을 긍정하기 위해
서는 당해 처분이 개인의 권리의무에 대해 구속력을 미치는가 하는 측
면과 당해 처분을 발하는 과정에서 공무원이 적절하게 그 요건심사를
하여 확정적인 의사표시를 했었어야 한다는 측면이 고려되어야 한다. 구
속력을 미친다는 것은 공권력이 행사되었다는 것을 의미하기 때문에 권
력관계를 공법관계의 핵심영역으로 보는 한국 행정법학의 입장에서는

처분성을 긍정하여야 하는 강력한 신호가 된다. 또, 구속력이나 구속력에 버금가는 영향을 미치는 공적 장부의 내용확정·표시행위에 있어서는 현실적으로 분쟁이 발생하여 법적 불안이 존재하고 공적 장부의 신청자가 담당공무원에게 적절한 주의를 가지고 심사를 하도록 하는 계기를 제공했다면 담당공무원은 개인의 권리의무에 미치는 구속력을 고려하여 보다 주의깊은 태도로 당해 공문서의 진실성과 정확성을 심사하여 그 입장을 정하여야 할 의무가 있다.

이러한 논리로 필자는 **구속력과 내용확정·표시행위**가 공적 장부 관련 행위의 처분성을 판단함에 있어 **두 개의 기준**으로 작용해야 한다고 본다. 즉, 행정이 공적 장부의 내용을 확정하여 명확한 의사표시를 하였을 것, 그리고 그 행위가 법률관계에 구속력이나 그와 비견할만한 영향을 미쳤을 것을 처분의 요건으로 보아야 할 것이다. 이 입장이 공문서의 정확성보장을 위한 행정능력 및 그 비용과 국민의 권리보호필요를 보다 적절하게 비교형량하는 것이 될 것이고, 과거보다는 권리구제의 기회를 넓혀 부실한 공문서의 오류를 정비하기 위한 효과적인 수단이 될 수 있기 때문이다. 이 입장에서는 법적 불안이 존재하고 적절한 심사의 기회가 주어진 이상 비록 적절한 주의를 기울이지 못했다 하더라도, 당해 공적 장부가 개인의 권리의무관계에 구속력을 미치는 현실을 무시하고 결과적으로 내용을 확정하여 의사표시를 한 것으로 볼 수 있는 때에는 처분성을 인정하여 항고소송의 대상이 되어야 한다고 본다. 그러나, 사법상의 법률관계는 물론 공법상의 법률관계에도 구속력을 갖지 않는 공적 장부의 발급행위는 일상행정의 반복되는 업무처리과정에서 나오는 것으로 오류가 재심사되지 않은 채 발급되고 권리나 법적 보호이익이 침해되는 것도 아니므로 처분성을 인정하기 어렵다.

먼저, **구속력기준**이 갖는 의미를 살펴보기로 한다. 공적 장부의 내용확정·표시행위가 미치는 구속력은 사법상의 법률관계뿐만 아니라 공법상의 법률관계와 관련해서도 존재할 수 있다. 현재까지의 대법원의 주류적 판례의 경우와 같이 공적 장부의 내용확정·표시행위에 대한 통제의 필요를 '실체상의 권리관계', 즉, 사법상의 권리관계로만 파악하는 것은 공법상의 법률관계와 관련해서 통제할 필요를 파악할 수 없게 만든다. 예를 들어 지목변경의 경우처럼 등기부등본도 아니어서 사법상의 권리의무의 존재자체에는 영향을 미칠 수 없는 것으로 이해되고 경계확정의 소나 명의변경의 소와 같은 민사소송에 의한 구제가 가능하지 않은 경우에는 통제대상이 될 수 없다고 쉽게 단정하게 만든다. 그러나, 지목은 일정한 경우 건축허가의 요건이 되어서 공법상의 법률관계에 구속적 영향력을 미친다.

또, 구속력을 갖는 공적 장부의 내용확정·표시행위인가 아닌가 하는 기준은 처분성을 일률적으로 부인하는 입장에서 설명하기 어려운 건축주명의변경신고의 수리거부행위나 환지촉탁거부 또는 분필등기거부행위에 대하여 그 처분성을 실체법적으로 설명할 수 있게 해준다. 그 소송이 가장 확실한 방법인가, 당해 소송을 인정하지 않는다면 다른 구제방법이 없는 거의 유일한 구제방법인가 하는 소송법적 판단기준만으로는 실체법적으로 당해 공적 장부의 내용확정·표시행위가 왜 처분인가를 설명해주지 못하기 때문이다.

구속력기준은 예를 들어, 지목변경신청에 대하여 행정이 변경을 거부하는 행위에 대해 언제나 항고소송이나 헌법소원으로 통제해야 할 대상이라고 보는 입장에도 반대한다. 지목변경행위를 항고소송의 대상이든 헌법소원의 대상이든 언제나 사법적 통제의 대상이 되어야 한다고 보는 입장은 행정실무상 측량사업과 지적공부와 등기부등본의 합치노력, 전자화작업 등이 진행되고 있지만 현실적으로 지적공부와 등기부등본의 불합치율이 20~30%에 이른 상황에서는 행정을 재정이나 기술적 능력등에 있어 감당할 수 없는 위험앞에 놓이게 하고 남소의 위험을 무시한 잘못이 있다.

하지만, 구속력 하나의 기준만에 의해 처분성을 판단하는 것은 문제가 있다. 왜냐하면, 통제되어야 할 공부변경행위는 일정한 사실이나 법률관계가 존재하는 것인가 아닌가에 관하여 법적 불안이 존재하고 있을 때 행정에게 심사기회가 부여되어 발하는 확인적 성질의 확정적 의사표시만 포함되고, 존재여부가 확실한 사실이나 법률관계이어서 법적 불안이 없는 경우의 공증행위에 대해서는 그것은 반복적 행위에 불과하고 구체적 규범의사를 발견하기 어렵기 때문이다. 그러므로, 건축허가에 대해 구속력을 미치는 지목에 대해서도 지적공부를 신청자가 반복해서 발급받는 행위에 대해서는 처분이 존재한다고 말할 수는 없다. 왜냐하면 해당 지목에 대하여 다툼이 존재하지 않아 법적 불안이 없고 따라서 행정은 재심사를 하지 않고 기계적으로 반복하여 해당공문서를 발급해줄 뿐이기 때문이다. 그렇지만, 공부변경행위, 변경거부행위 또는 그 부작위가 구속력을 갖고 있는 경우에도 변경하거나 변경을 거부하는 등의 행정청의 행위는 공문서의 작성행위와 서로 별개의 행위로서 이러한 행위는 단순한 공증행위가 아니라 확인적 성질의 처분을 한 것으로 볼 수 있다.

필자의 입장을 다시 정리하면, 공문서의 내용이 구속력을 미치고 당해 공문서의 내용에 대한 다툼과 법적 불안이 존재할 때, 당사자등의 신청과 주장에 대하여 행정이 당해 공문서의 내용을 심사하여 발하는 공부의 변경 및 그 거부행위는 진실여부가 불확실한 공문서 내용의 진실을 확인할 목적으로 행정이 강화된 심사의무를 이행하여 발한 확정적 의사표시로서 확인적 성질의 처분으로 이해해야 한다는 것이다. 이 입장은 공부변경 및 그 거부행위가 다른 법률관계에 미치는 구속력을 기준으로 그 처분성을 판단하고 거부행위와 거부된 행위를 구별하는 독일 학설들을 종합하여 구성한 것이다. 거부이든 변경이든 행정이 심사를 거쳐 확정적 의사표시를 하여 공법관계나 사법관계에 구속적 영향을 미쳤다는 점에서 심사를 거쳐 발한 행정청의 의사표시와 심사의 대상이 된 행위를 구별했기 때문이다.

3. 대상판결1의 평석(대법원 2000.12.22 99두11349 등기촉탁 거부처분취소청구사건)

이 판례는 대법원의 기존 입장과의 관계에서 상당한 의문을 낳는다. 주지하듯이 주류적 판례는, 토지대장이나 건축물대장에의 등재행위나 말소행위를 실체적 권리관계의 변동을 가져오지 못한다는 이유로 처분으로서 인정하지 않고 있었다. 때문에, 대법원이 이 사건에서 환지등기의 촉탁거부행위에 대하여 토지소유자가 재산을 처분함에 있어 제약을 받는다는 이유로 처분으로 보았다는 점에서 연구자와 하급심판사들에게 충분히 주목할만한 판례인 것으로 보인다. 이미, 많은 대법원판례에서 확인되듯이 "국민의 신청에 대한 행정청의 거부행위가 항고소송의 대상이 되는 행정처분에 해당하기 위하여는 국민이 행정청에 대하여 그 신청에 따른 행정행위를 하여 줄 것을 요구할 수 있는 법규상 또는 조리상의 권리"가 있어야 한다.(대법원 1999. 12. 07. 선고 97누17568판결, 1984. 10. 23. 선고 84누227 판결, 1998. 10. 13. 선고 97누13764 판결 등 참조) 따라서 행정청의 거부행위는 그것에 의해 거부되는 행위가 처분일 때에만 그 처분성을 인정받을 수 있다. 그러므로, 환지등기의 촉탁거부행위가 처분이기 위해서는 이 경우의 환지등기행위가 처분이어야만 한다.

대상판결1은 단지 우발적이고 일회적인 것인가, 아니면 공중의 처분성에 관한 건축주명의변경에 관한 항고소송판례들처럼 이후의 판례에서도 기준이 될 수 있을 것인가는 매우 흥미있다. 그 법적 논리구조가 명확히 해명되지 않는다면 단지 우발적인 것으로 그칠 위험도 있다.

이 판례와 동취지의 하급심판례(1991.07.25, 90구14494 지적공부상의 토지분할신청거부처분무효확인) 를 살펴보기로 한다.

이 사건에서는 사인들 사이에 토지의 경계 및 범위에 관한 다툼이 있어 민사소송이 제기되어 그에 관한 판결이 선고됨으로써 그 당사자들 사이의 토지소유권의 범위는 판결의 내용과 같이 확정되었다. 이에 따라 당사자는 확정판결의 내용과 같이 분할하여 줄 것을 행정청에 요구하였는데, 행정청은 실제 측량한 면적과 위 확정판결이 분할을 명한 면적이 다르고 위 판결문에 따라 토지를 분할하는 경우 그 분할 경계선의 일부가 다른 사람의 건물을 관통하게 된다는 이유로 당사자의 분할신청을 거부하였다.

법원은 "토지를 분할하여 지적공부에 등재하는 행위가 행정처분이 아니라는 주장에 관하여 보건대, 토지는 필지에 의하여 그 경계 및 범위가 특정되고 그러한 사항은 지적공부에 등재하여야만 그 효력이 발생하므로 1필지의 토지의 일부분을 특정소유하는 자가 지적공부상 그 부분을 자신의 소유권으로 특정하려면 토지의 분필절차는 필수적으로 요구되는 것이고 그에 따라 지적법 제17조 제1항은 토지의 1필지 중 그 일부의 소유자가 다르게 된 경우에는 토지소유자가 소관청에 이를 신청할 수 있음을 규정하고 있으며, 나아가 부동산등기법 제91조에서는 토지의 분필등기를 신청하는 자는 위 분필사항이 기재된 토지대장등본을 첨부하도록 규정하고 있어 권리의 변동관계를 공시하는 부동산등기법상 토지분필에 따른 권리변동사항을 공시하기 위하여도 위 지적공부상의 분필절차는 필수적인 것"이라고 하면서, "어떤 행정청의 행위가 행정소송의 대상이 되는 행정처분에 해당하는가는 그 행위의 성질, 효과 외에 행정소송제도의 목적 또는 사법권에 의한 국민의 권리보호의 기능을 충분히 고려하여 합목적적으로 판단되어야 할 것이므로 이러한 여러 점을 고려하여 볼 때 토지소유권의 범위를 특정하는 기초인 지적공부상의 토지의 분할에 관한 소관행정청의 처분은 당연히 항고소송의 대상이 되는 처분 등에 포함된다고 보아야 할 것"이라고 판시하였다.

이 사건에서 실체적 법률관계는 판결이 확정되면 결정되는 것이고 지적공부의 등재행위에 의해 비로소 소유관계의 변동이 발생하는 것은 아니다. 그러나, 분필등기를 실제로 하지 못하면 권리변동사항을 공시할 수 없어 소유자는 실제로 매매를 할 수 없을 정도로 토지거래에 중대한 지장이 초래되게 되는데, 이것을 법원이 당사자의 법적 지위에 영향을 미치는 행위로 보아 처분으로 본 것이다.

두 판결에서 공적 장부의 발급에 앞서 환지처분이나 재판이 있어 이미 실체적 권리관계가 변동되었으나, 새로운 권리자는 이 권리를 신규취득하였을 뿐만 아니라 환지처분이나 분필등기에 의해 전혀 새로운 경계를 가진 토지를 취득하였음에도 환지등기촉탁을 거부하였다. 부동산등기에 대하여 공신력을 부인하고 정정을 허용한 주된 논거가 시장에서의 토지거래가 토지대장 등의 경계보다는 기존의 자연적인 토지경계와 인근거주주민의 기억 등에 의해 이루어지고 있고, 또 그러한 것에 의해 진정한 소유관계를 밝히는 것도 가능한데, 이 경우는 그러한 방식이 전혀 통할 수 없었다. 신규취득자가 시장에서 재산거래를 하기 위해서는 해당 토지대장의 변경은 거의 유일하거나 그에 버금갈 정도로 중요한 증거자료로서 구속적 영향력을 미쳤던 것이다. 이 경우의 거부행위는 신청자의 권리행사에 구속적 영향력을 갖는다고 할 수 있다. 또, 공부변경 및 그 거부행위에 대하여 대하여 처분성을 부인하는 주요 논거가 당해 공문서가 단지 진실의 추정력만을 가질 뿐, 진실여부가 객관적으로 증명된 것은 아니라는 점에 있었는데, 행정청주도하에 환지절차가 진행되어 환지처분이 이루어지거나 법원의 판결에 의하여 토지의 경계 및 범위에 관한 문제가 확정되어 새로운 등기의 진실성에 대한 의문은 거의 생길 여지가 없었다.

이 상황에서 소송법적으로 볼 때에도 항고소송은 가장 확실한 권리구제방법이고 당해 소송을 인정하지 않는다면 다른 구제방법이 없는 거의 유일한 구제방법이었다. 실체법적으로 볼 때, 공부변경 및 그 거부행위에 대하여 그 행위가 사법관계나 공법관계에 구속력을 미치고 행정이 공적 장부의 내용을 확정하여 표시한 것으로 볼 수 있을 때, 그것을 처분으로 보아야 한다는 필자의 입장과도 일치한다. 다만, 법원은 여전히 사법상의 권리관계에 집착하고 있다. 이 판례들은 공적 장부의 내용기재 행위의 처분성을 판단함에 있어 일견해서는 주류적 판례의 입장에서 태도변화를 보여준 것들로 보이지만, 대법원이 새로운 유형의 소송을 인정할 때 보여주었던 기준인 그 소송이 가장 확실한 방법인가, 당해 소송을 인정하지 않는다면 다른 구제방법이 없는 거의 유일한 구제방법인가 하는 점에 비추어보면 새로운 것이 아님을 알 수 있다. 즉, 환지등기촉탁 거부로부터 권리자를 보호할 필요성이 있었고 항고소송이 거의 유일한 구제방법이었으며, 확정판결에 따른 분필등기의 거부행위에 대하여 권리자를 보호할 필요성이 있었고 항고소송이 거의 유일한 구제방법이었던 것이다.

4. 대상판결2 (1999.06.24 97헌마315 지목변경신청거부행위) 의 평석

이 판결에서 헌법재판소는 지적공부의 등록사항에 대한 정정거부를 국민의 재산권이라는 기본권을 침해하는 공권력행사로서 헌법소원의 대상이 되는 것으로 보았다. 앞으로도 헌법재판소의 이러한 입장은 되풀이 될 것이기 때문에 점점 강하게 공부변경 및 그 거부행위에 관한 법이론에 영향을 미칠 것이다. 그럼에도 불구하고 법원과 헌법재판소가 서로 조화롭게 역할분담을 못하고 헌법재판소도 헌법소원의 대상을 지나치게 넓히는 데만 급급해하고 법원은 몇 개의 중요한 선구적 판례들에도 불구하고 그 의미를 소송법적으로 뿐만 아니라 실체법적으로 소화하지 못한 채, 주류적 입장이 여전히 과거와 같이 사법상의 권리관계에 미치는 영향만을 고려하는 태도를 고수한다면, 사법기관간 권리구제범위의 괴리는 점점 심각해져 공부변경 및 그 거부행위에 관한 행정사건은 모두 헌법소원으로 제기되게 될 것이고, 항고소송에 대한 국민적 불신은 커지며, 행정은 헤어날 수 없는 과부담속에 혼란에 빠지게 될 위험도 있다.

헌법소원의 대상적격판단의 기준과 항고소송의 대상적격판단의 기준 사이에 지나친 괴리가 발생하면 재판실무상 다른 중대한 문제가 나타난다. 즉, 위헌인 공부변경 및 그 거부행위에 터잡아 담당공무원의 고의 또는 과실에 기초한 위법한 직무행위로 손해가 발생했다고 주장하면서 국가배상소송이 제기되었을 경우 국가는 손해를 배상해주어야 하는가? 판단내용에 있어 상호괴리가 심해지면 매우 많은 사례들의 경우에 항고소송에서는 사실행위로서 위법한 평가를 받지 않아 국가배상소송으로 제기되어도 배상을 받기가 어려운 동종의 행위가 헌법소원에 의해 위헌 판결되어 국가배상소송으로 다시 제기되면 국가가 배상해주어야 하는 사태가 벌어지게 될 것이다. 수많은 부실공문서가 존재하는 상황에서 이러한 사태는 행정과 법원에게 매우 우려할만한 것이다. 이러한 위험을 피하고 사법기관간 판단의 통일적 조화를 위하여 헌법소원과 항고소송 제도의 기능과 역할에 대한 재검토가 시급하다. 예외적인 한계사례들에서 법질서의 다양성도 존중되어야 하므로 사법기관사이에 법적 판단이 달라지는 것도 허용될 수는 있는 것이지만, 법질서의 통일성보장을 위하여 사법기관과 소송유형에 따라 판결의 내용이 달라지는 것은 가능한 한 회피되어야 하며 대부분의 사례들에서는 상호 일치된 판단이 내려져야 한다.

구속력과 내용확정·표시행위가 공적 장부의 내용기재행위의 처분성을 판단함에 있어 두 개의 기준으로 작용해야 한다고 보는 필자의 입장에서 볼 때, 지목변경신청에 대하여 행정이 변경을 거부하는 행위에 대해 언제나 헌법소원으로 통제해야 할 대상이라고 보는 헌법재판소의 다수의견은 잘못이라고 본다. 헌법소원의 대상이 되려면 공권력행사나 그 거부일 것이 요구되는 한 행정의 어떤 행위가 국민의 기본권에 대하여

구속력이나 적어도 그에 버금가는 영향력을 미쳐야 한다. 단지, 땅값이
나 세금액수 또는 손해배상금액의 크기에 영향을 미치는 경우에 권리관
계에 구속력을 미친다고 볼 수는 없다. 그것은 재산권자가 수인해야 할
사회적 구속성의 범위내에 있다고 보아야 할 것이다. 지목변경행위를 언
제나 헌법소원의 대상이 된다고 보는 다수의견은 행정실무상 측량사업
과 지적공부와 등기부등본의 합치노력, 전자화작업 등이 진행되고 있지
만 현실적으로 지적공부와 등기부등본의 불합치율이 20~30%에 이른 상
황에서는 행정을 재정이나 기술적 능력 등에 있어 감당할 수 없는 위험
앞에 놓이게 하고 남소의 위험을 무시한 잘못도 있다. 또, 기존의 경계
확정의 소나, 건축주명의변경의 소 또는 무허가건물대장의 건물명의말
소의 소를 인정했을 뿐만 아니라 건축주명의변경신고의 수리거부행위를
처분으로 본 대법원의 판례와 어떻게 조화될 수 있는지에 대한 고려도
전혀 하지 않았다. 단지, 사실증명의 자료일 뿐이라고 보는 주류적 판례
만을 고려했을 뿐이다. 다수의견이 건축주명의변경의 소등을 판결이유
에서 나열하면서 그것과의 조화에 대한 배려를 한다 하더라도, 분명히
지목이 공법상의 법률관계에 미치는 구속적 영향력에 대해서 법원은 고
려하지 못했기 때문에, 헌법소원의 보충성의 요건을 충족시킬 수도 있었
을 것이다.[224)]

한편, 헌법재판소의 소수의견은 다수의견과 함께 공부변경 및 그 거

---

224) 그러나, 법원의 새로운 판례들은 배제한 채 논리를 전개함으로써 법원의 여러 혁신
적 노력들과 조화의 길을 봉쇄하고 부조화의 길을 홀로 가려고만 하였다. 이러한
태도는 헌법재판소의 여러 결정들에서 발견되는 태도이기도 하다. 이 결정도 크게
보면 대법원에서 했던 여러 혁신적 판례들과 맥락을 같이 하는 것일 뿐이며, 수많은
사법적 결정들 중 단 하나일 뿐이다. 국민들은 법원에서 더 많은 재판을 받는다. 사
법부 총체적으로 볼 때, 국민들의 기본권신장을 위한 전략으로서는 법원에 대해 적
대적 태도보다는 법원의 혁신적 노력들과 상호 조화할 수 있는 길을 모색하는 태도
가 더 설득력이 있다고 본다. 헌법재판소의 판례에도 불구하고 법원이 여전히 공증
이론만을 원용하여 국민의 권리구제를 인정하지 않을 위험도 크며, 결과적으로 훨씬
많은 국민들은 권리구제를 받지 못하게 될 것이다.

부행위의 처분성을 판단함에 있어 "토지 소유자의 공법상 권리관계에 영향을 미치는"가 하는가를 고려함으로써 과거의 법원의 입장과는 다른 새로운 관점을 명확한 개념으로 제시했다는 점에서 평가할만하다고 생각한다. 또, "지목변경행위가 공권력의 행사에 해당하는지 여부는 개별적인 사안에 따라 과연 토지 소유자의 권리관계에 영향을 미치는지 여부에 따라 판단하여야 할 것"이라고 한 것도 획일적으로 보지말고 이해관계인의 권리관계에 미치는 영향을 개별적으로 고려하여야 한다고 본 점에서 타당하다고 본다. 그렇지만, 제주도개발특별법이나 국토이용관리법상의 자연환경보전지역이 아닌 지역에서도 지목이 공법상의 법률관계에 구속력이나 그에 버금가는 영향력을 미치는 경우가 있을 수 있다는 점을 무시하고 있다. 이미 언급했듯이 조헌수변호사가 다루었던 사안에서도,(대법원 1995. 5. 26 선고 95누3428) 등기부등본과 건축물대장에는 "주택 및 창고"로 되어 있으나 개발제한구역관리규정에 의하여 작성된 건축물관리대장에는 "우사"로 등재되어 있어 각 공부가 서로 상이하다는 점을 들어 행정청이 건축물증·개축허가신청을 거부하여 그 거부처분을 대상으로 행정소송을 제기하여 원고가 승소하였지만, 행정이 그 판결의 취지를 따르지 않고 허가요건의 충족을 위해 중요한 상태를 스스로 변경시켜서 허가를 거부했다. 즉, 기존의 등기부등본과 건축물대장을 직권정정하여 그 용도를 우사로 변경하였다. 이에 대해서 다시 원고가 직권정정행위의 위법을 주장하며 행정소송을 제기하였으나 고등법원과 대법원이 모두 처분이 아니라는 이유로 각하하였던 것이다. 이 사안에서 지적공부상의 지목은 명백히 허가요건이 되고 있다. 지목결정에 있어 재량남용을 "건축허가에 대한 쟁송을 통하여 해결하는 것이 직접적이고 효과적인 방법"이라고 보는 소수의견은 건축허가거부처분취소소송에서 지목변경행위가 재량권남용에 해당된다고 하면서 판시한 사례도 존재하지 않을 뿐만 아니라, 지목의 정확성 내지 적절성은 여러 요소를 고려하여야 하는 매우 복잡한 문제이고, 지적소관청과 건축허가청이 다른 경우

가 많을 것이기 때문에 현실적으로 불합리한 경우가 많은 주장이라고
생각된다.

이러한 입장에서 필자는 헌법재판소의 다수의견과 소수의견에 모두
문제가 있다고 보며, 구속력의 유무와 내용확정·표시행위의 부여여부라
는 두 개의 기준을 사용하여 공부변경 및 그 거부행위의 처분성을 판단
하되, 특히 공법상의 법률관계에의 구속적 영향력의 요소를 법원은 새롭
게 평가하여야 한다고 본다.225)

Ⅳ. 요약 및 새로이 처분성을 검토해야 할 사례들

일상행정의 반복되는 업무처리과정에서 나오는 모든 공문서들의 내용
의 정확성과 진실성을 유지하는 것은 매우 힘들고 그 정확성을 높이기
위해서는 많은 비용을 지출해야 한다. 그래서 아직까지는 한국 행정실무
상 부실공문서가 많고, 일상행정의 반복되는 업무처리과정에서 나오는
많은 공문서들에 대하여 그 작성과정에서 공무원들이 적절한 주의를 가
지고 심사를 하여 작성하고 있다고 보기도 어렵다.226) 이러한 측면에서
는 공부변경 및 그 거부행위의 처분성을 긍정하면서 공문서내용의 부정

---

225) 한편, 헌법재판소의 이 결정이 나온 이후 대법원의 입장은 매우 관심이 가는 사항이
    었는데, 대법원은 최근판결에서 " 행정청이 건축물대장에 일정한 사항을 등재하는
    것은 행정사무집행의 편의와 사실증명의 자료로 삼기 위한 것이고 ,건축물의 멸실에
    따라 건축물대장을 말소하는 행위도 건축물대장을 정리 ,마감하기 위한 절차에 불과
    하며 그러한 등재나 말소행위로 인하여 그 건축물에 대한 실체상의 권리관계에 변
    동을 가져오는 것이 아니므로 ,건축물대장에 대한 말소행위의 취소를 구하는 소는
    부적법하다"고 판시하였다.(대판 2001. 6. 12. 99 두 7777 건축물재축신청수리불가
    처분취소) 이 판결은 정확하게 지목변경행위에 관한 것은 아니었기 때문에 헌법재
    판소의 입장과 다른 것인지는 불분명하다.
226) 형식적 심사권의 이론은 이러한 심사실무를 반영한 이론이다. 우리 민사소송법에서
    도 등기에 대해 단지 형식적 증거력 내지 진실의 추정력만을 부여하고 있을 뿐이다.

확성을 이유로 항고소송에 의해 통제받도록 하는 것에 대해 부정적인 태도를 취하게 될 것이다. 그러나, 다른 측면에서 볼 때, 행정이 작성하여 보관하고 있는 많은 공문서들 중에는 개인의 권리의 발생이나 그 행사에 결정적인 중요성을 갖는 공문서들도 있다. 이러한 공문서의 작성행위와 관련해서는 공무원들의 주의의무를 강화할 필요가 있다. 양 측면을 고려할 때, 부실공문서와 관련된 공무원의 모든 행위에 대해 처분성을 인정하는 것은 문제가 있다. 절충안으로서 사법상의 권리의무관계는 물론이고 공법상의 권리의무관계에도 구속력이나 이와 유사한 효력을 미치는 공적 장부의 기재내용과 관련된 행위, 즉, 공무원이 공적 장부의 내용을 확정하여 표시한 것으로 볼 수 있는 행위인 공부변경 및 그 거부행위에 대해서는, 처분성을 긍정하여 부실공문서의 발생을 적극적으로 억제해가야 할 것이다.

　공적 장부의 기재내용이 공법관계나 사법관계에 구속력이나 그에 버금가는 영향력을 미치고, 현실적으로 그 기재내용에 관하여 다툼과 법적 불안이 존재할 때, 행정이 확정적 의사표시를 하여 공부의 내용을 확정하는 행위는 확실한 내용을 공적으로 알려주는 행위가 아니라 불확실한 상황에서 심사를 하여 어떤 내용으로 확정하는 확인적 성질의 처분이라고 이해하여야 한다. 소송법적으로 볼 때에는, 당사자의 신청에 의해 심사할 기회가 부여되었음에도 적절한 조치를 취하지 않은 것은 헌법소원이나 항고소송이 가장 확실하고 다른 구제방법이 없는 거의 유일한 구제방법이 될 것이다.

　구속력과 내용확정·표시행위라는 두 개의 기준을 가지고 기존의 대법원판결례를 분석할 때 처분성이 새로이 검토되어야 할 것들을 열거해보기로 한다. 이미 대법원은 농지취득자격증명발급의 해태를 부작위위법확인소송으로 통제해야 할 부작위로 평가하였고,(대법원1999.04.09 98두12437) 일정한 건조물에 대한 문화재의 지정등록행위를 처분으로 보았다.(대법원 1994.08.09 94누3414 유형문화재지정고시처분취소) 그러나,

판례는 재산관계에 관한 공부변경 및 그 거부행위라기 보다는 개인이나 단체의 법적 지위, 신분 등에 관한 행위로서 확인적 성질이 인정되는 경우에도 처분성을 부인하였는데, 수정될 필요가 있다고 본다. 즉, "토지의 굴착이나 온천의 이용을 우선하여 허가하거나 온천이용시설의 설치비용 중 일부를 보조 또는 융자알선하는 등의 혜택을 부여할 수 있"는, 온천관리대장에 온천발견자의 성명을 등재하는 행위,227) 전통사찰의 등록행위228)를 처분으로 보지 않았다. 또, 국립공원표시구역밖에 있었기 때문에 행정청으로부터 초지조성허가를 받아 십수년동안 사업을 운영하던 사람에 대해 그 표시행위가 국립공원지정행위와 다를 때 처분성을 인정하지 않았다,(이 때 공원표시밖이라는 점은 초지조성허가의 요건이다. 대법원 1992.10.13. 92누2325 국립공원지정처분부존재확인.) 특히, 서울특별시중구무허가건물정비사업에대한보상금지급조례(1988.5.1. 조례 제55호로 제정되고 같은 해 9.15. 조례 제63호로 개정됨)에 의해 보상금청구권이라는 공법상의 권리발생의 요건이 된 무허가건물확인증발급행위를 처분으로 보지 않은 것은 무허가건물대장상의 명의말소의 소를 인정한 민사판결과 어떻게 조화를 이룰 수 있는지 의문이다.(대법원 1994.11.17 94구18852) 구체적 사실관계와 법적 상황을 면밀히 검토한 후 판단하고 평가할 수 있는 것이긴 하지만, 개략적으로 볼 때, 이러한 행위들에 대한 처분성은 다시 검토되어야 할 것이다.

---

227) 대법원 2000.09.08., 98두13072.
228) 대법원 1999.09.03 97누13641 사찰등록말소신청거부처분취소.

〈추록〉

공적 장부의 변경거부 및 말소행위 등의 처분성

공적 장부의 말소, 등재거부, 변경 등의 행위에 대해 우리 판례는 오랫동안 처분성을 부인해왔다. 이와 달리 행정법학계에서는 부동산등기, 토지대장이나 건축물 대장 등 공적 장부에의 등재행위에 대해 준법률행위적 행정행위의 하나인 공증행위로 분류해 처분성을 긍정해 왔다.

판례의 입장은 대법원 2004. 4. 22. 선고 2003두9015 전원합의체 판결로 토지대장의 지목부분의 변경거부행위의 처분성을 긍정한 이후 크게 변하여 공적 장부의 변경거부 및 말소행위 등 공적 장부와 관련된 행정청의 행위들 중 상당수의 행위들의 처분성을 긍정하고 있다. 하지만, 아직도 공적 장부와 관련된 행위들의 법적 성격이 불분명한 경우도 상당히 존재하고 있다.

〈처분성을 긍정한 판례들〉

- 행정청이 지적 공부의 지목변경신청을 거부한 행위는 처분이다.

  (2004.4.22 전원합의체판결. 시점이 중요함)

  "구 지적법(2001. 1. 26. 법률 제6389호로 전문 개정되기 전의 것) 제20조, 제38조 제2항의 규정은 토지소유자에게 지목변경신청권과 지목정정신청권을 부여한 것이고, 한편 지목은 토지에 대한 공법상의 규제, 개발부담금의 부과 대상, 지방세의 과세대상, 공시지가의 산정, 손실보상가액의 산정 등 토지행정의 기초로서 공법상의 법률관계에 영향을 미치고, 토지소유자는 지목을 토대로 토지의 사용·수익·처분에 일정한 제한을 받게 되는 점 등을 고려하면, 지목은 토지소유권을 제대로 행사하기 위한 전제요건으로서 토지소유자의 실체적 권리관계에 밀접하게 관련되어 있으므로 지적공부 소관청의 지목변경신청 반려행위는 국민의 권리관계에 영향을 미치는 것으로서 항고소송의 대상이 되는 행정처분에 해당한다".(대법원 2004. 4. 22. 선고 2003두9015 전원합의체 판결 [지목변경신청반려처분취소청구각하취소]>)

- 행정청이 건축물대장을 직권으로 말소한 행위는 처분이다.

  "건축물대장은 건축물에 대한 공법상의 규제, 지방세의 과세대상, 손실보상가액의 산정 등 건축행정의 기초자료로서 공법상의 법률관계에 영향을 미칠 뿐만 아니라, 건축물에 관한 소유권보존등기 또는 소유권이전등기를 신청하려면 이를 등기소에 제출하여야 하는 점 등을 종합해 보면, 건축물대장은 건축물의 소유권을 제대로 행사하기 위한 전제요건으로서 건축물 소유자의 실체적 권리관계에 밀접하게 관련되어 있으므로, 이러한 건축물대장을 직권말소한 행위는 국민의 권리관계에 영향을 미치는 것으로서 항고소송의 대상이 되는 행정처분에 해당한다".(대법원 2010. 5. 27. 선고 2008두22655)

- 동일 취지의 판례.
  a. 행정청이 건축물대장의 작성신청을 거부한 행위는 처분이다.(대법원 2009. 2.12, 2007두17359)
  b. 건축물의 용도는 토지의 지목에 대응한 것으로서 공법상 규제에 영향을 미친다는 이유로 건축물대장의 용도변경신청의 거부행위를 처분으로 보았다.(대법원 2009. 1. 30. 선고 2007두7277 판결)

- 지적공부상의 토지면적등록정정신청을 거부한 행위는 처분이다.
  평택~시흥 간 고속도로 건설공사 사업시행자인 한국도로공사가 고속도로 건설공사에 편입되는 토지들의 지적공부에 등록된 면적과 실제 측량 면적이 일치하지 않는 것을 발견하고 토지소유자들을 대위하여 토지면적등록 정정신청을 하였으나 화성시장이 이를 반려한 사안에서, 대법원은 "반려처분은 공공사업의 원활한 수행을 위하여 부여된 사업시행자의 관계 법령상 권리 또는 이익에 영향을 미치는 공권력의 행사 또는 그 거부에 해당하는 것으로서 항고소송 대상이 되는 행정처분에 해당한다"고 했다.(대법원 2011. 8. 25. 선고 2011두3371 판결 [지적공부등록사항정정반려처분취소]>)

〈처분성을 부인한 판례들〉

- 2004년 전원합의체 판결이전의 판례들

- 지적도의 경계를 정정해 달라는 지적정리요 청을 거부하는 것은 행정처분이 아니다.

"지적공부에 기재된 일정한 사항을 변경하는 행위는 행정사무집행의 편의와 사실증명의 자료로 삼기 위한 것으로, 이로 인하여 당해 토지에 대한 실체상의 권리관계에 변동을 가져오는 것이 아니고, 토지 소유권의 범위가 지적공부의 기재만에 의하여 증명되는 것도 아니므로, 지적도의 경계를 현재의 도로경계선에 따라 정정해 달라는 지적정리 요청을 거부하는 내용의 회신은 항고소송의 대상이 되는 행정처분이라고 할 수 없다".(대법원 2002. 4. 26. 선고 2000두7612)

- 과거 대법원은 다음 공적 장부의 정정행위들에 대해서도 처분성을 모두 부인했었다. 지적도(대법원 2002.4.26, 200두7612), 임야도(대법원 1989.11.28, 89누3700), 임야대장(대법원 1987.3.10, 86누672), 토지대장(대법원 1991.8.27, 91누2199), 건축물관리대장(대법원 2001.6.12, 2000두7777), 자동차운전면허대장(대법원 1991.9.24, 91누1400)

* **생각할 점 -** 민사판례이지만 지적도의 경계선과 관련된 판결에서 대법원은 2016년 등기의 추정력만을 인정하며 다음과 같이 판시했다.

"어떤 토지가 지적공부에 1필지의 토지로 등록되면 토지의 소재, 지번, 지목, 지적 및 경계는 다른 특별한 사정이 없는 한 이 등록으로써 특정되고 소유권의 범위는 현실의 경계와 관계없이 공부의 경계에 의하여 확정되는 것이 원칙이지만, 지적도를 작성하면서 기점을 잘못 선택하는 등 기술적인 착오로 말미암아 지적도의 경계선이 진실한 경계선과 다르게 작성되었다는 등과 같은 특별한 사정이 있는 경우에는 토지의 경계는 실제의 경계에 의하여야 한다. 이러한 특별한 사정이 있는 경우에, 실제의 경계에 따른 토지 부분의 소유권이 자신에게 있어 지적공부에 등록된 경계에 잘못이 있음을 주장하는 사람은, 지적소관청에 인접 토지 소유자의 승낙서 또는 이에 대항할 수 있는 확정판결서 정본을 제출하여 지적공부의 경계에 대한 정정을 신청할 수 있다. 여기서 인접 토지 소유자에 대항할 수 있는 '확정판결'은 지적공부를 기준으로 하여 그 지번에 해당하는 토지를 특정하고 소유자로서 인접 토지 소유자를 상대로 그에 관한 소유권의 범위나 경계를 확정하는 내용이 담긴 판결을 말하며, 경계확정의 판결, 공유물분할의 판결, 지상물 철거 및 토지인도의 판결, 소유권확인의 판결 및 경계변경 정정신청에 대한 승낙 의사의 진술을 명하는 판결 등이 포함될 수 있다."(대법원 2016. 5. 24. 선고 2012다87898 판결 [소유권확인]>)

- 2004년의 대법원 전원합의체판결의 입장, 과거 다양한 유형의 공적 장부들과 관련된 행위들의 처분성을 부인한 판례들, 그리고 2016년에 나타난 등기에 추정력만을 인정하는 대법원 민사판례의 입장은 어떻게 조화를 이룰 수 있을까? 이 문제는 해당 공부의 기재사항의 말소나 변경거부 또는 변경행위가 판례의 처분성판단기준인 "국민의 권리의무에 직접 영향을 미치는 행위"인가 여부에 달려있다고 할 것이다.

제3절 오스트리아 행정법상 '절차로부터 자유로운 행정행위'와 그에 대한 권리구제 - 특히 강제행위를 중심으로 -

I. 우리 행정법상 행정행위론의 위기와 오스트리아 행정행위론 탐구의 필요성

이 논문에서는 새로운 행정절차법의 제정과 함께 더욱 절실해지고 있는 행정행위인론의 재정립의 필요에 부응하고자 절차로부터 자유로운 행정행위와 그 통제에 관한 오스트리아의 이론과 실무경험을 소개한다. 특히 전형적 권력현상인 행정의 강제력의 행사와 그 남용에 대한 통제를 부각시킬 것이다. 이러한 작업이 다른 학자들의 시도들과 함께 실타래처럼 복잡하게 얽혀 있는 실무의 복잡화에 대하여 이론의 현실지도능력의 향상에 이바지하기를 희망한다.

1. 새로운 행정절차법의 등장 - 행정소송법상의 행정행위 개념의 채택 -

1996년 12월 31일 법률 제5241호로 행정절차법이 공포되어 1998년 1월 1일부터 시행되게 되었다. 한편 개정된 행정소송법은 1998년 3월 1일 이후부터 지방법원으로서 행정법원을 설치하여 3심제의 행정소송제도를 운영해 오고 있다. 이러한 법적 상황은 매우 진취적이고 급격한 것으로 많은 법적 쟁점들의 해명을 필요로 하고 있다. 행정행위 개념은 전통 행정법학상의 핵심개념으로서 우리나라 실정법상의 개념은 매우 포괄적인

것이다. 그러나 법규정의 진취적 성격에도 불구하고 이 개념과 관련된
숱한 불확실성때문에 행정소송법의 개정으로 이 규정이 등장한 이후에
도 실무의 개혁에는 그다지 성공하지 못하고 있는 실정인 것이다. 새로
제정된 행정절차법도 행정소송법과 마찬가지로 처분개념에 관하여 제2
조 2호에서 "처분"이라 함은 행정청이 행하는 구체적 사실에 관한 법집
행으로서의 공권력의 행사 또는 그 거부와 기타 이에 준하는 행정작용
을 말한다"고 규정하고 있다.

2. 행정행위와 헌법소원대상의 관계의 명확화의 필요

행정소송법(1984)상의 처분개념과 헌법재판소법(1988)상의 헌법소원
대상은 그 문언으로만 보면 상당한 유사성을 보여주고 있다.

1987년 10월 29일 제정된 헌법은 제111조 ①항 5호에서 "법률이 정하
는 헌법소원에 관한 심판"을 헌법재판소의 관할사항으로 규정하고 있고,
1988년 8월 5일 제정된 헌법재판소법은 제68조 ①항에서 "공권력의 행
사 또는 불행사로 인하여 헌법재판소에 헌법소원심판을 제기할 수 있다.
다만, 다른 법률에 구제절차가 있는 경우에는 그 절차를 모두 거친 후가
아니면 청구할 수 없다"고 규정하고 있다.229)

행정소송법상의 처분개념인 "행정청이 행하는 구체적 사실에 관한 법
집행으로서의 공권력의 행사 또는 그 거부와 기타 이에 준하는 행정작
용"과, 헌법재판소법상의 소원대상인 "공권력의 행사 또는 불행사"는 개

---

229) 행정소송법의 처분개념과 헌법재판소법상의 소원대상은 행정법학과 헌법학에서 독
자적으로 연구검토되었을 뿐, 양자의 관계에 대한 논의는 우리 학계에서 최근 헌법
학자에 의하여(정재황, 헌법재판소의 권한과 일반소송, 공법연구 제24집 1호 (헌법
소송과 일반소송의 관계), 1996.6.161-169면) 간단히 언급되었으나 상세한 검토는
이루어지고 있지 않다.

념구성상 대단한 유사성을 보여주고 있으나, 행정소송법과 헌법재판소
법의 실제운영은 상당한 차이를 보여주고 있다. 아직 이 법들의 운용은
10년 정도밖에 되지 않았지만 대법원과 헌법재판소는 일정부분 이미 갈
등을 보이고 있고 앞으로 더 악화될 가능성도 있다. 오스트리아의 경우
2차대전이후 이미 50여년동안 헌법재판소와 행정재판소가 우리와 유사
한 문제로 인하여 갈등을 보여왔고 또 상호협력하고 개선시킨 역사를
가지고 있다. 이러한 오스트리아의 경험은 한국에서 행정행위와 헌법소
원대상의 관계를 명확화하고 체계화시키는데 유용할 수 있을 것이다.

Ⅱ. 오스트리아 행정법상 절차로부터 자유로운 행정행위론의 전개

1. 절차로부터 자유로운 행정행위에 관한 규률의 변천

1) 행정절차법과 행정재판소법의 탄생

(1) 행정절차법(Allgemeines Verwaltungsverfahrensgesetz)의 탄생

오스트리아 행정절차법(Allgemeines Verwaltungsverfahrensgesetz)은 1925
년 7월 21일 의회(Nationalrat)에서 의결되어 1925년 8월 24일 공포되고
1926년 1월 1일부터 효력을 발생하였다. 이 법은 근대적 의미의 행정절
차법의 효시로서 스위스(1969), 독일, 일본, 한국 등 많은 나라들의 행정
절차법을 위한 모델이 되어 세계 법치주의의 발전사에 중요한 기여를
하였다.

우리 행정절차법은 거의 순수한 절차적 규정들로 이루어져 있는데 이
점은 오스트리아의 법과 유사하다. 따라서 오스트리아 행정절차법에 대

한 이해는 우리 행정절차법의 구체화를 위해서도 상당한 의의를 가질 것으로 생각한다.

(2) 행정재판소법(Verwaltungsgerichtshofgesetz)의 탄생

오스트리아의 행정재판소는 1875년 10월 22일 공포된 "행정재판소의 설치에 관한 법(Gesetz betreffend die Errichtung eines Verwaltungsgerichtshofes)"으로 설치되었는데, 국가기본법(Staatsgrundgesetz) 제15조의 사법권에 관한 규정이 그 헌법적 근거이었고, Wien에 위치하였다. 그러나 2차대전 후 민주화된 오스트리아에 적합한 행정소송체계를 규정한 새로운 행정재판소법(Verwaltungs gerichtshofgesetz)은 1945년 10월 12일 출현하게 되는데 그 후 이 법은 몇차례의 개정을 거쳐 오늘에 이르고 있다.

2) 절차로부터 자유로운 행정행위에 관한 규율의 변천

(1) 절차로부터 자유로운 행정행위론의 등장

① 독일 행정법상 '사실적 성질의 행정행위'론의 등장과 오스트리아에의 영향

행정행위는 19세기 프랑스와 독일 행정법학의 창조물이다. 학설에 의한 이 개념의 창출과 체계화는 권력적으로 개입하고 있는 행정과 개인 사이에서 양자의 관계를 법관계로 변화시켜 주관적 권리보호와 객관적 법보호를 위한 중요한 매개고리이자 열쇠로서 기능해왔다.[230] 따라서 역사적으로 행정행위개념으로 해결해야 할 우선적 문제는 항상 권리보호의 문제로 파악되어 왔다. 현재에도 행정행위론은 권리보호를 위해 그

---

230) B.C.Funk,,Von der "faktische Amtshandlung" zum "verfahrensfreie Verwaltungsakt" - ein Beitrag zur Theorie und Praxis des Rechtsschutzes im öffentlichen Recht -, ZfVB 1987, S.620. 이하에서는 B.C.Funk,Amtshandlung(1987)로 인용.

에 부과된 책무를 다 수행하고 있는지 현대행정의 복잡한 문제들로부터 시험당하고 있다. 독일 행정법학에서 '사실적 성질의 행정행위'론의 등장과정을 살펴볼 때에도 권리보호의 제한적 경향과 확장적 경향사이의 대립이 나타나고 있다.

근대 독일 행정법학에서 행정행위론을 체계화하여 그 후의 행정행위론에도 상당한 영향을 미친 것으로 평가받고 있는 Otto Mayer는 행정행위를 "백성을 위하여 무엇이 합법적인가를 개별사례에서 확정하는 행정의 권력적 선언"으로 정의하고 있다.231) 이러한 개념정의는 행정행위를 법원의 판결에 대응하는 것으로 이해한 결과로서 행정청의 정식명령만을 행정행위로 보고 있다. 따라서 특히 절대주의시대에 백성들의 생활에서 대단한 우월적 지배력을 행사했던 헌병과 같은 행정현장의 집행기관들의 행위는 정식명령의 단순한 집행행위로서 이미 발해진 복종의무부과와 복종의무불이행후에 발해지는 단순한 독촉이나 경고일 뿐이다.232) Otto Mayer에 따를 때, 행정청의 명령권력의 권위는 이러한 집행기관의 행위에는 인정되지 말아야 한다. 그러나 그의 이러한 의도는 그당시의 집행의 실제와도 조화되지 못했을 뿐만 아니라 결과적으로 권리구제의 제한을 가져왔으므로, 집행기관의 행위도 행정행위로서 평가될 수 있다는 주장들이 제기되기에 이르렀다. Walter Jellinek는 이러한 학설사적 맥락속에서 법원의 판결행위에 지향된 행정행위 개념의 이해를 극복하려 하였다. 즉, 행정행위를 "특정인에 대하여 발해진 행정의 권력적인 의사표현"233)이라고 정의하고, '사실적 성질의 행정행위'(Verwaltungsakte tatsächlichr Art)라는 개념을 사용하면서, "위법을 주장하여 행정재판소에 취소소송을 제기할 수 있는 행정행위로 되는 것은 사실적 개입을 가능하게 한, 사실적 개입에 포함되어 있는 행정청의 수인명령"234)이라는 논

---

231) Otto Mayer,Deutsches Verwaltungsrecht I, 1895, S.95.
232) 이상의 평가는 다음의 논문을 참조하였다. B.C.Funk,Amtshandlung, S.621.
233) Walter Jellinek,Verwltungsrecht, 1931, S.246

리를 전개하여 집행기관의 행위에도 행정행위로서 성격부여할 수 있는 이론적 무기를 제공하려 하였다. 이러한 Walter Jellinek의 견해는 오스트리아에서 집행기관의 행위들에 대하여 사실적 직무활동으로 파악하거나 절차로부터 자유로운 행정행위로 파악하여 통제하려는 시도에 커다란 영향을 미치게 되었다.

② 오스트리아에서의 연혁

2차대전 이후 오스트리아의 헌법재판소는 행정청의 의사가 상대방에 서면으로 명백하게 도달함으로써 성립하는 "결정"("Bescheid")이라는 행정활동이외에 "사실적 직무활동"("faktische Amtshandlung")이라는 행정활동의 유형에 대해서도 헌법재판소의 통제를 받는다고 판시하면서 그에 관한 많은 판례를 축적시켰다.

1975년 헌법개정시까지 헌법재판소가 "사실적 직무활동"으로 파악해 온 행정작용유형에 대하여 행정재판소는 "결정"에 속하지 않는 것으로 보아 재판대상에서 제외시켜 헌법재판소와 상호모순된 입장을 보여주었다. 하지만 1975년의 헌법개정으로 헌법 제130조 1항 a에 의해 행정청의 위법한 직접적인 명령권행사와 강제권행사에 의하여 자신의 권리가 침해되었다고 주장하는 사람이 행정재판소에 소송을 제기하는 것이 가능해졌다. 헌법재판소에 의한 1심제적 통제는 시민의 재판청구권의 보장에 상당한 문제를 야기하였던 것이다. 그렇지만 개정헌법은 논의끝에 "사실적 직무활동"("faktische Amtshandlung")이라는 표현대신에 "행정청의 직접적인 명령권 및 강제권의 행사"("Ausübung unmittelbarer (verwaltung)behördlicher Befehls- und Zwangsgewalt")라는 용어를 쓰게 되었다.

한편 1988년 개정되어 1991년 1월 1일부터 지금까지 시행되고 있는 개정헌법은 연방차원에서 오직 Wien에 설치되어 있는 행정재판소의 독

---

234) Walter Jellinek,Verwltungsrecht, 1931, S.258

점적 관할권을 지역적으로 확대하여 "행정청의 직접적인 명령권 및 강제권의 행사"("Ausübung unmittelbarer (verwaltung)behördlicher Befehls- und Zwangsgewalt")에 대해서는 주의 독립행정위원회(die unabhängigen Verwaltungssenate in den Ländern)가 심사권한을 갖도록 하였다. 이러한 헌법개정으로 절차로부터 자유로운 행정행위에 대한 심사가능성은 지역적으로 더욱 확대되었으나 다른 내용은 별로 바뀌지 않았다. 약간 바뀐 내용은 관련부분에서 기술하기로 한다.

(2) 사실적 직무활동과 절차로부터 자유로운 행정행위의 관계

오스트리아 공법학자 Funk는 1975년 출판한 '절차로부터 자유로운 행정행위'(Der verfahrensfreie Verwaltungsakt, Wien 1975, S.247.)라는 단행본에서, 헌법재판소의 "사실적 직무활동"("faktische Amtshandlung")이라는 행정활동의 유형을 "절차로부터 자유로운 행정행위"("Der verfahrensfreie Verwaltungsakt")라는 용어로 이론적 체계화를 시도한 이래 지금까지 20여년 동안 계속 발전시켜오면서 독일의 행정행위 이론과도 비교하고 있다. 그 내용은 우리 법의 해석에도 상당한 도움을 줄 가능성이 있으므로, 이 논문에서는 Funk의 주장들을 중심으로 오스트리아의 실무와 이론들을 살펴보고자 한다.

"절차로부터 자유로운 행정행위"라는 표현은 학설과 판례상 "사실적 직무활동", "즉시의 (직접적인) 경찰-(행정-) 강제", "사실적 성질의 직무활동" 등으로 다양하게 명명되었던 행정행위들을 위한 집합개념이다.235) 절차로부터 자유로운 행정행위라는 표현은 판례에서도 보이는데,236) 결정과 비교하여 그 주요한 특징적 개념징표로 삼고 있는 점은 이러한 종류의 행정행위를 하는데 정식의 행정절차를 거치지 않는다는 점이다. 절

---

235) Adamovich/Funk,Allgemeines Verwaltungsrecht,3.Aufl.,1987,S.279.
236) VfSlg 9922/1984.

차로부터 자유로운 행정행위에서도 전혀 절차적 기속이 없는 것은 아니고 행정절차법에서 예상한 정식절차는 아니지만 어떤 절차적 기속이 있을 수 있다. 예를 들어 체포할 때 "법률의 이름으로"라는 표현을 할 의무가 절차적으로 부과되어 있다거나, 특정인에 대한 총기사용에 앞서 경고사격을 미리 할 의무가 절차적으로 부과되어 있는 것과 같은 절차적 의무는 절차로부터 자유로운 행정행위에서도 부과되어 있다.[237]

한편 절차로부터 자유로운 행정행위는 급속한 행정조치가 필요한 곳에서 법적으로 미리 정식의 절차형식과 표시형식을 면제한 '법적으로 예정된 행위유형'일 수도 있다. 자동차운전시 만취한 자의 교통방해행위를 제거하는 경찰의 위험방지행위나, 피의자의 체포,주거수색 및 증거물의 압수 등과 같은 형사사법권의 확보를 위한 행위, 그리고 영업감시행위 등은 관련법에서 미리 예정되어 있는 것이다.

2) 행정행위에 대한 헌법적 근거의 변천

1920년에 제정된 오스트리아의 제정헌법이나 1929년의 개정헌법은 행정청의 결정이나 처분에 대하여 권리침해를 당한 사람이 행정소송을 제기할 수 있도록 규정하고 있었을 뿐, 행정청의 강제권행사에 대해서 행정소송을 제기할 수 있다는 명문의 근거를 두지는 않았었다. 1975년 헌법개정으로 결정에 대한 권리구제이외에 행정청의 명령권행사나 강제권행사에 대해서도 헌법상 명문으로 권리구제의 길이 인정되게 되었다. 1988년의 헌법개정으로 연방이외에 주에서도 제한적으로 열거된 사항들에 대하여 행정재판이 가능하게 되었고 주행정내에 설치된 쟁송기관인 주의 독립행정위원회(Unabhängige Verwaltungssenate in den Ländern)가 행정청의 명령권행사나 강제권행사에 대하여 심사하게 되었으나, 1975

---

237) Adamovich/Funk, Allgemeines Verwaltungsrecht,3.Aufl., 1987, S.279.

년의 헌법개정으로 절차로부터 자유로운 행정행위에 대한 통제가 가능
해졌고, 그 점에는 1988년의 헌법개정이 아무런 변화를 가져오지 않았
다.238)

---

238) 이하에서는 행정행위에 관한 헌법상의 관련규정들을 소개한다.
    (1) 헌법상의 관련규정들의 변화
      (i) 1920년의 제정헌법
        제129조 1항 : "행정청의 위법한 결정(Entscheidung)이나 처분(Verfügung)에
        의하여 자신의 권리를 침해당했다고 주장하는 사람은 행정내부의 권리구제
        절차를 거친 후 행정재판소에 소송을 제기할 수 있다"
        제144조 1항 : "헌법재판소는 행정내부적 권리구제절차를 거친 후 행정청의
        결정(Entscheidung)이나 처분(Verfügung)에 의하여 헌법상 보장된 권리의
        침해를 이유로 한 소송에 대하여 재판한다"
      (ii) 1929년의 개정헌법
        제129조 1항 : "행정재판소는 행정청의 결정(Bescheid)(Entscheidung oder Verfü-
        gung : 결정이나 처분)의 위법에 대하여 재판한다 ..."
        제144조 1항 : "헌법재판소는 소제기자가 결정에 의하여 헌법적으로 보장된
        권리를 침해당했다고 주장하는 범위에서 행정청의 결정(Bescheid) (Entsc-
        heidung oder Verfügung : 결정이나 처분)에 대한 소송에 관하여 재판한다".
      (iii) 1975년의 오스트리아 헌법
        제130조 1항
        행정재판소는 다음의 소송에 대하여 재판한다.
        a)호. 행정청의 결정의 위법성이 주장되어지는 소송
        b)호. 특정인에 대한 행정청의 직접적인 명령권력의 행사 및 강제권력의 행
        사의 위법성이 주장되어지는 소송
        c)호. 행정청의 결정의무의 침해가 주장되어지는 소송
        이외에도 행정재판소는 제81조 a의 4호에 따른 지시에 대한 소송에 관해서
        도 재판한다.
        제144조
        제1항. 헌법재판소는 소제기자가 결정에 의하여 헌법적으로 보장된 권리를
        침해당했다고 주장하거나, 위법한 법규명령이나 위헌적인 법률에 의하여
        또는 위법한 국가계약에 의하여 자신의 권리를 침해당했다고 주장하는 때
        에는 행정청의 결정에 대하여 재판한다. 동일한 요건아래 헌법재판소는 특
        정인에 대한 행정청의 직접적인 명령권행사 및 강제권행사에 대한 소송에
        관해서도 재판한다. 다른 소송심급이 존재하고 있다면 그러한 심급들을 모
        두 거친 후에 비로소 소송이 제기되어질 수 있다.
        제2항. 행정청의 취소청구된 결정에 의하여 또는 행정청의 직접적인 명령권
        행사 및 강제권행사에 의하여 제1항의 의미에서의 권리를 침해당했고, 제

2. 절차로부터 자유로운 행정행위의 구별필요성과 특성

1) 절차로부터 자유로운 행정행위의 구별필요성과 추상적 고찰의 필요성

(1) 절차로부터 자유로운 행정행위의 구별필요성

행정환경의 복잡성이 증대하고 이에 대한 행정의 대응방법도 다양해짐에 따라 행정행위의 한계설정이 점점 어려워지고 있다. 특히 사회의 위험이 대형화하고 그 위험에 대한 대처도 긴급성을 요하는 행정의 영역이 증가하면서 신속한 행정서비스의 제공은 선진각국의 행정개혁의 주요한 목표가 되어가고 있다. 때문에 장시간에 걸쳐 정식절차를 거친 행정행위이외에 신속한 행정활동도 증가해가고 있으나 그것들 중 어떤 범위까지 행정소송의 대상이 되는 행정행위가 될 수 있을 것인가에 관한 중대한 법적 불안정성이 존재하고 있다. 오스트리아에서 절차로부터 자유로운 행정행위에 관한 개념의 정립노력은 실정법상 다양한 용어로 등장하는 정식절차를 거치지 않는 행정활동들 중 행정행위가 될 수 있는 것들을 구별하기 위한 것이다. 종합적 관점에서 질서를 형성하여 실무를 지도하고 법적 안정성을 보장하기 위한 것이다.[239) 절차로부터 자

133조에 의하여 행정재판소의 관할권으로부터 배제되어진 경우가 아니라고 헌법재판소가 인정한다면, 소제기자가 결정이나 직접적인 명령권행사 및 강제권행사에 의하여 그밖의 권리가 침해당했는지의 여부의 재판에 관한 소송은 소제기자의 신청에 대한 각하판결로 행정재판소에 이송시켜야 한다.

(iv) 1988년의 개정헌법
제129a
제1항. 행정내부의 통제절차를 거친 후 독립행정위원회(Die unabhängige Verwaltungssenate)가 다음의 사건에 한정하여 심판한다.
2호. 행정청의 직접적인 명령권행사 및 강제권행사에 의하여 자신의 권리를 침해당했다고 주장하는 사람이 제기하는 소. 연방의 조세사건은 제외된다.

239) B.C.Funk, Der verfahrensfreie Verwaltungsakt, 1975, S 217

유로운 행정행위론은 구체적 법적 문제의 해결에 기여하고, 행정행위론
이 현대행정의 새로운 문제상황에 대하여 일반인론수준에서 체계적으로
대응할 수 있도록 하는데 도움을 주며, 다양하게 분산되어 있는 절차로
부터 자유로운 행정행위에 관한 관련규정들을 상호 관련시켜 종합적으
로 고려할 수 있게 해줄 것이다.240) 또 그에 대한 소송의 구체적 내용이
정식절차를 거친 행정행위에 대한 구제방법과 어떤 점에 차이가 있어야
하는지 주목할 수 있게 해줄 것이다.

(2) 절차로부터 자유로운 행정행위의 구별곤란성

절차로부터 자유로운 행정행위론은 종래의 행정행위론이 현대적 문제
상황과 만나면서 부딪힌 한계상황에 학문적으로 대응하기 위해 나온 이
론이기 때문에, 실제 문제상황에서 행정소송의 대상이 될 수 없는 사실
행위와 구별이 곤란한 경우가 많다. 오스트리아의 실무에서도 행정기관
의 특정한 행위가 절차로부터 자유로운 행정행위에 해당되는지 판단하
기가 매우 어려운 경우가 많이 나타나고 있다.241)그 외적 등장형태에서
도 매우 다양하고 상당히 이질적인 특색을 보여주고 있다. 또 건축물의
철거의 예에서처럼 정식절차를 거쳐 발해진 철거처분의 단순한 집행행
위인지 아니면 선행한 처분이 없는, 그 자체 독립한, 절차로부터 자유로
운 행정행위인지는 그 외관만으로 구별할 수 없다. 때문에 절차로부터
자유로운 행정행위가 전형적인 개념징표를 정립하여 독자적인 하나의
행정행위유형이 될 수 없는 것 아닌가 하는 의문이 제기될 가능성도 있
는 것이다.

그러나 이러한 난점에도 불구하고 이 행정행위의 대상이 되는 행위들
은 행정의 일방적 개입행위가 있었다는 점과 국민에 대한 법적 효력을

---

240) B.C.Funk, a.a.O., S 226.
241) B.C.Funk, a.a.O., S 229

지니고 있다는 공통점을 가지고 있다.242)

(3) 추상적 고찰방식의 필요성

하나의 절차로부터 자유로운 행정행위에 귀속시킬 수 있는 행위들을 보다 상세하게 고찰하면 여러개의 복잡한 다른 개별행위들로 구별해낼 수 있다. 예를 들어 체포행위는 하나의 절차로부터 자유로운 행정행위로 다루어지고 있지만, 체포행위를 보다 자세히 분석하면 질문하는 행위,체포명령을 발하는 행위("경찰서에 가자","당신을 체포하겠다" 등), 권리구제방법 등을 통지하는 행위, 물리력을 행사하는 행위 등으로 나누어 볼 수 있다. 그럼에도 불구하고 이러한 행위들을 종합하여 전체로서 하나의 행정행위로 다루는 것은, 절차로부터 자유로운 행정행위의 전형적 징표가 되는 기준들이외의 다른 요소들을 단지 부수적으로 결부된 것으로 이해함으로써, 법질서보호와 권리보호에 있어 경제성의 이념에 부응할 수 있기 때문이다. 오스트리아 연방헌법재판소도 절차로부터 자유로운 행정행위의 존재여부를 판단하는 기준으로 "개별적 규범적 내용의 직무활동"("Amtshandlung eines individuell normativen Inhalts")이라는 매우 추상적 기준에 의존하고 있는 것이다.243) 이러한 이해가 가능하기 위해서는 행정기관의 여러 복잡한 행위들을 전체적으로 종합적인 관점에서 추상화시켜 고찰하는 것이 필요하다. 추상적 고찰의 필요성은 다른 행정행위에서보다 절차로부터 자유로운 행정행위에서 더욱 요구된다.244)

---

242) B.C.Funk, a.a.O., S 229
243) B.C.Funk, Der verfahrensfreie Verwaltungsakt, 1975, S.99
244) B.C.Funk, a.a.O., S.99

2) 절차로부터 자유로운 행정행위의 특성

(1) 형식의 상대적 면제

광의의 형식개념은 두가지의 협의의 개념으로 나눌 수 있다. 첫째는 행정활동의 외현형태에 관한 것으로 절차로부터 자유로운 행정행위가 결정보다 그 외부적 표현형태에 있어서 형식적 명백성을 상대적으로 더 면제받고 있다는 것이다.[245] 그러나 절차로부터 자유로운 행정행위들 상호간에도 형식면제의 정도에는 상당한 차이가 있다. 예를 들어 "법률의 이름으로" 또는 "나는 당신에게 경고한다" 등 어떤 정형화된 언어를 사용하는 비교적정식적인 행위에서부터, 수반되는 현상들을 종합적으로 고려하여 해석함으로써 비로소 행정행위로서 성격부여가 가능한 행위에 이르기까지 상당히 다양하다.

두 번째는 절차로서의 형식에 관한 측면이다. 절차로부터 자유로운 행정행위는 결정을 발하는 데 필요한 정식의 행정절차를 거칠 필요가 없다.[246]

(2) 이질성과 복잡성

절차로부터 자유로운 행정행위는 외부적으로 다양한 표현형태로 나타나고 있다. 때문에 구조적으로 매우 이질적인 하위그룹으로 분류할 수 있을 것이다. 그러나 이러한 이질성에도 불구하고 권리침해효과에 있어 동종성과 무절차라는 공통성 때문에 모두 절차로부터 자유로운 행정행위의 범주에 포섭시킬 수 있을 것이다.[247]

---

245) B.C.Funk,Die Anfechtung verfahrensfreier Verwaltungsakte bei den Gerichtshöfen des öffentlichen Rechts, Neuerungen im Verfassungsrecht, Wien 1976, S.63. B.C. Funk, Die Anfechtung(1976)으로 인용.
246) B.C.Funk, Die Anfechtung(1976), S.63

절차로부터 자유로운 행정행위의 특성으로서 복잡성이 의미하는 것은 체포, 주거수색 및 견인과 같이 각각 일반적으로 통일적인 하나의 행위로 간주되는 행위들도 보다 구체적으로는 몇 개의 행위로 다시 나누어 파악될 수도 있다는 점이다. 예를 들어 체포행위도 체포선언 - 물리적 강제 - 호송 - 석방때까지 유치장에서의 유치 등으로 다시 분해되어 파악될 수도 있다. 이러한 복잡성때문에 경우에 따라 어떤 행위는 두세 개의 행위로 나누어 파악될 가능성이 있으나 판례는 명확한 기준을 제시하지 않고 있다.248)

(3) 개념의 유동성

결정의 개념징표는 명백한 전형으로 확립되어 있지만 절차로부터 자유로운 행정행위는 그 개념징표상 결정보다 훨씬 덜 확정되어 있다. 이것은 이 행위의 무형식성과 비동질성에 그 원인이 있기도 하지만, 보다 결정적인 이유는 절차로부터 자유로운 행정행위에서는 법적 안정성을 위한 형식적 절차적 측면보다 권리보호의 관점이 우선시되고 있기 때문이다. 어떤 행정활동이 절차로부터 자유로운 행정행위로 파악될 것인가는, 당해 행정활동에 대하여 권리보호의 필요는 존재하지만 기존의 권리보호제도를 통하여 보호되고 있지 못하거나 불충분하게 보호되고 있다는 사실이 중요하게 고려된다.249) 실제로 제국재판소에 이어 헌법재판소의 재판실무에서 이러한 권리보호의 관념이 절차로부터 자유로운 행정행위의 발견과 형상화를 위한 중심적인 관점이었다.250) 현행 헌법재판소나 행정재판소의 실무에서도 이미 기존의 권리보호도구를 충분한

---

247) B.C.Funk, Die Anfechtung(1976), S.64
248) B.C.Funk, Die Anfechtung(1976), S.64
249) B.C.Funk, Die Anfechtung(1976), S.65
250) B.C.Funk, Die Anfechtung(1976), S.65 참조

것으로 간주하고 있는지가 중요한 고려사항이 되고 있다 한다.251)

법해석작업은 해석방법에 따라 본질적으로 법의 문언을 중심으로 분석적 어의적으로 이루어진다. 그러나 "권리보호필요"의 사고는 목적론적 사고방식으로서 법해석의 엄격성과 충돌할 가능성이 있다. 권리보호필요는 객관적인 현행 권리보호체계와 주관적인 권리보호가치에 대한 평가를 통하여 결정된다. 현행 권리보호체계에 흠결이 존재하는 듯 보이는 상황에서, 그리고 철저한 논리적,체계적 해석작업을 통하여 평가가 달라질 수 있는 가변적인 가치관련령역에서 개념의 상대적 명확화에 노력하여야 할 것이다. 이 상황에서 행정행위의 형식성을 통한 법적 안정성의 이익이 어느 정도 후퇴할 수밖에 없을 것이다.252)

한편 가치평가에 의한 개념보충의 필요는 가장 명확한 형식성을 요구하는 결정에서도 불가피한 것으로, 예를 들어 문서형식은 갖추었지만 결정의 다른 형식은 갖추었는지가 불분명한 경우, 취소소송의 대상이 될 수 있는가를 판단함에 있어 권리보호필요의 사고는 문제해결을 위한 중요한 사고도구가 되는 것이다.

(4) 형식하자로 인한 '절차로부터 자유로운 행정행위'의 성립가능성

공무원이 법령을 해석하고 적용하는 과정에서 형식준수의무의 존재여부가 불명확한 경우도 있을 수 있고 형식준수의무가 존재함에도 불구하고 형식을 준수하지 않고 행위를 할 우려도 있다.

먼저 형식준수의무가 존재함에도 형식을 준수하지 않고 한 행위, 즉, 형식하자 있는 형식기속적 행정행위를 일정한 경우 '절차로부터 자유로운 행정행위'로 취급할 필요성이 있는지 하는 문제가 제기된다.253) 이러

---

251) B.C.Funk, Die Anfechtung(1976), S.65 참조
252) B.C.Funk, Die Anfechtung(1976), S.66, Fn.72 참조
253) B.C.Funk, Der verfahrensfreie Verwaltungsakt, 1975, S.214

한 행위는 실체적 하자없는 절차적 하자만으로 행정행위를 취소하거나 무효로 볼 수 있는지의 문제, 즉, 행정행위의 절차적 하자의 문제보다는 훨씬 포괄적 문제들과 관련되어 있다. 사전의 집행처분을 필요로 하지만 집행처분없는 집행활동과 같은 다단계 행정행위, 상대방에 도달하지 못해 결정으로서 효력을 발생하지 못한 결정의 집행행위까지도 문제삼고 있는 것이다.254)

법령의 해석적용과정에서 법령의 문언이 불명확할 때 절차로부터 자유로운 행정행위의 성립가능성을 광범위하게 허용하는 것은 분쟁이 발생했을 때 행정이 사후적으로 형식면제를 부당하게 주장할 여지를 제공하는 측면이 있다. 예를 들어 경찰관이 체포의 근거를 갖추지 못했지만 막연한 법적 근거만으로 조회를 위한 동행을 요구하는 경우처럼 행정이 법영의 불명확성을 이용할 가능성이 있다. 입법정책적으로는 그것을 방지할 수 있는 명확한 립법을 할 의무가 존재한다.255) 법해석상으로는 법령의 내용이 불명확할 때 형식의 기속이 추정되므로 불기속을 주장하는 자나 불기속의 이유를 설명할 의무가 있는 자는 명식적으로 이유를 제시해야 할 의무가 존재하는 것으로 보아야 할 것이다.256)

254) B.C.Funk, Der verfahrensfreie Verwaltungsakt, 1975, S.214
255) B.C.Funk, Die Anfechtung(1976), S.64
256) B.C.Funk, Die Anfechtung(1976), S.64

3. 절차로부터 자유로운 행정행위와 결정의 구별

1) 절차로부터 자유로운 행정행위와 결정의 구별

(1) 오스트리아 행정절차법상 결정에 관한 규율 - 결정의 엄격한 형식성 -

(i) 결정(Bescheid)의 개념

오스트리아에서 결정(Bescheid)이라는 용어는 많은 실정법들에서 이용되고 있지만 그 어느 곳에서도 정의를 내리고 있지는 않다. 그렇지만 학설과 판례는 결정의 개념에 대하여 특정한 개별적 사건들에서 개별적인 특정한 사람들에 대하여 정식적으로 그리고 공정력을 가지고 법률관계에 대하여 실체법적으로나 절차법적으로 표시되어진 모든 권력적(행정의) 조치로서, 기존의 법률관계(법적으로 중요한 법률요건)를 확인하거나(선언적 내용) 혹은 새로운 법률관계를 형성(창설적 내용)할 수 있는 행위라고 이해한다.257) 실체법적 성질의 법률관계에 관해서는 실체적 결정(meritorischer Bescheid)을 내릴 수 있고, 절차법상의(형식법상의) 규정을 근거로 한 법률관계에 관해서는 절차법적 결정을 내릴 수 있을 것이다.

(ii) 결정의 형식적 특징

결정을 내리기 위해서는 행정절차법(제37조와 제39조)에 규정된 사실관계의 확인절차를 밟아야 하므로, 당사자에게는 자신의 권리와 법률상의 이익을 주장할 수 있는 기회를 주어야 하고, 특별한 규정이 없으면 행정청이 직권으로 절차를 진행하되 구두심사, 증거 및 감정 등에 관한 행정절차법 제2편상의 사실확인과 관련된 규정들의 적용을 받는다.

---

257) Adamovich/Funk, Allgemeines Verwaltungsrecht, 3. Aufl., 1987,S.267 ; Antoniolli/Koja, Allgemeines Verwaltungsrecht, 1986, S.471.

또 행정절차법 제57조와 제58조는 결정의 외적 형식에 대하여 다음과 같은 요청을 하고 있다. ① "결정"으로서의 명시적인 표기 ② 결정문 ③ 권리구제방법의 표시 ④ 이유제시 ⑤ 결정을 발한 행정청의 표시 ⑥ 날짜 ⑦ 서명과 결정을 한 기관의 성명을 읽기 쉽게 기재하고 행정에 의한 확인도 기재할 것 ⑧ 송달이나 구두의 고지를 받을 수령자에 대한 결정의 발급행위. 이와 같은 행위는 모두 서면으로 기재하여야 한다.

구두에 의한 결정도 가능하지만 구두심사를 했을 경우에는 구두심사 조서가 작성되어야 하고 구두결정서를 당사자에게 교부하거나 송달하여야 한다. 또 행정절차법 제62조 1항에 따라 다른 특별규정이 없는 한 송달의 경우 서면에 의해서 행해져야 하지만 구두고지에 의해서도 가능하다. 오스트리아에 있어 결정의 구두고지는 하나의 형식적 행위(Form-alakt)이다.258) 왜냐하면 오스트리아에서 구두고지를 할 때는 먼저 수령자들이 그것을 반드시 인지한 후 서면증거를 작성해야 하며,259) 결정의 내용자체와 구두고지자체가 서면으로 증명되지 않으면 그러한 결정은 최저한도의 기준(Mindesterfordernis)을 준수하지 않은 것이 되어 결정으로서는 효력을 발휘하지 못하기 때문이다.260) 이러한 증명의무(Beur-kundungspflicht)는 법적 안정성(증명간이화)에 기여한다고 설명되고 있다.261) 이에 관하여 Winkler는 결정의 문서형식기속성의 원칙이라고 부르고 있다.262) 한편 결정으로서 증거서류를 갖추지 못해 무효인 행위는 절차로부터 자유로운 행정행위로서는 유효할 수 있다.

그리고 결정에 대해서는 행정절차법 제63조의 행정내부적 구제제도를 먼저 거쳐야 한다.

---

258) Adamovich/Funk, Allgemeines Verwaltungsrecht,3.Aufl., 1987, S.270.
259) VwGH 30.9.1985, 85/10/0051
260) VwSlg 3617 A/1955 ; VwGH 10.10.1979, 1151/79 ; VfSlg 8359/1978, 9036/1981 등.
261) Adamovich/Funk, Allgemeines Verwaltungsrecht, 3.Aufl., 1987, S.270.
262) Winkler Günther, Der Bescheid, 1956, S.93

(2) 절차로부터 자유로운 행정행위와 결정의 구별

① 결정은 절차기속적인 행정행위로서 오스트리아 행정절차법이 적용된다. 결정에 있어 행정청은 행정절차법상의 사실관계확정의 원칙, 당사자삼가, 행정내부적 권리보호 그리고 결정형식의 준수 등의 기속을 받는다. 반면에 절차로부터 자유로운 행정행위에는 오스트리아 행정절차법이 적용되지 않는다.263) 행정청이 절박한 위험상황 ("갑작스럽게 출현하는 위험")과 효과적인 투쟁을 하기 위해서는 시간과 절차적 신중성을 갖추기가 어렵다. 이러한 상황하에서 행정청이 개입해야 하는지 여부는 그것이 행정의 과제에 속하는가에 달려 있다. "갑작스럽게 출현하는 위험"에 대해 행정청이 즉시의 위험방지의 형식을 무엇으로 해야 하는가 하는 문제가 바로 결정과 절차로부터 자유로운 행정행위의 구별이 의미 있어지는 곳이다.264) 긴급한 행정작용의 필요성이 주요한 구별기준이다. 그렇지만 이것으로부터 절차로부터 자유로운 행정행위에 있어 행정청이 완전히 법적 기속을 받지 않거나 자의적으로 행위해도 좋다는 결론은 도출되지 않는다.265)

② 결정은 오스트리아 헌법 제130조 1항 a호를 그 헌법적 근거로 한 행정활동이다. 절차로부터 자유로운 행정행위는 오스트리아 헌법 제130조 1항 b호의 "특정인에 대한 행정청의 직접적인 명령권행사 및 강제권행사"라는 규정이 그 헌법적 근거이다. 민주국가에서도 이러한 비상경찰의 행위형식이 허용된다. 그러나 그것은 합법성원리와 적법절차에 의한 권리보호에 대한 포괄적인 예외의 필요에 의해 단순히 헌법규정만을 근거로 행정청에 허용되어져서는 안되고, 개별법상의 근거가 있는 경우에

263) Robert Walter/Heinz Mayer, Grundriß des österreichischen verwaltungsver-
    fahrensrechts, 1984, S.129
264) Benjamin Davy, Gefahrenabwehr im Anlagenrecht, 1990, S.806.이하에서는
    Benjamin Davy로 인용.
265) Benjamin Davy, S.805.

만 구체적으로 허용되어야 한다.[266]

③ 법률적 관점에서 결정은 오스트리아 행정절차법 제50조 이하의 결정에 관한 규정들을 그 법률적 근거로 하여 허용되고, 절차로부터 자유로운 행정행위는 행정절차법시행법(Einführungsgesetz zu den Verwaltungsverfahrensgesetzen) 제2조 6항 e호의 "조치와 강제권"의 규정을 그 근거로 하여 허용된다.

④ 행정개입의 목적이 절차기속적인 행정행위에 의해서도 달성되어질 수 있을 때, 직접적인 명령권과 강제권을 행사하는 권한은 행정청에게 인정되지 말아야 한다.[267] 한편 1990년 개정행정절차법에 따라 주의 독립행정위원회가 절차로부터 자유로운 행정행위에 대한 심판권을 갖게 되었는데, 즉, 개정행정절차법 제67a 2호는 독립행정위원회가 연방의 조세사건은 제외하고, "행정청의 직접적인 명령권행사 및 강제권행사에 의하여 자신의 권리를 침해당했다고 주장하는 사람이 제기하는 소"에 대한 관할권을 갖도록 규정하고 있다.

⑤ 결정의 집행행위와 절차로부터 자유로운 행정행위는 그 외형상 유사할 수 있으나, 결정의 집행은 선행하는 결정에 의해 포괄되어 있어 결정으로부터 독립되어 있지 않다. 그러나 절차로부터 자유로운 행정행위에 대해서는 독립적인 권이보호의 필요가 존재한다.[268]

4. 절차로부터 자유로운 행정행위와 사실행위의 구별 - 공정력을 부여하기 위한 최저요건 -

행정법상의 권리보호체계에 있어 행정행위의 적법여부의 확인기능을

---

266) Benjamin Davy, S.807
267) Benjamin Davy, S.807
268) B.C.Funk, Amtshandlung (1987), S.628.

수행하는 것은 행정소송이다. 오스트리아 행정법상 절차로부터 자유로
운 행정행위와 사실행위의 구별은 이러한 행정행위를 전제로 한 소송들
의 소송대상을 명확히 하는 의의를 갖는다.[269] 이러한 노력의 성패는 행
정행위개념에 있어 사실성(die Faktizität)과 구별되는 규범성(die normat-
ivität)의 계기를 이론적으로 얼마나 명확하게 보여줄 수 있는가에 달린
문제이다. 이것은 동시에 행정작용 중 공정력을 인정하기 위해 필요한
조건의 문제이기도 하다.

행정청의 행정작용 중 적절한 효력제거조치가 없는 한 다른 국가기관
이나 일반주민들이 그 효력을 존중해야 할 필요가 있는 행위는 그러한
존중의 필요가 없는 행위와 비교할 때,[270] 최저한의 전제요건을 갖추어
야 한다. 즉, 절차로부터 자유로운 행정행위도 행정행위기 때문에 다른
행정행위와 공통된 최저요건을 갖추어야 한다. 오스트리아 행정법학자
들이 이와 관련된 몇가지의 논의를 하고 있어 소개한다.

1) 법률의 집행행위로서의 요건(행위의 외적 형태 내지 실행방식에 관한 요건)

행정기관의 어떤 행위가 그 외적 형태 내지 실행방식으로 보아 절차
로부터 자유로운 행정행위로 평가받기 위해서는 전체적으로 보아 당해
행위가 법률을 집행한 행위(특히 공법의 집행행위)로 볼 수 있는 관련성
을 가지고 있어야 한다. 당해 조치의 객관적인 전체모습으로 보아 당해
행위가 "법률을 집행하여"("In Vollziehung der Gesetze") 그 기관에게 부
여된 권한을 행사한 것으로 인정할 수 있어야 한다. 또 당해 행정기관의
행위가 "법률을 집행하여" 할 수 있는 권한의 한계를 벗어나지 않았어야

---

269) 한국의 행정소송에 있어 행정행위의 개념을 전제로 하여 건설되어 있는 행정소송이
    취소소송과 무효등 확인소송 그리고 부작위위법확인소송이다.
270) 다만 이러한 존중, 즉 행정행위의 공정력은 보다 확실하게 당해 행정작용의 적법여
    부를 확인할 수 있는 제도적 장치가 유효하게 기능할 때까지만 의미를 가질 것이다.

한다.271) 예를 들어 상황에 따라 당해 업무에 관련된 공무원으로서 신분
증을 가지고 있고, 유니폼을 착용하고 있으며, 법令의 집行행위라는 것
을 밝히는 등의 행위는 공무원의 법령집행행위로서의 외관을 띠고 있는
것이다.272) 어떤 조치가 법률의 집행행위로서 볼 수 없다면, 그것은 행
정과 주민의 관계에서 아무런 법적 불안을 조성하지 못하거나, 주민이
사법상의 물권적 청구권이나 채권을 행사하여서도 자신의 지위를 방어
할 수 있을 것이기 때문에 공법적인 수단에 의해 권리를 보호할 필요성
은 없을 것이다. 그러나 행위의 외적 형태 내지 실행방식에 관한 최저요
건으로서 법률의 집행여부와의 관련성에 대한 판단은 쉽지 않다. 예를
들어 경찰관이 제복을 착용하고 신분증을 제시하더라도 골프장허가나
제조업허가에 관한 권한을 행사할 수는 없는 것이다.

2) 규범적 의사행위로서의 요건

행정의 어떤 행위가 절차로부터 자유로운 행정행위로 인정되기 위해
서는 행정행위가 되기 위해 적합한 성질을 가진 조치이어야 한다. 행정
행위에 인정되는 법적 효力을 부여할 수 있어야 한다. 그리하여 반드시
재판통제와 같은 특수한 절차를 거쳐 그것을 무효화하도록 할 만큼 법
적 의미를 갖는 행위이어야 한다. 예를 들어 절차로부터 자유로운 강제
행위로 인정되기 위해서는 당해 행위의 세가지 유형 중의 어느 하나의
행위로 볼 수 있어야 한다. 사인의 의무위반을 전제로 하는 의무강제행
위이든지, "합성된 (수인)명령"에 의한 행정행위이든지, 아니면 "합성된
확인"에 의한 행정행위어야 한다.

법적 효력의 승인여부가 행정행위의 성립여부의 결정적 징표이므로,
법적 효력은 특히 당해 조치의 어떤 측면에 초점이 맞추어 인정될 수 있

---

271) B.C.Funk, Der verfahrensfreie Verwaltungsakt, 1975, S.131.
272) B.C.Funk, a.a.O., S.164, Fn.154 참조.

는 것인가 하는 문제가 제기된다. 특히 절차로부터 자유로운 강제행위에
서 문제되는 사례들은 많은 경우 행정의 명시적인 의사표시가 없으므로
법적 효력의 발생여부의 판단은 결코 쉽지 않다.

　최근의 오스트리아의 학자들 중 이 문제를 명확하게 인식하고 상당히
상세하게 이론을 전개한 유일한 학자는 Heinz Mayer이다. Heinz Mayer는
Kelsen의 학설에 그 학문적 뿌리를 두고 있는 오스트리아 Wien 대학 출
신자이다.[273] 이하에서는 그의 견해를 중심으로 기술한다.

　① 먼저 어떤 조치가 규범적이다는 것이 무엇을 의미하는가, 그리고
그 규범성의 인식은 어떻게 할 수 있는가 하는 문제를 논하고 있는 부분
을 살펴 본다.

　Heinz Mayer는 "순수법학의 관점에서 규범은 현실의 의사행위의 객관
적 의미이다"고 하면서, 규범의 효력은 그 의사행위에 구속받는다고 한
다.[274] 어떤 조치가 규범적일려면 권한을 부여받은 기관이 다른 사람에
대하여 어떤 내용의 당위(Sollen)를 발해야 한다는 것이다. 규범이 창조
되어야 한다. 여기서 규범적이다는 것은 현실적인 의사행위가 존재하고
그 의사행위의 객관적 의미가 당위를 발하는 것이어야 한다는 것을 의
미한다. 이러한 규범의 특유한 존재방식은 법적 효력을 갖는다는 점이
다. 창조된 규범의 내용은 명령적일 수도 있고, 형성적일 수도 있으며, 확
인적일 수도 있다. 다만 사실의 세계와는 달리 당위의 세계는 우리들의
지각으로 직접적으로 식별할 수 있는 것이 아니므로 그 법적 효력을 어
떻게 인식할 수 있는가 하는 문제가 제기된다. 이 문제는 달리 말해 행
정기관이 자신의 의사행위의 객관적 의미가 당위인 의사를 발했다고 볼
수 있는 상황이 존재하는가 하는 문제이다. 그러한 결론도출을 허용하는
상황이 존재하느냐 하는 문제이다.[275]

---

273) Heinz Mayer, Die "Normativität faktischer Amtshandlungen, Festschrift für Robert
　　Walter, Wien 1991,SS.463-476. 이하에서는 Heinz Mayer로 인용.
274) Heinz Mayer,S.467.

법적 효력은 감각적으로 인식가능한 사실관계로부터 간접적으로만 인식가능하다. 따라서 사실로부터 당위를 추론할 수밖에 없다. 의사행위와 함께 실행된 사실행위 그 자체는 사실 그 자체가 어떤 규범의 객관적 의미일 수 없기 때문에 규범적일 수 없다. 단지 어떤 규범의 현실적인 집행으로서 해석되어질 수 있다. 그것은 법구체화의 단계에서 마지막 단계로서 규범의 실현일 뿐이다. 그러나 정식행정절차가 적용되는 결정에서와 달리 절차로부터 자유로운 행정행위에의 귀속여부가 문제되는 사례들은 매우 비정형적인 것이기 때문에 규범성의 존부의 판단은 매우 어렵다. 이 사례들에서는 보통 상대방에게 통지되지도 않고 서면으로 작성되지도 않는다. 따라서 추론을 통해서 당해 사실적 행정활동이 어떤 의사행위를 실현하고 있는 것으로 볼 수 있는지를 심사해야 한다.276) 다만 이 추론은 매우 어려울 수 있을 것이다.

Heinz Mayer는 주거자의 부재시 주거수색의 실시, 작성자나 수령자가 모르고 있는 상태에서 편지의 개봉행위, 타인의 사생활에 관한 정보의 유출행위, 무의식상태에 있는 사람에 대한 혈액채취행위 등에 관해 절차로부터 자유로운 행정행위에의 귀속여부를 검토하면서 규범을 창출시키는 행정기관의 의사행위를 추론해낸다. 이러한 Heinz Mayer의 견해는 결론으로만 볼 때, 행정기관의 명시적인 의사표시가 없더라도 사실행위로부터 행정기관의 의사를 추론해낸다는 점에서 Funk와 같은 다른 학자들의 견해와 유사하다. 다만 Funk는 유형별로 그것을 구체화하고 있을 뿐이다. 자세한 내용은 'Ⅲ.절차로부터 자유로운 강제행위'에서 다루기로 한다.

② 이어서 Heinz Mayer는 어떤 개별적 조치의 규범성을 상위의 일반적 규범에 의해 심사한다는 것은 두 개의 규범비교에 의해 이루어진다고 하면서, 개별적 규범이 일반적 규범을 준수하고 있다면 개별적 규범

---

275) Heinz Mayer,S.469.
276) Heinz Mayer,S.470.

의 효력은 일반적 규범의 효력에 의해 정당화될 수 있다고 한다. 그러나 개별적 규범이 일반적 규범을 위반하고 있더라도 그 위반의 법적 평가에서 무효가 되지 않을 정도의 하자로 판단된다면, 이러한 개별적 규범들은 특별한 법적 절차를 거쳐서만 무효로 될 수 있다는 것이다.277) 이것은 물론 공정력에 관한 설명이다. Heinz Mayer는 이상과 같은 논의과정을 거쳐, 절차로부터 자유로운 행정행위에 규범성이 인정되는 것은 당해 행정기관의 조치에서 그의 의사를 추론할 수 있고, 그 의사의 객관적 의미가 당위이기 때문이라고 한다. 이어서 추론되어진 의사에 의해 규범이 창출되었기 때문에, 절차로부터 자유로운 행정행위의 하자에 대하여 새로이 창출되어진 규범을 무효로 하는 것이 필요하다고 한다.278)

Ⅲ. 절차로부터 자유로운 강제행위

절차로부터 자유로운 행정행위도 행정행위기 때문에 공정력이 부여될 수 있기 위해서는 다른 행정행위와 공통된 최저요건을 갖추어야 한다. 그러나 이상에서 기술한 두가지의 요건들, 즉, ① 법률의 집행행위로서의 요건(행위의 외적 형태 내지 실행방식에 관한 요건)과, ② 규범적 의사행위로서의 요건만으로는 부족한 듯하다. 이 두가지 요건만으로는 절차로부터 자유로운 행정행위의 권력적 성격을 드러낼 수 없다. 왜 수많은 행정작용 중 절차로부터 자유로운 행정행위에 대해서 적절한 효력제거조치가 없는 한 다른 국가기관이나 일반주민들이 그 효력을 존중해야하는지 더 명확하게 제시될 필요가 있다. 따라서 이상의 두 요건에 관한 논의는 불완전하다. 다만 이 논문에서는 공정력에 관한 더 이상의 논의를 줄이고, 권력적 행위로서 의심할 여지가 없는 행정의 강제행위에 대

---

277) Heinz Mayer,S.472.
278) Heinz Mayer,S.472.

하여, 규범적 의사행위를 구체화한 하위기준들이 행정행위의 한계를 설정하는 데 있어 어떻게 유용할 수 있는지를 보여주고자 한다.

1. 절차로부터 자유로운 행정행위의 유형

Funk는 절차로부터 자유로운 행정행위를 절차로부터 자유로운 명령행위와 절차로부터 자유로운 강제행위로 나누고 있다.

절차로부터 자유로운 명령행위의 특징적인 내용상의 징표는 이 행위가 명령의 상대방에 대하여 지체없는 복종을 요구한다는 점이다.[279] 복종의무를 이행하지 않을 때 제재가 가해진다. 절차로부터 자유로운 명령행위들은 작위하명이나 금지의 경우처럼 매우 다양한 표현형태로 등장한다. 교통통제목적으로 발하는 정차신호가 여기에 해당되고, 이른바 임의동행도 경우에 따라 명령행위에 포함될 수 있을 것이다.

2. 절차로부터 자유로운 강제행위

1) 강제행위의 개념과 유형분류의 필요

(1) 강제행위의 개념

① 절차로부터 자유로운 행정행위의 한 유형을 이루고 있는 강제행위론이 실무상 다양하게 나타나는 강제적 성격의 행정개입을 포괄적으로 설명할 수 있도록 강제개념을 실질적으로 이해하여 확대하려는 시도가 오스트리아의 학자들상에 나타나고 있다.[280]

---

279) B.C.Funk,Die Anfechtung (1976), SS. 59-60

실질적 의미의 강제개념은 권리보호의 흠결을 극복하기 위한 기초로
서 판례상 복잡하게 나타나는 사례들 중 행정의 일방적 개입행위로서
명시적인 규율의사를 확인하기 어려운 행위들을 전체적으로 지칭하기
위한 개념이다. 실질적 의미의 강제개념에 따를 때 강제행위는 행정의
물리적 개입에 의해 법적으로 요청되거나 허용되어진 최종적인 상태를
현실적으로 직접 창출하는 행위이다.281) 결정의 경우처럼 결정의 집행
행위를 필요로 하지 않고, 행정이 의욕하고 있거나 법적으로 보호되어야
하는 상태를 창출하기 위하여 더 이상 어떤 執行을 필요로 하지 않는다.

보통 강제행위는 규범실현을 방해하려는 의무자의 저항을 최종적으로
종식시키기 위한 행위이지만,282) 강제행위는 그것에 한정되지 않는다.
사람에 대한 물리적 개입조치이외에 물건에 대한 개입행위, 더 나아가
공권침해를 야기하는 다양한 일방적 개입들이 포함될 수 있다.283) 오스
트리아 판례상 선거를 위한 유권자명단으로부터 삭제하는 행위284)는 이
러한 다양한 일방적 개입으로서의 강제행위로 볼 수 있는 예일 것이다.
따라서 행정공무원의 신체적 개입보다 더 넓다. 또 전염병감염의 의심이
있는 가축을 도살하거나 정신병자를 폐쇄시설에 감금하는 강제행위의
경우에서 드러나듯이 사인의 의무위반을 전제로 한 행정개입보다 더 넓
은 것이다. 또 행정의 강제행위는 이해관계인의 동의여부와 상관없이 일
방적으로 실행되는 행위이다.285) 한편 행정행위로 평가받을 수 있는 강
제행위가 되기 위해서는 법령을 집행하였다고 인정하기 위해 필요한 최
소한의 외관을 가져야 하고 법적 효력을 발생시키는 행위어야 한다.286)

---

280) B.C.Funk, Der verfahrensfreie Verwaltungsakt, 1975, SS. 82-86, 626-628참조.
281) Klaus Berchtold, Zur Erweiterung des Rechtsschutzes im öffentlichen Recht, 1976, S.590.
282) B.C.Funk, Der verfahrensfreie Verwaltungsakt, 1975, S. 84.
283) B.C.Funk, a.a.O, S. 627.
284) VfSlg 10547 ; B.C.Funk, a.a.O., S. 627. Fn.60 참조
285) B.C.Funk, a.a.O., S. 626.
286) B.C.Funk, a.a.O., S. 627.

② 강제개념은 한국에서 행정의 의무이행확보수단으로서 강제집행, 즉시강제 그리고 간접강제 등의 경우에 쓰이고 있는데, 사인의 의무위반을 전제로 한 행정의 의무이행확보방법인 강제집행이나 간접강제, 그리고 긴급한 행정수요의 상황에서 사인에게 사전에 의무를 부과하지 않고 개입하는 즉시강제에 공통된 상위개념이다.

강제집행행위들 중 불법주정차한 자동차의 견인행위나 불법건축한 건축물의 철거행위 등 대집행의 실행행위, 강제적인 예방접종이나 무허가 영업소의 폐쇄 등과 같은 직접강제행위, 그리고 강제징수의 핵심적 권력작용인 압류행위 등은 그 독자적 성격이 인정되고 권리구제의 필요가 인정될 때, 절차로부터 자유로운 행정행위에 해당될 가능성이 있다.

또 간접강제방법들 중 전기, 전화, 수도의 공급거부나 공급중단조치 등과 같이 공급거부로서 논의되어온 행정조치, 그리고 고액 장기 조세체납자, 부동산투기자, 고액 사치성소비재의 소비자의 명단공표 등의 행위도 경우에 따라서는 강제행위에 해당될 수 있을 것이다.

(2) 강제행위의 유형분류의 필요

강제행위가 절차로부터 자유로운 행정행위에 해당되어 행정소송의 대상이 되기 위해서는 이러한 강제행위들을 소송대상이 되지 않는 사실행위와 구별시켜줄 수 있는 징표들이 필요하다. 그러나 절차로부터 자유로운 행정행위는 이미 고착화되어 있는 기존의 행정소송제도가 현대행정 상황속에서 국민의 권리구제에 흠결을 보이고 있는 한계상황을 주목하여 나타난 논의이므로 사실행위와 구별이 매우 어려운 경우가 많다. 실질적 의미의 강제개념만으로는 그 어려움이 쉽게 극복될 수는 없다.[287] 이러한 난점을 줄이기 위하여 Funk는 절차로부터 자유로운 행정행위에

---

287) B.C.Funk, Der verfahrensfreie Verwaltungsakt, 1975, S.85.

해당될 수 있는 강제행위의 유형을 세가지로 나누고 있는데, 이러한 시
도는 개념의 명확한 이해를 증진시켜 행정통제의 확대에 기여할 수 있
을 것으로 보인다. 이하에서는 Funk의 분류방법을 기초로 하여 절차로부
터 자유로운 의무강제행위, '합성된 (수인)명령'에 의한 행정행위 그리고
'합성된 확인'에 의한 행정행위로 나누어 설명하기로 한다.

3. 절차로부터 자유로운 의무강제행위

절차로부터 자유로운 의무강제행위(Akte physischer Zwangsvollstrec-
kung)는 위법한 행위나 상태를 종식시키거나 그 결과를 제거하기 위한,
사람이나 물건에 대한, 행정의 직접적인 물리적 개입행위이다.288) 위법
상태는 법규상의 금지를 위반한 사인의 행위나 선행한 명령을 위반한
행위에 의해 야기될 수 있다.

'절차로부터 자유로운 의무강제행위'는 다음과 같은 점에서 다른 유
형과 구별된다. 첫째, '합성된 (수인)명령'에 의한 행정행위나 '합성된 확
인'에 의한 행정행위와 달리 '절차로부터 자유로운 의무강제행위'는 사
전에 사인의 의무위반이 존재하는 것을 전제로 하여 강제수단이 이용된
다는 점에서 차이가 난다. '합성된 (수인)명령'에 의한 행정행위나 '합성
된 확인'에 의한 행정행위는 사인의 적법한 행위에도 불구하고 상황변
화에 따라 행정개입의 필요성이 발생하여 개입하는 방식인 것이다. 둘
째, 이상의 차이점들에도 불구하고 강제력을 행사하고, 그 강제력의 행
사가 행정행위의 성립징표라는 점에서 공통점을 가지고 있으며, 행정의
의사를 그 핵심적 징표로 하는 다른 행정행위들과 공통의 차이를 보여
준다.

---

288) B.C.Funk, Die Anfechtung(1976), S.60.

'절차로부터 자유로운 의무강제행위'는 현대의 복잡한 행정환경하에서 다양한 의무이행강제수단이 도입되면서 그 수가 점점 많아지고 새로운 형태가 계속 등장하고 있다. 행정법학에서 사인에게 사전적으로 의무가 부과되어 있는 상황에서 그 의무위반을 극복하기 위한 행정의 강제행위들은 모두 이 유형에 속한다. 강제적 수단은 신체의 단순한 접촉에서부터 무기의 사용에 이르기까지 사람이나 물건에 대한 다양한 개입형태들을 포함한다. 강제적 수단의 이용이 '절차로부터 자유로운 의무강제행위'인지의 여부는 행정개입의 목적에 달려 있다. 즉, 강제적 수단이 실제적으로나 추정적으로 위법하거나 명령에 반하는 사인의 행위를 종식시키거나 이러한 행위에 의하여 창출된 상태를 제거하기 위하여 이용되었는가의 여부에 달려 있다.

'절차로부터 자유로운 의무강제행위'에 관하여 Funk는 다음과 같이 그 유형을 나누고 있다.289) 첫째, 직접적으로 일반적 규범을 근거로 선행의 행정행위를 전제로 하지 않고 발해지는 강제행위이다. 사인의 의무가 처분법규에 의하여 직접 발생하고 그 의무불이행에 대한 리행확보방법인 강제수단이 법에 규정되어 있는 경우이다. 둘째, 선행의 행정행위를 전제로 하고 있지만, 선행의 행정행위에 대한 소송제기의 방법으로 다툴 수 있는 범위에서 제외되므로 당해 강제행위를 독립적으로 소송대상으로 하여 다툴 수 밖에 없는 경우이다. 셋째, 법률의 규정과 행정의 의도에 따르면 절차기속적인 행정행위어야 하지만, 실제적으로 행정에 의한 구체적인 강제수단의 행사가 절차를 준수하지 못한 하자를 지니고 있어 절차기속적인 행정행위로 평가할 수 없고, 또 절차하자만을 이유로 당해 행정행위를 무효로 하거나 취소시킬 수 없는 경우도 그 실질적 내용을 고려하여 '절차로부터 자유로운 의무강제행위'로 평가해야 할 경우가 있을 것이다.

---

289) B.C.Funk, Der verfahrensfreie Verwaltungsakt, 1975, S 207

'절차로부터 자유로운 의무강제행위'에 관해 오스트리아 판례에 나타난 사례로는 다음과 같은 것들이 있다.290) 음주운전자가 교통경찰관의 정차신호를 무시하고 질주하는 경우 계속주행의 저지행위, 불법무기소지자의 무기의 강제압수, 불법주정차된 자동차의 견인행위, 붕괴위험있는 건축물의 소유자가 하자보수를 하고 있지 않은 경우의 강제보수행위, 공중의 교통지역에서 데모군중들에게 해산명령을 내렸으나 불응하는 경우 경찰에 의한 강제련행행위와 강제해산행위, 주거이동의 자유나 신체의 자유에 일정한 법적 제한을 받고 있는 자가 그 제한을 위반했을 때 강제적으로 의무를 이행시키는 행위, 영공에 침입한 비행사가 착륙명령을 이행하지 않을 때 그 비행기의 강제착륙행위 등이다.

한편 한국 행정법학상의 논의들과 관련하여 고찰할 때, 전통적으로 한국 행정에서 널리 이용되어져 왔던 강제집행에 있어서도 그 실행행위들의 경우 행정행위의 성립이 상황에 따라 승인될 수 있고 그 때는 이 유형에 해당될 것이다. 강제집행행위들 중 불법주정차한 자동차의 견인행위나 불법건축한 건축물의 철거행위 등 대집행의 실행행위, 강제적인 예방접종이나 무허가영업소의 폐쇄 등과 같은 직접강제행위, 그리고 강제징수의 핵심적 권력작용인 압류행위 등은 그 독자적 성격이 인정되고 권리구제의 필요가 인정될 때, 절차로부터 자유로운 의무강제행위에 해당될 가능성이 있다.

또 간접강제방법들 중 전기, 전화, 수도의 공급거부나 공급중단조치 등과 같이 공급거부로서 논의되어온 행정조치, 그리고 고액 장기 조세체납자, 부동산투기자, 고액 사치성소비재의 소비자의 명단공표 등의 행위도 권리구제의 필요성과 그 독자적 성격이 인정될 때, 절차로부터 자유로운 의무강제행위에 해당될 가능성이 있다.

---

290) B.C.Funk, a.a.O., S 204

4. '합성된 (수인)명령'에 의한 행정행위

1) 독일 행정법학상 '합성된 (수인)명령'론의 연혁

Walter Jellinek는 행정행위를 "특정인에 대하여 발해진 행정의 권력적인 의사표현"[291]이라고 정의하고, '사실적 성질의 행정행위'(Verwaltungsakte tatsächlichr Art)라는 개념을 사용하면서, "위법을 주장하여 행정재판소에 취소소송을 제기할 수 있는 행정행위로 되는 것은 사실적 개입을 가능하게 한, 사실적 개입에 포함되어 있는 행정청의 수인명령"[292]이라는 논리를 전개하고 있다. Jellinek는 '사실적 성질의 행정행위'의 예로서 "근무중 술취한 사람이나 매춘부의 호송, 위험한 대중지도자의 교도소로의 호송, 방해되는 외국인의 국경으로의 호송, 강제접종, 강제치료, 이의 강제박멸, 주거침입, 사유지에서의 업무수행, 맥주마개의 납봉인" 등을 제시하고 있다.[293] 이러한 노력을 통하여 Jellinek는 독일의 행정행위개념의 확장적 이해에 도움을 주었을 뿐 아니라, 오스트리아에서 '사실적 직무활동'에 관한 헌법재판소판예의 발전이나 절차로부터 자유로운 행정행위이론의 발전에 기여하였다. 그러나 Funk는 Jellinek의 '사실적 성질의 행정행위'(Verwaltungsakte tatsächlichr Art)라는 개념을 직접적으로 이용하지도 않고, 또 '합성된 수인명령'이라는 개념도 모든 강제적 개입행위에서 가정하는 것이 아니다. 절차로부터 자유로운 강제행위, '합성된 (수인)명령'에 의한 행정행위 그리고 '합성된 확인'에 의한 행정행위의 개념을 경우에 따라 구별하여 사용하고 있는 것이다. 그러므로 Funk의 사고는 Jellinek에 의해 영향받았지만 그 구체적 내용은 서로 다르다고 보아야 하겠다.

---

291) Walter Jellinek, Verwltungsrecht, 1931, S.246.
292) Walter Jellinek, a.a.O., S.258.
293) Walter Jellinek, a.a.O., S.258

한편 2차대전 이후에도 H.J.Wolff는 '합성된 행정행위'론을 긍정하고 있다. "직접강제의 행사와 같은 집행활동과 그밖의 사실행위들은 그 자체로는 행정행위가 아니다. 그렇지만 신호등이나 다른 기계적 행정조치들처럼 함축적으로 (새로운) 법적 규률을 포함하고 있을 수 있는데, 그러한 경우는 집행행위와 동일한 행정행위가 전제요건이 되어 있지 않을 때(합성된 행정행위)이다"294)

2) 오스트리아 행정법학상 '합성된 수인명령'론과 그 적용사례들

(1) '합성된 (수인)명령'의 개념과 다른 유형과의 구별

① '합성된 (수인)명령'의 개념

'합성된 (수인)명령'이라는 도구개념은 행정행위의 규율적 성격을 위한 가교를 제공하고, 문제되는 행위들의 규범적 의미를 해명시켜준다. 합성된(implizierten) 명령이라는 용어이외에 전제해야 할(vorauszusetzet-zetzenden) 명령 또는 가설적(fiktiven) 명령이라는 용어 등이 사용되고 있다.295)

Funk는 '합성된 (수인)명령'의 관념을 "행위의 법적 성격규명을 위한 가정"이라거나 "의심스러운 사례들의 분석과 해결을 위한 보조도구"로 이해한다. 이러한 평가의 배후에는 특정한 "사실적" 행정행위에 대하여 권리보호의 문호가 개방되어야 한다는 입장에서 가정이나 의제를 허용하자는 목적론적 고려가 담겨 있다. 따라서 합성된 명령이라는 구조물은 이론적인 유희가 아니라 행위의 성격규명을 위해 필수적인 것이 된다.296) 합성된 명령의 개념은 이론적 의의와 더불어 실무적 의의를 갖는

---

294) H.J.Wolff, Verwaltungsrecht I, 1971, S.332
295) B.C.Funk, Der Verwaltungsakt im österreichischen Rechtssystem, Wien 1978, S 60
296) B.C.Funk, Die Anfechtung (1976), S.60

것으로서, 실무적인 관점에서는 개별적 조치들의 성격판단을 위한 안정
적 기준이 된다. 문제되는 대부분의 경우 합성된 명령은 수인명령으로서
의 성격을 갖는다.297) 행정의 어떤 묵시적 조치가 합성된 (수인)명령에
의한 행정행위로 성격지워질 수 있는지의 여부는, 그것이 출현하게 되는
계기 내지 단초가 명령적 행위로 성격부여될 수 있는가에 달려 있다.298)

② '합성된 (수인)명령'에 의한 행정행위와 다른 유형의 구별

'합성된 (수인)명령'에 의한 행정행위와 절차로부터 자유로운 명령행
위 그리고 절차로부터 자유로운 의무강제행위는 다음의 점에서 구별된
다.299) 절차로부터 자유로운 명령행위는 특정한 행정기관의, 특정인에
향하여진, 특정한 내용의 지시로서, 명령을 발하는 기관과 명령수령자의
대립을 전제로 한다. 한편 절차로부터 자유로운 의무강제행위는 법률로
부터 직접 도출되는 의무를 위반하거나 행정기관의 명령에 반하는 사인
의 행위를 극복하기 위한 행정기관의 행위이다. 그러나 '합성된 (수인)명
령'에 의한 행정행위는 행정기관의 명시적인 명령행위도 없고, 사인이
위법행위를 했거나 지시를 위반한 행위를 하지도 않았지만, 적법한 사인
의 법익에 개입하기 위한 행위이다. 묵시적 행위고 적법상태에 대한 개
입행위이다. 다만 결정적인 징표는 절차로부터 자유로운 명령행위의 존
재를 가정적으로 추론함으로써 이 행위의 규율범위를 확정할 수 있다는
점이다.

한편 절차로부터 자유로운 명령행위의 발동요건은 '합성된 (수인)명
령'에 의한 행정행위의 발동요건과 어떤 관련이 있는가? 우선적으로 확
인되어야 할 것은 절차로부터 자유로운 명령행위를 발해야 할 요건이

---

297) B.C.Funk, Der Verwaltungsakt im österreichischen Rechtssystem, Wien 1978, S
60, Fn.206
298) B.C.Funk, Die Anfechtung (1976), S.61
299) B.C.Funk, Der verfahrensfreie Verwaltungsakt, Wien 1975, S.210.

갖추어진 경우에는 다른 특별한 이유가 없는 한 명령행위를 발해야 할
것이다. 그러나 행정기관이 상대방과 대립하여 있지 않고 재난구제나 긴
급상황의 해결 등과 같은 특별한 행정개입의 필요성이 존재하는 경우,
행정은 합성된 수인명령을 묵시적으로 발하고 물리적 개입을 할 수 있
게 된다. 객관적 결과로 볼 때 명령행위가 명시적으로 발해진 것과 똑같
은 상태를 창출하게 된다. 합성된 수인명령의 존부는 개입행위의 전체적
인 모습, 개입의 목적 그리고 개입의 법적 근거 등을 종합하여 판단하여
야 한다.300)

(2) '합성된 (수인)명령'에 의한 행정행위의 법적 기초

① '합성된 (수인)명령'에 의한 행정행위의 법적 기초

　행정기관이 사인의 권리영역에 '합성된 (수인)명령'에 의한 행정행위
방식으로 개입하는 데에도 그 개입의 법적 근거가 필요하다. 전혀 법적
근거없이 한 개입은 위법하게 된다. 허가나 특허를 받았거나 등록 신고
된 사업장에 행정기관이 사인의 위법활동에 대한 감시를 위하여 출입하
거나, 전염병의혹이 있는 가축을 도살하고, 소방목적으로 필요한 타인의
물건을 사용하고 건물을 파괴하는 등의 행위는 모두 개입의 법적 근거
를 가지고 있다. 그러나 사인의 신체나 건물 등에 대한 행정기관의 개입
이 전혀 법적 근거없이 이루어진 경우도 있을 수 있다. 사전의 개입의사
의 표시없이 이루어진 행정개입을 합리적으로 분류하여 행정의 위법을
통제하는 데 '합성된 (수인)명령'론은 기여할 것이다.

② '합성된 (수인)명령'에 의한 행정행위의 상대방(수령자)

　'합성된 (수인)명령'에 의한 행정행위의 경우에는 행정의 의사가 명시

---

300) B.C.Funk, Der verfahrensfreie Verwaltungsakt, Wien 1975, SS.208-209.

적으로 드러난 것이 아니므로 행정행위의 상대방이 누구인가, 즉 누가
원고적격을 갖는가 하는 문제가 제기된다. 특히 다수의 사람들이 이 묵
시적 수인명령의 대상이 될 수 있는 경우, 수령자의 판단은 매우 어려울
수 있다.[301]

(3) '합성된 (수인)명령'론이 적용된 사례유형

'합성된 (수인)명령'에 의한 행정행위는 행정기관이 개별적인 명령을
명시적으로 발하지 않고 직접적인 개입을 하는 경우 인정될 수 있는데,
주로 위험방지영역에서 인정될 수 있다. 예를 들어 예고없이 발생한 도
로사고에 있어 권한있는 사람의 사전양해없이 그리고 그의 부재시에 적
법하게 정차된 자동차를 견인하는 행위의 경우, 합성된 수인명령'에 의
한 행정행위를 인정할 수 있을 것이다. 또 소방지휘자의 지휘하에 사인
의 토지나 건물에 출입하고, 건축물을 철거하고, 사인의 물을 사용하는
등 소방작업을 위해 행정은 '합성된 수인명령'에 의한 행정행위를 하게
된다. 그리고 천재지변시에도 재난구조업무의 수행도중에 이러한 행위
를 할 수 있다. 이 때 행정기관은 반드시 절차로부터 자유로운 명령행위
를 통하여 개입할 필요는 없다. 그의 개입이 명백히 사인의 이익과 대립
하고 있다고 볼 수는 없고 개입의 필요성이 긴급하기 때문이다.
'합성된 (수인)명령'에 의한 행정행위는 그 필요상황의 차이에 의하여
다음과 같이 분류해 볼 수 있을 것이다.

① '절차로부터 자유로운 명령행위'가 선행하여 구속적으로 존재하는 경우

절차로부터 자유로운 명령행위가 선행하여 발해진 후, 그 행정행위에
구속되어 새로이 상대방에 대하여 행하여진 행위의 경우에도, 이 새로운

---

301) B.C.Funk, a.a.O., SS.212-213

행위만을 독립하여 합성된 수인명령에 의한 행위로 보고 소송대상으로 삼는 것이 가능한 경우도 있다.302) 예를 들어 적법한 체포명령에 의하여 사람을 체포한 경우에도 그 체포한 사람에게 수갑을 지나치게 오래 불필요하게 채우고 있는 경우, 그 수갑채우는 행위를 독립한 행정행위, 즉 합성된 수인명령에 의한 행정행위로 보고 소송을 제기할 수 있을 것이다.303)

② 행정행위가 선행하여 존재하지 않는 경우

상대방에게 행정의 의사를 사전에 인식시킬 수 있는 행위가 선행하지 않은 채 상대방의 권리에 대한 행정의 직접적 개입이 존재하는 경우이다.304) 주로 위험방지의 영역에서 긴급성이 요구되는 경우이다. '합성된 (수인)명령'에 의한 행정행위론이 적용되는 전형적 경우이다. 예를 들어 예고없이 발생한 도로사고에 있어 권한있는 사람의 사전양해없이 그리고 그의 부재시에 적법하게 정차된 자동차를 견인하는 행위는 견인행위에 대한 수인명령이 묵시적으로 발해진 것으로 볼 수 있을 것이다. 또 화재의 더 이상의 확대를 방지하기 위하여 소방관이 처분권자의 동의없이 그의 건축물을 철거한 행위에도 수인명령이 발해진 것으로 볼 수 있을 것이다. 범죄방지를 위한 건물출입행위도 수인명령이 발해진 것으로 볼 수 있을 것이다.305)

③ 절차기속적 행정행위에 있어 절차를 준수하지 않은 경우

절차기속적 행정행위를 발하는데 중대한 하자가 있어 절차기속적 행정행위로 인정할 수 없는 경우, 예를 들어 행정기관이 결정을 발했으나

---

302) B.C.Funk, Der verfahrensfreie Verwaltungsakt, Wien 1975, S 214
303) B.C.Funk, a.a.O., S 214
304) B.C.Funk, a.a.O., S 214
305) Vfslg 7377

그 결정의 상대방이 전혀 그 결정의 수령에 대한 권리를 갖지 못한 다른 자이었거나, 결정이 그 상대방에게 도달하지 않아 결정으로서 효력을 발휘하지 못했음에도 불구하고, 행정기관이 그 결정의 내용을 실현시킨 경우이다.306)

오스트리아의 경우 결정에 대해서는 무효가 아닌 한 그 위법여부를 행정재판소만이 독점적으로 판단할 수 있다. 국가의 배상을 요구하는 소송이 제기되어도 결정으로서 효력이 발생하지 않았다거나 기타 다른 형식상의 이유만으로 국가의 손해배상의무를 인정할 수는 없고 그 결정의 실체적 요건사실이 존재하는지의 여부가 심사되어야 한다. 만약 실체적 요건사실이 존재한다면 국가의 배상의무는 발생하지 않을 것이다.

이러한 상황에서 형식적 하자를 이유로 할 때는 무효이지만 실체적 하자는 없거나 그렇게 중대하지 않은 행정의 결정에 대하여, 행정재판소는 그 결정의 내용을 실현시킨 행위를 절차로부터 자유로운 행정행위로서 평가하여 다시 그 위법여부의 판단을 할 수 있다는 주장이 가능할 것이다. 여기서 말하는 형식적 하자는 한국 행정법학이나 독일 행정법학에서 말하는 행정행위의 절차적 하자의 문제보다는 훨씬 포괄적 문제들과 관련되어 있다. 사전의 집행처분을 필요로 하지만 집행처분없는 집행활동과 같은 다단계 행정행위, 상대방에 도달하지 못해 결정으로서 효력을 발생하지 못한 결정의 집행행위까지도 문제삼고 있는 것이다.307) 그리하여 실체적 하자가 존재하지 않을 때 그 행위는 적법한 것으로 평가할 수 있을 것이고, 이론적으로는 수인명령이 암묵적으로 합성되어 있다고 이해할 것이다.

Funk는 다음의 예를 제시하고 있다. 행정기관이 결정으로 전염병의혹이 있는 가축의 살해명령을 내렸으나 그 명령의 상대방이 전혀 그 가축에 대한 권리를 갖지 못한 다른 자이었거나, 결정이 그 상대방에게 도달

---

306) B.C.Funk, a.a.O., S 214
307) B.C.Funk, Der verfahrensfreie Verwaltungsakt, 1975, S.214.

하지 않아 결정으로서 효력을 발휘하지 못했음에도 불구하고, 행정기관이 그 가축을 스스로 사살시킨 경우이다.308)

3) '합성된 (수인)명령'에 의한 행정행위와 한국 행정법학상의 즉시강제

'합성된 (수인)명령'에 의한 행정행위는 행정기관의 명시적인 명령행위도 없고, 사인이 위법행위를 했거나 지시를 위반한 행위를 하지도 않았지만, 적법한 사인의 법익에 개입하기 위한 행위이다. 묵시적 행위고 적법상태에 대한 개입행위이다. 다만 결정적인 징표는 절차로부터 자유로운 명령행위의 존재를 가정적으로 추론함으로써 이 행위의 규율범위를 확정할 수 있다는 점이다. 행정기관이 상대방과 대립하여 있지 않고 재난구제나 긴급상황의 해결 등과 같은 특별한 행정개입의 필요성이 존재하는 경우, 행정은 합성된 수인명령을 묵시적으로 발하고 물리적 개입을 할 수 있게 된다. 객관적 결과로 볼 때 명령행위가 명시적으로 발해진 것과 똑같은 상태를 창출하게 된다. 행정기관이 사인의 권리영역에 '합성된 (수인)명령'에 의한 행정행위방식으로 개입하는 데에도 그 개입의 법적 근거가 필요하다. 전혀 법적 근거없이 한 개입은 위법하게 된다.

행정행위가 선행하여 존재하지 않고 법으로부터 직접 행정개입의 법적 근거가 주어지는 경우도 있고, 행정행위가 선행하여 존재하는 경우도 있다.

한국 행정법상 즉시강제는 목전의 급박한 행정상 장해를 제거하여야 할 필요가 있는 경우에, 미리 의무를 명할 시간적 여유가 없을 때 또는 그 성질상 의무를 명하여서는 목적달성이 곤란할 때에, 직접 국민의 신체 또는 재산에 실력을 가하여 행정상 필요한 상태를 실현하는 작용을 말한다.309) 즉시강제수단으로는 대인적 강제수단과 대물적 강제수단으

---

308) B.C.Funk, a.a.O., S 214
309) 김도창, 일반행정법론(상), 1992, 535면 ; 김동희, 행정법 1, 1997, 397면.

로 나눌 수 있다. 대인적 강제수단으로는 경찰관직무집행법이 보호조치
나 위험발생방지조치로서의 억류, 그리고 가택출입이나 무기사용 등을
규정하고 있고, 개별법이 강제격리나 강제건강진단, 그리고 강제수용을
규정하고 있으며, 소방법이 원조강제를 규정하고 있다. 대물적 강제수단
으로는 경찰관직무집행법이 무기,흉기 및 위험물의 임치조치 등을 규정
하고 있고, 개별법이 물건의 폐기, 물품과 장부의 검사 압수, 토지의 지
하사용, 물건의 영치 몰수, 유해물의 제거 파괴 등의 수단을 규정하고
있다.

한국 행정법상 즉시강제수단으로 불리워지는 행위들 중에서, 적법한
사인의 법익에 개입하기 위한 행위로서 행정기관이 상대방과 대립하여
있지 않으면서도 재난구제나 긴급상황의 해결 등과 같이 목전의 급박한
행정상 장해를 제거하여야 할 필요가 있어 개입하는 행위에 대해서는
'합성된 (수인)명령'에 의한 행정행위에 해당될 경우가 많을 것이다. 다
만 당해 행위는 그 독자적 성격이 인정되어야 하고, 동종의 위험의 반복
가능성이 있는 등 권리보호의 필요성이 인정되어야 할 것이므로, 구체적
상황을 분석하여 판단할 수밖에 없을 것이다.

5. '합성된 확인'에 의한 행정행위

1) '합성된 확인'(implizierte Feststellung)에 의한 행정행위의 개념

행정의 권력적 개입에 의하여 권리가 침해되었으나, 행정의 개입요건
의 존재여부에 대한 행정자신의 확인적 판단의 위법을 법원이 확인해달
라는 청구이외에 다른 요구를 할 수 없는 사건들이 있다.[310] "합성된 확

---

310) B.C.Funk, Der verfahrensfreie Verwaltungsakt, SS.214-216 참조

인"(implizierte Feststellung)에 의한 행정행위는 행정의 확인적 판단을 공통의 징표로 가지는 행정의 권력적 개입행위를 말한다. 국가의 규범적 판단을 확인적 판단, 명령적 판단 그리고 형성적 판단의 셋으로 나눌 때 가장 기초적이고 나머지 두가지 유형에 공통된 규범적 판단이 확인적 판단이다. 공안기관이 전화를 도청하거나, 미결구금수가 구독하고 있는 신문의 특정면을 절단하고 돌려주거나 그에게 온 우편물을 미리 개봉하거나 유치하고 돌려주지 않는 행위 등에 있어서, 사인의 기본권에 대한 침해행위는 있어도 사인으로서는 전혀 도청사실을 도청당시 알 수 있는 가능성도 없고, 또 신문의 특정 면의 절단 당시나 우편물의 개봉당시나 유치당시 그러한 행정기관의 행위를 중단시킬 가능성이 전혀 없다. 따라서 (수인)명령은 더이상 언급될 수 없다. 수인하지 않음으로써 권리침해를 방지할 가능성이 이해관계인에게 주어져 있지 않기 때문이다. 이러한 사례들에 있어서 행정의 확인적 판단의 존재여부는 외부적으로 객관화된 개입행위를 통해서 추정할 수밖에 없다. 때문에 가정적,추정적,합성적 또는 합성된 확인이라고 할 수밖에 없다.

헌법재판소의 판례상 다음의 예들이 있다. 경찰이 수집한 정보를 독자적으로 제3자에게 제공하는 행위[311]. 확정력있는 몰수명령이 발해지기 전에 압류된 물건을 현금화하는 행위[312] 특정한 면을 미리 절단한 후 비로소 정기구독하고 있는 신문을 미결구금자에게 인도하는 행위[313] 체포구금요건이 소멸했음에도 불구하고 구속된 사람을 석방하지 않는 행위 등.

---

311) VfSlg 2798/1955
312) VfSlg 1542/1947
313) VfSlg 4948/1965

2) '합성된 (수인)명령'에 의한 행정행위와의 구별

'합성된 확인'(implizierte Feststellung)에 의한 행정행위에서도 개인의 권리영역에 대한 행정의 일방적,권력적 개입이 문제되고 있지만, 개입조치가 발해지는 상황과 방식때문에 구별된다. 그 개입의 상대방은 자신의 행위에 의하여 그 개입을 방해할 가능성이 '합성된 (수인)명령'에 의한 행정행위를 발할 상황에서보다 현저히 낮거나 거의 없다. 상대방은 수인명령에 불복종함으로써 이 개입행위를 방어할 가능성을 갖지 못한다.[314] Funk는 '합성된 확인'에 의한 행정행위도 상대방의 개입가능성에 따라 두가지로 나누고 있다. 전화도청의 경우처럼 개입가능성이 전혀 없는 경우와 개입가능성이 약간이라도 있는 경우로 나누어 살펴보고, 두 번째의 경우는 '합성된 (수인)명령'에 의한 행정행위와의 구별이 불분명해진다고 하고 있다.[315]

Ⅳ. 절차로부터 자유로운 행정행위에 대한 권리구제

1. 오스트리아의 행정소송체계

1988년 개정되어 1991년 1월 1일부터 지금까지 시행되고 있는 개정헌법에 의하여, 연방차원에서 오직 Wien에 설치되어 있던 행정재판소의 독점적 관할권은 수정되었다. 새로 설치된 주의 독립행정위원회(die unabhängigen Verwaltungssenate in den Ländern)도 부작위와 절차로부터 자유로운 행정행위에 대한 통제권을 갖게 되었다. 이러한 헌법개정으로

---

314) B.C.Funk, Der Verwaltungsakt im österreichischen Rechtssystem, Wien 1978, S 60. ;B.C.Funk, Die Anfechtung(1976), S.61
315) B.C.Funk, Der verfahrensfreie Verwaltungsakt, SS.214-215, Fn.246 참조

절차로부터 자유로운 행정행위에 대한 심사가능성은 지역적으로 더욱 확대되었고, 행정재판소의 권한 내용도 약간 바뀌게 되었으나, 행정쟁송제도 전반으로 볼 때 행정통제권의 내용에는 별다른 변화가 없었다. 이 논문에서는 1991년 이전의 행정재판소법의 체계에 따라 행정소송의 체계를 설명하기로 하되, 특히 절차로부터 자유로운 행정행위에 대한 판결의 내용에 관하여 확인판결만을 규정하고 취소판결의 문언을 삭제한 부분에 대해서는 약간 상술하기로 한다.

오스트리아 행정재판소법상 소송체계는 1)결정소송(Bescheidbeschwerde) 2)조치소송(Maßnahmebeschwerde) 3)부작위소송(Säumnisbeschwerde) 4)지시소송(Weisungsbeschwerde)으로 크게 나누어볼 수 있다.

1) 결정소송(Bescheidbeschwerde)

결정소송으로는 행정재판소(Verwaltungsgerichtshof)에 행정청의 결정의 위법을 주장하여 그 결정의 취소를 청구하는 소송이다. 다만 예외적으로 직무책임소송과 기관소송에서는 결정의 위법의 확인도 청구할 수 있다.

결정소송은 (1) 취소소송(Parteibeschwerde), (2) 기관소송(Amts- oder Organbeschwerde), (3) 직무책임(기관배상의무)소송 (Amtshaftungs- (Organhaftpflicht-)beschwerde), (4) 자치단체소송(Gemeindebeschwerde) 으로 나누어져 있다.

(1) 취소소송(Parteibeschwerde)

취소소송은 자연인이나 법인이 행정내부의 권리구제절차를 거친 후에도 행정청의 결정에 의하여 자신의 권리가 침해당했다고 주장하여 제기하는 소송이다. 행정재판소의 소송들 중 역사적으로 핵심적인 제도이었으며 오늘날까지도 실무적으로 가장 중요하다. 행정재판소는 결정이 위법하고 소제기자의 주관적 권리를 침해하였다고 판단할 때는 결정을 취소하여야 한다. 결정을 취소하는 판결은 소극적 형성판결의 기능을 갖는다. 결정의 취소는 행정재판절차와 이것의 기초가 된 소송법관계를 종결시키고 실체적 법적 상황을 변경시킨다. 결정은 취소판결로 소급적으로 실체법적 효력을 상실한다.[316)]

(2) 기관소송(Amts- oder Organbeschwerde)

기관소송은 사인소송과는 달리 헌법과 법률에서 명시적으로 허용된 경우에만 제기할 수 있다. 이 소송에서는 사인의 주관적 권리가 아니라 행정청의 결정의 객관적 위법을 주장할 수 있다. 또 기관소송의 목적때문에 오직 행정기관만이 기관소송을 제기할 수 있다.

(3) 직무책임(기관배상의무)소송(Amtshaftungs-(Organhaftpflicht-) beschwerde)

(i) 직무책임소송의 의의

직무책임소송에 대한 재판이 선결문제로서 행정청의 결정의 위법성의 문제에 의존하고 있고, 직무책임소송을 관할하는 법원이 당해결정을 위법한 것으로 판단하지만 아직 그 결정에 대한 헌법재판소나 행정재판소의 판결이 존재하지 않는다면, 그 법원은 자신의 절차를 중단하고 결정의 위법의 확인에 대한 소송신청을 해야만 한다.[317)]

---

316) Peter Oberndorfer, Das österreichische Verwaltungsgerichtsbarkeit, Linz 1983, S.166
317) Peter Oberndorfer, Das österreichische Verwaltungsgerichtsbarkeit, Linz 1983, S.71.

(ii) 조치소송과 직무책임소송의 관계

오스트리아 행정재판소법은 제64조에서 제70조까지 직무책임소송에 관하여 규정하고 있다. 오스트리아에서도 국가배상에 관한 소송은 민사 사건을 담당하는 일반법원의 관할에 속하고 있으나, 특히 행정청의 결정의 위법이 선결문제로 문제될 때를 학설과 판례에 맡기지 않고 립법으로 해결하고 있다. 그러나 결정의 위법이 무효사유에 해당될 때는 일반 법원도 그 무효여부를 스스로 판단할 수 있는 점은 우리나라와 같다.

행정재판소에서 문제되는 직무책임소송은 단지 선결문제에 관한 소송 이기 때문에 몇가지 특수한 내용을 가지고 있다. 우선 행정재판소법 제 64조에 따라 소송당사자들은 결정을 한 행정청과 결정의 위법확인여부의 신청을 한 법원이다. 제65조에 따라 민사법원이 법원의 결정으로 위법확인신청을 할 때에는 심사를 요구한 쟁점과 행정청의 결정을 명시해야 한다. 이 신청에는 소송서유들도 첨부되어야 한다. 제67조는 결정의 위법성에 관한 행정재판소의 판결은 단지 확인적 의미를 갖는다고 규정하고 있고, 헌법재판소도 그러한 관할권의 제한이 위헌이 아니라고 한다.318)

한편 1949년에 제정된 오스트리아의 직무책임법(Amtshaftungsgesetz) 제11조 제1항은 "당해 소송의 판결이 행정청의 결정의 위법성의 문제에 의존하고 있고, 헌법재판소나 행정재판소의 판결이 아직 존재하지 않으며, 당해 법원이 그 결정을 위법이라고 판단한다면, 법 제2조 제2항에 따라 기각될 경우가 아니라면 소송절차를 중단하고 련방헌법 제131조 2항에 따라 신청으로 행정재판소에 결정의 위법의 확인을 요구해야 한다. 행정재판소의 판결을 송달받은 후 당해법원은 절차를 속행하고 행정재판소의 법적 견해에 구속되어 당해 소송에 관해 재판해야 한다"고 규정

---

318) VfSlg 8202. Heinz Mayer, Das österreichische Bundes-Verfassungsrecht, Wien 1994, SS.596-598.

하고 있다.

이상의 규정들로부터 드러나듯이 선결문제에 있어 행정청의 결정에 관한 민사재판소의 위법판단권은 배제되어 있고 오직 합법판단권만이 인정되고 있다. 결정의 위법판단권은 행정재판소가 독점하고 있다.[319) 그러나 행정재판소가 오직 당해 결정이 위법하다고 인정할 때에도 위법 확인만을 할 수 있을 뿐이고 그 결정을 취소하지 못한다. 당해 결정의 취소를 위해서는 결정의 취소소송을 제기해야 한다.[320)

(4) 자치단체소송(Gemeindebeschwerde)

자치단체소송(Gemeindebeschwerde)으로 감독청의 침익적인 위법한 감독결정에 의하여 자치단체가 자신의 자치행정권을 침해받았다면 방어청구권에 기초하여 제기할 수 있는 행정소송이다.

2) 조치소송(Maßnahmebeschwerde)

조치소송은 특정인에 대한 행정청의 직접적인 명령권행사와 강제권행사에 의하여 자신의 권리를 침해당했다고 주장하는 사람이 제기할 수 있는 행정소송이다.

---

319) 이와 달리 우리나라의 대법원판례는 "계고처분이 위법임을 이유로 배상을 청구하는 경우에는 미리 그 행정처분의 취소판결이 있어야만 그 행정처분의 위법임을 이유로 배상을 청구할 수 있는 것은 아니다"고 하여 (대판,1972.4.28, 72 다 337), 선결문제인 행정행위의 위법에 대하여 그것이 단지 취소사유에 그치는 경우에도 민사법원이 독자적으로 판단할 수 있다고 한다.

320) Georg Ress, Die Entscheidungsbefugnis in der Verwaltungsgerichtsbarkeit, Wien 1968, SS.94-95.

3) 부작위소송(Säumnisbeschwerde)

부작위소송은 행정청이 결정을 발할 의무를 이행하지 않고 소제기자가 행정절차의 당사자로서 결정의무의 존재를 주장할 수 있을 때 제기할 수 있다. 이 소송은 결정소송이나 조치소송과 달리 행정행위의 취소가 아니라 결정을 발할 의무를 남용한 행정청의 부작위에 대해서 제기할 수 있는 소송이다.

4) 지시소송(Weisungsbeschwerde)

지시소송은 교육법의 문제들과 관련하여 오스트리아 행정법상 교육청 등 헌법에 의해 제도적으로 독립성이 보장된 교육행정기관들이 상급 감독청들의 위법한 감독적 지시에 대하여 그 취소를 주장할 수 있는 소송이다.

2. 절차로부터 자유로운 행정행위에 대한 권리구제

1) 조치소송(Maßnahmebeschwerde)

(1) 조치소송의 필요성

절차로부터 자유로운 행정행위에 대한 권리구제제도로서 헌법재판과 직무책임소송으로 충분한 것이고 조치소송같은 항고소송은 불필요한 것이 아닌가 하는 문제가 제기될 수 있다. 특히 절차로부터 자유로운 행정행위로 문제되는 많은 사례들은 당해 행정행위가 이미 시행되어 종료해 버린 경우로서 과거의 행정행위의 위법확인을 구하는 형태인 것이다. 물론 실시된 후 계속효를 지니는 경우로서 현재 효력을 가지고 있는 행정행위에 대해서는 그 취소를 구할 수도 있다.

이상의 문제에 대한 답은 헌법재판과 직무책임소송으로 절차로부터 자유로운 행정행위에 관한 모든 가능한 사례들을 심사하여 구제할 수 있는가에 달려 있다.321) 절차로부터 자유로운 행정행위에 관한 논의는, 헌법재판소가 오랫동안 이른바 '사실적 직무활동'이라는 개념을 사용하여 헌법적 권리를 침해하는 일정한 국가작용을 통제하는 기술을 발전시켜오고 있던 것이 그 발단이 되었고, 현재의 재판실무상으로도 절차로부터 자유로운 행정행위에 관한 전체 사례들 중 상당부분은 헌법적 권리의 침해와 관련된 것이다. 특히 인신의 자유, 소유권, 주거권, 재판청구권, 단체의 자유 및 집회의 자유 등이 주로 관련된다.322) 그러나 절차로부터 자유로운 행정행위 중에서는 오스트리아 헌법에 규정되어 있거나 불문법상의 근거로 거론되는 헌법적 권리를 침해하지 않는 것들도 있다. 또 직무책임청구권에 필요한 손해를 발생시키지 않거나 손해발생여부가 극히 불분명한 경우들도 있다. 통계업무나 회계업무를 다루는 행정기관이 절차로부터 자유로운 행정행위에 의하여 제공의무가 없는 정보의 제공을 기업가에게 요구하거나, 식품위생상태를 조사하는 행정기관이 영업자의 영업을 가능한 한 방해하지 않는 방식으로 조사를 하여야 함에도 매번 영업을 방해하면서 조사하는 경우, 직접적으로는 법률상 규정되어 있는 권리를 침해할 뿐이어서 헌법적 권리를 직접 침해하는 것은 아니고, 또 직무책임청구권의 성립에 필요한 손해를 발생시키지도 않거나 최소한 그 손해발생여부가 매우 불분명하다고 볼 수 있는 것이다.323) 즉, 절차로부터 자유로운 행정행위에의 귀속이 문제되는 사례들에 대하여 직무책임소송만으로 통제할 수 없는 경우가 많이 발생하고 있는 것이다.324) 이러한 경우 행정행위의 위법확인이나 취소를 구하는 조치소

---

321) B.C.Funk, Der verfahrensfreie Verwaltungsakt, 1975, S 226.
322) B.C.Funk, a.a.O., S 227.
323) B.C.Funk, a.a.O., SS. 227-228.

송은 권리구제제도로서 제도의 흠결을 보완하는 기능을 수행할 수 있는
것이다.

(2) 행정재판소법(Verwaltungsgerichtshofgesetz)상 조치소송의 근거

1988년 개정되어 1991년 1월 1일부터 시행되고 있는 개정헌법 제129a
에 따라 연방차원에서 오직 Wien에 설치되어 있는 행정재판소의 독점적
관할권은 폐지되고 지역적으로 확대되었다. 특히 "행정청의 직접적인 명
령권 및 강제권의 행사"("Ausübung unmittelbarer (verwaltung)behördlicher
Befehls- und Zwangsgewalt")에 대해서는 주의 독립행정위원회(die unab-
hängigen Verwaltungssenate in den Ländern)가 심사권한을 갖도록 하였다.
즉, 개정행정절차법 제67a 2호는 독립행정위원회가 연방의 조세벌사건
은 제외하고, "행정청의 직접적인 명령권행사 및 강제권행사에 의하여
자신의 권리를 침해당했다고 주장하는 사람이 제기하는 소"에 대한 관
할권을 갖도록 규정하고 있다.

1990년 행정재판소법의 개정으로 행정재판소는 절차로부터 자유로운
행정행위에 대한 직접적인 재판권을 상실하게 되었으나, 1988년 개정헌
법 제130조 1항 a)호가 "독립행정위원회를 포함한 행정청의 결정의 위
법"에 대한 심사권을 행정재판소에 주고 있기 때문에 행정재판소는 여
전히 상고심으로서 독립행정위원회에 대한 재판권을 가지고 있다. 개정
행정절차법 제67a이하의 규정들은 독립행정위원회의 심판대상, 심판절
차 그리고 심판내용 등에 관하여 규정하고 있다. 그 내용은 1990년 행정
재판소법 개정이전의 행정재판소법의 규정들과 유사하다. 다만 심판의
내용에 대하여 절차로부터 자유로운 행정행위에 대한 취소심판규정을
삭제하고 위법확인심판만을 규정하고 있으나 이 내용에 대해서는 조치

---

324) Peter Oberendorfer, Die österreichische Verwaltungsgerichtsbarkeit, 1983, S.93.

소송의 내용에서 다루겠다. 이 논문에서는 논문의 편의상 1990년 행정재
판소법 개정이전의 행정재판소법규정들에 따라 설명하겠다.

　행정재판소법은 제26조 제1항에서 "헌법 제131조에 따른 행정청의 결
정, 제131조 a에 따른 행정청의 직접적인 명령권행사 및 강제권행사 또
는 제81조 a의 4항에 따른 지시에 대한 소제기의 기간은 6주"라고 규정
하면서, 제26조 제1항 e)호에서는 "소제기기간은 제131조 a의 경우에는
당사자가 행정청의 직접적인 명령권행사 및 강제권행사에 관해 알게 된
시점부터 시작하지만, 소제기권을 행사하는 것이 방해받았다면 이 방해
가 중단된 때로부터 시작한다"고 규정하고 있었다. 또 행정재판소법 제
28조 제1항 제2호에서 "결정(지시)를 한 행정청의 특정, 행정청의 직접
적인 명령권행사 및 강제권행사의 경우 기대가능하다면 어떤 기관이 행
정청의 직접적인 명령권과 강제권을 행사했는지 그리고 그것이 어떤 행
정청에 귀속되어져야 하는지(관계행정청)에 관한 진술"을 소장에 기재해
야 할 것으로 규정하였다. 이어서 제42조 제1항은 "행정재판소는 이 법
이 다르게 규정하지 않는 한, 모든 소송사건들을 판결로 처리해야 한다.
이 판결은 헌법 제131조 a의 사례들과 부작위소송(제132조)의 경우를 제
외하고는 소송을 이유없는 것으로 기각하거나 결정을 취소해야 한다"고
규정하고, 제4항에서는 "헌법 제131조 a의 경우 주장되어진 소송쟁점들
을 심리한 후 이 소송을 이유없는 것으로 기각하거나 당해행정행위를
위법한 것으로 선언하거나 경우에 따라서는 취소해야만 한다"고 규정하
였었다.

(3) 조치소송(Ma β nahmebeschwerde)의 절차

　조치소송(Maßnahmebeschwerde)은 특정인에 대한 행정청의 직접적인
명령권행사와 강제권행사에 의하여 자신의 권리를 침해당했다고 주장하
는 사람이 제기할 수 있는 행정소송이다.

① 취소청구된 행정행위의 특정

소제기자에 대하여 행사된 행정청의 명령권행사와 강제권행사는 행정행위로서 공간적으로나 시간적으로 적절하게 특정되어야 한다.[325]

② 관계행정청의 특정

절차로부터 자유로운 행정행위를 한 행정기관(예,경찰기관)은 물론 당해조치가 귀속되어져야 하는 행정청(예,도청)도 소제기시 특정되어야 한다. 소제기자에게 이러한 특정이 기대가능할 때만 그 특정은 필요하다. (행정재판소법 제28조 제1항 제2호) 기대가능성에 의한 특정의무의 면제가능성은 사실상 직접적으로 강제권이나 명령권을 행사한 행정기관을 특정하고 또 이러한 사실적 행정활동의 법적 귀속의 문제를 소제기자가 해결하는 것이 매우 어려운 경우가 있다는 점에 근거를 두고 있다.[326] 소장에 절차로부터 자유로운 행정행위를 한 행정기관이 특정되어 있지 않고, 또 소제기자에게 그 특정의 기대가능성이 없는 경우, 행정재판소는 직권으로 조사하여 관계행정청을 찾아내야 한다.

③ 소송상 청구

조치소송을 제기할 때 소제기자는 소송상 청구를 소장에 기재하여야 한다. 조치의 위법의 확인청구 대신에 취소청구를 소장에 기재하였다 하더라도 취소청구에 위법확인청구가 포함되어 있기 때문에 소를 각하하거나 기각해서는 안된다.[327]

---

325) Peter Oberendorfer, Die österreichische Verwaltungsgerichtsbarkeit, 1983, S.113.
326) Peter Oberendorfer, Die österreichische Verwaltungsgerichtsbarkeit, 1983,S.113.
327) VwGH 7.9.1979, Zl 1825/78.

④ 제소기간에 관한 기재

조치소송의 제소기간은 행정재판소법 제 26조 1항에 의하여 6주이다. 조치소송에 있어서도 소는 제소기간내에 제기되어야 하는데, 소제기자가 당해 조치를 인식한 때로부터 제소기간이 진행한다. 따라서 당해 조치를 알게 된 시점을 소장에 기재하여야 한다. 그러나 행정이 소제기를 방해(예,구금이나 수감)하였다면 그 방해가 제거된 날로부터 제소기간이 진행하므로 방해가 제거된 날을 기재하여야 한다.[328]

⑤ 권리보호의 필요

당해 조치의 위법의 확인에 대한 제소자의 객관적 이익인 권리보호의 필요가 존재하여야 한다. 권리보호의 필요가 존재하지 않는다면 당해 소는 각하되어야 한다. 당해 조치의 위법이 이미 확인되었다면 권리보호의 필요는 존재하지 않게 된다. 헌법재판소가 행정청의 직접적인 명령권행사나 강제권행사에 대하여 헌법상 보호되는 권리의 침해를 인정했다면, 당해 조치에 대하여 행정재판소에 이중으로 소를 제기하는 것은 권리보호의 필요가 없어 허용되지 않는다.[329]

한편 발해진 행위가 일시적인 성질을 지니고 이미 종료된 것인 경우 과거의 행위의 위법을 확인하는 것을 내용으로 하는 판결이 내려져야 할 것이지만, 이 때 권리보호의 이익이 인정될 수 있는가? 한국 행정소송법학의 학설은 이와 같이 비교적 단기간에 집행이 종료되어 버리는 경우에는 권리보호의 이익이 없다는 견해가 압도적이다.[330] 그러나 한

---

328) Peter Oberendorfer, Die österreichische Verwaltungsgerichtsbarkeit, 1983, S.95. 114.

329) Peter Oberendorfer, Die österreichische Verwaltungsgerichtsbarkeit, 1983,S.93.

330) 다만 행정소송법 제12조 제2문은 "처분 등의 효과가 기간의 경과, 처분 등의 집행 그밖의 사유로 인하여 소멸된 뒤에도 그 처분 등의 취소로 인하여 회복되는 법률상 이익이 있는 자의 경우에는 또한 같다"고 규정하여, 소멸된 처분에 대한 권리보호의 필요를 매우 제한적으로 인정하고 있다.

국의 헌법재판소는 공권력의 행사 또는 불행사라는 헌법소원대상에 대한 권리보호의 필요를 평가한 사건에서 전혀 다른 견해를 제시해 왔다. 즉, "헌법소원의 대상이 된 침해행위가 이미 종료하여서 이를 취소할 여지가 없기 때문에 헌법소원이 주관적 권리구제에는 별 도움이 안되는 경우라도 그러한 침해행위가 앞으로 반복될 위험이 있거나, …… 심판청구의 이익을 인정하여 이미 종료한 침해행위가 위헌이었음을 선언적 의미에서 확인할 필요가 있다"331)고 판시하였었고, 이어서 또다른 판례는 "동종행위의 반복가능성은 추상적이고 이론적인 가능성이 아니라, 구체적이고 실제적인 가능성을 뜻한다"332)고 하였던 것이다.333) 한국 행정소송에 있어서도 위법확인의 대상이 되는 절차로부터 자유로운 행정행위들과 동종의 행위가 반복될 가능성이 있는 경우에는 권리보호의 필요의 인정여부가 검토되어야 할 것이다.

⑥ 조치소송의 내용 - 조치의 위법확인 또는 조치의 취소 -

(i) 절차로부터 자유로운 행정행위에 대한 법원의 재판이 허용된다 하여도 법원의 판결의 내용은 그 행정행위의 취소를 내용으로 하는 것인가 아니면 위법을 확인하는 것이어야 하는가? 행정재판소법에 따를 때, 특정인에 대한 행정청의 직접적인 명령권행사와 강제권행사는 행정재판소법 제42조 4항에 규정된 행정행위로서 법원은 당해 조치가 위법하다고 판단할 경우 위법확인의 판결을 내리거나 취소판결을 할 수 있다. 그러나 행정재판소법은 위법확인판결이 필요한 경우와 취소판결이 필요한 경우를 구별할 수 있는 기준을 제시하지 않고 있다. 이 문제의 판단은

---

331) 헌법재판소 92.1.28 91 헌마 111 결정.
332) 헌법재판소 94.8.31.92 헌마 174 결정 헌재공보 94.561.
333) 한국의 헌법재판소법 제75조 제3항은 "헌법재판소는 기본권침해의 원인이 된 공권력의 행사를 취소하거나 그 불행사가 위헌임을 확인할 수 있다"고 규정하고 있어, 공권력행사의 위헌을 확인할 수 있는지에 대해서는 명확하게 밝히고 있지 않음에도 불구하고 위헌확인결정을 하고 있다는 점은 주목을 요한다.

발해진 행위의 종류와 성질에 따라 달리 판단되어야 한다.

확인판결은 형성판결에 대하여 보충적인 것이기 때문에 형성판결로서 취소판결을 할 수 없는 경우라 하더라도 법원은 행정청이 개별적인 실체법규정을 잘못 적용하거나 틀린 사실인정을 한 경우 당해 조치에 대한 위법확인을 할 수 있다. 또 행정청이 절차규정을 위반한 경우 구체적 사정에 따라서는 법원이 그것만으로도 당해 조치의 위법확인판결을 할 수 있다.

그러나 위법한 행정청의 조치가 여전히 존속하고 있고, 소제기자의 권리영역에 대한 행정청의 개입이 지속하고 있으며, 취소청구된 조치가 그 본질상 취소를 허용하는 한 법원은 취소판결을 내릴 수 있다.334) 법원은 이러한 취소판결에 의하여 당해조치의 사실성(die Faktizität)이 아니라, 그 구속성을 제거할 수 있다.335)

요약하건대 발해진 행위가 일시적인 성질을 지니고 이미 종료된 것인 경우 과거의 행위의 위법을 확인하는 것을 내용으로 하는 판결이 내려져야 할 것이지만, 그 행위에 의해 위법상태가 계속 유지되고 있는 때에는 판결의 내용이 그 행위의 취소와 위법상태의 제거이어야 할 것이다.336) 판결의 내용이 행정행위의 위법을 확인하는 것일 때에는 판결에서 해당 행정청이 이용할 수 있는 법적 수단을 가지고 법원의 법적 견해에 적합한 상태를 창출하도록 의무부여하고 있어야 한다.337)

(ii) 1991년부터 시행되게 된 개정헌법에 따라 1991년 개정행정절차법

334) Peter Oberendorfer, Die österreichische Verwaltungsgerichtsbarkeit, 1983,S.176.
335) H.René Raurer, Bemerkungen zu Problemen der Parallelbeschwerde gegen Akte unmittelbarer Befehls- und Zwangsgewalt, ÖJZ 1982, S.204.
336) Antoniolli/Koja. Allgemeines Verwaltungsrecht, 2 Aufl, Wien 1986. S.491 ; Klaus Berchtold, Neuerung im Verfahren Vor den Gerichtshöfen des öffentlichen Rechts in Österreich, EuGRz 76, S.340.
337) Klaus Berchtold, Neuerung im Verfahren Vor den Gerichtshöfen des öffentlichen Rechts in Österreich, EuGRz 76, S.340.

은 절차로부터 자유로운 행정행위에 대한 주의 독립행정위원회(die unabhängigen Verwaltungssenate in den Ländern)의 심사권을 규정하고 있다. 특히 행정절차법 제67C 의 제4항은 "소송이 각하되지 않거나 이유없는 것으로 기각되지 않을 때, 제소된 행정행위는 이유없는 것으로 선언되어야 한다. 위법한 것으로 선언된 행정행위가 여전히 지속하고 있다면 당해 행정청은 지체없이 심판에 상응한 법적 상태를 창출하여야 한다"고 규정하고 있다. 그러나 행정재판소법 제42조 제4항은 "헌법 제131조 a의 경우 주장되어진 소송쟁점들을 심리한 후 이 소송을 이유없는 것으로 기각하거나 당해 행정행위를 위법한 것으로 선언하거나 경우에 따라서는 취소해야만 한다."고 규정하고 있었다. 문제되는 점은 법개정 후 절차로부터 자유로운 행정행위에 대한 통제방식으로서 위법확인과 취소를 함께 인정하고 있던 상태에서, 적어도 명문규정상으로는 위법확인만을 통제하는 방식으로 바뀌었다는 점이다. 이것은 법개정자들이 절차로부터 자유로운 행정행위에 대한 위법판단의 법적 성격을 오직 확인행위인 것으로 보았다는 것을 의미하는가? 오스트리아 학자들사이에 이 규정의 해석을 둘러싸고 상당한 다툼이 있다.

우선 행정절차법 제67C 의 제4항이 "위법한 것으로 선언된 행정행위가 여전히 지속하고 있다면 당해 행정청은 지체없이 심판에 상응한 법적 상태를 창출하여야 한다"고 규정하여, 심판의 내용이 행정행위의 위법을 확인하는 것일 때에도 독립행정위원회의 법적 견해에 적합한 상태를 창출하도록 의무부여하고 있다는 점에서, 학자들의 종래의 주장을 받아들였다.338) 두 번째, 절차로부터 자유로운 행정행위에 대한 통제방식으로 위법확인이면 족한가 아니면 실질적으로 취소를 내용으로 하는 심판이 불가피한 것인가 하는 문제에 관해서, 절차로부터 자유로운 행정행위가 그 구속력을 더 이상 갖지 못한 상태에 있는 것이 아니라, 여전히

---

338) Klaus Berchtold, Neuerung im Verfahren Vor den Gerichtshöfen des öffentlichen Rechts in Österreich, EuGRz 76, S.340.

규범적 구속력을 가지고 있다면 이 규범을 취소하여 그 법적 효과를 제거하여야 할 것이므로 취소판단은 불가피하다는 주장이 대두되고 있다.[339] 그러나 립법과정에서 취소판단을 반대했던 감정의견을 고려할 때 절차로부터 자유로운 행정행위에 대한 취소는 필요치 않다는 견해도 있다.[340] 비록 행정재판소법 제42조 제4항, 즉 "위법하다고 선언하거나 경우에 따라서는 취소하여야 한다"는 규정에 대한 비판이었지만, 위법확인판결대신에 취소판결만을 내리는 것이 타당하다는 주장도 있다. 절차로부터 자유로운 행정행위도 결정과 마찬가지로 규범적 의사행위를 그 본질로 하고 있고, 결정의 하자에 대해서는 위법확인소송이 아니라 취소소송이 인정되어 있기 때문에, 절차로부터 자유로운 행정행위의 경우에도 취소판결만을 인정하는 것이 논리적으로 일관성이 있다는 것이다.[341]

⑦ 판결의 효력 - 구속력의 확장 -

행정재판소법 제63조 1항은 "행정재판소가 헌법 제131조나 제131 a에 따라 청구를 인용했을 때에는, 행정청은 당해 사건에서 자신이 이용가능한 법적 수단을 이용하여 행정재판소의 법적 견해에 상응한 법적 상태를 형성할 의무가 있다"고 규정하고 있다. 이 규정은 오스트리아 학자들에 의하여 인용판결의 구속력의 확장의 실정법적 근거로 거론되고 있는데, 우리나라 행정소송법상 부작위판결이나 거부판결에서 판결의 취지에 따른 처분의 구체적 내용의 이해를 위하여 도움을 줄 수 있는 규정이다. 그렇지만 오스트리아에서는 절차로부터 자유로운 행정행위에 대한 조치소송에서의 인용판결을 포함하여 인용판결 전부에 대하여 일반적으

---

339) Rudolf Thienel, Das Verfahren der Verwaltungssenate, 1992, SS.166-167.
340) Martin Köhler, Das Verfahren vor den unabhängigen Verwaltungssenaten, JBl 1991, S.627.
341) Heinz Mayer, Die "Normativität faktischer Amtshandlungen, Festschrift für Robert Walter, Wien 1991, S.472.

로 적용되고 있다는 점에서 우리나라와는 다른 측면도 가지고 있다.

판결의 기판력에 의하여 행정재판소를 비롯한 재판절차에 참가한 당사자들은 재판결과에 구속된다. 따라서 재판에서 확정된 판단내용은 당사자 및 법원을 구속하여 후소에서 당사자 및 법원은 동일사항에 대하여 확정판결의 내용과 모순되는 주장과 판단을 할 수 없게 된다. 이 때 판결의 기판력의 물적 범위는 판결의 주문에 표시된 소송물에 관한 판단에 미치게 된다.

한편 우리나라 행정소송법상 제30조에서 규정하고 있는 취소판결의 구속력은 그 사건에서 당사자인 행정청과 그밖의 관계행정청에 미치는데, 소극적으로는 행정청은 동일한 사정하에서는 동일이유에 기하여 동일인에 대하여 동일한 내용의 처분을 할 수 없다. 적극적으로는 행정행위에 의하여 법률관계나 사실관계가 변경된 경우 당해 행위가 취소되면 이러한 현상은 위법상태가 되는 것이므로 행정청은 그 원상회복의무를 지고, 취소판결과 불일치하는 처분이 존재한다면 행정청은 그 처분도 취소하여 원상으로 회복하여야 할 뿐만 아니라, 신청을 요하는 처분의 거부처분을 취소하거나 부작위의 위법이 확인된 경우 처분청은 판결의 취지에 따른 재처분의무를 진다.

오스트리아 행정소송의 경우 인용판결의 효력은 기판력의 범위를 넘는다. 우리나라에서와는 달리 거부판결이나 부작위판결이외의 다른 종류의 판결에서도 원고가 승소한 경우 구속력은 판결의 이유에까지 미친다. 행정행위가 취소되거나 그 위법이 확인될 때 또는 부작위의 위법이 확인될 때, 행정청은 당해 사건에서 자신이 이용가능한 법적 수단을 이용하여 행정재판소의 법적 견해에 상응한 법적 상태를 형성하여야 한다. 따라서 판결에서 설시된 중요한 판결이유들도 구속력을 미치게 되고, 행정청은 법원의 법적 견해를 존중하여 새로운 행정행위를 하여야 한다. 당해 행정청이 새로운 처분을 하지 않는 경우 부작위소송으로 그 처분을 강제할 수 있다. 그러나 이때 법원의 판결에서 설시되지 않은 법적

문제들에 대해서는 행정청 자신이 새로이 법적 판단을 하여 행정행위를
할 수 있고 하여야 한다. 더 나아가 행정재판소법 제63조 1항에 의하여
원고는 행정청이 스스로 이용가능한 법적 수단을 이용하여 위법하게 된
결정의 효과를 제거하도록 요구할 결과제거청구권을 갖는다.342)

(4) 부작위소송에서 제외되는 행정해태에 대한 조치소송의 제기가능성

부작위소송의 대상이 되는 부작위는 행정의 결정의무가 존재하여 이
해관계인이 정식절차개시를 위한 신청을 제기한 경우의 행정해태기 때
문에, 행정기관이 절차로부터 자유로운 행정행위를 할 법적의무를 지고
있음에도 의무이행을 해태한 경우는 부작위소송의 대상이 되지 않는다.
또 이러한 유형의 행정해태에 대하여 직무책임소송의 성립에 필요한 손
해발생의 요건이 충족되지 않거나 손해배상만으로는 그 권리구제가 부
적절할 수도 있고, 헌법재판의 제기에 필요한 헌법상의 권리침해의 요건
을 충족시키지 못할 수도 있다.343) 이러한 행정해태에 대하여 다른 방식
의 적절한 권리보호제도가 존재하지 않는다면, 그 해태행위를 일종의 절
차로부터 자유로운 행정행위로 보아 조치소송에 의해 심사해야 한다는
주장이 있다.344)

한국 행정소송체계상으로 처분의 개념은 오스트리아의 결정개념에 비
하여 훨씬 넓고 부작위의 개념도 처분의무불이행을 요건으로 하고 있으

---

342) Robert Walter/Heinz Mayer, Grundriß des österreichischen Bundesverfassung-
    srechts, 1988, S.343 ; Peter Oberndorfer, Das österreichische Verwaltungsbarkeit,
    Linz 1983, SS.182-193.
343) B.C.Funk, Der verfahrensfreie Verwaltungsakt, 1975, S 228.
344) B.C.Funk, Der verfahrensfreie Verwaltungsakt, 1975, S 228, Fn.37; B.C.Funk,
    Amtshandlung (1987), SS.628-629; Peter Oberendorfer, Handlungsformen der
    Verwaltung und Rechtsschutz (aus österreichischer Sicht), Entwicklungsten-
    denzen im Verwaltungsverfahrensrecht und in der Verwaltungsgerrichtsbarkeit,
    Wien 1990, SS.52-53.

므로 오스트리아에서보다는 부작위소송의 대상이 더 넓을 가능성이 있
으나, 한국의 작위위법확인소송에 있어서도 당사자의 신청의 제기를 주
요요건으로 하고 있으므로 부작위위법확인소송의 대상이 될 수 없는 행
정해태가 상당한 사례들에서 문제될 수 있을 것이다. 절차로부터 자유로
운 행정행위에 해당되는 사례들에 대한 행정기관의 의무는 보통 신청할
수 없었거나 신청여부와 관계없이 성립할 수 있을 것이기 때문이다.

부작위소송의 대상이 될 수 없는 행정해태 중에서 조치소송의 대상이
될 수 있으려면 행정에 의한 작위에 상응하는 정도의 적격을 갖춘 행정
해태여야 한다. 특히 그 행정해태가 종국적이고 그 종국성이 드러나는
과정에서 행정의 의도가 이미 드러난 것일 때에는 조치소송의 대상이
될 수 있을 것이다. 예를 들어 증명서의 발급거부, 자동차검사종료 후
자동차검사증의 교부해태, 압류기간경과 후 압류를 계속 유지하며 압류
물건을 반환하지 않는 것, 전기공급의 거부 그리고 단수조치 등에 대한
조치소송의 제기가능성이 논의되고 있다.345)

V. 절차로부터 자유로운 행정행위와 약식행정행위론

현대사회의 복잡화에 따라 한국행정에서 문제되는 사례들에 관하여
응답적 이론을 제시하기란 쉬운 일이 아니다. 특히 이러한 이론구성작업
이 관념적이지 않고 실무를 지도할 수 있는 현실적 설득력을 갖기 위해
서는 실무가들의 신중한 회의론을 극복할 수 있어야 한다. 현실적인 사
례들을 풍부하게 보여주고 구체적인 법적 문제점들에 대한 답들도 예시
적으로 제시할 수 있어야 한다. 즉, 예비적 전형(Typus)의 역할을 할 수

---

345) Peter Oberendorfer, Handlungsformen der Verwaltung und Rechtsschutz (aus
     österreichischer Sicht), S.53.

있는 사례들을 적절히 제시할 수 있어야 한다.

특히 행정행위론은 행정법학의 전체계에 관련되어 있는 것이기 때문에, 행정행위론에 관한 새로운 문제제기들이 단지 개별적인 측면의 문제에만 관련된다면 교육체계로서 논리적으로 일관된 객관적 지식체계를 제시하지 못하게 될 것이다. 구체적 개별적 지식을 객관적 구조적 지식체계로 승화시키는 문제는 결국 핵심적인 것들을 유기적으로 결합시킬 수 있는 종합적 관점의 계속적 유지와 그 관점의 끊임없는 현실적합한 구체화없이는 거의 불가능한 과제이다. 이러한 과제에의 응답적 노력으로서 우리는 지금까지의 행정행위론과 그 통제를 위한 기본개념과 그 이론체계를 새로운 문제상황속에서 최신의 외국이론과 외국실무들을 활용하여 재해석하고 새롭게 변화시켜나가지 않으면 안된다. 행정환경의 변화에 대응하여 행정법학도 응답적 개혁의 노력을 전개해가야 한다. 외국행정법의 수용과정은 법지식의 창조적인 재생산과정이다. 행정법해석학에 있어 독일이나 일본에 편중되어 한국의 립법이 제기하는 중심문제를 외면하고 답을 발견하려고만 하거나, 한국의 립법에 대하여 오직 한국적 특색이나 일본적 특색과 같은 동양적 특색만을 강조하는 것은, 개방적 합리성의 발견을 통하여 세계적 보편리성에 합치된 국가를 만들려는 우리의 노력에 모두 부정적인 현상이다.

오스트리아 행정행위론과 우리의 행정행위론의 의사소통을 통하여 시도하려고 하는 행정행위에 대한 새로운 지평의 발견노력은 우리 행정법학 전체가 당면한 한계상황을 단편적인 방법이 아니라 종합적이고 체계적인 방법으로 극복해보려는 시도에 속한다.

1. 오스트리아의 행정소송과 절차로부터 자유로운 행정행위

1) 행정재판소와 다른 재판소의 권한배분

① 2차대전 후 1975년의 헌법개정시까지 오스트리아의 헌법재판소는 행정청의 의사가 상대방에 서면으로 명백하게 도달함으로써 성립하는 "결정"("Bescheid")이라는 행정활동이외에 "사실적 직무활동"("faktische Amtshandlung")이라는 행정활동의 유형에 대해서도 통제를 해왔다. 그러나 1975년 헌법개정시까지 헌법재판소가 "사실적 직무활동"으로 파악해온 행정작용유형에 대하여 행정재판소는 "결정"에 속하지 않는 것으로 보아 재판대상에서 제외시켜 헌법재판소와 상호모순된 입장을 보여주었다. 그러나 이것은 1975년의 헌법개정으로 수정되게 되었다.

우리나라 헌법재판소도 헌법소원대상인 "공권력의 행사 또는 불행사"의 개념을 행정소송에서의 처분개념보다 훨씬 확대하여 해석해오고 있다. 과거의 시위진압명령346), 재무부장관이 제일은행장에 대하여 한 국제그룹의 해체준비착수지시와 언론발표지시347) 등까지도 헌법소원의 대상이 되는 공권력의 행사로 보았던 것이다. 한편 행정소송법상의 처분개념은 "행정청이 행하는 구체적 사실에 관한 법집행으로서의 공권력의 행사 또는 그 거부와 기타 이에 준하는 행정작용"이라고 하고 있어 문리상으로는 헌법재판소의 소원대상보다 훨씬 협소한 개념이라고 해석할 수 없음에도, 법원은 과거 행정소송법 개정(1985)이전보다 행정행위개념을 뚜렷하게 확장적으로 발전시키지 못하고 있는데, 이것도 국민들사이에 법원불신과 헌법재판소에의 의존심화현상을 초래한 요인 중의 하나일 것이다. 보다 진취적 실험정신이 법원에게 필요하다. 또 간과하지 말아야 할 점은 헌법재판소에 의한 1심제적 통제는 3심제를 보장한 시민

---

346) 1995.12.28.91 헌마 80 전원재판부.
347) 헌재 1993.7.29 선고, 89 헌마 31.

의 재판청구권의 보장에 상당한 문제를 야기한다는 것이다.

② 오스트리아의 절차로부터 자유로운 행정행위에 관한 이론이 한국에서 형식적 행정행위론이나 권력적 사실행위론, 준법률행위적 행정행위론 등 약식절차를 거쳐 발해지는 행정활동들의 이론적 근거의 강화를 위해 유용하다고 하더라도, 우리나라의 경우에는 국가배상법상 공무원의 직무행위를 그 통제의 대상으로 하고 있어 손해배상의 범위가 넓기 때문에 국가배상소송이 권리구제의 흠결을 어느 정도 메꾸고 있는 것 아닌가 하는 의문이 제기될 수 있다.

이러한 문제제기에 대하여 오스트리아에서 다음과 같은 반론이 제시되었다. 즉, 오스트리아의 직무책임소송에 있어 사인의 직무책임청구권에 필요한 손해를 사인에게 발생시키지 않거나 손해발생여부가 극히 불분명한 경우들도 많다는 것이다. 통계업무나 회계업무를 다루는 행정기관이 절차로부터 자유로운 행정행위에 의하여 제공의무가 없는 정보의 제공을 기업가에게 요구하거나, 식품위생상태를 조사하는 행정기관이 영업자의 영업을 가능한 한 방해하지 않는 방식으로 조사를 하여야 함에도 매번 영업을 방해하면서 조사하는 경우, 직접적으로는 법률상 규정되어 있는 권리를 침해할 뿐이어서 헌법적 권리를 직접 침해하는 것은 아니고, 또 직무책임청구권의 성립에 필요한 손해를 발생시키지도 않거나 최소한 그 손해발생여부가 매우 불분명하다고 볼 수 있는 것이다.[348] 즉, 절차로부터 자유로운 행정행위에의 귀속이 문제되는 사례들에 대하여 직무책임소송만으로 통제할 수 없는 경우가 많이 발생하고 있고,[349] 이러한 경우 행정행위의 위법확인이나 취소를 구하는 조치소송은 권리구제제도로서 제도의 흠결을 보완하는 기능을 수행할 수 있다는 것이다.

---

348) B.C.Funk, Der verfahrensfreie Verwaltungsakt, 1975, SS. 227-228.
349) Peter Oberendorfer, Die österreichische Verwaltungsgerichtsbarkeit, 1983, S.93.

2) 절차로부터 자유로운 행정행위와 절차로부터 자유로운 강제행위

오스트리아의 학자들은 절차로부터 자유로운 행정행위를 명령행위와 강제행위로 대별하고 있다. 이 논문에서 집중적으로 분석소개했던 것은 절차로부터 자유로운 강제행위에 관한 것이었다. 오스트리아의 절차로부터 자유로운 강제행위에 대한 연구는, 과거 행정행위에서 제외되어 있는 것으로 이해되었던 권력적 사실행위가 행정소송의 대상으로서 합의를 획득해가고 있는 현재의 학계상황을 고려하여, 권력적 사실행위의 전형이라고 볼 수 있는 강제행위를 행정행위론속에서 어떻게 통합적으로 이해하고, 행정소송을 통하여 어떻게 통제해가고 있는가를 살펴보려는 의도에 따른 것이었다. 권력적 사실행위론의 실정법적 기초가 행정소송법 제2조 1항의 처분규정상의 '공권력의 행사'이고, 1998년 1월 1일이후 행정절차법 제2조 2호의 '공권력의 행사'도 그 실정법적 근거가 된 이상, 권력적 사실행위에 대하여 계속해서 행정행위와는 다른 사실행위인 것으로 보면서 처분에는 해당되는 것으로 이해하는 것은 매우 부자연스러운 것이다.

여기에서 언급된 강제행위는 행정의 명시적인 의사행위와 결부되지 않는데, 이러한 의미의 강제개념은 현대행정의 복잡화 경향속에서 행정의 강제력남용의 통제라는 독자적인 행정통제유형의 발전을 위해 필수적일 것이다.

3) 절차로부터 자유로운 행정행위와 조치소송

오스트리아 행정소송체계속에서 조치소송은 절차로부터 자유로운 행정행위를 통제하기 위하여 1975년의 헌법개정으로 등장한 제도이다. 한국 행정소송법상 행정행위가 단순위법인 경우 취소소송만 인정되어 있을 뿐 그 위법을 확인하는 소송은 명시적으로 인정되어 있는 것은 아니다. 그러나 확인판결과 이행판결 그리고 형성판결 중 확인판결은 이행판결과 형성판결이 인정되기 위해 전제가 되는 판결로서 이행소송이나 형성소송이 인정되어 있다면 그 소송물의 범위내에서 확인판결을 내릴 것인지 아니면 다른 판결을 내릴 것인지는 법원의 재량에 속한다고 볼 수 있지 않을까 생각한다. 즉, 현행법상 작위의 취소가 인정되어 있고 부작위의 위법확인이 인정되어 있다면 작위의 위법확인도 가능하다고 볼 수 있는 여지가 있지 않을까? 헌법소원의 인용결정을 규정한 한국의 헌법재판소법 제75조 제3항은 "헌법재판소는 기본권침해의 원인이 된 공권력의 행사를 취소하거나 그 불행사가 위헌임을 확인할 수 있다"고 규정하고 있어 공권력행사의 위헌을 확인할 수 있는지에 대해서는 명확하게 밝히고 있지 않으나, 헌법소원결정례에서도 위헌인 공권력행사를 취소하지 않고 그 위헌을 확인한 사례들이 있다. 과거의 공권력행사에 대해서도 동종행위의 반복가능성이 있으면 위헌확인의 필요가 있는 것으로 판시했던 것이다. 이 문제는 계속적인 것이 아니고 일시적인 행위인 절차로부터 자유로운 행정행위에 대하여 위법확인할 실익이 있는가 하는 문제로도 제기될 수 있다. 한국 헌법재판소가 헌법소원사건에서 동종의 침해행위가 반복될 가능성이 있다면 권리보호의 이익이 있다고 판시하고 있는 것을 고려할 때,[350] 행정소송에서도 작위위법확인소송의 필요성이 검토되고 권리보호의 필요에 관한 이론이 재구성되어야 하지 않을까 생각한다.

다만 이러한 문제들은 이 논문에서 처음으로 제기되고 있는 주제이어서 신중한 검토를 요하므로 더 이상의 상세한 논의는 줄인다.

---

350) 헌법재판소 92.1.28 91 헌마 111 결정 ; 헌법재판소 94.8.31. 92 헌마 174 결정 헌재공보 94.561.

2. 오스트리아의 '절차로부터 자유로운 행정행위' 이론의 한국법해석을 위한 의의

새로운 법개념은 보편적으로 인간에게 불안감 내지 불신감을 주는 경우가 많은데, 특히 한국에서는 새로운 법개념이 등장하더라도 당해 실정법에 대한 철저한 해석작업없이 오랫동안 방치되어 결국 그 새로운 규정의 등장이 실무개혁에 별다른 영향을 주지 못한 경우가 많았다. 현재의 한국행정의 특성, 그리고 현재 한국사회와 한국인의 성격을 강하게 의식한 기초위에서 새로운 개념에 대한 보편적인 불안감을 극복하기 위하여, 거의 유사한 규정을 가지고 있는 서양을 선택하여 당해 규정에 관한 전형적 사례들을 체계적 유형적으로 소개하는 것이 절실히 필요하다. 이러한 노력은 실질적으로는 거의 새로운 립법을 한 것과 유사한 효과를 갖는다. 절차로부터 자유로운 행정행위론으로부터 우리의 립법을 체계적으로 분석하고 여러 이론적인 난점들을 극복할 수 있는 싹이 발견되기를 바란다.

1) 절차로부터 자유로운 행정행위론과 약식행정행위론

한국 행정법학상 행정행위인론의 체계화를 모색함에 있어 고려해야 할 점은 첫째, 현행 행정소송체계와 기능적으로 결합가능한 시도이어야 하고, 둘째, 새로운 행정절차법상의 행정행위개념의 해석에 기여할 수 있는 것이어야 한다. 지금까지 소송법과 실체법의 이질성을 전제로 제시되었던 행정행위에 관한 이원론은 행정에 관한 일반적 실체법(특히 처분에 관한 규정은 실체적 규정이다)이라고 할 수 있는 행정절차법이 행정소송법과 동일한 처분개념을 채택했기 때문에 그대로 유지될 수는 없는 것이다. 실체법과 소송법의 분리를 통한 이론구성은 행정절차법제정자의 의도에 반할 가능성이 있다.351) 다만 권리보호확장을 위한 의도는 행정행위론의 새로운 발전을 위한 방향으로서 충분히 존중되어야 할 것이다.

정식의 행정절차를 거치지 않은 채 이루어지는 약식행정작용은 매우 자주 등장하는 행위방식이다. 토지대장이나 건축대장 등 수많은 공증문서에서 보듯이 필요한 사실조사를 하지 않은 채 주민의 보고내용을 기초로 공문서를 작성한다든지, 비공식적으로 주민과 협상을 벌이거나 약속을 한다든지, 아니면 갑작스럽게 초래되는 위험을 극복하기 위하여 강제행위를 하는 경우는 근대행정에서도 많이 볼 수 있었겠지만, 특히 신속한 행정의 필요도 커져가고 있고, 또 현대사회의 복잡화에 따라 주민과 기업의 협력없이는 행정의 어떠한 시도도 만족할만한 성과를 거두기는 어렵게 되어가고 있는 상황에서 약식행정작용은 크게 증가해가고 있다.

그러나 사회의 복잡화에 따라 행정에 의한 결정도 그에 상응할 정도의 정보와 노력을 투입하지 않고는 주민이나 기업으로부터 더 이상 존중받을 수 없게 되었다. 이미 우리는 한국사회에서도 환경문제나 지역개발문제, 교통문제 등에서 행정결정에 대한 소송과 데모가 폭증하는 현상을 자주 경험하고 있다. 따라서 복잡한 사회문제들에 대해서는 정식의 엄격한 절차를 거쳐 필요한 이해관계인의 입장을 충분히 고려하고 정확한 사실을 파악하며 정당한 법을 발견하고 보호하지 않으면, 사회에는

---

351) 1987년 입법예고된 한국의 행정절차법 제2조 2호는 ""행정처분"이라 함은 행정청이 공권력을 행사하여 국민의 구체적인 권리 또는 의무에 직접적인 변동을 초래케 하는 개별적이거나 일반적인 공법상의 행위를 말한다"고 규정하고 있었고, 이 규정은 행정심판법 제2조 ①항 i호와 행정소송법 제2조 ①항 i호의 쟁송법상의 처분개념과는 달리 실체적인 행정행위개념(최협의)과 같은 것이 된다고 이해하고 있었다. 김도창, 일반행정법론(상), 1992, 496면 참조. 따라서 1987년의 행정절차법안에 따를 때, 행정처분개념은 ① 전통적인 행정행위 개념과 일치하는 행정절차법상의 개념과, ② 그것보다 확대된 내용의 행정쟁송법상의 개념의 두가지가 있게 된다. 김도창, 일반행정법론(상), 1992, 497면 주 17) 참조. 그러나 새로이 제정된 행정절차법이 행정심판법이나 행정소송법의 처분개념과 같은 규정을 채택한 이상 이제는 새로운 입법에 맞는 일원론적 행정행위론의 정립이 필수적으로 요구된다고 생각한다.

끝없는 법적 불안정이 존재하여 법적 평화는 존재할 수 없게 될 것이다. 그러므로 현대사회에서도 정식절차의 의의는 결코 과소평가되어서는 안 된다.

우리 행정절차법도 한편으로는 정식절차의 엄격성을 더욱 강화해야 하고 또 한편으로는 신속한 행정과 비공식행정의 유용성을 고려하여 약식절차에 관해서도 더욱 정비해가야 할 것이다.

1998년 1월 1일부터 시행되는 행정절차법에 정식절차를 거친 정식행정행위와 약식절차를 거친 약식행정행위를 구별할 근거는 존재하고 있는가?[352] 현재의 행정절차법을 기초로 정식행정행위와 약식행정행위를 구별할 때, 정식행정행위는 신청절차, 청문절차, 공청회절차 또는 당사자의 의견제출절차를 거쳐 문서형식으로 발하여야 하는 행위(제24조 1항)로서,[353] 행정이 당사자들의 협력을 얻어 직권으로 진실한 사실관계를 발견하여야 하지만,[354] 약식행정행위는 행정청의 사전통지없이(제21조 4항) 그리고 당사자의 요청이 없으면 처분의 이유제시도 없이(제23조 제1항,2항), 더 나아가 당사자의 요청이 없으면 문서형식이 아닌 다른 방법으로 할 수 있는(제24조 제1항 단서) 행정행위를 말한다.[355] 또 약식행

---

352) 이러한 행정수요에 대응하기 위해 새로이 필요한 규정들은 어떤 것들이 있는가에 관한 검토가 필요할 것이다.

353) 과거 우리나라에서 행정행위는 특별한 규정이 없는 한 요식행위가 아닌 것으로 이해되었지만, 새로이 제정된 행정절차법 제24조 ①항 1문은 "행정청이 처분을 하는 때에는 다른 법령 등에 특별한 규정이 있는 경우를 제외하고는 문서로 하여야 한다"고 규정하여 원칙적으로 요식행위로 바뀌었다. 주의를 요한다.

354) 오스트리아 행정법상 결정은 절차기속적인 행정행위로서 행정절차법이 적용된다. 결정에 있어 행정청은 행정절차법상의 사실관계확정의 원칙, 당사자참가, 행정내부적 권리보호 그리고 결정형식의 준수 등의 기속을 받는다.

355) 약식행정행위와는 달리 오스트리아 행정법상 절차로부터 자유로운 행정행위에는 오스트리아 행정절차법이 적용되지 않는다. 그러나 한국 행정절차법 제24조 ①항 2문은 "다만, 신속을 요하거나 사안이 경미한 경우에는 구술 기타 방법으로 할 수 있으며 이 경우 당사자의 요청이 있는 때에는 지체없이 처분에 관한 문서를 교부하여야 한다"고 규정하고 있다.

정행위의 경우에는 신속한 행정의 필요나 행정능력의 한계 등을 고려하여 진정한 사실조사를 위하여 직권으로 조사해야 하는 의무를 법적으로 일정 정도 면제하고 있는 경우도 있다.(예, 공증의 경우) 새로운 법을 제정하거나 개정하여 행정청에게 이러한 면제를 전혀 인정하지 않는 것은, 현대사회의 위험성과 불확실성을 고려할 때 불완전하지만 행정의 개입이 있는 것이 차선일 수 있는 상황이 많으므로 타당하지 않다고 생각된다. 그러나 이러한 면제는 잠정적인 것이기 때문에 소송이 제기되면 법원은 진정한 사실에 기초하여 행정의 판단의 위법여부를 심사하여야 할 것이다.

더 나아가 행정행위개념에 있어 사실성(die Faktizität)과 구별되는 규범성(die Normativität)의 계기를 이론적으로 명확하게 하여, 행정행위의 개념을 전제로 하여 건설되어 있는 행정소송의 소송대상을 명확히 할 필요가 있다. 따라서 약식행정행위와 사실행위를 구별할 필요성이 있다. 행정청의 행정작용 중 다른 국가기관이나 일반주민들에 의하여 적절한 효력제거조치가 없이는, 그 행위의 효력을 존중해야 할 필요가 있는 행위와, 존중할 필요가 없는 행위는 법적 안정성의 보장과 권리보호의 효율화를 위하여 가능한 한 명확히 구별되어야 한다. 다만 이러한 효력의 존중은 당해 행정작용의 적법여부를 보다 확실하게 확인할 수 있는 제도적 장치가 유효하게 기능할 때까지만 의미를 가질 것이다.

2) 절차로부터 자유로운 강제행위론의 유용성과 그 한계

한국 행정법상 권력적 사실행위에 대한 통제논의를 더욱 발전된 기초 위에서 논의함으로써 이론의 실무지도력을 높이기 위해서는, 공권력의 남용과 그의 통제에 대한 반성적 고찰을 통하여 시대적 상황변화에 맞게 행정행위론의 과제가 재발견되어야 한다. 여기서는 약식행정작용에 나타나는 공권력행사의 남용의 유형을 1) 공권력에 의한 의사의 남용 2)

공권력에 의한 형식의 남용 3) 공권력에 의한 강제력의 남용이라는 세가지로 분류하여, 약식행정작용에 대한 통제의 강화에 기여하고자 하는 의도로, 행정의 강제행위를 행정의 형식이용행위나 의사행위등과 다른 독자적인 통제유형으로 제시하였다.

절차로부터 자유로운 강제행위의 3가지 하위유형인 '합성된 (수인)명령'에 의한 행정행위 등은 그 동안 우리 학계에서 지나치게 막연하고 간략하게 논의되어 왔던 권력적 사실행위내의 일정행위들에 대하여 유용한 설명도구가 될 가능성이 있다. 그러나 오스트리아 행정법상 절차로부터 자유로운 행정행위론이 한국 행정법을 위하여 유용하기 위해서는 창조적 수용노력이 필요하다. 오스트리아의 절차로부터 자유로운 행정행위론은 행정청이 절박한 위험상황 ("갑작스럽게 출현하는 위험")과 효과적인 투쟁을 하기 위해서 시간과 절차적 신중성을 갖추기가 어렵다는 전제하에서 출현하는 위험방지활동을 통제하기 위한 이론이다. 때문에 오스트리아의 실무나 학설은 계속적 지배력을 미치는 행위로서 취소소송의 대상이 될 수 있는 절차로부터 자유로운 강제행위에 대해서는 큰 관심을 기울이지 않는다. 그러나 한국 행정법상 권력적 사실행위론은 긴급한 행정작용의 필요성으로부터 나오는 행위뿐만 아니라 행정이 내부적으로 상당한 시간의 준비를 거쳐 나오는 행위로서 국민생활에 계속적 효력을 미치는 행위들의 경우에도 대응하기 위해 나온 이론이다. 더구나 절차로부터 자유로운 행정행위의 경우 오스트리아의 행정절차법이 적용되지 않는다. 그러나 한국 행정법상 약식행정행위에 대해서는 행정절차법에서 그 근거를 찾을 수 있기 때문에 행정절차법의 규정들이 일정부분 적용될 수 있을 것이다.

오스트리아의 절차로부터 자유로운 강제행위에 대한 연구의 유용성을 인정하면서도 이와 같은 한계가 있다는 점은 주목되어야 할 것이다. 이 논문으로 권력적 사실행위에 관한 이론적 기초를 풍부하게 한 성과는 있지 않을까 생각하지만, 한국의 실무에 권력적 사실행위의 예비적 전형

(Typus)을 제시하려는 시도는 그다지 성공하지 못한 듯하다. 외국 경험에 대한 다른 연구를 통해 이러한 약점이 어느 정도 극복될 수 있기를 기대한다.

⟨추록⟩

우리나라에서도 사람이나 물건에 대한 일방적인 물리적 개입행위에 의해 일정한 법적 상태를 현실적으로 직접 창출하는 행정의 행위들에 대해 대법원과 헌법재판소는 모두 재판관할권이 있음을 긍정하고 재판을 해왔다. 대법원은 그 행위들의 처분성을 긍정하는 방식으로 대응하고 헌법재판소는 헌법소원의 대상적격을 긍정하는 방식으로 대응하고 있다. 몇 가지 사례를 살펴본다.

1. 신고와 다른 집회 및 시위의 저지행위의 위법확인(대판 2001. 10. 09, 98다 20929)

대법원은 최근 한 국가배상사건(대판 2001. 10. 09, 98다20929)에서 경찰이 신고와는 다른 방법의 시위를 저지할 수 있는 것은 그 시위방법이 공공의 안녕질서를 해치는 경우에 한하는 것으로, 원고들이 신고와는 달리 죄수복을 입고 포승줄을 몸에 묶은 채 가두행진을 벌인 것을 경찰이 저지한 것은 위법이라고 밝혔다. 그러나 당시 경찰이 시위 저지 여부를 신속하게 결정해야 했지만 이에 대한 선례나 학설, 판례 등이 없었던 만큼 시위현장에서 신고사항의 미비점을 발견한 경찰이 이를 저지한 것에 대해 배상책임까지 물을 수는 없다고 했다. 이와 유사한 판례는 유치장 구금전 신체검사시 경찰에 의한 알몸수색,(2001. 10. 26, 2001다51466., 경찰관의 관행적 알몸수색은 경찰청 훈령 '피의자유치 및 호송규칙'에 근거를 둔 것이었다.) 그리고 강제퇴거명령을 받은 자에 대하여 출입국관리법 제63조 제1항에 의한 보호명령(2001. 10. 26., 99다68829)도 강제행위로서 유사한 성격을 갖는 것이었다.(보호명령은 강제퇴거명령의 집행확보를 목적으로 송환이 가능할 때까지 필요최소한의 시간동안 일정장소에 보호하는 일시적 강제조치이다.)

이 판결은 여러 언론기관에 의해 주목되어 널리 알려지게 되었는데, 그것은 집회와 시위라는 정치적 기본권과 관련된 탓도 있지만 대법원이 명시적으로 행정청의 특정한 공권력행사를 위법이라고 판시함으로써 다시 행정청이 그러한 행위를 반복하면서 합법이라고 주장할 수 있는 가능성을 사실상 방지했다는 점을 보다 주목한 것으로 보인다.(동종행위의 반복가능성의 차단효과) 물론, 판결자체가 학설에 보다 직접적인 의의를 갖는 측면은 국가배상법 제2조의 해석과 관련하여 공무원의 직무행위가 위법하더라도 과실이 없는 경우가 있다는 것을 인정하여 과실개념의 객관화의 한계를 승인하였다는 점에 있을지도 모른다.

이 사건들은 모두 국가배상소송으로 제기된 것이었는데, 취소소송으로 제기되어 신고와 다른 집회 및 시위의 저지행위나 알몸수색행위 그리고 보호조치에 대하여 권력적 사실행위로서 항고소송의 대상이 된다는 것을 법원이 승인하였다면 동종유사행위의 발생을 직접적으로 저지하여 행정실무와 사회에 보다 큰 영향을 미칠 수 있었을 것이다. 매우 오래된 판례이긴 하지만, 이미 대법원은 건축물에 대한 단수조치를 항고소송의 대상이 된다고 판시한 바도 있다.(대판 1979.12.28, 79누218) 이러한 행위들을 처분으로 보는 입장에 설 때, 처분성의 계기는 저지행위, 알몸수색행위, 보호조치나 단수조치속에 묵시적 수인하명을 추론할 수 있다는 점이고, 또 권리보호의 이익은 그것이 비록 이미 종료한 행위이지만 장래 동종의 행위의 반복가능성이 우려된다는 점일 것이다.

2. 유치장내 개방적 구조를 가진 화장실사용강제의 위헌소원사건(헌재 2001. 7. 19. 2000 헌마 546)

이 사건은 차폐시설이 불충분하여 신체부위등이 노출되는 개방적 구조를 가진 화장실사용의 강제가 기본권을 침해함을 주장하며 제기된 사건이다. 헌법재판소는 이러한 강제행위는 "우월적 지위에서 일방적으로 강제하는 성격을 가진 것으로서 권력적 사실행위라 할 것"이라고 하면서도, "청구인들에 대한 침해행위는 이미 종료"되어버려 행정소송을 제기하더라도 권리보호이익이 없는 것으로 볼 것으로 단정하고 있다. 그렇지만 이러한 강제행위도 헌법재판소법 제68조 제1항의 공권력의 행사에 포함된다고 하면서, "전국의 다수 유치장 화장실의 구조와 사용실태가 이 사건에서의 그것과 유사하여(이러한 구조의 유사성은 유치실내 화장실이 유치장설계표준에 관한 경찰청예규에 "대변소의 문은 간수의 감시에 지장이 없도록 하반 부분으로 하여야 한다"라고 규정되어 있는데 기인하는 것으로 보인다) 청구인들에 대한 이 사건 심판대상행위와 동종의 조치로 인한 기본권침해행위는 여러 사람에 대하여, 그리고 반복하여 일어날 위험이 있다고 보여지므로, 심판청구의 이익이 인정된다"고 하였다.

비인간적인 화장실사용의 강제행위는 수인하명이 합성된 전형적인 경우의 하나이다. 법원이 권력적 사실행위의 처분성을 판단하기 위한 기준으로 이러한 수인하명의 논리를 받아들인다면 화장실사용의 강제행위에 대해서도 처분성을 받아들일 수 있을 것이다. 또한, 이 사건에서 법원은 경찰청예규에 구속당하지는 않으므로 법률의 위헌해석이 필요하지도 않았다.

3. 이외에도 수사기관 등에 의한 **불법적인 도청행위**나, 행정기관에 의한 **개인신용정보 불법유출행위**가 문제되고 있다. 이러한 사례들에서, **개인의 권리영역에 대한 행정의 일방적, 권력적 개입이 문제되고 있지만, 그 개입의 상대방은 자신의 행위에 의하여 그 개입을 방해할 가능성이 현저히 낮거나 거의 없다.** 그러나, 이러한 사례들에서도 행정기관의 권력적 의사는 추론할 수 있는 것이다. 즉, "합성된 확인"론의 사고방식에 따를 때, **행정의 개입요건의 존재여부에 대한 행정자신의 확인적 판단의 위법을 법원이 확인해달라는 청구를 사인은 할 수 있는 권리**를 갖는 것이다. 따라서 이 사례들에서도 개인은 도청할 권한이 있다고 보는 행정판단의 위법이나 개인신용정보를 유출할 권리가 있다고 보는 행정판단의 위법을 확인하여 그러한 행위의 재발을 방지해달라고 청구할 권리를 갖는다고 볼 수도 있는 것이다. 이러한 논리는 우리 법원에 아직까지는 친숙하지 않으나, 신속성만을 강조하는 가운데 나오는 많은 행정권력남용문제들에 대한 통제필요성이 크게 부각되고 있는 요즈음, 이러한 법논리는 항고소송대상확대의 논리로서 그 유용성을 인정할 수 있을 것이다.

한편, 권력적 사실행위를 허용하고 있는 법률이 위헌소지가 있는 경우도 있을 수 있다. 이러한 경우에는 법원이 권력적 사실행위를 심사한다고 하더라도 헌법재판소에 의해 당해 법률에 대한 위헌심판이 필요해 헌법재판소와 법원의 협력도 필요하다.

제2장 인허가와 행정계약

제1절 인가론의 재검토

작은 정부론이 80년대 이후 전세계적으로 풍미하면서 법과 규제의 연구에 있어서도 자율규제에 대한 관심이 높고 자율규제의 한계를 극복하는 수단으로서 '자율규제에 대한 행정감독'이 다시 주목받고 있다. 인가는 당사자들의 자율적인 법률행위에 대한 행정개입수단으로서 가장 강력한 수단중의 하나이다. 인가론 자체는 매우 오래된 것이고 행정법학을 인허가에 관한 학문이라고 부를 때, 허가와 더불어 대표적인 행정법수단이지만 그 이론 자체는 2차대전의 경제사회상황을 배경으로 탄생한 것으로 매우 낡은 것이다. 인가론에 대한 재검토없이 행정학, 경제학, 신문방송학, 교육학, 인터넷 등의 분야에서 미국의 특유한 논리와 용어만을 이용하여 많은 논의가 이루어지고 있으나, 전통적 행정감독수단과의 상호소통없이 새로운 논의만을 소개하고 전개하는 것은 후진국가에서 전형적으로 보이는 '과거의 지식과의 소통없는 산만한 정보의 나열'로 끝나버릴 위험도 있다. 앞으로 기존의 행정법적 논의들을 정리하여 개입의 정도에 따라 행정감독행위를 유형화시키면서 각 행정영역에서 여러 외국의 이론적 흐름을 주체적인 입장에서 체계적으로 수용하고 정리해가야 할 것이다.

이 글은 시장의 자율적 활동 중 가장 중요한 활동의 하나인 사법상의 법률행위에 대한, 가장 강력한 행정개입수단인 인가론을 재검토한 것이다. 전통적인 인가론은 지나치게 단순하여 현대행정의 복잡성에 상응한 재량통제의 역할을 수행하지 못하고 있다. 인가의 대상인 법률행위의 성격과 내용을 유형화하고 그에 따라 인가이론이 차별적으로 대응해가야 한다.

I. 일본의 인가론의 형성과 변화

1. 1945년 이전 독일과 일본의 인가론의 등장

현재 한국의 통설과 행정판례가 받아들이고 있는 인가론은 1945년 이전 독일이론의 영향을 받아 일본판례를 토대로 체계화한 동경대 교수 미노베(美濃部達吉)교수의 입장1)을 중심으로 한 것인데, 1945년 이후의 상황을 반영하여 다나까지로(田中二郎)교수가 일부 수정하였다. 독일 행정법학상 인가는 Genemigung으로 불리워왔는데, 최근에 행정행위의 내용상의 한 종류로서 인가를 별도로 검토하는 학자는 찾아보기 어렵다. 논문들도 주로 1945년이후에 몇 편 발견된다. 오히려 독일 학자들은 인가를 포함하여 행정이 사권의 효력에 개입하는 행위들을 총칭하여 "사권형성적 행정행위"(privatrechtsgestaltender Verwaltungsakt)로 부르거나 아니면 "권력행위에 의한 사권형성"(Privatrechtsgestaltung durch Hoheitsakt)이라고 부른다.

1945년 이전 독일 민법학에서 인가론이 단편적으로 등장하고 있던 것에 비하여 행정법학상 인가이론은 그렇게 명확하지도 않았다. 우선, 독

---

1) 미노베 교수는 1930년대 초반까지 인가론에 영향을 미칠 수 있는 몇 편의 저술을 남겼는데, 그의 저술 목록을 보면 行政裁判法, 行政法判例, 日本行政法(上), 行政法總則, 行政法撮要(상) 등이다. 이 중 필자는 行政裁判法과 行政法判例를 구하지 못해 그가 어떤 일본판례들을 구체화하여 그의 입장을 체계화했는가는 확인하지 못했다. 필자는 그의 행정법교과서인 日本행정법(上), 行政法總則과 行政法撮要(上)을 중심으로 그의 입장을 확인했다.

일 행정법학의 형성에 지대한 영향을 미친 오토 마이어 자신은 행정법
이론을 민법이론으로부터 독립시키려는 의도로 인가이론처럼 행정법학
과 민법학이 교차하는 영역에 대해서는 매우 부정적인 태도를 보여주었
다. 즉, "민법적 효과를 갖는 공법적 제도는 없다"고 하였다. 하지만, 그
도 "민법의 보조제도"로서 사법적 효과를 갖는 행정행위를 인정하지 않
을 수 없었다.[2] 오토 마이어는 민법학으로부터 행정법학의 독립성을 강
조한 결과 의식적으로 인가론을 멀리 하였지만, 독일에서 사적 법률행위
에 대한 인가는 "비교적 현대적인 법제도"[3]이기는 하지만, 경찰법에서
기원하여 1900년 이후에는 중요한 의미를 가지게 되었는데, 특히, 자치
단체에 대한 국가감독행위로서 채권발행행위의 승인과 토지거래계약에
대한 것이 그 중심적인 것이었다.[4] 공법상의 제도와 사법행위가 결합하
는 현상은 매우 광범위하게 존재하는 현상이기 때문에 오토 마이어와
같이 인가론을 부인하려는 시도는 지지받지 못하고,[5] 다른 학자들은 단
편적이나마 인가이론을 발전시키려 노력하게 되었다. Kormann은 행정행
위에 의한 사권의 형성에 주목하고 특허부여, 광업권부여와 같은 행위들
을 이러한 행정행위에 포함시키면서 특히, 수용행위도 여기에 포함시킨
다.[6]

　미노베교수가 인가론과 관련하여 독일법학계의 논의와 그 당시의 일
본판례를 종합하여 자신의 견해를 제시할 무렵, 교토대 교수이던 織田
萬교수는 이미 許可, 免許, 認可, 認許, 特許에 관한 용어들을 구별하려
는 시도를 하고 있는데,[7][8] 한국의 행정법학자들이 인가개념이외에 특허

---

2) Otto Mayer, Deutsches Verwaltungsakt, 1Bd., 3Aufl., 1923 (1판은 1895년에 출간
된), S.118.)

3) Meyer zum Wischen, Rechtgeschäft und behördliche Genemigung, 1956, S.1.

4) Lutz Schmidt, Unmitelbare Privatrechtsgestaltung durch Verwaltungsakt, 1975,
S.242. 멀리는 로마법에서도 발견된다고 한다.

5) Ernst Rudolf Huber, Wirtschaftsverwaltungsrecht 1Bd., 1953, S. 76.

6) Karl Kormann, System der rechtsgeschäftlichen Staatsakte, 1910, S.98f. 112.

7) 織田萬, 許可認可等 / 用語, 京都法學會雜誌 제12권 제12호, 1917, 1-20면.

나 허가개념 등에 대한 연구를 하려고 할 때, 이 당시의 일본학자들의 논의에 대한 분석은 필수적일 것으로 생각한다.[9] 1917년 당시 일본의 실정법에서는 許可, 免許, 認可, 認許, 特許 등의 개념들이 혼용되면서 서로 구별되지 않고 있었으나, 그 법적 성질의 차이에 따라 이론적으로 구별할 필요가 있었다. 織田萬교수에 따를 때, "인가는 법률상 개인이 할 수 있는 행위에 대하여 법률상 효력을 부여하는 처분"으로서 허가를 요하는 행위와 달라 사인에게 일반적으로 그 행위가 금지되어 있지 않다. 따라서, 인가를 받지 않고 그 행위를 하여도 법률상 금지를 위반하거나 위법한 결과를 야기하는 것이 아니다. 인가를 얻어야 법률상 효력이 발생하지만 인가를 얻지 못해도 사실상 그 행위는 존재하고 있는 것이다. 또, 인가의 출원에 대해서는 출원사항 전부에 대해 인가하거나 거부하는 양자택일만이 가능하다. 인가가 있으면 곧바로 법률상 효력이 생긴다. 국가가 지방자치단체에 대한 감독권을 행사하여 일정 작용에 주무부장관의 동의를 받도록 한 경우,(예, 촌장의 임명에 있어 감독관청의 인가) 조례의 제정과 개폐 그리고 지방채의 발행에 있어서도 감독관청의 승인을 받아야 하는 경우 그 행위는 인가에 속한다. 국가는 인가여부결정을 함에 있어 법률의 규정이 있으면 수정인가를 할 수 있다. 이러한 경우는, 예를 들어, 조례의 일부규정에 문제가 있거나 지방자치단체가

---

8) 織田萬, 許可認可等 ノ 用語, 京都法學會雜誌 제12권 제12호, 1917, 2면 각주 2)는 美濃部達吉, 日本행정법 제3권을 인허가등의 개념이해를 위해 인용하고 있다. 필자는 19101년대 미노베 교수의 행정법교과서를 구하지 못했으나, 織田萬교수의 인용내용을 볼 때, 미노베 교수의 초기 행정법교과서에서도 어느 정도 현재 한국의 통설과 판례와 유사한 이론이 전개되고 있었을 것으로 보인다.

9) 織田萬교수는 허가개념에 대해서 독일의 Fleiner의 행정법교과서(Verwaltungsrecht)나 Laband의 국가법교과서(Staatsrecht)를 인용하면서 일반적 금지의 해제로서 이해하고 있다. 특허개념에 관해서는 권리설정행위로 이해하면서 일본이 받아들인 독일의 특허이론 자체도 프랑스의 특허이론에서 왔다고 한다. 認許개념에 대해서는 실정법상 인가의 의미이거나 인가와 허가를 병칭하는 의미로 쓰이고 있다 한다. 또, 면허개념은 자격개념과 동일하거나 그보다 넓게 쓰이고 있다 한다.

발행하고자 하는 채권액이 과다하여 그 금액을 축소할 필요가 있을 때 국가가 인가를 거부하는 것은 행정목적에 반하고 자치단체에게도 적절하지 않을 때 국가는 인가신청의 취지에 반하지 않는 한 수정인가할 수 있다. 특수한 인가에 있어 법률에 근거가 있어 국가가 수정권을 갖는다는 점이 허가와 다른 점이라고 설명하고 있다.[10]

미노베 교수는 현재 한국과 일본의 통설과 판례의 인가론과 거의 유사한 논의를 전개하고 있다. 즉, "인가는 당사자의 법률적 행위가 국가의 동의를 얻지 않으면 유효하게 성립할 수 없는 경우에 그것에 동의를 부여하여 그 효력을 완성시키는 행정행위이다"고 한다.[11] 당사자의 법률적 행위의 효력을 완성시켜주는 보충적 의사표시로서 인가의 대상이 되는 법률적 행위는 국가의 특별한 감독을 받고 있는 공공단체나 특허회사의 행위로서 조례의 제정과 같이 공법적 행위일 수도 있고 공익법인의 설립이나 지방철도의 양도와 같이 사법적 법률행위일 수도 있다. 이러한 행위는 법률적 효과의 발생을 위한 의사행위로 당사자의 의사에만 맡겨서 완전하게 유효하도록 하는 것은 공익을 보호하는데 부적당하므로, 국가에 인가권을 유보시켜 인가를 받지 않으면 그 법률적 행위가 유효하게 성립할 수 없도록 한 것이다.

인가는 법령에서 허가라는 용어를 쓰는 경우가 많지만 허가와는 법적 성질에 차이가 있어 다음과 같이 구별된다.[12] 첫째, 허가는 금지의 해제로 그 효과는 자연적 자유의 회복에 있지만, 인가는 법률적 행위에 대한 동의로서 그 효과는 법률적 행위의 효력의 완성에 있다. 둘째, 허가를 요하는 행위에 있어 허가는 그 행위의 적법요건이어서 허가를 받지 않고 그것을 하면 금지위반으로서 처벌의 제재를 받지 않으면 안되지만,

---

10) 織田萬, 許可認可等 / 用語, 京都法學會雜誌 제12권 제12호, 1917, 10-12면.
11) 美濃部達吉, 日本행정法(上), 有斐閣, 1936, 216면.
12) 美濃部達吉, 日本행정法(上), 有斐閣, 1936, 217-218면. ; 同, 행정法撮要(上), 1935, 150면. ; 同, 행정法總則, 1936, 164면.

그 행위의 효력에는 직접 관계가 없다. 인가를 요하는 행위에 있어서 인가는 그 행위의 효력요건으로 인가를 받지 않고 그것을 하면 그 행위는 무효이지만 금지를 위반한 것은 아니어서 처벌의 제재는 없다. 셋째, 인가의 대상인 행위는 항상 법률적 행위이다. 단순한 사실적 행위는 효력의 문제가 생기지 않기 때문에 인가의 대상이 되지 않는다. 허가의 대상인 행위는 항상 사실적 행위이다. 가령 한 측면에서 법률적 행위인 성질을 가지는 것도 허가의 대상으로서 오로지 사실적 행위로서만 관찰되는 것이어서, 사실상 그에 해당되는 행동을 허가받지 않고 하는 것이 금지되어 있는 것이다. 예를 들어, 총포화약류의 매매는 행정청의 허가를 받는 것이 필요하지만, 그것은 무허가매매가 무효라는 취지가 아니고 무허가매매를 금지시켜 사실상 매매의도로서 총포화약류의 점유를 인도하는 것이 허가를 요한다는 것이다. 무허가로 그것을 하면 처벌의 원인이 되지만 그 매매는 유효하게 성립한다. 국가의 어떤 행위가 허가와 인가의 어느 쪽에 해당하는지 의문이 생기는 경우가 있는데, 그것은 법의 목적이 법률적 효과의 발생을 억제하는데 있고 또 사실상의 행동의 자유를 제한하는데 있는지 알 수 없는 경우이다.

대개 인가는 국가와 특별한 관계에 있는 자의 행위에 대해서 행하여지는 것이고 일반사인상호간에 발생하는 법률적 효과에 대해서 국가는 직접 이해관계가 없다. 예를 들어, 총포화약류의 소유권이 갑이든 을이든 어디에 속하든 국가가 관여할 바는 아니다. 공익적 관점에서는 누군가가 그것을 소지하고 있고 그러한 소지의 자유를 제한할 필요가 있다는 점에 있을 뿐이어서 법률적 효과의 발생을 억제할 필요는 없는 것이므로 인가가 아니라 허가의 대상이 된다.

인가는 보충적 의사표시이기 때문에 본체인 법률적 행위로부터 떠나 독립하여 효과를 발생시키는 것이 아니므로 만약 본체인 법률적 행위가 무효라면 인가 역시 당연 무효이다. 또, 본체인 법률적 행위가 취소할 수 있는 것이라면 인가를 받았는가에 구애받지 않고 취소할 수 있다. 인

가를 요하는 법률적 행위는 인가에 의하여 비로소 유효하게 되지만 인
가를 받기 이전에 있어서도 아무런 효력을 발생하지 않는 것은 아니다.
그것은 나중에 인가를 받는 것을 조건으로 하여 조건부효력을 발생하는
것이어서 법률적 행위는 이미 성립해 있고 오직 그 효력이 정지조건에
연계되어 있으므로 인가는 정지조건의 성취와 다르지 않다.13)

인가를 받아야 할 법률적 행위의 내용은 오직 당사자의 의사에 의해
정해지고 보호감독자로서 국가는 오직 그것에 동의를 부여할 것인가 말
것인가를 결정함에 그치는 것이 보통이지만, 예외적으로, 수정인가권과
선택인가권이 인정되는 경우가 있다. 수정인가는 당사자의 인가신청에
대하여 일부 수정을 가하여 인가하는 것을 말하는데, 2차대전 전에 일본
에서 인정되었던 것처럼 감독관청의 인가를 요하는 사항에 대하여 감독
관청은 인가신청의 취지에 반하지 않는 범위내에서 수정하여 인가할 수
있었다. 수정인가의 목적은 불필요한 절차를 생략하는데 있었다. 즉, 감
독관청이 수정을 명하고 수정된 인가신청에 대하여 인가하는 것보다는
신청의 취지에 반하지 않는 범위내에서 감독관청 스스로 수정하여 인가
할 수 있도록 한 것인데, 수정을 할 수 있는 범위내에서는 단순한 동의
가 아니라 대리행위의 요소를 갖는다고 하고 있다. 선택인가권은 당사자
로부터 2개이상의 인가신청을 받아 그 중 하나를 선택하여 인가하는 것
을 말한다. 그 사례로는 2차대전이전에 인정되었던 일본의 제도로서 시
의회에서 선거된 시장후보자 3인중의 1인을 선택하여 시장취임에 동의
하는 것을 들고 있다.14)

한편, 인가는 언제나 효력발생요건은 아니고 성립요건인 경우도 있다
는 입장도 제시되었다. 이 입장에서 예로 드는 것은 경지정리조합의 설
립인가, 증권거래소의 설립인가 등 법인의 설립인가는 성립요건이라는
것이다.15) 또, 인가를 요하는 법률행위에 대하여 처음부터 인가를 받지

---

13) 美濃部達吉, 日本行政法(上), 有斐閣, 1936, 219면.
14) 美濃部達吉, 日本行政法(上), 有斐閣, 1936, 220면.

않고 곧바로 법률효과의 발생을 목적으로 당해 행위를 하는 것은 무효이다. 인가받은 법률행위와 현실적으로 행해진 법률행위가 완전히 일치할 필요는 없지만 위 행위가 인가의 목적에 현저히 반하는 때에는 인가받지 않은 경우와 같이 무효라고 해석할 수 있다. 그 당시 일본판례중의 예로는 절소유의 토지에 관하여 27만원에 매각하도록 하는 인가를 받았는데 인가에 반하여 이 토지에 관하여 저당권을 설정하여 10만원미만의 대부를 받은 후 3-4년이 지나 이 돈을 갚지 못해 저당권이 실행되어 토지를 상실하게 된 사안에서 이 저당권설정행위는 무효라고 했다.[16] 어느 정도 일치하지 않으면 무효라고 해야 할 것인가는 구체적인 경우에 따라 다를 것인데 판단의 기준을 제시하기는 힘들다.

인가를 요하는 행위가 정관변경행위와 같이 다수당사자의 법률행위인 경우 그 결의에 찬성하는 자와 찬성하지 않는 자 모두에게 인가받기 전까지는 정관변경의 효력이 발생하지 않기 때문에 과거의 정관에 구속된다고 해석해야 한다. 인가는 보통 효력발생요건이기 때문에 인가를 받지 않은 법률행위는 효력을 발생하지는 않지만 법률행위의 성립 그 자체가 부정되는 것은 아니다. 또, 이 법률행위는 당사자의 임의에 의한 것인가 아니면 강제경매에 의한 것인가를 묻지 않는다. 채권자는 채권의 변제를 받기 위하여 관할행정청의 인가를 받지 못했어도 경매신청을 할 수는 있지만 경락으로 인한 소유권이전의 효과가 발생되기 위해서는 반드시 인가를 얻어야 한다.

한편, 당사자들은 인가를 받는 것을 조건으로 그 효력을 발생하는 채권채무관계를 발생시킬 수가 있다. 이 때, 채권자는 인가라는 조건의 성취에 의해 권리이전의 효과가 발생하는 조건부권리를 취득하게 된다. 채

---

15) 塚本富士男, 判例に 現はれた「行政官廳の 許可」について, 司法協會雜誌 제14권, 1935, 519면, 주1) 참조.

16) 大判 昭和8년 1월 28일 3008면. 塚本富士男, 判例に 現はれた「行政官廳の 許可」について, 司法協會雜誌 제14권, 1935, 520면, 주4)에서 재인용.

권자는 채무자에 대하여 행정청의 인가를 받아 목적물을 인도할 채무의 확인을 구할 수 있다. 또, 채무자에 대하여 인가절차를 받도록 요구할 수 있다. 이 권리의 실현을 위해 구일본민사소송법 제736조가 규정한 의견진술을 구하는 소를 제기할 수 있다.17) 법률행위당시 인가를 받지 못할 것이 확실한 경우에는 불능의 정지조건을 붙인 법률행위로서 당해 법률행위는 무효라고 해석할 수 있을 것이다.

이외에도 여러 학자들이 교과서에서 인가에 관하여 기술하고 있으나 상세하지도 않고 미노베의 교과서를 인용하여 설명하고 있다.18) 특히, 인가와 허가, 허가와 특허의 차이를 체계적으로 비교하여 설명하기 시작한 사람은 미노베인 것 같다.

2. 1945년 이전 독일의 사권형성적 행정행위이론과 1945년 이후 일본의 인가론

1) 독일의 "사권형성적 행정행위" 이론 내지 "사법관계를 형성하는 국가 행위" 이론과 이에 대한 일본학자들의 소개

미노베의 인가론이 그 당시는 물론 현재까지도 일본과 한국의 인가론의 골격에 결정적인 영향을 미친 것으로 보이지만, 다나까지로(田中二郞)는 미노베이론의 골격을 그대로 받아들이면서 약간의 수정을 가하게 된다.

현재 독일의 행정법학계에서 인가(Genemigung)보다는 "사권형성적 행

---

17) 塚本富士男, 判例に 現はれた 「行政官廳の 許可」について, 司法協會雜誌 제14권, 1935, 521면
18) 渡邊宗太郞, 日本行政法, 弘文堂, 1936, 295-296면. ; 杉村章三郞, 日本行政法講義要綱 上券, 有斐閣, 1938, 44면. ; 田村德治, 行政法學槪論 제1권, 弘文堂, 제1권, 1937, 158-160면. ; 田上穰治, 行政法槪論, 有斐閣, 1942, 266-267면.

정행위"(privatrechtsgestaltender Verwaltungsakt)라는 용어가 사용되고 있지만, 1945년 이후 일본과 한국의 행정법학계에서 독일의 사권형성적 행정행위론을 주목하여 소개하거나 그 개념의 도입을 주장하는 사람은 찾아보기 어렵다. 이 점은 필자에게 상당한 의문을 불러일으키는데, 1945년 이전 일본학자들의 논문 두 편은 이 개념과 이론을 일본에 소개하고 있다.19) 다나까 지로는 사법관계를 형성하는 국가행위라는 번역이 문자의 의미와는 거리가 있지만 의미내용을 전달하는 데는 편리하다고 하면서 이 용어를 사용하는데, 필자는 사법관계를 형성하는 행정행위 대신에 원문에 더 충실하게 사권형성적 행정행위라는 용어를 사용하여 1945년 이후 인가론의 변화를 위한 단서를 찾아보기로 한다.

사법관계를 형성하는 행정행위가 1920년대 독일에서 크게 증가하게 된 것은 세계1차대전이라는 전시를 거치면서 주택이나 생필품 같은 물자가 부족해져 개인의 경제적 자유에 대한 국가통제의 필요가 커졌기 때문이다. 하지만, 사법관계를 형성하는 행정행위가 전시나 전후의 일시적, 변태적 행위라고 할 수는 없고 근대이후 인정되어온 계약자유에 대해 공공복리를 이유로 한 제한사상의 발로라고 할 수 있는 것이다. 노동법이나 경제법의 영역 등에서도 이러한 행위가 인정되면서 이들을 통일적으로 설명하기 위하여 공통된 법이상을 탐구하고 그에 적용할 수 있는 법원리와 규칙을 발견하려는 시도가 필요하게 된 것이고, 행정행위가 사법관계를 형성한다는 점에서 공법과 사법이 교차하는 많은 문제들이 제기되게 된다.

사법관계를 형성하는 행정행위는 사법관계를 설정변경하거나 폐지하

---

19) 田中二郎, 私法關係を形成する國家행위, 法學協會雜誌 제51권 제3호, 1933, 175-183면. 이 글은 다음 두 편의 독일 박사논문을 소개하고 있다. Brückner, Der privatrechtsgestaltenden Staatsakt, 1930. Kroeber, Das Problem des privatrechtsgestaltenden Staatsaktes, 1931. ; 原龍之助, 私法關係を形成する행정행위 - 其の性質及び適用原理 -, 民商法雜誌 제12권, 1940, 943-974면.

고, 또, 사법상 의미있는 행위를 할 수 있는 능력을 부여하는 등 그 방법을 묻지 않고 사법상의 지위에 어떤 변경을 가하는 행위를 말하는데, 단독으로 그 행위만에 의하여 또는 다른 행위와 결합하여 사법관계를 형성하는 행위라고 할 수 있다. 사권형성적이라는 것은 그 행위가 없다면 사법적 효과가 발생하지 않는다는 것을 의미한다.[20][21] Brückner는 협의의 사권형성적 행정행위를 "그 속성상 국가가 법질서아래서 공권력의 담당자로서 개별적으로 사권상태를 변경시키는 국가의 모든 활동"이라고 정의하고 있다.[22] 다나까 지로는 Brückner가 협의의 사권형성적 행위를 권리 또는 능력을 부여하는 행위, 법률행위에 대한 인가행위, 국가가 타인을 대신하여 법률관계를 형성시키는 대리행위로 나누고 있다는 점은 주목할만 하다고 한다.[23]

보다 광의로 사법관계를 형성하는 국가행위에는 행정행위뿐만 아니라 司法작용도 포함되는데, 소송법의 영역에 있어서는 형성판결이 전형적이고 비송사건절차에 있어서는 각종의 처분, 증명, 등기 등도 이러한 국가행위에 포함된다. 독일의 두 논문들, 특히 Brückner의 논문에 대한 분석이 한국과 일본의 이후판례에 간접적으로 미친 영향 중 중요한 점은 사법관계를 형성하는 행정행위에 대하여 다른 행정행위와 차별화되는 법원리를 제시한 것에 있다. 민사소송이나 비송사건 등 재판을 통해 사법관계를 형성하는데 적용되는 법원리에 나타난 특징이 사법관계를 형성하는 행정행위의 하나인 인가론에도 반영되게 된 것이다. 재판을 통해

---

20) Brückner, Der privatrechtsgestaltenden Staatsakt, 1930, S.3. Brückner와 Kroeber의 논문의 내용은 이 두 논문을 구할 수 없어, Manfred Bengel, Der privatrechtsgestaltende Verwaltungsakt, 1968, SS.73-75면에서 재인용했다.
21) Kroeber, Das Problem des privatrechtsgestaltenden Staatsaktes, 1931, S.15. Kroeber도 Brückner와 유사하게 "어떤 행위가 사권형성적이라는 것은 그것이 없다면 경험칙상 사법적 효과가 발생하지 않는 것을 말한다"고 한다.
22) Brückner, Der privatrechtsgestaltenden Staatsakt, 1930, S.5
23) 田中二郎, 私法關係を形成する國家行爲, 法學協會雜誌 제51권 제3호, 1933, 179면.

사법관계가 형성되는 경우에는 분쟁의 종국적 해결을 담당하는 재판의 특징상 취소철회와 무효가 거의 인정되지 않고 제한적으로 재심이 인정되는데, Brückner는 사법관계를 형성하는 행정행위의 경우에도 법적 안정성을 극히 중시하는 기판력이론 등을 유추하여 인가의 무효나 취소철회가 극히 제한된다는 이론구성을 하였다. 또, 취소를 인정하는 경우에도 소급효는 제한된다고 이론구성했다. 그 논거로 사법관계를 지배하는 법률생활의 안정의 이념을 존중해야 하기 때문이라는 것이다. 물론, 행정행위의 경우에는 법적 안정의 이념뿐만 아니라 공익의 보호가 매우 중요하다는 점은 부인하지 않는다. 독일에서 그 당시 공익의 보호와 합법성의 보호를 위해 위법한 행정행위의 취소나 철회가 자유롭다는 주장에 대해, 특히, 사법관계를 형성하는 행정행위의 경우에는 공익의 보호뿐만 아니라 법률생활의 안정의 이상이 중시되어야 하므로, 특수성이 인정되어야 한다고 한다.

이러한 입장에서 Brückner[24]는, 첫째, 부관에 대하여 사법적 효과의 발생을 불확정한 사건에 의존시켜 명확한 법적 지위의 설정을 방해하므로 성질상 허용되지 않는다고 한다. 둘째, 권리와 능력을 부여하는 행정행위에 있어서는 특정한 사정이 있으면 철회할 수 있지만 기타의 경우에는 철회할 수 없다는 것이다. 셋째, 행정행위의 무효여부에 관해서는 법적 안정의 요청을 고려하여 무효사유를 극도로 제한하여 절대적으로 필요한 경우에 한정한다. 지역적 무권한, 내용의 위법이나 절차의 흠결 등은 무효사유가 될 수 없다고 한다. 넷째, 하자있는 행정행위의 취소가능성에 대해서는 이미 사법적 효과를 발생한 경우에는 예외적인 경우를 제외하고는 과거에 소급하여 취소할 수 없고 장래에 대해서도 취소할 수 없는 경우도 있다고 한다.

Brückner의 주장내용중 부관을 붙일 수 없다거나 취소철회와 무효를

---

24) 田中二郎, 私法關係を形成する國家行爲, 法學協會雜誌 제51권 제3호, 1933, 181-182면에서 재인용.

극히 제한하는 입장 등은 미노베나 다나까가 교과서에서 기술하지 않은
내용으로 사실상 판례에 간접적인 영향을 미쳤을 것으로 생각한다.

2) 1945년 이후 현재의 일본 인가론

인가에 관한 한국의 교과서기술에 직접적 영향을 미친 사람은 다나까
지로이다. 다나까는 그의 교과서에서 미노베와 거의 유사하게 기술하고
있다.[25] 인가는 제3자의 법률적 행위를 보충하는 보충행위라고 하면서,
지방공공단체의 기채의 허가, 공공조합설립의 인가, 특허기업의 운임·요
금등의 인가, 하천점용권양도의 인가, 농지의 이전·임대차의 해약의 인
가 등을 예로 든다. 인가의 핵심적 개념징표로 법률적 행위가 완전하게
효력을 발생하도록 하는 점에 있다고 설명한다. 다만, 인가를 받기 전에
도 법률적 행위 자체는 성립해 있고 인가에 의해서 비로소 그 효력이 완
성된다. 허가는 사실로서의 행위를 적법하게 하도록 하는 요건으로서 허
가를 받지 않고 그 행위를 하면 강제집행이나 처벌의 대상이 된다는 점
에서 인가와 구별된다고 한다. 법률상 근거가 있을 때에는 수정인가를
할 수가 있다.

다나까가 설명하는 인가론의 특색은 그가 각주에서 기술한 간략한 몇
가지의 내용에 있다. 우선, 그는 인가는 항고쟁송의 대상인 행정행위를
말하기 때문에 행정청내부의 의사표시에 그치는 행정청이 다른 행정청
에 대해서 발하는 인가, 인증, 승인 등은 여기서 말하는 인가는 아니라
고 한다.[26] 예를 들어, 기초자치단체 농지위원회가 하려고 하는 농지의
매수계획·매도계획에 대하여 하는 광역자치단체 농지위원회의 승인은
처분도 아니고 인가도 아니다. 이 입장에서는 織田萬교수가 예로 든 사
례, 즉, "국가가 지방자치단체에 대한 감독권을 행사하여 일정 작용에

---

25) 다음의 기술내용은, 田中二郎, 行政法總論(법률學全集6), 1957, 308-309면을 참조했다.
26) 田中二郎, 行政法總論(법률學全集6), 1957, 309면, 주2).

주무부장관의 동의를 받도록 한 경우,(예, 촌장의 임명에 있어 감독관청의 인가) 조례의 제정과 개폐"는 인가의 대상에서 제외되게 된다.

또, 전시중의 통제입법중에는 법률행위에 대하여 행정청의 인가를 받도록 하는 경우가 늘어났는데, 인가가 없으면 법률상 효력을 받을 수 없을 뿐만 아니라 법률을 위반한 사실 그 자체를 중시하여 그 위반에 대하여 제재를 가하는 경우도 있다고 한다.[27] 다나까의 이 설명은 그가 소개한 "사법관계를 형성하는 국가행위"에 관한 두 편의 독일논문들을 검토한 결과 미노베의 인가론과 달리 추가한 내용인 것으로 보인다. 한국의 경우 좁은 국토에 인구가 과밀하게 살고 급속한 경제성장을 거치면서 매우 이기적인 사인의 법률행위에 대하여 공익보호의 입장에서 행정청의 인가를 받지 않으면 그 행위의 효력을 발생시키지 않을 뿐만 아니라 벌칙에 의한 제재를 가하는 경우도 상당히 존재한다.

인가로부터 행정청내부의 의사표시를 제외하고 경제에 대한 인가제도가 국가통제의 강화에 따라 나타나는 것으로 이해하면서 미노베가 이해했던 인가제도, 즉, "인가의 대상이 되는 법률적 행위는 국가의 특별한 감독을 받고 있는 공공단체나 특허회사의 행위"이라는 인식으로부터 벗어나게 된다. 현재 한국이나 일본에서 인가는 재개발조합이나 재건축조합처럼 국가로부터 일정한 공권력을 위탁받은 경우처럼, 특별권력관계라고까지 말할 수는 없지만 국가와 어떤 특별한 관계를 맺고 있는 경우뿐만 아니라, 토지거래허가나 농지매매증명의 경우와 같이 국민들의 일반적인 경제행위도 부동산투기방지나 경자유전원칙의 보호와 같은 공익적 목적을 이유로 인가의 대상이 되는 경우가 매우 많다. 또, 행정내부의 의사표시는 인가개념에서 제외되게 된다.

현대 일본의 행정법학자들에게 인가론은 그렇게 흥미있는 주제는 아니어서 상세하게 논하는 경우는 드물다. 교과서를 중심으로 기술된 내용

---

27) 田中二郎, 行政法總論(법률學全集6), 1957, 310면, 주4).

들도 미노베와 다나까의 논의내용보다 더 간략하고 새롭게 추가된 것도
거의 없다.28) 하지만, 인가와 허가의 합체행위라고 부를 수 있는 법현상
에 대하여 주목하는 것은 공통된 특징이 되고 있다. 일본학자들이 공통
적으로 드는 예로서 농지매매에 대한 규제가 있다. 일본의 실정법상 농
지매매에 대한 농지위원회의 허가(농지법 제3조 제1항)를 받도록 하고
있는데, 이 허가를 받지 않는 농지매매행위는 무효이지만, 또, 허가를 받
지 않는 농지거래행위에 대하여 3년이하의 징역 또는 100만엔 이하의
벌금을 부과할 수 있도록 규정하고 있다.(농지법 제92조) 농지매매행위
에 대한 농지위원회의 허가는 강학상 이념형으로서 인가와 허가가 합체
된 행정행위라는 것으로 두 가지의 성질을 함께 가지고 있다는 것이
다.29)

3. 일본과 한국의 통설이 답하지 않은 문제들

2차대전 이전의 경제사회상황을 배경으로 탄생한 통설의 인가론은 지
나치게 단순하여 현대행정이 제기하는 많은 문제들에 대해 적절한 답을
제공해주고 있지 못하다.

첫째, 실무상 이미 인가에 부담 등을 붙이는 경우가 나타나고 있음에
도 불구하고,30) 인가가 재량행위인 경우가 있고 어떠한 경우에 그러한

---

28) 柳瀬良幹, 행정행위, ; (田中二郎/原龍之助/柳瀬良幹 편), 行政法講座 제2권 行政法
    の 基礎理論, 1969, 70-71면은 준법률행위적 행정행위론 등에 대한 비판과는 달리
    인가론에 대해서는 특별히 새로운 내용을 주장하지는 않고 있다. 塩野宏, 行政法1,
    有斐閣, 1991, 90면도 명령적 행정행위와 형성적 행정행위의 구별의 상대화를 주장
    하지만 인가론 자체에 대해서는 매우 간략히 기술하고 새로운 내용을 추가하지도 않
    는다.
29) 藤田宙靖, 新版行政法1, 靑林書院, 1980, 142면. ; 小早川光郎, 行政法 上, 弘文堂,
    1999, 207면.
30) 대법원 1995.12.12., 94누12302의 기록에 나타난 것으로, 행정청은 재건축조합에 대

가, 그리고 인가에 부관을 붙일 수 있는가 하는 문제에 대해 적절하게 대응하지 못하고 있다.

둘째, 실정법과 판례에서 매우 다양하게 인가제도가 이용되고 있음에도 불구하고 그것들을 적절하게 유형화하지 못해 각 유형의 성격차이에 맞춘 대응을 못하고 있다.

셋째, 인가를 받기 전 법률행위의 효력은 어떤 상태에 있고 당사자들은 어떠한 의무를 지는지 아무런 이론적 설명이 없다. 때문에, 중간에 발생하는 법적 문제에 대해 대응하지 못했다.

넷째, 민법상의 인가제도와 공법상의 인가제도의 차이를 간과하고 민법에서와 마찬가지로 인가효과는 소급한다고 단순화함으로써 장래효만을 갖는다는 판례들이 나와도 그것들을 적절하게 설명하지 못했다.

다섯째, 인가는 취소요건이나 철회요건이 갖추어지면 취소하거나 철회할 수 있는가에 관하여 법률행위의 유형에 따른 차이를 고려하지 못했으며, 사적 거래의 안전에 대한 배려도 부족했다.

여섯째, 인가거부처분에 특유한 많은 문제들이 고려되지 못했으며, 거부한 인가를 다시 부여할 수 있는가, 그 경우 법률행위의 효력은 소생한다고 보아야 하는가 하는 문제들도 검토되지 못했다.

일곱째, 사법상의 거래관계에 참가한 제3자와 본래의 당사자중 누구를 보호해야 하는가 하는 문제나, 제3자가 인가나 그 거부처분의 취소소송 등을 제기할 수 있는가의 문제도 매우 불확실하다. 예를 들어, 버스운임의 변경에 대한 인가에 대해 시민은 행정소송을 제기할 원고적격이 있는가, 또, 의약품의 가격규제에 대하여 약사나 시민은 취소소송을 제기할 수 있는가 하는 문제가 제기될 수 있는 것이다.

또, 인가제도가 변경(폐지 또는 신설)되었을 때, 인가를 받지 않고 한 법률행위는 새 법의 적용을 받을 것인가의 문제도 제기되고, 인가가 의

한 설립인가를 함에 있어서 "재건축 사업지구내 택지를 제3자(지역, 직장조합)에게 매각하지 말 것"을 설립인가의 조건으로 함으로써 부담을 붙였던 것이다.

제된 경우에 발생하는 특유한 문제도 존재한다. 인가를 받은 후 당사자들이 인가받은 정관이나 법률행위의 내용을 변경시키거나 조합원을 변경시켰을 때 인가를 취소하거나 철회할 수 있는가의 문제도 제기될 수 있다.

Ⅱ. 독일행정법상 인가론의 발전

정부와 시장, 공익과 사익은 인가론에서 충돌관계에 있다. 나라마다 경제사회의 발전단계나 상황이 달라 적절한 균형점이 달라질 수는 있으므로 독일의 논의가 한국에 그대로 적용될 수는 없으나 상당한 시사점은 줄 수 있을 것이다.

1. 사권형성적 행정행위로서 인가와 인가의 개념

1) 1945년 이후 독일행정법상 사권형성적 행정행위의 일부로서 인가

1945년 이전 Brückner와 Kroeber가 제시한 사권형성적 행정행위론의 영향을 받아 1950년대 초반에는 인가론이 사권형성적 행정행위의 일종으로서 부수적으로 다루어졌다. 즉, 1950년 Forsthoff는 인가를 사권형성적 행정행위의 일종으로 열거하면서,31) 사권형성적 행정행위개념은 행정법학의 확고한 개념으로 자리잡았다고 인식한다.32) 또, 사권형성적 행정행위는 대상인 법률행위가 일단 유효하게 효력을 발생하면 원칙적으

---

31) Ernst Forsthoff, Lehrbuch des Verwaltungsrechts, 10.Aufl., S.209. Forsthoff 교과서 제1판은 1950년 출간되었다.
32) Ernst Forsthoff, a.a.O., S.270.

로 더 이상 취소불가능하다고 한다. 유동적 무효인 법률행위가 인가로 완전 유효하게 되었으므로 법적 안정성을 보호하기 위하여 취소철회가 안된다는 것이다. 인가거부행위도 대상인 법률행위가 무효로 되었으므로 취소철회는 안된다고 한다.

Jellinek는 인가에 대해 "비독립적 행정행위"(unselbständiger Verwaltungsakt)로 부르고 허가는 "독립적 행정행위"(selbständiger Verwaltungsakt)라고 부르는데, 허가가 사실행위에 대한 행정행위로서 독립적으로 공법관계를 창설하는데 비하여, 인가는 다른 법률행위를 도와서 완전한 효력을 발생하도록 하기 때문이다.33)

한편, Huber는 공법관계에 영향을 미치는 것으로 이해되어 온 행정행위가 사권형성효를 갖는다는 것은 특이한 현상임을 인정하면서도 그의 전형적 현상인 수용의 예를 들어 오래동안 행정법학의 핵심적 주제중의 하나이어 왔다고 한다.34) 법원의 판결이 사권형성적 효과를 갖는 경우는 많지만, 법원의 판결절차로 다루기에는 부적합하더라도 공익보호를 위하여 국가가 사권형성을 위해 개입하는 것이 필요한 경우는 많다. 그가 사권형성적 행정행위로 분류한 유형은 소유권형성적 경제행정행위, 계약형성적 경제행정행위, 단체형성적 경제행정행위의 3유형이다. 인가와 관련된 분쟁이 민사소송으로 다투어질 때, 민사청구권발생여부에 대한 심사에 있어 인가의 유효여부는 선결문제이다. 민사법원도 인가의 유효 및 무효여부를 심사하여 인가가 무효인 경우에는 심사대상인 법률행위를 무효라고 할 수 있다.35) 하지만, 인가에 단순한 취소사유만 존재하

---

33) Walter Jellinek, Behördlicher Kündigungsschutz und Verwaltungsgerichtsbarkeit, in ; Festscrift für Richard Thoma, 1950, S.98. 그는 Genemigung을 비독립적인 것과 독립적인 것이 있다고 보았다. 같은 취지에서 Ule는 "의존적 행정행위"(abhängiger Verwaltungsakt)라고 불렀다. C.H.Ule, Die Lehre vom Verwaltungsakt im Lichte der Generalklausel, in ; Recht Staat Wirtschaft Bd.3, 1951, S.267f.

34) Ernst Rudolf Huber, Wirtschaftsverwaltungsrecht 1Bd., 1953, SS. 72-76.

35) Ernst Rudolf Huber, Wirtschaftsverwaltungsrecht 2Bd., 1954, SS. 668-669.

는 경우에는 민사법원이 독자적으로 판단할 수 없고, 유효한 인가의 존
재를 전제로 판단해야 한다.[36]

60년대 이후 나온 독일의 박사논문들은 인가를 독자적으로 다루기보
다는 인가를 포함하여 사권형성적 행정행위에 대하여 분석하고 있고,[37]
현재의 독일 행정법교과서들도 사권형성적 행정위의 한 유형으로서 인
가를 다루고 있다.[38]

이후에 소개되는 독일의 인가론은 이론의 형성초기에 민사소송에서
재판에 의해 사권에 개입하는 판결이나 가사소송에서 친권자나 법정대
리인이 행사하는 동의권에 관한 판례이론과 비교하면서 발전되어왔기
때문에,[39] 1960년대까지도 사적 거래의 안정을 중시하여 인가를 마치
단순한 법정부관정도로 생각하고 행정은 기계적으로 인가여부만을 결정
할 뿐 한번 결정하고 나면 그것의 취소철회는 인정되지 않는다고 보는
경향이 많았다.

---

36) Ernst Rudolf Huber, Wirtschaftsverwaltungsrecht 2Bd., 1954, S. 669.
37) Manfred Bengel, Der privatrechtsgestaltende Verwaltungsakt, 1968,(이하 Manfred
   Bengel로 인용.) ; Lutz Schmidt, Unmittelbare Privatrechtsgestaltung durch Verwal-
   tungsakt, 1975. (이하 Lutz Schmidt로 인용.); Gerrit Manssen, Privatrech-
   tsgestaltung durch Hoheitsakt, 1994.(이하 Gerrit Manssen로 인용.) Manssen의 논문
   은 교수자격논문으로 쓰여진 시점이 1994년으로 최근의 논문이라는 점에서 인가에
   관한 독일의 최근 논의상황을 파악하는데 도움이 된다.
38) Erichsen/Martens, Allgemeines Verwaltungsrecht, 9.Aufl., §11 Rn17.; Harmut
   Maurer, Allgemeines Verwaltungsrecht, 10.Aufl., §9 Rn45.
39) Klaus Kieckebusch, Die öffentlich-rechtliche Genemigung privater Rechtsgeschäfte,
   Verwaltungsarchiv 1966,(이하 Klaus Kieckebusch 로 인용.) S.21은 가정법원의 동
   의행위와 일반행정청의 인가행위를 비슷한 성질의 행위로 같이 다룬다.

2) 인가의 개념과 인가부여의 시점

(1) 인가의 개념

인가는 "법률행위에 직접적인 법적 효과를 발생시키기 위한 행정의 권력적 의사표시"라고 할 수 있는데,[40] 독일의 실정법상 인가는 민법, 영업법, 농지법, 노동법, 외환거래법이나 가격법 등에서 나타나고 있고 판례도 다양한 분야에서 출현하고 있다. 하지만, 인가이론은 아직도 그렇게 발전되어 있는 편이 아니다. 1951-1952년 시점에 인가의 근본적인 이론적 문제들이 해결되지 않은 채 불명확하다는 점을 반성하면서 Otto Lange는 종합적·이론적 고찰을 시도하는데,[41] 다른 학자는 1966년의 시점에서도 인가를 다룸에 있어 많은 모순과 불명확성이 존재하여 체계적인 해결이 필요하다고 한다.[42]

인가는 법률행위의 효력을 창설하는 요건으로 파악하는 입장이 지배적인 견해이지만,[43] 일부 견해는 사권을 형성하는 것은 오직 사인들일 뿐이고 인가는 사권형성(privatrechtsgestaltung)적 효과를 갖지 못한다고 비판한다.[44] 이 입장에서 인가는 "법정부관"(Rechtsbedingung)으로서 유동상태에 있는 법률행위에 덧붙여져서 효력을 발생하는 데 필요한 조건의 일종 또는 "사권을 행사할 수 있게 해주는 행정행위"(privatrech-

---

40) 이 정의는 Bengel의 개념정의를 약간 수정한 것이다. Manfred Bengel, S.89. Bengel은 특히, 사적 법률행위에 대한 행정청의 인가에 대해 개념정의하고 있다.
41) Otto Lange, Die behördliche Genemigung und ihre zivilrechtlichen Auswirkungen, ACP 152 (1952-1953),(이하 Otto Lange 로 인용.) S.242. 아마도 이 논문은 독일에서도 1945년 이후 인가론에 관한 최초의 체계적인 논문인 것같다.
42) Klaus Kiechebusch, S.19.
43) Huber,Bd.1., S.79; Otto Lange, S.243. ; Brückner, Der privatrechtsgestaltenden Staatsakt, 1930. S.4 ; Kroeber, Das Problem des privatrechtsgestaltenden Staatsaktes, 1931, (이하 Kroeber 로 인용.) S.18ff.
44) Klaus Kieckebusch, SS.21-22.

tsermöglichender Verwaltungsakt)[45] 일 뿐으로 사적 자치에 맡기기 위한
최소한의 국가개입행위다.

생각건데 인가는 법률행위의 내용에 영향을 못주고 내용의 구체화는
당사자들에게 맡겨져 있지만 인가행위와 법률행위는 함께 사법적 효과
를 발생시키는 효력요건이라고 이해해야 한다. 또, 단체형성행위에 대한
인가는 성립요건으로 이해해야 한다. 인가의 유형에 따라 그 법적 성격
도 달라 단순한 "법정부관"과는 달리 인가행위가 재량행위인 경우도 있
어 재량통제가 인가이론의 중요한 과제가 되기도 하기 때문이다.

한편, 독립적 행정행위인 허가는 사실행위를 대상으로 하여 공법적
법률관계를 창출하지만, 비독립적 행정행위인 인가는 법률행위를 대상
으로 하여 그 효력을 완성시켜줄 뿐이다.[46][47] 인가는 당해 법률행위에
대하여 사법적 측면이 아니라 공법적 측면에서 위법사유의 존부를 판단
하는 행위이므로 민사소송과 행정소송 양쪽에서 심사하더라도 소송대상
이 달라 문제되지 않으나 한계상황에서는 양 법원의 판단의 상충이 나
타날 수도 있다.

(2) 인가부여의 시점

인가부여이전에 반드시 법률행위가 선행하여 존재해야 하는가? 한국
과 일본에서 이 문제에 대해서는 거의 검토된 바 없지만 암묵적으로 법
률행위가 선행해야 하는 것을 당연하게 생각해왔다. 이미 독일에서도 한

---

45) Kroeber, S.18ff.
46) Martin Bullinger, Die behördliche Genemigung privater Rechtsgeschäfte und ihre
    Versagung, DÖV 1957, (이하 Martin Bullinger 로 인용.) S.761.
47) 이미 그 전부터 어느 정도 합의된 부분도 있었지만, 1966년의 시점에서 볼 때 아직도
    학문적으로 인허가에 사용되는 용어에 대한 완전한 합의가 되지 않아 이상과 같은
    의미에서 Genemigung이라는 용어는 비독립적 인가를 의미하고 독립적인 허가나 특
    허는 Erlaubnis나 Konzession이라는 용어를 쓸 것을 제안하고 있는 학자도 있다.
    Klaus Kiechebusch, S.20.

국의 현행 행정행위이론에 지대한 영향을 미친 Kormann은 1910년 법률행의 성립이전에 인가를 부여하는 사전적 인가는 허용되지 않는다고 하면서, 그 이유로 행정청이 인가요건을 심사할 때 대상이 되는 법률행위는 형식과 내용의 모든 면에서 완벽하게 존재하여야 한다는 것을 들었다.48) 그러나, 법률행위는 성립이전에라도 그 윤곽이 형성될 수 있고 유동상태란 어떤 법률행위에서든 당사자들에게 부담스러운 것이기 때문에 사전인가를 통하여 법적 명확성을 획득하는 것을 반대할 이유는 없다.49) 특히, 재단법인설립행위와 같은 일방적 법률행위에 있어서는 사전인가도 허용된다 할 것이다. 만약, 사전인가후 법률행위가 나중에 성립할 때 인가내용과 다른 것이 되면 그것은 인가의 범위를 벗어난 것이 되므로 변경된 법률행위는 새로이 인가를 획득하지 않으면 안된다고 보면 된다.50)

2. 인가의 법적 성질과 유형

1) 재량행위여부

인가는 신청을 요하는 쌍방적 행정행위로서 법률행위의 당사자들의 신청이 있을 때에만 발해져 대상행위인 법률행위의 효력을 완성시키는 형성적 행정행위의 일종이다.

독일에서 인가는 기속행위일 경우가 많지만, 인가를 도입한 개별실정법들이 인가에 부관을 붙일 수 있는 것으로 규정하고 있는 경우도 있어 인가가 재량행위인 경우가 있다는 점도 인정되고 있다. 하지만, 인가의

---

48) Karl Kormann, System der rechtsgeschäftlichen Staatsakte, 1910, S.89.
49) Lutz Schmidt, SS.124-125. ; Gerrit Manssen, S.281.
50) Klaus Kieckebusch, SS.32-33.

법적 성격에 관해 언급한 논문은 드문데, 인가의 대상행위가 일시적 성질의 법률행위인가에 따라 확인행위인가 형성적 행위인가를 논하면서 인가의 기속행위여부를 검토한 Münzel의 논문51) 은 상당한 시사를 준다. 이하에서는 그의 견해를 요약한다.

토지거래허가나 농지매매증명과 같이 일시적 성질의 법률관계를 형성하는 법률행위의 인가는 토지거래나 농지매매가 효력을 발생하기 위한 실체법상의 법률요건이라고 볼 수 없다. 행정청의 인가는 민법상의 인가, 예를 들어, 미성년자의 거래행위에 대한 법정대리인의 동의행위와 달리, 사적 거래가 효력을 발생하기 위한 형성적 요건이 아니기 때문에 사적 거래에 하자가 있더라도 그것을 치유할 수도 없다. 단지, 사적 법률행위가 공법에 규정된 목적을 위반하지 않는지 여부만을 확인하는 확인행위로서 확인적 효과만을 갖는다. 당사자들의 법률행위가 공법에 위반되는지 여부가 불확실한 상태에서 인가라는 행위가 있게 되면 공법의 목적에 적합한 것으로 인정되어 법적 불안이 사라지는 것이다.52) 농지매매증명은 농지를 매수한 자가 농지를 진실로 경작할 수 있는 자인지만을 확인할 뿐이고, 토지거래허가에 있어서도 매매가격 등으로 보아 투기행위라고 볼 수 있는지 여부만을 확인할 뿐이다. 이 주장의 결론은 이러한 인가는 확인행위로서 기속행위이고 인가의 효과가 법률행위의 성립당시로 소급한다고 보는 것이다.53) 50년대 독일 초기판례도 농지매매

---

51) Karl Münzel, Nachträgliche Erteilung einer verweigerten Genehmigung? NJW1959, SS.603-604. ; Karl Münzel, Zur Rückwirkung der privatrechtlicher und öffentlich-rechtlichen Genemigung unter Einschluß des Kartellrechts, NJW 1959, 1661-1662.
52) 한국 행정법학상 확인행위는 특정한 사실 또는 법률관계에 관하여 의문이 있는 경우에 공적 권위로써 그 존부 또는 정부를 판단하는 행위를 말하고, 이 확인행위는 새로운 법률관계를 설정하는 것이 아니라 기존의 사실 또는 법률관계를 유권적으로 확정할 뿐이라고 이해되고 있다. 발명권특허행위를 통해 형성적 효과가 발생하지만 그것은 법률의 규정에 의해 부여되는 것이지 발명권특허라는 행정청의 의사표시의 직접적 효과는 아니다. 확인행위는 기속행위로서 부관을 붙일 수 없다.
53) Karl Münzel, Zur Rückwirkung der privatrechtlicher und öffentlich-rechtlichen

증명 또는 임야매매증명의 경우 법률에서 인가를 거부할 수 있는 사유
를 규정하고 있으면 열거된 이외의 사유를 들어 인가를 거부할 수 없으
므로 인가는 기속행위라고 하였다.(OGHZ 3, 216 ; BGHZ 1, 121)

하지만, 단체설립행위나 재단설립행위와 같이 계속적 법률관계를 형
성하는 법률행위의 인가에 있어 인가는 법률행위의 성립요건으로서 사
법관계를 형성하는 요건이자 형성적 행정행위이다. 인가가 있기 전까지
설립행위자체가 성립되지 않으며 설립행위의 효과는 당연히 모든 요건
이 갖추어진 때, 보통은 인가시점부터 발생하고 소급효를 갖지 않는
다.54) 이 때, 인가는 재량행위이고 법률에 규정된 인가의 거부사유는 법
해석의 방향을 제시하는 예시적인 것일 뿐 기속적인 것이 아니다.

2) 부관의 허용성

(1) 일시적 성질의 법률행위의 인가에 대한 부관의 허용성

부관은 인가가 기속행위일 때 허용되지 않고 재량행위일 때만 허용된
다. 조건의 경우는 인가행위가 법률행위의 안정을 조속히 보장하기 위한
것인데, 조건은 불확실한 장래의 사실에 인가의 효력을 의존시켜 결국
사적 법률행위의 효력도 불확실하게 하기 때문에 인가의 성질상 허용되
기가 힘들다. 특히, 매매계약이나 해고행위에 대한 인가의 경우처럼 일
시적 성질의 법률행위에 대한 인가에 있어서는 한번 확정된 후 더 이상
변경되지 말아야 하기 때문에 조건, 특히, 해제조건을 붙이는 것은 허용
되지 않는다. 종기도 일단 획득된 법적 지위가 일정 기한이 지나면 다시
효력을 상실하도록 하는 것이기 때문에 허용되지 않는다. 다만, 법률행
위가 있기 전에 인가가 미리 발해질 수도 있는데 법률행위의 효력발생

Genemigung unter Einschluß des Kartellrechts, NJW 1959, S.1661.
54) Karl Münzel, a.a.O., SS.1661-1662.

전에 인가의 조건, 특히, 해제조건이 성취되는 때에는 일시적 성질의 행위에 대한 인가의 경우에도 조건을 붙일 수 있다.

부담은 조건과 달리 허용될 수 있는데,[55] 예를 들어, 농지를 취득하고자 하는 자에게 농지취득을 인가하면서 당해 농지를 농민에게 임대하도록 부담을 부가하는 경우이다. 부담이 이행되지 않는다 하더라도 인가는 유효하지만 그 부담은 행정강제나 과태료의 부과 등으로 이행을 강제할 수 있다. 또, 부담의 불이행을 이유로 인가를 철회할 수도 있다.(VGH München VRspr.3, 316.)

(2) 계속적 법률관계를 형성하는 법률행위의 인가에 대한 부관의 허용성

계속적 법률관계, 예를 들어, 카르텔의 결성이나 경제단체의 설립이 인가의 대상인 경우 부담은 물론 조건의 부가도 허용된다. 이미 실무상으로 정지조건은 널리 허용되고 있다. 계속적 법률관계에서는 시간이 흐름에 따라 변할 수 있어서 확정된 상태가 존재하지 않을 뿐만 아니라, 어떤 카르텔은 인가에 의해 획득한 지위를 남용할 수도 있어서 공권력에 의한 개입이 필요할 수도 있다. 인가를 취소하는 것이 정당한 상황이 나타날 수도 있다. 해제조건도 일시적 성질의 행위에 대한 것과는 달리 계속적 법률관계에 대해서는 인가의 자동적 철회와 비슷한 의미를 갖는 것으로 허용된다고 할 것이다.[56]

3) 인가의 유형

인가는 여러 관점에 따라 분류될 수 있다.[57] 인가행위가 속한 법영역

---

55) Otto Lange, S.249. ; Klaus Kieckebusch, S.29.; Gerrit Manssen, SS.299-300.
56) Klaus Kieckebusch, S.31.
57) 독일행정법상 인가행위가 어떤 개별법분야에서 이용되고 있는가는 한국에서 광범위한 법분야, 예를 들어 계획행정의 분야에서까지 무분별하게 남용되고 있는 인가론을

에 따라 나눌 수도 있고, 대상인 법률행위의 성격에 따라 일방적 행위,
쌍방적 행위, 합성행위에 대한 인가로 나누거나, 또는 일시적 성질의 행
위에 대한 인가와 계속적 성질의 행위(예, 조합설립행위)에 대한 인가로
나누어 볼 수도 있다. 인가대상인 법률행위가 형성하는 법률관계의 내용
에 따라 개인들상호간의 관계를 다루는 채무관계(Schuldverhältnisse), 인
간과 물건의 관계를 다루는 물권법관계(absolute Rechte), 그리고 인간과
단체형성의 관계를 다루는 조직법관계(organisationsverhältnisse) 등으로
나눌 수 있다.58)59)

인가행위가 속한 법률행위의 성격에 따라 나누어 볼 때 독일법상 인
가는 다음의 3분야에서 이용되고 있다.60) 첫째, 재단법인의 설립행위(독
일민법 제80조)에 대한 인가의 경우처럼 일방적 법률행위에 대한 행정
청의 인가가 있다. 둘째, 토지거래허가, 외환거래인가나 자치단체의 채
무부담행위의 승인, 해고제한법에 따른 대량해고에 대한 노동청의 승인
과 같이 쌍방적 법률행위에 대한 인가가 있다. 셋째, 경쟁제한금지법상
카르텔의 인가, 경제단체의 인가와 같이 복수의 사람들의 의사표시가 대
립적이 아니라 같은 방향을 향하는 단체형성적 행위이자 합성행위에 대
한 인가가 있다.

일시적 성질의 행위에 대한 인가인가 아니면 계속적 성질의 행위에
대한 인가인가에 따라 나눌 수도 있는데, 카르텔, 재단 및 사단의 설립
행위와 같이 계속적 성질의 행위에 대한 인가에는 특수한 인가이론이
적용된다.

제한하기 위해서 상당한 의미를 가질 수 있을 것이다.
58) Thomas Groß, Kriterien des Drittschutzes bei Tarifgenemigungen, DÖV 1996, S.54.
59) 이 분류와 유사하게 Huber(Bd.1, S.78.)가 경제행정법의 분야에서 사권형성적 행정행
   위를 계약형성적 경제행정행위, 소유권형성적 경제행정행위 그리고 단체형성적 경제
   행정행위로 나누었고, Bengel(SS.131-135)은 채무법형성적 행정행위, 귀속형성적
   (zuordnungsgestaltend) 행정행위와 단체형성적 행정행위로 나누었다.
60) Klaus Kieckebusch, SS.22-23.

단체형성적 법률행위에 대한 인가 내지 조직법관계를 형성하는 법률행위에 대한 인가는 헌법상 보장된 결사의 자유에 대한 제한으로서 특별한 공익상의 필요가 있는 경우에 단체설립, 기관구성, 그리고 단체에서의 의사형성에 개입하는 행위이다.[61]

인가는 채권행위를 대상으로 할 수도 있고 물권행위를 대상으로 할 수도 있으며, 채권행위와 물권행위가 모두 인가의 대상이 될 수도 있다.[62] 한국에서도 토지거래허가와 관련하여 인가대상인 법률행위가 본계약인가 아니면 계약준비행위나 예약 등인가, 본계약이 대상인 경우에도 채권행위와 물권행위중 어떤 것이 대상인가에 관하여 논란이 있어왔다. 입법자는 사적 거래에 대한 개입필요성에 따라 인가를 채권행위(Verpflichtungsgeschäft)의 유효요건으로 도입하거나, 아니면 물권행위(Verfügungsgeschäft)의 유효요건으로 도입하는 등 선택할 수 있는 입법재량을 갖는다. 채권행위인 거래를 허용하는 것이 공익을 어느 정도로 침해할 위험이 있는가, 그리고, 이러한 침해에 대해 입법자가 입법을 통해 어느 정도 방지하려는 의지가 있는가에 따라 물권행위만 인가대상으로 하거나 채권행위부터 인가대상으로 할 수도 있을 것이다.

독일에서는 전시나 전시직후 비상상황에서 부족한 필수품의 거래에 대해서는 매매제한으로서 인가가 도입되어 있는 경우가 많았는데, 이 때 인가는 채권행위의 유효요건으로 이해되었다.[63] 토지거래허가의 경우 인가는 채권행위의 유효요건이다.[64]

---

61) Manfred Bengel, S.135.
62) Lutz Schmidt, SS.127-140.
63) Otto Lange, S.253.
64) 이미 프로이센 토지거래법(Grundstücksverkehrsgesetz vom 10. 2. 1923)상 토지거래에 대한 허가는 채권행위(Verpflichtungsvertrag)의 유효요건이었다. Otto Lange, S. 254 참조. ; Klaus Kieckebusch, S.27.

3. 인가전의 법률상태와 인가효과의 소급여부

1) 인가전의 법률상태

독일 행정법상 학설은 일시적 성질의 법률행위에 대한 인가유보가 법률행위의 성립자체를 방해하지는 않으므로 인가가 부여되기 전에도 법률행위 자체는 성립한다고 보고 있는데,[65] 인가를 받기 전 법률행위는 유동적 무효(schwebende Unwirksamkeit)인가 아니면 무효(Nichtigkeit)인가 하는 의문이 제기된다. 무효를 지지하는 자도 있으나 지배적인 견해는 유동적 무효설을 지지한다.[66] 유동적 무효이론은 법률행위의 성립후 인가부여전 또는 인가거부전까지 당사자들사이의 법률관계를 설명해주는 이론으로서 인가나 그 거부가 확정될 때까지 당사자들을 당해 법률행위에 최소한으로 구속시키고자 등장했다.[67] 다만, 유동적 무효는 단지 쌍방적 법률행위에서만 그러하고, 일방적 법률행위에서 인가는 성립요건이므로 인가를 받지 못한 상태는 무효이다.[68] 예를 들어, 재단법인의 설립행위는 인가를 받기 전에는 절대적 무효이다.

인가를 받기 전 법률행위를 한 당사자들의 주관적 태도가 법률행위의 효력에 영향을 미친다. 계약체결시 당사자들이 행정청으로부터 인가획득을 기대하고 있다면 그 법률행위는 유동적 무효이고 사후적으로 인가를 획득하면 소급하여 유효하게 될 수가 있다. 하지만 법률행위 당사자들이 인가를 획득할 의사가 없거나 회피하려 한다면 공법상의 금지규정을 위반한 것이기 때문에 그 법률행위는 처음부터 무효이다.[69]

---

65) Klaus Kieckebusch, SS.34-35.
66) Otto Lange, SS.254-255. ; Martin Bullinger, SS.761-763. ; Klaus Kieckebusch, S. 35.
67) Gerrit Manssen, S.287-288.
68) Otto Lange, S.255. ; Gerrit Manssen, S.276.
69) Otto Lange, S.253.; Gerrit Manssen, S.293.

2) 당사자들의 협력의무

인가가 발해지기 전 당해 법률행위는 유동적 무효상태에 있게 된다. 하지만, 인가가 없는 상태에서도 계약이행여부의 불확실성을 알면서 당사자들은 의사의 합치를 한 것이므로 신의성실원칙상 상대방에 대한 배려의무가 부과되어,(RGZ 103, 106 ; BGH BB1953, 548.) 거래관계와 상관없는 제3자로 행동해서는 안된다.70) 이에 따라 인가절차에 적극적으로 협력하여 인가를 획득하도록 하여야 할 의무가 부과된다. 인가문제가 종국적으로 결정되기 전에 일방적으로 당해 법률행위를 해제하거나 해지할 수 없다. 일방 당사자가 계약체결후 인가를 받기 전에 물건이나 중도금 등을 교부했다면 다른 당사자는 이미 수령한 물건이나 금전에 대해 선량한 재산관리인처럼 행동해야 한다. 따라서, 물건의 멸실이나 상태의 악화에 대해서는 책임을 져야 한다. 하지만, 부당이득을 이유로 상대방에게 이미 받은 물건을 반환해야 할 의무는 없다.71) 인가의 거부가 확정되면 이미 수령한 금전이나 물건은 부당이득이기 때문에 반환해야 한다.

인가의 필요성을 단지 거래의 일방만이 인식하고 있을 때가 문제되는데, Otto Lange는 인가의 필요를 알지 못한 당사자도 이미 계약에 구속당하겠다는 의사를 표시했기 때문에 원칙적으로 계약으로부터 일방적으로 벗어날 권리는 갖지 못한다고 한다.72) 다만, 다음의 요건이 갖추어졌을 때 인가를 받지 못한 상태에서 인가의 필요성을 알지 못한 당사자는 당해 법률행위로부터 벗어날 수 있다. Otto Lange가 제시한 원칙은 다음과 같다.73) 첫째, 법률행위의 당사자 일방이 인가의 필요성을 신의성실원칙에 반해서 의도적으로 감추었다면 그 상대방은 사기를 이유로 당해

---

70) Otto Lange, S.260. ; Klaus Kieckebusch, S.36.

71) Klaus Kieckebusch, S.39.

72) Otto Lange, S.256.

73) Otto Lange, SS.260-261.

법률행위를 취소할 수 있다.(독일 민법 제123조 준용)[74] 둘째, 인가획득이 계약의 중요한 또는 본질적 속성에 해당되고 구매자가 그것을 알았더라면 계약하지 않았을 때에는 계약의 본질적 속성을 몰랐던 것을 이유로 그 계약을 취소할 수 있다.(독일 민법 제119조 제2항 준용)[75] 셋째, 사기나 착오여부와는 별개로 강제압류 등으로 구매자가 대상물건을 취득할 수 없게 될 때 구매를 철회하고 계약불이행을 이유로 손해배상을 청구할 수 있다.(독일 민법 제434조[76], 제440조[77] 준용.)

하지만, 다른 학자는 인가필요를 모른 당사자에게 당해 법률행위의 구속으로부터 더 쉽게 벗어날 수 있도록 취소철회권을 자유롭게 인정하려 한다.[78](독일민법 제109조, 제178조 준용) 당사자들은 당해 법률행위가 효력을 발생하기 위해서는 인가를 필요로 한다는 것을 알아야 하고, 인가를 받지 못한 상태에서는 유동적 무효상태에 있다는 점을 알았음에도 불구하고 자신의 의사표시를 했을 때에만 당해 법률행위에 구속받는다고 주장한다. 인가필요를 모른 당사자는 불확실한 상황을 받아들인 것이 아니므로 인가를 받기전까지는 자신의 의사표시를 취소할 수 있어야 한다는 것이다.

인가를 처음부터 획득할 수 없도록 하는 객관적 불가능을 초래하는 사유가 존재할 때에도 당해 법률행위는 단순 무효이다. 또, 인가를 획득하지 못한 상태가 당사자들이 예측할 수 없는 장기, 예를 들어, 수년간 지속되는 경우에도 당사자들은 인가를 획득하기 위해 협력해야 할 의무를 계속 지는지가 문제된다. 이 때에는 신의성실의 원칙에 따라 당사자

---

74) 독일민법 제123조는 사기나 강박에 의한 의사표시의 취소가능성을 규정하고 있다.
75) 독일민법 제119조는 착오에 의한 의사표시의 취소가능성을 규정하면서 내용에 관한 착오를 취소할 수 있는 것으로 하고 있는데, 동조 제2항은 사람이나 물건의 속성에 관한 것으로 거래에서 본질적인 것을 의사표시의 내용에 관한 착오로 규정한다.
76) 물건의 하자에 관한 규정이다.
77) 매매계약의 해제와 손해배상에 관하여 규정하고 있다.
78) Klaus Kieckebusch, S.37.

들에게 장기의 대기가 기대가능하지 않을 때 그 법률행위로부터 벗어날 수 있는 권리가 인정된다 할 것이다.[79]

법률행위의 일방당사자가 사기나 태만 등 책임있는 사유로 인가획득을 방해했을 때는 협력의무를 충실하게 이행한 상대방에게 손해배상의무를 진다. 한편, 채무자가 최선을 다해도 인가를 획득하지 못했을 때, 채권자에 대하여 손해배상책임을 지는지 여부가 문제된다. 인가의 획득은 채무자의 일이고 그의 사정이라는 이유로 손해배상책임을 진다는 견해도 존재할 수 있지만, 채무자가 인가획득을 위해 최선을 다했어도 인가가 예외적으로만 부여되어 객관적으로 인가획득이 어려운 경우에는 채무자의 귀책사유없이 채무이행이 불가능하게 된 것으로 보아 손해배상책임을 지지 않는다고 보아야 할 것이다.[80]

3) 인가효과의 소급여부

(1) 개관 - 채권행위와 물권행위에 대한 인가효과의 소급여부

독일민법 제184조[81]는 인가가 있으면 유동적 무효이던 법률행위는 법률행위의 성립시로 소급하여 유효하다고 규정하고 있다. 인가거부가 있으면 법률행위 성립당시부터 무효인 것으로 된다. 공법적 인가의 효과에 관해서도 독일민법 제184조를 준용하여 법률행위의 성립당시로 소급한다고 보아야 하는가? 이를 긍정하는 판례가 특히, 농지거래와 관련하여 라이히법원의 판례나 일부 민사판례에서 존재했다.(RGZ 108, 94 ; 123, 327 ; BGH 1952, 147.)[82]

---

79) Klaus Kieckebusch, S.37.
80) Otto Lange, S.262.
81) 독일 민법 제184조 제1항은 사후적 인가는 다른 규정이 없는 한 법률행위의 체결시점까지 소급하여 효력이 있다고 규정하고 있다.
82) 학설상으로도 독일민법 제184조의 준용을 찬성하는 견해도 존재했었다. Meyer zum

하지만, 공법학자들은 소급효가 별도의 규정없이 인가행위 자체에 내
재해 있다고 보기는 어렵다고 말한다.[83] 인가는 사법상의 법률행위가
아니라 권력적 의사표시이기 때문에 독일민법 제184조를 준용하는 것은
잘못이고 인가행위를 규정하고 있는 개별법률에서 보호하고자 하는 공
익과 관련시켜서 그리고 인가유보의 목적에 따라 소급효여부를 판단해
야 한다는 것이다.[84] 공법상의 인가와 유사하게 민법에서는 타인의 법
률행위에 대한 동의권이나 승인권을 규정하고 있는데, 동의하는 자는 처
분권을 가지고 있기 때문에 소급효도 인정되는 것이지만, 공법상 인가를
부여하는 행정청은 처분권을 가지고 있지 않으므로, 소급효여부는 법률
행위의 당사자들이 합의로 정할 수 있는 사항은 아니고 법률의 해석을
통해 판단되어야 한다.[85] 사법상 동의는 처분권자들의 의견일치를 위해
존재하지만 공법상 인가는 당사자들의 사적 자치를 제한하고 국가의 감
독적 개입을 확보하기 위한 것이다. 물론, 이러한 해석을 통해서도 소급
효가 인정되는 경우도 있을 수 있고 장래효만 인정될 수도 있다.[86] 다
만, 인가의 효과가 법률행위의 성립시까지 소급한다고 하는 것보다 인가
시점부터 발생한다고 보는 것이 사적 자치에 대한 더 강한 제한이라는
점은 고려되어야 한다.[87]

물권행위가 인가의 대상인 경우는 인가부여시점부터 물권행위의 효력
이 발생한다.[88] 구체적으로는 인가의사표시가 통지된 시점부터 효력을

Wischen, Rechtsgeschäft und behördliche Genemigung, 1956, S.79.

83) Klaus Kieckebusch, S.173.
84) Klaus Kieckebusch, S.40. ; Otto Lange, S.243. ; Gerrit Manssen, S.277. ; 동지의
　　판례로는, BGH NJW 1965, 41.
85) Otto Lange, S.244. Lange는 소급효는 법률에 명백히 규정되어 있을 때만 인정되어
　　야 한다는 주장을 하기도 한다.(Otto Lange, S.243.) 또 다른 학자는 소급효의 인정은
　　행정의 합법성의 원칙과도 조화되지 못할 것이라고 한다.(Klaus Kieckebusch, S.44.)
86) Otto Lange, S.243.
87) Gerrit Manssen, S.291.
88) Manfred Bengel, S.137.

발생한다.

독일의 개별법영역에서 인가의 효과가 법률행위시점에 소급하는가를 구체적으로 살펴본 Schmidt[89]는 노동법, 사회법, 토지법과 농지법, 경제법 등의 영역에서 인가의 소급효문제는 각 규정의 해석문제이지만 소급하지 않는 경우도 있고 소급효가 인정되는 경우도 있어 일률적으로 말할 수 없다고 한다. 단, 민법의 영역에서는 특별한 규정이 없으면 인가의 효과는 법률행위의 성립시로 소급한다고 한다.[90]

한편, 인가는 비독립적 행정행위이므로 대상인 법률행위에 무효이거나 취소할 수 있는 하자가 있다면 인가가 있어도 그 하자를 치유하지는 못한다.[91]

(2) 단체설립행위에 대한 인가효과의 소급여부

경제단체나 재단의 설립행위에 대한 인가는 법률행위의 효력발생요건이 아니라 성립요건이다. 따라서, 모든 성립요건을 갖춘 때 비로소 탄생하는 것이므로 단체설립행위에 대한 인가는 소급효를 가질 수 없다.[92] 구체적으로 인가신청에 대하여 행정이 그것을 받아들여 공적 장부에 등재한 시점부터 효력을 발생한다.[93] 카르텔의 인가행위도 소급효를 갖지 않는다. 인가없는 단체설립행위는 유동적 무효가 아니라 절대적 무효이다. 다만, 법률에 예외규정이 있을 때는 소급효를 가질 수 있다.

---

89) Lutz Schmidt, SS.168-180.
90) Lutz Schmidt, S.177.
91) Otto Lange, S.244. ; Klaus Kieckebusch, S.39.
92) Lutz Schmidt, S.178. ; Klaus Kieckebusch, S.45, 주193)은 사법학자들의 지배적인 견해도 재단설립행위나 단체설립행위에 대해 소급효를 부인하는 것이 지배적인 입장이라 하면서 Enneccerus/Nipperdey, Denecke 등의 주석서를 인용한다.
93) Manfred Bengel, S.142.

4. 인가의 취소·철회가능성

1) 일시적 성질의 법률행위에 대한 인가의 취소·철회가능성

1950년대 초반 학설과 판례는 사법관계의 안정을 고려하여 직권에 의한 인가의 취소와 철회를 부정하는 등 다른 행정행위와 달리 사법우위적인 법해석을 하였다.

Forsthoff는 인가가 발해지면 유동적 무효인 법률행위가 완전 유효하게 되었으므로 법적 안정성을 보호하기 위하여 원칙적으로 인가의 취소철회는 안된다고 했었고,[94] 1945년 이후 최초의 체계적인 인가론을 전개한 Otto Lange도 이러한 입장을 지지하고 있었는데, 이 입장은 1930년 학위논문에서 사권형성적 국가행위론을 전개했던 Brückner의 영향을 강하게 받았다.[95] 즉, Brückner는 사법관계를 형성하는 행정행위의 경우에도 법적 안정성을 극히 중시하는 기판력이론 등을 유추하여 인가의 무효나 취소철회가 극히 제한된다는 이론구성을 하였고, 사법관계를 지배하는 법률생활의 안정의 이념을 존중해야 한다는 이유로 취소를 인정하는 경우에도 소급효는 제한된다고 이론구성했다.

다음은 1951~1952년에 발표된 Otto Lange의 견해와 그 당시의 판례를 요약한다. 행정청의 인가는 이해관계인의 법률관계에 형성적으로 개입하여 유동적이었던 상태는 확정적으로 유효하게 된다. 이 때 유동적 상태는 끝나버렸고 새로운 법적 불안정의 초래도 감당할 수 없기 때문에 인가행정청이나 감독청은 인가에 대하여 직권으로 취소하거나 철회할 권리를 갖지 못한다.[96][97] 인가결정이 무효가 아닌 한 단순위법인 경우

---

94) Ernst Forsthoff, Lehrbuch des Verwaltungsrechts, 10.Aufl., S.209. Forsthoff 교과서 제1판은 1950년 출간되었다.

95) Brückner, Der privatrechtsgestaltenden Staatsakt, 1930.

96) Otto Lange, SS.263-264.

97) 일시적 성질의 법률행위에 대한 인가에 있어 "행정행위의 효과는 사법상황의 형성이

에도 직권에 의한 취소철회는 불가능하다. 제소기간이 도과했을 때가 아니라 이해관계인에게 통지했을 때 행정청은 직권취소나 직권철회의 가능성을 상실한다는 것이 판례의 태도이기도 하다.(RGZ 102,1 ; 103, 107 ; JW 1922, 491 ; JR 1950, 583 ziff 14.)

Otto Lange 이후 1956년 인가론에 관한 중요한 논문을 발표한 공법학자인 Martin Bullinger도 이와 비슷한 입장에서 더 구체화시킨다. 인가로 인해 새로운 사법관계가 형성되기 때문에 거래자들의 신뢰보호를 위하여 인가한 후에는 인가를 직권으로 취소하거나 철회하는 것은 안된다. 하지만, 인가의 상대방이 인가에 부과된 부담을 이행하지 않으면 신뢰의 기초가 깨지므로 철회할 수 있게 된다. 또, 불가쟁력이 발생하기 전까지는 인가도 행정소송의 대상이 될 수 있고 그 기간동안에는 재판에 의해 취소될 수는 있다.98)

Bullinger이후 Bengel도 법률행위가 인가를 받아 이미 효력을 발생한 경우에는 법적 안정성의 보호나 신뢰보호를 이유로 인가를 직권취소할 수 없고 철회도 원칙적으로 허용되지 않는다 한다.99) 다만, 법률행위가 성립하기 전 사전인가가 부여된 경우 사법관계에서 법적 안정성을 보장할 필요가 없으므로 인가가 침익적 효과를 갖는 경우에는 제한없이 직권취소가 허용되고, 인가가 수익적 효과를 갖는 경우에는 관계이익을 형량하되 신뢰보호를 고려하여 제한적으로 취소할 수 있다.100)

인가의 직권취소나 철회를 제한하는 이론은 제3자의 신뢰보호가 필요한 경우에는 부적절할 수도 있다. 즉, 인가의 상대방은 아니지만 인가에 의하여 자신의 법적 보호이익을 침해받은 제3자에 대한 보호이익과 인가받은 상대방의 이익을 비교형량하여 취소철회의 가능성을 검토하여야

나 변경으로 소멸한다”는 이론이 지배하고 있다. Lutz Schmidt, SS.186-187.
98) Martin Bullinger, SS.763-764.
99) Manfred Bengel, SS.166-167. 169-170.
100) Manfred Bengel, S.166.

한다는 주장도 가능하다.[101]

오늘날 독일 행정법학상 학설과 판례는 인가도 다른 행정행위와 똑같이 취급되어야 한다는 입장에서 수익적 행정행위의 취소철회제한론이나 제3자효 행정행위의 취소철회론이 인가의 취소철회에도 적용되면 될 뿐 특수한 이론구성을 해서는 안된다는 입장이라고 한다.[102] 이 견해에 따를 때, 일반적 행정행위의 취소철회론을 따라도 사적 거래의 안전이나 신뢰보호는 충분히 고려될 수 있다는 것이다. 즉, 행정행위의 취소철회론에 따를 때, 연방행정절차법 제48조 제3항에 따른 보상보호방법뿐만 아니라 제48조 제1항에 따른 재량적 존속보호방법에 의해서도 신뢰보호가 이루어질 수 있다.[103] 그러나, 이러한 논리를 취한다 하더라도 현재의 독일학자들의 견해가 과거와 별로 달라진 것 같지는 않다. 예를 들어, 인가가 부여되어 이미 법률행위의 효력이 종국적으로 발생한 경우 법적 안정성의 이유로 인가는 더 이상 철회될 수 없다고 한다.[104]

한편, 인가에 하자가 있더라도 취소되기 전까지는 유효하므로 법률행위는 유효하다. 부여된 인가가 무효라면 법률행위의 유동적 무효상태는 그대로 지속한다.[105]

---

101) 이러한 이론구성에 대해 민법상으로도 선의의 제3자를 보호하는 규정이 있으므로 그것을 준용하여 해결하면 된다는 주장도 있다. Lutz Schmidt, S.189-190 참조.
102) Udo Steiner, Bindungswirkung und Bestandskraft der fingierten Bodenverkehrsgenehmigung - zugleich ein Beitrag zur Lehre vom Verwaltungsakt, DVBl. 1970, S.37-38. ; Gerrit Manssen, SS.295-296.; BVerwG, Urt.v.12.8.1977, E 54, 257(262).
103) Gerrit Manssen, S.296. 다만, 인가거부의 취소철회에 대해서는 아직도 이미 법률행위가 소멸했다는 이유로 거부처분의 취소철회를 부인하는 입장이 우세하다 한다.
104) Wolff/Bachof/Stober, Verwaltungsrecht I, 10.Aufl., §51 Rn82.
105) Lutz Schmidt, S.182.

2) 계속적 법률관계를 창설하는 법률행위에 대한 인가의 취소·철회가능성

위와 같은 논리, 즉, 인가의 하자에도 불구하고 직권에 의한 취소와 철회가 제한되는 것은 일시적 성질의 법률관계를 창설하는 법률행위에 대한 인가의 경우에 한정된다.106) 즉, 일회적인 법률행위, 예를 들어, 토지거래행위나 농지매매행위와 같은 것이 인가의 대상이 되는 경우이다. 이 때는 인가로 사법관계가 새로이 형성되었고 그 상태는 종료되었기 때문에 취소와 철회를 인정하면 법적 안정성을 해치기 때문이다.

그 반면에 인가된 법률행위가 계속효를 갖는다면 인가행정청은 사실관계가 변할 때 처음의 입장을 바꾸어 인가를 변경하거나 철회할 가능성을 가져야 한다.107) 단체설립행위나 장기공급계약에 대한 인가가 이런 경우이다. 다만, 계속적 법률관계를 창설하는 법률행위의 인가에 대한 취소·철회는 당해 법률관계가 본질적으로 변경되었거나 카르텔이 부담을 이행하지 않았을 때 장래를 향해서만 가능해야 하고, 당사자들이 이미 한 재산의 처분행위는 유효해야 한다.108) 즉, 철회할 수 있는 경우에도 철회의 소급효는 제한되고 장래효만 가져야 한다.

3) 사기 등에 의한 인가획득과 인가의 취소·철회가능성

한국에서 행정행위의 직권취소론에서는 처분이 사기·강박·증수뢰 등에 기한 것인 때에는, 상대방의 신뢰보호의 문제는 제기되지 않으므로, 행정청은 당해 처분을 취소할 수 있고, 또한, 그 취소의 효과도 기왕에 소급한다고 한다. 그렇다면, 인가의 획득이 당사자들의 사기 등에 기인한 경우에도 인가를 취소할 수 있는가? 특히, 일시적 성질의 법률행위

---

106) Klaus Kieckebusch, S.56.
107) Martin Bullinger, S.764.
108) Klaus Kieckebusch, S.57.

의 인가에 있어서는 이미 완성되어버린 법률행위를 대상으로 하여 법적 안
정성에 대한 침해가 크다는 점에서 특별한 고려가 필요한지가 문제된다.

모든 이해관계인들이 사기에 참여했거나 사기를 알고 있었다면 신뢰
보호의 필요가 없으므로 인가는 직권으로 취소할 수 있다. 하지만, 사기
에 의하여 인가가 발해진 경우에도 대상인 법률행위를 둘러싸고 사기를
친 사람들뿐만 아니라 선의의 제3자도 관계되어 당해 법률행위의 유효
한 존속을 전제로 하여 새로운 법률관계가 형성될 수가 있다. 이 때에는
법적 안정성을 존중하여 인가를 취소할 수 없다고 하여야 할 것이다.[109]

4) 인가거부처분의 취소·철회가능성

법률행위를 체결하기 전에 사전인가신청이 있었고 그에 대한 거부처
분이 있은 경우에는 법률행위의 성립이전이므로 법적 안정성 등을 고려
할 필요가 없어 일반적인 행정행위의 취소론이 그대로 적용되게 된다.
따라서, 침익적 행정행위인 거부처분에 하자가 있을 때에는 그것을 취소
할 수 있다.[110] 그러나, 법률행위가 인가심사에 선행하여 존재하는 경우
는 사정이 달라 학설의 다툼이 나타나고 있다.

Otto Lange는 인가거부로 당해 법률행위는 효력을 상실했으므로 직권
에 의한 취소나 철회도 허용되지 않고, 사후적으로 인가를 부여할 수도
없다고 했다.[111] 이를 지지하는 판례도 있었다.(RGZ 102, 51 ; 110,
356(365)) 왜냐하면 인가는 비독립적 행정행위로서 법률행위의 존재를
전제로 하는데, 이미 당해 법률행위는 무효로 확정되었기 때문이다.

하지만, 인가거부행위에 대해 집중연구한 Bullinger는 이와 입장이 다

---

109) Klaus Kieckebusch, SS.56-57.
110) Klaus Kieckebusch, S.162.
111) Otto Lange, S.264. ; Lange, Ist die behördliche Genemigung zu einem zivilrech-
   tsgeschäft widerruflich?, NJW 1950, S.732.

르다. 당사자가 인가를 신청하였는데 행정청이 인가를 거부한 행위는 다른 침익적 행정행위와 동일한 것이다. 따라서, 행정은 침익적 행정행위에 적용되는 법원리와 같이 인가거부행위를 직권으로 취소철회하거나 새로이 인가를 교부해줄 수도 있다. 왜냐하면 인가거부후 제소기간이 남아 있거나 재판이 진행중이어도 최종확정판결이 나오지 않았다면 그 거부행위는 종국적인 것이 아니고 뒤집어질 수도 있으므로 이 기간중 유동적 무효상태는 지속된다고 보아야 하기 때문이다.112) Bullinger의 입장에 따를 때, 유동상태가 너무 길어지는 것이 문제인데, 독일민법 제242조에 따라 탄력적으로 대처하거나113), 인가를 요하는 계약을 체결할 때 일정 기간내에 인가를 얻지 못하면 해제할 수 있도록 하는 해제조건을 붙이는 방식으로 대처할 수 있을 것이라고 한다.114)

주의하여야 할 점은, 유동적 무효의 상태가 끝나는 시점에 대하여 한국의 민사판례와 학설은 인가를 받거나 인가거부처분이 있은 시점이라고 하는 것에 관하여 다른 견해가 없는데,115) 독일의 일부학자들은 유동적 무효의 상태가 끝나는 시점을 불가쟁력이 발생하는 시점으로 잡고 있다는 점이다.116) Manssen도 1994년의 교수자격논문에서 공법적 효과와 사법적 효과를 분리하여 인가거부행위가 있으면 인가부여를 위한 요건이 존재하지 않는다는 확인에만 규율효과가 미치고 사법상의 법률행

---

112) Martin Bullinger, S.765.

113) 독일 민법 제242조는 채무자가 거래단계에서 신의성실의 원칙에 따라 급부를 제공하여야 할 의무를 진다고 규정하고 있다.

114) Martin Bullinger, S.766.

115) 대법원 1991.12.24, 90다12243 전원합의체 판결. 학설도 이 판결이후 다른 의견이 주장되는 것같지는 않다.

116) Martin Bullinger, S.765. ; Klaus Kieckebusch, S.162. 다만, 독일 행정소송에서는 소제기가 정지효를 갖는 것이 원칙이어서 인가취소소송이나 거부처분취소소송이 제기되면 인가의 효력이 자동적으로 정지된다는 차이점은 상기될 필요가 있다. Kieckebusch(S.162)도 정지효가 인정되기 때문에 불가쟁력이 발생하는 시점까지 법률행위의 유동적 무효상태가 지속된다고 지적하고 있다.

위의 효과가 무효로 되는 것은 거부처분에 불가쟁력이 발생하는 등으로 그 거부가 종국적인 것이 되었을 때라고 보아야 한다고 주장하고 있다. 인가거부처분이 있으면 곧바로 법률행위가 무효로 된다는 것은 사적자치에 대한 과도한 제한이라는 것이다.[117]

하지만 이들의 견해에 대하여 인가행위와 그 거부행위의 형성적 효과는 인가나 그 거부행위를 한 시점, 즉, 의사표시가 도달한 시점에 발생한다고 보아야 한다는 입장도 존재한다.[118] 이 입장에서는 인가의 형성적 효과는 인가라는 행위시점에 발생해야 인가를 형성적 행위라고 볼 수 있는 것이고, 행정행위의 효력발생의 문제와 이미 효력을 발생한 행정행위를 더 이상 취소할 수 없게 되는 문제는 다르다고 본다. 예를 들어 인가거부가 제소기간의 경과로 확정되었다는 것은 인가를 거부한 시점에서 당해 법률행위는 무효이지만 제소기간의 경과로 법률행위의 무효도 종국적으로 확정되었다는 것을 의미할 뿐이다. 제소기간 경과전에 소가 제기되어 인가거부처분이 취소된다면 이전의 법률행위의 유동적 무효상태가 다시 부활한다.

인가거부에 불가쟁력이 발생했을 때 당해 법률행위는 확정적으로 무효가 되므로 사후에 인가를 부여해도 의미가 없는가, 아니면 사후에 행정은 인가를 다시 부여할 수도 있는가? Otto Lange나 Bullinger[119] 는 거부처분후에 사후인가가 가능하지 않다는 입장인데 반하여, 이를 반대하는 견해도 존재한다.[120] 이 견해에 따를 때, 인가거부행위는 유동적 무효인 법률행위를 종국적 무효로 만든다는 입장이 사법학상 지배적인 견

---

117) Gerrit Manssen, S.289.
118) Hubertus Janicki, Die Erteilung privatrechtsgestaltender behördlicher Genehmigung nach unanfechtbarer Versagung, NJW 1963, SS.838-839.
119) Martin Bullinger, S.765. 다만, 법률행위의 일방당사자가 그 거부행위를 편취했을 때 그 거부처분은 소급적으로 취소되게 된다. 이 때, 사라진 사법상의 법률관계가 다시 살아나게 된다고 한다. Martin Bullinger, SS.766-767.
120) Klaus Kieckebusch, S.163.

해로 행정법학에도 수입되었으나, 침익적 행정행위는 그것을 발한 행정청이 다시 취소하거나 철회할 수 있고, 행정은 사법상 법률행위의 대상에 대해 어떤 사법상의 권리를 갖는 것도 아니므로 사법상의 법률행위를 확정적으로 무효로 만들 수는 없다. 인가거부는 공법에의 불일치만을 평가할 뿐 법률행위의 형성과 소멸은 당사자들에게만 맡겨져 있다는 것이다. 그러므로 거부처분후 다시 인가를 발할 수도 있다. 다만, 인가거부처분에 불가쟁력이 발생하면 당사자들은 이제 인가를 얻는다는 것을 기대할 수 없게 되었으므로 더 이상 법률행위에 구속당하지 않아 스스로 법률행위를 일방적으로 취소하거나 해제할 수 있다는 것이다.

5. 제3자의 원고적격과 인가규정의 변경

1) 법률행위에 대한 제3자의 참가

법률행위의 성립과 인가사이에 시간적 간격이 존재하는데, 특히, 채권행위가 아니라 물권행위만이 행정의 인가를 필요로 할 때, 거래의 일방당사자가 인가를 얻지 못한 상태에서 그 물건을 제3자에게 양도하고 나서 그 행위를 법률행위의 다른 당사자에게 대항할 수 있을 것인가? 이때 매수인을 보호해야 하는가, 아니면 제3의 매수인을 보호해야 하는가? 제3의 매수인을 보호해야 한다는 입장은 독일민법 제184조 제2항[121] 을 준용하여 중간처분은 유효하다고 보면서, 처음의 법률행위에 대한 인가가 발해져 그 인가의 효과가 소급하더라도 그 소급효에 의해 제3자의 권리는 영향받지 않는다고 해석한다.[122]

---

121) 인가의 소급효에도 불구하고 인가발급전에 법률행위에 대하여 한 여러 중간처분은 무효가 아니라고 규정하고 있다.
122) Klaus Kieckebusch, S.47 주201)은 Skolny(Skolny, JW 1932, S.1956.)의 견해로 소

독일민법 제161조[123])를 준용하여 매수인을 보호해야 한다는 입장은 중간처분은 무효라고 한다.[124]) 그 이유는 공법상 인가를 통해 국가는 감독권을 행사하는 것인데 인가가 없더라도 제3자에게 전매할 수 있다는 것을 인정하고 그 권리가 인가받은 자의 권리에 우선한다는 것은 타당하다고 볼 수 없다는 것이다. 다만, 이 입장에서도 선의취득자는 보호되어야 한다고 하면서 선의취득규정만은 준용된다고 한다. 이에 따를 때, 매수인으로부터 전매받은 제3자는 인가가 부여되기까지는 권리를 취득할 수 없지만, 유동기간중에 선의취득자는 정지조건부 권리와 비슷한 기대권(Anwartschaftdrecht)을 취득한다는 것이다. 이 기대권은 매수인의 처분권을 제한시키고 상속권과 유사한 권리를 발생시킨다. 제3자는 언제까지 선의이어야 하는가 하는 점도 문제인데, 제3의 계약을 체결한 시점에 선의이면 되는가 아니면 인가부여시점까지 선의이어야 하는가? 권리취득의 완성시점까지 선의이어야 하므로 인가부여시점까지 선의이어야 할 것이다. 다만, 이 때, 인가신청을 한 후 부당하게 인가발급이 지연되고 있거나 등기를 요하는 부동산거래행위에 있어 부당하게 등기가 지연되고 있는 경우에는 당사자들의 귀책사유에 기인한 것이 아니므로 그 지연기간은 제외되어야 할 것이다.[125]) 즉, 인가를 제외한 인가획득에 필요한 모든 행위를 한 시점, 동산이 거래의 대상인 경우에는 동산이 양도되어 인도된 시점, 부동산의 경우에는 인가를 받은 후 등기가 신청된 시점까지 선의이어야 한다.

개한다.

123) 독일 민법 제161조 제1항은 정지조건이 붙은 상태에서 유동기간중에 일방 당사자가 한 중간처분은 정지조건이 성취되면 무효이다고 규정하고 있다.

124) Klaus Kieckebusch, S.47.

125) Klaus Kieckebusch, S.48.

2) 사법상의 권리가 침해된 제3자의 원고적격

법률행위의 성립과 인가행위사이에 이루어진 중간처분 등으로 인해 사법상의 권리를 침해당한 제3자는 행정소송을 제기할 원고적격을 갖는 가? 예를 들어, 토지거래허가를 받아야 하는 토지의 소유자가 허가를 신 청하지 않은 상태에서 서로 다른 두 사람과 토지거래계약을 체결하고 그 중 한 사람과의 토지거래계약에 대한 허가신청을 행정청에게 하여 허가가 나온 경우, 다른 제3자는 자신의 권리침해를 이유로 허가취소소 송을 제기할 수 있는가? 또, 외국의 특정상품에 대한 수입을 위해 외국 의 같은 회사와 거래계약을 체결한 서로 다른 국내회사들 중 한 회사가 그 외국회사로부터 특정상품의 수입을 위한 허가를 행정청으로부터 받 은 경우 다른 국내회사는 그 허가행위의 취소를 청구하는 행정소송을 제기할 원고적격을 갖는가? 이 때, 제3자도 하자있는 행정행위에 의하여 그의 권리가 침해되었을 때에는 원고적격을 갖는다는 일반행정법상의 제3자효 행정행위론이 인가행위와 관련하여서 그대로 적용될 수 있는 가?

이론상으로는 행정소송으로서 인가취소소송을 제기하거나 아니면 계 약을 이행하지 않은 자를 상대로 채무불이행을 이유로 손해배상소송을 제기할 수도 있다. 전통적으로 독일행정법상 행정소송의 원고적격을 갖 는 자는 주관적 공권이 침해된 자이고, 주관적 공권은 "공법에 의하여 인정된 법적인 힘"(die dem einzelnen auf Grund öffentlichen Rechts verlie- hene Rechtsmacht"으로 이해되어,126) 사법상의 권리를 침해받은 제3자가 주관적 공권을 갖는다는 해석은 매우 낯설었다.127) 전통적인 입장에 서 서 인가는 사적 법률행위를 위한 유효요건이므로 행정은 인가를 신청한

---

126) Schmitt Glaeser, Verwaltungsprozeßrecht, 13.Aufl., 1994, Rn157.,

127) 독일행정법의 경향에 대한 이러한 평가는, Thomas Groß, Kriterien des Drittsc- hutzes bei Tarifgenemigungen, DÖV 1996, S.52.

사인들사이의 법률행위가 공익을 침해하지 않은지를 소극적으로 심사할 권한을 가질 뿐, 인가신청절차에 참가하지 않은 제3자의 사익과 인가를 신청한 자의 사익을 비교형량할 의무는 없으므로 인가취소소송을 제기할 수 있는 자는 인가신청절차에 참가한 자에 한정되어야 한다는 주장도 있다.128) 제3자는 민사소송을 제기하여 손해배상 등을 받음으로써 해결하여야 한다는 것이다.

하지만, 인가가 행정행위임은 부정할 수 없고 기본법하에서 개괄주의가 채택된 이상 행정행위에 의하여 법률이 보호하는 이익을 침해당한 자가 제기하는 행정소송을 각하할 수는 없다. 따라서, 행정행위에 의하여 사법상의 권리를 포함하여 법률상 이익을 침해당한 제3자는 행정소송을 제기하여 구제받을 수 있다. 민사소송이 행정소송에 비하여 적용과정에서 우위를 갖는다는 원칙도 없기 때문에 민사소송을 제기하는 것이 가능하다는 점이 행정소송을 각하하는 이유가 될 수는 없다. 더구나, 민사소송에서는 인가의 유효여부만을 심사할 수 있을 뿐 인가의 내용을 심사하여 인가가 위법한 것인지의 여부, 즉, 취소사유를 가지고 있는지의 여부를 심사할 수는 없다.129) 즉, 인가에 대한 사법적 통제의 강도가 매우 낮아진다. 이 점은 인가가 재량행위인 경우 더 두드러지게 문제될 수 있다.

80년대 이후 나온 연방행정법원의 판례들 중 일부는 행정청의 인가나 거부처분에 의해 사법상의 권리를 침해받은 제3자가 인가취소소송이나 인가처분의 발급을 구하는 의무이행소송을 제기할 수 있다고 함으로써 새로운 태도를 보여주고 있다.130) 연방행정법원의 판례에 나타난 사례들131) 중 첫 번째의 것은 유언상속자가 유언에 의해 상속받기로 된 재산

---

128) Klaus Kieckebusch, SS.61-62..
129) Manfred Bengel, SS.183-195. ; Lutz Schmidt, S.206.
130) BVerwG, DVBl. 1988, S.446ff.,447. ; BVerwGE 42, 189ff., 190. ; BVerwGE 50, 311ff., 314f.
131) 이하 판례소개부분은 더 많은 문헌을 참조해야 보다 정확하게 소개할 수 있을 것이

을 유언자가 다시 복지단체에 증여한 사건에서, 유언자가 죽은 후 행정
청은 유산을 복지단체에 증여한 행위를 승인하였는데, 행정청의 승인행
위가 유언상속자의 상속받을 권리를 침해하는 것을 이유로 인가취소소
송을 제기할 수 있는 원고적격을 갖는다고 한 사례이다.132) 토지거래허
가거부처분에 있어서도 건축물과 관련하여 필요한 경우 매수인에게 분
할인가의 신청권을 인정하여서 의무이행소송의 원고적격을 부여했는데,
이 사안에서도 토지의 분할여부는 토지소유자가 매수인과 합의하여 결
정할 수 있는 성질의 것이었다. 그럼에도 불구하고 분할인가를 구하는
의무이행소송의 원고적격을 인정한 것이다.133) 또 다른 사례는 산업재
해 등으로 중상을 입은 장애인을 기업이 해고하려면 독일법상 행정청의
사전동의를 받도록 하고 있는데, 기업의 해고신청에 대한 행정청의 인가
행위에 대하여 노동자가 인가처분의 위법여부를 다툴 원고적격을 갖는
다는 것을 인정한 판례이다.134) 이 사례에서 휴가기간이나 해고 등은 당
사자들이 자율적으로 처리할 사법적 고용계약에 관한 사항이었다.

이 판례들은 사법상의 권리, 의무나 법률관계에 대한 행정청의 침해
로부터 제3자의 주관적 공권의 침해를 확인하였는데, 다른 판례들은 인
가가 관련된 사건들에서 민사소송으로 해결가능하면 행정소송은 인정되
지 않는다고 각하했었다.135)

나, 여기서는 여러 가지 제약상 Thomas Groß의 논문(Kriterien des Drittschutzes
bei Tarifgenemigungen, DÖV 1996, S.52)만을 참고했다. 약간 부정확한 내용소개
가 있을 수 있다.

132) BVerwG, DVBl. 1988, S.446ff.,447.

133) BVerwGE 50, 311ff., 314f.

134) BVerwGE 42, 189ff., 190.

135) BVerwGE 95, 133ff., 138. ; BVerwGE 75, 147ff., 154. ; BVerwG, NJW 1985,
S. 1913ff.

3) 인가유보규정의 변경과 인가획득의 필요여부

(1) 일시적 성질의 법률행위에 대한 인가유보규정의 변경

대상인 법률행위가 유동적 무효의 상태일 때 효력을 발생한 새로운 법률이 있으면 신법이 적용되어야 한다.[136] 따라서, 법률행위의 성립후 인가를 받지 못한 상태에서 법률의 변경으로 인가유보규정이 폐지된 경우 유동적 무효인 법률행위는 완전 유효하게 된다.[137] 인가유보규정의 철폐로 입법자가 대상 법률행위와 같은 행위들이 더 이상 공익을 침해할 위험이 없다고 판단했기 때문이다.

한편, 이미 성립하여 효력을 발생한 법률행위에 대하여 새로이 인가유보규정이 도입된 경우 당해 법률행위는 사후적으로 인가를 받아야 하는가? 특별한 규정이 없는 한, 일시적 성질의 법률행위에 대해서는 영향을 못주므로 인가를 새로이 받을 필요는 없다고 보아야 한다. 그 이유는 법률관계는 그 요건, 내용 및 법적 효과에 관하여 법률행위의 성립당시의 법률에 따라 평가되어야 하고, 새로운 법률은 이미 종료된 법률관계나 사실관계에 소급적용되지 않는다고 보아야 하기 때문이다.

하지만, 인가유보규정의 도입이전에 의무부담행위 내지 채권행위는 성립했으나 아직 물권행위나 의무이행행위가 완수되지 않은 경우 그 사이에 의무이행행위나 물권행위에 대해 도입된 인가유보규정은 그 행위에 대해서도 적용되므로 인가를 받아야 한다.[138][139] 왜냐하면 채권행위

---

136) Otto Lange, S.243.
137) Klaus Kieckebusch, S.53.
138) Klaus Kieckebusch, S.53.
139) 더 나아가 법률행위는 성립하였으나 아직 효력을 발생하지 않고 있는 상태에서 새로운 법률에 인가규정이 도입되었는데, 보호해야 할 공익의 크기가 매우 커서 인가 받지 않고 거래하는 자에 대한 형벌규정이 도입되는 등 입법자의 공익보호의지가 강하게 드러났을 때에는, 아직 효력을 발생하지 않은 법률행위에 대해서도 법률에 특별한 근거규정을 두어 새로운 인가규정을 적용시킬 수 있다는 주장도 있다. Klaus

와 물권행위는 별개의 법률행위로서 별개의 법률규정이 적용될 수도 있기 때문이다.

(2) 계속적 법률관계를 창설하는 법률행위에 대한 인가유보 규정의 변경

이미 체결된 법률행위에 대해서 새로운 인가규정은 적용되지 않는다는 원칙으로부터 계속적 법률관계는 예외를 이룬다. 왜냐하면 재단법인이나 단체와 같은 계속적 법률관계는 장래에도 계속적으로 새로운 법적효과를 발생하고 있으므로 인가유보규정을 도입한 입법자는 계속적 법률관계의 당사자들에 의해 입법이 보호하고자 하는 공익이 침해되는 것을 방지할 책임이 있기 때문이다. 이것을 명확히 하기 위해 새로운 법률에서는 계속적 법률관계를 이루고 있는 이해관계인들에 대한 인가유보규정의 적용을 특별히 규정하기도 한다. 특별한 규정이 없을 때에도 신법은 적용된다고 보아야 한다.140)

Ⅲ. 한국의 학설과 판례의 변화와 인가이론의 유형적 차별화필요

인가문제는 행정법과 민법이 단독으로 다룰 수 없는 문제로서 양 법영역에 영향을 미칠 수 있는 많은 논점들을 제공하므로 양 법영역의 학자들이 함께 논의해야 한다. 어느 한 법분야에서의 경험이 다른 분야에서도 유용하게 활용될 수 있을 것이다. 여기서도 민법학자들의 논의까지 함께 요약하여 살펴보기로 한다.

Kieckebusch, S.54면 참조.

140) Klaus Kieckebusch, S.55.

1. 민법학상 일시적 성질의 법률행위의 인가와 유동적 무효 이론 - 토지거래허가 -

민사법학설과 판례상 인가의 대상행위가 무엇인가를 둘러싸고 논쟁이 되고 있는데, 그 대상행위가 본계약인가 아니면 계약준비행위나 예약 등 인가 하는 논점과, 본계약인 경우에도 채권행위와 물권행위 중 어떤 행위가 대상인가 하는 논점이 있다. 판례는 현재 토지거래허가의 경우 본계약 자체가 인가의 대상이 되며 물권행위 뿐만 아니라 채권행위도 인가의 대상이 된다는 입장이고, 농지매매증명에 대해서는 채권행위 자체는 인가의 대상이 아니고 물권행위만이 인가의 대상이라는 입장이다.

대법원이 토지거래허가[141]에 있어 전원합의체판결(대법원 1991.12.24 선고 90다12243)을 통해 유동적 무효의 법리를 채택하기 전에 판례는 인가를 성립요건이자 효력발생요건으로 파악하여 인가를 받지 못한 상태에서 당사자의 행위는 단순무효라고 보았고, 학설은 나뉘어 있었다. 대법원은 국토이용관리법상 토지거래허가제의 취지는 "관할도지사의 거래허가전에 당사자사이에 채권적 구속력을 가지는 계약의 체결을 금지하여 투기억제, 지가폭등의 진정 등의 목적을 달성하기 위한 것"이라고 하면서, 관할도지사의 허가를 받기 전의 계약은 효력이 없다고 했는데,(대법원 1990.12.11, 90다8121) 이 뜻은 도지사의 허가를 받기 전 계약의 체결은 금지된다는 것, 따라서, 계약체결의 준비행위만 행정청의 허가전에

---

141) 종래 토지거래허가의 성질에 관하여 허가설, 인가설, 허가·인가합체설 등이 대립되고 있었으나 인가설이 다수설이었다. 인가설의 예로는 김상용, 토지거래허가·신고제의 검토 사법행정 1989. 6. 30면; 이주흥, 토지거래허가를 받지 아니한 토지매매계약의 효력(상), 법조 1990.6, 46-48면 ; 이영규, 토지거래허가를 요하는 토지거래계약의 법리, 부동산법학Ⅱ(한국부동산법학회. 1991), 111면 등이 있다. 허가·인가·합체설의 예로는 김경열, 신토지공법, 18정판, 경영문화원, 1992. 730-731면; 양승두, 행정행위의 내용상 분류에 관한 고찰 -국토 이용관리법상의 허가의 성질을 중심으로 -. 현대행정과 공법이론(남하 서원우교수 화갑기념) 박영사, 1991, 379면 등이 있다.

는 가능하고 허가를 받은 후 계약을 체결해야 하며, 계약과 허가는 함께 계약의 성립요건이라는 입장의 근거가 되었다. 학설중에서도 토지거래 허가에 있어 계약준비행위나 예약이 인가의 대상이므로 인가후 본계약을 다시 체결해야 한다는 입장에서 토지의 매매계약은 합의와 인가가 합쳐질 때 비로소 성립한다는 입장을 지지하는 사람도 나타났다.142) 이 입장에서 인가는 계약의 성립요건중의 하나가 된다.

하지만, 독일법의 입장을 받아들여 유동적 무효의 이론을 주장하며 인가의 대상은 본계약이라는 입장도 있었는데,143) 그 이유는 관할관청의 인가의 대상이 계약준비행위와 같은 사실적행위라면 효력통제를 할 수 없어 토지거래허가의 인가적 성격과 맞지 않고, 인가가 나면 그제야 그 인가에 맞추어 계약을 체결한다는 것도 이상할 뿐만 아니라, 인가가 나더라도 당사자가 그에 맞추어 계약을 체결하지 않아도 되므로 인가라는 것은 아무런 의미가 없는 행정행위가 될 수 있기 때문이라고 한다.144) 인가의 대상이 본계약인 경우임을 지지하는 입장 중에서도 채권행위는 인가의 대상에서 제외되고 물권행위만이 인가의 대상이라는 입장도 있었다.145)146)

---

142) 이은영, 토지거래허가를 조건으로 하는 매매계약 및 손해배상예정의 효력, 판례월보 1991. 11, 19면.

143) 김상용, 토지거래허가·신고제에 관한 고찰, 고시계 1989. 2, 100면.; 이주홍, 토지거래허가를 받지 아니한 토지매매계약의 효력(상), 법조 1990. 6, 47면.

144) 이주홍, 토지거래허가를 받지 아니한 토지매매계약의 효력(상), 법조 1990. 6, 47면.

145) 농지매매증명에 관한 대법원판례가 이 입장이었다. 대법원 1964.9.15, 64다617 ; 대법원 1964.10.1, 64다563 전원합의체판결.

146) 사견으로는, 법률행위의 효력에 개입하는 많은 인가행위들이 채권행위까지 대상으로 하는가 아니면 물권행위만 인가의 대상으로 하는가 하는 것은 의문이 있을 수 있지만, 관계법조문의 전체적 취지를 살펴서 관련된 공익에 대한 입법자의 보호의지가 얼마나 강한가를 기준으로 판단하되, 보통은 계약자체에 허가를 얻도록 규정한 경우와 매매에 대한 증명을 얻도록 한 경우를 구별하여, 전자는 채권행위 내지 채무부담행위(Verpflichtungsakt) 자체가 인가의 대상이 되는 것으로 보아야 하지만, 후자는 물권행위(Verfügungsakt)가 인가의 대상이 되는 것으로 해석할 수 있을 것으로 생각한다.

학설의 불일치는 대법원 1991.12.24, 90다12243 전원합의체 판결로 정리되게 된다.[147] 우선, 토지거래계약 그 자체가 인가의 대상이 되고 행정개입행위의 성격도 인가로서 성격을 더 명확하게 하게 되었다. 국토이용관리법상 토지거래허가를 받기 전의 거래계약이 "유동적 무효"임을 선언한 이 판결의 요지는 다음과 같다.

① 국토이용관리법상의 규제구역 내의 '토지 등의 거래계약'허가에 관한 관계 규정의 내용과 그 입법취지에 비추어 볼 때 토지의 소유권 등 권리를 이전 또는 설정하는 내용의 거래계약은 관할 관청의 허가를 받아야만 그 효력이 발생하고 허가를 받기 전에는 물권적 효력은 물론 채권적 효력도 발생하지 아니하여 무효라고 보아야 할 것인바, 다만 허가를 받기 전의 거래계약이 처음부터 허가를 배제하거나 잠탈하는 내용의 계약일 경우에는 확정적으로 무효로서 유효화될 여지가 없으나 이와 달리 허가를 받을 것을 전제로 한 거래계약일 경우에는 허가를 받을 때까지는 법률상 미완성의 법률행위로서 소유권 등 권리의 이전 또는 설정에 관한 거래의 효력이 전혀 발생하지 않음은 위의 확정적 무효와 다를 바 없지만, 일단 허가를 받으면 그 계약은 소급하여 유효한 계약이 되고 이와 달리 불허가가 된 때에는 무효로 확정된다. 허가받기 전의 상태에서는 거래계약의 채권적 효력도 전혀 발생하지 아니하므로 권리의 이전

---

147) 김상용, 토지거래허가·신고제에 관한 고찰, 고시계 1989. 1(102-112면), 2(99-110면). ; 이주흥, 토지거래허가를 받지 아니한 토지매매계약의 효력(상, 하), 법조 1990. 6(34-59면), 7(50-68면). 특히, 김상용교수는 유동적 무효의 법리를 동일한 취지의 여러 편의 논문에서 주장하였는데 그 입장은 대법원의 전원합의체판결에 반영되었다. 김상용, 토지거래허가·신고제에 관한 고찰, 사법행정 1989. 6, 23-37. 동인, 토지거래허가의 법리구성, 판례월보 1992, 23-37면. 이외에 정옥태 교수는 독일의 유동적 무효의 법리를 "부동적 결효"라는 용어를 사용하며 소개하였다. 정옥태, 부동적 결효, 사법행정 1992. 7, 15-25면. 독일법을 소개하는 학자들은 nichtigkeit(단순무효)와 unwirksamkeit(결효)를 차이를 주목했다. 유동적 무효 내지 부동적 결효에 해당하는 독일어는 schwebende unwirksamkeit이다.

또는 설정에 관한 어떠한 내용의 이행청구도 할 수 없으나 일단 허가를 받으면 그 계약은 소급해서 유효해지므로 허가 후에 새로이 거래계약을 체결할 필요는 없다.

② 규제지역 내의 토지에 대하여 거래계약이 체결된 경우에 계약을 체결한 당사자 사이에 있어서는 그 계약이 효력 있는 것으로 완성될 수 있도록 서로 협력할 의무가 있으므로, 계약의 쌍방 당사자는 공동으로 관할 관청의 허가를 신청할 의무가 있다.

③ 관할 관청으로부터 토지거래허가를 받을 때까지는 매매계약이 그 계약내용대로의 효력을 발생하지 않으므로 매수인은 그 계약내용에 따른 대금지급의무를 지지 않으며, 설사 계약상 매수인의 대금지급의무가 매도인의 소유권이전등기의무에 선행하여 이행하기로 약정되어 있었다고 하더라도, 매수인에게 그 대금지급의무가 없음은 마찬가지여서 매도인으로서는 그 대금지급이 없었음을 이유로 계약을 해제할 수 없다.

유동적 무효인 법률행위는 유효도 무효도 아닌 상태에 있는 것은 아니며, 지금은 무효인데 장차 유효로 될 가능성이 있는 상태에 있는 것에 불과하다. 무효는 그 제도의 취지상 확정적 무효가 원칙이고, 다만 인가나 허가, 추인 등의 요건을 충족한 경우 소급적으로 효력을 인정하고자 하는 유동적 무효는 예외적인 것이다. 인가와 관련하여 유동적 무효의 법리는 공익보호를 위하여 법률행위에 대한 행정개입가능성을 보장하면서도 인가를 받음으로써 무효이던 법률행위가 효력을 발생하도록 할 필요성과 가능성을 뒷받침하기 위한 것이다. 유동적 무효의 상태가 확정적 무효의 경우와 다른 점은 신의성실의 원칙에 따라 인가절차에 협력할 의무나 일방당사자가 계약이행을 방해하거나 해제할 경우 손해배상 등의 문제가 발생한다는 점이다. 우리나라에서 토지거래허가와 관련하여 유동적 무효의 법리가 이론과 판례상 지지받게 된 것은 물권행위뿐만 아니라 채권계약까지 무효로 함으로써 토지투기를 억제하는데 효과적이면서도, 다른 한편으로는 인가를 받지 않고 있는 상태에서도 계약을 체결한 당사자들이 인가절차에의 협력의무나 손해배상의무를 지고 인가를 받으면 계약성립시로 계약의 효력이 소급하여 발생한다고 함으로써 계약당사자들사이의 최소한의 신뢰관계도 보호하고 거래의 필요에도 부합할 수 있는 장점을 가지기 때문이다. 이러한 입장에서 판례도 "토지거래허가구역내의 토지에 대한 매매계약체결시 당사자 사이에 당사자 일방이 토지거래허가를 받기 위한 협력 자체를 이행하지 아니하거나 허가신청에 이르기 전에 매매계약을 철회하는 경우 상대방에게 일정한 손해액을 배상하기로 하는 약정을 유효하게 할 수 있다"고 한다.(대법원 1994.4.15., 93다39782)

다만, 대법원은 ① 허가를 배제하거나 허가를 잠탈하는 내용의 계약을 체결한 경우와 관할 관청에 의하여 불허가 된 경우(대법원 1991.12.24., 90다12243), ② 당사자 일방이 허가신청협력의무의 이행거절의사를 명백히 표시한 경우(대법원 1993.6.22., 91다21435; 대법원 1995.6.9., 95다2487), ③ 당사자 쌍방이 허가신청을 하지 아니하기로 의사표시를 명백히 한 경우(대법원 1993.7.27., 91다3376)에는 확정적으로 무효로 해석하고 있다.

2. 행정판례에 있어 계속적 설질의 법률행위에 대한 인가 - 조합설립행위 -

일본과 한국에서 전개된 인가이론은 인가행위가 기속행위인지 아니면 재량행위인지에 대하여 명확한 입장을 가지고 있지 않았고 부관의 허용성여부에 대하여도 명백한 입장을 가지고 있지 않았지만, 암묵적으로 행정개입행위가 사적 자치를 교란할 가능성을 차단하고 예측가능성과 법적 안정성을 보장하기 위하여 기속행위이면서 부관을 붙일 수 없는 것으로 이해했다. 이러한 태도는 인가를 법정부관으로 보면서 민사법상의 조건에 관한 규정들에 대해 성질이 허용되는 한 준용하여 인가개념을 이해하려는 태도에서 나타난다. 하지만, 이러한 인가이해는 주로 일시적 성질의 법률행위에 대한 인가를 염두에 둔 것으로서 법현실을 규율하기에는 부적절한 것이다.

대법원판례도 이미 계속적 법률관계를 창설하는 법률행위인 조합[148] 설립행위에 대하여 "설립인가를 신청한 주택조합의 사업내용이 주택건설촉진법 등 관계법령의 규정에 위배되거나 사회질서를 해칠 우려가 있음이 명백한 때에는 인가를 거부할 수 있다고 보아야 하고, 그 경우에 법규에 명문의 근거가 없더라도 거부처분을 할 수 있는 것으로 보아야 할 것"(대법원 1995.12.12., 94누12302)이라고 판시하고 있고, 이 사건에서 행정청은 재건축조합에 대한 설립인가를 함에 있어서 "재건축 사업지구내 택지를 제3자(지역, 직장조합)에게 매각하지 말 것"을 설립인가

---

148) 민법학에서도 조합에 관한 부분은 아직도 해명되지 않은 많은 문제들을 가지고 있다고 한다. 우리 민법전의 조합에 관한 규정들은 로마법의 조합(societas) 이론을 게르만법의 합수적 조합(Gesamthandgesellschaft)이론으로 수정·보완한 것으로서 이것은 우리의 실생활에서 형성된 법의식을 토대로 한 것은 아니었다. 민법제정당시 우리의 사회생활에서 조합이라고 볼 수 있는 인적 결합은 "동업"과 "계"라는 것 외에는 별로 찾아볼 수 없었다. 현재 민법상 조합은 비법인사단과의 구별이 애매하고, 조합은 계약성과 단체성을 동시에 가지고 있으므로, 계약법이론이나 단체법이론의 어느 하나로 조합의 법률문제를 해결하기 힘들다고 한다. 조합은 원칙적으로 조합원들의 계약에 의하여 법률관계가 규율되는 데다가, 권리능력도 인정되지 않고 있다. 그리하여 어떠한 단체를 조합으로 규율하여야 할 것인지, 그러한 단체의 법률관계가 어떻게 되는지가 더욱 불분명하게 되었다. 또, 우리 민법에 특유한 문제라고 할 수 있는데, 채권편에서 조합에 관한 규정을 두었고, 물권편에서 공동소유의 형태로 공유, 합유와 총유에 관한 규정을 둠으로써 조합에 관한 규정들 사이에 "법규의 충돌"이 발생하고 있다. 더 자세한 내용은, 김재형, 조합에 대한 법적 규율, 민사판례연구 19권, 1997.02., 624-671면 참조. 이에 따라 조합설립행위에 대한 인가이론의 이해에 있어서도 독일의 단체설립행위에 대한 인가이론을 그대로 적용할 수 있는지 국가적 차이를 고려하여 보다 신중한 검토가 필요할 것이다.

의 조건으로 함으로써 부관을 붙였던 것이다.[149]

조합설립행위의 인가와 같이 계속적 법률관계를 창설하는 법률행위의 인가의 성질을 재량행위로 이해하고 부관을 붙일 수 있는 것으로 보는 판례의 태도는 토지거래행위와 같이 일시적 성질의 법률행위의 인가에 대한 이해방식과는 다른 것이다. 예를 들어, 대법원판례는 "토지거래계약 허가권자는 그 허가신청이 국토이용관리법 제21조의4 제1항 각 호 소정의 불허가 사유에 해당하지 아니하는 한 허가를 하여야 하는 것인데, 인근 주민들이 당해 폐기물 처리장 설치를 반대한다는 사유는 국토이용관리법 제21조의4 규정에 의한 불허가 사유로 규정되어 있지 아니하므로 그와 같은 사유만으로는 토지거래허가를 거부할 사유가 될 수 없다"고 하여 토지거래허가를 기속행위로 파악하고 있는 것이다.(대법원 1997.06.27., 96누9362) 기속행위에는 부관을 붙일 수 없다는 판례의 태도(대법원 1988.4.27., 87누1107)를 상기할 때 당연히 토지거래허가에도 부관을 붙일 수 없는 것이다.

계속적 법률관계를 창설하는 법률행위에 대한 행정감독의 필요는 사실관계의 변화에 따라 새로이 나타날 수도 있으므로, 인가후 형성된 법률관계에 대한 안정적 보호의 필요가 큰 일시적 성질의 법률행위에 대한 인가의 경우와는 다르게 접근해야 한다. 즉, 법적 안정성의 이익에 대한 보호못지 않게 계속적인 공익보호의 필요가 중요하게 다루어질 필요가 생기는 것이다. 판례도 계속적 성질의 법률행위에 대한 인가의 경우에는 "주택건설촉진법에 의한 주택건설사업 중 주택조합을 설립하여 그 구성원의 주택을 건설하는 사업에 있어서는 조합설립인가시의 조합원들 중에 무자격자가 있거나 변동사항이 있으면 그에 따라 주택조합설립변경인가를 받음과 아울러 사업계획변경 승인을 얻어야" 한다고 한

---

149) 행정청이 부관을 붙인 내용에 대해서는 이 판결에 대한 평석논문인, 이혁우, 住宅組合設立認可의 法的 性質, 대법원판례해설 제24호 (95년 하반기 96.05), 368면을 참조했다.

다.(대법원 1994.5.24., 93누21767)[150] 따라서, 만약 인가관청에서 그 당시 무자격자가 있는 것을 알아내었다면 인가신청을 거부(반려)하여야 할 것이고, 일단 인가를 한 후 나중에 무자격자가 있는 것을 알아내었다면 그 인가를 취소하여야 한다.[151]

3. 행정법학상 인가이론의 변화와 유형적 차별화의 필요성

헌법질서내에서 인가론은 어떤 역할을 담당하고 있는가, 그리고 사법과 공법은 인가론에서 역할을 어떻게 분담하고 있으며, 그 역할은 현대사회에 적합한가, 각각의 행정영역에서의 인가이론은 달라질 가능성은 없는가, 그리고 그 차이가 행정법의 인가론속에 적절히 수용되고 있는가 하는 점이 검토되어야 한다.

인가는 사적 자치원칙에 대한 강력한 국가개입을 의미하므로 공익보호를 이유로 인가의 적용영역을 지나치게 확장하는 것은 시장경제의 위축을 가져와 경제헌법원칙을 위반하게 될 것이다. 정부는 계약자유와 시장영역을 가능한 한 넓게 보장하여야 하고, 인가행위는 당사자들이 공익에 대한 위험이나 장애를 스스로 제거할 수 없을 때, 예외적으로 요구되어야 한다. 국회는 특히 보호할 필요가 큰 공익의 보호를 위하여 법률행위의 효력을 좌우할 수 있는 인가유보규정을 도입할 수 있지만, 시장의 자율적 조정기능을 존중해야 하는 헌법정신에 비추어 최소한에 그쳐야 하고 가능한 한 덜 개입적인 대안을 선택하여야 한다. 실정법에 인가유보규정을 둘 때에도 예측가능성과 명확성을 보장하고 행정에게 지나치

---

150) 이 판례에 대한 평석은 석호철, 住宅組合이 하는 住宅建設事業에 있어서 無資格組合員의 存在와 使用檢査 許容與否, 法曹 44권3호, 133-147면 참조.
151) 같은 취지의 판결로 다음의 주택조합설립인가거부처분취소사건들이 있다. 대법원 1994.1.14., 93누18750 ; 대법원 1994.3.22., 93누18990.

게 넓은 재량을 주어서는 안된다.

인가이론은 행정행위를 하는 행정청의 판단의 합법성을 보장하기 위한 것이므로, 행정이 구체적으로 인가권을 행사하면서 권력남용이 없도록 적절한 통제를 가할 수 있는 이론을 제공해야 한다. 행정행위의 내용분류에 관한 법도그마는 특정한 행정행위의 법적 성질에 주목하여 다른 행정행위와는 다른 특수한 법이론이 그 행위들에 공통적으로 적용되게 함으로써 법적 판단의 부담을 경감시키고 행정의 법해석과 재량행사에 있어 하자가 없도록 하기 위한 것이다. 하지만, 실정법적 근거도 없이 또는 명백히 성질이 다른 행정행위들에 대하여 너무나 포괄적으로 경직적인 내용을 가진 지극히 낡은 '인가론'과 같은 행정행위의 유형론을 적용함으로써 상식적으로 불합리한 결과를 행정실무와 국민들의 법생활에 강요하여서는 안된다. 그 때 인가론은 부정적인 의미에서의 권위주의적인 도그마가 되어버린다.

90년대 초반이후 토지거래허가를 받기 전 계약의 효력을 둘러싸고 민법학자들과 민사판례가 전개한 "유동적 무효"론은 행정판례에도 반영되어 행정법학의 인가이론에도 상당한 영향을 미칠 수 있었을 것으로 보이나, 행정법학에서는 아직 그 의미를 분석하여 인가론에 수용하지 못했었다. 인가의 대상인 법률행위는 농지매매증명이나 외국인토지거래허가, 재단법인의 기본재산처분의 인가 및 전통사찰재산의 처분의 인가 등 여러 가지 종류가 있지만 유동적 무효론을 촉발시킨 행위는 토지거래허가이다. 인가이론 자체가 행정법학과 민법학의 양쪽에 관련될 수밖에 없는데, 행정법학에서도 민법학에서의 인가론의 내용, 특히, 변화된 내용들을 수용하여 논의를 전개하는 것이 필요할 것이다.

전통적인 인가이론은 민사법학에서 인가를 법정조건으로 부르는 것처럼 일시적 성질의 법률행위에 대해 비교적 간단한 심사를 하는 절차단위로서 인가를 이해하고 있는 것을 전제로 형성된 것이다. 이러한 인가이론은 계속적 법률관계를 형성하고 변경시키는 법률행위가 인가의 대

상이 되거나 그 대상이 복잡한 이해충돌과 관련된 법률행위이어서 이해
관계를 조정해야 하는 임무를 담당해야 할 때는 부적합하게 된다. 후자
의 경우 판례와 행정실무상 인가는 재량행위로서 부관도 붙일 수 있는
것으로 이해하고 인가의 소급효를 인정하기보다는 장래효만을 인정하기
도 한다. 판례의 입장들을 고려할 때, 행정법학상 인가이론은 일시적 성
질의 법률행위에 대한 부분과 계속적 성질의 법률행위에 대한 부분을
나누어 유형적으로 차별화하여 재구성될 필요가 있다고 생각한다.152)

---

152) 김종보, 정비조합설립인가의 법적 성격, 한국행정판례연구회 2003. 8. 22 발표문 4,
10-11면도 인가행위에도 재량행위가 있다고 주장하며. 인가의 재량행위성을 긍정한
판례들(대법원 1995. 12. 12, 94누12302 ; 대법원 2000. 1. 28, 98두16996.)을 소개
한다.

제2절 복합민원과 인허가의제

대상판례 ; ① 대판 96누15213(1997. 8. 29) 채광계획인가기간연장거부
취소(판례공보 97.10.1., 2926면)
② 대판 92누1162(1992. 11. 10) 주택건설사업계획승인처분
취소(법원공보 93. 1. 1., 122면)

Ⅰ. 사건의 개요, 쟁점 및 판결의 요지

1. 채광계획인가기간연장거부취소

(사건의 개요)

채광계획인가를 받아 채광작업을 해오던 원고는 채광계획인가에 대한
부관인 산림훼손기간이 만료된 후 산림훼손기간연장의 신청을 하였으나
거부당하였다. 산림훼손은 채광작업의 전제이었기 때문에 이로 인해 당
연히 더 이상 채굴을 할 수 없게 되었다.

(쟁점)

1) 대판 96누12269(1997. 6. 13)에 따르면 "채광계획인가는 기속재량행
   위에 속하는 것으로 보아야 하며, 일반적으로 기속재량행위에는 부
   관을 붙일 수 없고 가사 부관을 붙였다 하더라도 이는 무효이므로,
   주무관청이 채광계획의 인가를 함에 있어 '규사광물 이외의 채취금
   지 및 규사의 목적외 사용금지'를 조건으로 붙인 것은 광업법 등에
   의하여 보호되는 광업권자의 광업권을 침해하는 내용으로서 무효
   이다"고 하여 채광계획인가에 부관을 붙일 수 없다고 판시하였다.

2) 채광계획인가를 받으면 광업법 제47조의2에 의하여 산림법 제90조
의 규정에 의한 산림훼손허가(산림법이 1994. 12. 22. 법률 제4816
호로 개정된 후에는 산림형질변경허가)를 받은 것으로 의제되고
있다. 기속재량행위로서 부관을 붙일 수 없는 채광계획인가에 대해
서도 의제되고 있는 산림훼손허가와 관련하여서는 산림훼손기간이
라는 부관을 붙일 수 있는가?

(판결요지)

"채광계획인가를 받으면 광업법 제47조의2에 의하여 산림법 제90조의
규정에 의한 산림훼손허가를 받은 것으로 볼 것이지만 그렇다고 하여
채광계획인가시 산림훼손에 관하여 조건을 붙일 수 없다고 할 수는 없
으므로, 전라북도지사가 원고에게 채광계획인가를 함에 있어 산림훼손
기간을 정하여 이를 조건으로 인가한 이상 그 기간이 만료되면 원고는
산림훼손기간의 연장 또는 새로운 산림훼손허가를 받아야 할 것이다."

2. 주택건설사업계획승인처분취소

(사건의 개요)

원고인 대구대학교가 매수한 토지에 대하여 소유권분쟁이 존재하고
있어 학교용지로의 결정, 등록 등 절차는 거치지 아니한 채 원래 야산이
었던 것을 정지하여 사실상 학교의 실습지로 사용하고 있는 상태에서
그 토지를 포함한 대지를 대상으로 주택건설사업자가 제출한 주택건설
사업계획을 승인한 행정청에 대하여 원고인 대구대학교는 주택건설사업
계획승인의 취소를 청구하였다.

(검토할 쟁점)

1) 주택건설촉진법 제33조 제4항 제1호에 의하면 사업주체가 주택건설사업계획의 승인을 얻은 때에는 구도시계획법 제12조(현 도시계획법 제24조)에 의한 도시계획시설결정을 받은 것으로 의제된다. 피고는 주택건설사업계획의 승인에 있어서 도시계획시설결정을 받는데 필요한 도시계획법 소정의 도시계획확정절차인 주민 등의 의견청취, 관계지방의회의 의견청취 및 중앙도시계획위원회의 의결 등을 거쳐야 하는가?

2) 피고인 건설교통부장관은 사업계획승인에 대한 심사시 승인의 실체적 내용인 신청한 주택이 도시계획법이 정한 도시계획시설로서 적정하고 신청대상토지가 주택건설용지로 적정한 것인지 여부에 대하여 협의기관인 대구직할시장과 협의하지 않았다면, 그리고 대구직할시장의 반대의견을 무시하고 건설교통부장관이 사업계획승인을 하였다면 그 승인결정은 위법한 것이 되는가?

3) 채광계획에 대한 인가심사시 산림훼손에 관한 사항을 고려하여 채광계획인가에 기간을 붙인 것을 적법하다고 본 판례(대판 96누15213)와 주택건설사업계획에 대한 승인심사시 도시계획시설결정에 대한 절차규정들을 밟을 필요가 없다고 본 이 판례의 입장은 상호 조화될 수 있는가?

(판결요지)

"도시계획법(1989. 12. 30,. 법률 제4183호로 개정되기 이전의 것) 제12조 제1항, 제16조의2 제2항 등에 의하면 도시계획을 결정하거나 변경함에 있어서는 건설부장관이 관계지방의회의 의견을 들은 후 중앙도시계획위원회의 의결을 거쳐야 하고, 시장 또는 군수가 도시계획을 입안하고자 하는 때에는 주민들의 의견을 청취하여야 하나, 주택건설촉진법(1991. 3. 8., 법률 제4339호로 개정되기 이전의 것. 이하 촉진법이라 줄

여 쓴다) 제33조 제1항, 제4항, 제6항에 의하면 건설부장관이 주택건설
사업계획을 승인하고자 하는 경우에 그 사업계획에 제4항 각호의 1에
해당하는 사항이 포함되어 있는 때에는 관계기관의 장과 협의하여야 하
고, 사업주체가 제1항에 의하여 사업계획의 승인을 얻은 때에는 도시계
획법 제12조에 의한 도시계획의 결정(단, 동법 제2조 제1항 제1호 나. 다
목의 도시계획결정에 한한다) 등을 받은 것으로 보는 바, 위 각 규정의
내용과 촉진법의 목적 및 기본원칙(촉진법 제1조 내지 제2조)에 비추어
보면 건설부장관이 촉진법 제33조에 따라 관계기관의 장과의 협의를 거
쳐 사업계획승인을 한 이상 같은 조 제4항의 허가·인가·결정·승인 등이
있는 것으로 볼 것이고, 그 절차와 별도로 도시계획법 제12조 등 소정의
중앙도시계획위원회의 의결이나 주민의 의견청취 등 절차를 거칠 필요
는 없는 것이다."

　"한편 기록에 의하면 원고는 건설부장관이 촉진법 제33조 제6항에 의
하여 관계기관의 장과 협의할 사항은 도시계획법 등에 정한 도시계획시
설설치결정 등의 적정여부 등 신청대상토지가 주택건설용지로 적정한
것인지 여부라고 할 것인데 이 점에 대하여는 대구직할시장과 협의를
한 바 없으므로 이 사건 사업계획승인처분은 부적법하다는 주장을 하고
있는 바(기록 90면), 원심이 이 점에 대하여 판단하지 아니한 것은 잘못
이라 할 것이다.

　그러나 촉진법시행령 제32조의2 제3항에 의하면 건설부장관이 촉진법
제33조 제6항에 의하여 관계기관의 장에게 협의를 요청하는 때에는 주
택건설사업계획서, 주택과 부대시설 및 복리시설의 배치도 등 시행령 제
32조 소정의 관계서류사본을 첨부하게 되어 있으므로 특별한 사정이 없
는 한 이 사건에서도 위 서류들이 대구직할시장에게 송부되었다고 볼
것이고, 거기에 을 제2호증의 1, 2(협의회시와 의견서)의 각 기재를 종합
하여 보면 이 사건 주택건설사업계획승인에 있어서도 위와 같은 사항은
협의가 이루어졌다고 보아야 할 것이므로 원심의 위와 같은 판단유탈은

판결에 영향이 없어 논지는 결국 이유 없다."

Ⅱ. 주된 인·허가의 심사에 있어 의제되는 인·허가 규정들의 의미

1. 인·허가의제에 관한 입법상황

복합민원을 대상으로 인·허가의제제도가 본격적으로 도입되기 시작한 것은 1980년대에 이르러서인 것으로 보인다. 1970년대에도 도시계획법(1971), 산업기지개발공사법(1973), 도로법(1976), 농촌근대화촉진법(1977), 한국토지개발공사법(1978) 등에서 발견되나, 80년대초 경제성장 추세가 둔화되자 성장촉진을 위한 제도개선작업을 추진하면서 다수의 인·허가의제제도가 등장하게 된 것이다. 한 실무자의 보고에 따르면 인·허가를 의제하는 법률의 수는 1994년 5월 현재 약 40여개에 이른다고 한다.153)

입법과정에서 인·허가의제 제도는 필요한 인·허가이지만 주된 인·허가와 관련되는 경우에는 해당 행정기관과 사전협의를 조건으로 관련인·허가를 받은 것으로 처리해주는 제도로 이해되고 있어서,154) 대부분의 인·허가의제법률들은 사전협의를 거치도록 규정하고 있다.

---

153) 각각의 법률들과 그 내용에 대해서는 이익현, 인·허가의제제도에 관한 연구, 법제, 1994. 5 (제437호) 110면 이하 참조.
154) 이익현, 전게논문, 108면.

2. 의제되는 인·허가규정들의 의미

인·허가의제제도는 복합민원을 처리함에 있어 관련 인·허가들 중의 일부에 대하여 복수의 관할행정청간의 갈등과 중복된 심사를 피하고 신속한 심사를 하기 위하여 복수의 인·허가관할권들을 주된 인·허가의 심사기관으로 통합하고 절차를 간소화한 것이다. 즉, 복합민원사항의 일부에 대한 결정권과 절차의 통합이 주된 목적이다. 그러나, 주된 인·허가 행정청은 의제되는 인·허가업무에 대한 처리경험이 없고 전문성이 약해 의제되는 인·허가의 실체적 요건들에 대한 심사를 소홀히 할 우려가 있다. 그래서, 인·허가의제를 규정한 법령들은 의제되는 인·허가 행정기관과 사전협의를 거치도록 한 경우가 많아 주된 인·허가 행정청의 전문성을 보완하게 하고 있다. 그러나 사전협의를 거치도록 하는 규정이 없거나 사전협의를 거친 후에도 주된 인·허가 행정청과 의제되는 인·허가 행정기관의 의견이 다른 경우 의제되는 인·허가규정들이 주된 인·허가 행정청을 구속할 것인지 하는 의문이 제기된다.

주된 인·허가의 심사에 있어 의제되는 인·허가 규정들의 의미를 둘러싸고 세 가지의 견해가 존재할 수 있다. 의제되는 인·허가의 실체적·절차적 규정들 모두가 주된 인·허가의 심사시 전면적으로 적용 또는 존중되어야 한다는 전면적 적용설과, 실체적 규정들만이 적용 내지 존중되어야 한다는 실체적 규정의 적용설, 그리고 실체적 규정들도 그 효력을 잃는다는 적용부인설이다. 적용여부에 대해서도 엄격한 적용을 지지하는 입장과 엄격한 적용이 아니라 주된 인·허가에 대한 재량을 행사함에 있어 형량요소로 보아야 한다는 입장을 나누어 볼 수 있을 것이다.155) 이

---

155) 이상의 견해들은 독일 연방행정절차법 제72조 이하에 규정된, 계획확정행정청에 관련된 모든 다른 인·허가 행정청의 결정권을 집중시킨 계획확정절차에서, 다른 인·허가 규정들의 적용여부를 둘러싸고 나타난 견해들을 참조한 것이다. 독일의 계획확정제도는 우리의 부분적이고 제한적인 인·허가의제제도에 비하여 훨씬 더 광범위하

하에서 보다 자세히 검토한다.

1) 실체적 규정들에 대한 고려의무의 존재여부와 고려방법

(1) 실체적 규정들에 대한 고려의무의 존재여부

인·허가의제제도는 복합민원을 처리함에 있어 복수의 관할행정청간의 갈등과 중복된 심사를 피하여 신속한 심사를 하기 위한 것이지만, 실체적 규정들의 적용에 있어 면제의 특권을 인정하자는 것은 아니다. 의제된 인·허가의 실체적 요건들과 주된 인·허가의 실체적 요건들은 서로 관련성이 높아 중복되는 부분이 많지만, 개별 특별법에서 입법자가 각각의 인·허가제도를 별도로 도입한 것은 보호해야 할 다른 구체적 공익이 있기 때문이므로, 그 요건들에 서로 다른 부분들이 나타나게 된다.

행정은 법치행정의 원리에 의해 법을 준수하여야 하므로 주된 인·허가규정이 아닌 다른 공법규정들도 위반해서는 안된다. 문제된 복합민원과 관련해서만 심사의 신속성이나 법적용의 복잡성을 이유로 그 실체적 요건이 중복되지 않은 인·허가규정들의 적용을 면제시키는 것은 적용을 면제받지 않는 그 밖의 단순민원의 사업자들과 비교할 때도 형평에 맞지 않는다. 또, 누구도 합리적인 이유 없이 법 앞에 불평등한 대우를 당해서는 안되고, 어떤 사업자도 특정 실체법의 적용면제라는 특권을 부당

고 근본적인 방식에 의해 복합민원에 대응한 것이어서 거기에서 개발된 학설들이 인·허가의제제도의 해석에 그대로 이용될 수는 없을 것이다. 이상의 학설들에 관한 소개는, Hans D. Jarass, Konkurrenz, Konzentration und Bindungswirkung von Genemigungen, 1984, 53-59면, 그리고 Michael A.Wagner, Die Genemigung umweltrelevanter Vorhaven in parallen und konzentrierten Verfahren, 1987, 170-185면 참조. 실체적 규정의 적용설이 다수설이다. 그러나 독일의 계획확정절차는 매우 충실한 정식절차로서 관계 행정청의 참가와 이해관계있는 제3자의 절차적 권리가 일반 행정절차보다 더 잘 보호되고 있다는 점을 고려한다면, 의제되는 인·허가의 절차적 규정들의 적용여부에 관한 한국의 해석모델로서는 한계가 있다.

하게 누려서도 안될 것이다.

따라서, 의제가 된다 하더라도 의제되는 인·허가규정들은 주된 인·허가의 심사에 있어 무시되어서는 안된다. 주된 인·허가 행정청은 주된 인·허가의 요건심사와 내용결정을 할 때 의제되는 인·허가규정들의 실체적 요건들을 의무적으로 함께 고려하여야 하고 고려여부에 관한 재량을 갖지는 못한다고 해석하여야 할 것이다. 주된 인·허가 행정청이 의제되는 인·허가의 실체적 규정들에 엄격하게 구속당하는가 아니면 그의 보다 넓어진 재량을 행사함에 있어 형량요소로 고려하면 될 것인가? 그것은 적용할 법령의 문언, 의제되는 인·허가제도가 보호하는 구체적 공익의 성격, 인·허가 대상지역 그리고 이웃주민이나 다른 사업자에게 미치는 영향 등을 함께 고려하여 판단하여야 할 것이다.

결국, 인·허가의 의제로 인하여 주된 인·허가 행정청은 의제된 규정들을 고려하여야 하기 때문에 보다 넓은 재량과 형성의 자유를 가지며, 주된 인·허가결정은 의제된 인·허가 행정청까지 구속하기 때문에 구속력의 확장을 가져온다.

(2) 실체적 규정들에 대한 고려방법과 부관의 설정가능성

복합민원의 경우 주된 인·허가는 다른 공익이나 이웃주민이나 경업자의 사익에 영향을 미치지만, 특히 의제된 인·허가규정들이 보호하던 공익과 사익들의 보호가 문제된다. 인·허가의제로 인해 구속력이 다른 법령에 의해 규율되는 인·허가행정분야에까지 미치기 때문에 의제되는 인·허가규정들이 보호하던 공익들과 제3자의 이익들에 대한 보호수단이 없다면 구속력의 확장은 매우 부당한 법익침해를 수인하도록 요구하는 결과가 될 것이다.

다른 공익이나 제3자에 대한 피해를 방지하기 위한 방법으로는, 주된 인·허가의 실체적 요건들과 함께 의제된 인·허가의 실체적 요건들을 고려하여 인·허가여부를 결정하거나, 의제된 인·허가의 실체적 요건들을 고려한 부관을 설정하는 방법이 있다.156) 또, 이웃주민과 같은 이해관계 있는 제3자에게 금전보상청구권이나 토지의 매수청구권을 인정하는 방법도 있다.157) 부관은 비례원칙에 반하여 허가신청자의 사업계획과 조화를 이룰 수 없을 정도로 과잉의 것을 요구하거나 다른 공익이나 제3자의 이익에 대한 위해방지에 필요한 능력에 비추어 과소의 것을 요구해서는 안된다. 부관으로는 부담이 가장 많이 이용될텐데, 예를 들어, 소음차단벽, 배수시설, 사업의 영업시간의 규제나 야간비행의 제한 등의 조치들이 이에 해당된다. 부관을 설정하는 경우에는 피해를 입을 우려가 있는 이해관계인의 의견을 반영하여 가장 피해가 없는 수단을 선택하여야 한다. 가령 건설허가신청자의 시설로부터 위험방지를 내용으로 하는 부담을 부과할 경우, 위험방지를 위한 차단시설의 종류를 선택함에 있어서 이해관계인의 의견을 반영하여야 할 것이다.

2) 절차적 규정들에 대한 고려의무의 존재여부와 고려방법

인·허가의제를 규정한 우리나라의 법령들은 주된 인·허가의 심사를 하는 행정청이 의제되는 인·허가 행정청과 사전협의를 거치도록 하는 경우가 많다. 그러나 주된 인·허가법령에서 사전협의를 규정하지 않거

---

156) 부관의 설정에 의해 충돌하는 이익들을 조정할 필요성을 인식하여 부관의 설정가능성을 규정한 입법례도 있다. 즉, 독일 연방행정절차법 제74조 제2항 제2문은 행정청이 "공익이나 타인의 권리에 대한 피해를 방지하기 위하여 필요한, 방지수단이나 시설의 설치 및 관리"를 위한 조치를 사업신청자에게 부과할 수 있도록 규정하고 있는데, 이 조치의 성질은 부담으로 이해되고 있다.

157) 이러한 방지수단이나 시설의 설치관리가 매우 곤란하거나 사업과 조화되기 어려운 경우에는 이해관계인에게 적절한 금전보상청구를 인정하는 입법례도 있다. 독일 연방행정절차법 제74조 제2항 3문, 독일 연방고속도로법(Bundesfernstraßengesetz) 제17조 제4항 1문 참조. 이 때는 방지시설의 설치관리의 비용과 보상해야 할 피해이익을 비교형량하여야 한다.

나 협의이외에 제3자의 이익을 보호하는 절차들에 대해서는 아무런 규정이 없을 때, 주된 인·허가 행정청이 의제되는 인·허가의 절차적 규정들을 무시해도 좋은가 하는 문제가 제기된다.

주된 인·허가의 심사에 있어 의제되는 인·허가의 절차적 규정들을 적용 내지 존중할 것인지 여부는 실체적 규정들과는 달리 접근해야 한다. 의제되는 인·허가의 절차규정들을 모두 준수하도록 요구하는 것은 인·허가의제를 통하여 심사절차를 간소화함으로써 달성하려는 심사의 신속성을 방해할 것이기 때문이다. 또 절차규정들 사이에 상호충돌이 일어날 수도 있다.

그러나 의제되는 인·허가의 모든 절차적 규정들을 무시해도 좋다고 해석하는 것은 타당하지 않다. 의제되는 인·허가의 절차규정들 중에는 다른 행정청에 인·허가신청사실을 통지하도록 하거나 일정한 기간 내에 의견을 제출하거나 참가하도록 하거나 동의나 승인 등을 얻도록 한 것들이 있다. 이해관계 있는 사인의 이익을 보호하기 위한 청문이나 의견제출절차와 같은 규정들도 있다. 경우에 따라서는 의제되는 인·허가의 절차적 규정들을 무시하는 것은 지방자치단체의 자치사무에 속한 허가권을 국가가 침해하는 것일 수도 있고, 제3자의 법률상 보호이익을 침해하는 결과를 가져올 수도 있다.

그러므로, 의제되는 인·허가의 절차규정들에 대해서는 실체적 규정들과 비교할 때 주된 인·허가 행정청에게 보다 넓은 절차재량이 인정되지만, 주된 인·허가 행정청은 적어도 다른 행정청의 관련업무에 대한 인·허가를 의제할 수 있는 신청이 제기되었다는 사실을 통지해야 하고, 법률상 보호되는 이익이 관련된 제3자의 의견제출권을 보장할 의무를 진다고 보아야 할 것이다.

종합하면 의제되는 인·허가에 관한 규정들 중 실체적 규정들에 대해서는 모두 적용하거나 존중해야 한다는 입장을 취하되, 절차적 규정들에 대해서는 보다 넓은 절차재량이 인정되지만, 적어도 모든 의제되는 인·

허가 행정청에 대해 관련 인·허가의 신청이 있다는 사실을 통보해야 하고, 법률상 보호이익과 관련된 제3자에 대해서도 의제되는 인·허가의 절차적 규정들이 존중되어야 한다는 입장을 취하기로 한다.

실제로는 주된 인·허가를 받은 사업자가 나중에 다시 의제되는 인·허가 행정기관에 관련 인·허가의 의제를 받았다는 사실을 관련서류와 함께 신고하고 있기 때문에, 주된 행정청이 사전에 관련된 인·허가의 신청이 이루어졌음을 통지하도록 하는 해석은 사업자의 권리보호차원에서도 필요하다고 본다.

Ⅲ. 채광계획과 주택건설사업계획에 대한 심사에 있어 의제되는 인·허가규정들의 의미

1. 채광계획에 대한 심사에 있어 산림훼손허가규정들의 의미

1) 채광계획인가의 절차 및 법적 성질과 산림훼손허가의 의제

(1) 광업권특허의 절차와 법적 성질

광물은 국가산업의 기초가 되는 자원으로서 매우 제한되어 있는 것이기 때문에 광업권에 대해서는 광업법에 의하여 매우 엄격한 규제가 가해지고 있다. 광업권은 물권으로 인정되지만(광업법 제12조 제1항), 존속기간은 25년을 초과할 수 없다(동법 제14조 제1항).

광업권을 취득하고자 하는 자는 광물채굴지점을 명시한 구역도와 광상에 관한 명세서를 첨부하여 산업자원부장관에게 출원하여 허가를 받아야 한다(동법 제17조 제1, 2항). 통상산업부장관은 광해방지를 위하여 필요한 설비설계서의 제출을 명할 수 있고(동법 제20조), 광물채굴이 공익을 해하거나 국가중요건설사업에 지장이 있을 때는 허가를 거부하거나 출원구역을 감소하여 허가할 수도 있으며(동법 제29조 제1항, 제2항), 다른 공익을 고려하여 일정한 조건을 붙일 수도 있다(동법 제29조의2). 또, 산업자원부장관은 광업권의 허가를 한 후에도 광업이 공익을 해한다고 인정하거나 광물의 채굴이 국가중요건설사업에 지장을 초래할 때에는 광업권의 취소 또는 광구의 감소처분을 해야 한다(동법 제39조 제1항, 제2항). 광업권자는 광업권의 설정등록일로부터 2년 내에 채광을 개시하여야 하며(동법 제45조 제1항), 채광을 개시하기 전에 산업자원부장관에게 채광계획을 신고하여야 한다(동법 제46조 제1항). 이러한 법규정들을 고려할 때 광업권의 허가는 행정이 공익을 고려하여 상당히 넓은 재량을 가지고 심사해야 하는 재량행위라고 할 수 있을 것이다.

(2) 채광계획인가의 절차

광업권자는 채광을 개시하기 전에 채광계획서를 작성하여 산업자원부장관의 인가를 받아야 하는데 이를 변경하고자 하는 경우에도 그러하다(동법 제47조 제1항). 채광행위에 대하여 관할관청, 소유자 및 이해관계인은 정당한 이유 없이 허가 또는 승낙을 거부할 수 없다(동법 제48조 제2항). 광업권자는 채광계획의 인가를 받지 않고는 광물을 채굴 및 취득할 수 없으며(동법 제47조 제2항), 산업자원부장관은 광업의 합리적인 개발을 위하여 필요하다고 인정할 때에는 광업권자에 대하여 채광계획의 변경을 명할 수 있다(동법 제47조 제3항). 채광계획을 인가함으로써 림목의 벌채, 림산물의 채취 및 산림형질변경의 허가가 의제된다(동법 제47조의2 제1항 제2호).

(3) 채광계획인가의 법적 성질과 산림훼손허가의 의제

① 판례는 채광계획인가를 기속재량행위로 보는 경우도 있고 재량행위로 보는 경우도 있다. 우선, 기속재량행위로 본 판례는, "광업권자는 광업법 소정의 채굴제한 등 특별한 사유가 없는 한 인가된 채광계획구역에서 등록된 광물을 채굴하여 자유롭게 처분할 수 있고 또한 동일광상 중에 부존하는 다른 광물이나 골재를 부수적으로 채굴·채취할 수 있다 할 것이고, 한편 주무관청이 광업권자의 채광계획을 불인가하는 경우에는 정당한 사유가 제시되어야 하고 자의적으로 불인가를 하여서는 아니될 것이므로 채광계획인가는 기속재량행위에 속하는 것으로 보아야 하며, 일반적으로 기속재량행위에는 부관을 붙일 수 없고 가사 부관을 붙였다 하더라도 이는 무효이므로, 주무관청이 채광계획의 인가를 함에 있어 '규사광물 이외의 채취금지 및 규사의 목적외 사용금지'를 조건으로 붙인 것은 광업법 등에 의하여 보호되는 광업권자의 광업권을 침해하는 내용으로서 무효이다"고 한다.(대판 96누12269 ; 동지의 판례로는, 대판 92누19477)

재량행위로 본 판례는 "채광계획인가를 받으면 광업법 제47조의2에 의하여 산림법 제90조의 규정에 의한 산림훼손허가를 받은 것으로 볼 것이지만 그렇다고 하여 채광계획인가시 산림훼손에 관하여 조건을 붙일 수 없다고 할 수는 없으므로, 전라북도지사가 원고에게 채광계획인가를 함에 있어 산림훼손기간을 정하여 이를 조건으로 인가한 이상 그 기간이 만료되면 원고는 산림훼손기간의 연장 또는 새로운 산림훼손허가를 받아야 할 것이다"고 한다. (대판 96누15213)

② 채광계획인가의 법적 성질에 관하여 이상의 두 판례는 외견상 다른 입장을 취하고 있다. 그러나 채광계획인가는 채광행위 그 자체와 관련해서는 기속재량행위이지만 의제규정이 적용되어 산림훼손허가와 관

런될 때에만 재량행위로 전환된다고 해석하면 두 판례는 상호 모순되지 않는다고 이해할 수도 있다.

　그러나 이 해석에는 두 가지 난점이 있다. 첫째, 산업자원부장관은 광업법 제47조 제3항(1993년 3월 6일 개정)에 의하여 광업의 합리적인 개발을 위하여 필요하다고 인정할 때에는 광업권자에 대하여 채광계획의 변경을 명할 수 있기 때문에, 채광계획을 인가하면서 합리적인 개발에 필요하다면 채광계획의 소극적 변경행위로서 채광계획서상의 채광행위의 일부제한은 가능하고, 이를 위하여 소극적인 성격의 부관을 붙이는 것은 가능하지 않을까 보여진다. 이러한 입장에서는 채광계획인가도 제한적인 범위에서 행정청에 채광계획서상의 채광계획에 대한 일정한도의 축소에 관한 재량이 인정된 재량행위라고 볼 수 있지 않을까 한다. 이 사안에서 행정청이 붙인 부관 중 '규사광물이외의 채취금지'라는 부분을 붙인 것은 이를 통하여 규사광물채굴의 허가를 받아놓고 골재를 다량으로 채굴하여 산림을 황폐화시키고 주위에 환경문제, 교통문제 및 기존 농민들의 농업피해 등을 야기하는 것과 같은 사태를 방지하려는 목적이 있었던 듯하다.

　둘째, 채광행위가 산에서 이루어지는 한 채광행위는 언제나 산림훼손을 수반하기 때문에 산림훼손허가의 의제규정은 채광계획인가시에 항상 적용될 수밖에 없다는 점이다. 물론 산에서 채광행위가 이루어지지 않는 한 산림법의 적용은 문제되지 않는다. 산림훼손행위 내지 산림형질변경행위를 재량행위로 보는 것은 대법원의 일관된 입장이다. 즉, "산림훼손행위는 국토의 유지와 환경의 보전에 직접적으로 영향을 미치는 행위이므로 법령이 규정하는 산림훼손 금지 또는 제한지역에 해당하는 경우는 물론 금지 또는 제한지역에 해당하지 않더라도 허가관청은 산림훼손허가신청 대상토지의 현상과 위치 및 주위의 상황 등을 고려하여 국토 및 자연의 유지와 환경의 보전 등 중대한 공익상 필요가 있다고 인정될 때에는 허가를 거부할 수 있고, 그 경우 법규에 명문의 근거가 없더라도 거부처분을 할 수 있으며"라고 한다.(대판 93누4854 ; 동지의 판례로는, 대판 95누6113 ; 대판 99두66 등 참조)

산림에서 채굴행위를 할 때는 산림법상의 산림훼손(형질변경)허가규정이 의제되어 행정청의 재량이 확대된다는 점을 고려한다면 산림훼손과 관련된 채광계획인가는 재량행위라고 볼 수밖에 없게 된다.

채광이 농지에서 이루어지는 경우에는 농지전용허가가 의제되고 하천에서 이루어진 경우에는 하천점용허가가 의제된다.(광업법 제47조의2의 제4호, 제6호) 이러한 경우에도 채광계획인가는 재량행위로서 각각 농지보호와 하천보호를 위한 사항들을 고려하여 채광계획인가여부를 심사하여야 할 것이다.

③ 그러나 채광계획인가를 기속재량행위로 보면서 채광계획인가에 부관을 붙인 행위는 광업권을 침해하는 행위로서 무효라고 판단한 것은 광주고등법원과 대법원 모두의 일치된 견해이다.

그 근거들은, 첫째, 광업권자는 광업법 소정의 채굴제한 등 특별한 사유가 없는 한 인가된 채광구역에서 등록된 광물을 채굴하여 자유롭게 처분할 수 있고 또한 동일광상 중에 부존하는 다른 광물이나 골재를 부수적으로 채굴·채취할 수 있다는 것이다.

광업권은 특허출원시 광물채굴지점을 명시한 구역도와 광상에 관한 명세서를 첨부하여 산업자원부장관에게 출원하여야 하며(동법 제17조 제1항, 제2항), 다른 공익을 고려하여 광업권에 일정한 조건을 붙여 특허할 수도 있는 등(동법 제29조의2), 광업권은 특허출원과정에서도 엄격한 심사를 받아야 하고, 심사행정청에는 넓은 재량이 인정되고 있을 뿐만 아니라 행정청의 사후감독도 강화되어 있다.

그러나 광업권은 물권으로 인정되고 있으며(동법 제12조 제1항), 물권은 민법상 처분권과 사용수익권이 인정된다. 이 중 광업권 자체는 외국인소유가 제한되며(동법제6조), 상속 등에 의한 권리변동시 산업자원부

장관에게 신고하지 않으면 효력이 발생하지 않는 등(동법 제32조 제2
항), 권리변동을 일반적인 다른 물권보다 더 제한하고 있지만, 광업권을
이용하여 채광한 후 나온 광물의 판매에 대해서는 다른 법령에 의한 제
한을 위반하지 않는 한 자유로이 처분할 수 있다고 보는 것이 물권의 성
질에 맞는 해석일 것이다. 따라서 부관중 '규사의 목적외 사용금지'라는
부분은 채광권자의 광물처분권을 부당하게 제한하는 것으로서 위법이라
고 할 것이다.

  문제되는 점은 동일광상 중에 부존하는 다른 광물이나 골재를 부수적
으로 채굴·채취할 수 있는가 하는 점이다. 광업권자는 채광을 개시하기
전에 채광계획서를 작성하여 산업자원부장관의 인가를 받아야 하는데
이를 변경하고자 하는 경우에도 그러하며(동법 제47조 제1항), 또, 광업
권자는 채광계획의 인가를 받지 않고는 광물을 채굴 및 취득할 수 없다
(동법 제47조 제2항). 이 두 법조문을 고려할 때 다른 부수적인 광물이라
하더라도 채광계획서에 채광할 것으로 계획하여 인가를 받지 않는 이상
그 광물을 채광할 수 없다고 보아야 할 것이다. 물론 채광계획서가 그
부수적인 광물까지 포함하고 있는 것으로 볼 수 있는 것인가는 구체적
으로 그 채광계획서와 인가 받은 광물과 부수적인 광물의 성질차이 등
을 검토하여야 밝혀질 문제일 것이다. 그러나 골재 그 자체는 광물채굴
행위에 수반하여 나오는 소량의 골재이외에는 광물이라고 볼 수 없어
광물법의 적용대상이 아니므로 다른 법에 의해 채취허가를 받아야 한다.
만약 채광업자가 규사채굴 이외에 의도적으로 골재를 대량으로 채취했다
면 그것은 골재채취허가를 받지 않은 것이므로 위법한 것이 될 것이다.

  둘째, 광업권자의 채광계획을 불인가하는 경우에는 정당한 사유가 제
시되어야 하고 자의적으로 불인가하여서는 안되는 기속재량행위이기 때
문에 부관을 붙일 수 없고 부관을 붙이더라도 무효라는 점을 근거로 제
시하였다. 광업법 제48조 제2항은 채광행위에 대하여 관할관청, 소유자
및 이해관계인은 정당한 이유 없이 허가 또는 승낙을 거부할 수 없다고

하고 있기 때문에 판례의 이 입장 또한 법률에 명문의 근거를 가지고 있는 듯하다.

그러나 생각건대, 이 판례(대판 96누12269)에서 행정청은 채광행위의 인가를 거부한 것이 아니다. 또, 광업법 제47조의 2에 의하여 산림훼손과 관련해서는 산림법상의 산림훼손(형질변경)허가규정이 의제적용되고 농지전용과 관련해서는 농지전용허가가 의제되는 등 채광지에 따라서 각각 해당 토지에 적용되는 법령상의 허가가 의제되고 있으므로 행정청의 채광계획인가행위는 의제규정과 함께 그 법적 성질을 분석하여야 할 것이므로 재량행위라고 보아야 할 것이다.

④ 채광계획인가의 법적 성질에 대해 외견상 상이한 대법원의 두 판례(대판 96누12269와 대판 96누15213)를 분석한 결과를 다음과 같이 요약할 수 있을 것이다.

첫째, 채광계획인가도 제한적인 범위에서 행정청에 채광계획서상의 채광계획에 대한 일정한도의 축소에 관한 재량이 인정된 재량행위라고 볼 수 있고, 또 의제되는 인·허가의 실체적 규정들에 대한 고려의무가 존재하며, 그 고려방법으로 부관을 설정하는 것은 가능하다.

둘째, 채광계획인가시 산림훼손에 관하여 조건을 붙일 수 있으므로, 채광계획인가를 함에 있어 산림훼손기간을 정하여 이를 조건으로 인가할 수 있고, 그 기간이 만료되면 산림훼손기간의 연장 또는 새로운 산림훼손허가를 받아야 할 것이다. 따라서 대상판례(대판 96누15213)의 판지는 정당하다.

다만, 의제되는 인·허가의 실체적 규정들을 고려하기 위하여 부관을 설정하는 경우에도 비례원칙에 적합하도록 최소한의 이익침해를 가져오는 부관을 붙여야 할 것이므로 보통의 경우에는 부담이 적합할 것이다.

셋째, 채광계획인가도 채광계획에 대한 일정한도의 축소에 관한 재량이 인정된 재량행위이고, 의제되는 인·허가의 실체적 규정들에 대한 고려의무가 존재하며 그 고려방법으로 부관을 설정하는 것도 가능하므로, 다른 대법원 판결(대판 96누12269)이 채광계획인가는 기속재량행위로서 부관을 붙일 수 없고 부관을 붙여도 무효라고 판시한 것은 의문이다. '규사광물 이외의 채취금지 및 규사의 목적외 사용금지'라는 부관 중 '규사광물이외의 채취금지'라는 부관은 채광계획서에 대한 심사를 통하여 신청한 채광계획을 감축하여 채광계획을 인가한 것으로 볼 수 있기 때문이다.

그러나 '규사의 목적외 사용금지'라는 부관부분은 부당하다고 본다. 광업권은 물권이므로 광업권을 이용하여 채광한 후 나온 광물의 판매에 대해서는 다른 법령에 의한 제한을 위반하지 않는 한 자유로이 처분할 수 있다고 보는 것이 물권의 성질에 맞는 해석일 것이기 때문이다. 논지의 근거에 대해서는 찬성할 수 없지만 결국 '규사광물 이외의 채취금지 및 규사의 목적외 사용금지'라는 부관은 위법이라는 점은 동의한다. 그러나 이 부관의 위법은 무효사유에는 해당되지 않고, 단지 취소사유에 그친다고 본다.158)

---

158) 이 부관은 그 성질상 부담에 해당되고 채광계획인가의 본질적 요소는 아닌 것으로 보인다. 따라서 이 부담부분만을 대상으로 취소판결하는 것도 가능할 것이다. 다만 이 사건(대판 96누12269)에서는 선행하는 채광계획인가에 붙인 부관을 근거로 하여 행정청이 규사채취중단처분을 내리고 원고가 그것의 취소를 구한 사건이었기 때문에 직접 채광계획인가의 취소가 청구된 것은 아니었다. 이 논문에서 검토하고자 하는 것은 채광계획인가의 법적 성질과 부관의 가능성에 관한 것이기 때문에 더 이상의 검토는 생략한다.

2. 주택건설사업계획의 승인심사의 성질 및 절차와 도시계획 시설결정의 의제

1) 주택건설사업계획승인의 종류와 성질

① 주택건설촉진법은 일정한 호수(20호), 또는 세대(20세대)(주택건설 촉진법시행령 제32조 제1항) 이상의 주택을 건설하는 경우에 적용되는 법으로서 공동주택, 그 중에서도 아파트 건설을 위한 특별법이라고 할 수 있다. 주택건설촉진법의 적용을 받는 아파트가 건설되는 경우는 크게 세 가지로 나누어 볼 수 있다. 첫째, 도시계획상 분류되고 있는 지구 제의 하나인 아파트지구가 지정되어 그 지구에서 일정한 절차를 거쳐 아파트가 건설되는 경우, 둘째, 도시지역의 시급한 택지난을 해소하려는 목적으로 새로운 주거단지를 공급하기 위하여 택지개발촉진법에 따라 택지개발사업을 완료한 후, 그 택지상에 새로운 아파트를 건설하는 경우, 셋째, 도시계획법상 분류되고 있는 용도지역들 중의 하나인 주거지역으로 지정된 곳에서 아파트를 건설하는 경우이다.

앞의 두 경우는 도시전체를 그 대상으로 하는 일반도시계획에서 아파트지구로 확정되었거나, 건설교통부장관이 간여하는 주택정책심의위원회의 심의를 통하여 확정된 택지개발사업이 선행하므로 아파트 건설이 계획적으로 진행되는 경우이다. 세 번째는 아파트지구의 지정도 없고, 택지개발사업이 선행하지 아니하는 경우로서 계획적으로 아파트가 건설되지 않는 경우이다. 이는 주거지역내에 우연히 일정한 면적의 공터 등이 있거나, 기존 주택의 노후화 등으로 인하여 이를 재건축하고자 하는 경우에 주로 사용되는 방법이다. 이러한 경우에는 아파트건설도 상대적으로 소규모로 행해진다.

주택건설사업계획승인을 받은 사업자는 지구내 토지면적의 3분의 2이상의 소유권을 취득한 경우로서 공익상 중대한 필요가 있을 때에는 나머지 토지를 수용하기 위한 신청을 할 수 있게 되는데(주택건설촉진법 제22조 제2항 제1호), 대부분의 경우 토지의 소유권이 이미 확보되어 있어서 수용되는 경우는 드물다고 한다.159)

② 이 판례에서 문제된 경우는 세 번째에 해당되는 경우이다. 주택건설사업계획의 승인은 행정청에게 계획결정에 관한 광범위한 재량의 여지가 부여되는 행위이다. 판례도 주택건설사업계획의 승인은 수익적 행정처분으로서 재량행위라는 입장이다(대판 99두1052). 따라서 사업승인을 할 것 인지의 여부는 행정청이 주거수요, 환경문제 등을 고려하여 종합적으로 판단할 수 있으므로, 승인권자는 그 승인에 있어 법령에 근거가 없는 입지심사 등의 절차를 거치게 하거나 법령에 없는 사유를 들어서도 거부할 수 있는 것이다.(대판 96누12927 ; 대판 95누9020 ; 대판 96누16698) 또, 행정청은 그 승인을 하면서 진입도로건설 후 기부채납이라는 부관을 붙일 수도 있다(대판 96누16698 ; 대판 95다3541).

건축법상의 건축허가에 대해서는 학설과 판례상 기속행위로 이해되어 왔지만,160) 사업승인은 다세대주택이나 아파트를 그 대상으로 하는 것으로서 특별도시계획의 일종으로 이해하여 행정청의 계획재량을 인정하고 있는 것이다.

---

159) 보다 상세한 설명은, 김종보, 건축행정법, 1999, 267-268, 278면 참조.

160) 최근 하급심을 중심으로 건축허가에 대해서도 일정한 경우 제한적으로 행정청의 재량을 인정한 판례가 나오고 있다. 건축허가에 있어 행정청의 재량을 인정한 가장 최근의 하급심판결로는 2000년 10월에 나온 서울행정법원의 판결이 있다. 광릉숲 주변에 단독주택건축의 불허가처분을 취소해달라고 신청한 사건에서 법원은 "비록 주택이라 해도 기존 식당 등에서 발생하는 환경오염물질과 겹쳐 그 주변환경을 오염·악화시킴으로써 광릉숲에 서식하는 천연기념물 크낙새의 서식환경에 위험을 가할 수 있다"며 "이 사건 건축불허가 처분은 환경보전의 필요와 중요성이 부각되고 이에 대한 국민의 관심이 고조되어 가는 상황에서 환경을 더 이상 오염·악화시키는 것을 방지하려는 대책"이라고 하였다. 2000년 10월 13일 Netlaw.co.kr 게재.

2) 주택건설사업계획승인절차

주택건설사업계획은 사업시행자가 입안자로서 기초자치단체장을 경유하여 건설교통부장관의 승인을 받아야 하는데, 현재는 법개정에 의하여 수도권지역 또는 광역시지역에서 주택난해소를 위하여 건설교통부장관이 지정하는 지역 안에서의 사업계획에 대해서는 건설교통부장관이 승인권을 가지지만, 그 나머지 사항에 대해서는 광역자치단체장의 승인사항으로 기관위임되었다(주택건설촉진법 제23조 및 동법시행령 제45조 제5호). 대상판례에서는 법개정되기 전이기 때문에 피고가 건설교통부장관으로 되어 있다.

사업계획을 승인함에 있어 사업계획으로 의제되는 사항에 관하여는 관계기관의 장과 협의를 거쳐야 한다. 주택건설촉진법 제33조 제4항 및 제5항은 주택건설사업계획승인으로 도시계획결정, 토지구획정리허가 및 도로점용허가 등이 의제된다고 규정하고 있는데, 사업계획승인행정청은 사업계획을 승인하고자 할 때, 의제되는 인·허가 행정청과 협의하여야 하고 협의요청받은 행정기관은 일정 기간내에 의견을 제출하여야 한다. 사업계획승인전 협의요청해야 할 행정기관은 인·허가권을 갖는 행정청에 한정된다는 것이 대상판례의 입장이다.[161]

3) 도시계획시설결정의 의제와 도시계획법규정들의 의미

① 주택건설촉진법에 의해 주택건설사업계획의 승인은 도시계획시설

---

161) 대법원 1992. 11. 10, 92누1162 판결. "건설부장관이 주택건설사업계획승인을 하기 전에 협의를 거쳐야 할 관계기관의 장이란 촉진법 제33조 제4항 각호의 1에 해당하는 사항을 처리하는 권한을 가진 자임이 법문상 명백하고, 위 제4항은 사립학교 소유의 토지에 대하여 아무런 규정도 두고 있지 아니하므로 그 대상토지가 사립학교의 기본재산에 속하더라도 교육부장관이나 교육감과의 협의를 거쳐야 한다고는 할 수 없다."

결정을 의제하게 된다(동법 제33조 제4항 제1호). 이것은 주택건설촉진법을 도시계획의 특별법으로, 사업계획의 승인을 도시계획의 일종으로 이해한 결과이다.[162] 아파트라는 것도 건축물의 일종으로서 건축법상 건축허가의 대상이 되어야 할 것이지만 비록 한 동의 아파트라 하더라도 건축허가의 대상에서 제외시키고 단순한 건축허가신청서에 대신하여 상세한 내용의 사업계획승인을 받도록 하고 일정한 경우에는 토지수용권 발동까지 신청할 권리를 주고 있는 것이다(주택건설촉진법 제22조 제2항 제1호).

도시계획법[163] 은 도시계획시설결정을 받기 위해서는 주민의 의견청취(동법 제22조 제1항), 관계지방의회의 의견청취(동법 제22조 제5항) 및 중앙도시계획위원회나 시·도 도시계획위원회의 심의 등의 절차(동법 제24조 제3항)를 밟도록 규정하고 있다.

② 주택건설사업계획승인의 심사에 있어 승인심사 행정청은 도시계획시설결정을 받는데 필요한 도시계획법 소정의 도시계획확정절차인 주민 등의 의견청취, 관계지방의회의 의견청취 및 중앙도시계획위원회의 의결 등을 거쳐야 하는가?

의제되는 인·허가의 절차규정들을 모두 준수하도록 요구하는 것은 인·허가의제를 통하여 심사절차를 간소화함으로써 달성하려는 심사의

---

162) 동지, 김종보, 건축행정법, 1999, 284-285면.
163) 2000년 1월 28일 전면 개정되어 동년 7월 1일부터 시행되고 있다. 도시계획결정은 구도시계획법 제12조에 규정되어 있었으나 개정법은 제24조에 규정하고 있다. 그러나 국회, 법제처 및 대법원의 홈페이지에 게재되어 있는 현행법령집은 여전히 주택건설촉진법 제33조 제4항 제1호에서 구도시계획법을 인용하고 있다. 즉, "동법 제12조에 의한 도시계획의 결정(동법 제2조제1항제1호 나목 및 다목에 관한 도시계획의 결정에 한한다)"로 인용하고 있는데, 제2조의 나목 및 다목도 현행 도시계획법에는 존재하지 않고 제3조에 규정되고 있다. 법령의 변화가 빨라 정확성을 유지하는데 어려움이 있을지 모르나 국회 등의 홈페이지에 게재된 현행법령은 대한민국의 현행 법령이라고 할 수 있다. 신속한 정비가 필요하다.

신속성을 방해할 것이고 절차규정들 사이에 상호충돌이 일어날 수도 있다. 그러나 의제되는 인·허가 행정청의 전문적 의견을 반영할 수 있는 기회를 주어야 할 것이므로 모든 절차적 규정들을 무시해도 좋다고 해석하는 것은 타당하지 않다. 적어도 주된 인·허가 행정청이 다른 행정청의 관련업무에 대한 인·허가를 의제할 수 있는 신청이 제기되었다는 사실을 통지해야할 의무를 진다고 보아야 할 것이다.

그런데 주택건설촉진법 제33조 제6항은 건설교통부 장관이 사업계획을 승인함에 있어 사업계획으로 의제되는 사항에 관하여는 관계기관의 장과 협의를 거쳐야 하고, 관계기관의 장은 협의요청을 받은 날로부터 일정한 기간 내에 의견을 제출하도록 규정하고 있다. 사업계획승인전 협의요청해야 할 행정기관은 인·허가권을 갖는 행정청에 한정된다는 것이 대상판례 (대판 92누1162)의 입장인데, 광역도시계획의 원칙적인 주체는 도시계획법 제12조와 제24조에 의하여 광역자치단체장이므로 주택건설사업계획을 승인함에 있어 광역자치단체장과 반드시 사전협의 하여야한다. 그러므로 이 경우에는 주된 인·허가사항에 대한 심사를 함에 있어 의제되는 인·허가 행정청에게 통지가 당연히 이루어지게 된다.

③ 또, 대상판결의 피고인 건설교통부가 사업계획승인에 대한 심사시, 신청한 주택이 도시계획법이 정한 도시계획시설로서 적정하고 신청대상 토지가 주택건설용지로 적정한 것인지 여부 등 승인의 실체적 내용에 대하여 협의기관인 대구직할시장의 반대의견을 무시하고 건설교통부장관이 사업계획승인을 하였다면 그 승인결정은 위법한 것이 되는가?

건설교통부의 실무상으로는 주택건설사업계획승인과 도시계획의 관계에 대하여 주택건설촉진법상의 사업승인은 특별도시계획의 일종으로 보아 일반적 도시계획에 의해 설정되어 있는 기존 도시계획에 반하여 기존의 도시계획도로의 폐지없이 사업승인이 이루어질 수도 있고, 이 경우 도시계획은 변경된 것으로 본다는 입장도 있고,[164] 일반도시계획상

자연녹지지역으로 정해진 지역에서는 주택건설사업이 승인될 수 없다는 입장도 있다.[165]

의제가 된다 하더라도 주택건설사업계획의 승인청인 건설교통부는 사업계획승인의 요건심사와 내용결정을 할 때 도시계획결정의 실체적 요건들을 의무적으로 함께 고려하여야 하며 고려여부에 관한 재량을 갖지는 못한다. 다만, 건설교통부가 도시계획결정의 실체적 규정들에 엄격하게 구속당하는가 아니면 그의 보다 넓어진 재량을 행사함에 있어 형량요소로 고려하면 될 것인가 하는 문제는, 적용할 법령의 문언, 의제되는 도시계획결정이 보호하는 구체적 공익의 성격, 인·허가 대상지역 그리고 이웃주민이나 다른 사업자에게 미치는 영향 등을 함께 고려하여 판단하여야 할 것이다.

생각건대, 건설교통부는 사업계획승인에 대한 심사를 함에 있어, 신청한 주택이 도시계획법이 정한 도시계획시설로서 적정하고 신청대상토지가 주택건설용지로 적정한 것인지 여부등 승인의 실체적 내용에 대하여, 협의기관인 대구직할시장의 반대의견에도 불구하고 도시계획법상의 규정사항들을 고려하고 다른 이익들과 비교 형량하여 사업계획승인을 하였다면, 언제나 그 결정을 위법하다고 할 수는 없을 것이고 구체적 상황을 고려하여 판단하여야 할 것이다.

4) 주택건설사업계획의 승인과 리해관계있는 제3자의 보호

① 한편, 의제되는 인·허가규정들 중 이해관계있는 사인의 이익을 보호하기 위한 청문이나 의견제출절차와 같은 절차적 규정들에 대해서는 어떻게 취급해야 하는가? 경우에 따라서는 이러한 절차적 규정들을 무시하는 것은 제3자의 법률상 보호이익을 침해하는 결과를 가져올 수도

---

164) 주택관련질의회신집, 348면, 주관 58070 - 3871. 1994. 12. 16.
165) 건축관련질의회신집, 377면, 주관 01254 - 30948. 1991. 11. 6.

있다. 이 사안에서도 심각하게 검토해야 할 문제는 토지소유자인 대구대
학교에게 의견제출기회를 부여하지 않은 채 대구대학교의 토지를 수용
할 수 있는 주택건설사업계획을 승인한 것이 위법한 것인가 하는 점이
다. 주택건설사업계획승인을 받은 사업자가 지구내 토지면적의 3분의 2
이상의 소유권을 취득한 경우로서 공익상 중대한 필요가 있을 때에는
나머지 토지를 수용하기 위한 신청을 할 수 있게 되므로(주택건설촉진
법 제22조 제2항 제1호), 대구대학교는 자신의 토지를 수용당할 처지에
놓이게 되지만 자신의 입장을 변호할 수 있는 기회를 주택건설계획의
승인단계에서는 전혀 얻지 못하게 된다. 그리고, 주택건설계획의 승인은
행정내부행위가 아니라 행정행위이고 사업승인 받은 대로 아파트가 건
축되면 더 이상 자신의 토지를 이용할 수 없게 되므로, 주택건설사업승
인행위 그 자체에 의하여 제3자의 법률상 보호이익에 대한 중대한 위험
이 발생하였다고 할 수 있을 것이다.

② 이 사안에서 원고인 대구대학교는 주택건설사업계획의 승인과 후
속하는 수용재결에 의해 재산권의 중대한 침해를 입게 된다. 이 절차들
중에서 토지수용절차는 특별행정절차로서 당사자 등의 의견제출권이 보
장되므로 일반 행정절차에 관한 법인 행정절차법은 적용되지 않는다고
해석할 수 있을 것이다. 그러나 주택건설사업계획의 승인절차에 대해서
는 제3 이해관계인을 보호하는 규정이 주택건설촉진법 자체에는 없다.
그것은 대상판례에 나타난 사안과 같은 경우, 아파트지구의 지정도 없고
택지개발사업이 선행하지 아니하는 경우로서 계획적으로 아파트가 건설
되지 않으며, 주거지역내에 우연히 일정한 면적의 공터 등이 있거나 기
존 주택의 노후화 등으로 인하여 이를 재건축하고자 하는 경우에 주로
사용되어 아파트건설도 상대적으로 소규모로 행해지기 때문에 제3 이해
관계인에 대한 보호문제를 입법자가 심각하게 인식하지 못했기 때문인
것으로 보인다.

이러한 상황에서 도시계획결정의 주민의견청취규정과 행정절차법상 침익적 처분을 발하기 전 당사자등의 의견제출권을 보장하는 규정에서 이해관계인 보호를 위한 법적 근거를 찾는 방법이 검토되어야 한다.

③ 도시계획법 제22조 제1항은 "건설교통부장관, 시·도지사, 시장 또는 군수는 제19조의 규정에 의하여 도시계획을 입안하는 때에는 주민의 의견을 청취하여야 하며, 그 의견이 타당하다고 인정되는 때에는 이를 도시계획안에 반영하여야 한다"고 규정하고 있다. 주택건설사업계획의 승인은 특별도시계획의 일종인 것이므로 사업계획서의 작성과 그 승인 행위가 필요하고 이해관계 있는 특별한 제3자가 있을 때에는, 사업계획의 승인 행정청은 의제되고 있는 도시계획결정의 절차중의 하나인 도시계획법 제22조 제1항의 절차규정을 적용하거나 그 취지를 존중하여 사업계획의 승인 전에 그 의견을 청취하여야 하고 그 의견이 타당하다고 인정되는 때에는 이를 주택건설사업계획에 반영되도록 하는 것이 타당한 해석방향인 것으로 보인다.

또, 우리 행정절차법 제22조 제3항은 행정청이 당사자에게 의무를 과하거나 권익을 제한하는 처분을 함에 있어서는 당사자 등에게 의견제출의 기회를 주어야 한다고 규정하고 있어, 침익적 처분에 있어 당사자 등의 의견제출권의 보장은 행정청의 의무사항으로 되어 있다. 주택건설사업계획의 승인행위가 대구대학교에 침익적 처분으로서의 성격을 가져 의견제출의 기회가 보장될 당사자 등의 지위가 보장된다고 볼 수 있는가? 행정절차법상 침익적 처분의 경우 의견제출의 기회를 보장해야 할 "당사자 등"은 행정절차법 제2조 제4호에 따를 때, '행정청의 처분에 대하여 직접 그 상대가 되는 당사자와 행정청이 직권 또는 신청에 의하여 행정절차에 참여하게 한 이해관계인'을 말한다. 이 사안에서 원고인 대구대학교는 처분의 직접 상대방도 아니고 직권 또는 신청에 의하여 행정절차에 참여하게 한 이해관계인도 아니었다. 그렇지만, 행정절차법 제

27조는 당사자 등은 처분전에 그 처분의 관할행정청에 의견제출을 할
수 있으며, 행정청은 처분을 함에 있어 당사자등이 제출한 의견을 성실
히 고려하도록 규정하고 있기 때문에(행정절차법 제27조 제1, 5항), 대구
대학교는 승인심사가 진행중인 줄 알았다면 당해 행정청에 의견을 제출
할 수는 있었을 것이다. 그러나, 대구대학교로서는 그의 권리에 중대한
위험요소인 주택건설사업계획의 승인절차가 진행되고 있다는 사실을 알
수 없기 때문에 행정절차에 참가를 신청할 수도 없었고, 건설교통부가
대구대학교 등 제3 이해관계인을 위한 참가절차를 전혀 예상하고 있지
않은 현재와 같은 상황에서는 신청해도 참가시켜 줄지는 의문이었다.

　승인심사 행정청은 대구대학교를 직권으로 행정절차에 참가하게 하거
나 의견제출의 기회를 주었어야 하고 그것은 의무적인 사항인가? 이 질
문에 대한 답이 대구대학교가 처한 상황과 관련하여 결정적 의미를 갖
는 내용일 것이다. 침익적 처분의 경우 의견제출기회를 주어야 하는 자
에게 그러한 기회를 주지 않고 한 행정처분은 위법하며 취소사유가 된
다는 것이, 이른바, 대한생명 감자명령 취소청구사건에서 서울 행정법원
이 취한 입장이었기 때문이다. 독일 행정절차법 제13조는 우리 행정절차
법상 '당사자 등'에 해당하는 개념으로 '참가인(Beteiligte)'개념을 정의하
고 있는데, 우리와 달리 제13조 제2항 제2문 후단에서 "절차의 결과가
제3자에 대해 권리형성적 효과를 갖는다는 것을 행정청이 알고 있다면,
행정청은 그에게 절차의 개시에 대하여 통지해야 한다"고 규정하고 있
다. 이러한 내용을 우리 행정절차법에도 추가하는 것이 필요하지 않나
생각한다.

　생각건대, 이 사안에서도 승인심사 행정청은 대구대학교를 직권으로
행정절차에 참가하게 하거나 의견제출의 기회를 주었어야 한다고 본다.
이러한 기회를 주지 않는 주택건설사업계획의 승인은 위법하므로 취소
되어야 한다.

제3절 인허가의제의 효력범위에 관한 고찰

Ⅰ. 기업행정과 인허가의제규정의 해석

우리나라에서 글로벌 기업들이 등장하면서 과거 저발전상태와 달리 기업들의 투자규모도 수조원에 달하는 경우도 빈번하게 나타나고 있다. 이에 따라, 주민들의 민원사항을 다루는 행정법과 기업행정법에 적용되어야 할 행정법리에 있어 그 초점이 달라지거나 상당한 차이가 존재하는 것이 불가피한 경우도 존재하는 것처럼 보인다. 하지만, 우리 행정법학계에서는 아직 이 쟁점에 대해 충분하게 인지하고 있지는 못하다. 인허가의제는 최근 우리나라에서 기업행정법의 특색을 선명하게 보여주는 중요한 주제중의 하나라고 생각한다.

1. 인허가입법에 있어 입법자의 경제적 효율추구의 한계와 입법기술의 개선필요

(1) 최근 경제불황이 세계적으로 계속되고 있는 상황에서 지방자치단체들은 지역의 저발전과 낮은 소득수준을 극복하기 위해 기업들이나 대학들을 자기지역으로 유치하기 위해 많은 노력을 기울이고 있다.

하지만, 대학교의 건립이나 공장의 신축 등 대규모시설의 유치의 필요성에 대해 관계 행정기관들과 지역주민들 사이에 상당한 수준의 합의가 형성되어 있지 않아 수많은 갈등속에 표류하는 경우가 자주 나타나고 있다.

문제는 투자하려는 사업자 쪽에서 발생하는 경우도 있다. 지역주민들과 주요 관계행정기관들이 대규모시설의 건축에 관해 법령상의 주요요건들을 검토하여 허용하겠다는 정책적 판단을 하는 경우에도 허용결정에 장기간이 소요되고 시설건축예정지역의 토지가격이 급등하게 되면 투자하는 기업들이나 대학들이 재정부담의 급증을 이유로 투자를 포기하는 경우도 나타나고 있다.

(2) 인허가는 공익과 주민들의 권리를 보호하기 위하여 사업자가 그것을 획득하기 전까지 특정한 경제활동을 금지시키는 행정행위로서 공익을 보호하기 위한 행정의 중요한 법적 도구가 되고 있다.

하지만, 경기침체와 지역의 저발전상태가 장기화되면서 일부의 인허가들은 기업활동에 대한 과도한 제한으로 시장의 효율적 작동을 방해하고 있다는 비판을 받았다. 이러한 비판에 대응하여 입법자는 법률의 제정에 있어 기업활동의 비용을 축소시키고 투자촉진과 고용증진을 위하여 기업에 대한 규제를 완화하거나 규제심사절차를 간소화하고 촉진시키려는 노력을 기울여 왔다.

(3) 입법자는 규제완화요구에 대응하여 기존의 인허가를 철폐하거나 신고제로 전환하거나 아니면 인허가의제규정을 도입하였다. 하지만, 이로 인해 인근 주민들의 법률상 이익이 침해되는 경우가 빈번하게 생겨났고, 사업자들의 사업활동의 지원을 의도한 규제개혁이 오히려 비례원칙에 반하여 사업자의 경제적 자유를 과도하게 제한하거나 평등원칙을 위반하여 특정인에게 불합리한 차별을 가하는 경우도 생겨났다.[166)

이 글의 연구대상인 대법원판결에서 문제된 상황은 수많은 인허가규

---

166) 자유권과 평등원칙은 경제적 효율을 추구하는 입법자에게 입법재량의 한계사유가 될 수도 있다. Mario Martini, Der Markt als Instrument hoheitlicher Verteilungslenkung, 2007, S.256ff.

정들에 대해 그 사안의 복잡성을 감당할 수 있는 집중심사절차를 도입하지 않은 채 간단한 의제규정만을 도입하여 하나의 사업의 실시에 필요한 복수의 인허가들의 심사를 간이화하고 촉진시키고자 한 입법자의 의도가 대법원에 의하여 어느 정도 수정된 경우이다.

입법자는 사업자가 의제되는 인허가들 중의 일부에 대해서만 그 요건을 심사하고 인허가의 효력을 발생시켜 줄 것을 원하는 상황을 예상하지 못했다. 대규모 자본이 투자되는 사업에서 사업자가 사업진행단계에 따라 일정 시점에서 일부의 인허가만을 원하는 경우에 의제되는 모든 인허가의 요건들을 미리 충족시키도록 요구하는 것은 사업자의 경제적 자유를 지나치게 제약하는 것이 될 것이다.

이 판결에서 대법원은 입법자가 지나치게 단순한 의제규정 하나로 대규모자본이 투자되는 사업문제를 규율하려고 했던 것에 대해 사회문제의 복잡성에 상응하여 보다 정교한 세부 기준과 절차를 정비하여 대응할 것을 촉구한 것으로 이해할 수 있을 것이다.

2. 연구대상판결의 개요

대법원이 최근 내린 인허가의제에 관한 판결(대법원 2012.2.9. 선고 2009두16305 판결)[167]은 기존에 학계나 판례에서 다루지 않았던 인허가의제의 대상들에 대한 효력범위에 관한 것을 다루었다. 이 사건은 소위 이화여자대학교 파주캠퍼스에 대한 파주시의 사업시행승인처분에 대하여 주민들이 취소를 요구하며 제기한 소송이었다.

쟁점은 "구 주한미군 공여구역주변지역 등 지원 특별법 제11조에 의

---

167) 이 사건에 대한 1심판결은 '의정부지방법원 2008. 12. 9. 선고 2008구합2069 판결'이었고, 대상판결의 원심인 2심판결은 '서울고법 2009. 8. 25. 선고 2009누1558 판결'이었다.

한 사업시행승인을 하는 경우, 같은 법 제29조 제1항에서 정한 사업 관련 모든 인허가의제 사항에 관하여 관계 행정기관의 장과 일괄하여 사전 협의를 거칠 것을 요건으로 하는지 여부"에 관한 것이었다. 구 주한미군 공여구역주변지역 등 지원 특별법(2008. 3. 28. 법률 제9000호로 개정되기 전의 것) 제29조(인·허가등의 의제) 제1항 제1호에서 제28호는 허가·인가·지정·승인·협의·신고·해제·결정·동의 등 다양한 사항이 의제되도록 규정하고 있었다.

대법원은 이 판결에서 모든 인허가의제사항 전부에 대하여 효력이 한꺼번에 발생할 필요는 없고 인허가의제사항 중 일부에 대하여도 먼저 효력이 발생할 수 있다고 하면서 다음과 같이 판시했다.

"구 주한미군 공여구역주변지역 등 지원 특별법(2008. 3. 28. 법률 제9000호로 개정되기 전의 것, 이하 '구 지원특별법'이라 한다) 제29조의 인허가의제 조항은 목적사업의 원활한 수행을 위해 행정절차를 간소화하고자 하는데 입법 취지가 있는데, 만일 사업시행승인 전에 반드시 사업 관련 모든 인허가의제 사항에 관하여 관계 행정기관의 장과 협의를 거쳐야 한다고 해석하면 일부의 인허가의제 효력만을 먼저 얻고자 하는 사업시행승인 신청인의 의사와 맞지 않을 뿐만 아니라 사업시행승인 신청을 하기까지 상당한 시간이 소요되어 그 취지에 반하는 점, 주한미군 공여구역주변지역 등 지원 특별법이 2009. 12. 29. 법률 제9843호로 개정되면서 제29조 제1항에서 인허가의제 사항 중 일부만에 대하여도 관계 행정기관의 장과 협의를 거치면 인허가의제 효력이 발생할 수 있음을 명확히 하고 있는 점 등 구 지원특별법 제11조 제1항 본문, 제29조 제1항, 제2항의 내용, 형식 및 취지 등에 비추어 보면, 구 지원특별법 제11조에 의한 사업시행승인을 하는 경우 같은 법 제29조 제1항에 규정된 사업 관련 모든 인허가의제 사항에 관하여 관계 행정기관의 장과 일괄하여 사전 협의를 거칠 것을 요건으로 하는 것은 아니고, 사업시행승인 후 인허가의제 사항에 관하여 관계 행정기관의 장과 협의를 거치면 그때 해당 인허가가 의제된다고 보는 것이 타당하다."

Ⅱ. 인허가의제규정의 해석을 둘러싼 국내 논의의 성과

1. 인허가의제에 있어 실체규정, 절차규정과 조직규정의 관계

1) 인허가의제의 개념

(1) 인·허가의제는 두가지 의미로 사용될 수 있다.[168] 첫째, 어떤 하나의 인가나 허가를 신청한 후 일정한 기간이 경과하면 당해 인가나 허가를 부여한 것으로 간주하는 것, 즉, 인·허가의 신청과 일정한 기간의 경과를 결합시켜 인·허가를 부여하는 것을 의미할 수 있다.[169] 둘째, 복수의 인·허가들 상호간을 연계시켜 어떤 하나의 인·허가를 받으면 다른 인·허가를 부여받은 것으로 간주하는 것을 의미할 수 있다. 이 글에서는 복수의 인·허가들 상호간을 연계시켜 하나의 인허가를 얻으면 다른 인허가를 받은 것으로 간주하는 경우에 한정하여 검토한다.

인허가의제제도는 동일한 사업에 필요한 복수의 관련 인·허가들의 심사에 대한 관할권들을 주된 인·허가의 심사기관으로 통합하여 절차를 간소화한 것이다. 그 주된 목적은 복수의 관할행정청들을 거치며 소요되는 비용과 시간을 절약하기 위한 것이지만, 행정청간 갈등과 중복심사를 피하기 위한 목적도 갖는다고 보아야 할 것이다.

(2) 인허가의제와 원스탑 서비스제는 구별할 필요가 있다. 인허가의제제도는 복수의 인·허가들의 심사에 관한 관할권들을 주된 심사기관에게 부여하는 제도로서 법률상의 용어이다. 하지만, 정부정책과 경제실무상 널리 쓰이는 원스탑 서비스제[170]는 상당히 개념이 불명확한데, 광의로

---

168) 졸고, "인허가의제와 심사촉진", 『공법연구』 제38집 제2호, 2009.12, 87면.
169) 이에 관한 설명은, 김중권, "의제적 행정행위에 관한 소고", 『법제』, 2001.4, 53-63면 참조.

"여러 행정기관의 규제작용들을 한 곳에서 처리하기 위하여 한 행정기관에 그들의 권한을 위임하거나 연합사무소를 설치해 운영하는 방식"으로서 이해하거나,[171] 협의로 민원인을 위해 단일화된 창구(Front Office)로 민원인의 신청서를 접수하기는 하지만 본안에 관한 결정권은 다른 행정기관(Back Office)이 갖는 업무처리방식으로 이해할 수 있을 것이다.[172] 원스탑 서비스제는 잘 디자인되어 추진된다면 사업자에게 관련 규제의 획득을 위한 비용을 줄여줄 수 있지만, 단일화된 창구기관이 중개역할을 적극적으로 수행하지 못한다면 또 다른 종류의 규제관문이 되어 사업자의 비용을 증가시킬 우려도 있다.

2) 실체규정, 절차규정과 조직규정의 관계

(1) 입법자는 집행조직으로서 행정에 대해 해야 할 업무의 실체적 내용을 결정하고 그것을 집행할 조직을 설립하며 업무처리의 절차를 규정함으로써 업무의 실체적 내용, 조직과 절차를 형상화하여야 한다. 하지만, 구체적인 법률들에서는 행정이 처리해야 할 업무의 실체적 내용을 중심으로 규정하고 부분적으로 절차규정을 두고 있을 뿐 조직과 관련해서는 해당 업무를 처리할 관할권자에 대한 규정이외에 해당 부처내의 세부기관들사이에서 업무의 세부적인 배분에 대해서는 규정하지 않는 경우가 보통이다.

---

170) 영어로는 One Stop Shop, Single Window 또는 One Stop Government 등으로 표기된다. 이에 관한 소개는, 졸고, "원스탑 서비스제와 인허가의제의 입법적 개혁과 발전방향",『행정판례연구』제15-2집, 2010.12, 69면 이하. ; Elke Gurlit, Der Eigenwert des Verfahrens im Verwaltungsrecht, VVDStRL 70(Der Schutzauftrag des Rechts), 2011, S.257-258 참조.
171) 졸고, "원스탑 서비스제와 인허가의제의 입법적 개혁과 발전방향",『행정판례연구』제15-2집, 2010.12, 74면 이하.
172) Elke Gurlit, a.a.O., S.258.

(2) 업무관할권에 관한 규정은 업무내용에 관한 실체규정과 행정조직을 연결시켜주는 연결규정이다. 예를 들어, 주한미군 공여구역주변지역 등 지원 특별법 제11조 제1항에서는 "사업을 시행하고자 하는 자는 관할 시장·군수·구청장의 승인을 얻어야 한다. 다만, 2이상의 시·군·구의 구역에 걸쳐 사업을 시행하게 되는 때에는 관할 시·도지사가 관계 시장·군수·구청장 등과 협의하여 승인한다"고 규정하고 있는데, 사업시행 승인권을 시장·군수·구청장이 갖도록 하는 관할권 부여규정이다.

관할권은 그 업무의 난이도 또는 전문성의 정도,173) 해당 업무의 지역적 분포성,174) 해당 조직의 능력(Kapazität),175) 주민친화(Bürgernähe)의 정도, 업무처리속도의 개선필요 등 업무배분의 기준을 종합적으로 고려하여 그 업무를 가장 효율적으로 처리할 수 있는 자에게 배분되도록 결정되어야 한다. 주한미군 공여구역주변지역 등 지원특별법 제11조 제1항에서 업무관할권을 시장·군수·구청장에게 준 것은 해당 업무의 난이도나 전문성 정도가 그렇게 높지 않거나 여러 기초자치단체와 관련되어 있지 않거나 현지주민과의 친화성의 정도가 더 높다는 판단에 기초한 것으로 보인다.

(3) 입법자는 경제침체가 심화되면 그것을 타개하기 위해 실체적 규제

---

173) 업무배분에 있어 시장과 도지사 등 종합행정을 담당하는 지방자치단체의 장에게 배분할 업무와 경찰청이나 식품의약품안전청 등 전문행정조직에게 배분할 업무를 나누는 기준은 업무의 전문성의 정도에 달려 있다. Martin Eifert, Electronic Government, 2006, pp.228-230.

174) 단서규정에서 "2이상의 시·군·구의 구역에 걸쳐 사업을 시행하게 되는 때에는 관할 시·도지사가 관계 시장·군수·구청장 등과 협의"를 거치도록 하여 광역자치단체장에게 감독권을 명시적으로 부여한 것을 볼 때, 대상업무의 지역적 분포성도 중요한 관할권배분기준이 되고 있음을 알 수 있다.

175) 어떤 조직의 업무처리능력은 배치된 인원수와 예산에 기본적으로 의존하지만 구성원들의 전문성이나 열의 등에도 달린 문제이다. 입법자가 관할권을 배분할 때는 해당 조직의 능력을 고려하여 업무를 효과적으로 처리할 수 있도록 하여야 한다. Martin Eifert, supra note 8, pp.230-231.

의 일부를 철폐하거나 절차규제를 간소화하거나 심사절차를 촉진시킬
수 있는 다른 입법기술을 이용하기도 한다. 하지만, 이로 인해 실체규정,
절차규정과 조직규정의 조화가 깨져 법의 해석적용과 관련하여 문제가
생기기도 한다.

입법자가 어떤 업무에 대한 관할권을 특정 행정기관에 새롭게 부여하
였지만 그 업무의 집행에 필요한 인력이나 예산 등을 지원하지 않거나
기존에 유사업무를 처리하던 관계 행정기관과의 역할배분에 대해 명확
한 기준을 설정해주지 않는 경우는 새로운 정권출범시 자주 나타나는
문제유형이다.

인허가의제의 경우도 주무기관과 협력기관의 업무처리와 관련하여 매
우 심각한 법적 불확실성이 야기되는 대표적인 사례에 속한다. 인허가의
제가 특정 법률에 규정되게 되면 주무기관으로 선정된 행정기관에 특정
한 인허가가 신청되었을 때 다른 행정기관의 관할에 속하던 인허가업무
에 대한 심사관할권이 이전되게 된다.176) 하지만, 관계 행정기관도 여전
히 다른 민원인과 관련해서는 의제대상인 행정계획결정이나 시설설치허
가 등에 관해 부여된 심사권한을 행사하고 있다. 이 상태에서 협의기관
이 주무기관의 총괄적 심사권에 대해 갖는 개입권의 성격과 내용에 대
해 입법자가 명확한 정의를 해놓고 있지 않고 있기 때문에 법적 불확실
성의 정도는 심각할 정도로 커지게 된다. 협의기관들이 갖는 권한의 성
격이 인허가결정권인지, 자문권인지, 아니면 절차적 의미의 합의권인지
가 문제된다.177)

---

176) 물론 이 견해에 대해서는 심사관할권이 아니라 주무기관은 단지 총괄적 접수권만을
　　가질 뿐이고 관련 인허가에 대한 인용여부결정권은 여전히 협의기관이 갖는다고 보
　　는 반론이 있을 수 있으나, 필자는 인허가심사업무의 촉진이라는 입법목적에 비추어
　　심사관할권이 주무기관에 이전된다고 본다.
177) 만약 협의기관들이 갖는 권한의 성격이 합의권이라고 본다면 불합의시 주무기관은
　　협의기관의 합의거절의 사유에 상관없이, 즉, 법령상의 기준이외의 사유나 납득할
　　수 없는 불합리한 사유로 합의를 거절하더라도, 의제되는 인허가에 대한 추후절차를

인허가의제시 복수의 인허가들에 대한 심사권이 주무기관으로 이전된다고 해석하는 경우에는 또 다른 문제가 제기된다. 인허가의제로 일시적으로 해당 업무의 관할권이 주무기관으로 이전된다 하더라도 입법자는 전문성을 보완할 수 있는 인원보충 등 다른 조치도 취하지 않고 절차의 통합과 같은 조치도 취하지 않기 때문에 업무처리의 기준, 관할의 범위와 관련 행정기관의 역할 등과 관련하여 혼란이 생긴다.

주된 인허가를 부여하였을 경우 그 인허가의 효력범위에도 혼란이 생긴다. 이러한 혼란이 방치되면 인허가의제의 입법목적은 달성할 수 없게 되고 기업이나 주민의 권리도 침해받을 것이다.

2. 인허가의제에 관한 기존 논의내용과 쟁점들

1) 인허가의제로 부여되는 효력의 명칭과 그 성질 - 집중효

우리나라에서 인허가의제규정의 해석에 영향을 미친 것은 독일 계획확정절차에서 인정되고 있는 행정계획의 집중효이었다. 행정계획의 집중효는 행정처분으로서 행정계획이 청문 등의 절차를 거쳐 확정되면 당해 행정계획의 수행에 필요한 다른 행정청의 인가, 허가, 승인 등을 대체하는 효과가 발생하여 당해 인가, 허가 등을 따로 받지 아니하여도 되게 되는 효과를 말한다. 이러한 집중효가 발생하는 것은 법률에 그에 관한 명시적 규정이 있는 경우에 한정된다.

위와 같은 독일법상 행정계획의 집중효와 우리나라의 인허가의제는 제도적으로 중대한 차이점이 존재한다. 첫째, 우리 법제상으로는 독일의 행정계획의 집중효를 발생시키는 계획확정절차에 상응하는 절차가 없

더 이상 진행할 수 없게 되는가 하는 문제가 제기된다.

고, 둘째, 인허가의제는 행정계획뿐만 아니라 건축허가 등 다른 행정행위에도 널리 이용되고 있으며, 셋째, 행정계획의 집중효는 행정계획과 관련된 모든 인허가에 걸쳐 인정되는데 대하여, 인허가의제의 경우는 법률에 열거된 인허가에 한정되어 인정된다.178)

　이러한 차이에도 불구하고 우리나라 인허가의제의 효력을 설명하기 위하여 독일법상의 집중효라는 용어로 설명하려는 입장도 있고,179) 집중효와는 차이가 있으므로 이 용어를 그대로 사용해서는 안된다는 입장도 있는 듯하다. 인허가의제와 계획확정절차는 여러 행정행위의 효력을 집중시킨다는 공통점을 가지고 있지만, 양 법제의 구체적 내용에 차이가 존재하고, 또, 효력의 범위 등과 관련해서는 다른 부분도 많으므로 집중효라는 용어대신에 '인허가의제의 효력'으로 표시하는 것이 오해를 막기 위해 타당하다고 본다.180)

2) 의제되는 인허가규정들에 대한 존중의 정도 - 실체규정과 절차규정

　인허가가 의제되는 경우 주무기관은 의제대상인 인허가의 실체규정들과 절차규정들에 대하여 모두 존중해야 하는가 하는 문제가 논의되어 왔다. 절차규정은 심사촉진을 위하여 존중할 필요가 없다는 절차집중설, 절차규정 중 이해관계 있는 제3자의 권익보호를 위한 절차는 준수되어야 한다는 제한적 절차집중설이 소개되었다. 또, 의제되는 인허가의 실

---

178) 정태용, "인허가의제제도에 관한 고찰", 『법제』, 2002.2, 4면; 김동희, 『행정법1』 제18판, 박영사, 2012, 185면.

179) 김재광, "행정법상 집중효제도의 검토", 『토지공법연구』 제9집, 2000, 67면 이하; 홍정선, 『행정법원론(상)』 제18판, 박영사, 2010, 266면 이하.

180) 입법적 관점에서는 복수의 관련인허가들을 어떻게 심사하도록 행정절차를 형성하는 것이 관련 공익을 보호해야 할 행정기관들과 이해관계있는 사인들에게 정당성과 효율성을 보장할 수 있을 것인지 검토하는 것이 매우 중요하다고 본다. 이러한 관점에서 쓰여진 논문으로는, 졸고, "복합민원과 집중심사의 모델들", 『공법연구』 제29집 제3호, 2001.5, 365면 이하.

체요건규정들은 의제규정의 도입으로 효력을 잃었으므로 고려할 필요가
없다는 실체집중설, 주무기관은 의제되는 인허가의 실체요건들에 대해
서 엄격한 기속은 받지 않으나 주된 인허가를 함에 있어 고려하여야 할
고려요소로서 존재하게 된다는 제한적 실체집중설 등이 소개되고 주장
되어 왔다.[181)]

　　하지만, 이 학설들은 인허가의제로 인정되는 인허가들 전부에 대해서
의제효력이 미치는지 아니면 일부에 대해서도 그 효력이 미칠 수 있는
지에 대해서는 다루지 않았었다. 대상 판결에서는 이 문제가 쟁점이 되
었다.

Ⅲ. 인허가의제의 효력범위

1. 의제되는 인허가들에 대한 심사범위와 의제효력의 인정범위

　　사업자가 자본의 제약, 미래의 불확실성과 부동산 가격의 상승가능성
등을 고려하여 의제되는 인허가들 중의 일부에 대해서 신속하게 심사를
받고 인허가를 취득하고자 하는 상황은 현실적으로 빈번하게 등장한다.
사업자가 사업진행단계에 따라 일정 시점에서 일부의 인허가만을 원하
는 경우에 의제되는 모든 인허가의 요건들을 미리 충족시키도록 요구하

---

181) 이 학설들에 대해서 최초로 이 구별의 단서를 제공하고 구체화한 논문으로는, 졸고,
　　복합민원과 인허가의제, 행정판례연구 제6집, 2001, 98면 이하 ; 졸고, 복합민원과
　　집중심사의 모델들, 공법연구 제3호, 2001.5, 374면, 377면 참조. 그리고, 이 학설을
　　더 구체화한 논문으로는, 졸고, "인허가의제와 심사촉진", 『공법연구』 제38집 제2
　　호, 2009.12, 86면 이하.
　　논문들 및 교과서들에서 인허가의제에 관한 학설들을 소개할 때, 해당 학설의 설명
　　및 그 구별에 관한 소개에 있어 최초 저자 및 그 학설을 최초로 구체화한 저자와
　　논문에 대해서는 인용하는 것이 법학분야에서도 정착되어야 할 것이다.

는 것은 사업자의 경제적 자유를 지나치게 제약하는 것이 된다.

그런데 인허가의제규정 하나만으로는 대규모자본이 투자되는 사업의 복잡성에 상응한, 정교한 세부 기준과 절차에 대한 실무수요를 충족시키지 못한다. 전부효력발생설과 일부효력발생설은 이러한 문제에 대응하고자 한다.[182]

1) 전부효력발생설(일괄적 효력발생설)

전부효력발생설 또는 일괄적 효력발생설은 독일의 계획확정절차가 도입된 것과 동일하게 인허가의 효력범위문제를 보려 하는데, 1) 주된 인허가처분을 신청할 때에 의제되는 인허가처분들의 요건을 충족하는 관계서류를 모두 제출한 후, 2) 관계기관과의 협의, 및 3) 주민의 권리보호를 위한 의견청취절차 등 필요한 절차를 모두 거쳤을 때 비로소 주된 인허가처분을 할 수 있고, 4) 그 때 의제되는 모든 인허가처분들의 효력이 한꺼번에 발생한다고 본다. 이 입장에서는 주된 인허가와 의제되는 인허가들의 요건들을 한꺼번에 심사하여 그의 충족여부를 살펴야 하므로 의제되는 인허가처분들 중 어느 하나의 요건을 충족하지 못하면 주된 인허가처분의 거부사유가 된다고 본다.

이 입장은 의제되는 인허가처분의 모든 요건들을 충족하지 못하면 주된 인허가처분을 거부해야 하기 때문에, 의제되는 인허가수가 비교적 적고 사업규모도 작은 경우에 타당한 것으로 보인다. 장시간에 걸쳐 대규

---

182) 이 구별은 대상판결이 나오기 전 발표된 필자의 다른 선행연구의 아이디어를 발전시킨 것이다. 이 글에서 전부효력발생설(일괄적 효력발생설)과 일부효력발생설(사업단계별 순차적 효력발생설)의 구별에 대해 처음 주장하지만, 이미 발표된, 졸고, 인허가의제와 심사촉진, 99면에서 사전결정 후협의 방식과 구별하여 사업단계별 인허가규정의 순차적 적용방법이라고 부르는 법해석론을 주장한 바 있다. 그 후, 대상판결이 나오기 전 해당 사건을 주제로 개최된 대법원재판연구관들과의 비공식 학술세미나(대법원, 12월 13일)에서 발표된 '사업시행승인처분의 위법성검토'에서 위의 아이디어를 발전시켜 이 논문에서와 비슷한 주장을 했었다.

모 자본을 투자해야 하고 여러 행정기관 및 다양한 이해관계인들의 입장을 반영하여야 하는 대규모투자절차의 경우에는 적절하지 않을 것이다. 그것이 인허가신청자의 의도에 합치되고 주된 인허가기관과 협의기관의 의사 및 제3이해관계인들의 의사에도 합치될 것으로 보인다.

인허가의제에 관하여 소개되었던 여러 학설들, 즉, 절차집중설, 제한적 절차집중설, 실체집중설과 제한적 실체집중설은 모두 주관 행정기관의 주된 처분시 의제되는 인허가처분도 함께 효력을 발생하는 것을 전제로 하고 있었다는 점에서 전부효력발생설과 암묵적으로 동일한 입장이었던 것이라고 볼 수 있을 것이다.

2) 일부효력발생설(사업단계별 순차적 효력발생설)

일부효력발생설 또는 사업단계별 순차적 효력발생설은 의제되는 복수의 인허가규정들의 모든 요건들을 한꺼번에 충족시키고 사전에 관련 행정기관들과 모두 협의할 것을 요구하는 것은 사업자의 의도에도 반하고 사업을 촉진시키고자 하는 입법자와 주무 행정기관의 의도에도 반하는 것이라고 본다.

이 입장에서 볼 때, 사업자가 사업추진단계에 따라 일부의 인허가규정들의 요건들만 충족시킬 수 있는 상황, 예를 들어, 이해관계인과의 갈등이나 자본부족 등의 사정이 있는 상황에서 사업신청을 할 수 있도록 하지 않는다면 장기간이 걸리는 대규모 사업에 대한 투자는 거의 이루어지기 어렵게 될 것이다.

행정청의 입장에서도 신청한 일부 사업의 내용이 장래 진행될 전체사업내용의 핵심적 부분에 해당된다면 일부 인허가를 부여하여 사업이 신속히 진행되도록 하는 것이 지역개발의 촉진을 위해서 필요하다고 볼 것이다.

이 입장의 세부내용 및 그 근거들을 제시해본다.

첫째, 인허가처분은 행정법상 법률행위적 행정행위이자 수익적 행정행위로서 준법률행위적 행정행위나 침익적 처분과 달리 그 처분의 내용과 효과가 행정청의 의사에 따라 결정되므로 의제되는 복수의 인허가처분들 중 어떤 인허가처분들이 효력을 발생하게 할 것인가를 결정할 재량을 갖는다고 보아야 할 것이다. 대규모사업의 경우에는 행정청이 그 사업의 허용여부, 범위와 방식 등에 있어서 갖는 광범위한 계획재량속에 일부 인허가의 허부에 대해 먼저 결정할 재량이 포함된다고 보아야 할 것이다.[183)

둘째, 인허가처분은 상대방의 신청을 요하는 쌍방적 행정행위로서 신청자는 행정절차에도 적용되는 처분권주의에 따라 사업단계에 따라 순

183) 사견으로는 인허가가 의제된 경우 여전히 복수의 인허가처분이 단지 결합되어 상대방에게 발급되는 것으로 이해하여야 한다. 행정청은 법령에 위반되지 않는 한 인허가처분의 내용을 결정할 재량을 갖듯이 의제되는 복수의 인허가들중 일부만을 묶어서 인허가처분을 할 수도 있는 것이다.
필자와 다른 입장에서 만약 독일의 계획확정절차에서와 같이 인허가의제의 결과 통합된 하나의 처분을 발급하게 된다고 이해하는 입장을 취하는 경우에는 다음과 같은 논리를 취하게 될 것으로 보인다. 통합된 하나의 처분은 복수의 인허가규정들을 통합적용하여야 하므로 여러 이익들을 고려하지 않을 수 없어 이 처분의 성격은 재량처분으로 변화된다고 보아야 할 것이다. 통합된 하나의 인허가처분은 계획재량의 성격을 갖는 광범위한 재량이 인정되는 처분으로서 부관을 붙일 수 있다고 보아야 한다. 이 때, 의제되는 인허가규정들 중의 일부에 대해 처분청이 주된 처분에 부관으로 붙이는 것이 가능한지가 문제된다. 의제결과 하나의 처분을 발급한다고 보는 경우에도 모든 의제규정상의 인허가요건들이 주된 인허가처분의 신청시에 즉시 충족되어 있을 것을 요구하는 것은 의제규정의 사업추진촉진목적에 비추어 합리적이지 않는 경우도 있을 수 있으므로 의제되는 인허가규정들 중의 일부에 대해 부관으로 붙이는 것이 가능하다고 보아야 할 것이다. 선승인 후협의제는 이 사고와 동일한 맥락에 서 있는 것으로 보인다.
하지만, 부관은 주된 처분에 대한 '부수적 규율'이기 때문에 주된 처분의 내용중 중요부분에 해당되어야 할 사항을 부관으로 붙이는 것은 가능하지 않다고 해야 할 것이다. 주된 처분을 할 때, 주된 허가처분의 내용으로 삼아야 할 부분과 사후적으로 이행해도 좋을 부담으로 부과가능한 부분을 어떻게 나눌 것인지가 문제되는데, 종적 역할을 하는 것으로 부수적인 사항이어야 한다는 기준에 따라 판단되어야 할 것으로 본다.

차적으로 의제되는 인허가들중 일부의 인허가에 대해서만 우선 발급해 주도록 신청할 수 있는 것이다. 사업자가 우선 필요한 인허가처분들에 대해서만 요건을 갖추어 주무기관에 인허가를 신청한 경우에 처분권주의에 따라 행정청은 상대방이 신청하지 않은 인허가처분을 심사할 수도 없고 그 범위를 넘어 인허가처분을 할 수는 없는 것이다.

사견으로는 대규모 자본이 투자되는 사업을 예정한 인허가의제규정의 해석에 있어서는 일부효력발생설이 타당하다고 본다.

2. 대상판결의 분석

대상판결(대법원 2012.2.9. 선고 2009두16305 판결)에서 원고는 상고이유로 관련 인허가의제사항에 관한 협의를 거치지 않은 사업시행승인처분은 위법하다고 주장했다. 대법원은 인허가의제사항들중 일부에 대해서 협의가 된 경우 그 일부에 한정해서도 효력이 발생할 수 있다고 하면서, 그 이유를 다음과 같이 제시했다.

첫째, "인허가의제 조항은 목적사업의 원활한 수행을 위해 행정절차를 간소화하고자 하는 데 입법 취지가 있는데, 만일 사업시행승인 전에 반드시 사업 관련 모든 인허가의제 사항에 관하여 관계 행정기관의 장과 협의를 거쳐야 한다고 해석하면 일부의 인허가의제 효력만을 먼저 얻고자 하는 사업시행승인 신청인의 의사와 맞지 않을 뿐만 아니라 사업시행승인 신청을 하기까지 상당한 시간이 소요되어 그 취지에 반하는 점"을 첫 번째 이유로 제시했다.

둘째, 적용법조인 주한미군 공여구역주변지역 등 지원 특별법 제29조 제1항은 2009. 12. 29. 법률 제9843호로 개정되었는데, 인허가의제 사항 중 일부만에 대하여도 관계 행정기관의 장과 협의를 거치면 인허가의제 효력이 발생할 수 있음을 명확히 하고 있는 것을 볼 때, 구법(2008. 3.

28. 법률 제9000호로 개정되기 전의 것)의 해석에 있어서도 개정법과 마찬가지로 관계 행정기관의 장과 협의를 거친 것들에 한정해서 일부에 대해서도 의제효력이 발생된다고 보아야 한다고 했다.

셋째, 이화여자대학교에 대한 사업시행승인처분은 "권리나 이익을 부여하는 효과를 수반하는 이른바 수익적 행정처분으로서 그 처분의 여부 및 내용의 결정은 원칙적으로 행정청인 피고의 재량에 속한다"고 하면서 이 처분에 재량권의 일탈과 남용이 없다고 하였다.

첫 번째 이유를 통해 대법원은 행정절차에서도 적어도 취득대상 인허가들의 선택, 즉, 어떤 인허가를 취득하려고 하는지와 관련하여서는 사업인허가 신청인의 의사를 존중하여야 한다고 했는데 타당하다고 본다. 비록 행정절차에서도 처분권주의가 적용된다는 것을 명시하지는 않았지만 거의 비슷한 입장을 취했다고 볼 수 있을 것이다. 또, 경제현실상 한꺼번에 모든 인허가의 의제를 받기 위하여 관련요건을 모두 충족하도록 요구하는 것이 목적사업의 진행을 지체시킬 수 있다는 점도 논거로 제시했다.

두 번째 이유는 개정법률을 가지고 구법조문해석의 근거로 삼은 것이어서 의아스러운 점이 있다. 하지만, 구법의 해석상 불확실한 점이 있고 개정법의 내용대로 해석하는 것도 가능할 때 그것에 맞추어서 해석하는 것은 행정의 일관성과 국민의 신뢰성을 보호할 수 있을 뿐만 아니라 개정법조문이 구법해석을 다시 명확히 확인하는 것일 뿐이라고 이해할 수 있으므로 문제되지는 않는다고 본다.

셋째 이유를 통해 대법원은 사업시행승인처분을 재량처분으로 보면서 그 처분의 여부 및 내용의 결정은 원칙적으로 행정청인 피고의 재량에 속한다고 하였다. 이 재량속에는 주무 행정청이 의제되는 일부의 인허가에 대해서만 효력을 발생하도록 할 수 있는 재량이 포함된다고 보아야 할 것이다.

3. 새로운 법률규정에 의한 입법적 대응 - 선승인 후협의제

선승인 후협의제는 주무 행정기관이 의제되는 인허가들 중 중요사항에 대해 다른 행정기관과 협의를 거쳤으면 다른 관계 행정기관과의 협의가 모두 완료되기 전이라도 사후에 협의를 거칠 것을 조건으로 의제되는 인허가 모두에 대한 효력이 발생한다는 입장이다.[184]

선승인 후협의제는 처음 등장할 때 선승인 후협의설로 불리웠는데 다른 행정기관과 "협의가 완료되지 않은 경우에도 해당 인허가를 의제하는 점에 비추어 명문의 법적 근거가 필요하다"고 할 수 있어,[185] 별도의 법률규정없이 인허가의제규정만 있는 경우의 해석을 위해서는 적절하지 않아 인허가의제대상의 효력범위에 관한 학설로서 선승인 후협의설을 거론하는 것은 적절하지 않다고 본다.

파주시가 대규모자본의 투자를 촉진하기 위해 주장했던 선승인 후협의론은 입법자에 의해서도 주목받아 관련 법률의 개정으로 반영되었다. 2009년 12월 29일 개정으로 도입된 주한미군 공여구역주변지역 등 지원 특별법 제29조 제3항에서는 "「공익사업을 위한 토지 등의 취득 및 보상에 관한 법률」 제4조에 따른 공익사업을 시급하게 시행할 필요가 있고, 제1항 각 호의 사항 중 사업시행을 위한 중요한 사항에 대한 협의가 있

---

184) 이 아이디어는 대상판결(대법원 2012.2.9. 선고 2009두16305 판결)에서 소송대상인 사업시행승인처분의 처분청인 파주시청의 생각이었다. 대상판결의 제1심판결인 '의정부지방법원 2008. 12. 9. 선고 2008구합2069 판결'에서 파주시장은 "의제대상인·허가사항의 요건은 반드시 사업시행승인 전에 갖추어야만 하는 것이 아니라 승인 후에 갖추어 의제효과를 받으면 되는 것이므로, 도시관리계획결정 의제를 위한 사전협의는 물론 그 밖의 인·허가사항의 의제를 위한 사전협의도 거칠 필요가 없다"고 주장했는데, 이 주장이 선승인 후협의제의 기원이라고 볼 수 있을 것이다. 선승인 후협의제에 대한 보다 상세한 설명은, 박균성/김재광, "인허가의제제도의 문제점과 개선방안", 『행정법연구』 제26호, 2010, 43-45면 및 박균성, 『행정법론(상)』 제11판, 박영사, 2012, 595-596면 참조.
185) 박균성, 앞의 책, 2012, 596면.

은 경우에는 필요한 모든 사항에 대한 협의가 끝나지 아니하더라도 그 필요한 협의가 완료될 것을 조건으로 제11조 제4항에 따른 사업의 시행 승인을 할 수 있다"고 규정하고 있다. 이 신설규정은 "공익사업을 시급하게 시행할 필요"를 이유로 다른 행정기관과 "사업시행을 위한 중요한 사항에 대한 협의가 있은 경우에는 필요한 모든 사항에 대한 협의가 끝나지 아니하더라도 그 필요한 협의가 완료될 것을 조건"으로 시행승인을 할 수 있다고 규정하고 있다. 이 규정은 '선승인 후협의'론의 주장내용에 부합하는 것으로 적어도 '중요한 사항'에 대한 협의가 사전에 존재해야 사업시행인가를 할 수 있다고 하고 있고, 중요한 사항에 대해서 협의가 성립되면 일단 의제되는 모든 인허규정들은 효력을 발생한다고 하였다.[186)

선승인 후협의제는 대자본이 투자되는 사업에 있어 사업의 착수를 촉진시키고자 하는 지방자치단체의 열망과 사업이 본격적으로 착수하기도 전에 소문에 따라 급격하게 부동산가격이 폭등하는 것에 부담을 느끼는 사업자의 이해관계가 맞아 주장되는 것이지만 문제점도 있다. 즉, 의제되는 인허가규정들 중 후협의의 대상이 되는 인허가들에 대해서는 요건 심사도 이루어지지 않았는데 주된 인허가만 부여되면 그것들에 대해서까지 인허가의 효력이 발생한다고 보는 것은 문제이기 때문이다. 때문에, 입법자는 후협의의 대상이 되는 인허가들은 전체 사업계획에 비추어

---

186) 2009년 2월 9일의 개정으로 도입된 도시 및 주거환경정비법 제32조 제5항은 "천재 지변이나 그 밖의 불가피한 사유로 인하여 긴급히 정비사업을 시행할 필요가 있다고 시장·군수가 인정하는 때에는 관계 행정기관의 장과 협의를 마치기 전에 제28조 제1항에 따른 사업시행인가를 할 수 있다. 이 경우 협의를 마칠 때까지는 제1항 및 제2항에 따른 인·허가등을 받은 것으로 보지 아니한다"고 규정하였다. 이 규정은 "천재지변이나 그 밖의 불가피한 사유로 인하여 긴급히 정비사업을 시행할 필요"라는 공익의 긴급한 보호필요를 이유로 의제되는 인허가규정들의 요건충족여부와 상관없이 그리고 관계기관과의 협의성립전에 사업시행자에게 사업시행인가를 할 수 있다고 규정하였다. 이 규정은 모든 의제효과를 배제하였기 때문에 '선승인 후협의' 론과는 다른 것이다.

비본질적인 인허가사항에 한정하여야 할 것이다.

후협의 대상인 인허가들에 대해 "필요한 협의가 완료될 것을 조건"으로 한다는 것은 해제조건을 의미하는 것으로 볼 수 있다는 견해도 있다.[187] 후협의 이후 관계 행정기관의 거부가 최종 확인되었을 때 그것을 이유로 막대한 사업이 투자된 전체 사업에 대한 인허가의 자동적 해제사유로 해석하는 것은 공익과 사업자의 이익에 중대한 타격을 가할 우려도 있다. 상황에 따라 부담으로 해석할 여지도 있다고 본다.

Ⅳ. 결 어

입법자는 규제완화요구에 대응하고자 인허가의제규정을 도입하였다. 하지만, 이로 인해 법집행의 불명확성은 증가하고 인근 주민들의 법률상 이익에 대한 침해도 증가하고 있다. 더 나아가 사업자들의 사업활동을 촉진시켜주고자 의도한 규제개혁이 오히려 사업자의 경제적 자유를 더 제한하는 경우도 생겨났다.

이 글의 연구대상인 대법원판결에서 문제된 상황은 적용해야 할 수많은 인허가규정들에 대해 집중심사절차를 도입하지 않은 채 간단한 의제규정만을 도입하여 대응하고자 하는 입법자의 안이한 태도 때문에 사업추진이 오히려 더 지체될 수도 있었음을 보여준다.

사업자가 의제되는 인허가들 중의 일부에 대해서만 그 요건심사를 신청하고 인허가의 효력을 발생시켜 줄 것을 원하는 상황을 입법자는 예상하지 못했다. 대규모 자본이 투자되는 사업에서 사업자가 사업진행단계에 따라 일정 시점에서 일부의 인허가만을 원하는 경우에 의제되는 모든 인허가의 요건들을 미리 충족시키도록 요구하는 것은 사업자의 경

---

187) 박균성, 앞의 책, 596면.

제적 자유를 지나치게 제약하는 것이 될 것이다.

이 판결에서 대법원은 일부효력발생설을 채택하여 입법자가 지나치게 단순한 의제규정 하나로 대규모자본이 투자되는 사업문제를 규율하려고 했던 것에 대해 문제유형에 맞게 법적용의 방법을 보다 정교하게 수정시켰다. 사업규모에 상응하여 그 사안의 복잡성을 감당할 수 있는 사업계획의 확정절차, 보다 정교한 세부 기준과 절차가 우리나라에서도 필요하다.

제4절 지방자치단체의 수의계약

Ⅰ. 정부계약의 비교법적 유형과 수의계약의 법적 쟁점들

1. 지방자치단체의 계약행정의 증가

지방자치단체가 체결하는 계약은 물품이나 용역의 구매 또는 시설의 건설 등을 목적으로 지방자치단체와 사인 사이에 성립하는 의사표시의 합치이다. 공공부문에서 재화와 용역의 수급이 조세부과처분이나 생활보호자의 지정행위와 같이 행정행위에 의해 이루어지기도 하지만, 자치단체가 필요로 하는 컴퓨터와 같은 물품의 구매, 쓰레기처리, 도로의 건설 및 개보수, 특정사업에 필요한 전문정보획득을 위한 연구프로젝트의 발주, 관청 청사의 도급 등의 영역에서 계약도 빈번하게 이용되고 있다.

특히, 사인에 대한 지방자치단체의 예산지출행위는 전통적으로 계약에 의해 이루어지는 경우가 많았는데, 중앙행정기관으로부터 지방자치단체로 예산과 권한이 대폭 이양되면서 지방자치단체가 계약의 주체로서 활동하는 경우가 앞으로 더 늘어나게 될 것이다. 더구나, 세계적 추세인 민영화의 증가에 따라 국가나 지방자치단체의 전통적 권력행정영역인 공무원임용(계약직 공무원), 사회복지, 환경행정 그리고 질서행정의 영역에서까지 계약형식의 이용이 늘어나고 있다.

지방자치단체의 경우 중앙행정부처보다 계약금액의 규모가 상대적으로 작기 때문에 전체계약 중 수의계약의 비율이 상당히 높을 것으로 추정해볼 수 있다. 행정자치부가 밝힌 바에 따르면 지방자치단체의 수의계약은 지방자치단체가 일방당사자가 되는 전체 계약건수중에서 2005년 2

월 현재 69%를 차지하고 있다고 한다.[188)]

2. 정부계약유형에 관한 비교법적 검토

이 논문은 국내의 법령과 판례의 체계적 분석을 목적으로 하므로 외국의 제도를 상세히 소개할 여유는 없다. 여기서는 이 논문의 주된 관심 사항인 수의계약을 중심으로 간략하게 외국의 제도적 상황을 소개하기로 한다.

미국의 경우는 계약방법의 구별을 공고절차(formal advertising 또는 publicizing)의 유무를 기준으로 공고에 의한 계약 또는 경쟁에 의한 계약 (Contracting by Formal Advertising 또는 Contracting with Sealed Bidding) 과 협상에 의한 계약(Contracting by Negotiation)으로 분류하고 있다.[189)] 한국과 일본의 실정법에서 공통적으로 사용하고 있는 수의계약의 경우에도 계약상 경쟁의 원리가 전적으로 배제되는 것이 아니고 계약상대방이 오직 하나인 경우를 제외하고는 복수의 계약희망자를 상대로 협상을 통하여 경쟁이 이루어진다. 다만, 수의계약에서는 공고를 통한 입찰이라는 절차를 거치지 않을 따름이다. 따라서, 미국, 일본과 한국에서 이용되는 정부계약의 분류방식은 큰 윤곽으로는 비슷하다고 볼 수 있다.

한국 행정법교과서들의 기술내용에 큰 영향을 미친 독일의 경우 정부계약은 공법상 계약과 사법상 계약으로 구별하여 왔는데, 공법상 계약에 대해서는 연방행정절차법 제4장(제54조에서 제62조)에서 규율하고 사법

<hr />

188) 행정자치부는 지방자치단체가 체결하는 500만원 이상의 수의계약내역을 당해 지방자치단체 홈페이지에 수의계약체결후 7일이내에 계약종료후 3년까지 상세하게 공고하도록 권고하면서 지방자치단체가 체결하는 전체계약건수의 69%를 차지하는 수의계약의 투명성에 문제가 있었다는 점을 밝히고 있다. 2005.2.14. www.mogaha.go.kr (행정자치부 재정정책과)참조
189) W.Noel Keyes, Government Contracts in a Nutshell, 2000, 제14장과 제15장.

상 계약에 대해서는 전통적으로 특별법에 다른 규정이 없는 한 민법상
의 계약법원리가 적용되는 것으로 이해되어 왔다.[190] 다만, 계약상대방
의 선택과 관련하여 평등원칙 등의 공법상의 일반법원칙과 기본권규정
이 적용된다. 행정사법은 지방자치단체의 계약이 공적 과제의 직접적인
수행을 위한 것일 때, 예를 들어, 사회적 약자의 배려나 파산위기에 처
한 지역기업들에 대한 보조금교부와 같이 지역경제의 촉진을 위한 계약
의 경우에 적용된다.[191] 이 경우는 행위형식만 사법형식일 뿐 법률관계
의 내용은 공법에 의해 규율되고 있다고 볼 수 있다.

하지만 물품계약이나 공사계약 그리고 서비스계약 등이 공적 과제의
수행에 직접적 관련이 없을 때에는 특별법상의 규정이 없는 한 사법규
정만이 적용되고 기본권규정도 직접 적용되지 않는다고 한다.[192]

정부계약실무상 계약의 양이나 금액으로 볼 때 사법상 계약으로 파악
되고 있는 것들이 많고 그 중요성도 크다는 점에서, 행정의 권력남용을
방지하고 공익을 보호하여야 하는 독일 공법학이 사법상 계약으로 분류
한 것들을 소홀히 취급했었던 것은 문제가 있었다고 평가할 수 있을 것

---

190) 독일의 경우도 1992년 유럽공동체가 등장하면서 유럽공동체법인 공공용역발주에
관한 지침(92/50/EG), 공공물품구매발주에 관한 지침(93/36/EG), 공공건축공사발주
에 관한 지침(93/37/EG) 등이 직접 또는 전환절차를 거쳐 적용되게 되었다. 전통적
으로 독일에서는 대부분의 정부계약활동을 사법상 계약으로 파악함으로써 법률이
아니라 행정내부적 효력만을 갖고 계약행정을 지도하는 행정규칙에 의해 정부계약
업무를 처리해왔다. 이에 따라 권리구제절차도 매우 미비했는데 유럽공동체법이 적
용되면서 정부계약실무의 개혁계기가 마련되게 되었다. 다만, 이러한 개혁은 물품·
용역조달계약은 부문별로 20만ECU, 40만ECU, 60만ECU이상, 건축공사계약은
500만ECU 이상에 대해서만 적용되는 불완전한 것이고, 행정절차법과 같은 공법이
아니라 경쟁법의 개정방식으로 이루어졌다는 특색을 가진 것이다. 이상의 내용에
관해서는, 박정훈, 행정조달계약의 법적 성격, 행정법의 체계와 방법론, 2005, 173-
200면 참조.
191) BGH DÖV 1977, 590 ; BVerwG DVBl 170, 866 ; Alfons Gern, Deutsches
Kommunalrecht, 3.Aufl., 2003, Rn.771.
192) Alfons Gern, Deutsches Kommunalrecht, 3.Aufl., 2003, Rn.772.

이다. 행정사법이론이나 기본권규정과 공법원리의 적용론 등이 이러한 한계를 탈피하여 사법상 계약활동에 대해서도 공법의 적용영역을 확대하고자 한 것은 이러한 문제점을 인식한 결과라고 볼 수 있을 것이지만, 공적 과제의 간접적인 수행이라고 이해되는 경우들에 대해서는 이러한 이론들도 적용되지 않는다.

독일법의 관점에서 볼 때, 한국법상 수의계약은 그 금액이 상대적으로 적고 특수한 경우에 이용되는 것이기 때문에 유럽공동체법이 적용되지 않는 정부계약활동으로서 주로 사법원리가 적용되고 행정규칙이 적용되는 계약유형이라고 볼 수 있을 것이다.

프랑스에서 정부계약에 관한 분쟁은 행정행위에 해당되는 것은 월권소송으로 다루고 그 이외 다른 쟁점들에 관한 분쟁은 완전심리소송에서 다루어지고 있는데, 연혁적으로 볼 때 1956년 Bertin판결이후 공역무집행 또는 일반 사법과 다르거나 저촉되는 계약조항을 담고 있으면 행정계약으로 파악하여 행정소송의 대상으로 삼아왔다.[193] 프랑스의 경우 정부계약에 대해서는 정부계약법(Code des marchés publics, 약칭하여 CMP라 함)이 존재하는데, 한국과 유사하게 경쟁계약(adjudication)과 협상계약(또는 수의계약)(marché négocié)으로 나누어서 규정하고 있다.

프랑스에서 수의계약은 대부분 복수의 지원자들사이에서 경쟁과 협상을 거쳐 체결되는데 정부계약법(CMP) 제103조가 규정하고 있다. 그러나, 수의계약에 있어 그 계약이 특정한 사업자에 의해서만 집행될 수 있을 때에는 계약지원자가 오직 한명인 경우도 예외적으로 가능하다. 정부계약법(CMP) 제104조 제2항은 수의계약을 체결할 수 있는 두 가지 경우를 예정하고 있는데, 첫째, 사업자의 기술자격증이나 허가가 있어야 계약의 집행이 가능하고 행정필요가 충족될 수 있을 때, 둘째, 기술적 필요, 상당한 금액의 사전투자의 필요, 특정 시설이나 전문지식의 필요에

---

193) 한국에서 프랑스의 행정계약에 관한 최근의 소개는, 박정훈, 전게논문, 200-208면 ; 최성은, 행정법상 행정계약의 법리, 2003, 원광대박사논문 참조.

의해 특정한 사업자만이 그 계약을 이행할 수 있을 때이다.194)

정부계약을 크게 경쟁계약과 수의계약으로 나누는 것은 일본과 한국
이 동일하고 그 구체적 내용도 상당히 유사하므로 이 제한된 지면으로
는 일본에 대해서 특별히 소개할 여유는 없다.

이상에서 고찰한 대로 외국에서도 대체로 실정법이나 행정실무가 경
쟁계약과 수의계약으로 나누어 규율하고 운용함을 알 수 있다. 또, 정부
계약은 경쟁계약이 원칙으로 되어 있고 수의계약은 일정 금액이하나 특
수한 경우에 가능한 것이라는 점도 선진국들에서나 한국에서 일치하고
있다.

3. 수의계약의 쟁점들

계약행정의 주요단계를 분류해보면, 1. 계약의 행정내부적 계획단계,
2. 계약의 협상과 기록, 3. 계약의 체결, 4. 계약의 감독과 평가의 4단계
로 유형화해볼 수 있다.195) 미국의 지방행정 영역에서는 이 중에서 네
번째 유형인 계약의 감독과 평가가 잘 수행되지 않고 있는 점이 문제라
고 한다.196)

쟁점에 의해 지방자치단체의 수의계약과 관련된 연구과제들을 분류해
보면 대체적으로 다음의 네 가지 정도로 나눌 수 있을 것이다.

첫째, 수의계약의 개념, 대상, 주체와 내용, 해제와 손해배상 등 수의

---

194) Christian Lavialle, Droit administratif des biens, 1996, p.228-235.; J.Rivero/
     J.Waline, Droit administratif, 19éd., 2002, n116.
195) Barbara L. Bezdek , Contractual Welfare : Non-Accountability and Diminished
     Democracy in Local Governments Contracts for Welfare-to-Services, 28 Fordam
     Urb.L.J. 2001, p. 1604. ; Janna J. Hansen, Limits of Competition : Accountability
     in Government Contracting, Yale Law Journal 2003, p.2475.
196) Kelvin Lavery, Smart Contracting for local government services, 1999, p.71. 73.

계약의 구조가 어떠한가 하는 점이 주요한 연구과제가 될 수 있다. 여기서는 지방자치단체이든 사인이든 권력남용을 방지하고 계약상의 의무를 이행하도록 하며 이행하지 않는 경우 제재수단이나 구제내용 등이 검토되어야 한다.

실정법과 행정실무상 정부계약의 지배적인 분류방법은 경쟁계약과 수의계약이라는 분류방식인데, 행정법학에서는 공법상 계약과 사법상 계약이라는 분류방식을 주로 이용해왔다. 행정법학의 관점에서는 사법상의 계약으로 이해되고 있는 수의계약에 공법원리들과 공법규정들이 어느 정도까지 적용되고 계약의 내용과 효력에 어떤 영향을 미치는가 하는 점이 중요관심사이다.

둘째, 수의계약에 있어 소수민족보호, 중소기업보호, 지역기업보호와 같이 평등보호와 균형발전의 배려가 허용되어야 하는가, 허용된다면 어떻게 어느 정도까지인가 하는 점이 문제이다. 한국의 경우에는 중소기업보호를 목적으로 단체수의계약제도가 있었으나 2004년 12월 8일 그것이 폐지되고 제한경쟁입찰 및 지명경쟁입찰제도가 도입되었다.

셋째, 수의계약과 관련하여 공무원들의 전문성을 개선하고 부패를 방지하며, 적격을 갖춘 보다 많은 사인들이 계약에 참여하도록 할 수 있는 개선안이 무엇인가 하는 점이 문제이다. 넷째, 더 나아가 중앙부처나 산하기관의 업무 또는 지방자치단체의 업무를 민간에 아웃소싱하거나 협약에 의해 위탁하는 활동방식이 선진국에서는 이미 활성화되어 있고 한국도 이러한 행위방식이 널리 이용되어가고 있는데 아웃소싱이나 협약에 의한 행정에 특유한 법적 문제들이 있다.

각각의 쟁점들에 관한 연구가 부족한 상황에서 이 논문은 우선 첫 번째 쟁점, 즉, 지방자치단체의 수의계약의 법적 구조를 분석하는데 집중하고자 한다.197) 계약의 체결과 이행의 문제가 주요 검토대상이 될 것이다.

___

197) 필자가 지방자치단체의 수의계약과 관련하여 한국의 논문들을 검색하면서 느낀 점은 수의계약의 법적 구조에 관한 글이 아직 출현하지 않고 있다는 점이다. 법적 쟁

지방자치단체의 수의계약에 관한 논문이 없음을 고려하여 이 논문에서는 각 세부주제들에 대하여 우선 실정법의 내용과 판례들을 요약소개한 다음, 그 내용에 대해 가능한 범위에서 분석과 평가를 하고 한국에 도입될 필요가 있는 외국의 특수한 규정들을 소개하고 제안하는 방식으로 전개해가기로 한다.

Ⅱ. 지방자치단체의 수의계약의 개념과 대상

1. 지방자치단체의 수의계약의 개념과 그 유용성

1) 지방자치단체의 수의계약의 개념 및 다른 계약방식과의 구별

지방자치단체가 체결하는 계약은 물품이나 용역의 구매 또는 시설의 건설 등을 목적으로 지방자치단체와 사인 사이에 성립하는 의사표시의 합치이다. 이러한 합의(consent)가 계약을 유효하게 하고 서로를 구속하며 법령에 특별한 근거가 없는 한 일방적으로 계약조건을 변경하거나 해제할 수 없게 한다는 점에서 공권력행사로서의 특징을 가지면서 법령에 의해 엄격히 기속을 받는 행정행위와 구별된다.198) 예를 들어, 매매는 당사자 일방이 재산권을 상대방에게 이전할 것을 약정하고 상대방이 그 대금을 지급할 것을 약정함으로써 그 효력이 발생하는 것이므로, 매매계약은 매도인이 재산권을 이전하는 것과 매수인이 그 대가로서 대금

점들과 한국의 수많은 판례들을 체계적으로 소개하여 지방자치단체의 수의계약의 법적 구조를 체계적으로 분석 소개하는 것에 이 글의 역할을 한정하고 행정부패의 문제를 다루지 못한 것은 이 점에 원인이 있다. 행정부패의 실태조사와 그 극복방안에 관한 연구나 다른 쟁점에 관한 연구는 다음 기회로 미룬다.

198) Tom Madell, Local Government Bodies as Parties to Contracts, European Public Law Vol.7, 2001, p.63-78(66).

을 지급하는 것에 관하여 쌍방당사자의 합의가 이루어짐으로써 성립한
다.(대법원 1993.6.8. 92다49447)

다만, 계약체결행위와 계약체결전단계의 행위는 구별해야 한다. 지방
자치단체의 장이 관리하고 있는 농공단지 안에 있는 토지를 매각하는
경우, 이 토지를 분양하기에 앞서 그 분양대상업체를 선정한 지방자치단
체의 장의 행위는 "본 계약을 체결하기 위하여 하는 전단계 행위에 지나
지 않는 것"이다.(광주고법 2003. 4. 17. 2002누226)

계약의 성립을 위하여 판례는 사인상호간의 계약과 마찬가지로 엄격
하게 특정될 것을 요구하지 않는다. 즉, "매매계약에 있어 매매목적물과
대금은 반드시 그 계약체결 당시에 구체적으로 특정되어 있을 필요는
없고 이를 사후라도 구체적으로 특정할 수 있는 방법과 기준이 정하여
져 있으면 족하다."(대법원 1986.2.11. 84다카2454 ; 1993.6.8. 92다49447)

또, "매매계약에 있어서의 목적물 및 대금은 특별한 사정이 없는 한
그 계약체결 당시에 약정하였던 목적물 및 그 대금이어야 하고, 사후에
특정되는 목적물이나 대금은 계약체결 당시에 예정하였거나 사후기준을
정하였을 경우에 한하여 그 기준이 된다."(대법원 1986.2.11. 84다카2454)

수의계약199)은 공사, 물품 및 용역 등에 대하여 지방자치단체가 경쟁
의 방식이 아니라 임의로 특정의 상대방을 선택하여 체결하는 계약방식
을 말한다. 미국의 정부계약교재에서는 한국의 수의계약과 유사한 협상
계약에 관하여 다음과 같이 설명하고 있다.200) 이 계약은 협상이 중요한
특징을 이루는데, 청약자로부터 제안서 또는 견적서를 접수하고 계약의
승낙이 있기 전에는 청약서를 수정할 수 있으며, 협상은 가격, 계약이행

---

199) 정부계약의 전반적인 내용에 관하여 선구적 논문을 작성한 이상도 변호사는 미국의
     정부계약을 소개하면서 한국에서도 수의계약이라는 용어대신에 협상계약이라는 용
     어가 적절할 것이라고 지적하고 있다. 이상도, 정부계약의 방법에 관한 연구, 군사법
     논집 제2집, 1995, 202면.
200) W.Noel Keyes, Government Contracts in a Nutshell, 2000, p.236.

스케줄, 요구되는 기술 등에 관하여 이루어진다.

한국에서 수의계약을 규정하는 주요 법률은 국가를당사자로하는계약에관한법률, 국유재산법과 지방재정법이다. 국가를당사자로하는계약에관한법률과 국유재산법의 많은 규정들은 지방재정법을 통해서 지방자치단체에도 준용되고 있다. 지방재정법 제61조는 "계약의 방법"에 관하여 규정하고 있는데, "지방자치단체의 장 또는 그 위임을 받은 공무원은 매매·임차·도급 기타의 계약을 체결하는 경우에는 이를 공고하여 일반경쟁에 붙여야 한다. 다만, 계약의 목적·성질·지역특수성 등에 비추어 필요하다고 인정될 때에는 대통령령이 정하는 바에 의하여 참가자의 자격을 제한하거나 참가자를 지명하여 경쟁에 붙이거나 수의계약에 의할 수 있다"고 규정하고 있다. 또, 지방재정법 제59조는 "계약의 원칙"에 관하여 규정하고 있는데 "계약은 상호 대등한 입장에서 당사자의 합의에 따라 체결하여야 하며, 당사자는 계약의 내용에 따라 신의와 성실의 원칙에 입각하여 이를 이행하여야 한다"고 규정하고 있다. 이 규정들에서도 알 수 있듯이 지방재정법이나 다른 법률에서 수의계약의 개념을 명백히 정의하고 있지는 않지만, 수의계약도 의사표시의 합치에 의하여 성립한다. 수의라는 용어는 당사자간의 자유의사에 의해 계약이 성립함을 의미한다. 수의계약의 경우에도 경쟁이 완전히 배제되는 것은 아니고, 계약담당공무원은 소수의 적임자들에게 계약청약서를 작성하여 제출하도록 함으로써 어느 정도의 경쟁을 유도할 수 있다.

지방재정법 제61조는 지방자치단체의 계약유형을 그 계약체결방식의 차이에 따라 일반경쟁입찰방식, 지명경쟁방식 또는 제한경쟁입찰방식, 그리고 수의계약방식으로 나누고 있다.

일반경쟁입찰은 자치단체가 체결하고자 하는 계약의 내용을 미리 공고하고 일정한 자격을 갖는 불특정 다수의 사람들에 대해 입찰의 방법으로 경쟁시켜 가장 유리한 조건을 제시한 자와 계약을 체결하는 방식이다. 지방재정법 제61조 전단은 지방자치단체가 매매, 임대 등의 계약을 체결할 때에는 원칙적으로 일반경쟁입찰의 방식에 따르도록 규정하고 있다. 기회균등의 원칙에 가장 잘 부합되고 지방자치단체의 비용을 가장 절감할 수 있는 계약방식일 수 있기 때문이다. 또, 일반경쟁입찰은 가장 많은 사람들이 계약체결을 위해 경쟁하도록 하여 공정성을 중시하는 계약체결방법이다.

제한경쟁입찰 또는 지명경쟁입찰은 지방자치단체가 계약의 종류 및 금액에 따라 입찰에 참여할 수 있는 사업자들의 자격을 심사하여 등록해두고 있다가, 체결해야 할 계약의 내용에 따라 등록된 사업자들 중 약간의 사업자들을 지명하여 입찰절차를 진행시키는 방식이다.

2) 수의계약의 유용성

수의계약은, 매우 전문적이거나 특수한 성질의 용역, 매우 작은 규모의 계약, 긴급한 필요, 중소기업보호나 소수인종 또는 사회적 약자의 보호 등의 필요가 있는 경우에 이용된다. 수의계약의 경우에는 경쟁입찰의 경우와는 달리 경쟁의 필요뿐만 아니라 신속한 구매나 입찰비용의 감축 또는 사회적 약자의 보호 등 다른 사회목적을 함께 고려한다.[201] 절차가 간단하고 계약을 위한 거래비용도 작게 든다는 장점을 가지고 있다.

계약담당자가 잠재적 계약상대방들과의 사전협상과정(negotiation process)을 가질 수 있다는 점이 수의계약의 중요한 장점일 수도 있다. 계약의 목적과 내용에 비추어 능력, 기술과 경험 등의 측면에서 가장 적합하다고 생각하는 사람이나 탁월한 전문적 능력을 가진 기업이 입찰방식으로는 경쟁과정에 참여하기를 꺼릴 때, 계약담당공무원은 수의계약방식의 협상을 통해 계약에 참여하도록 유도할 수 있다. 낮은 가격에의 구입

---

201) Ruth Hoogland Dehoog, Legal Issues in Contracting for Public Services, in ; Cooper/Newland (ed.), Handbook of Public Law and Administration, 1997, p. 534ff.

목적이외에 제품이나 용역의 특수한 기능이나 전문성이 요구되고 계약
담당자가 상당한 전문성과 경험을 가지고 있는 경우에도 수의계약은 적
절한 방법이다.

가장 적합한 사업자나 사인이 지방자치단체의 계약과정에 참여하기를
꺼리는 원인은 여러 가지가 있을 수 있다.[202] 계약상의 의무가 완전히
이행된 경우에만 금전채무를 이행하기 때문에 대금결제가 매우 늦고, 계
약상의 이무이행결과의 우수성여부에 대한 평가는 거의 하지 않으면서
계약상의 결과물에 대해서 지나치게 경직적인 규제를 가하거나 비용지
출에 대해서 지나치게 규제를 가한다는 점이다. 또, 계약상의 의무이행
과정에서 지방자치단체의 협력이 필요함에도 불구하고 거의 협력이 제
공되지 않고 있는 점도 계약참가를 꺼리게 하는 원인이 된다.

수의계약에 대한 비판은 계약체결과정의 개방성이나 공정성 등이 부
족하다는 점이다. 경쟁이 부족해 가격파괴와 품질혁신의 유인이 낮아 예
산절감효과를 기대하기 어렵다. 또, 편의성을 중시하여 제한이 없으면
공무원들이 너무 빈번히 사용해 자의성이 개입하기도 하며, 계약의 상대
방이 해당 행정기관에 익숙한 사람으로 고정되어 오랜 유착으로 인한
문제가 생기기도 한다.

수의계약의 장점들이 나타나는데 관건이 되는 요소는 계약담당공무원
의 전문성이다. 정형화된 경쟁입찰의 경우에는 재화의 구매가격이나 절
차가 정형화되어 있지만, 수의계약의 경우에는 그러한 틀이 없어 계약담
당공무원의 전문성, 성실성과 윤리성이 매우 중요하다.

---

202) Susan A. Macmanus, Why Businesses are reluctant to sell to Governments, Public
Administration Review Vol.51, 1991, p.328-344. 본문에 열거한 사유들이 대표적으
로 지적되고 있지만 그 이외에도 너무 많은 문서작업의 요구, 계약의 최종책임자와
의 접촉의 어려움, 과거 계약이행실적의 요구 등 많은 사유들이 거론되고 있다.

2. 수의계약의 법적 성질과 대상

1) 수의계약의 법적 성질

지방자치단체의 계약행정업무 중 공법이 적용되는 행위와 사법이 적용되는 행위를 구별하는 것은 분쟁이 발생했을 때 그것을 다루는 소송 유형을 결정하기 위해서이기도 하지만 적용되는 법원리와 법규정들을 파악하기 위한 목적도 갖는다.

계약에 관한 분쟁들 중 부패와 관련된 것들은 형사소송에서 다루어지고 계약채무의 내용과 그 이행책임에 관한 문제는 민사소송에서 다루어지지만, 판례상 국가나 지방자치단체 그리고 권한을 위임받은 공공단체가 계약참가의 자격을 제한하는 조치에 대해서는 행정소송의 대상인 처분으로 이해되고 있다.(대법원 1983.6.28, 82누362 ; 1995.2.28, 94두36) 하지만 낙찰결정에 대해서는 처분성을 긍정하지 않고 있다.[203](대법원 1996. 12.20, 96누14708)

지방자치단체의 수의계약은 지방자치단체가 사경제주체로서 활동하는 사법상의 계약이라고 이해되어 왔다.[204] 지방자치단체는 상대방과 대등한 위치에서 수의계약을 체결하고 이에 관해 법령에 특별한 정함이 없는 경우에는 사적 자치와 계약자유의 원칙 등 사법의 원리가 적용된다. 하지만, 일방당사자가 지방자치단체이기 때문에 사법원리와 사법규정이 그대로 적용되지는 않고 공법상의 특별규정이 있는 경우가 많다. 이때에는 공법규정들이 적용되어야 하고 평등원칙, 비례원칙, 부당결부금지원칙과 같은 공법원리가 적용되어야 한다.

---

203) 낙찰결정도 취소소송의 대상이 되어야 한다는 주장은, 박정훈, 전게논문, 230면. 이러한 주장은 행정재량의 통제가 보다 강화되어야 한다는 점에서 적절하다고 할 것이다.

204) 대법원 1983. 12. 27. 81누366 ;1996. 12. 20. 96누14708.; 2001.12.11, 2001다33604.

국가나 지방자치단체가 일방 당사자인 계약과 사인상호간의 계약의 중요한 차이점은, 체결된 계약내용이 불완전할 때 사인상호간의 계약에서는 당사자간의 합의내용의 해석을 통해 그것을 보완하는 것이 일차적 해석방법인데 대하여, 국가나 지방자치단체가 일방 당사자인 계약의 경우에는 우선적으로 공법규정들의 해석을 통하여 불완전한 계약내용을 보충하여야 한다는 점이다.205)

2) 수의계약의 대상

행정법학에서 행정청이 공적 과제를 어떤 행위형식에 의하여 이행하여야 하는가의 판단에 있어 법률에서 특정한 행위형식을 이용하도록 규정하고 있지 않는 한 행정청에게 선택의 자유가 인정된다.206) 하지만, 수의계약대상의 결정과 선택에 있어서는 행정청에게 행위형식선택의 자유가 인정되고 있지 않다. 지방재정법과 '국가를 당사자로 하는 계약에 관한 법률'에서 허용하고 있는 경우에만, 즉, 자유의사가 아니라 객관적인 기준에 의해서 지방자치단체의 수의계약이용가능성이 결정된다. 다만, 이 기준 자체가 지나친 불확정개념으로 되어 있어 행정청에게 해석의 여지가 넓게 인정될 때에는 수의계약의 이용여부는 법에 엄격히 기속되어 객관적으로 결정된다고 보기 어려울 것이다.

지방재정법 제63조는 지방재정법에 규정이 없는 사항에 대해서는 '국가를 당사자로 하는 계약에 관한 법률'을 준용하도록 규정하고 있고, 지방재정법시행령 제70조는 '국가를 당사자로 하는 계약에 관한 법률시행령'을 준용하도록 규정하고 있다. 수의계약의 대상에 관하여 구체적으로

---

205) Tom Madell, Local Government Bodies as Parties to Contracts, European Public Law Vol.7, 2001, p.66-67.
206) 독일의 통설이기도 하다. Wolff/Bachof/Stober, Verwaltungsrecht I, §23 Rn4ff.; Dirk Ehlers, Verwaltung in Privatrechtsform, 1984, S.64.

규정하고 있는 법령은 '국가를 당사자로 하는 계약에 관한 법률시행령' 제26조인데, 이 시행령에 따라 수의계약을 체결할 수 있는 경우는 다음 과 같다.

① 천재지변, 작전상 병력이동, 긴급행사, 비상재해 등으로 경쟁에 부칠 여 유가 없는 경우(동시행령 제26조 제1항 제1호)
② 국가기관의 행위를 비밀리에 할 필요가 있을 경우(제2호)
③ 다른 국가기관, 지방자치단체와 계약을 할 경우(제3호)
④ 특정인의 기술, 용역 또는 특정한 위치, 구조, 품질, 성능, 효율 등으로 인하여 경쟁을 할 수 없는 경우로서 열거된 사유에 해당할 때 (제4호)

국가기관의 행위를 비밀리에 할 필요가 있을 경우라는 요건은 지나치 게 불명확하여 남용될 여지가 많고,[207] 천재지변 등으로 경쟁에 부칠여 유가 없는 경우도 수의계약이 가능하도록 한 것은 우리나라의 경우 거 의 매년 수해가 발생하고 공사금액도 많다는 점에서 문제라고 하겠다.
제1호부터 제3호까지는 매우 특수한 경우이기 때문에 현실적으로 중 요한 것은 제4호이다. 제4호에 열거된 사유들은 계약대상에 따라 유형화 해볼 때, 시설계약, 조달계약 및 용역계약으로 나눌 수 있다. 지방자치단 체의 계약일반에 공통적으로 나타날 수 있는 위험들이 많지만, 계약대상 에 따라 문제양상도 다르고 그 문제의 해결방안도 달라지기 때문에 이 구별은 의미를 갖는다.
수의계약대상이 아님에도 불구하고 예외적으로 수의계약대상이 되는 경우도 있다. 2회에 걸친 입찰공고에 응찰자가 없거나, 낙찰자가 계약체 결에 불응할 때 또는 계약 후 소정 기일 내에 이행에 착수하지 아니하거 나 계약이행에 착수한 후 계약상의 의무이행을 하지 아니하여 계약을 해제 또는 해지한 때이다. 그리고 재공고유찰, 낙찰 후 계약체결 불응

---

207) 김대인, 정부조달계약에 있어 투명성의 법적 의미, 행정법연구 제13호, 2005, 215면.

등의 경우에는 예정가격이나 낙찰금액을 분할할 수 있는 경우에 한하여 수인에게 분할하여 계약하는 분할수의계약을 체결할 수도 있다.

지방자치단체가 잡종재산을 수의계약에 의해 매각할 수 있는 경우에 관해서는 지방재정법시행령 제95조 제2항에서 규정하고 있는데, 판례에서 문제되었던 경우는 지방자치단체가 잡종재산을 매각하려고 할 때 그 재산을 대부받은 자에게 수의계약으로 매각할 의무를 지는가 하는 점이다. 동시행령 제95조 제2항 제4호는 대부받은 자에게 "수의계약으로 매각할 수 있다"고 규정하고 있는데, 이 규정의 의미에 관하여 대법원은 "지방자치단체가 잡종재산을 매각할 때에는 원칙적으로 경쟁입찰에 의하도록 하고, 다만, 그 재산에 대하여 대부를 받은 자가 있는 경우에는 재량에 의하여 그 자에게 수의계약을 할 수 있다는 것으로서 지방자치단체가 대부받은 자에게 우선적으로 매각할 의무를 부담하는 것은 아니고 대부받은 자의 전원 또는 일부의 자에게 재산의 전부 또는 일부를 매각할 수 있다"고 한다.(대법원 1974.5.28. 73다754) 또, 사용허가를 받아 국유재산을 점유하고 있는 연고권자로서 국가가 이를 수의계약의 형식으로 원고에게 매각할 수 있다고 하더라도 이와 같은 사정만으로는 원고가 국가에 대하여 어떠한 사법상의 청구권을 가진다고 볼 수 없다. 즉, 수의계약에 의하여 매수할 수 있는 지위에 있다는 기대를 가지고 있다는 것만으로는 국가에 대하여 보전할 사법상의 권리가 존재한다고 볼 수 없다.(대법원 1991.7.26. 91다16624)

수의계약체결후 관계법령이 변경되어 수의계약의 대상에서 제외된 경우, 대법원은 "국가의 수의계약의무는 이행불능으로 되었고 따라서 그 계약의 불이행이 국가의 귀책사유에 의한 채무불이행이라 하여 손해배상을 구할 수 있음은 별론으로 하고, 국가를 상대로 법령상 허용되지 아니하는 수의계약체결의무의 확인을 구하는 것은 현존하는 법적인 불안, 위험을 해소할 수 있는 유효적절한 방법이라고는 볼 수 없으므로 확인의 이익이 없다"고 한다. (대법원 1996. 10. 11. 95다12071)

Ⅲ. 수의계약의 성립

1. 계약의 주체

지방자치단체가 수의계약과 같은 사법상의 계약을 체결하는 경우에도 당해 지방자치단체의 권한범위내에서 계약을 체결할 수 있을 뿐이다. 즉, 계약당사자들의 의사표시의 합치가 공법상의 권한배분질서를 깨뜨리지 못하고,208) 당해 지방자치단체의 계약체결권의 부존재를 치유하지 못한다. 판례도 "구 국유재산법(1994. 1. 5. 법률 제4698호로 개정되기 전의 것) 제32조 제1항에서는 "잡종재산은 총괄청이 관리·처분한다. 다만, 다음 각 호의 1에 해당하는 재산은 그 관리청이 관리·처분한다."고 규정하고 그 제1호로 "대통령령이 정하는 특별회계에 속하는 재산"을 들고 있는데, "특별회계에 속하는 재산은 그 소관청이 관리·처분권을 가지고, 총괄청인 재무부는 관리·처분권을 가지지 못한다 할 것이어서, 그 특별회계에 속한 잡종재산을 재무부가 처분한 경우에는 관리·처분권이 없는 기관이 처분한 것으로서 무효"라고 한다.(대법원 2002. 7. 12. 2001다 16913)

지방자치단체에서 계약을 체결하는 자의 명의는 지방자치단체장인 경우가 일반적이다. 이 권한은 자치사무인 경우도 있겠지만 위임사무인 경우도 있다. 지방자치단체의 직원들은 법령에 특별한 규정이 없거나 위임이 없는 한 지방자치단체의 장이 체결하는 계약업무를 도와주는 보조자에 불과하다고 할 수 있다.209)

---

208) Elke Gurlit, Verwaltungsvertrag und Gesetz, 2000, S.415. ; Tom Madell, Local Government Bodies as Parties to Contracts, European Public Law Vol.7, 2001, p.73.

209) Tom Madell, Local Government Bodies as Parties to Contracts, European Public Law Vol.7, 2001, p.72.

지방자치단체장은 계약금액의 크기나 그 내용에 따라 계약관을 임명하여 그 사무를 위임할 수 있다. 즉, '국가를 당사자로 하는 계약에 관한 법률'은 지방재정법 제63조에 의해 지방자치단체의 계약업무에도 준용되는데, '국가를 당사자로 하는 계약에 관한 법률' 제6조 제1항은 "각 중앙관서의 장은 그 소관에 속하는 계약사무를 처리하기 위하여 필요하다고 인정될 때에는 그 소속공무원중에서 계약에 관한 사무를 담당하는 공무원(이하 "계약관"이라 한다)을 임명하여 그 사무를 위임할 수 있으며 그 소속공무원에게 계약관의 사무를 대리하게 하거나 그 사무의 일부를 분장하게 할 수 있다"고 규정하고 있다.

계약관을 지정하지 않은 경우에도 지방자치단체장은 "보조기관·보좌기관 또는 당해 업무담당 공무원으로 하여금 위임전결"하게 할 수 있는데, 위임전결사항의 내용에 대해서는 지방자치단체의 규칙으로 정할 수 있다.(사무관리규정 제16조 제2항) 판례에 나타난 예로는 "지방자치단체의 장의 보조기관인 건설과장의 요청에 의하여 노무자가 일정한 노무를 제공한 경우, 이 계약의 체결이 위 과장의 권한에 속하는 한 이는 유효하게 성립한 것으로 위 과장이 노무자를 고용함에 있어서 행정상의 내부적인 절차를 경유하지 않았다고 할지라도 그것은 행정상의 내부관계에 불과하여 이로써 위 노무계약이 위법이거나 무효라고 단정할 수 없다"고 한 것이 있다.(서울고법 1963.6.3. 63다22)

더 나아가 판례는 "지방자치단체가 사경제주체로서 법률행위를 하였을 때에는 표현대리에 관한 법리의 적용이 있다"고 한다.(대법원 1961.12.28. 4294민상204) 따라서, 민법 제126조에 의해 위임받은 공무원이나 대리인이 그 권한외의 법률행위를 한 경우에 제3자가 그 권한이 있다고 믿을 만한 정당한 이유가 있는 때에는 지방자치단체는 그 행위에 대하여 책임이 있다.210)

---

210) 지방자치단체의 수의계약을 포함한 정부계약에 있어 표현대리법리의 적용은 비교법적으로 볼 때 예외적인 것이다. 미국과 영국의 경우 지방공무원이 그의 권한을 넘어

수의계약을 체결할 상대방의 선택은 법령의 한계내에서 지방자치단체장과 계약담당자의 재량적 판단에 속한다. 다만, 계약의 목적이나 성질 등에 비추어 경험과 기술을 가지고 있고 재무구조가 건실하다는 등 전문성과 신뢰성을 보장할 수 있는 특정의 사업자와 계약을 체결함으로써 그 재량을 남용하지 않아야 한다. 수의계약상대자의 자격요건은 경쟁입찰참가자의 요건을 준용하므로 경쟁입찰참가자와 동일하다.(국가를 당사자로 하는 계약에 관한 법률시행령 제32조) 따라서, 다른 법령의 규정에 의하여 허가·인가·면허·등록·신고등을 요하거나 자격요건을 갖추어야 할 경우에는 당해 허가·인가·면허·등록·신고등을 받았거나 당해 자격요건에 적합해야 한다.(국가를 당사자로 하는 계약에 관한 법률시행령 제12조 제1항 제2호)

2. 수의계약에 있어 예정가격작성비치의무 및 견적서제출의무

1) 수의계약의 경우에도 지방자치단체는 예정가격을 작성하여 가격협상 장소에 두어야 한다. 다만, 일정금액 이하의 소액수의계약 등의 경우는 예외이다.(국가를 당사자로 하는 계약에 관한 법률시행령 제7조2의 제2항) 수의계약의 경우에 예정가격은 상한을 의미하는 것이 아니라 적정한 가격에 계약을 체결하도록 하기 위한 기준을 의미한다고 보아야 한다.[211] '국가를 당사자로 하는 계약에 관한 법률시행령' 제42조 제1항에서 "경쟁입찰에 있어서는 예정가격이하로서 최저가격으로 입찰한 자의 순으로 당해계약이행능력을 심사하여 낙찰자를 결정한다"고 하고 있으므로 경쟁입찰의 경우 반드시 예정가격이내인 자와 계약을 체결하지

계약을 체결하면 그 계약은 무효가 되고 프랑스의 경우 행정에게 일방적 해지권과 해제권이 인정된다. 이에 관한 소개는, 박정훈, 전게논문, 211, 217면 참조.
211) 橋本 勇, 自治体行政の執行と監視, 1999, 80-81면.

않으면 안되는 데, 그 점에서 수의계약과는 다르다.

지방자치단체는 예정가격의 한도내에서 수의계약을 체결하는 것이 원칙이지만, 반드시 예정가격내에서 계약을 체결하도록 법률에서 의무부과하고 있지는 않으므로 예외가 있을 수 있다. 즉, 견적서를 제출한 자들 모두가 예정가격을 넘는 금액을 기재했고 다시 견적서를 받아도 모두 예정가격을 넘은 경우에는 예정가격을 넘어 계약할 수 있다고 보아야 할 것이다.

그리고, 2인 이상으로부터 견적서를 받아야 한다.(국가를 당사자로 하는 계약에 관한 법률시행령 제30조 제1항) 계약의 목적에 따라 필요한 금액의 세부항목을 기재한 견적서를 제출하도록 하는 이유는 당해 지방자치단체에게 가장 유리한 계약상대방을 발견하기 위해서이다.[212) 또, 수의계약을 하는 경우에도 공무원과 사업자가 부당하게 유착하여 불합리한 가격으로 계약하는 것을 방지하고 주민들로부터의 불신을 방지하기 위함이기도 하다. 다만 2천만원 이하의 계약 등의 경우에는 1인의 견적서로 가능하다.(국가를 당사자로 하는 계약에 관한 법률시행령 제30조 제1항) 또, 전기, 가스, 수도의 공급 및 추정가 10만원 미만의 물품, 임차, 용역 등의 경우는 견적서를 생략할 수 있다.(국가를 당사자로 하는 계약에 관한 법률시행규칙 제33조 제3항)

2) 국가를당사자로하는계약에관한법률 및 동법시행령과 동법시행규칙은 수의계약에의 참가를 권유하는 절차와 계약상대방의 결정방법에 관하여 아무런 규정을 두고 있지 않다. 2006년 1월 1일부터 시행될 예정인 '지방자치단체를당사자로하는계약에관한법률'(이하 지방계약법으로 약칭)도 이에 관해서는 전혀 규정하고 있지 않다.

미국의 정부계약에서는 협상계약에 있어서도 계약참여의 권유나 요청

---

212) 橋本 勇, 전게서, 80면.

(solicitation)을 중요시하고 있으며 이 행위는 서면으로 하도록 하고 있다. 이 서면에는 계약할 내용과 의무 그리고 청약서 또는 견적서의 작성에 필요한 정보를 담고 있어야 한다. 이 권유서가 중간에 크게 수정된 때에는 청약가능성이 있는 사람들에게 다시 수정된 내용을 보내야 한다.

정부나 지방자치단체는 계약상대방의 선택과 관련하여 여러 평가요소를 고려하여 판단할 재량을 갖는 것이지만 그 중에서도 가격요소가 중요한 판단기준이 된다. 미국에서도 과거에는 협상계약에 있어 예정가격(estimated cost)제도를 상당히 이용했지만 현재는 잘 이용하지 않는다. 그럼에도 불구하고 계약상대방의 선정에 있어 가격이나 비용요인이 여전히 중요하지만,213) 최저가격을 제안하지 않은 사람이나 기술적으로 가장 우수하지 않은 사람과도 계약을 체결할 수 있다고 한다. 다만, 이렇게 하기 위해서는 사전에 계약참가에의 권유를 할 때, 가격이나 비용이외에 어떤 평가요소들이 더 중요한지 또는 어느 정도로 중요한지 하는 내용을 그 권유서에 담고 있어야 한다.214)

권유서를 보내기 전에 청약자들이 수고, 시간과 비용을 절약하고 청약서를 적절하게 작성할 수 있도록 사전에 정보를 제공하고 자문을 제공할 수도 있다. 또, 권유서를 받지 않았어도 자신의 신기술이나 전문지식을 이용하여 공공기관과 계약을 체결하고자 하는 사업자가 광고를 하거나 청약의향서를 보낼 수 있도록 홈페이지나 게시판 등을 통해 공지하는 것도 필요하다. 이를 통해 행정기관입장에서도 계약에 새로운 정보를 파악하여 더 효과적으로 행정목적을 달성할 수도 있을 것이다.

---

213) W.Noel Keyes, Government Contracts in a Nutshell, 2000, p.249-250.
214) 이 과정을 교환과정(Tradeoff Process)이라 부른다. W.Noel Keyes, a.a.O., p.241.

3. 수수료

지방자치단체는 계약업무를 처리함에 있어 사인으로부터 수수료를 징수할 수 있다. 다만, 지방자치단체의 계약 체결에 관하여 규정하고 있는 지방재정법이나 지방재정법 제63조에 의하여 준용되는 '국가를 당사자로 하는 계약에 관한 법률'에는 지방자치단체의 계약업무처리에 대하여 수수료를 부과할 수 있도록 하는 근거 규정이 없다. 수수료징수의 근거 법률조문은 "지방자치단체는 당해 지방자치단체의 사무가 특정인을 위한 것일 경우 그 사무에 대하여 수수료를 징수할 수 있다"고 규정하고 있는 지방자치법 제128조 제1항이다. 지방자치법 제128조 제3항에 의하여 수수료는 당해 지방자치단체의 수입이 되고, 지방자치법 제130조 제1항이 "사용료·수수료 또는 분담금의 징수에 관한 사항은 조례로 정한다"고 하고 있으므로 지방자치단체들은 수수료징수조례들을 제정해놓고 있다.

판례에 나타난 것으로는 횡성군의회가 횡성군제증명등수수료징수조례중개정조례안을 의결하여 수의계약신청 및 견적에 대하여 수수료를 징수하도록 한 예가 있는데, 이 사건에서 대법원은 "제15조는 지방자치단체는 법령의 범위 안에서 그 사무에 관하여 조례를 제정할 수 있고, 다만 주민의 권리제한 또는 의무부과에 관한 사항이나 벌칙을 정할 때에는 법률의 위임이 있어야 한다고 규정하고 있는바, 이 사건 개정조례안 중 수의계약신청 또는 견적에 대하여 건당 금 10,000원의 수수료를 징수하도록 한 부분은 주민의 의무부과에 관한 사항으로서 지방자치법 제130조 제1항의 규정에 의한 위임이 있으므로 그 부분이 수수료를 징수할 수 있는 경우를 규정한 지방자치법 제128조 제1항의 규정에 위반되지 아니하다면 적법한 것"이라고 하고 있다.(대법원 1997. 10. 14. 97다21253)

입찰계약에 관한 것이지만, 경남 산청군의회가 '제증명등수수료징수

조례'를 제정하여 입찰참가신청 1건당 금 10,000원을 징수하도록 규정한 예도 있다.(대법원 1997. 10. 14. 97다21253)

지방자치법 제128조 제1항에서 규정하고 있는 "지방자치단체는 당해 지방자치단체의 사무가 특정인을 위한 것일 경우"란 "지방자치단체의 사무가 특정인만을 위한 사무인 경우에 한정하여 수수료를 징수할 수 있다는 것이 아니라 지방자치단체의 사무가 특정인을 위한 사무인 동시에 지방자치단체 자신의 사무인 경우에도 수수료를 징수할 수 있다는 취지"이다.(대법원 1997. 10. 14. 97다21253) "경쟁입찰의 경우에 입찰에 참가하고자 하는 자로부터 입찰참가신청을 수리하는 사무나 수의계약의 경우에 수의계약을 체결하고자 하는 자로부터 수의계약신청 또는 견적서를 제출받는 사무는 지방자치단체 자신을 위한 사무인 동시에 입찰에 참가하고자 하는 자 또는 수의계약을 체결하고자 하는 자를 위한 사무라고 할 것"이다.(대법원 1998. 9. 8. 98추26)

4. 계약탈락자의 보호

미국의 정부계약제도에서는 협상계약의 경우에도 계약상대방으로 선정된 자는 물론 탈락자에 대해서도 신속하게 구두, 서면 또는 전자문서 등으로 그 결과와 이유를 통지해주어야 한다.[215] 그들의 청약서에 대한 평가결과와 평가내용도 알려주어야 한다. 하지만 경쟁자이었던 타인의 평가내용이나 평가결과를 알려줄 의무는 없다.

한국에서는 국가계약법 등 관계법이나 지방계약법에 계약탈락자에 대한 탈락의 이유와 결과를 통지하는 제도를 도입하지 않고 있다. 행정행위에 준하여 지방자치단체의 계약의 경우에도 낙찰자나 탈락자 모두에

---

215) W.Noel Keyes, a.a.O., p.262.

게 이유제시를 하고 권리구제방법도 고지하도록 입법적으로 정비되어야
할 것이다.

Ⅳ. 수의계약의 취소, 해제와 손해배상

1. 계약의 취소

지방자치단체의 수의계약취소에 관하여 특별규정이 없으므로 민법 제
109조 착오로 인한 의사표시의 취소와 제110조 사기, 강박에 의한 의사
표시의 취소가 적용된다.

따라서, "지방자치단체가 관할 구역 변경으로 타 지방자치단체의 잡
종재산을 승계하게 되었음에도 그 잡종재산은 승계 대상에 포함되지 않
아 여전히 타 지방자치단체의 소유라고 잘못 알고 이를 매수하기로 매
매계약을 체결한 경우, 그 매매계약의 내용의 중요 부분에 착오"가 있으
므로 당사자인 사인은 취소할 수 있다.(광주지법 2000. 5. 19. 선고 99가합
13708) 또, "시로부터 공원휴게소 설치시행허가를 받음에 있어 담당공무
원이 법규오해로 인하여 잘못 회시한 공문에 따라 동기의 착오를 일으
켜 법률상 기부채납의무가 없는 휴게소부지의 16배나 되는 토지 전부와
휴게소건물을 시에 증여한 경우 휴게소부지와 그 지상시설물에 관한 부
분을 제외한 나머지 토지에 관해서만 법률행위의 중요부분에 관한 착
오"로서 취소할 수 있다.(대법원 1990.7.10. 90다카7460)

매매대금에 관한 것도 중요부분의 착오로서 취소사유가 될 수 있을
까? 판례는 매매대금은 매매계약의 중요 부분인 목적물의 성질에 대응
하는 것이기는 하나 분량적으로 가분적인 데다가 시장경제하에서 가격
은 늘 변동하는 것이어서, 설사 매매대금액 결정에 있어서 착오로 인하

여 다소간의 차이가 나더라도 보통은 중요 부분의 착오로 되지 않는다고 한다. 다만, 정당한 평가액을 기준으로 무려 85%나 과다하게 평가된 경우로서 그 가격 차이의 정도가 현저한 경우는 중요부분의 착오로서 취소할 수 있다고 한다.(대법원 1998. 2. 10. 97다44737) 지방자치단체가 이와 같은 착오가 없었더라면 그처럼 과다하게 잘못 평가된 금액을 기준으로 협의매수계약을 체결하지 않았을 것이므로 협의매수계약 내용의 중요한 부분에 착오가 있다고 볼 수 있을 것이다.

한편, 착오로 인해 의사표시를 한 경우에도 그 착오가 표의자의 중대한 과실로 인한 때에는 취소하지 못한다.(대법원 1998. 2. 10. 97다44737) 하지만, 두 개의 감정평가기관이 동시에 착오에 빠져 둘 다 비슷한 평가액을 낸 경우 지방자치단체는 이를 신뢰할 수밖에 없을 것인데, 지방자치단체가 이 토지들의 용도 및 감정평가서의 내용 등을 면밀히 검토하여 그 잘못된 점을 발견해 내지 못한 채 두 감정기관의 감정서 내용을 그대로 믿고 이를 기준으로 협의매수계약을 체결하였다고 해도 당해 지방자치단체에게 이 착오를 일으킨 데 대하여 중대한 과실이 있다고 보기는 어려울 것이다.(대법원 1990. 7. 10. 90다카7460)

지방자치단체의 계약이 사인의 사기에 의해 체결된 판례상의 예로는 입찰계약에 관한 것이기는 하지만 "사전에 조작된 입찰 모듈을 전자입찰 시스템에 설치하여 특정 업체로 하여금 공사를 낙찰받게 한 행위"가 있다.(광주지법 2004. 7. 15. 2003구합278) 전자입찰시스템에서도 사기가 나타나고 있다는 점은 주의를 요한다.

2. 계약의 해제

계약은 당사자의 합의에 기초하고 있기 때문에 당사자의 일방에 의하여 일방적으로 계약내용이 변경될 수도 없고 해제하거나 해지할 수도 없다. 하지만 지방자치단체가 일방당사자인 경우는 법령에 특별규정이 있어 그것을 이유로 합의의 구속을 벗어날 수 있는 경우가 많다. 예를 들어, 지방재정법 제84조는 지방자치단체의 계약이 해제될 수 있는 경우를 법률로 규정하고 있다. 민법 제543조도 계약의 해제권이 인정되는 경우는 '계약 또는 법률의 규정'에 의하여 정해진다고 규정하고 있다.

판례에 나타난 예(대법원 1993.5.25. 92다38058)를 살펴보기로 한다. 지방재정법 제84조 제1항 제1호는 잡종재산을 대부받거나 양수한 자가 허위진술이나 허위증빙서류를 제출하는 등 부정한 사실이 있을 때에도 계약을 해제 또는 해지할 수 있다고 규정하고 있다. 그런데, 이 규정과는 별도로 지방자치단체는 잡종재산의 매매계약을 체결하면서 그 매매계약서에 "허위의 진술 또는 불의 증빙서류를 제시하였거나 기타 부정한 방법으로 매수한 사실 또는 위법한 사실이 발견된 때에는 계약을 해제할 수 있다"고 해제권유보의 약정을 할 수도 있을 것이다. 이 규정과 약정의 의미에 관하여 판례는 매도인에 의한 매매계약의 해제는 오로지 매수인에게 귀책사유가 있을 때에만 가능하고 매도인에게 그러한 사유가 있는 경우에는 발생하지 아니한다고 이해한다. 따라서, "매매대상토지 중 일부는 수의계약의 대상이 될 수 없음에도 전체가 수의계약의 대상이 되는 것으로 알고 매각한 잘못이 있을지라도 이는 매도인측의 귀책사유로 발생한 것이므로 매도인은 매매계약을 해제할 수 없다."고 한다.(대법원 1993.5.25. 92다38058)

하지만, 오직 매도인측에게 귀책사유가 있는 경우 해제할 수 없다는 판례는 문제가 있는 듯하다. 담당공무원의 전문성이나 성실성 부족은 개인적 사유에 불과한 것이므로 공익상 반드시 필요한 재산인 경우 국가나 지방자치단체는 담당공무원의 귀책사유가 있는 경우에도 계약을 해제할 수는 있고 다만 사인이 입은 손해는 배상하고,[216] 담당공무원을 징

---

216) 같은 취지의 판례는, 대법원 1972.2.22. 71다1599.

계하면 되는 것이 아닌가 생각한다.

매도인과 매수인에게 공동으로 귀책사유가 있는 경우에 관한 판례로는 다음의 것이 있다. 국유재산 관리청인 재정경제원으로부터 분임보관청으로 지정받은 지방자치단체가 작성한 국유재산관리계획작성지침 소정의 매각 대상 부동산이 아님에도 매수인이 담당공무원과 공모하여 허위의 증빙서류를 제출하는 등 부정한 방법을 사용하여 그 지침을 위반하여 국유의 잡종재산인 부동산을 매수한 경우, 그 매수행위가 반사회적 법률행위에 해당하여 무효가 되는 것도 아니고, 그 지침은 국유재산업무를 담당하는 공무원들이 매각업무 처리시 일응의 기준으로 삼는 내부규정일 뿐이어서 그 지침에 위반하였다고 하여 개인간의 거래의 객체가 되는 잡종재산인 그 부동산을 매수한 행위가 무효로 되는 것은 아니지만,(대법원 1999. 9. 7. 99다14877) 지방재정법 제84조 제1항 제1호에 의해 계약을 해제 또는 해지할 수는 있다.

3. 계약금액의 감액

1) 외국인투자의 유치를 촉진하기 위하여 외국인투자촉진법 제13조 제7항과 지방재정법 제92조의2 제1항은 지방자치단체장이 그 지방자치단체가 소유하고 있는 토지등을 외국인투자기업에게 임대하는 경우에는 국내기업에 대한 대부요율보다 저렴한 요율로 당해 토지등의 임대료를 감면할 수 있다고 규정하고 있다.

그 구체적인 대부요율과 감면율, 감면 여부 등은 지방자치단체의 장이 대부되는 국·공유재산의 종류와 외국인투자기업의 성격, 투자규모 및 그로 인한 고용창출 및 기술이전, 국가재정 또는 지방자치단체의 재정자립에 미치는 영향 등 모든 사정을 고려하여 재량적인 판단에 따라 외국인투자기업과의 협상을 통하여 대부계약 체결시에 결정될 것이다.

따라서, 감면여부 및 감면율은 당해 지방자치단체의 재량에 속한다. 그러므로, 당초의 대부계약 체결 이후에 국내기업이 외국인투자기업으로 되었다고 하더라도 재차 지방자치단체가 대부료 감면 조치를 취하지 아니하고 당초의 사용허가조건 또는 대부계약에 따라 대부료를 부과·징수하였다고 하더라도 이를 들어 법률상 원인 없이 대부료를 부당이득한 것이라고 볼 수는 없다."(전주지법 2004. 5. 28. 2003가합3842)

2) 사인이 지방자치단체와 같은 공공기관과 계약을 한 경우에도 계약은 준수되어야 하고 일방적으로 수정되어서는 안될 뿐만 아니라, 법원은 계약상의 의무가 이행되도록 보장하여야 한다. 하지만, 지방자치단체는 계약을 체결하면서 정당한 사유가 있는 경우 계약금액의 감액을 할 수 있는 특약을 할 수 없는 것일까? '국가를 당사자로 하는 계약에 관한 법률시행령' 제4조는 "각 중앙관서의 장 또는 그 위임·위탁을 받은 공무원은 계약을 체결함에 있어서 법, 이 영 및 관계법령에 규정된 계약상대자의 계약상 이익을 부당하게 제한하는 특약 또는 조건을 정하여서는 아니된다"고 규정하고 있다.

판례는 정당한 사유를 이유로 감액특약이 가능하다고 한다. 즉, "계약 체결 후 예정가격 또는 계약금액의 결정에 하자 또는 착오가 있음이 발견되거나 기타 계약금액을 감액하여야 할 사유가 발생하였을 때에는 계약금액을 감액하거나 환수조치할 수 있다"는 계약특약을 할 수는 있고, 이것의 의미는, "계약 상대자가 예정가격 또는 계약금액을 높이기 위하여 부정한 방법 등을 사용하거나, 그로 인하여 시의 계약담당공무원이 착오를 일으켜 예정가격 또는 계약금액을 부당하게 높게 책정할 경우", 그 정상가격과의 차액을 감액하거나 환수할 수 있다는 뜻이라고 한다. (대법원 1992.4.28. 91다46885) 감액특약은 계약상대방이 지방자치단체로 하여금 계약금액을 잘못 파악하도록 유발시킬 위험성이 있거나 "계약 당시 실제거래가격에 대한 정보부족"(대법원 1990.11.23. 90다카3659)이 있을 경우에 대비하기 위한 것이다. 이러한 감액특약이 정상적인 거래관행에 비추어 상대방에게 불이익이 되도록 부당하게 거래조건을 설정한 행위라고 할 수는 없으므로 감액특약을 한 것이 독점규제및공정거래에관한법률 소정의 불공정거래행위에 속한다고 할 수도 없다.[217]

그렇지만, 실제로 계약금액을 감액할 수 있기 위해서는 "단순히 시가 구매물품을 조달품목이 아닌 것으로 잘못 파악하였다는 사실만으로는 부족하고, 시가 그와 같이 착오를 일으킨 데 대하여 상대방에게 귀책사유가 있다거나 그러한 착오로 인하여 계약금액이나 예정가격이 부당하게 높게 책정된 것이라고 볼 만한 사정이 있어야 한다".(대법원 1992.4.28. 91다46885)

4. 계약의 하자담보를 위한 하자보수보증금

납품자인 기업이나 사인이 계약체결후 부실화되거나 파산한 경우 특정 시기에 반드시 필요한 재화나 용역을 공급받지 못할 수도 있고 완성된 물품, 시설, 결과물 등에 하자가 있을 수도 있으므로 계약이행의 보증과 하자보수보증을 요구하는 것이 필요하다.[218] 시설계약의 경우나 전문적인 연구프로젝트 발주의 경우 특히 보증의 필요성이 현저하다.

지방재정법 제63조에 의해 준용되는 '국가를 당사자로 하는 계약에 관한 법률' 제18조 제1항은 "각 중앙관서의 장 또는 계약담당공무원은 공사의 도급계약에 있어서 계약상대자로 하여금 그 공사의 하자보수를 보증하기 위하여 하자보수보증금을 납부하게 하여야 한다"고 하여 하자

---

217) 대법원 1990.11.23. 선고 90다카3659. 이 사건은 서울시와 전동차제작회사 간에 전동차제작납품계약에 관한 것이다.
218) Ruth Hoogland Dehoog, Legal Issues in Contracting for Public Services, in ; Cooper/Newland (ed.), Handbook of Public Law and Administration, 1997, p. 536 은 미국에서도 계약이행의 보증제도가 필요하다고 한다.

보수보증금을 선납하도록 규정하고 있는데, 이것은 민법 664조 이하의 도급계약에서는 볼 수 없는 내용으로 국가나 지방자치단체와의 계약의 공공성을 대변해주는 규정이다.219)

하자보수보증금에 관한 판례들이 여러 건 나타나고 있는데, 하자보수보증금의 의미와 성격이 문제된다. 위약벌인가 손해배상액의 예정인가? 판례는 "공사도급계약서 또는 그 계약내용에 편입된 약관에 수급인이 하자담보책임 기간 중 도급인으로부터 하자보수요구를 받고 이에 불응한 경우 하자보수보증금은 도급인에게 귀속한다는 조항이 있을 때 이 하자보수보증금은 특별한 사정이 없는 한 손해배상액의 예정으로 볼 것이고, 다만 하자보수보증금의 특성상 실손해가 하자보수보증금을 초과하는 경우에는 그 초과액의 손해배상을 구할 수 있다는 명시 규정이 없다고 하더라도 도급인은 수급인의 하자보수의무 불이행을 이유로 하자보수보증금의 몰취 외에 그 실손해액을 입증하여 수급인으로부터 그 초과액 상당의 손해배상을 받을 수도 있는 특수한 손해배상액의 예정으로 봄이 상당하다."고 한다.(대법원 2002. 7. 12. 2000다17810)

또, 지방자치단체가 택지를 공급하면서 작성한 택지공급협약서에 '매수인의 귀책사유로 계약이 해지된 경우 매매대금의 10%에 해당하는 선수금을 지방자치단체에 귀속하되 이로 인하여 매수인의 손해배상의무가 면제되는 것은 아니다'라고 한 특약의 의미는 무엇인가? 이 특약속에는 매수인의 손해배상의무만 규정되어 있을 뿐 매수인이 배상할 손해의 범위나 위 위약금 조항과의 관계가 구체적으로 명확하게 드러나 있지는 아니하다. 판례는 이 조항은 매수인의 귀책사유로 위 토지공급협약이 해제될 경우 그로 인하여 지방자치단체가 입은 손해 중 위 위약금 범위 내의 손해는 위약금의 몰취로써 그 배상에 갈음하고 이를 초과하는 손해가 있으면 그에 대하여 매수인이 배상책임을 진다는 취지라고 이해할

---

219) 최성은, 행정법상 행정계약의 법리, 2003, 82면.

수 있고, 이 위약금은 위약벌로서 몰취하고 그로써 전보되는 손해에 대하여도 매수인이 따로 손해배상책임을 진다는 취지는 아니라고 한다. 따라서, 이 협약 중 전체 매매대금의 10%에 해당하는 금액의 귀속조항은 일종의 손해배상의 예정으로 이해할 수 있다는 것이다.(대법원 2000. 12. 22. 99다4634)

한편, 지방자치단체가 시행하는 공업단지 조성사업 등과 관련하여 수많은 입주예정자들과 입주예정자가 입주를 포기하는 경우 입주자 부담금의 10%를 지방지차단체에 귀속시키는 위약금 조항을 둔 경우, 이 조항은 수많은 입주예정자들에게 동일하게 적용하기 위해 제정한 것으로 약관의규제에관한법률에서 규정하고 있는 약관에 해당된다.(대법원 1997. 7. 22. 97다13306; 1998. 12. 23. 96다38704)

약관의규제에관한법률 제8조는 '손해배상액의 예정'이라는 항목으로 "고객에 대하여 부당하게 과중한 지연손해금등의 손해배상의무를 부담시키는 약관조항은 이를 무효로 한다"고 규정하고 있는데, 위의 사례에서 입주를 포기할 때 입주자 부담금의 10%를 지방지차단체에게 귀속시키는 위약금 조항은 동법 제8조에 반하여 무효인가? 판례는 이러한 위약금 조항은 당사자의 지위, 입주계약의 목적과 내용, 손해배상액을 예정한 동기와 경위, 손해배상 예정액의 비율, 예상 손해액의 크기, 그 밖의 거래관행 등 여러 사정에 비추어, 위 위약금 조항이 입주자를 비롯한 고객에 대하여 부당하게 과중한 손해배상의무를 부담시키는 것이거나 신의성실의 원칙에 반하여 공정을 잃은 약관조항인 여부에 따라 판단해야 한다고 하면서, 이 특약조항은 무효가 아니라고 한다.(대법원 1997. 7. 22. 97다13306)

또, 판례는 회사의 하자보증금 반환채권은 하자담보책임기간 내에 하자가 발생하지 아니하거나 혹은 그 기간 내에 하자가 발생한 경우에도 회사가 위 계약에 따른 하자보수의무를 이행하는 조건으로 하여 발생한다고 본다. 이러한 입장에서, 계약상대방인 회사가 계약상의 하자담보책임기간 내에 하자보수의무를 불이행하면 하자보수보증금의 반환채권은 발생하지 아니한다고 한다.(대법원 1998. 1. 23. 97다38329)

5. 계약자의 손해배상책임

계약의 상대방인 사인이 계약내용에 따라 재화나 용역을 공급하는데 있어 행정기관에 의하여 재량(discretion)이 전혀 부여되지 않은 채 계약의 전과정에 대해 구체적으로 지시받고 감독받는 경우 계약의 결과물에 하자가 생기고 그 하자에 의해 제3자에게 피해가 발생했을 때 행정기관과 계약상대방 중 누가 책임을 져야 하는가?

이에 관한 중요한 대법원 판례(대법원 1998. 10. 23. 98다17381)가 있다. 이 사건은 강원도 속초시 금호동 비탈사면인 자연상태의 언덕에 대하여 부분적 훼손이 진전되고 기초 부분의 균열이 초기상태에 있음이 발견되자, 옹벽시설공사를 하기로 결정하여 주식회사 대창건설에 옹벽시설공사를 도급준 사건이었다. 그런데 주식회사 대창건설은 공사현장 부근 주민들의 안전보호를 위해 추락에 대비한 안전시설을 갖추거나 공사장 출입금지 푯말을 세우고 안전을 고려하여 조명시설 및 위험표지판을 설치하여야 함에도 그러한 안전조치를 취하지 않아 주민이 공사현장 주변을 지나가다가 흙이 무너져 내리면서 위 구덩이에 추락하여 상해를 입게 되었다. 이 경우 속초시와 주식회사 대창건설 중 누가 마을 주민이 입은 피해에 대한 배상책임을 지는가? 이 문제는 도급공사와 관련하여 사인이 재량을 갖고 있는가에 따라 판단하여야 한다. 즉, 사인에게 공사와 관련하여 재량이 인정되지 않은 경우에는 지방자치단체와 같은 행정기관만 책임을 진다고 볼 것이다.220) 대법원도 "옹벽시설공사 도급계약

---

220) 동지, Ruth Hoogland Dehoog, Legal Issues in Contracting for Public Services, in ; Cooper/Newland (ed.), Handbook of Public Law and Administration, 1997, p.

의 내용 및 계약체결 후의 피고의 감독경위 등에 관하여 더 나아가 심리하여, 위 옹벽시설공사의 도급인인 피고의 공사감독의 정도가 수급인인 소외 회사의 공사의 운영 및 시공의 정도가 설계도 또는 시방서대로 시행되고 있는지 여부 등을 확인하여 공정을 감독하는 이른바 감리정도에 불과한 것인지, 아니면 현장에서 구체적인 공사의 운영 및 시행을 직접 지시·지도하고 감시·독려함으로써 시공 자체를 관리하는 정도에까지 이르렀다고 볼 수 있는 것인지 여부를 판단한 연후"에 그 책임귀속의 문제를 결정하여야 한다고 하였다.(대법원 1998. 10. 23. 98다17381)

한편, 건설기술관리법 제35조는 건설공사감독자의 의무에 관해 "발주청이 발주하는 건설공사의 공사감독자는 그 감독업무를 성실히 수행하여야 한다."고 하고 있다. 이 조항의 의미는 공사감독관으로 하여금 감독의무를 철저히 수행하게 하여 무자격자 또는 자격미달자가 건설공사에 참여함으로써 야기될 공사의 부실화와 그로 인하여 발생할지도 모르는 재해를 미연에 방지하고자 하는 것이라고 할 수 있다. 공사를 발주한 구청 소속의 현장감독 공무원인 공사감독관이 직무에 위배하여 당해 건축공사가 불법하도급되어 무자격자에 의하여 시공되고 있는 점을 알고도 이를 묵인하였거나 그와 같은 사정을 쉽게 적발할 수가 있었음에도 직무상의 의무를 태만히 하여 무자격자로 하여금 공사를 계속하게 함으로써 시공방법상의 오류와 그 밖의 안전상의 잘못으로 인하여 콘크리트 타설작업 중이던 건물이 붕괴되는 사고가 발생한 경우에, 만일 자격있는 자가 시공을 하였다면 인명피해와 같은 재해가 발생하지 아니하였거나 재해 발생의 위험이 상당히 줄어들었으리라고 인정된다면, 공사감독관의 그와 같은 직무상의 의무위반과 붕괴사고 등의 재해로 인한 치사상의 결과 사이에 상당인과관계가 있다고 할 수 있다.(대법원 1995.9.15. 95도906)

541.

회계관계공무원이 회계관계행위를 잘못하여 지방자치단체에게 손해를 발생시킨 경우, 그 공무원에게 고의 또는 중과실이 있을 때에는 변상책임을 진다. 그런데, 그 공무원에게 고의 또는 중과실이 없음에도 불구하고 제3자가 입힌 손해를 변상하였다면 이는 자기 채무의 변상이 아니므로 구상권을 행사할 수 있다.(대법원 1977.12.27. 76다458)

V. 공법규정을 위반한 계약의 효력과 주민소송에 의한 수의계약의 통제

1. 지방자치단체의 계약을 위한 공법규정과 공법상의 원칙의 의의와 적용한계

1) 계약은 개인의 권리 및 이익을 실현하는 수단이므로 계약자유는 그 자체만 따로 문제되기보다는 재산권이나 근로의 권리, 직업선택의 자유 등 계약의 내용을 이루는 다른 기본권과도 관련된다. 기본권의 최대한 존중의 정신에 비추어 국가는 계약자의 행동자유를 존중하여야 한다. 하지만, 다른 한편으로 개인은 사적 거래의 영역에서도 타인의 자유를 정당한 이유없이 제한하여서는 안되므로 질서유지나 공공복리에 의한 제한을 피할 수 없고, 국가는 이러한 상반된 이익과 가치들을 형량하여 계약자들의 행동이 법질서로 편입되도록 조직화하여야 한다.221)

특히, 일방 당사자가 지방자치단체와 같은 공공기관인 경우, 계약자유의 기본권은 법 이전에 미리 주어진 것이라고 보기는 어렵고, 법치행정의 원리에 의해 구속받고 있는 행정작용의 일부이라는 측면을 가지고 있다. 계약행정이 행정작용의 일부라는 점은 중요한 공법가치인 적정절

---

221) 이주흥, 계약자유의 헌법적 의미, 민사판례연구 제13집, 1991, 415면.

차의 이념을 계약행정의 영역에서도 존중하여야 한다는 것을 의미한다. 행정작용이 적정절차를 준수하여 이루어져야 한다는 것은 행정작용법의 중요한 이념이므로, 구체적 행정활동에 적용되는 개별법규정들이 충분히 상세하지 않은 경우에도 행정절차법이나 개별법령에 규정된 절차규정들을 적용하여 필요한 결정과 판단이 내려져야 한다. 지방자치단체와 같은 행정기관이 계약의 주체인 경우, 그는 법률에 특별한 제한이 없는 한 공법상의 행위형식이든 사법상의 행위형식이든 이용할 수 있는 것이지만, 적정절차의 원칙은 헌법적 원리로서 사법형식의 행정활동에도 적용되어야 한다.222) 하지만, 사법이 적용되는 사적 거래의 영역에서는 사적 자치에 맡겨져 당사자의 의사합치만 있으면 되고 의사합치이전에 어떤 절차나 형식을 특별히 요구하지 않는다. 사법분야에서는 절차사고가 어떤 역할을 거의 담당하지 못하고 있다.223)

또, 지방자치단체와 같은 행정기관이 계약의 일방 주체인 경우에 대하여 개별법에서 많은 특별규정을 두고 있다. 그것은 지방자치단체가 체결하는 계약은 개인의 이익을 추구하는 사인간의 계약과는 달리 계약업무담당자의 자의적인 행위를 방지하고 회계질서를 엄정하게 유지하는 동시에 예산집행의 공익성·공정성·경제성이라는 공익의 보호가 요구되기 때문이다. 수의계약과 같이 사법상의 계약형식을 이용하는 경우에도 공익상의 이유로 특별규정을 두어 계약자선택의 자유를 제한하거나 계약내용결정의 자유를 제한한다. 예를 들어, 수의계약참가자의 자격을 제한하거나 낙찰계약상대방의 선택기준을 제시하거나 계약업무를 처리하면서 수수료를 징수하거나 공사도급계약 등에서는 반드시 하자보수보증금('국가를 당사자로 하는 계약에 관한 법률' 제18조 제1항)을 선납하도록 하고 있다. 또, 물가의 변동, 설계변경 기타 계약내용의 변경으로 인하여 계약금액을 조정할 필요가 있을 때에는 계약이 체결된 이후에도

222) Dirk Ehlers, Verwaltung in Privatrechtsform, 1984, S.254.
223) Dirk Ehlers, a.a.O., S.254.

지방자치단체에게 그 계약금액의 조정권한과 조정의무를 부과하고 있다.('국가를 당사자로 하는 계약에 관한 법률' 제19조)

이와 같이 계약자유를 제한하는 법률의 위헌성을 어떻게 판단할 것인가? 헌법 제37조 제2항 후단은, 기본권을 "제한하는 경우에도 자유와 권리의 본질적인 내용을 침해할 수 없다."라고 규정하고 있으므로, 법률에 의한 침해의 정도가 심해서 자유와 권리의 본질적 내용을 침해한다면 그 법률은 위헌이다. 자유와 권리의 본질적 내용을 침해한다는 것은 법률이 예정하는 침해의 태양, 기간, 정도 등을 종합적으로 고려하여 볼 때 그 침해로 자유와 권리가 유명무실해지고 형해화되어 헌법이 보장하는 궁극적인 목적을 달성할 수 없게 되는 지경에 이르는 경우이다.[224] 언제 그러한 경우에 해당되는가는 기본권의 핵심인 인간의 존엄에서 나오는 개인의 자기결정을 통한 인격실현과 자유권의 제한사유인 질서유지나 공공복리의 형량을 통해 판단하여야 할 것이다.

2) 지방자치단체와 같은 행정주체가 계약의 일방당사자로서 법령의 근거에 따라 또는 공익상의 이유로 계약체결의 자유나 계약내용결정의 자유를 제한할 때 행정법의 일반원칙인 비례원칙이나 부당결부금지원칙이 적용되는가가 문제되는데, 행정청이 사법적인 행위형식을 이용하는 경우에도 공법원리는 적용된다고 이해하여 왔다. 예를 들어, 지방자치단체가 사인과 계약을 체결할 때 이행기간내에 시설공사를 이행하지 못하면 손해배상하도록 특약하면서 실손해를 넘어서는 손해금액을 배상하도록 특약한 경우 비례원칙을 위반했다고 이해하는 것이다. 다만, 지방자

---

224) 신용락, 계약자유의 헌법적 한계, 헌법문제와 재판(하), 재판자료 제77집, 792면. 다만, 위헌판단에 있어 사회의 철학이나 가치관도 중요한 영향을 미칠 수 있다. 헌법재판소 결정(헌재 1989.12.22. 88헌가13 결정)은 "국토이용관리법상의 토지거래허가제가 토지재산권의 본질적 내용을 침해하는 것인가 여부는 헌법의 해석이나 국가, 사회공동체에 대한 철학과 가치관의 여하에 따라 결론이 달라질 수 있다"고 하고 있다.

치단체가 다수의 사인들과 계약을 체결하기 위해 정형화된 약관을 이용하는 경우 한국판례는 이 계약에도 약관의규제에관한법률이 적용된다고 보고 있는데, 약관의규제에관한법률 제8조는 '손해배상액의 예정'이라는 항목으로 "고객에 대하여 부당하게 과중한 지연손해금등의 손해배상의무를 부담시키는 약관조항은 이를 무효로 한다"고 규정하고 있어서, 이 경우에는 비례원칙이 실정법에 근거를 두고 적용된다고 할 수 있다.

2. 공법규정위반이 계약을 무효로 만드는 경우

민법 제103조는 반사회질서의 법률행위라는 재목아래 "선량한 풍속 기타 사회질서에 위반한 사항을 내용으로 하는 법률행위는 무효로 한다"고 규정하고 있고, 제104조는 불공정한 법률행위라는 제목아래 "당사자의 궁박, 경솔 또는 무경험으로 인하여 현저하게 공정을 잃은 법률행위는 무효로 한다."고 규정하고 있다. 지방자치단체가 체결하는 계약의 무효여부를 이상의 민법규정들만을 적용해서 판단하는 것이 타당한가?

판례는 이 경우 민법규정들만을 적용해서 결론을 내릴 수는 없고, 다른 특별법상의 규정들을 해석하여 판단하여야 한다고 한다. 판례를 분석해보면, 지방자치단체의 계약에 영향을 미치는 특별법상의 규정 또는 공법규정들은 여러 종류가 있는데 그들이 미치는 영향을 모두 똑같게 평가하지는 않는다. 특별법상의 규정 또는 공법규정을 위반했을 때 그 계약이 무효가 되는 규정들과 무효가 되지는 않는 규정들로 나누고 있다. 예를 들어, 법령에 규정된 입찰경쟁의 형식과 수의계약의 형식을 준수하지 않은 계약의 효력유무, 계약의 목적, 계약금액, 이행기간, 계약보증금, 위험부담, 지체상금 기타 필요한 사항을 명백히 기재한 계약서의 작성유무, 계약당사자들의 서명여부, 예정가격의 작성비치여부 등의 형식과 절차의 준수여부는 판례에 따를 때 계약을 무효로 하는 경우도 있고 무효까지 이르게 하지 않는 경우도 있다.

한편, 행정내부적 의사결정절차까지 포함한 광의의 행정절차의 의미를 고려하여야 이해할 수 있는 판례도 있다. 예를 들어, 토지거래계약에 대한 제한인 토지거래허가제도가 적용되는 지역에서의 토지거래에 있어서는 당해 지역의 기초자치단체장과 협의하여야 하는데, 협의를 거치지 않은 토지거래계약은 무효이라는 판례(대법원 1993.10.8. 선고 93다26113)는 다른 행정기관과 협의를 하지 않은 절차적 사유만으로 계약을 무효이라고 판단하였는데, 이 러한 행동을 반사회질서의 법률행위나 불공정한 법률행위라고 할 수는 없을 것이므로 행정절차의 의미를 고려하지 않고는 이해할 수 없을 것이다.

1) 지방자치단체와의 계약의 요건과 절차를 규정한 특별규정들을 위반한 경우

공법규정의 위반이 계약을 무효로 만드는 경우도 많다. 판례에 나타난 가장 빈번한 유형은 행정기관과의 계약의 요건과 절차를 규정한 특별규정들을 위반한 경우이다. 지방자치단체가 사인과 사법상의 계약을 체결함에 있어서는 계약의 목적, 계약금액, 이행기간, 계약보증금, 위험부담, 지체상금 기타 필요한 사항을 명백히 기재한 계약서를 따로 작성해야 하고,(국가를 당사자로 하는 계약에 관한 법률 제11조 제1항) 계약서에는 담당공무원과 계약상대자가 계약서에 기명·날인 또는 서명하여야 하며,(동법 제11조 제2항) 수의계약의 경우에도 "예정가격을 작성하여 가격협상 장소에 두어야 한다". (동법시행령 제7조2의 제2항) 이러한 요건과 절차를 지키지 않은 경우, 설사 지방자치단체와 사인간에 사법상의 계약 또는 예약이 체결되었다 하더라도 그 계약은 효력이 없다.[225]

---

225) 대법원 1986.2.11. 84다카2454 ; 1989.4.25. 86다카2329; 1993.6.8. 92다49447 ; 1993.11.9. 93다18990 ; 2004. 1. 27. 2003다14812.

민법상 법률에 특별한 규정이 없는 한 계약서의 작성행위는 계약의 성립을 증명하는 증거수단일 뿐 계약의 성립요건은 아니라고 해석되는데, 판례는 지방자치단체와 같은 공공기관이 계약의 일방주체인 경우 계약내용을 명확하게 하여 나중에 발생할지도 모르는 분쟁을 회피하기 위해서 이 규정을 강행규정이자 효력규정으로 해석한 것이다.

2) 다른 행정기관과의 협의를 하지 않거나 동의를 얻지 못한 경우

토지거래허가구역안에서 토지거래를 하고자 하는 거래당사자의 일방이 지방자치단체인 경우 국토이용관리법 제21조의9 제1항은 "당해 기관의 장이 시장·군수 또는 구청장과 협의할 수 있고, 그 협의가 성립된 때에는 그 토지거래계약에 대한 허가를 받은 것으로 본다."고 규정하고 있다. 이 규정에 따라 당해 토지가 위치한 지역의 시장·군수 또는 구청장과 협의를 하지 않은 경우에는 계약당사자의 일방이 지방자치단체와 같이 공공기관인 경우에도 그 계약은 무효가 된다.226)

지방자치법 제115조 제2항은 "지방자치단체의 장이 세입·세출예산외의 부담이 될 채무부담의 원인이 되는 행위를 하고자 할 때에는 미리 지방의회의 의결을 얻어야 한다."고 규정하고 있고, 동법 제115조 제3항은 "지방자치단체의 장은 공익을 위하여 필요하다고 인정하는 경우에는 미리 지방의회의 의결을 얻어 보증채무부담행위를 할 수 있다."고 규정하고 있다. 이 규정들을 위반하여 지방자치단체의 장이 의회의 동의를 얻지 않고 세입·세출예산외의 부담이 될 채무부담이 되는 계약을 체결하거나 보증채무부담행위를 하는 경우 그 계약은 무효이다.227)

---

226) 대법원 1993.10.8. 선고 93다26113. 이 사건에서 대법원은 토지의 처분행위가 교육, 학예에 관한 사무이어서 교육감이 도를 대표하는 지위에 있다고 하더라도 도지사와 별도의 협의를 거쳐야 한다고 판시했다.

227) 오래된 판례이기는 하지만, "서울특별시장은 사법상 행위에 대하여도 동시를 대표할 수 있을 것이나 지방자치법 제19조 제5호의 소위 중요재산을 처분함에 있어서는

3) 신의칙에 의한 계약무효의 제한

잡종재산의 처분 또는 대부행위는 사법상의 계약이지만 행정재산의 사용승인행위는 특허와 같은 행정행위이다. 판례에 나타난 사례를 살펴본다. 저수지의 유역면적으로서 행정재산에 속한 토지를 지방자치단체가 사인에게 처분한 후 20여년이 지나고 이제는 공용폐지도 되었지만 처분당시는 행정재산이었다는 이유로 당해 지방자치단체가 그 당시 사인에게 매각한 계약은 무효라고 주장하였다. 이러한 경우 그 계약은 무효인가? 이에 대하여 판례는 이러한 권리행사는 토지를 회수하여 공공의 용도에 사용하려는데 그 목적이 있는 것도 아니고, 원고인 지방자치단체는 특단의 사정이 없는 한 매매행위당시에 토지가 행정재산임을 알고 있었다고 보아야 할 것이며, 매수인들로서는 원고의 처분행위가 적법하다고 믿어 매매계약을 체결하였을 것이므로 신의칙에 반하는 권리행사로서 허용되지 않는다고 했다.(대법원 1986.10.14. 86다카204)

3. 공법규정위반으로 계약무효가 되지 않는 경우

1) 일반경쟁에 부쳐야 할 계약을 수의계약에 의한 경우

지방재정법 제63조에 의해 준용되는 '국가를 당사자로 하는 계약에 관한 법률' 제7조는 계약담당자들의 부정·비리의 소지를 차단하고, 더 많은 경제 주체들에게 공평한 경제활동의 기회를 부여하기 위해 일반경쟁을 원칙으로 규정하고 있다. 그런데, 이 규정에 위반하여 수의계약에 부친 것은 당해 계약을 무효로 만드는지 의문이 있다. 이에 관하여 판례

동 시의회의 의결을 얻어야 하는 것이므로 여사한 의결없이 한 중요재산의 처분행위는 법률상 그 효력이 없는 것"이라는 판례가 있다. 대법원 1957.5.16. 4290민상72.

는 "이를 위반한 계약담당공무원, 계약담당자나 계약 상대자에 대하여 형사처벌이나 별도의 행정처분을 그 안에 규정하고 있지 않을 뿐 아니라, 이를 위반하여 체결된 계약의 효력에 관하여도 아무런 정함이 없으므로, 이들은 행정청이나 정부투자기관에 대한 업무 지침일 뿐 그에 위반한 법률행위의 사법상 효력까지 부인하는 효력 규정은 아니라고 해석함이 상당하다."고 한다.(대전고법 2000. 5. 29. 자 2000라88) 하지만, 판례의 입장은 계약절차의 적정성보장의 필요를 경시한 것으로 계약의 투명성보장과 경쟁촉진의 필요에 비추어 문제가 있다.228)

2) 수의계약에 의하여야 할 사항을 일반경쟁에 부친 경우

수의계약에 의하여야 할 것을 일반경쟁에 부치는 경우 그 계약의 효력은 어떻게 되는가? 판례는 계약의 공정 및 경제성의 확보, 참가의 기회균등을 도모하기 위하여 일반경쟁입찰을 원칙적인 것으로 하고, 지명·제한경쟁 입찰계약이나 수의계약을 예외적인 것으로 규정하고 있는 점에 비추어 볼 때, 일반경쟁입찰에 부쳐야 할 것을 지명·제한경쟁 입찰계약이나 수의계약에 부친 경우에는 절차의 위법성이 문제될 수 있어도, 반대로 지명·제한경쟁 입찰계약이나 수의계약에 부칠 수 있는 것을 일반경쟁입찰에 부친 경우에는 특별한 사정이 없는 한 위법성의 문제가 생길 여지는 없다고 한다.(대법원 2000. 8. 22. 99다35935)

3) 낙찰자격기준을 위반한 계약의 효력

수의계약상대자의 자격요건은 경쟁입찰참가자의 요건을 준용한다.(국

---

228) 일반경쟁에 부쳐야 할 대상을 수의계약한 경우 무효라고 보아야 한다는 주장도 제기되고 있다. 김대인, 정부조달계약에 있어 투명성의 법적 의미, 행정법연구 제13호, 2005, 217면.

가를 당사자로 하는 계약에 관한 법률시행령 제32조) 때문에 낙찰자격
기준을 위반한 계약의 효력문제는 수의계약에도 공통적으로 발생한다.
판례상 국가나 지방자치단체 그리고 권한을 위임받은 공공단체가 계약
참가의 자격을 제한하는 조치에 대해서는 행정소송의 대상인 처분으로
이해되고 있다.(대법원 1983.6.28, 82누362 ; 1995.2.28, 94두36)

  건설업법 제19조는 '도급자격제한의 금지'라는 제목하에 "국가, 지방
자치단체 또는 정부투자기관이 건설공사를 발주하는 경우 이 법과 다른
법령에 특별한 규정이 없는 한 건설업자의 도급자격요건으로서 등록을
하게 하는 등 어떠한 제한도 하여서는 아니된다" 고 규정하고 있다. 만
약 행정청이 관계법령에 규정되지 않은 자격제한을 하여 입찰공고를 한
경우, 그 공고는 무효인가? 판례는 무효가 아니라고 본다. 그 이유는 그
러한 제한을 부가하여 공고한 입찰절차에 있어서 그 제한부분만을 무효
라고 본다면, 그 제한을 신뢰하여 입찰에 참여조차 하지 아니한 다른 건
설업자들의 신뢰를 저버리고 그들의 참여 기회를 부당하게 박탈하는 결
과가 초래된다는 것이다. 또, 그 절차에 의하여 낙찰자로 선정되어 건설
도급계약을 체결하기에 이른 업자의 계약상 이익을 침해할 수 있다고
한다. 이와는 달리 그 입찰절차 전체를 무효라고 본다면, 입찰의 조건
또는 제한을 일응 수긍하고 입찰절차에 참여한 당사자들로 하여금 불만
족스러운 입찰의 결과를 사후에 번복할 구실을 주게 되어 거래의 안전
을 해칠 우려가 있다고 본다. 이러한 위험성때문에 판례는 낙찰자격기준
을 위반한다 하더라도 이와 같이 추가된 기준은 "행정청에 대한 업무지
침에 불과할 뿐 그 위반행위의 사법상 효력까지 부인하는 효력규정은
아니라고 해석"된다고 본다.(대전고법 1996. 5. 16. 96나363) 즉, 국가를당
사자로하는계약에관한법률이나 동시행령상의 적격심사기준을 위반하였
다 하더라도 이 규정들은 관계공무원이 계약사무처리에 있어 지켜야 할
국가의 내부규정에 불과한 것이기 때문에, 이 규정들을 위반하여 적격심
사를 했다고 해서 그것만으로 낙찰자결정이나 계약이 무효가 되는 것은

아니고, 선량한 풍속이나 기타 사회질서에 반하고 무효라고 보아야 할 특별한 사정이 있는 경우에만 무효라는 것이다.(대법원 2001.12.11, 2001 다33604)

건설업법 제19조가 "이 법과 다른 법령에 특별한 규정이 없는 한 건설업자의 도급자격요건으로서 등록을 하게 하는 등 어떠한 제한도 하여서는 아니된다"고 규정한 것은 입법자가 그의 의지를 강력하게 천명하고 있는 강행규정이라고 할 수 있다. 그럼에도 불구하고, 이 규정을 단지 국가의 내부규정으로서 법규성을 부정하고 있는 것은 법질서와 합법적인 법률을 수호하여야 할 법원의 입장으로서는 구체적 타당성만을 염두에 둔 무리한 해석이라 할 것이다. 계약참가자격을 결정하는 조치는 행정행위이기 때문에 강행규정을 위반한 것에 대해 단순히 유효와 무효의 논리뿐만 아니라 취소사유로서 위법사유라는 행정법상의 법리를 활용하여 무효가 되는 경우와 취소할 수 있는 경우로 나누어 법이론을 전개할 필요가 있지 않나 생각한다.229)

4) 낙찰자결정기준을 위반한 낙찰결정의 효력

이 항목은 직접적으로는 수의계약에 관한 것은 아니지만 수의계약상 대자의 자격요건은 경쟁입찰참가자의 요건을 준용하므로,(국가를 당사자로 하는 계약에 관한 법률시행령 제32조) 수의계약상대방의 선택을 위해 준용되는 범위에서 의미를 가질 것이다.

계약을 체결하는 행정기관이 낙찰자를 결정함에 있어서는 입찰공고 또는 입찰설명서에 명기된 평가기준에 따라 국가에 가장 유리하게 입찰한 자를 낙찰자로 정해야 한다.(국가를당사자로하는계약에관한법률 제

---

229) 이에 대해 자격제한규정과 같은 강행규정을 위반한 경우 무효라고 보아야 한다는 입장도 있다. 김대인, 정부조달계약에 있어 투명성의 법적 의미, 행정법연구 제13호, 2005, 216-217면.

10조 제2항 제2호) 이 때, 당해 입찰자의 이행실적, 기술능력, 재무상태, 과거 계약이행 성실도, 자재 및 인력조달가격의 적정성, 계약질서의 준수정도, 과거공사의 품질정도 및 입찰가격 등을 종합적으로 고려하여야 한다.(국가를당사자로하는계약에관한법률시행령 제42조 제2항)

　이러한 기준들을 위반한 경우 낙찰계약은 무효가 되는 것일까? 판례는 "계약담당공무원이 입찰절차에서 국가를당사자로하는계약에관한법률 및 그 시행령이나 그 세부심사기준에 어긋나게 적격심사를 하였다 하더라도 그 사유만으로 당연히 낙찰자 결정이나 그에 기한 계약이 무효가 되는 것은 아니다"고 한다. 왜냐하면 이러한 규정은 국가가 사인과의 사이의 계약관계를 공정하고 합리적·효율적으로 처리할 수 있도록 관계 공무원이 지켜야 할 계약사무처리에 관한 필요한 사항을 규정한 것으로, 국가의 내부규정에 불과하다는 것이다. 다만, 낙찰자결정기준을 위배한 하자가 입찰절차의 공공성과 공정성이 현저히 침해될 정도로 중대할 뿐 아니라 상대방도 이러한 사정을 알았거나 알 수 있었을 경우 또는 누가 보더라도 낙찰자의 결정 및 계약체결이 선량한 풍속 기타 사회질서에 반하는 행위에 의하여 이루어진 것임이 분명한 경우 등 이를 무효로 하지 않으면 그 절차에 관하여 규정한 국가를당사자로하는계약에관한법률의 취지를 몰각하는 결과가 되는 특별한 사정이 있는 경우에 한하여 무효가 된다고 해석함이 타당하다는 것이다.(대법원 2001. 12. 11. 2001다33604)

4. 제3자의 보호

　매수인이 담당공무원과 공모하여 허위의 증빙서류를 제출하는 등 부정한 방법을 사용하여 지방자치단체의 잡종재산을 매수한 경우, 지방재정법 제84조 제1항 제1호에 의해 해제할 수 있지만, 당해 지방자치단체는 그 부동산에 대한 매매계약을 해제하기 전에 그 부동산을 매수하고 소유권이전등기를 경료한 제3취득자에게 그 매매계약의 해제로써 대항할 수 없다고 한다.(대법원 1999. 9. 7. 99다14877) 하지만, 사견으로는 이 판례는 문제가 있다고 본다. 지방자치단체가 일방당사자인 계약을 사인 간의 거래와 마찬가지로 지나치게 제3자보호를 우선시하여 지방자치단체의 재산보호라는 공익을 무시하고 있기 때문이다. 다음에 소개하는 판례는 다른 해결방식을 보여준다. 즉, 귀속재산을 관리처분하는 공무원들이 귀속임야를 타인에게 공매하여 그 대금을 완납받고 그 이전등기만 미필중에 있었던 상태에서 이를 이중매각 할 수 없는데도 불구하고, 수의계약의 방법으로 제3자에게 은밀히 다시 매도하여 그 앞으로 그 소유권 이전등기를 해주어도 그 등기는 무효가 되어 말소되게 된다. 이 때, 국유재산인 임야를 이중으로 매각한 공무원들의 사용자인 국가나 지방자치단체는 뒤의 매매를 유효한 것으로 믿고 전득한 제3자에게 그 전득 당시의 임야대금 및 이에 대한 이자를 손해배상으로 지급할 의무가 있다.(대법원 1972.2.22. 71다1599)

5. 주민소송에 의한 수의계약의 통제

지방자치단체는 물품의 조달, 토지의 구입, 잡종재산이나 구공공시설의 매각, 건물의 건설, 쓰레기소각장의 건설, 업무위탁 등과 관련하여 수의계약방식에 의해 계약상대방의 선택, 계약조건의 결정 등에 있어 특정의 사업자와 유착관계를 형성하여 지방자치단체에게 불리한 계약을 체결하거나 손해를 줄 수도 있다.

경쟁입찰에 부쳐야 할 것을 수의계약의 방식에 의해 계약을 체결한 경우 법원은 "법률행위의 사법상 효력까지 부인하는 효력 규정은 아니라고 해석함이 상당하다"고 하지만,(대전고법 2000. 5. 29. 자 2000라88)

주민소송에 의해 지방자치단체에게 입힌 손해의 배상청구소송이나 부당이득반환청구소송을 제기하는 것까지 허용되지 않는 것일까?

한국에서도 2005년 1월 27일 지방자치법의 개정으로 제13조의5 이하에서 주민소송을 도입하였다. 이 법은 2006년 1월 1일부터 효력을 발생하는데 주민소송의 대상은 행정행위 여부에 한정되지 않고 사법상의 계약까지도 재무회계행위에 해당되기만 하면 소송대상이 된다. 수의계약은 지방자치단체의 재무회계활동의 중요한 형식이므로 앞으로 주민소송은 수의계약통제의 주요 수단으로 등장할 것이다. 주민소송은 일본의 주민소송제도를 모델로 하여 도입된 것이므로 당분간 일본의 주민소송판례들은 한국의 주민소송판례의 형성에 상당한 영향을 미칠 것으로 예상된다.

일본 주민소송판례중에는 경쟁입찰에 부쳐야 할 것을 수의계약의 방식에 의해 계약을 체결한 경우 주민의 손해배상청구를 인용한 것들이 있다.[230] 즉, 지방자치단체가 민간사업자에게 수의계약방식에 의해 오염된 토지의 수거와 운반을 위탁시키면서 비용을 추가지불하여 계약대상이외의 물건의 수집과 운반까지 위탁시키자 그 재정비용지출에 대해 주민소송이 제기된 경우, 법원은 오염된 토지의 수거와 운반은 대체성이 있는 단순작업이므로 경쟁입찰에 의해 계약체결이 가능하다는 이유로 위의 수의계약에 따른 지출은 법적 근거가 없다고 했다. 손해에 관해서는 계약대상외의 물건에 대해서는 위탁료전액, 수의계약방식으로 계약을 체결한 것에 대해서는 경쟁입찰을 할 경우의 낙찰액과의 차액을 손해금액으로 인정했다.[231]

---

230) 일본의 경우에도 수의계약을 체결할 수 있는 경우에 관한 법령의 제한취지를 몰각할 정도로 의도적으로 법령상의 제한을 위반하여 수의계약을 체결하지 않았다면 위법한 수의계약의 사법상 효력은 무효가 되지 않는다고 한다. 最判 1987. 5. 19. 判時 1240호 62면. ; 秋田仁志/井上元(編), 住民訴訟の上手な對處法, 2003, 271면.
231) 廣島地判 1998. 3. 31, 判夕 982호 127면.

일본 주민소송에서 수의계약과 관련된 다른 사례로는, 계약청약자가 다수인 상황에서 최저가액 청약희망자가 아니라 두 번째 고가의 금액을 기재한 자와 수의계약방식으로 시설공사계약을 체결하자 주민이 최저의 견적가격과 현실적으로 지불한 가격과의 차액의 손해배상을 청구한 경우, 일본 최고법원은 수의계약의 필요여부는 지방자치단체의 이익증진에 도움이 되는가 여부도 판단기준이라고 하면서 위법이 아니라고 한 것이 있다.232) 수의계약에 있어서 최저제한가격을 내부적으로 설정해두고 있는 경우에도 그 이하의 가격으로 계약체결을 하기를 원하는 사업자가 있으면 그것만으로 계약체결에서 배제시키면 안된다. 그 배제된 사업자가 제시한 가격과 실제로 지방자치단체가 지불한 가격의 차액의 손해배상청구가 인용되기도 한다.233)

Ⅵ. 지방계약법의 제정과 지방계약연구의 활성화필요

1) 지방자치단체가 체결하는 계약은 공사, 물품 및 용역 등에 대하여 지방자치단체와 사인 사이에 성립하는 의사표시의 합치인데, 수의계약은 지방자치단체가 경쟁의 방식이 아니라 임의로 특정의 상대방을 선택하여 체결하는 계약방식을 말한다.

미국, 독일, 프랑스, 일본 등 외국에서도 대체로 실정법이나 행정실무가 경쟁계약과 수의계약으로 나누어 운용되고 있다. 또, 정부계약은 경쟁계약이 원칙으로 되어 있고 수의계약은 일정 금액이하나 특수한 경우에 가능한 것이라는 점은 선진국들이나 한국에서 이미 확고하게 합의되고 있다고 할 수 있다. 하지만, 행정자치부가 밝힌 바에 따르면 우리나

---

232) 長崎地判 1980. 6. 20, 行裁集 31권 6호 1361면. ; 最判 1987년 3월 20일 判時 1228호 72면.
233) 福岡地判 1991. 2. 23, 判時 1401호 44면.

라에서 지방자치단체의 수의계약은 지방자치단체가 일방당사자가 되는 전체 계약건수중에서 2005년 2월 현재 69%를 차지하고 있다고 한다.

수의계약을 규정하는 주요 법률은 국가를당사자로하는계약에관한법률, 국유재산법과 지방재정법이다. 국가를당사자로하는계약에관한법률과 국유재산법의 많은 규정들은 지방재정법을 통해서 지방자치단체에도 준용되고 있다. 이 글에서는 지방자치단체의 수의계약에 관한 법적 구조, 계약의 주체, 성립과 이행, 해제와 손해배상 등의 문제와 주민소송에 의한 통제가능성을 체계적으로 분석했다.

지방자치단체의 수의계약은 사법상의 계약이라고 이해되어 왔으나, 일방당사자가 지방자치단체이기 때문에 사법원리와 사법규정이 그대로 적용되지는 않고 공법상의 특별규정이나 평등원칙, 비례원칙, 부당결부금지원칙과 같은 공법원리가 적용되어야 한다.

수의계약의 대상은 지방재정법 등에서 규정하고 있으나 '국가기관의 행위를 비밀리에 할 필요가 있을 경우'처럼 지나친 불확정개념으로 되어 있는 것은 행정청에게 과도한 해석의 공간을 인정하고 있다.

지방자치단체가 수의계약을 체결하는 경우 당해 지방자치단체의 권한 범위내에서 계약을 체결할 수 있을 뿐이므로, 계약당사자들의 의사표시의 합치가 당해 지방자치단체의 계약체결권의 부존재를 치유하지 못한다. 지방자치단체의 계약행정도 법치행정의 원리에 의해 구속받고 있는 행정작용의 일부이어서 순수한 사법상 계약과 달리 적정절차를 준수하여야 한다.

수의계약과 관련하여 공법규정이나 공법원리를 따르지 않은 것이 계약서의 작성의무 등 계약의 방식에 관한 규정을 위반하거나 사전협의해야 할 행정기관과 협의하지 않은 경우처럼 그 계약자체를 무효로 만드는 경우도 있고 그 규정들을 위반해도 계약을 무효로 만들지는 않는 경우도 있다.

주민소송은 행정행위에 한정하지 않고 사법상 계약도 지방자치단체의 재무회계행위에 해당되면 소송대상으로 삼고 있으므로 앞으로는 주민소송이 수의계약통제의 주요 수단으로 등장할 가능성이 있다. 일본 주민소송판례중에는 사법상 무효가 아닌 단순 위법한 수의계약의 경우에도 손해배상청구를 긍정한 사례들도 있다.

2) 2005년 6월 30일 지방자치단체에게 적용되는 '지방자치단체를당사자로하는계약에관한법률'이 국회를 통과하여 2006년 1월 1일부터 시행되게 된다. 지금까지는 지방자치단체를 대상으로 하는 계약법이 없어 '국가를 당사자로 하는 계약에 관한 법률'을 준용해 계약업무를 하다 보니 현실에 맞지 않는 경우도 많았기 때문에 적절한 노력으로 볼 수 있다. 국가계약의 경우 규모가 크거나 고난도 공사에 관한 계약이고 대부분 정형화된 계약이 가능하지만, 지방자치단체가 행하는 계약은 소규모 단순 공사인 데다 공사계약도 다양해 일일이 국가계약법을 적용하는 데는 한계가 있었다.

이 법률은 지금까지 지방자치단체의 계약에 관하여 여러 법령에 흩어져 있던 규정들을 모으고 계약의 투명성의 강화와 계약의 절차적 정당성의 강화를 위해 특별규정을 도입하는 방식으로 제정되었다. 국가나 지방자치단체의 계약에 관하여 공법적 가치나 절차적 정당성을 강화시키는 것은 대처정부이래 영국에서 시작되어 최근 전세계적으로 전개되고 있는 민영화나 계약행정에 의한 행정혁신의 방향과도 일치하고 있는 것으로 적절한 방향이라고 할 수 있을 것이다.[234]

이 법률은 본문 41개 조문과 부칙 3개 조문으로 구성되어 있는데 그 주요내용은 다음과 같다.

---

234) 영국의 계약행정의 공법적 개혁에 대해서는, 다음의 두 글을 참조. A.C.L. Davies, Accountability : A Public Law Analysis of Government by Contract, 2001, ; Peter Vincent-Johnes, Regulating Government by Contract : Towards a Public Law Framework?, The Modern Law Review 2002, p.611-628.

첫째, 수의계약의 대상범위와 계약상대자의 선정절차를 대통령령으로 명문화하도록 함으로써, 선정절차의 투명성을 강화하고 수의계약내역도 공개하도록 규정했다.(동법 제9조).

둘째, 상·하수도사업, 마을진입로 개설 등 주민생활과 관련이 있는 공사에 대하여는 기존에 공사감독을 하던 공무원 외에 주민대표자 또는 주민대표자가 추천하는 자를 그 공사의 감독자로 위촉하여 당해 지방자치단체의 장 등에게 공사계약 이행상의 불법·부당행위에 대한 시정을 요구할 수 있도록 규정하였다.(동법 제16조). 특히, 상·하수도사업, 마을진입로 개설과 같은 예시규정은 정부원안에는 없었는데 국회입법과정에서 삽입된 것으로 보다 구체적이고 확실하게 지방계약업무처리에 있어 주민들의 지위를 강화시키고자 하는 입법자들의 의도를 확인할 수 있다.

셋째, 특별시장·광역시장·도지사로 하여금 시·군·구에 공통적으로 소요되는 물자로서 제조·구매 및 가공 등의 계약에 관하여 시·군·구의 요청이 있는 경우에는 제3자를 위하여 예산의 범위에서 체결하는 단가계약을 체결할 수 있도록 하였다.(동법 제26조).

넷째, 긴급한 재해복구공사에 대하여는 설계서가 확정되기 전에 표준설계 등에 의한 개략적인 금액으로 우선 계약을 체결하고, 시공이 완료된 후에 정산을 하도록 하는 개산계약제도를 도입하였다.(동법 제27조).

다섯째, 일정규모 이상의 계약에 대하여 그 계약의 체결방법, 경쟁입찰참가자의 자격제한, 낙찰자의 결정방법 등에 관한 사항을 심의하도록 하기 위하여 지방자치단체의 장은 계약심의위원회를 설치·운영하도록 규정했다.(제32조).

여섯째, 지방자치단체의 장 또는 지방의회 의원은 그 자치단체와 영리를 목적으로 하는 계약을 체결할 수 없도록 하고, 지방자치단체의 장 또는 지방의회 의원의 배우자, 직계 존·비속 등은 그 자치단체와 영리를 목적으로 하는 수의계약을 체결할 수 없도록 했다.(동법 제33조).

지방계약법의 주요내용 중 셋째, 넷째 및 다섯째의 내용은 이미 다른 법령에 도입되어 있던 것을 모은 것에 불과한 것이지만, 두 번째의 주민 감독관제의 도입과 첫째와 여섯째의 수의계약의 투명성강화조항이나 여 섯째의 계약참여배제조항은 새로이 도입되거나 강화된 조항이다. 이에 따라 지방자치단체의 장과 지방의회 의원은 수의계약은 물론 경쟁입찰 계약의 방식으로도 당해 지방자치단체와 영리를 목적으로 하는 계약을 체결할 수 없다. 지방자치단체의 장의 배우자나 존비속, 그리고 지방의 회 의원의 배우자와 존비속의 경우도 수의계약에의 참여가 엄격하게 제 한되게 되었다.

권력적 행위방식과 비교할 때, 자치단체의 계약활동은 지방행정의 자 율성과 다양성을 발전시키는데 유리하지만, 재정집행의 투명성·경제성· 공정성을 확보하기 위하여 계약의 투명성과 전문성, 그리고 자치단체의 책임성 또한 강화되어야 한다. 이 분야는 행정법학자나 민법학자로부터 모두 소외되어왔는데, 지방행정에서의 활용빈도에 비추어 볼 때 앞으로 연구가 활성화되기를 기대한다.

제3장 행정행위의 위법통제

제1절 기부채납의 부담에 대한 독일과 미국의 사법적 통제의 비교와 그의 시사점

Ⅰ. 기부채납 확산의 사회적 배경과 비교법연구의 초점

그 동안 우리 사회의 급격한 도시화와 부동산개발의 과정에서 용적률 상향이라는 인센티브와 도시기반시설의 조성을 위한 기부채납은 사익과 공익을 절충시키는 법적 도구이자 국토와 도시의 성장관리수단으로 광범위하게 사용되어 왔다. 사업자에 의한 부동산개발은 그 개발로 발생할 이익이 핵심적인 추동력이 되어 왔지만, 최근에는 기부채납으로 증가한 비용이 부동산시장의 불황속에서 아파트분양가격의 상승원인이 되어 사업자와 아파트입주자의 불만대상이 되어 빈번하게 소송대상이 되고 있다.

기부채납은 개발허가와 같은 수익적 행정행위를 얻는 것을 이유로 사인이 그의 재산권을 행정청에 무상으로 귀속시키는 행위이다. 기부채납의 법형식은 직접 법률에 의한 경우, 부관중 부담의 방식을 취하는 경우, 계약형식을 취하는 경우로 나누어볼 수 있다. 때로는 부담과 계약(또는 협약)이 함께 사용되는 경우도 있다. 여기서는 지면관계상 기부채납중 부관으로서 부담부과처분의 형식만을 고찰대상으로 한정할 것이다.

이 글에서 조사한 독일과 미국은 기부채납의 배경이 되는 사회경제적 환경에 차이가 있다. 독일은 상대적으로 평야가 많은 국토에서 대도시는 적고 중소도시에 많은 인구가 분산되어 살면서 중세 이래 건축된 오래된 낮은 층수의 주택들에서 주민들이 살고 있다. 신규주택의 경우도 저층 단독주택이나 저층 빌라인 경우가 많다.

이와 달리 우리나라는 국토가 좁고 평야가 적으며 대도시에서 많은 인구가 살고 있는데 중세 이래 내려온 오래된 주택들도 거의 없고 신규주택의 경우 고층아파트를 건축하여 단지를 조성하여 살아가는 지역이 많다. 이로 인해 우리나라에서 기부채납이 나타나는 현실적인 양상은 독일과는 중대한 차이를 보여준다. 우리나라에서는 고층아파트 단지의 개발허가를 조건으로 일정한 공공시설을 건설하여 기부채납하도록 요구하는 경우가 실무상 빈번하게 나타나고 있으나 독일의 경우에는 고층아파트의 개발허가와 관련하여 기부채납이 등장하는 사례는 찾아보기 어렵다. 이상과 같은 부동산개발실무의 차이로 인해 독일의 경우에는 기부채납물의 경제적 가치가 우리나라와 같이 수백억원에 이르는 것과 같이 고액인 경우도 드물고 기준을 둘러싼 갈등도 우리나라만큼 심각한 것 같지는 않다.

미국의 경우에는 독일보다는 대도시가 많고 고층아파트가 건설되는 경우가 많아 우리나라에서와 같이 고층아파트단지나 대규모 타운하우스의 개발허가를 조건으로 공원이나 학교 등을 기부채납하도록 요구하는 경우가 많이 나타났고 그 경제적 가치도 고액인 경우도 많이 나타나 기부채납의 부과근거나 한계에 관해 심각한 논쟁과 다양한 판례들이 나타났다.

이와 같은 사회경제적 배경의 차이로 독일과 미국사이에는 기부채납에 관한 핵심 쟁점들에 차이가 있다.1) 우리나라 기부채납의 실무상 가

---

1) 기부채납의 부담에 대해서 우리나라에서는 행정행위의 위법통제의 검토관점에서만 분석검토되고 있다. 하지만, 미국에서는 손실보상의 관점과 행정행위의 위법통제 (substantial due process)의 관점을 비교하며 검토하는 경우가 많다. 대표적인 최근의 논문은, Michael B. Kent Jr., "Viewing the Supreme Court's Exactions Cases

장 큰 갈등요인은 기부채납의 기준의 부재나 명확성부족에 있다. 유사한 규모의 개발사업에 대해 기부채납의 규모가 서로 달라 형평에 맞지 않거나 기부채납의 내용과 범위를 둘러싼 합의의 지연으로 허가가 지연되기도 한다. 때문에, 미국의 경우에는 연방대법원의 Dolan 판결이 나오기 전에 주대법원들에서 현실적으로 기부채납의 법적 통제의 기준으로 가장 중요한 비례원칙의 구체적 의미를 둘러싸고 판례와 학설이 대립되며 법이론을 발전시켜 왔다. 이러한 경험은 현 단계 우리나라 법해석론의 발전에 상당한 시사점을 줄 수 있을 것으로 본다.

Ⅱ. 독일법상 기부채납의 부담에 대한 사법적 통제

1. 행정행위로서의 부담과 그의 독립한 쟁송대상 여부

1) 독일 행정법상 부담

독일 행정법의 부관과 부담에 관한 법리는 1990년대와 2000년대에 형성된 우리나라의 다수설과 판례에 큰 영향을 미치고 있다. 독일 연방행정절차법에 규정된 규정내용들은 일반법으로서 개별 행정법영역에 특별한 규정이 없는 한 행정활동 전반에 적용되고 있다.

부관(제39조) 중 부담에 대해서 규정한 제39조 제2항 제4문은 부담을 수익적 행정행위의 상대방에게 작위, 수인이나 부작위를 명하는 것이라고 하고 있다. 부담은 독일 행정실무상 부관중 가장 중요한 부관으로서,

---

Through the Prism of Anti-Evasion", 『UNIVERSITY OF COLORADO LAW REVIEW』 Vol. 87, 2016, pp.827-886 참조. 생각하건데, 이 차이는 사유재산권의 보호와 시장의 자율성을 보다 강력하게 강조하는 미국의 헌법시스템을 반영한 것이라고 보여진다. 미국과 달리 독일에서는 부담의 독립가쟁성과 독립취소가능성의 문제가 판례와 학설의 중요한 검토대상이 되고 있다.

예를 들어 건축허가시 건축주에게 부여되는 종된 부관으로서 특정 위치에 소방시설의 설치를 명하거나, 아파트건축허가시 건축물이 없는 공간의 일부에 녹지공원의 조성을 명하거나, 공장신축허가시 오염물질 배출의 한계기준을 설정하여 그의 준수를 명하는 형태로 나타난다.

부담은 주된 행정행위와 함께 관계법령의 취지에 맞게 통일적 행정재량의 행사결과 나온 것으로서 결합된 것이다. 부담은 종된 것이므로 주된 행정행위없이 부담만 부과할 수는 없다. 주된 행정행위가 실효된다면 부담도 실효되고 부담의 집행가능성도 주된 행정행위의 유효성에 달려 있다.[2] 반대로, 부담이 실효된다고 해서 주된 행정행위가 자동적으로 실효되지는 않는다.[3]

제49조 제2항 제2문은 부담이 기한내에 이행되지 않는다면 행정청은 주된 수익적 행정행위를 철회할 수도 있다고 규정하고 있는데, 부담만의 쟁송취소가 주된 행정행위의 존속을 정당화하지 않는다면 부담이 취소된 경우 행정청은 주된 행정행위를 취소하거나 철회할 수 있다고 보아야 할 것이다.[4] 다만, 개별구체적인 경우 부담의 불이행시 주된 행정행위의 취소나 철회의 가능성은 부당결부금지원칙이나 비례원칙의 위반여부를 검토한 후 인정되어야 한다. 건축허가를 받아 이미 완성된 건축물에 대한 허가는 그 부담의 이행이 없다면 건축허가를 하지 않았을 만큼 실체적 관련성이 있지 않거나 중요하지 않은 것일 때에는 철회되지 말아야 한다. 부담의 불이행으로 철회하고자 하는 경우에도 먼저 강제집행을 시도하여야 한다.[5]

---

2) Erichsen/Ehlers, 『Allgemeines Verwaltungsrecht』, 14.Aufl., 2010, §23, Rn.9.
3) H.J.Knack, 『Verwaltungsverfahrensgesetz』, 6.Aufl., 1998, §36, Rn.5.3.
4) Eyermann/Fröhler, 『Verwaltungsgerichtsordnung』, 10.Aufl.,1998, §42, Rn48.
5) Harmut Maurer, 『Allgemeines Verwaltungsrecht』, 18.Aufl., 2011, §11, Rn.42.

2) 독일 행정법상 부담론의 변화

우리나라에서와 달리 독일에서 부관의 독립가쟁성에 대한 독일 행정
법학과 판례의 입장은 훨씬 복잡한 양상을 띠고 있고 다수설을 찾기가
쉽지 않은 상황인 것 같다. 우리의 판례에 영향을 미쳤던 당시의 지배적
학설과 판례는 더 이상 유지되고 있지 못하다.

독일 행정법상 부관의 독립가쟁성에 관한 학설들은 대체로 4가지로
나뉘어 있다.[6) 첫째는 1970년대 독일의 지배적 학설로서 우리나라 다수
설과 판례에 영향을 미쳤는데, 부관의 성질에 따라 나누어 부담만의 독
립가쟁성을 긍정하는 입장이다. 둘째는, 본체인 행정행위의 성질에 따라
나누는 입장으로, 여기에도 약간 다른 견해들이 존재하는데, 본체인 행
정행위가 기속행위인 경우에는 모든 부관의 독립취소가 가능하나 재량
행위인 경우에는 부관없는 행정행위의 발급을 의무이행소송으로 청구할
수 있을 뿐이라는 입장도 있고, 부관이 없다면 본체인 행정행위가 위법
하게 되는가에 따라 제한적으로 부관의 독립취소를 긍정하는 입장도 있
다. 셋째는, 모든 부관에 대해 독립가쟁성을 긍정하는 입장이다. 넷째는
부담을 포함한 모든 부관에 대해 독립가쟁성을 부인하고 의무이행소송
의 제기만 가능하다는 입장이다.

연방행정재판소의 입장도 우리나라의 다수설 및 판례의 내용과 달리
상당히 불안정하고 아직도 변화의 여지가 없다고 볼만큼 확실하게 확정
되어 있는 것 같지는 않다. 다만 부관에 대한 국민의 권리구제의 기회를
확대하는 방향으로 변해가는 것으로 보인다. 부담을 중심으로 그 입장의
변화과정과 현재의 상태를 간략하게 살펴본다.[7)

현재 우리 판례의 입장인 부담만의 독립가쟁성의 수용은 1970년과

---

6) 이 분류는, Harmut Maurer, a.a.O., §12, Rn.23 참조.
7) 이하의 설명은 주로 Harmut Maurer, a.a.O., §12, Rn.24 및 Ulrich Battis, 『Öffen-
   tliches Baurecht und Raumordnungsrecht』, 2006, S.210. 참조.

1972년 연방행정재판소의 판결8) 및 그 당시 독일 행정법학의 지배적 학설의 입장과 동일한 것이었다. 조건이나 기한에 대해서 연방행정재판소는 두 개의 판결9)에서 사인이 조건이나 기한없는 행정행위의 발급을 구하는 의무이행소송을 제기하는 수밖에 없다고 했다.

이 판결이후 연방행정재판소의 입장은 1977년과 1978년의 판결에서 일부 수정되었는데, 부담이 본체인 행정행위와 "통일적이고 분리불가능한 재량결정(die auflage auf einer einheitlichen untrennbaren Ermessensentscheidung)"을 구성하고 있을 때 부담의 경우에도 독립가쟁성을 부인하였다.10)

1980년대에 들어와서 다시 연방행정재판소는 위법한 부관에 대한 국민의 권리구제를 확대하기 위해 원칙적으로 모든 부관에 대해 독립가쟁성을 긍정하는 입장으로 중대한 전환을 했다. 부담에 대해서는 1989년의 판결11)에서 독립가쟁성을 다시 긍정하였다. 1980년의 판결에서 조건이나 기한에 대해서도 독립하여 취소나 철회의 대상이 될 수 있다고 하였다.12)

이와 같은 독일 판례의 변화는 부관의 처리에 관한 법해석에 있어서 부관에 관한 연방행정절차법 제36조뿐만 아니라, 취소소송을 규정한 연방행정재판소법 제113조 제1항 제 1문, "행정행위가 위법하고 원고가 그에 의해서 그의 권리가 침해되어 있는 한, 법원은 당해 행정행위와 행정심판을 취소한다"는 규정을 재해석하여 강조한 결과이었다.13)

---

8) BVerwG, 21.10.1970 - IV C 165.65 -, BVerwGE 36, 145, 153f ; BVerwG, 17.11.1972 - IV C 21.69 -, BVerwGE 41, 178, 181.
9) BVerwG, 29.03.1968 - IV C 27.67 -, BVerwGE 29, 261, 265 ; BVerwG, 21.10.1970 - IV C 165.65 -, BVerwGE 36, 145, 154.
10) BVerwG, 14.12.1977 - VIII C 28.77 -, BVerwGE 55, 135, 137 ; BVerwG, 27.09.1978 - 1 C 48.77 -, BVerwGE 56, 254, 256.
11) BVerwG 19.1.1989 - 7 C 31.87 -, BVerwGE 81, 185(186).
12) BVerwG, 10.07.1980 - 3 C 136.79 -, BVerwGE 60, 269, 275ff.
13) Ulrich Battis, a.a.O., S.210.

1989년의 판결14)이 부담의 독립가쟁성을 다시 인정한 이후, 연방행정
재판소는 여러 개의 판결들에서 동일한 입장을 취하였다.15)

부담의 독립가쟁성의 문제에 관해 연방행정재판소가 1989년 이후 긍
정적 입장을 취하고 있다고 해도 1977년과 1978년의 판결에서 나타났던
것과 같이 부담이 본체인 행정행위의 성립과 존속에 중요한 이유가 되
고 있을 때 부담만의 실효는 공익이나 제3자의 이익을 부당하게 침해할
위험이 있었는데 연방행정재판소는 1989년의 판결에서는 이 문제를 다
음과 같이 해결하고자 하였다.

부담의 독립가쟁성의 문제는 그의 허용성이 문제되는 것이 아니라 그
이유의 타당성 문제라는 것이다.16) 이러한 입장에서 연방행정재판소는
부담이 독립하여 취소될 수 있는가는, 문제된 허가가 그 부담없이 "의미
있게 그리고 적법하게 존속유지될 수 있는가"에 달려 있다고 하였다.17)
즉, 부담이 주된 수익적 행정행위의 성립과 존속에 있어 중요하고 그의
합법여부에 영향을 미치는 것이라면 부담만의 취소는 이유없으므로 기
각되어야 한다. 부담을 포함한 모든 부관이 위법하고 당해 부관이 없더
라도 본체인 수익적 행정행위가 중요하고 합법적인으로 계속 존속할 수
있다면 모든 부관은 독립하여 취소가 가능하다. 1989년 판례의 입장은
2000년의 판결18)에서도 그대로 유지되었는데, 이 판결에서 연방행정재
판소는 이 입장을 확립된 판례라고 하였다.

판례의 변천을 통해서 독일 법원은 부담을 비롯한 부담의 독립성과
부종성의 문제를 다룸에 있어 부관의 독립쟁송가능성을 전면적으로 긍

---

14) BVerwG 19.1.1989 - 7 C 31.87 -, BVerwGE 81, 185, 186.
15) BVerwG, 08.03.1990 - 3 C 15.84 -, BVerwGE 85, 24, 26 ; BVerwG, 02.07.1991
   - 1 C 4.90 -, BVerwGE 88, 348, 349 ; BVerwG, 22.11.2000 - 11 C 2.00 -,
   BVerwGE 112, 221.
16) Harmut Maurer, a.a.O., §12, Rn.24.
17) BVerwG 19.1.1989 - 7 C 31.87 -, BVerwGE 81, 185, 186.
18) BVerwG, 22.11.2000 - 11 C 2.00 -, BVerwGE 112, 221.

정하면서도 판결의 이유부분에서 그 독립취소의 적절성을 검토하는 방향으로 전환했다. 그것은 사회에 대한 행정의 조종능력과 합목적적인 재량권행사에 난점을 초래하지 않으면서도 점진적으로 국민의 권리구제를 확대하기 위함이었다.

2. 독일법상 기부채납의 부담에 대한 부당결부금지원칙과 비례원칙의 적용

1) 기부채납에 대한 법적 규율

독일 연방행정절차법은 개발허가에 부과하는 기부채납에 대해 적용할 수 있는 행정행위방식의 부담에 대해서는 제39조에서 규정하고 있고 계약방식에 대해서는 제56조의 교환계약(Austauschvertrag) 및 제58조 제1항의 제3자의 동의 부분에서 규정하고 있다.

특히, 행정청이 개발허가와 관련하여 사인에게 부과하는 의무의 합법성을 통제하는 법원칙으로서 부당결부금지원칙과 비례원칙의 적용에 대해서는 제56조에서 규정하고 있다. 제56조 제1항은 교환계약에 대해 그리고 제56조 제2항은 행정행위에 대한 부관을 부과하는 경우에 대해 부당결부금지원칙과 비례원칙의 적용을 규정하고 있다.

때문에, 주된 행정행위에 부가되는 기부채납의 부담에 대해 미국과 독일의 법적 규율의 내용을 조사하여 우리나라에서 기부채납의 법적 통제를 위해 시사점을 얻고자 하는 이 글의 목적상 제56조의 규정내용을 소개할 때 제2항에 초점을 맞추어 부담의 역할을 수행하는 기부채납에 대한 부당결부금지원칙과 비례원칙의 적용문제를 중심으로 기술할 것이다. 다만, 주의하여야 할 사항은 독일의 경우 대규모 개발사업과 관련하여 허가 등의 공익침해적 효과를 감축하기 위해 우리나라와 같이 행정행위로서 부담형식의 기부채납이 이용되는 경우도 있지만, 계약으로서 기부채납계약을 이용하는 경우가 보통이기 때문에 제56조에서 교환계약의 형태로 규정하고 있다는 점이다. 이 점에서 분명히 우리나라의 행정실무와는 중대한 차이가 있다.

2) 기부채납 부담의 법적 요건

(1) 공공필요, 목적의 명확성과 물적 결합의 요구

개발허가와 같은 행정행위에 부가되는 기부채납에 대해 제56조 제1항과 제2항은 다음의 요건을 규정하고 있다.

행정청의 행위와 기부채납은 계약형식이든 행정행위형식이든 공공필요의 충족을 위한 것이어야 한다. 공공필요를 위해 허용되는 사인의 기부채납의 대상은 도로, 학교, 공원, 어린이놀이터나 공공병원의 설치행위일 수도 있다.[19] 행정청이 영리활동을 하는 경우나 재정목적을 위하거나 사회기금이나 노령연금의 재정지원을 위한 기부채납은 허용되지 않는다.

기부채납의 목적이 명확해야 한다. 사인의 기부채납의 목적은 명확해야 할 뿐만 아니라 특정되어 있고 구체화되어 있어야 한다. 개발허가에 관한 문서내용에 명확한 목적을 위한 충분히 기술되어 있어야 한다. 이는 행정청의 권력남용을 막기 위한 것이다.

제56조는 사인에 대해 국가의 위법한 행정권 행사를 방지하기 위하여[20]사인의 반대급부와 행정청의 급부가 물적으로 결합될 것을 요구하는 부당결부금지원칙을 선언하고 있다. 예를 들어, 건축허가의 조건으로

---

19) Obermayer, 『Kommentar zum Verwaltungsverfahrensgesetz』, 3.Aufl., 1999, §56, Rn.16.
20) Winfrod Brohm, 『Öffentliches Baurecht』, 3. Aufl., 2002, §7, Rn.21.

사인이 기부채납으로 도로부지를 지방자치단체에 양도하는 것은 물적
결합의 요건을 충족하는 것이 된다.21) 또, 행정청이 건축허가를 하면서
주차장의 설치를 사인에게 요구하거나, 해당지역에 주차장의 설치가 어
려운 경우 사인에게 지방자치단체가 실내공용주차장을 설치하기 위해
필요한 비용의 일부를 기부채납하라고 요구하는 것도 물적 결합의 요건
을 충족한다.22)

(2) 적절성의 요구

제56조 제1항 제2문은 "반대급부는 전체적인 상황에 비추어 적절한
것이어야 하고 행정청의 계약상의 급부와 물적 결합을 이루고 있어야
한다"고 규정하여, 기부채납이 적절한(angemessen) 것이어야 할 것을 요
구하고 있다.

여기서 적절하다는 것은 비례원칙이 개별법에 표현된 것이라고 볼 수
있는데,23) 행정청의 상대방이 제공해야 하는 반대급부가 과잉이어서는
안된다는 것을 의미한다.24) 행정청이 건축허가의 부여와 결부시켜 기부
채납과 같은 사인의 반대급부를 얼마만큼 요구할 것인가는 행정청의 재
량에 속한다. 행정청이 제공하는 급부의 경제적 가치와 사인이 제공하는

---

21) Stelkens/Bonk/Sachs, 『Verwaltungsverfahrensgesetz』, 5.Aufl., 1998, §56, Rn.50. 이
저자들에 따를 때, 독일에서는 미국과 마찬가지로 토지나 건물이외에 개발허가의 조
건으로 금전도 기부채납의 대상이 된다. 예를 들어, 건축허가의 조건으로 공원이 필
요하지만 건축부지 근처에 적절한 공원부지가 없을 때 금전을 기부채납할 수 있고,
새로운 건축허가를 조건으로 필요한 인프라의 건설비용을 자치단체에게 납부하도록
할 수 있다고 한다.

22) F.O.Kopp, 『Verwaltungsverfahrensgesetz』, 5.Aufl., 1991, §56, Rn. 17.

23) Knack, a.a.O., §56, Rn.5.3. ; F.O.Kopp, a.a.O., §56, Rn.13.

24) 이에 대해서는 행정청이 사인에게 제공하는 급부도 사인의 반대급부에 비추어 과잉
이어서는 안된다는 의미로 "적절한"(angemessen) 것의 의미를 넓게 이해해야 한다는
판결례(München BayVBl 1977. 247und 406.)도 있고 독일 학설들도 이에 반대한
견해는 발견되지 않는다.

반대급부의 경제적 가치를 평가함에 있어서는 전문가의 관점에서 지지할 수 있는 방식으로 계산하여야 한다.[25] 행정에게 허용된 재량이 사안에 맞게 그리고 의무에 합당하게 행사되어야 한다. 하지만, 공법영역에서 행정청이 부여하는 건축허가의 객관적 가치를 측정하는 것은 어렵기 때문에 사인이 얻을 경제적 이익과 사인이 제공하는 반대급부가 동가치일 필요는 없지만 대략적으로 비례관계에 있어야 한다. 그럼에도 불구하고, 공공필요라는 목적을 달성하기 위한 수단으로 사용되는 반대급부가 행정청의 상대방이나 관련된 제3자(예, 허가대상인 건축물의 상속인이나 임차인 등)에게 경제적으로 수인하기 힘든 피해를 주어서는 안된다.

사인의 반대급부의 적절성을 평가할 때 "전체적인 상황"(gesamtvorgang)을 고려하여야 한다는 것은 행정청이 허가 등을 통해 제공하는 급부의 경제적 가치와 사인의 반대급부의 경제적 가치를 넓은 범위에서 행정과 사인의 행위들의 전체과정을 살펴보아야 한다는 것을 의미한다.[26] 행정청의 급부와 사인의 반대급부에 대해 현재가치만을 고려하는 것이 아니라 짧은 과거나 미래에서의 가치도 고려되어야 한다.[27] 개발허가 당시 사인에게 요구된 기부채납의 비용이 나중에 더 증가했을 때에는 추가된 비용도 적절성의 평가에서 고려되어야 한다.

3) 독일 행정법상 기부채납의 활용실제

독일에서 행정행위의 반대급부로 기부채납이 가장 많이 이루어지는 영역은 도시계획 및 건축법영역이다. 행정청이 도시계획법이나 건축법상의 강행규정의 적용을 면제해주거나 예외를 인정하는 것, 또는 건축허가를 해주는 것, 또는 건축허가의 효력발생에 필요한 동의를 해주는 것

---

25) Obermayer, a.a.O., §56, Rn. 20.
26) Obermayer, a.a.O., §56, Rn. 19. ; F.O.Kopp, a.a.O., §56, Rn.14.
27) Stelkens/Bonk/Sachs, a.a.O., §56, Rn.55.

을 조건으로 기부채납을 요구하기도 한다. 독일에서 사인의 기부채납은 대규모개발사업의 경우 그 개발사업으로 인한 공익침해적 효과를 감축시키기 위해 필요한 것으로 보고 있고,[28] 소규모사업의 경우에는 지방자치단체가 자체 예산으로 필요한 공공시설을 건설할 뿐 사인에게 공공시설의 건설후 기부채납을 요구하지 않고 있다.[29]

사인은 행정청의 급부에 대한 반대급부로 우리나라와 달리 물건이나 시설뿐만 아니라 금전도 기부채납의 대상이 된다.[30] 예를 들어, 특정 공동주택의 건축허가와 같이 대규모 건설프로젝트의 허가로 증가한 사람들을 위해 학교, 어린이집, 공공병원, 묘지 등의 확장이 필요한 경우, 지방자치단체가 이 중 어느 특정한 공공사업에 필요한 경비로서 목적을 특정하여 사인에게 부담금을 납부하게 할 수 있다. 금전의 기부채납이 필요한 경우 그 금액의 적정성의 평가는 특정 상황에서 일반 경험칙에 따른다.

4) 위법한 기부채납의 법적 효과

위법한 기부채납의 효과에 대해서는 제59조에서 규정하고 있다. 이에 따를 때, 목적의 명확성원칙, 부당결부금지원칙이나 비례원칙을 위반한 기부채납은 행정행위의 하자효과론에 따르는데, 특히 제59조 제3항에 따를 때, 해당 기부채납이 무효가 된다면 그 기부채납 없이 개발허가를 하지 않았을 경우에는 개발허가도 무효가 된다. 기부채납이 무효가 되면 사인이 제공한 급부에 대한 반환청구권이 발생하고 행정청은 그것을 반

---

28) 독일에서는 행정행위 형식의 부담보다는 계약형식이 이용되는 경우가 많은데 이와 같은 계약을 피해비용계약(folgekostenvertag)이라고 부른다. Knack, a.a.O., §56, Rn.7.

29) BVerwG, NJW 1981, 1747 ; BVerwGE 90, 310, 315. ; Obermayer, a.a.O., §56, Rn. 31.

30) Obermayer, a.a.O., §56, Rn. 30. ; Knack, a.a.O., §56, Rn.5.2.

환하여야 한다.[31]

Ⅲ. 미국법상 기부채납의 부담에 대한 사법적 통제

1. 미국법상 국토 및 도시의 개발과 기부채납

1) 개관

미국에서 지역개발사업을 허가하면서 행정이 주법이나 자치법에 근거를 두고 부과할 수 있는 기부채납물(exaction. 현물납부)과 부담금(in-lieu fee 또는 impact fee)이 개발의 부작용을 완화하기 위한 수단으로 중요한 기능을 수행하고 있다. 연방대법원은 몇 개의 중요한 판결을 통해 기부채납이 적법한 경우와 수용(taking)이 되는 경우를 구별하기 위한 원칙과 기준을 발전시켰는데, 이후 하급심판결들뿐만 아니라 입법에도 광범위한 영향을 미쳐왔다.

연방대법원은 1987년 Nollan 사건[32]에서 기부채납은 그것이 없다면 개발허가의 거부를 초래할 이유들과 "본질적 견련성(essential nexus)"을 가져야 한다고 선언하였다. 미국에서 이 기준은 "본질적 견련성" 기준이라고 불리우고 있는데, 우리나라에서의 부당결부금지원칙과 그 실질에 있어서 동일하거나 비슷한 의미를 갖고 있는 것으로 보인다.

또, 연방대법원은 1994년 Dolan 사건[33]에서 기부채납으로부터의 편익이 토지개발을 허용함으로써 공중에 부과된 부담과 "대략적 비례"(rough proportionality) 관계에 있을 때만 기부채납이 정당화된다고 하여 기부채

---

31) Winfrod Brohm, a.a.O., §7, Rn.21.
32) Nollan v. California Coastal Commission, 483 U.S. 825 (1987).
33) Dolan v. City of Tigard, 512 U.S. 374 (1994).

납에 비례원칙을 처음으로 적용하였다.[34] 기부채납이 개발허가와 본질
적 관련성을 갖는지 여부와 대략적 비례의 조건을 충족시키는지 여부는
행정에게 입증책임을 인정하고 있다.

더 나아가 연방대법원은 2013년 Koontz 사건[35]에서 기부채납이 현물
이 아니라 금전의 급부의무를 명하는 부담금인 경우에 대해서도 "본질
적 견련성"의 기준과 "대략적 비례"의 기준이 적용된다고 판시하였다.

2) 기부채납(exaction)의 개념과 목적

미국에서 기부채납(exaction)은 부동산개발허가의 조건으로 공공시설
의 설치나 개선에 필요한 토지, 건물이나 비용의 전부 또는 일부를 확보
하기 위해 개발업자에게 부과되는 현물납부의 부담이라고 할 수 있다.

주나 지방자치단체들은 기존 주민이나 신규입주민 등의 교통이나 생
활환경 등에 대한 부정적 영향을 개선하기 위해 필요한 공공시설을 확
보하는 수단으로 기부채납을 중요한 도구로서 사용해왔다.

기부채납은 여러 형태들이 가능한데 토지의 무상양도 뿐만 아니라 교
통신호기와 같은 공공시설의 설치 또는 개선, 도로와 건물의 건설 등도
포함한다. 광의로는 장래 토지사용용도의 제한, 토지나 건물의 양도의
제한 등의 재산권행사의 제한도 포함한다.

기부채납금은 법률에 근거를 두고 부동산개발을 하는 재산소유자에게
부과되는 금전적 형태의 기부채납이다. 기부채납금은 당해 부동산개발
로 필요하게 된 공공시설의 건설비용을 충당하기 위한 것으로 보통 부

---

34) 우리나라에서 개발사업허가의 부관으로서 'exaction'을 이해하고 이에 관해 중요한
   의미를 갖는, 미국 연방대법원의 Nollan 판결과 Dolan 판결을 선구적으로 소개한 글
   로는, 오준근, 부동산 개발사업허가의 부관과 개발협약에 관한 한국과 미국의 비교법
   적 고찰, 토지공법연구 제40집, 2008, 104-107면이 있다.
35) Koontz v. St. Johns River Water Management District, 570 U.S. 133 S. Ct. 2586
   (2013))

동산개발허가시점에 부과되는데, 예를 들어, 새로운 학교에 대한 수요가 있음에도 불구하고 개발되는 사업구역이 작아서 행정청이 개발업자에게 학교를 기부채납하도록 요구하는 것이 과도한 경우 합법적인 한도내에서 금전을 기부채납하도록 요구하는 경우에 사용된다.36)

2. Nollan 판결에 의한 부당결부금지원칙의 이해 - 기부채납의 "본질적 견련성(essential nexus)" 기준의 등장

기부채납의 법적 통제기준으로 "본질적 견련성(essential nexus)" 기준은 미국 연방대법원에 의하여 Nollan 사건에서 처음 등장했다.

이 판결에서 연방대법원은 해안부지에 대한 주택건축허가의 조건으로 토지소유자에게 공용통행지역권(the public access easement)의 부담을 부과한 것은 주택건축으로 침해되는 법익이 공중의 해안조망권(public's visual access to the water)이기 때문에 본질적 견련성이 없어 허용되지 않고 위헌적인 수용에 해당된다고 판시했다.37) Nollan 사건에서 연방대법원의 유명한 Scalia 대법관은 도로를 통해하는 운전자들을 포함한 공중에게 해안을 조망할 수 있게 하면 충분한 상황에서 공중의 토지통행을 위한 지역권까지 요구한 것은, 건축의 "금지를 대체하기 위해 제시된 조건이 금지를 정당화하기 위한 목적을 달성하지 못한다면 위헌이다. 본질적 견련성이 없다면 캘리포니아 법이 관객이 많은 영화관에서 불이야

---

36) JOHN J. DELANEY/LARRY A. GORDON/ KATHRYN J. HESS, "THE NEEDS-NEXUS ANALYSIS: A UNIFIED TEST FOR VALIDATING SUBDIVISION EXACTIONS, USER IMPACT FEES AND LINKAGE", 『LAW AND CONTE-MPORARY PROBLEMS』 Vol.50, 1987, p.142.

37) 미국 수정헌법 제5조는 "어떤 사람도 법의 적정절차의 보장없이 생명, 자유, 재산을 박탈당하지 아니하고, 사유재산권은 정당한 보상없이 공공목적을 위하여 수용당하지 아니한다"고 규정하고 있다.

소리지르는 것을 금지하면서도 주정부에 100달러를 기부하는 사람들에
게는 처벌을 면제하는 것과 같은 상황이 되어버린다."고 하였다. 신축건
물에 대해서 고도나 넓이에 대한 제한이면 충분했을 것인데, 해당 토지
에 대해 계속적인 사용제한을 가하는 지역권이 설정되면 해당 부동산의
가치는 하락할 수밖에 없었고 토지사용에 중대한 장애가 될 것이었
다.[38][39]

기부채납이 주된 부동산개발허가와 '본질적' 견련성을 가져야 한다는
것은 목적과 수단의 관련성 심사를 요구하는 것으로서 개발허가로 초래
될 공익침해를 방지하려는 목적과 기부채납이라는 수단의 사용이 본질
적으로 연관되어 있어야 한다는 것이다. 당해 기부채납이 없다면 개발허
가를 거부할 정도로 중대한 관련성 또는 실질적 관련성을 갖고 있어야
한다. 또, '견련성'이 존재해야 한다는 것은 해당 부동산의 개발이 기부
채납의 대상이 될 토지나 건물 등에 대한 필요를 발생시켰다는 것을 의
미한다.

3. Dolan판결 이전 주대법원 판례상 비례원칙의 적용

미국에서 법률과 행정작용에 대한 사법적 통제는 사안의 성격과 심사
강도에 따라 세가지 심사방법을 따르는 것으로 분류되어 왔다.[40] "사법
적 존중"의 심사방법은 입법행위나 행정작용에 "합리적 기초"("rational

---

38) Nollan, 483 U.S. at 828.
39) Jane C. Needleman, "EXACTIONS: EXPLORING EXACTLY WHEN NOLLAN AND DOLAN SHOULD BE TRIGGERED", 『CARDOZO LAW REVIEW』 Vol. 28, 2006, p.1566-1568.
40) Christopher J. St. Jeanos, "Dolan v. Tigard and the Rough Proportionality Test: Roughly Speaking, Why Isn't a Nexus Enough?", 『Fordam Law Review』 63, 1995, fn.12., p.1884.

basis")가 존재하는지를 심사하는 것으로 가장 낮은 심사강도를 보여주고 있다. 다음으로 "엄격한 심사"("strict scrutiny")의 방법은 기본권의 침해여부가 문제된 사안으로 정부가 공공정책이나 법집행에서 보호하고자 하는 이익이 기본권의 보호필요를 압도한다는 것을 정부가 입증해야 한다. 그 다음으로 "강화된 심사"("Heightened scrutiny")의 방법으로 심사강도는 위의 두 심사방법의 중간에 위치하는 것으로 사안의 성격과 상황에 따라 다양한 편차들을 가지고 있다.

　　Dolan 판결은 이 판결이 있기 전 기부채납의 위법여부에 대한 주대법원의 판결들의 심사기준에 대해 아래와 같이 셋으로 분류하여 검토한 후 결론을 내렸다.[41]

1) 행정판단의 "사법적 존중"("judicial deference")

　　행정판단에 대한 사법적 존중(judicial deference)의 심사기준은 기부채납의 합법성에 대한 가장 낮은 강도의 심사이다. 사법적 존중의 심사방법에 따를 때 행정판단의 "합리적 기초"("rational basis")가 존재한다면 당해 행정작용은 불합리하거나 자의적이지 않은 것으로서 적법절차원칙을 침해하지 않는 것으로 보았다.

　　이 심사방법은 미국 연방헌법상의 적법절차원칙에 따른 심사방법의 일종이었는데, 전통적으로 미국의 공법재판에서 합리적 기초의 심사는 사회경제적 목적을 추구하는 행정작용에 대해 심사하면서 기본권과 관련되지 않은 행위들을 대상으로 하였다.[42]

　　Dolan 판결이 있기 전 주대법원 중의 일부는 기부채납의 위법성을 심

---

41) Christopher J. St. Jeanos, a.a.O., pp.1888-1892 ; Marc J. Herman, "The Continuing Struggle Against Government Extortion, and Why the Time Is Now Right to Employ Heightened Scrutiny to All Exactions", 『The Urban Lawyer』 Vol. 46, 2014, pp.665-668.

42) 544 US at 542.

사하는 사건에서 행정판단을 존중하는 사법적 심사방법을 채택하였
다.43) 문제되었던 사건들에서 기부채납은 주의 법령에 근거를 두고 집
행되어 연방헌법에의 합치여부를 심사받은 것들이었는데, 기부채납의
근거법령들에 대해 합헌성을 추정하여 그 규정에서 기부채납의 "합리적
기초"를 발견할 수 있다면 법원은 그 입법적 판단을 존중하여야 한다고
하였다. 기부채납이 주의 법령이나 토지이용계획과 일치한다면 적법한
것으로 보았다.

이 심사방법에 따를 때, 어떤 행정작용이 어떤 특정 목적을 추구하는
지 그 목적을 잘 실현하고 있는지에 대해 행정청의 판단의 적법성을 추
정하였으므로, 행정에게 증명의 의무를 지우지 않고 개발업자나 토지소
유자 등 사인에게 기부채납의 위법성에 대한 증명의무를 부과하였다.44)

2) "특별하고 특유한 기여"("Specifically and Uniquely Attributable" Test) 기준

기부채납의 합법성심사를 위해 채택된 "특별하고 특유한 기여"("Speci-
fically and Uniquely Attributable")의 심사방법은 위에서 소개한 입법 및
행정작용에 대한 전통적인 사법적 심사방법 중 가장 강한 강도의 심사
방법인 "엄격한 심사"("strict scrutiny")의 방법을 따르는 입장이다.45)

주 대법원의 일부 판결46)47)에서 이 심사기준을 따르고 있는데, 기부

43) Billings Properties v. Yellowstone County, 394 P.2d 182, 185 (Mont. 1964).
44) 31 512 US at 391. ; Christopher J. St. Jeanos, a.a.O., p.1889.
45) Walter F. Murphy et al., 『American Constitutional Interpretation』, 1986, p. 689.
"엄격한 심사"의 방법은 개인의 권리를 압도하는 강력한 공익이 현존하여야 하고,
그 강력한 공익의 보호와 문제된 공공정책이 밀접한 관계를 맺고 있어야 하며, 정부
는 그 공익을 보호하기 위해 덜 침해적인 방법이 없어야 한다.
46) Pioneer Trust & Sav. Bank v. Village of Mount Prospect, 176 N.E.2d 799, 801
(MI. 1961). ; J.E.D. Assocs. v. Town of Atkinson, 432 A.2d 12, 15 (N.H. 1981).
이 사건에서는 학교용지의 기부채납을 명한 것이 문제되었는데, 개발업자는 당해 부

채납으로부터 발생한 편익이 개발업자와 재산권보유자에게 직접적으로 개발로 인한 피해를 제거하는데 "특별하고 특유한 기여"("Specifically and Uniquely Attributable")를 한다는 것을 행정이 입증한다면 해당 기부채납은 합법적이라는 입장이다.[48] 이 점을 행정이 입증해야 한다. 어떤 토지나 특정한 공공시설이 특유한 공공필요를 위해 해당 지역에 있을 필요가 있다는 것이 입증되어야 한다. 개발업자에 대해서는 개발이 초래하는 공익피해를 제거하여 그들에게 "특별하고 특유한 기여"를 하기 위해 필요한 시설을 건설하여 기부하도록 요청할 수 있을 뿐이다. 이 기준은 토지이용에 대한 행정의 규제에 대해 가장 엄격한 사법적 심사기준으로 개발로 초래될 부정적 공익침해와 기부채납으로 인해 개발업자들에게 귀속될 편익 사이에 구체적으로 직접적인 비례관계가 존재하지 않으면 손실보상이 필요한 수용에 해당된다고 본다.[49]

이 입장에서는 행정은 도시에 필요한 공공시설에 대한 모든 수요를 충족하기 위한 수단으로 기부채납을 이용해서는 안되고, 기부채납이 주의 법령이나 도시계획에 근거를 두고 있다는 것만으로는 합법이라고 할 수도 없다.

동산의 개발허가가 나오기 전에 이미 해당 지역에서는 과밀학급 때문에 새로운 학교에 대한 수요가 존재했으므로, 당해 기부채납은 행정이 부담해야 할 비용을 개발업자에게 전가한 것이라는 주장을 했었고 법원은 이를 받아들여 이 기부채납명령의 근거인 자치법규를 무효로 판시했다.

47) J.E.D. Associates, Inc. v. Town of Atkinson, 121 N.H.581, 432 A.2d (1981). 이 사건에서 문제된 것은 개발대상인 토지의 7.15%를 기부채납하도록 요구한 자치법규의 합법성이었는데, 시는 이 토지에 대하여 그 당시 특별한 사용용도에 대한 계획을 아직 갖고 있지 않았었다. 이에 대해 법원은 이 기부채납명령이 지나치게 포괄적인 요구로서 개발업자를 위한 특별한 편익을 입증하지 못했다고 판단해 위법이라 했다.

48) Thomas M. Pavelko, "Subdivision Exactions : a review of judicial standards", 『Journal of Urban and Contemporary Law』 Vol.25, 1983, pp.284-286.

49) Jason R. Biggs, "Nollan and Dolan: The End of Municipal Land Use Extortion - A California Perspective", 『Santa Clara Law Review』 Volume 36, 1996, p.535 참조.

이 입장에 대해서는 당해 기부채납으로 제공되는 토지나 시설이 공동
주택의 개발허가 등으로 새로 입주하는 주민들의 편익을 위해서만 기여
한다는 것을 행정이 입증하는 것은 대부분의 사건들에서 거의 불가능할
것이라는 비판이 제기되었다.50)

3) "합리적 관계"("Reasonable Relationship") 기준

Dolan 판결이 나오기 전 일부 주대법원들은 일련의 사건들에서 "합리
적 관계"("Reasonable Relationship")의 심사기준을 채택했는데, 이것은 기
부채납의 허용여부 및 합법여부에 대한 심사강도에 있어 중간적인 심사
강도를 취하는 입장이었다.51) 이 기준을 따를 때, 개발의 부정적 효과를
방지하거나 감소하기 위해 기부채납이 합리적으로 필요하다는 것, 즉,
기부채납이 개발로 인한 부정적 외부효과의 제거와 "합리적 관계'를 형
성하고 있으면 합법적인 것이다.

"합리적 관계" 기준을 취하는 입장에서도 기부채납의 합리성의 판단
을 위해 기부채납이 가져오는 편익의 분석은 필수적이다. 행정은 기부채
납의 합법성을 주장하기 위해 단지 실정법령이나 도시계획에 근거를 둔
것이라는 것을 언급하는 것으로는 족하지 않고 개발업자 등에게 귀속될
직접적인 편익을 설명할 필요는 없지만 기부채납의 실제적 편익을 주장

---

50) Jordan v. Village of Menomonee Falls, 137 N.W.2d 447(1965). 이 사건에서 법원은
"합리적 관계"("Reasonable Relationship") 기준을 따르면서 법원의 다수의견은 본문에
서와 같은 이유로 "특별하고 특유한 기여"("Specifically and Uniquely Attributable")
기준의 적용을 비판했다. Thomas M. Pavelko, a.a.O., p.287 참조.

51) 이 입장을 따른 주대법원의 판결들은, Jordan v. Village of Menomonee Falls, 137
N.W.2d 442, 447 (Wis. 1965). ; City of College Station v. Turtle Rock Corp., 680
S.W2d 802, 807 (Tex. 1984). ; Simpson v. City of North Platte(292 N.W.2d 297
(Neb. 1980)), ; Compare Ayres v. City Council, 207 P.2d 1, 8 (Cal. 1949), ; Collis
v. City of Bloomington, 246 N.W.2d 19, 23 (Minn. 1976) 등이다. Reasonal Nexus
Test라고 부르기도 한다. Thomas M. Pavelko, a.a.O., p.288, fn.107.

입증해야 한다.[52] 그 관계의 직접성과 구체성의 요구정도에 있어 엄격한 심사방법을 취하는 입장과 달리 기부채납이 개발업자 등의 편익을 위해 "특별하고 특유한 기여"를 할 것이라는 것을 입증하도록 요구하지는 않는다. 기부채납의 합리성을 반박할 입증의무는 부동산개발업자에게 속한다.[53] 개발업자는 기부채납의 이행의 비용이 너무 커서 개발을 막을 정도라는 것을 입증해야 한다.[54]

3. Dolan판결에 의한 비례원칙의 이해와 그 내용

미국 연방대법원은 Nollan 사건에서의 "본질적 견련성"의 요구에 이어 Dolan 사건[55]에서 개발허가에 부과된 부담이 개발허가로 초래될 비용과 "대략적 비례"(rough proportionality)의 관계에 있을 것을 요구했다.[56] 이 기준은 사법적 존중과 엄격한 심사방법의 중간에 위치하는 심사방법("heightened scrutiny")을 따른 것으로 평가되고 있다.[57]

Dolan사건에서 원고는 작은 철물점을 소유하고 있었는데 그 가게의 확장과 주차장의 포장을 위해 허가를 신청했다. 피고인 시는 원고의 토지의 일부에 대해 배수로와 자전거도로로의 사용을 위해 지역권을 설정

---

52) Christopher J. St. Jeanos, a.a.O., p.1891.
53) Thomas M. Pavelko, a.a.O., p.287, fn.106.
54) John D. Johnston, "Constitutionality of subdivision control exactions : the quest for a rationale", 『Cornell Law Quarterly』 Vol.52, 1967, p.917.
55) Dolan v City of Tigard, 512 US 374 (1994).
56) "대략적 비례"라는 번역은 용어 자체의 의미에 치우친 번역이다. 우리 법학계에서의 관용적 표현에 따라 "상당 정도의 비례" 또는 "합리적 비례" 라는 표현정도가 적절하지 않은가 하는 의문이 있지만 충실한 소개를 위해 여기서는 사전적 의미에 맞게 번역하여 사용한다.
57) Jane C. Needleman, a.a.O., p.1570. ; Stewart E. Sterk, "What Counts as an Exaction?", 『N.Y. REAL EST. L. REP.』, Feb. 2005, p.1.

하여 시에 기부하도록 요구하였다.

연방대법원은 원고가 토지의 확장사용의 허가를 신청함으로써 초래될 배수와 교통에 미칠 이익침해와 시의 기부채납요구 사이에 견련성의 존재는 인정했다. 그렇지만, 그 기부채납의 요구는 토지의 확장사용이 초래할 이익침해와 대략적 비례관계에 있지 않아 보상없는 재산권의 침해에 해당된다고 판시했다.

기부채납은 개발업자에게는 비용에 해당되는 것이기 때문에 개발로 인해 그가 감당할 공정한 비용의 몫 이상을 요구해서는 안되고, 기부채납의 양과 정도는 부동산개발허가로 초래될 공익침해의 정도와 "대략적 비례"의 관계를 넘어서는 안된다. 여기서 비례라는 것은 개발업자에게 요구할 기부채납의 범위와 정도에 관한 것인데,58) "대략적" 비례가 존재해야 한다는 것은 개발로 인해 초래될 부정적 외부효과를 막기 위해 요구된 기부채납이 그 범위와 정도에 있어 정밀하게 맞을 것을 요구하지는 않지만 어느 정도의 비례성은 존재해야 한다는 것을 의미한다.59) 이에 대해 Dolan 사건에서 연방대법원은 기부채납과 개발사업의 부정적 외부효과 사이의 인과관계를 행정청이 제시하도록 요구하면서, "정확한 수학적 계산이 요구되는 것은 아니지만 시는 요구된 기부채납이 … 계획된 개발의 부정적 외부효과와 관계가 있다는 것을 설명할 개별적 평가지표(individualized determination)를 제시해야 한다"고 했다.60)

---

58) Jane C. Needleman, a.a.O., pp.1568-1570.
59) 인과관계가 직접적이기 위해서는 우선 기부채납과 부정적 외부효과가 그 본질적 가치의 크기가 같아야 한다. Christopher J. St. Jeanos, a.a.O., p.1892.
60) Dolan v. City of Tigard, 114 S. Ct. 2319-20. Dolan v City of Tigard판결에서 선언된 "대략적 비례"의 원칙이 침해방지와 기부채납물의 관계는 개별적이고 구체적인 것이어야 하며 가능한 한 수량화되어야 한다는 것을 의미한다고 이해하는 학자도 있다. Cordes, Mark W., "Legal Limits on Development Exactions: Responding to Nollan and Dolan", 『North Illinois University Law Review』, Vol. 15, 1995. p.537. 하지만, 수량화까지 요구하는 것은 기부채납물과 개발의 부정적 외부효과의 정확한 측정이 어렵기 때문에 행정청에게 지나친 부담이 된다고 보는 입장도 있다. Christo-

구체적으로 살펴보면 주택개발허가에 부과된 도로확장건설 이후 기부
채납할 것을 요구하는 부담은 그 도로확장의 필요가 당해 주택개발 때
문이 아니라 다른 이유로 증가한 교통량 때문에 발생한 것이라면 그 기
부채납은 "대략적 비례" 기준을 위반한 것이 된다.

Dolan 사건에서 연방대법원이 기부채납에 대한 개별화된 구체적 평가
지표를 요구한 이후 미국의 주들과 지방자치단체들은 대부분 기부채납
의 부과와 집행의 공정성과 투명성을 강화하기 위해 자치법규들에서 개
발사업의 허가와 관련하여 요구할 기부채납의 내용과 범위를 결정하기
위해 상세한 기준을 제정해두고 있다.

더 나아가 연방대법원은 Dolan 사건에서 기부채납을 요구하는 행정청
은 개발의 성격과 범위 등을 조사하여 개발로 초래될 공익침해의 방지
를 위해 자신이 부과한 기부채납이 "대략적 비례"의 원칙을 위반하지 않
는다는 것을 입증하도록 했다. 이를 입증하지 못한다면 수용에 해당될
것이다. 연방대법원이 기부채납의 부담의 적법성에 대한 입증책임이 정
부에게 있는 것으로 본 것은 전통적으로 정부의 재산권규제행위에 대해
합헌성을 추정하던 것을 전환시킨 것이었다.

4. 기부채납 부담의 근거와 위치에 따른 차이

1) 기부채납의 구체적 기준이 법령에 존재하는 경우와 없는 경우 사법적 통제의 차이

기부채납이 법령에 구체적 기준이 정해지지 않고 개발허가의 근거규
정만을 근거로 부과되는 경우 사법적 통제가 강해야 하지만 그의 상세
한 기준이 법령에 규정된 경우에는 입법적 기준을 준수한 기부채납에

---

pher J. St. Jeanos, a.a.O., p. 1892.

대해서는 행정판단을 존중해야 한다는 판례들도 있었다.

이 입장은 미국에서 경제입법들의 위헌여부에 대한 사법심사에 있어서 법원이 입법부의 판단에 대해 존중을 해온 전통에도 부합되는 것이었다. 실정법령에 기부채납의 상세한 기준이 존재하는 경우 행정의 투명성과 예측가능성, 그리고 평등한 적용가능성에 의해 합헌적 법치행정에 바람직한 것으로 평가할 수 있다. 반면에, 입법적 기준없이 기부채납을 요구하는 경우 기부채납의 종류와 범위가 달라져 불평등취급의 위험도 있고 부당결부금지원칙이나 비례원칙의 위반위험도 더 크다고 볼 수 있다.61)

2) 기부채납의 위치와 대상에 따른 차이

기부채납의 대상인 토지나 시설이 개발구역내에 위치해 있는가, 아니면 구역밖에 위치해 있는가에 따라 그 기부로 인해 발생할 편익이 개발지역내의 주민에게 귀속되는지 여부를 다르게 평가해야 한다는 입장도 존재했다. 즉, 구역안에 대상물이 위치하는 경우는 그 편익이 개발지역 주민에게 귀속될 것이라는 것을 보다 쉽게 추론할 수 있기 때문에 그 기부채납의 합법성을 더 쉽게 인정할 수 있지만, 구역밖에 대상물이 위치하는 경우 편익이 개발지역내 주민에게 귀속되는지 여부를 더 엄격하게 심사해야 한다는 것이다.62)

개발지역의 주민들에게 직접 필요하면서도 편익이 귀속되는 도로나 하수관을 기부채납으로 요구하는 경우와 개발지역밖의 인근주민들에게도 그 편익이 돌아가는 학교와 공원 등의 기부채납에 대한 요구를 사법심사에서 다르게 하여야 한다는 입장도 존재했다.63) 후자의 경우 더 엄

---

61) Marc J. Herman, a.a.O., pp.669-674.

62) 이에 관한 주법원판례들에 대한 소개는, Thomas M. Pavelko, a.a.O., pp.273-279, 289-290 참조.

격한 심사기준을 적용해야 한다고 보았다.

Ⅳ. 독일과 미국의 경험이 우리 법의 해석을 위해 주는 시사점

1. 기부채납에 대한 우리 행정법상 쟁점들과 그 동안의 성과

그 동안 우리 학자들과 입법 및 판례의 노력의 결과 기부채납에 관한 상당한 쟁점들이 규명되거나 정리되었다.

첫째, 입법측면에서는 도시 및 주건환경정비법 제51조 제1항은 기반시설의 기부채납 기준에 대하여 "사업시행계획을 인가하는 경우 … 해당 정비사업과 직접적으로 관련이 없거나 과도한 정비기반시설의 기부채납을 요구하여서는 아니 된다"고 규정하여 부당결부금지원칙과 비례원칙이 적용된다고 명시하고 있다. 주택법 제17조 제1항도 유사한 규정을 두고 있다. 그리고, 국토의 계획 및 이용에 관한 법률 제78조 제6항은 어린이집, 노인복지관 등 사회복지시설을 설치하여 기부채납하는 경우 조례로 용적률을 완화할 수 있다고 규정하고 있다.

둘째, 판례는 기부채납에 관한 여러 법적 쟁점들을 정리했다. 우선 판례는 기부채납이 부담의 형식뿐만 아니라 계약의 형식을 취한 것에 대해서도 그의 적법성을 긍정하였다.(대법원 1999. 5. 25. 선고 98다53134 ; 대법원 2009.2.12. 선고 2005다65500.)[64] 계약형식을 취하는 것은 부담형

---

63) Michael G. Trachtman, "Subdivision Exactions:the constitutional issues, the judicial response, and the Pennsylvania situation", 『Villanova Law Review』 Vol.19,1974, pp.792-793.

64) 부담의 내용에는 급부도 포함되어 있고 우리 학설과 판례는 급부의 대상을 한정하지 않고 있다는 점을 고려할 때, 우리 판례가 어떤 물건을 증여한다는 의미를 가지는 기부채납을 행정청이 요구하는 것의 법적 성질에 대해 언제나 계약으로 이해하고 있

식과 비교하여 사인의 의사를 반영함으로써 사인과의 갈등을 완화하여 분쟁의 발생을 미연에 방지하는 효과가 있고, 행정은 그의 권한범위 내에서 법형식의 선택의 자유를 갖는 것이므로 기부채납의 법형식으로 계약방식을 택하는 것은 법적으로 하자가 없을 뿐 아니라 바람직할 수도 있다. 하지만 행정권력의 남용을 은폐하는 수단이 되어서는 안된다.

학계에서도 계약형식의 기부채납현상을 일찍부터 주목하였다. 다만, 대법원이 이를 사법상의 계약으로 보는 것에 대해 비판하면서 공법상의 법률행위로 볼 것을 주장하는 견해도 나타났는데,[65] 재산권을 박탈하는,

---

다고 볼 수는 없을 것이다. 판례는 기부채납의 법적 형식에 대하여 행정행위로서의 부담 또는 계약 모두에 대해 행정청에게 법형식의 선택의 자유를 인정하고 있는 것으로 보아야 할 것이다. 이러한 입장에서 볼 때, 본체인 행정행위에 부가된 작위의무나 급부의무를 내용으로 하는 부담이 요구된 경우 그 의무가 공공시설의 기부채납일 때 행정행위로서의 부담과 부담의 이행행위로서 계약이 별도로 존재한다고 이해하는 것은 행정청은 법형식선택의 자유를 가지지만 법률관계를 너무 복잡하게 만드는 것은 아닌가 의문이 든다.

초기의 판례인 대법원 1992. 11. 13. 선고 92누1308에서도 행정행위로서의 기부채납의 부담을 인정하고 있다. 이 사건은 관광호텔의 건축허가를 받은 자에 대해 "도로로 지정된 일부 토지를 지목변경한 후 기부채납하여야 한다"는 부관을 붙인 사건이었다. 이 사건에서 부담으로 명한 명령속에는 당해 부동산에 관해 지목변경(이것의 성질은 행정행위이다!)절차를 이행하고 사법상의 소유권을 이전하는 행위까지 포함된 것으로 보아야 할 것이다. 이러한 이해는, 예를 들어, 조세처분이 있을 때 사인이 납세의무를 이행하면서 일정한 금전을 국가에게 납부할 때, 납세명령과 별개로 금전의 이전에 대한 사법상의 계약이 별도로 체결되고 그 이행으로서 물권행위가 이루어진다고 보지 않는 것과 같다.

그럼에도 불구하고 기부채납을 논하는 우리나라의 많은 글들에서는 부담과 그 이행행위인 계약으로서 기부채납을 전제로 하고 논하고 있다. 이러한 해석은 미국은 물론 독일에서의 기부채납에 대한 전형적 이해방식과 다른 견해인 것 같다.

65) 박정훈, "기부채납 부담과 의사표시의 착오", 『민사판례연구』【제20집, 1998, 1-32면 (동인, 『행정법의 체계와 방법론』, 2005, 283-318(306-308)면에 재수록됨). 김대인, "계약의 형식으로 된 부관의 법률문제", 『행정법연구』제26호, 2010, 417-435면은 계약형식의 부관을 검토하고 있다. 이와 달리 계약형식의 기부채납을 사법상의 계약으로 파악하는 견해도 존재한다. 송영천, "기부채납과 토지형질변경행위허가", 『인권과 정의』제259호, 1998, 86면.

매우 강력한 공권력 행사인 기부채납에 대해 그 권력성을 주목한다면 이 견해가 타당하다고 본다. 부담형식의 기부채납에 관한 연구도 일찍 나타났다.[66]

그 다음으로 판례는 기부채납에 대해서 부담형식이든 계약형식이든 부담의 전제로서의 협약과 부담이 결합된 것[67]이든 그 형식과 상관없이 부당결부금지원칙과 비례원칙이 적용됨을 명백히 밝혔다.[68][69](대법원 1997. 3. 11. 선고 96다49650. ; 대법원 2009.2.12. 선고 2005다65500.) "행정처분과 부관 사이에 실제적 관련성이 있다고 볼 수 없는 경우 공무원이 위와 같은 공법상의 제한을 회피할 목적으로 행정처분의 상대방과

---

66) 유지태, "기부채납행위에 대한 현행판례검토", 『토지공법연구』 제11호, 2001, 53-70면은 부담형식과 계약형식을 나누어 고찰하였다.

67) 협약과 기부채납의 부담이 결합된 특유한 유형은 학계의 주목을 받았다. 김중권, "'송유관이설협약'의 법적 성질에 관한 소고", 『법률신문』, 2007. 12. 24 ; 김용섭, "부당결부금지의 원칙과 부관", 『행정판례연구』 15-2, 2010. 12, 294면. ; 김경란, "행정청이 수익적 행정처분을 하면서 사전에 상대방과 체결한 협약상의 의무를 부담으로 부가하였는데 부담의 전제가 된 주된 행정처분의 근거 법령이 개정되어 부관을 붙일 수 없게 된 경우, 위 협약의 효력", 『대법원판례해설』 제79호, 2009. 상반기, 714면 ; 박균성, 『행정법론(상)』 제16판, 2017, 371면. ; 박재윤, "행정행위의 부관에 관한 분쟁유형별 고찰", 『행정법연구』 제38호, 2014, 39면 이하.

68) 기부채납이 계약형식을 취하는 경우에도 사인이 행정청의 요구를 거부하고 합의하지 않을 때, 개발허가의 거부나 준공승인의 거부를 초래할 수 있다. 때문에 사실상 부담의 형식을 취하는 경우와 본질적 차이가 있는 것은 아니어서 행정권력의 남용현상이 나타나기 쉽다는 점은 공통된다고 본다.

69) 행정실무상 그 내용이 명확히 특정되지 않은 유형의 부관, 즉, '불확정 부관'이 늘어나고 있는데, 이는 그 불특정성·불명확성으로 인하여 수허가자의 법적 지위를 불안정하므로 그 한계를 엄격하게 설정하여 심사해야 한다. 또, 최초의 부관 내용과 그에 후행하는 협의 등의 내용을 한꺼번에 고려하여 그 전체적인 내용이 부관으로서의 한계를 준수하고 있는지 심사해야 한다. 이승민, "불확정 부관(개방형 부관)'에 대한 법적 검토 - 협의, 협약(계약) 체결, 사후 승인신청 등을 요하는 부관의 법적 문제점 -", 『행정법연구』 제48호, 2017, 15면 이하.
계약형식이 법치주의를 회피하는 수단이 되어서는 안되며, 사용되는 법형식들의 복잡성때문에 재산권을 침해하는 행정권력의 남용방지라는 사법통제의 본질적 과제에 소홀해서도 안될 것이다.

사이에 사법상 계약을 체결하는 형식을 취하였다면 이는 법치행정의 원리에 반하는 것으로서 위법하다"고도 했다.(대법원 2009. 12. 10. 선고 2007다63966.)

2. 독일과 미국에 대한 비교법연구결과의 시사점

독일과 미국의 법제와 실무에 대한 조사는 우리에게 몇 가지 중요한 시사점을 제공한다.

첫째, 사유재산권과 시장경제의 자율성을 강력하게 보호하는 미국에서는 위법한 기부채납이 국가 등의 손실보상의무를 발생시키는 수용이 되는 경우가 언제인가 하는 쟁점이 판례와 학설에서 매우 중요하게 다루어지고 있다.[70]

또, 기부채납의 대상과 관련하여 독일과 미국에서는 현물이외에 금전도 모두 이용되고 있으나 우리 판례는 금전의 기부채납을 인정하지 않고 있다. 대법원은 골프장업 사업계획승인이 취소되는 것을 묵시적 해제조건으로 기부금품을 증여하는 계약에 대한 사건에서 이 기부금에 대한 고등법원의 사실심리결과, "공익적 목적으로 조성·관리되는 점, 당시 피고의 대표이사도 골프장 개발에 따른 막대한 이익을 기대하고 이 사건 증여계약에 응하였던 점, 피고의 전체 사업 규모에 비추어 볼 때 이 사건 기부금액이 골프장사업 추진에 장애가 될 정도로 과다하다고 보기 어렵"다는 점을 부인하지 않으면서도, 원심판결을 뒤집었다. 그 논거는

---

70) 사유재산권이 보장된 우리 사회에서 그리고 국가나 지방자치단체는 사회적 인프라나 공공시설의 건설의무를 지고 있는데 사유지에 대한 개발허가의 거부라는 것을 조건으로 심리적으로 강요된 상황에 처한 사인에게 토지나 건물에 대해 보상없이 기부하도록 요구하는 것은 매우 특별한 정당화사유가 없다면 헌법 제23조 제3항에서 금지하고 있는 '강요된 특별한 희생'이 아닌가 하는 의문이 제기된다.

"구 기부금품모집금지법 제4조는 공무원은 여하한 명목의 기부금도 모집할 수 없다고 규정하고 있고", "기부금품모집규제법 제5조도 국가 또는 지방자치단체 및 그 소속기관과 공무원은 기부금품의 모집을 할 수 없고, 비록 자발적으로 기탁하는 금품이라도 원칙적으로 이를 접수할 수 없다고 규정하고 있"다는 점을 고려하고, 또, "직무와 사이에 대가관계가 인정되는 기부행위라면 이는 결코 허용되어서는 아니 된다 할 것"이고, "행정처분과 부관 사이에 실제적 관련성이 있다고 볼 수 없는" 경우에 해당한다는 점이었다.(대법원 2009. 12. 10. 선고 2007다63966)

이 판결을 어떻게 평가하여야 하는가? 부동산개발 인허가에 대해 규정한 도시 및 주건환경정비법 제51조 제1항을 비롯해 기부채납을 규정한 우리 법률들은 기부채납의 대상으로 현물만은 규정하고 있을 뿐 금전도 포함된다는 규정은 찾아보기 어렵다. 학설은 부담의 대상으로 급부를 포함하는데 현물과 금전을 구별하지 않고 있다. 대법원이 부동산개발 인허가와 관련하여 요구되는 기부금에 대해 원심에서 "공익적 목적으로 조성·관리되는 점"을 확인했음에도 불구하고 이 기부금의 용도에 대해 더 상세히 조사하지 않고 그 입법목적이 다른 기부금품모집규제법을 적용하여 불법으로 평가한 것은 잘못이라고 본다. 입법적 규율상황이 비슷한 미국은 물론 독일에서도 기부채납의 대상으로 기부금을 포함하고 있다는 점을 고려할 때, 금전도 기부채납에 포함하는 것으로 허용하되, 부동산개발허가의 획득을 위한 기부채납에 금전도 포함시키되 미국에서와 같이 기부의 목적을 보다 한정하여 당해 부동산개발로 인해 당해 지역 주민들에게 초래될 생활환경과 삶의 질의 약화 또는 교통량의 증가와 같은 공익침해의 개선을 위한 용도로 쓰도록 했는지, 그 금액이 비례원칙을 위반할 정도로 과도한지 심사하는 방식으로 접근했어야 한다고 본다. 이 입장이 토지와 건물의 가치는 인플레이션 등으로 상승할 가능성도 있고 당해 토지 등에 대한 주민들의 특별한 애정도 있을 수 있지만, 금전은 사권침해의 정도가 명확하여 재산권침해의 정도가 더 약해 우리 헌법상의 재산권보장의 취지에도 부합할 뿐만 아니라 행정청의 이용방법에 따라서는 보다 다양하고 유용하게 활용할 여지도 있다고 보기 때문이다. 법해석만으로 곤란하다면 입법의 개정이 필요한 것은 아닌가 본다.

둘째, 기부채납이 부담의 형식을 취한 경우 독립가쟁성 이외에 독립취소가능성을 긍정할 수 있는가에 대해 오랫동안 독일에서는 판례와 학설이 변화를 겪고 있음을 보았다.

우리 판례는 행정행위의 부관은 부담인 경우를 제외하고는 독립하여 행정소송의 대상이 될 수 없다는 입장을 확고히 하고 있다.(대법원 1986. 8. 19. 선고 86누202, 1991. 12. 13. 선고 90누8503, 1993. 10. 8. 선고 93누2032, 2001. 6. 15. 선고 99두509) 그렇지만, 부담이 본체인 행정행위와 분리될 수 없을 정도로 본질적인 관련성을 가지는 경우에도 독립하여 부담만을 취소할 수 있는가에 대해서는 다수의 학자들은 분리불가능한 경우 독립취소가능성을 부인하고 있다.71) 우리 판례는 모든 경우에 부담만의 독립취소를 긍정하고 있는 듯하다. 하지만, 판례의입장에 설 때, 기부채납으로 요구된 공공시설의 건설이 포기되어 대규모 공동주택이 건설된 후 도로와 공원 그리고 초등학교의 부족문제가 오랫동안 방치되는 경우도 있는데, 언제나 기부채납의 독립취소가 가능하다고 보는 것은 문제가 있는 것은 아닌가 하는 의문이 든다.

셋째, 우리 판례는 부담의 법적 성질에 대해서는 언급하지 않고 있지만, 부담에 대해서도 재량통제의 기준으로 적용되는 비례의 원칙과 부당결부금지의 원칙을 적용하는 것으로 볼 때,(대법원 1997. 3. 11. 선고 96다49650) 재량행위로 이해하고 있는 것으로 보인다. 사견으로도 부담은 행정행위로서 상세한 법적 규율없이 행정청에 의해 그 내용이 결정되는 재량행위이기 때문에 재량통제론이 적용되어야 한다고 본다. 기부채납

---

71) 김동희,『행정법1』제22판, 2016, 315면. ; 홍정선,『행정법특강』제16판, 2017, 273면. ; 박균성,『행정법론(상)』제16판, 2017, 384면. ; 김용섭, "행정행위의 부관에 관한 법리",『행정법연구』제2호, 1998, 199면.

의 허용여부와 그 한계의 문제를 평가함에 있어 부당결부금지원칙과 비례원칙이 중요한 의미를 가지는 이유가 여기에 있다.

하지만, 기부채납에 대해 법령상의 기준이 미비하고 기준을 둘러싼 많은 불명확성과 갈등을 안고 있는 우리나라의 부동산개발현장과 행정 실무를 고려할 때, 우리 판례상 기부채납이 개발허가로 초래된 어떤 공익침해의 방지 또는 감소를 위해 필요한지(사업자가 얻는 이익이 아니다!)에 대한 명확한 설시가 없어 부당결부금지원칙이 적절하게 적용되고 있는지 의심스러운 설시가 많고, 또 비례원칙에 관한 설시는 너무 막연하고 부족하여 유감스럽게도 현실지도력이 매우 약하다고 본다.[72]

우리나라와 미국 사이에는 비례원칙에 의한 기부채납의 사법적 통제의 강도에 중대한 차이가 있다. 미국의 Dolan 판결과 그 이전 주대법원의 판례들이 우리 판례의 발전을 위해 약간이나마 시사점을 제공하기를 희망한다.

넷째, 대규모 부동산 개발허가와 관련하여 고액의 기부채납을 요구하면서도 법령에 구체적 기준이 없거나 지극히 불명확하거나 또는 법률수준에서는 기준도 없으면서 지침으로 과도한 기부채납을 요구하여 갈등이 커지는 경우가 많이 발생하고 있다. 그 동안 우리나라에서 기부채납의 기준을 입법적으로 명확하게 하려는 노력이 없는 것은 아니었지만,[73][74][75] 아직도 법률적 기준없이 부담이나 계약의 형식으로 기부채납

---

72) 예를 들어, "형질변경공사착수 전의 전체 토지가격에 그 공사비를 합산한 가격이 공사완료 후의 기부채납 부분을 제외한 나머지 토지의 가격을 초과하는 경우 등에는 위법을 면치 못한다"고 한 설시(대법원 1999. 2. 23. 선고 98두17845)는 우리 판례가 기부채납과 관련하여 비례원칙의 구체적 의미를 제시한 매우 드문 예이지만, 이 기준에서 제시한 기부채납물의 한계는 개발이전 사인의 재산권과 개발을 위해 투입한 사인의 비용 합계 전부까지이다 라는 의미밖에 없다. 기부채납의 한계는 당해 부동산개발로 초래될 도시환경의 질저하나 교통량의 증가 등 공익침해의 정도에서 발견되므로 어떤 공익침해를 방지하기 위한 것인지 명확히 하여야 할 것이다.

73) 도시·군계획시설의 결정·구조 및 설치기준에 관한 규칙은 기부채납의 대상인 공공시설의 규모를 규정하여 간접적으로 기부채납의 한계로서 기능을 하기도 한다. 예, 대

이 요구되는 경우가 많다.76)

미국에서는 현재에는 대부분 상위 법률에 상세한 기준이 마련되어 있지만, Dolan 판결이 나오기 전 입법의 미비가 존재하는 경우가 있었는데 이 때 양자를 구별하여 법률에 기준이 없는 경우 사법심사를 강화한 판례들과 학설들이 존재했었다. 우리나라에서도 법률에 상세한 기준을 제정하여 기부채납을 요구하는 경우 그 기준에 합리성이 존재한다면 법원은 그것을 존중하여 평가함으로써 입법적 기준의 정비를 촉진시킬 수 있을 것이다.

다섯째, 기부채납의 필요성과 그 한계의 준수여부에 대한 입증책임을

법원 1999. 2. 23. 선고 98두17845. 하지만, 이 국토교통부령이 기부채납의 직접적 기준이라고 할 수는 없을 것이다.

74) 국토교통부의 훈령인 '주택건설사업 기반시설 기부채납 운영기준' 제1-5-1조는 "기반시설 기부채납은 주택건설사업을 시행함에 있어 공공성을 확보하고 원활한 주택건설사업을 저해하지 아니하는 적정한 수준에서 이루어지도록 한다"고 규정하고 나서, 제2-2-1조는 "주택건설사업의 사업계획을 수립할 경우 기반시설 기부채납 부담수준은 해당 사업부지 면적의 8% 범위 내로 한다"고 하고 있다. 이 훈령은 기부채납의 한계에 대해 '해당 사업부지 면적의 8%'로 직접적으로 규정한 중요한 규정이지만 그 법적 성격도 훈령이고 수많은 종류의 부동산개발사업의 인허가와 관련하여 요구되는 기부채납의 기준이 되기에는 너무 단순한 것이라 하겠다. 배병호/양은영, "국내외 기부채납제도의 비교법적 검토",『토지공법연구』제76집, 2016, 307면도 이 "운영기준이 실제 현장의 불만이나 문제를 제대로 해결할 수 있을지 우려가 된다"고 평가한다.

75) 또 다른 국토교통부훈령인 '지구단위계획수립지침' 제3-17-1조는 "개발사업자의 정당한 재산권 행사를 제한하거나 사업 추진에 지장을 초래하는 과도한 기부채납은 지양한다"고 규정하고 나서, 제3-17-5조는 "기부채납 총부담은 대상 부지 토지면적을 기준으로 10~20%(주거·상업·공업지역은 10~15%) 수준에서 협의를 통하여 결정하되", "최대 25%를 초과하지 않는 것을 원칙으로 한다"고 규정하고 있다. 법률단계에서 기부채납의 기분도 규정되지 않고 곧바로 훈령에서 사인의 재산권을 박탈하는 기부채납의 비율을 최대 25%까지 요구할 수 있도록 규정한 것이 법치주의의 관점에서 정당화될 수 있는지 매우 우려스럽다. 법률이라는 관문을 통해 국민적 합의를 형성한 후 행정입법단계에서 구체화를 하도록 하는 것이 적절하다고 본다.

76) 석종현, "국유재산 기부채납제도에 관한 법적 검토",『토지공법연구』제72집, 2015, 20면도 "기부채납의 부담기준에 관한 원칙과 상한을 법률에서 직접 규정할 필요가 있다"고 한다.

누가 지는가 하는 쟁점이 미국에서는 중요하게 다루어졌다. 그렇지만 이 문제를 직접적으로 다룬 우리 판례는 발견하지 못했다. 다만, 그 동안 다른 행정판례들의 경향을 살펴볼 때 이 문제에 대한 법원의 입장을 추론해볼 수 있을 것인데, 기부채납의 부담이 재량행위이면서도 침익적 행위라는 점을 고려하여 견해를 나누어 살펴본다.

제한적 심사 및 사인책임설이 가능할 것이다. 이 입장에서는 기부채납은 부담으로서 수익적 행정행위에 부종한 것으로 상세한 법적 기준이 없이 발해지는 것이기 때문에 재량행위이고, 따라서 재량권의 남용여부에 대한 제한적 심사방법을 따라야 한다. 법원은 전면적 심사방법을 취해서는 안되고 행정청의 재량한계내의 대안적 판단을 존중해야 한다. 그의 일탈과 남용은 특별한 경우일 것이므로 남용 및 일탈여부에 대한 입증책임은 원고인 사인에게 있다고 주장할 수 있을 것이다.[77]

전면적 심사 및 행정청책임설도 가능할 수 있을 것이다. 이 입장에서는 기부채납은 부담으로서 침익적 행정행위이기 때문에 재산권이라는 기본권의 최대보장을 위해 그의 위법여부에 대해 보다 엄격히 전면적 심사를 하여야 하고, 기부채납의 적법여부에 대한 입증책임은 행정청에게 있다고 본다고 이론구성할 수 있을 것이다.

필자로서는 법률에 상세한 기준없이 발해지는 고액의 경제적 가치를 가지는 기부채납의 부담에 대해서는 전면적 심사 및 행정청책임설을 지지하기로 한다.

여섯째, 미국에 판례들 중에서는 기부채납물의 소재지가 사업구역내에 있는가 아니면 사업구역밖인가에 따라 심사강도를 달리하는 경우도 있었다. 사업지내에 있는 경우에는 기부채납자들이 그 공공시설의 직접적 수혜자라고 볼 수 있지만, 사업지밖에 있는 경우에는 그것이 의심스

---

77) 판례는 "재량권의 일탈·남용으로 인한 재임용 거부결정의 무효 사유에 관하여는 이를 주장하는 사람이 입증책임을 부담한다"고 한다. 대법원 2010. 4. 8. 선고 2007다80497. ; 대법원 2008. 2. 1. 선고 2007다9009.

러울 수 있기 때문인 것으로 보인다. 우리나라에서도 기부채납물이 사업 지밖에 있는 경우 당해 부동산개발허가사업으로 나타나는 공공시설에 대한 수요를 반영한 것인지, 그 이익을 기부채납자들이 향유할 수 있는 지 하는 것을 행정청이 입증하도록 요구하는 것은 어떠한지 고민할만하 다고 본다.

하지만, 우리 판례는 이를 구별하여 취급하지 않고 있다. 즉, 우리 판 례에서도 행정청이 사업시행인가처분을 하면서 "정비구역 밖에 설치하 는 정비기반시설"의 기부채납을 요구한 것에 대해, 원심인 고등법원이 "원고의 조합원들의 직접적인 편익에 제공되지 않는 정비기반시설을 설 치할 것을 이 사건 인가조건으로 부담시켰다고 하더라도 이는 대규모 주택단지 개발로 인하여 보다 확충된 정비기반시설이 필요하고 막대한 개발이익이 기대되는 사정 등에 비추어 크게 불합리하거나 부당한 것으 로 보이지 않는 점"이라고 한 것에 대해 대법원은 정당한 것으로 평가하 여 사업구역 내외 여부에 따라 구별하지 않고 있다.(대법원 2014.2.21., 2012다78818)

제2절 사회복지법상 행정청의 금전지급의 거부 및 변경 행위의 법적 성질과 소송형식의 선택기준[78)

- 대법원 2003. 9.5, 2002두3522 -

Ⅰ. 사회복지행정사건에 대한 연구필요와 대상판결의 개요

1. 사회복지행정사건에 대한 연구필요

점점 사회의 복지수요가 늘어가면서 환자들이나 의사들의 의료보험금 불법청구로 인한 의료보험재정의 부실이나 연금재정의 부실이 중대한 사회문제로 커나가고 있다. 이에 따라, 사회복지행정과 관련된 사회적 갈등은 더욱 커져갈 것이고 사회복지사건들이 늘어날 것이다.

독일의 경우는 사회복지사건이 행정법원과 별도로 설립된 사회법원에서 다루어지지만 한국에서는 행정소송사건으로 다루어진다. 조세사건의 경우 변호사숫자 못지않게 세무사들을 상당히 많이(700명) 선발하고 있어서 많은 사건들이 이들에 의해 조세심판이나 그 이전단계에서 처리되고 있다. 그러나, 사회복지사건들의 경우 변호사들과 경쟁하는 직종도 없다. 독일의 경우에는 1995년 시점에 행정소송담당법관이 모두 약 3,900명 정도인데 그중 행정법원 2,200명, 사회법원 1,100명, 조세법원 600명이다.[79)

사회복지학과나 사회복지법전공학자들이 있지만 행정소송의 측면에

---

78) 이 글은 2004년 6월 7일 대법원 특별소송실무연구회에서 발표된 '금전청구권, 취소소송과 당사자소송'에 관한 논문 중의 일부분을 수정보완한 것이다.

79) Jost Pietzcker, Die Verwaltungsgerichtsbarkeit als Kontrollinstanz, in : Schmidt-Aßmann/Hoffmann-Riem, Verwaltungskontrolle, 2001, S.89-116(93) 참조.

서 사회복지사건을 검토한 글들은 찾기가 쉽지 않은데, 조세사건에 못지 않게 사회복지행정사건에 대한 관심도 커져야 할 것이다.

2. 대상 판결의 개요

이 사건은 국방부장관의 인정에 의하여 퇴역연금을 지급받아 오던 중 군인보수법 및 공무원보수규정에 의한 호봉이나 봉급액의 개정 등으로 퇴역연금액이 변경되어 감액되게 된 퇴역군인이 곧바로 당사자소송을 제기한 사건이다. 산업재해보상금이나 연금에 관한 소송은 행정법원에 가장 많이 제기되는 경우들중 하나에 속하는데, 그것을 취소소송으로 제기하여야 하는가 아니면 당사자소송으로 제기하여야 하는가 하는 문제는 가장 빈번히 문제되고 있는 법적 쟁점들에 속하고 이 판례는 최근 사회복지행정에 관한 판례들 중 매우 중요한 것에 속한다고 할 수 있다.

원심인 광주고등법원에서는 구체적인 급여청구권을 인정받기 위해 항고소송을 먼저 제기하여야 한다고 하면서 각하하였으나, 대법원이 퇴직 당시 퇴역연금확정절차를 받아 국방부장관에 의해 퇴역연금청구권은 인정되었고, 관계법의 개정에 의해 그 금액에 변동이 생긴 경우에는 법령의 개정에 따라 법령 자체에 의해 퇴역연금액이 확정되는 것이므로 직접 국가를 상대로 당사자소송을 제기할 수 있는 것이라고 판시했다.

3. 판례의 입장과 법적 쟁점

이 판결 이전에도 대법원은 법령으로부터 추상적 권리만 발생하는 경우에는 그것을 구체화하기 위하여 처분이 먼저 존재해야 한다고 하였지만, (대법원 1999.11.26 97다42250 진료비지급청구소송) 구체적 권리가

"법령의 규정에 의하여 직접 발생"하는 경우에는 그 금액을 청구하기 위하여 곧바로 당사자소송을 제기할 수 있다고 하였다.

예를 들어, "재해위로금의 지급청구권은 위 규정이 정하는 지급요건이 충족되면 당연히 발생함과 아울러 그 금액도 확정되는 것이지 위 사업단의 지급결정 여부에 의하여 그 청구권의 발생이나 금액이 좌우되는 것이 아니므로" 당사자소송을 제기하여야 한다고 하거나, (대법원 1999.01.26, 98두12598 재해위로금추가지급거부처분취소) "법이 특별히 인정하고 있는 공법상의 권리라고 하여야 할 것이므로 그에 관한 소송은 행정소송법 제3조 제2호 소정의 당사자 소송에 의하여야 할 것"(대법원 1992.12.24, 92누3335 광주민주화운동 보상금청구)이라고 하거나, 석탄광업자가 가지는 "지원금지급청구권은 석탄산업법령에 의하여 정책적으로 당연히 부여되는 공법상의 권리"라는 이유로 당사자소송을 제기하여야 한다고 하고 있다.(대법원 1997. 5. 30, 95다28960 석탄가격안정지원금지급청구)

따라서, 금전지급청구권에 관한 판례의 일관된 입장은 구체적 권리가 법령의 규정에 의해 직접 발생하는 경우에는 당사자소송사항이지만,[80][81] 법령에서 추상적 권리만 발생하는 경우에는 먼저 행정절차에서 처분의 발급을 구하여야 하고, 신청한 금전급부를 거부당하면 그 거부처분의 취소소송을 제기하여야 한다는 것이다.[82]

---

80) 대법원 1999.01.26, 98두12598 재해위로금추가지급거부처분취소 ; 대법원 1992.12.24, 92누3335 광주민주화운동 보상금지급결정취소.

81) 근로복지공단이 보험급여지급결정을 하고도 개개의 치료행위에 대한 지급을 거부하는 경우와 같은 사례는 이미 급여를 받을 구체적인 권리가 발생한 후의 문제이므로 거부처분에 대한 취소소송이 아니라 당사자소송을 제기하여야 한다. 대법원 1995. 9.15, 93누18532.
송평근, 보험급여 지급결정이 되었음에도 지급을 거절당한 경우의 불복방법과 이와 관련한 문제점, 행정재판실무편람(II), 서울행정법원, 2002, 596-597면도 같은 취지이다.

82) 대법원 1993.4.13. 92누17181 요양불승인처분취소; 대법원 1995.09.15, 93누18532 상이연금지급등청구.

판례의 입장은 일견 명백해 보이지만, 행정청의 금전지급거부행위에 의하여 신청자는 신청한 금전을 수령할 수 없게 된다는 점에서 동일한 효과를 미침에도 불구하고 어떤 경우는 처분이 존재하므로 취소소송을 제기하여야 하고 어떤 경우는 권리가 "법령의 규정에 의하여 직접 발생" 하였으므로 당사자소송을 제기하여야 하는지 판단하기가 매우 어려운 경우가 많다. 하급법원인 행정법원에도 이러한 유형의 사건들이 많이 제기되는데 그 구별이 쉽지 않은 경우가 많다고 한다. 그럼에도 불구하고 이에 관한 국내연구는 드문 편이다.

이하에서는 우선 사회복지소송사건들이 매우 많고 한국과 유사한 소송시스템을 가지고 있는 프랑스와 독일의 소송운영상황을 살펴보고 한국을 위해 적절한 기준들을 찾아보기로 한다.

II. 프랑스의 완전심리소송과 독일 사회법원법상 이행소송

1. 프랑스 완전심리소송

1) 완전심리소송의 의의

완전심리소송(recours(contentieux) de pleine juridiction)은 위법한 행정행위를 취소하는 것에 그치지 않고 그것을 정당한 것으로 대체하는 등 법원이 원고의 권리실현에 필요한 모든 권한을 행사하는 소송이다.[83] 법원은 정당하면서도 원고에게 필요한 결정을 내리기 위하여 판결을 내리기까지의 법적·사실적 상황을 고려하여 재판할 수 있는데, 예를 들어, 금전지급의 거부결정을 취소하면서 금전의 지급을 행정기관에게 명할

---

83) René Chapus, Droit du contentieux administratif, 9 édit., 2001, p.205.

수 있다. 완전심리소송의 전형적인 유형들은 행정계약에 관한 소송, 금전청구권에 관한 소송(contentieux pécuniaire), 조세소송[84])이다. 선거소송도 완전심리소송에 속하는데, 선거를 위법하다고 하여 취소하는 것에 그치지 않고 법원이 당선자를 선언하는 권한도 갖는다. 금전청구권에 관한 전형적인 소송은 국가배상소송이나 연금청구소송 등이다. 금전적 처분을 전제로 하는 완전심리소송은 처분을 구체적으로 집행하거나 수정하기도 하고, 더 나아가, 지급되지 않은 봉급이나 연금을 지급하도록 하는 역할을 수행하기도 한다.

월권소송은 행정의 합법성을 보장하는 데 기여하는 것으로 보기 때문에 변호사강제주의가 면제되고 소송비용도 크게 경감된다. 완전심리소송은 개인적 권리의 보호를 위한 소송이기 때문에 이러한 우대조치는 없다. 그러나, 완전심리소송에서 사전에 손해전보를 요구함에 있어 기간의 제한이 없다. 또, 월권소송에서 판결이 대세효를 갖는 것과 달리 완전심리소송에서는 소송당사자사이에서만 상대효를 미친다.

2) 완전심리소송의 특징과 절차

객관적 소송(예, 선거소송)으로서 성격을 갖는 완전심리소송도 있지만, 행정계약소송, 금전청구권소송, 조세소송과 같은 주관적 완전심리소송이 전형적인 모습인데, 주관적 완전심리소송에서는 권리의 침해를 당한 자만이 소송을 제기할 수 있으므로 권리자와 의무자 사이의 당사자소송이라고도 한다.

프랑스 행정소송법전(Code de justice administrative) 제421-1조는 "행정소송은 결정에 관해 제기되는 방식으로만 제기될 수 있다"고 규정하고 있는데, 이 규정은 기존의 판례를 명문화한 것이다. 월권소송에서는 이

---

84) René Chapus, p.211.

규정에 따라 행정청의 사전결정이 있은 이후 그 결정을 상대로 소송을 제기하여야 한다는 결정전치원칙(décision préalable)이 적용된다. 그런데, 이 원칙이 완전심리소송에서도 의미를 갖는 것일까? 결정전치원칙은 역사적 유산이긴 하지만 현대 행정에서도 실용적인 의의를 갖는 것으로 이해되고 있다. 즉, 행정에 대해 불만을 갖는 신청자가 소송을 제기하기 전에 자신의 주장을 제시하여 행정이 그 주장을 평가하여 대응하고 그 요구에 따를 기회를 줌으로써 불필요한 소송을 회피할 수 있고, 사인과 행정이 이해충돌을 조정할 수 있는 예비절차로서 기능한다.[85] 이러한 필요성은 완전심리소송에서도 인정되기 때문에 결정전치원칙은 완전심리소송에서도 필요하다고 이해된다.[86] 다만, 선거소송이나 공토목공사로 인한 손해배상소송에서는 결정전치원칙은 적용되지 아니한다.

3) 소제기시 완전심리소송과 월권소송사이 소송유형의 선택과 결정

프랑스 행정소송상 청구가 그 성질상 월권소송 또는 완전심리소송 중 어디에 속하는지 알 수 없는 경우, 신청자인 원고의 선택에 의해 결정되는데, 그가 주장하는 청구이유(la cause juridique)나 소장의 청구내용(conclusions de la requête)이 결정적 의미를 갖게 된다.[87]

완전심리소송은 행정행위의 취소에 그치지 않고 금전배상이나 부당이득반환 또는 당선인의 결정 등 사인이 원하는 최종적인 결과를 얻는데 월권소송보다 더 효과적이다. 프랑스에서 이 점을 평가하여 유명한 행정법학자인 모리스 오류는 완전심리소송이 월권소송을 흡수해갈 것이라는 예측을 내놓기도 하였고,[88] 초기에는 적어도 금전적 청구권에 관한 한

---

85) René Chapus, p.478.
86) Debbasch/Ricci, Contentieux, 8 édit., 2001, p.366.
87) Debbasch/Ricci, p.718.
88) M. Hauriou, Précis de droit administratif, Sirey, 12 édit., 1933, p.398.

완전심리소송이 제기되어야 한다는 입장에서 판례가 운용되기도 하였으나,[89] 오히려 몇 몇 경우에는 판례에 의해 완전심리소송으로도 가능한 사건에서 월권소송의 제기가 허용되기도 하였다.

그 효시가 된 판결이 Lafage 판결인데, 이 사건은 공무원인 신청자가 봉급이나 법령상의 손해배상을 직접 지급받는 것을 원하지 않고 그에 관한 결정의 위법에 한정하여 취소를 구하고자 한다면 완전심리소송이 아니라 월권소송을 제기할 수 있다는 것이었다.[90] 월권소송은 변호사강제주의가 면제되고 소송비용도 경감되며 원고가 승소하면 행정청이 그 판결의 결과를 존중하여 사실상 적절한 결과를 가져올 수도 있기 때문에 유용성이 인정된다고 할 수 있다. 행정계약에 있어 분리가능한 행위나 선거결과의 공표, 조세부과처분 그 자체만을 대상으로 한 월권소송도 허용된다.

하지만, 원고는 행정행위의 취소나 계약의 해제에 머무르지 않고 부당이득의 반환이나 손해배상을 요구할 수도 있고 이 때는 완전심리소송을 제기하여야 한다.

2. 독일의 사회법원법상 의무이행소송과 이행소송

한국의 행정소송의 규율대상은 독일과 달리 사회복지사건을 포함하고 있기 때문에, 사회복지사건들에 대한 비교법적 이해를 위해서는 독일의 사회법원법상의 규정들을 살펴볼 필요가 있다.

1) 의무이행소송(Verpflichtungsklage)

---

89) M. long/ P. Weil/G. Braibant/P.Delvolvé/B. Genevois, Les grands arrêts de la jurisprudence administrative, 13 édit., 2001, p.146.
90) C.E., 8 mars 1912, Lafage, Rec. 348, concl. Pichat.

독일 사회법원법상 의무이행소송과 이행소송은 독일 행정법원법상 의무이행소송과 일반적 이행소송의 구별과 유사하지만, 보통의 행정소송과는 달리 사회법원법상의 이행소송에는 처분의 취소와 급부가 소송상 청구에 결합되어 포함된 부진정한 이행소송이라는 유형도 인정되고 있다.

학설과 판례는 의무이행소송과 이행소송의 소송대상의 구별기준으로 행정청의 급부결정이 **재량결정인가와 미래의 급부에 관한 결정인가**의 여부에 따르고 있다. 재량결정이거나 미래의 급부결정일 때, 권력분립원칙상 행정청의 선결적 처분을 필요로 하고, 행정절차에서 새로운 처분을 신청하거나 그 처분에 불만이면 취소소송을 제기할 수 있다. 거부처분이나 부작위에 대해서는 의무이행소송을 제기할 수 있다. 기속행위이고 과거에 지급했어야 할 급부결정을 내용으로 할 때에는, 이행소송을 제기해야 한다.

복지담당기관으로부터 재량적 급부나 미래의 급부를 얻고자 하는 자는 우선 행정절차에서 급부처분의 신청을 하여야 하고 곧바로 의무이행소송으로 급부를 청구해서는 안된다.[91] 행정청이 급부를 거부하면 의무이행소송을 제기할 수 있다. 재량적 급부결정이 요구됨에도 행정청이 급부결정을 발하지 않을 때, 즉, 부작위의 경우에는 법원은 판결이유에서 설시한 법원의 법적 견해를 존중하여 처분을 하도록 명하는 결정판결(Bescheidungsurteil : 행정의 재량이 존재하는 영역에서의 의무이행판결)을 내리게 된다.

기속적 급부일 때는 언제나 이행소송을 제기하여야 하는가? 특히, 계속적 성질을 갖는 기속적 급부가 소송상 청구의 내용일 때가 문제된다. 이 때, 원고는 미래의 급부내용을 결정하기 위하여 행정청에게 행정행위에 의한 규율을 청구하여야 한다. 따라서, 원고는 먼저 장래의 급부를 내용으로 하는 처분을 행정절차에서 요구하여야 한다. 이러한 급부가 거

---

91) Binder외 8인, SGG, 2003, §54, Rn.40.

절되거나 해태될 때 원고는 의무이행소송을 제기하여야 하고 이행소송
을 제기해서는 안된다. 왜냐하면 미래의 기속적 급부에 관하여 이행소송
이 허용된다고 하면 원고는 이행소송을 제기해야 하고 법원은 이행판결
을 해야 하는데, 미래의 시점에서 법적으로나 사실적으로 사정변경이 생
길 때 문제가 발생하기 때문이다. 즉, 법원의 급부판결은 기판력을 미치
게 되어 급부의 내용을 변경시키려 할 때 행정청이 행정행위를 통해 변
경하지 못하고 법원이 재심절차 등을 통해 변경해야 하는 문제가 생기
기 때문이다. 이 경우, 의무이행소송을 제기해야 하는 것으로 이해하면
의무이행판결에 따라 행정청이 발한 처분을 철회하고 새 처분을 발함으
로써 대응할 수 있어 편리하게 된다.[92]

2) 이행소송(Leistungsklage)

원고는 실체법적 급부청구권의 존재를 주장하며 이행소송을 제기할
수 있는데, 급부청구권은 법령이 그의 개인적인 법적 이익을 보호하고
있을 때 인정된다. 의무이행소송과 구별되는 차이는 처분의 발급을 구하
지 않는다는 점에 있다. 하지만 행정기관의 어떤 행위가 처분인지 아니
면 단순한 급부인지는 구별하기가 쉽지 않다. 독일의 판례는 급부행위가
기속적일 때,[93] 그리고 과거에 지급하였어야 할 급부를 청구할 때 이행
소송을 제기하여야 한다고 한다.

사인이 실체법상의 근거규정에 의해 급부청구권이 존재함을 이유로
법원에 급부의 이행을 구하는 소송을 제기하는 것은 행정청에 먼저 급
부를 청구하는 것이 더 간단한 방법이고 권력분립원칙에도 맞지 않다고
보는 것이 사회법원판례의 입장이다.[94]

---

92) Binder외 8인, SGG, 2003, §54, Rn.37.
93) BSG, 29.05.1996, 3RK 23/95, BSGE 78, 233, 235.
94) LSG Baden-Württemberg, 26.09.1989, L3 Ar535/89.

(1) 부진정한 이행소송 - 결합된 취소·이행소송

부진정한 이행소송(unechte Leistungsklage)은 급부를 청구받은 행정청이 처분을 통해 그 급부를 거절했을 것을 전제로 하여 제기되는 소송인데, 독일 사회법원법(SGG) 제54조 제4항은 "취소청구된 행정행위가 급부청구권과 관련있을 때, 그 소에서는 행정행위의 취소와 동시에 급부가 주장될 수 있다"고 규정하고 있다. 이 소송은 독일 사회법원절차에서 가장 빈번하게 이용하는 소송중 하나이다.[95]

부진정한 이행소송은 거부처분을 취소하고 급부의 이행을 구하는 것이기 때문에 결합된 취소·이행소송이라는 특수한 소송형태(kombinierte Anfechtungs- und Leistungsklage)이다.[96] 이 소송은 부대등관계에서 인정되는 하나의 청구권을 근거로 한 하나의 특수한 소송으로서 취소소송과 이행소송이라는 두개의 소송을 병합한 것이 아니라는 점은 주의를 요한다. 소송목적은 급부이고 취소는 기술적으로 혼합된 부수적 요소일 뿐이다. 결합된 취소·이행소송은 의무이행소송과 달리 기속행위에서만 가능하고 재량행위에서는 가능하지 않다.[97]

예를 들어, 의료보험금, 장례비나 운송비 등의 청구, 연금청구 또는 산업재해보험금의 청구, 실업수당의 청구등을 거절당한 경우 부진정한 이행소송이 많이 제기되고 있다. 부진정한 이행소송에서 원고는 구체적인 청구금액을 주장할 필요가 없고 독일의 사회법원도 당사자가 주장한 청구이유의 당부에 대해서만 판단하고 구체적인 금액은 확정하지 않는데, 이 점이 부진정한 이행소송이 많이 활용되는 이유가 되고 있다. 그것은 사회복지를 위한 급부의 종류가 매우 많은 독일에서 원고나 법원이 구

---

95) Krasney/Udsching, Handbuch des sozialgerichtlichen Verfahrens, 3.Aufl., 2002, S.150.

96) Jens Meyer-Ladewig, SGG, 6.Aufl. 1998, §54, Rn.37. : Binder외 8인, SGG, 2003, §54, Rn.72.

97) Binder외 8인, SGG, 2003, §54, Rn.78.

체적인 금액을 계산하는데 겪는 어려움을 피해줌으로써 판단의 부담을 덜어주기 위한 것이다. 이 판결에 따라 행정청은 결정으로서 구체적인 금액을 확정하여 당사자에게 지급하여야 한다.[98]

(2) 진정한 이행소송

진정한 이행소송(echte Leistungsklage)은 독일 사회법원법 제54조 제5항에서 규정하고 있는데, 처분이 아닌 어떤 급부의 이행을 구할 수 있는 청구권을 실현하기 위한 소송이다. 동 조항은 "처분이 발해질 상황이 아닐 때에는, 청구권을 근거로 소로 이행판결을 구할 수 있다"고 규정하고 있다. 이러한 경우는 개별 법률로부터 급부청구권이 직접 발생할 때이다. 독일 행정법학의 언어사용법에 따라 일반적 이행소송이라고 부르기도 한다.[99] 대등관계에서의 당사자소송(Parteistreitigkeiten)이라고도 한다.[100] 이러한 권리를 갖는 자는 거부처분이나 그에 상응한 부작위를 전제로 하는 의무이행소송을 제기할 수 없다. 처분을 전제로 하지 않기 때문에 소송제기에 앞서 행정심판을 거쳐야 하는 것도 아니며 제소기간의 제한도 없다. 진정한 이행소송에서 판결문은 급부의 집행을 위한 집행문의 역할을 하기 때문에 당사자를 위하여 중요한 의미를 갖는다.[101]

부당이득반환청구소송, 특히, 대등한 공법주체들사이의 부당이득반환청구소송에서 빈번하게 이용된다. 의사가 의료보험공단(Krankenkasse)에 의료비를 청구하는 경우에도 진정한 이행소송을 이용한다. 진정한 이행

---

98) 이 부분은 한국의 제도와 틀리므로 더 이상의 설명은 줄인다. 더 상세한 내용은, Krasney/Udsching, Handbuch des sozialgerichtlichen Verfahrens, 3.Aufl., 2002, S.151ff 참조.

99) Peter Kummer, Das sozialgerichtliche Verfahren, 2.Aufl., 2004, S.40.

100) Jens Meyer-Ladewig, SGG, 6.Aufl. 1998, §54, Rn.41.

101) Krasney/Udsching, Handbuch des sozialgerichtlichen Verfahrens, 3.Aufl., 2002, S.147.

소송에 있어 소송물은 일정한 사실관계로부터 도출된 급부청구권이고 급부청구권의 존부에 관한 기준시점은 변론종결시이다.

(3) 부진정한 이행소송과 진정한 이행소송의 구별

독일 사회법원법상 진정한 이행소송과 부진정한 이행소송을 구별하여, 부진정한 이행소송, 즉, '결합된 취소·이행소송'이라는 도구개념을 유지하는 이유는 처분을 전제로 함으로써 행정심판과 제소기간의 규율을 받도록 하려는 점에 있다고 설명하고 있다.[102] 급부거부결정의 불가쟁력이 발생한 경우 그 거부행위에 대해 '결합된 취소·이행소송'을 제기할 수 없게 되는데, 이 점에서 행정심판을 거칠 필요도 없고 제소기간의 제한을 받지도 않는 진정한 이행소송과 구별된다.

하지만, 원고는 행정기관의 급부거부처분에 불가쟁력이 발생한 경우에도 다시 행정기관에 급부거부처분의 취소를 주장할 수 있고, 거부처분의 취소를 거부하는 행정기관의 결정에 대해 다시 '결합된 취소·이행소송'의 제기가 가능하다는 견해도 존재하고,[103] 반대하는 판례도 존재한다.[104] 이러한 견해의 차이는 사회복지소송에서는 사회적 급부에 대한 청구권의 소멸시효기간과 어떤 처분에 대한 제소기간이 서로 다른 경우가 많기 때문이다.

---

102) Jens Meyer-Ladewig, SGG, 6.Aufl. 1998, §54, Rn.38.; Binder의 8인, SGG, 2003, §54, Rn.79.

103) Krasney/Udsching, Handbuch des sozialgerichtlichen Verfahrens, 3.Aufl., 2002, IV Rn.76.

104) LSG Sachsen-Anhalt, 13.08.1999, L1 RA 52/98, SGb 2000, 216.

Ⅲ. 취소소송사항과 당사자소송사항의 구별 - 대상판결의 평석과 함께 -

1. 행정기관의 급전지급거부행위는 언제 처분이 되는가?

1) 판례의 접근방법의 문제점과 재해석의 필요

　금전지급청구권에 관한 판례의 일관된 입장은 구체적 권리가 법령의 규정에 의해 직접 발생하는 경우에는 당사자소송사항이지만,[105] 법령에서 추상적 권리만 발생하는 경우에는 먼저 행정절차에서 처분의 발급을 구하여야 하고, 신청한 금전급부를 거부당하면 그 거부처분의 취소소송을 제기하여야 한다는 것이다.[106]

　취소소송은 처분의 취소소송이고 당사자소송은 권리소송이기 때문에 어떤 소송사건에 대해 취소소송과 당사자소송사이에서 그 성격을 판단하기 위해서는 처분이 존재하는지 여부를 가지고 평가해볼 수도 있고 권리가 존재하는지를 가지고 판단할 수도 있다. 그런데, 우리 행정소송 구조상 처분이 존재하면 제소기간내에는 구체적 권리가 존재하는가와 상관없이 취소소송을 먼저 제기하여야 한다. 즉, 구체적 권리침해가 있으면 언제나 당사자소송을 제기해야 하는 것이 아니라, 구체적 권리침해가 있어도 그 원인행위가 처분이면 먼저 취소소송을 제기하여야 한다.[107]

　따라서, 판례가 구체적 권리의 발생여부를 가지고 당사자소송대상성

---

105) 대법원 1999.01.26, 98두12598 재해위로금추가지급거부처분취소 ; 대법원 1992.12. 24, 92누3335 광주민주화운동 보상금지급결정취소.

106) 대법원 1993.4.13. 92누17181 요양불승인처분취소; 대법원 1995.09.15, 93누18532 상이연금지급등청구.

107) 다만, 예를 들어 조세부과처분이 무효인 경우처럼 처분이 무효인 경우에는 판례에 따를 때, 당사자소송이 아니라 민사소송을 제기하여야 한다.

을 논하는 것은 문제가 있다. 현실적으로도 당사자는 행정청의 금전지급 거부행위에 직면하여 소송각하위험을 피하고 적절한 소송유형을 선택하기 위해 먼저 최우선적으로 그 행위가 처분인지 아닌지 판단하여야 한다. 때문에, 당사자소송사항과 취소소송사항의 구별은 행정청의 금전지급거부행위가 처분인지 아닌지에 의해 구별되어야 한다. 이러한 관점에서 기존의 판례들의 기준들도 재검토되어야 한다.

2) 보다 구체적인 구별기준들의 모색필요

당사자들은 행정청에 금전지급을 청구하여 거부되거나 일부만 지급된 경우 소송을 제기한다. 그런데, 행정기관이 급여를 거절할 때, 그 거부행위가 처분이기 때문에 취소소송을 제기하여야 하는 경우와 단지 사실행위에 불과하기 때문에 곧바로 당사자소송을 제기하여야 하는 경우를 어떻게 구별할 수 있는가?

양자를 나누는 기준에 관하여, 판례는 구체적 권리가 법령의 규정에 의하여 직접 발생하는 것인가 라는 기준을 제시하고 있다. 그러나, 구체적 권리가 "법령의 규정에 의하여 직접 발생"하는가 하는 기준은 소송사건의 성격판단기준으로서 극히 모호하여, 과연 어떤 실질적 기준, 그리고 구체적 기준에 의하여 그와 같은 사건들의 성격을 분류할 수 있는지 파악하기가 쉽지 않다.

첫째, 모든 권리는 법령에 근거를 두어야 한다. 그러나, 그 법령을 집행하는 공무원이나 급부를 받을 가능성을 가지고 있는 당사자는 대법원이 최종적으로 선언하기 전까지는 어떤 급부에 대한 권리가 행정의 법적용행위 또는 구체화행위가 없었다고 하더라도 법령에 충분히 구체화되어 있어 법령으로부터 이미 구체적인 권리를 부여받았다고 볼 수 있는지 확신을 가지고 인식하기 어렵다.

둘째, 모든 급부는 어떤 형태이든 행정공무원들의 의사표시를 거칠 수밖에 없다는 점이 행정실무와 하급법원을 더욱 큰 어려움에 빠뜨린다. 특히, 급부를 거절하는 의사표시를 접한 사인은 행정의 우월적이고 일방적인 판단에 직면하게 되는 것이고, 우선 그 거부행위에 의하여 급부를 받지 못하게 된다.

원고가 원하는 금전지급을 받지 못한 결과는 유사함에도 행정청의 언동의 성격에 대한 인식에 중요한 차이가 발생하도록 하고, 일정한 경우 소송유형선택을 잘못했다고 하여 각하하는 제재를 가하기 위해서는, 선명한 기준을 제시하여 변호사들이나 사인들에게 가능한 한 혼란을 주지 말고 권리실현에 지장이 초래되지 않도록 하여야 할 것이다.

이하에서는 외국의 소송운용경험을 참조하여 보다 구체적인, 가능한 기준들을 제시해보기로 한다.

2. 행정심판전치규정 또는 제소기간규정의 존부에 따르는 입장 - 독일 사회소송상 부진정한 이행소송과 진정한 이행소송의 구별기준에 따르는 방법

행정청이 급부를 거부한 행위가 처분인지 아니면 사실행위에 불과한지를 판단하기 위하여 해당 행위를 둘러싼 의사결정구조를 참조하여야 한다는 입장에 서서 개별실체법령에 행정심판전치규정과 제소기간이 존재하는가에 따라서 구별하자고 하는 입장이 가능할 것이다. 이 입장과 비슷한 태도는 법원실무상 민사소송과 행정소송의 소송대상을 구별하는 방법으로 오랫동안 존중되어 왔었다. 즉, 이미 40여년 전의 판례도 "행정청의 행위가 행정소송의 대상인가, 민사소송의 대상인가의 구별은 그 행위의 내용과 방법 및 분쟁이 일어났을 때에 그 해결에 관한 특별규정이 있느냐 없느냐 하는 점 등을 고려하여 결정하여야 한다"고 하였던 것이다.(대법원 1961.10.5, 4292행상125) 이와 같은 맥락에서 행정심판전치규정과 제소기간규정이 있으면 입법자는 행정청이 권력적 행위인 처분을 할 것을 예정한 것으로 해석할 수 있다고 보는 것이다.

이러한 입장은 독일 사회법원법상 진정한 이행소송과 부진정한 이행소송의 구별방법을 따른 것이다. 독일 사회복지소송에서는 행정기관에게 재량이 존재하지 않고 급부의 내용도 과거에 지급했어야 할 급부에 관한 것일 때 행정기관의 언동은 사실행위인 단순한 급부행위일 수도 있고 처분인 경우에도 기속행위라고 보게 될 것이다. 사실행위로서 급부행위를 청구하는 소송은 진정한 이행소송이고, 기속행위인 경우에는 '결합된 취소·이행소송', 즉, 부진정한 이행소송에 의하게 된다. 독일 사회법원법상 진정한 이행소송과 부진정한 이행소송, 즉, '결합된 취소·이행소송'을 구별하는 이유는 처분을 전제로 함으로써 행정심판과 제소기간의 규율을 받는 소송과 그렇지 않은 소송을 구별하기 위한 것이라고 설명하고 있다. 즉, 급부거부결정의 불가쟁력이 발생한 경우 그 거부행위에 대해 '결합된 취소·이행소송'을 제기할 수 없게 되는데, 이 점에서 행정심판을 거칠 필요도 없고 제소기간의 제한을 받지도 않는 진정한 이행소송과 구별하고 있다. 다만, 부진정한 이행소송에 있어서도 그의 주된 목적은 사실행위인 급부행위이고 거부처분은 부수적으로 결합된 요소일 뿐이므로 거부처분의 취소 그 자체는 독자적인 의미가 크지 않다.

이 입장에 대해서는 개별 실체법령에 제소기간규정이나 행정심판전치규정이 없는 경우에도 그 행위가 처분이라면 현 행정심판법이나 행정소송법에 의해 제소기간의 준수를 받아야 하고 또 행정심판도 선택적으로 제기할 수 있다는 점에서 비판이 가해질 수 있다. 즉, 개별 실체법령에 그러한 규정들이 없는 경우에도 처분이 존재한다고 해석할 수 있는 것이다.

반대로 개별 실체법령에 제소기간규정이나 행정심판전치규정이 있으면 문제된 행위를 언제나 처분이라고 이해하여야 할까? 행정소송법 제41조는 제소기간이라는 제목하에 "당사자소송에 관하여 법령에 제소기간이 정하여져 있는 때에는 그 기간은 불변기간으로 한다"고 하고 있다. 즉, 제소기간이 있는 경우에도 당사자소송을 제기하여야 할 경우가 있음을 행정소송법은 예정하고 있는 것이다.

행정심판전치규정의 존부와 관련하여 이른바 재심규정의 해석이 문제된다. 예를 들어, 광주민주화운동보상등에관한법률에 따른 보상금의 지급구조는 보상심의회의 결정과 그에 대한 재심의제도를 두고 있고 제소기간도 해당법에 규정되어 있다. 재심의는 보상심의회의 결정에 대한 재심신청으로 실시되지만 심의기관은 보상심의회 자신이다. 일반행정심판의 경우 재결청은 직근 상급기관이고 행정심판위원회가 처분청과는 별도로 조직되어 있다는 점에서 독립성에 차이가 난다. 이러한 의사결정구조하에서 판례는 광주민주화운동보상금의 결정행위는 사실행위에 불과하다고 해석하였다.(대법원 1992.12.24, 92누3335.)

대상판례(대법원 2003. 9. 5. 선고 2002두3522 판결)에서 문제된 군인연금의 경우는 군인연금법 제10조 제1항에 따를 때, 당해 군인이 소속하였던 군의 참모총장의 확인을 얻어 청구하는 바에 따라 국방부장관이 결정하여 지급하되, 상이연금, 유족연금 및 공무상요양비의 결정에 있어서는 국방부에 설치된 군인연금급여심의회의 심의를 거쳐야 한다. 이러한 연금에 관한 결정에 대해서는 군인연금법 제5조 제1항에 따라 급여에 관하여 이의가 있는 자는 대통령령이 정하는 바에 따라 국방부에 설치하도록 되어 있는 군인연금급여재심위원회에 그 심사를 청구할 수 있다. 군인연금법상 군인연금급여재심위원회는 군인연금급여심의회와는 별도의 기관임이 드러난다. 하지만, 두 기관 모두 국방부에 설치되므로 실질적 차이는 없는 것 아닌가 의문이 든다. 군인연금급여심의회는 군인연금법시행령 제22조 제1, 2항에 따를 때, 위원장 1인을 포함한 위원5인으로 구성하되 위원은 의무직공무원 및 국방부소속 공무원중에서 국방부장관이 임명 또는 위촉하고, 위원장은 위원중에서 호선한다. 군인연금급여재심위원회는 군인연금법시행령 제8조 제1, 2항에 따를 때, 위원장

1인을 포함한 위원 7인이상 9인이하로 구성되고, 위원은 국방부소속공무원·의료계·법조계 및 사회보장에 관한 학식과 경험이 풍부한 자중에서 국방부장관이 임명 또는 위촉한다.

이상에서 살폈듯이, 군인연금법상 급여재심위원회의 독립성은 더 존중되고 있는 듯하다. 대상판례(대법원 2003. 9. 5. 선고 2002두3522 판결)에서 대법원은 퇴역연금의 지급여부에 관한 결정을 처분으로 해석하고 있다. 즉, "퇴역연금 등의 급여를 받을 권리는 법령의 규정에 의하여 직접 발생하는 것이 아니라 각 군 참모총장의 확인을 거쳐 국방부장관이 인정함으로써 비로소 구체적인 권리가 발생하고, 위와 같은 급여를 받으려고 하는 자는 우선 관계 법령에 따라 국방부장관에게 그 권리의 인정을 청구하여 국방부장관이 그 인정 청구를 거부하거나 청구 중의 일부만을 인정하는 처분을 하는 경우 그 처분을 대상으로 항고소송을 제기하는 등으로 구체적 권리를 인정받은 다음 비로소 당사자소송으로 그 급여의 지급을 구하여야 할 것"이라고 하고 있다.

재심에 관한 이상의 두 판례를 살펴볼 때, 어느 정도 독립성이 인정된 행정심판위원회를 거치도록 하는 규정이 있으면 일응 그것은 행정청의 행위를 처분으로 판단하게 하는 중요한 근거가 된다고 이해할 수 있을 것이다.

3. 행정청의 재량의 존부 또는 미래의 급부여부에 따르는 입장 - 독일 사회소송상 의무이행소송과 이행소송의 구별 기준에 따르는 방법

이 입장에서는 원고가 원하는 금전지급을 받지 못한 결과는 유사하다하더라도 그 급부를 요구하는 권리의 발생과 관련하여 판단기관인 행정청의 재량이 존재하고 그 급부내용이 장래의 급부에 관한 것일 때에는 당해 행정청의 행위는 처분이라고 본다.

이 입장은 독일 사회복지소송상 의무이행소송과 이행소송의 구별기준이다. 독일 사회법원법은 재량행위이거나 미래의 새로운 지급행위에 관한 것이어서 급부결정이라는 행정처분을 하여야 하는 경우에는 의무이행소송을 제기하도록 하고, 급부행위가 법령상 기속행위이거나 과거에 지급했어야 할 급부에 관한 것으로 단순한 사실행위로 볼 수·있을 때에는 한국의 당사자소송에 해당되는 이행소송을 제기하도록 하고 있다.

한국의 사회복지급여사건들에서 행정재량의 존부나 미래의 새로운 급부를 내용으로 하는가에 따라 행정청의 급부거부행위의 성격을 나누는 것은 어떤 의미를 가질까?

한국의 판례가 취하는 기준인 당사자의 권리가 "법령의 규정에 의하여 직접 발생"하는가 하는 기준은 법령의 규정에 의하여 행정의 법적용행위 내지 구체화행위이전에 이미 구체적 권리가 발생하였다는 의미를 표현하기 위해 등장한 것이다. 또, 당사자소송은 권리자와 의무자간의 소송이기 때문에 이 기준은 의무자가 누구인지, 그리고 의무의 내용도 행정의 구체화작업이 필요하지도 않을 정도로 이미 구체적으로 드러나 있다는 의미를 전달한다.

따라서, "법령의 규정에 의하여 직접 발생"이라는 기준은 행정의 기계적인 법집행행위로서 단순한 사실행위나 최소한 행정행위중 기속행위에 의하여 당사자의 급부청구권이 실현될 수 있는 법적 상황에서 행정이 급부를 거부할 때 사인은 당사자소송을 제기하여야 한다는 의미를 전달하고 있다고 이해할 수도 있을 것이다.

하지만, 행정재량이 인정된 급부결정의 경우는 입법자가 행정청의 독자적 구체화여지를 인정했고 법원도 행정재량의 남용여부를 심사할 필요가 있기 때문에 처분이라는 독자적 심사대상의 존재를 인정하고 그것을 항고소송에 의해 심사하도록 하는 것이 의미있을 것이다. 또, 미래의 새로운 급부를 내용으로 요구하고 있는 경우에는 국가에 새로운 급부의 부담을 지운다는 점에서 행정청이 새로이 심사하는 것이 필요하므로 처분의 존재를 인정하고 항고소송에 의해 처리하도록 하는 것이 필요할 것이다.

따라서, 법원이 당사자소송여부를 판단하는 기준인 "법령의 규정에 의하여 직접 발생"이라는 기준은 급부에 관한 판단에 있어 행정재량이 인정되고 미래의 새로운 급부를 그 내용으로 할 경우 행정청의 급부거부행위에 대해서는 항고소송에 의해 처리하고 사실행위나 기속행위의 경우에는 당사자소송에 의해 처리하도록 하려는 의도를 가지고 있다고도 일응 볼 수 있을 것으로 보인다.

하지만, 이 입장의 난점은 행정청의 행위가 기속행위라 하더라도 현재의 한국행정소송구조상 먼저 그 기속행위에 대한 항고소송을 제기하여야 한다는 점에 있다.

이 학설의 입장에서 대상판례(대법원 2003. 9. 5. 선고 2002두3522 판결)를 해석하면, 신규로 퇴역연금 등의 급여를 받을 권리를 발생시키는 행정청의 행위는 미래의 급부에 관한 결정으로서 행정행위라고 해석할 수 있고 항고소송을 제기해야 한다고 볼 수 있을 것이다. 그리고, 퇴역연금을 지급받고 있는 상태에서 군인보수법 및 공무원보수규정에 의한 호봉이나 봉급액의 개정 등으로 퇴역연금액이 변경된 경우는 이미 연금청구권의 존재는 인정되어 있는 것이므로 새로운 급부결정이 아니고 단지 금액의 증감계산만이 문제되므로 재량행위라고도 볼 수 없어 당사자소송을 제기하여 문제를 해결하여야 한다고 보게 될 것이다. 즉, 선행처분인 재량행위에 의하여 금전청구권의 존부가 확정되고 그 선행처분이 존재하는 이상 후행행위는 법령의 기계적인 집행행위로 행정청의 재량적 판단의 개입이 필요없을 때에는 당사자소송이 제기되어야 한다.

이 학설을 따르는 경우에도 이 판례의 입장을 이해할 수 있게 된다. 하지만, 군인보수법 및 공무원보수규정에 의한 호봉이나 봉급액의 개정 등으로 퇴역연금액이 변경된 경우, 변경된 기준에 충실하게 집행하는 행위는 기속행위인가 아니면 사실행위에 불과한가? 그 구별이 어렵다. 기속행위와 사실행위의 구별이 어려운 경우 현행 소송구조상 어떤 소송으로 해결할지 알 수 없게 된다.[108]

4. 원고의 청구취지에 따르는 입장 - 프랑스의 완전심리 소송과 월권소송의 구별기준에 따르는 방법

위의 두 번째 학설의 난점은 기속행위와 사실행위를 구별하지 않고 당사자소송으로 처리하자는 입장인데, 현행 행정소송구조상 기속행위에 대해서는 항고소송에 의해 처리해야 한다는 난점을 가지고 있음은 이미 살펴보았다.

이러한 난점을 해소하고자 독일의 사회법원법상 불완전 이행소송에서는 기속행위의 취소와 사실적 급부행위를 하나의 소송에서 다루고 있고, 프랑스의 완전심리소송에서도 대부분의 조세부과처분의 취소와 부당이득의 반환을 하나의 소송에서 다루어왔다.

이러한 소송이 도입되어 있음을 전제로 하여, 세 번째 학설은 원고의 선택에 맡겨 청구취지에 따라 구별하자는 입장이다. 원고의 청구취지로 보아 취소소송을 선택하면 기속행위의 취소소송에서 처리하고 당사자소송을 선택하면 기속행위를 취소하고 더 나아가 사실적 급부의 이행을 하도록 판결하는 것이다. 이 학설의 장점은 기속행위와 사실행위의 구별이 매우 어려운 경우에도 취소소송을 제기하여야 할 것을 당사자소송으로 잘못 제기한 경우 소송을 각하할 필요가 없고, 재량행위가 아니라면

---

108) 더구나, 처분과 사실행위의 구별을 권력성의 존부에 맡기자는 입장에서 권력적 사실행위도 처분이라는 해석을 하고 있는데, 이 입장에서는 대부분 급부거부행위는 권력적 행위로서 처분이라고 해석할 수도 있는 것이다. 새로운 개정안도 행정행위 개념을 넓히는 태도를 취하고 있다.

당사자소송을 제기하면 원고의 최종적 소망인 급부를 직접 얻을 수 있게 하는 판결을 법원이 해줄 수 있다는 점에 있다. 이것은 의무이행소송이 갖는 강점이고, 한국의 경우 과태료사건에 있어 비송사건절차가 갖는 장점이기도 하다.

원고의 청구취지에 따르는 입장은 기속행위의 취소와 사실적 급부행위를 하나의 소송으로 다루는 소송형식을 당사자소송의 한 형태로 도입하게 될 때 의미있는 학설이다. 이러한 소송이 도입된 경우에 기속행위에 대해서는 항고소송을 제기할 수도 있고 당사자소송을 제기할 수도 있는데, 그 구별은 무엇에 의하여야 하는가? 이 경우 독일의 사회법원법상 불완전이행소송과 취소소송의 관계가 문제되고, 프랑스의 완전심리소송과 월권소송의 관계를 해결하는 기준이 무엇인가의 문제와 같다. 그러나, 현재의 한국행정소송구조에서는 이러한 소송이 허용되지 않고 있다.

5. 필자의 입장

대상판결은 다른 동종의 판결들에서 확인된 입장을 재확인한 것이다. 필자는 구체적 권리의 존부에 따라 구별하는 주류적 판례의 입장에 대하여 문제가 있다고 생각한다. 판례의 입장은 처분의 존부의 관점에서 당사자소송사건과 취소소송사건을 나누는 것으로 바뀌어야 한다. 하지만, 필자의 입장에서 처분의 존부에 따라 관련판례들을 분석해볼 때에도 그 분류의 결과는 같은 것으로 보았다. 판례의 입장은 처분의 존부의 관점에서 재해석될 수 있을 것으로 생각한다. 판례의 입장 및 기준에 대하여 처분의 존부를 나누는 각각의 학설의 입장에서 가능할 것으로 보이는 평석의 내용은 이미 위에서 소개했다.

취소소송사항과 당사자소송사항을 구별함에 있어 대상판결을 포함하여 판례가 취하는 기준은 "법령의 규정에 의하여 직접 발생"하는가 하는 점이다. 이 짧고 간략한 기준은 당사자소송사항과 취소소송사항의 구별을 당사자 스스로의 주장내용이 아니라 당사자의 주장이전에 이미 존재하고 있는 법령의 규정방식에 의해 결정하겠다는 점을 명확하게 밝히고 있는 것으로 이해할 수 있을 것이다.

따라서, 현행법상 원고의 청구취지에 따르는 학설, 즉, 프랑스의 완전심리소송과 월권소송의 구별기준에 따르는 방법은 그 유용성에도 불구하고 지지하기 어렵다.

제소기간이나 행정심판의 존부에 따르는 입장이나, 행정재량의 존부나 미래의 새로운 급부인지 여부에 따르는 입장들은 판례의 기준을 보다 구체적이고 실질적으로 이해하는데 유용한 시사점을 제공하고 있다고 본다. 하지만, 행정청의 재량의 존부 또는 미래의 급부여부에 따르는 입장, 즉, 독일 사회소송상 의무이행소송과 이행소송의 구별기준에 따르는 방법은 기속행위와 사실행위를 구별하지 않고 있는데, 기속행위와 사실행위를 구별하여 다루는 한국의 현행 행정소송구조상 전면적으로 따르기는 어렵다.

이러한 점들을 고려하여, **현행 행정소송구조에 있어서 취소소송사항과 당사자소송사항은 일단 제소기간이나 행정심판의 존부를 살펴 판단하되, 상급기관에서 독립적인 행정심판을 받지 않는 경우에도 행정재량이 인정되거나 새로운 급부결정이 필요한 때에는 당해 행정기관의 급부관련결정에 대해서 항고소송의 제기가 가능하다고 본다.**

이 기준은 독일의 사회복지소송에서의 기준들을 참조한 것으로 대상판결을 비롯하여 다른 판결들에서 이미 확립된 판례상의 기준을 구체적 권리여부가 아니라 처분인지 여부의 관점에서 재해석한 것인데, 한국의 사회복지사건들과 관련하여 학자들과 실무자들에게 보다 실질적이고 구체적인 도움을 줄 수 있기를 기대한다.

Ⅳ. 관련 문제

1. 사회행정절차와 당사자소송의 관계

사회복지급여를 행정기관에 신청하지 않고 곧바로 당사자소송을 제기하여 청구하는 것이 허용되는가?

재해위로금의 청구를 하면 행정청의 의사표시는 판례에 따를 때 단순한 사실행위에 불과하다. 즉, "재해위로금청구권을 형성·확정하는 행정처분이 아니라 공법상의 법률관계의 한쪽 당사자로서 그 지급의무의 존부 및 범위에 관하여 나름대로의 사실상·법률상 의견을 밝힌 것에 불과"하다.(대법원 1999.01.26, 98두12598 재해위로금추가지급거부처분취소)

이러한 경우 행정기관의 행위가 사실행위에 불과하더라도 언제나 먼저 급부의무있는 행정기관에게 급부를 신청하는 것이 필요한가? 만약, 급부의무있는 행정기관에게 급부를 신청하지 않고 곧바로 당사자소송을 제기한다면 법원은 급부를 신청하여 거절당했더라면 당사자소송사항인 경우에도 그 소송을 각하하여야 하는가? 동일하거나 유사한 상황에 놓여 있는 다른 사람들에 대하여 이미 급부를 거절하였을 때에는 곧바로 법원에 당사자소송을 제기하여 급부를 청구할 수 있는가? 이 문제에 답하는 판례는 잘 발견되지 않는다. 생각건대, 행정기관의 응답행위가 사실행위에 불과하더라도 원고는 행정기관에 복지급여를 먼저 신청해야할 것이다. 곧바로 법원에 당사자소송을 제기하여 급여를 청구하는 것은 권력분립원칙이나 소송경제의 정신에도 맞지 않기 때문이다.

2. 행정청의 금전지급이 위법하게 거부되거나 해태되었으나 제소기간이 지난 경우의 처리

사인의 금전지급청구를 행정청이 거부하였으나 그 거부행위에 대하여 제소기간이 정해져 있는 경우 구제방법에 관하여 판례는 그 거부행위가 처분인 경우와 처분이 아닌 경우를 나누어 대응하고 있다.

거부행위가 처분인 경우, 판례는 이미 요양불승인처분의 취소청구사 건(대법원 1993.4.13. 92누17181 요양불승인처분취소)에서 "불복기간의 경과로 인하여 확정되었더라도 요양급여청구권이 없다는 내용의 법률관 계까지 확정된 것은 아니며 원고로서는 소멸시효에 걸리지 아니한 이상 다시 요양급여를 청구할 수 있고 그것이 거부된 경우 이는 새로운 거부 처분으로서 그 위법여부를 소구할 수 있다고 하여야 할 것"이라고 하였 다. 그러므로, 새로운 거부처분에 대해서는 다시 취소소송을 제기하여 해결하면 될 것이고, 새로운 급부신청에 대한 부작위에 대해서는 부작위 위법확인소송을 통하여 해결하면 될 것이다.

당사자가 금전지급을 받을 공법상 권리가 법령의 규정으로부터 직접 발생한 경우임에도 행정청이 금전지급을 거부하거나 해태한 경우, 판례 는 행정청의 금전지급의 거부행위나 해태행위는 단순한 사실행위일 뿐 이라고 해석하면서 당사자소송을 통해 구제받을 수 있다고 한다. 개별법 에 소송제기를 위한 제소기간이 정해져 있는 경우가 문제되는데, 제소기 간내인 경우 원고는 당사자소송을 제기하여 금전을 지급받을 수 있다. 하지만, 원고가 제소기간을 경과한 경우는 어떠한가? 이에 관한 판례는 아직 발견되지 않는다.

거부행위를 처분으로 해석한 경우에 판례가 대응한 것에 비추어볼 때, 법률로부터 직접 발생한 권리는 독자적으로 소멸시효가 진행하므로, 원고의 금전지급청구권이 소멸시효에 걸리지 않은 이상 제소기간이 지 났다 하더라도 당사자는 행정청에 다시 금전의 지급을 청구할 수 있고,

행정청이 사실행위에 의해 금전의 지급을 거절하면 당사자소송을 제기
하여 문제를 해결할 수 있다고 보아야 할 것이다.

제3절 하자승계론의 몇가지 쟁점에 관한 검토
- 대법원 2001. 6. 26. 선고 99두11592 판결 -

I. 대상판결의 사건개요와 검토할 논점

부산 동래구 안락동 소재 8필지의 토지 8,833㎡에 대해 부산 동래구 청장은 1995. 1. 1. 기준 개별공시지가를 기준으로 구 개발이익환수에관 한법률 제10조 제1항 본문에 따라 원고들에게 1996. 4. 12. 개발부담금 180,041,140원을 부과하였다.

하지만, 전체 토지 중 일부토지, 즉, 부산 동래구 안락동 1200 전 707m^{2}에 대한 1995. 1. 1. 기준 개별공시지가결정이 그 산정절차에 위법사유가 있어, 부산고등법원이 1996. 12. 4. 선고 96구4671 판결에 의해 개별공시 지가결정을 취소하였고, 1998. 7. 10. 이 판결이 확정되었다. 이에 따라, 행정청은 그 산정절차에 위법사유가 있는 1995. 1. 1. 기준 개별공시지가 결정을 대체하여 1999. 2. 8. 위 안락동 1200 토지에 대한 1995년도 개별 공시지가를 적법한 절차를 거쳐 종전과 같은 금액으로 다시 결정하고 공시했다.

이 사건은 부산 동래구청장이 1996. 4. 12. 부과한 개발부담금 180,041,140 원에 대한 취소소송인데, 1996. 4. 12. 당시 선행행위인 1995. 1. 1. 기준 개별공시지가결정이 부산고등법원 1996. 12. 4. 선고 96구4671 판결에 따라 취소되어 위법하므로, 후행행위인 개발부담금부과처분의 취소소송에 서 대법원은 선행행위의 위법이 승계될 수 있다고 판시했다.

원심인 부산고등법원에서는 개별공시지가를 결정하는 행정청이 개별 공시지가를 적법한 절차를 거쳐 종전과 같은 금액으로 다시 결정하고

공시한 경우, 결국, 개발부담금은 '동일한 금액'이 되므로 개별공시지가
결정절차의 하자가 승계되어 개발부담금산정절차의 하자로 된다 하더라
도 그 하자는 치유되었다고 보았었다. 이 논점에 대하여 대법원은 "개발
부담금 납부의무자로서는 위법한 처분에 대한 가산금 납부의무를 부담
하게 되는 등 불이익"이 있을 수 있으므로 하자의 치유를 인정할 수 없
다고 판시했다.

　부산고등법원과 대법원은 모두 개별공시지가결정에 관한 하자의 승계
를 인정한 전제위에서 승계된 하자가 단순히 절차적 하자인 경우 치유
될 수 있는가 하는 논점에 대해 입장을 달리 했다.

　문제된 절차적 하자는 행정청이 감정평가사의 감정평가액에 따라 개
별지가를 산정했다는 점이었다. 즉, 개별토지가격의 결정에 있어 비교표
준지를 선정하여 그 비교표준지의 공시지가를 기준으로 당해 토지의 지
가형성요인에 관한 표준적인 비교표를 활용하여 두 토지의 특성을 상호
비교하여 가격조정률을 결정한 후 토지가격을 산정하였어야 하는데, 그
러한 과정을 거치지 않고 감정평가사의 감정평가액에 따라 개별지가를
산정했다는 점이었다.

　이 글에서는 하자의 승계문제와 관련하여 다음의 세 가지 논점을 중
심으로 논의를 전개해갈 것이다. 1) 선행처분과 후행처분을 그 행위들의
성격에 의해 분석함으로써 하자의 승계가 가능한 사례들을 확정할 수
있는 보다 구체적인 세부적 기준을 발견할 수 있는가 또는 그러한 지식
을 얻을 수 있는가, 2) 선행처분의 절차적 하자도 후행처분의 위법평가
에 있어 승계되는가, 그리고 3) 선행행위와 후행행위의 처분청이 다른
경우에도 같은 경우와 동일한 취급을 해야 하는가 하는 점이다.

II. 프랑스 행정법상 복합적 행정작용론과 위법성의 항변

한국 행정법상 판례와 다수설에서 하자의 승계의 기준은 '별개의 법률효과를 발생하는 독립된 행정처분'인가의 여부에 의존하고 있는데, 그 사용하는 용어나 설명방식으로 볼 때, 이 이론의 기원은 이하에서 살펴보듯이 프랑스 행정법학의 위법성의 항변과 복합적 행정작용의 이론일 것으로 추론해 볼 수 있을 것이다. 이를 확인하기 위해서는 구제국시대 일본행정법학을 살펴보아야 할 것이지만 여기서는 줄이기로 한다.

1. 프랑스 행정법상 위법성의 항변과 복합적 행정작용의 이론

프랑스 행정법상 개별적 행정행위의 위법을 주장하며 행정소송을 제기하기 위해서는 한국과 마찬가지로 제소기간을 준수해야 한다. 따라서, 제소기간이 지나면 개별적 질서가 창출되어 법적 상황의 안정성을 보장하기 위하여 당해 행위에 대해서는 더 이상 위법을 주장하며 소송을 제기할 수 없다.

프랑스 행정법상 위법성의 항변은 한국 행정법상 민사소송이나 형사소송에서 행정행위의 위법평가를 할 수 있는가 하는 문제인 **선결문제**나, 행정행위의 근거규정인 행정입법의 무효를 판단하는 **부수적 규범통제 또는 간접적 규범통제의 문제,** 그리고 복수의 행정행위들 상호간에 선행행위의 하자가 후행행위에 승계되는가 하는 **하자의 승계**문제를 다루기 위해 함께 사용되고 있다.

"복합적 행정작용의 이론"(théorie des opérations administratives complexes)은 하나의 개별적 행정행위가 다른 하나의 또는 복수의 행정행위와 엄격하게 결합되어 모든 단계가 끝난 후에 통일된 행정결정을 만들

어내는 경우, 관련된 행정행위들을 복합적 행정작용이라고 부르면서, 후
행행위에 대한 취소소송에서 선행행위의 위법성을 법원이 다시 심사할
수 있다는 판례법상의 이론이다.[109)

복합적 행정작용이라는 번역어는 직역한 것이지만 의미상으로는 '유
기적으로 결합을 이루고 있는 행정행위들'이라는 뜻이다. 복합적 행정작
용의 이론은 선행행위가 법률이나 행정입법과 같은 입법이 아닌 경우에
적용된다.[110) 입법인 경우에는 부수적 규범통제도 가능하지만 일정한
경우 직접적인 통제도 가능하기 때문에 제외된다.

위법성의 항변이 인정되면 후행행위에 대한 행정소송에서 선행행위의
위법평가는 가능해지지만, 선행행위는 위법이라 평가되어도 제소기간이
지나 월권소송의 대상이 될 수 없다. 또, 선행행위의 위법을 인정해도
그것은 후행행위와 관련하여서만 위법을 확인하므로 선행행위의 구속력
과 공정력을 배제시켜줄 뿐이다. 즉, 선행행위의 위법을 확인(Consta-
tation) 한다 하더라도 그것은 취소(Annulation)를 의미하는 것이 아니고
소송당사자에 대한 기판력(Autorité relative de chose jugée) 만을 발생시
킬 뿐이다.[111) 당해 사건과 관련하여 그 적용이 배제될 뿐이고 선행행위
는 여전히 유효하다.

2. 복합적 행정작용이론의 적용분야와 그의 확장

프랑스에서 복합적 행정작용의 이론은 주로 공무원채용시험에 대한
소송과 공용수용에 관한 소송에서 적용되었지만,[112) 점차 그 적용범위

---

109) Debbasch/Ricci, Contentieux administratif, 8éd., n.392. p.390.; R. Chapus, Droit
　　du contentieux administratif, 9éd., 2001, n.781.
110) François, Chevallier, La fontion contentieuse de la théorie des opérations
　　administraives complexs, AJDA 1981, p.332.
111) Debbasch/Ricci, Contentieux administratif, 8éd., 2001, n°944, p.834-835.

가 확대되어 왔다.

이 이론이 적용된 최초의 판례는 이미 1917년 11월 28일 꽁세이데타의 Perrens 판결이 다.[113] 이 판결은 경쟁시험의 지원자가 불합격결정(후행행위)을 소송대상으로 삼아 제소하면서 시험에 참가할 자격을 부여하는 시험응시후보자명단의 확정결정(선행행위)에 대해 2개월의 제소기간이 지난 후임에도 후행행위에 대한 소송에서 선행행위의 위법의 주장이 가능하다는 판결이다. 왜냐하면, 두 행위들은 통일적인 행정목적을 달성하기 위해 서로 유기적으로 결합하고 있기 때문이었다. 그 이후, 공무원 시험과 관련하여 선발예정의 공고, 후보자명부의 확정, 심사평가위원의 위촉, 심사 후 합격자의 결정 행위들 상호간에 유기적인 결합을 인정하고 위법성의 항변이 가능하다고 하는 판례들이 축적되었다.[114]

공용수용의 분야에 관한 판례는 1951년 6월 29일 Cessibilité 판결로 나타나게 되었다.[115] 행정청이 사인의 토지가 포함된 토지들의 개발이 공익에 적합함을 선언하는 행정청의 공익선언(déclaration d'utilité publique)(선행행위)의 공고이후 2달 이내에 제소되지 않은 상태에서 후행 수용행위에 대한 소송에서 공익선언의 위법성을 주장할 수 있다는 것이다.[116]

하지만, 차츰 이 이론은 조세징수절차에 속한 일련의 행위들 상호간에도 적용되었고,[117] 도시개발계획의 분야에서도 인정되기 시작했는데,[118] 예를 들어 도시개발계획의 인가와 그 후속조치로서 도시계획시

---

112) Jean-Jacques Thouroude, Pratique du contentieux administratif, 2éd., 2002, p.109-110.
113) C.E. sect. 28.11.1917, Perrens, Leb. p. 133.
114) C.E. sect. 17.6.1927, Bouvet, Leb. p. 676. ; C.E. sect. 19.5.1943, Leb. p. 124. ; C.E. sect. 19.10.1958, Butori, A.J.D.A. 1958. II, p. 450.
115) C.E. sect. 29.6.1951, Lavadier, Leb. p. 380.
116) 유사 판례는, C.E. sect. 17.6.1955, A.J.D.A. 1955. II, p. 288. ; C.E. sect. 26.7.1977, A.J.D.A. 1977. p. 513.
117) C.E. sect. 3.12.1967, A.J.D.A. 1968. p. 125. ; C.E. sect. 10.1.1969, A.J.D.A. 1969. p. 176.; C.E. sect. 12.1.1973, Villet du Cannet, Leb. p. 36.

설의 결정행위, 도시계획위원회의 의사결정의 승인행위와 그 선행행위
인 위원들의 표결행위 등의 경우에도 위법성의 항변이 가능하다는 판례
들이 나왔다.

3. 복합적 행정작용이론의 적용요건

복합적 행정작용의 이론의 확대를 통해 제소기간이 지난 행위의 위법
에 대한 다툼을 가능하게 하는 것은 법질서의 불안정성을 영구화하기
때문에 학설과 판례는 상당히 신중하다. 복합적 행정작용의 이론은 다음
의 두 가지의 요건이 충족될 경우 적용된다. 이 두 개의 요건에 대해 프
랑스의 행정법학자들은 직접성의 요건과 필요성의 요건이라 부르기도
하고 Chevallier는 연속성(continuité)의 요건과 특수성(spécifité)의 요건이
라고 부르기도 한다.[119] 즉, 둘 이상의 행위들이 상호 '직접적이고 필요
한' 결합을 이루고 있어야 한다고 설명하거나, 두 행위들의 관계가 '연
속적이고 특수해야' 한다는 것이다.

첫째, 선행행위와 후행행위가 별개(distincte)이고 독립적(indépendante)
이거나 이질적인 것일 수는 있지만, 하나의 통일된 목적을 위해 상호 분
리불가능하거나 해체하기 어렵게 결합(lien dissoluble)되어 있고 그 결합
이 명백히 필요할 것,[120] 둘째, 선행행위와 후행행위 사이의 결합(lien)내
용이 특수한 것이어야 하는데, 후행행위가 선행행위를 집행하거나 적용
하기 위한 행위 또는 집행행위이어야 하지만 선행행위가 기득권을 침해
하거나 새로운 권리를 창설하지 않는 행위이어야 하고,[121] 양 행위 사이

---

118) C.E. sect. 22.3.1978, Leb. pp. 722-723, 843-845. ; C.E. sect. 23.3.1979, A.J.D.A.
    1979. p. 53.

119) François, Chevallier, La fontion contentieuse de la théorie des opérations
    administraives complexs, AJDA 1981, p.334-337.

120) François, Chevallier, Ibid., p.336-347.

에서 후행행위가 지배적인 결정(dominant)[122] 또는 본질적인 결정이어야 한다.

첫째의 요건은 후행결정은 선행결정을 전제로 하여야 한다는 것, 선행결정이 있었기 때문에 가능하며, 통일적인 목적 또는 결과를 실현하기 위해 상호 유기적으로 결합되어 있어야 한다는 것을 의미한다. 이 때, 연속성의 의미는 사실적인 의미가 아니라 법적 연속성(continuité juridique)을 의미하는 것이다. 초기에는 두개 또는 문제된 복수의 행위들이 상호 별개의 독립적 처분이 아닐 것이 그 요건이었지만 그 요건이 완화되고 있고, 입법자의 계획에 따를 때 선행행위와 후행행위가 긴밀하게 결합되어 있을 것이 요구되므로 복수의 행위들에 대해 적용되는 법률이 동일할 것이 요구되었지만, 점차 그 요건이 완화되고 있다. 여기서의 설명은 완화되어 있는 현재의 판례와 학설을 기준으로 한 것이다.

두 번째의 요건은 후행행위가 선행행위와의 관계에서 처분의 상대방에게 보다 중요하고 본질적이며 일련의 통일적 행정과정에서 목적이자 결과이어야 한다는 점을 의미한다. 선행행위는 행정행위이므로 단순한 준비조치이어서는 안되지만, 또, 기득권을 침해하거나 새로운 권리를 창설할 정도로 기존의 법질서를 변경시키는 것이어서는 안된다.

이러한 요건들 때문에, 건축허가나 그 거부에 대한 소송에서 상업지구 결정의 위법이나 간척지개발사업승인의 위법을 이유로 주장해도 하나의 통일된 목적을 위해 상호 분리불가능하거나 해체하기 어려운 결합(lien dissoluble)을 긍정할 수 없어 위법성의 항변이 가능하지 않다고 한다.[123]

---

121) 이 요건은 프랑스 행정법상 기득권(droit acquis)과 관련하여 논의되고 있어 이 개념에 대한 충분한 설명이 필요하나 여기서는 간략하게 본문과 같이 이해하기로 한다. 독일 행정법학자들 중에서도 선행행위가 확인적 행정행위인 경우 선행행위의 후행행위에 대한 구속력을 특수하게 다루는 학자들도 나타나고 있다. Andreas Kollmann, Zur Bindungswirkung von Verwltungsakten, DÖV 1990, S.194-195.

122) François, Chevallier, La fontion contentieuse de la théorie des opérations administraives complexs, AJDA 1981, p.335.

4. 도시계획사건에서 복합적 행정작용의 이론

꽁세이데타의 판례에 따를 때, 복합적 행정작용의 이론은 프랑스의 국토이용계획절차의 일종인 협의정비지구(Zone d'Aménagement Concerté ; ZAC)에서 적용된다. 협의정비지구는 지방자치단체 등이 토지를 개발하고 기반을 정비하면서 그 위에 건축물이나 시설을 설치하는 구역으로 지방자치단체 스스로 사용하는 경우도 있지만 민간건설업자에게 양도하거나 특허를 부여하는 경우도 있다. 이 지구를 설정하는 행위의 위법성은 당해 지구위의 공공시설설치계획에 대한 승인결정에 대한 소송에서도 주장할 수 있는데 판사는 복합적 행정작용의 이론을 근거로 그 항변을 받아들이고 있다.[124]

하지만, 도시계획과 관련하여 프랑스의 입법자들은 위법성의 항변의 무분별한 확장이 법적 안정성을 침해할 위험성이 있음을 인식하고 복합적 행정작용의 이론의 적용범위를 제한하는 입법을 내놓게 되었다. 1994년 2월 9일 개정된 프랑스 도시계획법 제600-1조는 도시계획의 형식 및 절차의 위법과 관련된 항변을 도시계획결정의 효력발생일로부터 6개월의 기간으로 한정했다. 이로 인해 대부분의 형식 및 절차상의 하자는 6개월의 기간이 지나면 위법성의 항변의 방식으로도 다툴 수 없게 된다. 그 이유는 도시계획이 수립되고 집행된 지 수년이 지난 후 계획의 형식이나 절차에 관한 단순한 규정의 위반이 위법성의 항변에 의해 다시 문제되는 것은 바람직하지 않다고 보기 때문이다. 하지만, 형식과 절차의 중대성에는 차이가 있기 때문에 모든 형식절차상의 하자를 이러한 제한에 포함시킨 것은 아니고, 주민들의 의견청취절차를 부여하지 않았거나 도시계획의 도면을 주민들이 열람할 기회를 얻지 못하는 등의 도시계획의 절차적 정당성에 중대한 흠이 되는 사유는 이 제한에서 제외되었다.

---

123) Henri Jacquot/ François Priet, Droit de l'urbanisme, 5éd., 2004, n° 773, p. 802.
124) C.E. sect. 23 juill. 1979, Valentini, Rec, CE, p. 133.

또, 도시계획과 관련하여 실체적 이유에 의한 위법성의 항변은 제한되지 않는다.125) 프랑스 헌법재판소는 도시계획법 제600-1조가 위법성의 항변을 6개월 이내로 제한하고 있지만 이해관계인의 재판청구권을 침해하는 것이 아니라고 한다.126)

Ⅲ. 독일 행정법상 하자승계론

한국에서 하자의 승계에 관한 많은 논의들은, 특히, 소수설을 비롯한 최근의 논의들은 독일의 이론적 동향을 배경으로 하여 선행행위의 후행행위에 대한 구속력이라는 이름으로 전개되어 왔다. 때문에 독일의 상황은 비교적 상세하게 알려져 있다. 이 글에서는 대상판례에서 문제되고 있는 핵심적 논점인 선행행위와 후행행위를 발한 행정청이 서로 다른 상황에서도 선행처분의 위법이 후행처분에 승계되는가 여부의 논점을 이해하기 위해 필요한 것들을 중심으로 독일의 이론과 실무를 살펴보기로 한다.

독일의 논의들은 구체적인 실정법적 근거가 아니라 주로 이론적 근거를 기초로 전개되고 있기 때문에, 행정과 국민과의 관계에서 실정법이나 행정의 결정이 갖는 권위나 의미가 다른 상황에서는 다른 이론의 전개도 가능할 수 있을 것이다.

수익적 행정행위들 상호간에서나 침익적 행정행위들 상호간에서 하자의 승계가 넓게 인정되는가의 여부는 행정청과 사인에게 상반된 영향을 미친다. 수익적 행정행위의 경우 사인은 선행행위의 구속력이 미치고 하자가 승계되지 않기를 바랄 것이고, 침익적 행정행위의 경우 선행행위의 구속력이 미치지 않고 하자가 승계되기를 바랄 것이다. 사실상 판례가

---

125) Henri Jacquot/ François Priet, Droit de l'urbanisme, 5éd., 2004, p. 812-813.
126) déc. n 93-335, DC 21 janv. 1994, Rec. cons. const., p. 40.

이러한 성질의 차이를 고려하게 될 것이지만, 처분의 상대방에게는 수익적이지만 제3자에게는 침익적인 경우도 있기 때문에 이론적으로 그 차이를 고려할 때 난점이 있을 것이다. 여기서 이 논점은 더 이상 다루지 않기로 한다.

독일 행정판례상 후행행위에 대한 선행행위의 구속력이 문제된 사례들은 건축허가의 거부결정과 철거명령, 숙박업허가의 철회와 숙박업소의 폐쇄명령, 공무원의 봉급확인과 연금액수의 결정 등이 그 예이다.127)

핵심적 논점은 독일 연방행정법원의 리딩 판례(BVerwGE 48, 271(279) =NJW 1976, 340)에서 표명된 입장인 "행정행위의 존속력의 대상과 법적 효력범위는 모든 법영역과 모든 종류의 행정행위를 위해 통일적으로 평가할 수는 없다"는 견해를 어떻게 평가해야 하는가 하는 점이다. 이것을 "차등화된 존속력"(abgestufte Bestandskraft)의 이론이라고 부른다.

이 판결은 건축허가를 받지 않고 건축행위를 한 건축주가 나중에 건축허가의 신청을 했으나 거부당한 후 그 거부처분에 대해 제소하지 않고 있다가 후행 철거명령이 내려지자 철거명령의 취소소송을 제기하면서 선행 건축허가거부처분의 위법을 주장한 사건에 관한 것이다. 이 사건에서 뮌스터 고등행정법원(OVG Münster, BRS 27, 326)은 실질적 존속력의 개념을 사용하면서 선행행위의 구속력이 후행행위에 미친다고 보았다. 하지만, 연방행정법원은 행정행위의 존속력과 판결의 기판력사이에는 중대한 차이가 난다고 보아 선행 건축허가거부처분의 구속력이 후행 철거명령을 발하는 행정청에 미치지 않는다고 하면서 당해 건축물이 건축관계 실체법을 위반했는지 철거명령을 하는 건축감독청은 다시 심사할 수 있다고 보았다.

---

127) 하지만, 다단계절차에서 일부의 허가는 전체허가계획중 일부에 대한 종국적 허가로서 상호 규율대상이 달라 다음 단계의 결정에서는 새로이 심사되지 않는다는 점에서 하자의 승계와 관련된 사례는 아니라고 한다. Erichsen/Knoke, Bestandskraft von Verwaltungsakten, NVwZ 1983, S.190.

후행행위에 대한 선행행위의 구속력이 처분청이 서로 다른 경우에도 일반적으로 미친다는 입장에서는 이 판례의 입장에 대해 반대하면서 다음의 논거들을 제시하고 있다.

첫째, 국가조직법적 관점에서 어떤 행정청의 행정행위에 대하여 다른 모든 행정청이 구속된다고 보는 것이 국가의사와 그 효력의 통일성을 보장할 수 있다는 것이다. 조직법은 먼저, 여러 행정기관에 권한을 분배하고 관할을 나누어 각 행정기관이 자기 관할사항에 대해 배타적으로 처리하도록 하여 관할의 중복을 금지한 다음 그것들이 흠결없이 통합되도록 함으로써 국가의사의 통일성을 보장하려 한다. 그렇게 함으로써 각 행정기관의 규율권이 상호 모순없이 조화될 수 있게 된다. 이를 위해 모든 행정청은 다른 행정청의 행정행위를 존중하고 규율대상이 같을 때에는 그것에 구속되어야 한다.128)

둘째, 선행 행정행위가 발해지면 그 행정행위에 대한 신뢰가 형성되어 사실상 그 후의 법적 문제해결을 위한 규준이 된다. 행정행위에 의한 규율이 신속하게 법질서를 안정시키고 법률관계를 명료하게 하는 것은 헌법상의 원칙인 법적 안정성의 원칙으로부터 정당화된다. 제소기간이 지나 행정청이 내린 결정에 대해 국민들이 더 이상 다툴 수 없게 된다면 그 때부터 당해 행정행위는 확정된 기준으로서 다른 행정기관이나 제3의 이해관계인에 대하여 일반적으로 종국적 구속력을 가져야 한다는 것이다.129)

이 판례의 입장에 대해 찬성하는 입장에서는 다음의 논거들을 제시하고 있다.

첫째, 독일 행정법상 하자의 승계론은 소송에서의 기판력이론과 밀접한 관계를 맺고 발전해 왔다. 행정행위의 실질적 존속력에 상응하는 기

---

128) Max-Jürgen Seibert, Die Bindungswirkung von Verwaltungsakten, 1989, S.250.;
　　　F. Kopp, Die Bestandskraft von Verwaltungsakten, DVBl., 1983, S.400.
129) Erichsen/Knoke, Bestandskraft von Verwaltungsakten, NVwZ 1983, S.189.

판력 내지 실질적 확정력은 후행소송에서 법원과 당사자들을 위한 규준력(Maßgeblichkeit)으로 이해되고 있는데, 기판력의 주관적 범위는 원칙적으로 소송당사자들이고 일반 제3자에게는 미치지 않고 변론종결후의 승계인 등에게만 미친다. 따라서, 후행 행정행위에 대한 선행행위의 구속력의 문제에 있어 선행행위를 발한 행정청과 후행행위를 발한 행정청이 다른 경우에는 기판력을 유추하여 구속력이나 실질적 존속력의 이론을 전개하는 것은 적절하지 않을 수 있다. 재판절차와 행정절차는 판결이나 결정의 정확성의 보장, 종국적 평화유지와 분쟁해결의 기능, 결정자의 중립성과 절차적 공정성의 보장에 중대한 차이가 존재한다. 재판의 경우 아주 예외적으로 재심이 인정될 뿐이지만 행정행위에 대해서는 취소와 철회가 가능하고, 또, 독일의 경우에는 재심절차도 규정되어 있다. 즉, 선행결정의 권위나 수정가능성 등에 차이가 있다.[130]

때문에, 소송법상의 기판력의 개념과 이론을 차용할 것이 아니라 행정행위에 고유한 법적 효력과 실체적 행정법을 고려하여 이론이 개발되어야 한다. 어떤 행정청이 다른 행정청의 선행결정에 구속되는가는 일반이론에 의해 일률적으로 답해져서는 안되고 자신의 후행결정의 근거규정인 수권규범에 의해 판단되어야 한다. 개별 실체법상의 수권규범에 아무런 제약이 없다면 후행행위를 하는 행정청은 선행행위와 모순되게 행동할 수도 있는 것이다.[131]

둘째, 선행행위를 발하기 위한 행정절차와 후행행위의 행정절차사이에 차이가 존재한다는 점을 논거로 제시한다.

독일의 조세소송에서 연방조세법원은 선행 확인적 행정행위에 대해 후행 조세부과처분을 하는 행정청은 구속당하지 않는다는 원칙을 견지

---

130) Curt M. Jeromin, Die Bestandskraft von Verwaltungsakten im Amtshaftung-sprozeß, NVwZ 1991, S.544.

131) Eberhard Haaf, Die Fernwirkungen gerichtlicher und behördlicher Entscheidungen, 1984, S.141-142.

해오고 있다.132) 다른 행정청의 증명이나 확인행위가 조세행정기관을 구속하지 못한다는 것이다. 예를 들어, 운송물의 종류에 따라 세율이 다른 경우 당해 운송을 관할하는 교통행정기관이 판단한 운송의 종류에 세무기관은 구속당하지 않고 독자적으로 운송의 종류를 결정하여 세금을 부과할 수 있다는 것이다.133)

그 논거로 연방조세법원은 조세를 부과하는 행정청은 세법 제88조 (1977 AO §88)에서 규정하고 있는 직권탐지주의에 따라 조세부과여부와 금액의 확정에 필요한 요건사실들과 적용할 법령들을 충실하게 직권으로 조사해야 하기 때문에, 선행 확인행위에서 확정한 내용이 후행 조세 부과처분에 구속력을 미쳐서는 안된다는 점을 제시한다.134) 그러나, 형성적 또는 권리창설적 행정행위에 대해서는 구속력이 미친다고 본다.135) 더 나아가, 조세행정의 영역이외에 일반행정의 분야에서도 선행행위가 선언적(확인적) 행정행위일 경우 후행행위에 대한 구속력이 부인되어야 한다는 논리를 전개하는 학자도 있다.136)

---

132) BFHE 73, 413. ; BFHE 58, 104. ; BFHE 55, 311(314f.). 이 판결은 어떤 재단이 공법인이 아니라는 관할행정청의 증명은 확인적 행정행위일 뿐 설권행위가 아니기 때문에 조세행정청을 구속하지 않는다고 판시했다.

133) 선행 확인적 행정행위에 대한 후행 행정청의 구속력의 부인은 프랑스 행정법상 선행행위가 기존의 권리를 침해하지 않거나 새로운 권리를 발생시키는 행위가 아니어야 한다는 위법성항변의 요건과 매우 유사한 기능을 하고 있는 것으로 보인다.

134) 다만, 연방 조세법원은 구속력을 완전히 부인하지는 않고 사실상의(faktisch) 구속력이라는 용어를 사용하여 선행 행정청의 판단을 상당히 존중하려 하고 있다.(BFHE 58, 104.) 즉, 조세행정청은 다른 행정청의 결정에 대해 단지 예외적으로만 자신의 전문지식에 의해 심사권을 행사하여 의견을 달리할 수 있다는 것이다. 다른 행정청의 증명은 일반적으로 '충분하고 규준적'이지만 예외적으로 조세 행정청의 사후심사를 받아야 한다는 것이다.

135) BFHE 67, 314(316f.). ; BFHE 77, 209. ; BFHE 81, 604. 확인적 행정행위와 형성적 행정행위로 나누는 연방조세법원의 입장에 대해 세법학자들 사이에서는 찬반의 견이 팽팽히 나누어져 있다. Max-Jürgen Seibert, Die Bindungswirkung von Verwaltungsakten, 1989, S.47 Fn 7) 참조.

136) Andreas Kollmann, Zur Bindungswirkung von Verwltungsakten, DÖV 1990, S.

조세부과처분은 타인의 재산권이라는 기본권에 대한 중대한 침해이기 때문에 조세법률주의 등 법률에 명백한 근거가 있을 때만 부과할 수 있고, 또 정확하고 진실한 사실관계의 파악필요도 다른 처분의 경우보다 더 크다고 할 수도 있다.

이에 대해서는 후행행위에 대한 선행행위의 구속력이 일반적으로 인정되어야 한다는 입장에서 다른 행정절차에도 직권탐지주의가 적용되기 때문에 직권탐지주의는 조세행정절차에 특유한 법원칙도 아니고, 따라서, 다른 행정절차의 경우와 달리 후행행위를 발한 행정청이 선행행위의 구속력에서 벗어날 수 있는 논거로는 부족하다는 비판을 제기하고 있다.137)

선행행정절차와 후행행정절차는 행정절차에 있어 이해관계인이나 주민의 참가여부와 참가범위 그리고 다른 행정청의 참가나 의견제출기회의 부여 여부 등에 차이가 있을 수 있다. 또, 처분청이 다른 경우에는 각 행정청의 전문성에 차이가 있다. 절차구조에 차이가 있고 각 행정청의 전문성이 다르면 규율의 대상이 같아도 규율의 관점이 달라질 수 있다.

이에 대해서 후행행위에 대한 선행행위의 일반적 구속력을 긍정하는 입장에서는 각 행정청의 전문적 관할사항의 범위에서만 규율의 효과가 미치고 그 한계내에서만 후행행위에 대해서 구속력을 미칠 뿐 규율의 대상이 달라지면 구속력이 미치지 않기 때문에 절차의 차이는 문제될 것이 없다고 한다.138)

셋째, 재산권과 같은 기본권이 후행행위에 의해 침해되고 그것의 허용여부가 선행행위의 위법여부에 달려 있을 때, 국민은 권리보호절차가 완비된 재판절차에서 효과적으로 권리가 보호되어야 하고 행정절차에서

194-195.
137) Max-Jürgen Seibert, Die Bindungswirkung von Verwaltungsakten, 1989, S.267-270.
138) Max-Jürgen Seibert, a.a.O., S.270-271.

의 결정이 최종적 구속력을 가져서는 안된다는 점을 논거로 제시한다.(BVerwGE 48, 271(279)=NJW 1976, 340에서 제시된 논거) 하지만, 이 논리에 대해서는 재산권뿐만 아니라 다른 기본권에 대해서도 동일한 논리가 사용되어야 하는데 그렇게 되면 존속력이 차등화되는 것이 아니라 일반적으로 후행행위에 대한 선행행위의 구속력이 부인되게 될 것이라고 한다.

넷째, 법의 일반원칙인 명료성, 예측가능성과 기대가능성의 관점에서 선행행위의 구속력이 후행행위에 미친다고 해서는 사인의 권리가 보호되지 못하고 그것은 그에게 수인기대가능하지 않을 수 있다.[139] 따라서, 수인기대가능성의 여부에 따라 구속력을 차등화해야 한다. 어떤 행정행위를 할 때 그 효과가 후행행위에 미친다는 점을 충분히 인식할 수 없는 경우가 그러한 예가 될 것이다. 객관적으로 예측가능하도록 절차적 장치가 필요하지만 그러한 장치가 없어 예측가능성이 없는 경우에까지 법적 안정성을 우위에 둘 수는 없다는 것이다.

Ⅳ. 학설 및 판례의 분석과 새로운 판례들을 위한 구체적 세부기준들의 탐색

1. 학설과 판례의 개관

1) 학설의 개요

다수설과 개별공시지가결정을 제외한 다른 판례들은 선행행위와 후행행위가 결합하여 하나의 효과를 완성하는 경우에는 선행행위의 하자가

---

139) Erichsen/Knoke, Bestandskraft von Verwaltungsakten, NVwZ 1983, S.191-192.

후행행위에 승계되는 반면에 선행행위와 후행행위가 서로 독립하여 별개의 효과를 발생시키는 경우에는 선행행위가 당연 무효가 되지 않는 한, 그 하자가 후행행위에 승계되지 않는다고 한다.140)

소수설은 둘 이상의 행정행위가 동일한 법적 효과를 추구하고 있는 경우에 선행행위는 후행행위에 대하여 일정한 범위에서 구속력을 미치고, 그 구속력이 미치는 범위안에서 후행행위에 있어서 선행행위의 효력을 다툴 수 없다고 한다. 그리고 구속력이 미치는 한계로 사물적 한계, 대인적 한계 및 시간적 한계를 제시하고, 그 한계도 수인기대가능성이 없는 경우에는 구속력이 미치지 않는다고 한다. 또, 기본권보호의 필요성도 그 요건으로 내세우고 있다.141)

오랫동안 통설과 판례의 위치를 차지해온 다수설에 대해 제기된 핵심적인 비판은 다수설이 제시한 기준이 지나치게 단순하고 형식적이라는 점이었다. 소수설은 위법의 관점이 아니라 효력의 관점이라는 새로운 관점에서 하자의 승계문제를 바라보았다는 성과이외에 예측가능성과 수인기대가능성의 관점에서 하자의 승계여부를 판단할 수도 있다는 시사점을 주었고 이 점은 개별공시지가결정에 관한 판례의 출현에 일정한 영향을 미친 것으로 보인다.

현재 학자들도 다수설과 소수설을 근간으로 하면서도 개별공시지가결

---

140) 김도창, 일반행정법론(상), 1992, 443면. ; 서원우, 현대행정법론(상), 1978, 469-470면. ; 김철용, 행정법I, 2004, 251-255면. ; 김동희, 행정법1, 2004, 320-324면.; 홍정선, 행정법원론(상), 2004, 351-354.; 홍준형, 행정법총론, 2001, 308-315면.; 박균성, 행정법론(상), 2004, 293-298면. ; 유지태, 행정행위의 하자승계논의, 고시연구 1995.7, 214-221면.,

141) 김남진, 행정행위의 하자승계론과 규준력이론, 행정법연구 제2호, 1998, 125-142면.(이에 관한 처음의 논문은, 행정행위의 구속력·규준력, 고려대 법학논집 제22집, 1985, 253면 이하.) 이외에도 신보성교수와 박종국 교수도 소수설을 취하는 학자로 소개하고 있다. 다만, 김성수 교수는 기본권보호라는 관점을 중시하기는 하지만 소수설을 명백히 지지하는 것 같지는 않다. 김성수, 일반행정법 제2판, 2004, 293-302면 참조. ; 정하중, 행정법총론, 제2판, 2004, 291-297면.

정과 같은 새로운 판례를 분석하기 위하여 세부적으로 뉘앙스가 약간씩 다른 견해들을 제시하고 있다. '내부적인 관련성'이 추가적으로 필요하다고 보는 견해,[142] 또, 기초가 되는 선행행정행위의 위법성이 후행처분의 전제가 되는 경우와 선행행정작용에 대한 쟁송수단이 없거나 출소기간내에 다투는 것이 현실적으로 곤란한 경우를 추가적 요건으로 제시하기도 한다.[143] 다만, 이 견해들에 의해서도 다수설이나 소수설이 제시한 기준들과 다른 세부적 기준들이 제시된 것은 아닌 것으로 보여진다.

다수설은 선행행위와 후행행위가 결합하여 하나의 효과를 완성하는가 아니면 서로 독립하여 별개의 효과를 발생시키는가에 따라 하자의 승계 여부를 결정하고자 하는데, 이 요건들을 나누어보면, 첫째, 둘 이상의 복수의 행위들이 상호 연결되어 있거나 결합되어 있거나 내적인 관련성을 맺고 있어야 한다는 것, 둘째, 하나의 효과를 발생시켜야 한다는 것이라고 할 수 있다. 이 두 번째 요건에 대하여 다수설은 추가적 설명을 전혀 하지 않고 있다. 때문에, 두 행위간의 결합방식에 관한 소수설의 설명이 다수설과 상호 보완적으로 결합될 수 있을 것이라는 생각을 하는 것도 가능할 것이다. 하지만, 어느 학설에 따르더라도 두 번째 요건에 관한 세부적인 설명은 소수설에서 제시한 것 이상으로 나아갈 수 없었다는 점이다.

문제는 다수설에서 제시한 요건중 두 번째의 요건이라 할 수 있는데, 이 요건은 선행행위와 후행행위가 어떻게 결합되어 있는가 그리고 두 행위들의 성질에 관한 것이라고 할 수 있다. 개별공시지가결정에 관한 판례는 "선행처분과 후행처분이 서로 독립하여 별개의 효과를 목적으로 하는 경우"이지만 양도소득세부과처분과의 관계에서 선행행위의 위법성을 주장할 수 있다고 보았다. 때문에, 개별공시지가결정에 관한 판례이

---

142) 유지태, 개별공시지가결정행위의 하자의 승계에 관한 판례, 판례연구7 (고려대 법학연구소), 1995, 140-143면.
143) 김용섭, 행정행위의 하자승계론의 재검토(하), 판례월보 1998.4, 45-46면.

후 이 두 번째 요건은 완화되거나 예외적인 상황에서는 폐기되어 판례
가 이원적으로 운용되고 있다고 이해할 수밖에 없는 상황이 되었다. 과
연 그러한가에 대하여 검토가 필요하다.

　1994년 양도소득세부과처분의 취소소송과 관련하여 선행행위인 개별
공시지가결정의 하자가 승계된다는 판례가 출현한 지 이미 10년 이상이
지났고, 개별공시지가결정에 관한 다수의 판례가 축적되었으나 개별공
시지가 판례상의 기준은 더 구체적으로 발전하지 못하고 있어 유사사건
들을 다루기 위한 기준이 되지 못하고 있다. 때문에, 이미 소수설의 설
명도 지나치게 단순하고 형식적이라는 비판을 면하기 어려운 상황이 되
어가고 있다. 행정행위 개념이 점차 확대되고 있는 추세에 맞추어 하자
의 승계에 관한 기준들에 대해 보다 상세한 세부기준들이 제시되어야
할 것이다.

2) 판례들의 개관

　한국에서 하자의 승계를 명시적으로 긍정한 판례들은 그렇게 많지 않
다. 대집행과 관련하여 계고처분, 영장의 통지, 실행, 비용납부명령에 관
한 판결(대법원 1993.11.9, 93누14271 ; 대법원 1996.2.9, 95누12507)과 암
매장분묘개장명령과 후행계고처분(대법원 1961. 12. 21, 4293 행상 3
1)[144]이 있다. 이들은 처분청이 동일한 경우이다.

　안경사시험합격무효처분과 안경사면허처분[145] (대법원 1993. 2. 6, 92

---

144) 이 판결에서 대법원은 "계고 처분의 적법, 위법을 논하기 전에 반드시 그 선행행위
　　가 되는 대체적 작위의 의무를 발생시킨 행정청의 명령이 있은 유무 및 그 위법
　　여부를 조사하여야 할 것인바 본건에 있어서는 4292. 10. 16. 피고인 공주군수의
　　계고 처분이 있었으나 동 처분의 전제적 요건이라 할 수 있는 선행행위인 동 피고
　　의 원고에 대한 개장명령이 있은 유무 및 동 명령의 적법, 위법을 심리판단하여야
　　할 것임에도 불구하고 이를 심리판단하지 아니한 원판결에는 심리부진의 위법이 있
　　음을 면치 못할 것이다"고 하고 있다.
145) 이 경우 안경사시험은 그 당시 보건사회부의 소속기관이 국립보건원장이 시행하고

누 4567), 개별공시지가와 조세처분에 관한 판례들의 경우 처분청이 달랐다.

그 외, 교과서 등에서 하자의 승계를 긍정한 사례들로 들어지는 귀속재산의 임대처분과 후행매각처분(대법원 1963.2.7, 92누315)[146), 독촉과 가산금, 중가산금징수처분(대법원 1986. 10. 28, 86누 147)[147), 한지의사시험자격인정과 한의사면허처분(대법원 1975.12.9, 75누123)[148) 기준지가고시처분과 토지수용처분(대법원 1979. 4. 24, 78누227)[149) 등은 판례를 면밀히 읽어본 결과 적어도 명시적으로는 하자의 승계와 관련된 사례라고 할 수 없어 제외한다.

개별공시지가결정과 관련된 판례들을 제외하고 한국에서 명시적으로 하자의 승계를 긍정한 판례들이 5개가 채 안되었다. 하지만 이러한 사정은 1994년 양도소득세부과처분과 관련하여 개별공시지가결정의 하자가 승계된다는 판례가 나온 이후 크게 바뀐다. 대법원은 대상판례(대법원 2001. 6. 26, 99두11592)까지 포함하여 개별공시지가결정과 관련하여 무

합격증을 그의 이름으로 주고 있어 안경사시험에 관한 다툼은 국립보건원장을 피고로 하여 제기하여야 할 것이다. 하지만, 안경사면허에 관한 다툼은 보건사회부장관을 피고로 하여야 한다.

146) 이 판결에서 대법원은 귀속재산이 아닌 것을 엿볼 수 있는 서증이 제출되어 있다는 이유로 귀속재산여부에 대한 다툼이 없다는 이유로 귀속재산의 매각이 허용된다고 본 원심을 심리미진을 이유로 파기했다. 하자의 승계론은 판결이유에서 명확히 전개되고 있지 않아 하자의 승계를 긍정한 사례가 될 수 있을 것인지 불분명하다.

147) 이 판결은 독촉장의 발부행위는 새로운 조세부과처분이 아니라는 원심판결에 대하여 이 경우에도 조세부과처분이 있었다고 볼 수 있다는 이유로 대법원은 원심판결을 파기하고 있다. 대법원은 하자의 승계론을 적어도 명시적으로는 전개하고 있지 않다.

148) 이 판결은 북한에서 귀순한 자가 한의사경력 등이 없음에도 경력이 있는 것처럼 속이는 경우 한지의사자격시험에의 합격처분은 무효가 되고 그 무효처분을 전제로 한 한의사면허처분에는 취소사유인 하자가 존재한다는 내용이다. 선행행위에 무효사유가 존재할 때는 하자의 승계론이 적용되지 않는다.

149) 이 판결에서 고등법원은 기준지가고시의 처분성을 긍정하였으나 대법원은 부인하였다. 따라서, 하자의 승계문제는 적어도 명시적으로는 검토되지 않고 있다.

려 6개의 판결에서 하자의 승계를 긍정한 것이다. 하자의 승계를 긍정한 오랜 세월 동안의 판례숫자보다 더 많은 판례들이 개별공시지가결정과 관련하여 나오고 있는 것이다.

양도소득세부과처분의 위법여부의 판단에 있어 선행하는 개별공시지가결정의 위법성을 주장할 수 있다고 하여 하자의 승계를 인정하는 판결(대법원 1994.1.25, 93누8542)을 한 후, 개별공시지가결정과 관련하여 하자의 승계를 인정하는 여러 판결들이 나왔다.

토지특성평가의 잘못에 기인한 개별공시지가결정의 위법을 토지초과이득세부과처분의 취소소송에서 주장할 수 있다는 판결, (대법원 1994. 10.7, 93누15588) 토지초과이득세부과처분의 취소소송에서 하자의 승계를 인정하면서도 개별공시지가결정방식에 있어 단수절사방식을 따른 것이 위법은 아니라는 판결, (대법원 1996. 5. 14, 93누10118) 토지초과이득세부과처분의 취소소송에서 하자의 승계를 인정하면서 개별공시지가결정에 있어 비교표준지의 산정이나 가감율의 결정등에 하자가 없다는 판결,(대법원 1996. 6. 25, 93누17935) 개발부담금부과처분의 취소소송과 관련하여 개별공시지가결정에 있어 표준지 선정을 잘못하였거나 현저하게 불합리한 위법이 있다 하여 하자의 승계를 인정한 판결(대법원 1997. 4. 11, 96누9096) 등이 있었다.

다만, 개별공시지가 결정에 대하여 한 재조사청구에 따른 조정결정을 통지받고서도 더 이상 다투지 아니한 경우는 예측가능성과 수인기대가능성이 있다고 보아 하자의 승계를 부인했다. 즉, 양도소득세 산정의 기초가 되는 개별공시지가 결정에 대하여 한 재조사청구에 따른 조정결정을 통지받고서도 더 이상 다투지 아니한 경우까지 선행처분인 개별공시지가 결정의 불가쟁력이나 구속력이 수인한도를 넘는 가혹한 것이거나 예측불가능하다고 볼 수 없어, 개별공시지가 결정의 위법을 이 사건 과세처분의 위법사유로 주장할 수 없다고 판시했다.(대법원 1998. 3. 13. 선고 96누6059)

하자의 승계를 긍정한 판례들은 개별공시지가결정에 관한 판례이후 하자의 승계를 적용법률이 서로 다르고 처분청이 서로 다른 경우에게까 지 확대하고 있다. 또, 개별공시지가결정은 확인적 행정행위이고, 안경 사시험합격무효처분150) (대법원 1993. 2. 6, 92누 4567)도 확인적 행정행 위이다. 이 요건은 프랑스 행정소송과 독일의 조세소송에서 하자의 승계 가 인정되기 위해 선행행위에 요구되는 요건들이었다는 점에서 주목할 만하고, 그 이전 하자승계가 긍정된 사례들과도 다르다. 그러므로, 개별 공시지가에 관한 사례들은 한국 행정소송에서 다른 유사 사례들로까지 하자의 승계론이 발전되기 위해 중요한 의미를 가진다고 할 것이다.

2. 전통적 통설의 명확화

하자의 승계를 긍정한 판례들을 두 그룹으로 분류하여 논의를 진행하 기로 한다.

첫째, 선행행위와 후행행위의 처분청이 동일한 경우이다. 대집행과 관 련하여 계고처분, 영장의 통지, 실행, 비용납부명령(대법원 1993.11.9, 93 누14271 ; 대법원 1996.2.9, 95누12507), 암매장분묘개장명령과 후행계고 처분(대법원 1961. 12. 21, 4293 행상 31) 등의 경우이다.

처분청이 동일한 경우는 독일의 학설에 따를 때 선행처분의 구속력이 미치는 전형적인 경우로서 특별히 예외적으로 수인기대가능성이 없지 않는 한 법원은 선행행위를 한 행정청의 판단에 구속되어 독자적으로

---

150) 선행처분이 안경사시험합격무효처분이어서 하자의 승계론이 문제된 사례라고 할 수 없지만, 판결이유에서 대법원은 "합격무효처분과 면허취소처분은 동일한 행정목 적을 달성하기 위하여 단계적인 일련의 절차로 연속하여 행하여지는 행정처분으로 서, 안경사국가시험에 합격한 자에게 주었던 안경사면허를 박탈한다는 하나의 법률 효과를 발생시키기 위하여 서로 결합된 선행처분과 후행처분의 관계에 있음이 명백 하다"고 하고 있다.

선행행위의 위법을 심사할 수 없으므로 하자의 승계는 인정될 수 없을 것이다.

그럼에도 불구하고 이상의 세 판례의 경우는 하자의 승계를 긍정하고 있는데 , 왜 "선행행위와 후행행위가 결합하여 하나의 효과를 완성하는 경우"에 해당하는지, 다른 경우는 왜 해당되지 않는지 보다 구체적인 기준들은 제시되지 않아 지나치게 단순하고 형식적이라는 비판이 제기되었다.

하지만, 개별공시지가결정에 관한 판례들이 나오기 전까지 한국의 다수설과 판례는 암묵적으로 프랑스 행정법상 구 판례들과 마찬가지의 기준을 요구하고 있었던 것으로 보인다. 즉, 하자의 승계여부가 문제된 "복수의 행위들에 대해 적용되는 법률이 동일할 것을 요구"하고 있었고, 지배적 또는 결정적 행위가 있고 이것과 통일적 목적 또는 결과를 위해 유기적으로 결합된 다른 행위들 상호간에 하자의 승계를 인정했던 것으로 보인다.

우선 하자승계의 전형적 사례로 들어지는 대집행의 경우를 살펴본다. 철거명령과 대집행절차내의 행위의 관계를 살펴보면, 철거명령 자체는 다른 개별실체법에 의하여 그 근거가 주어지는 것이고 오직 대집행에 대해서만 행정대집행법상의 절차에 따라 집행되게 되어 있다. 즉, 행정대집행법 제2조에 의해 법률에 의하여 "직접명령"되었거나 또는 "법률에 의거한 행정청의 명령에 의한 행위"라는 법문을 통로로 하여 연결되어 있을 뿐이다. 때문에, 철거명령과 대집행절차내의 행위는 적용되는 법률이 달라 법률효과도 다르다고 보게 되었다고 추론할 수 있는 것이다. 다수설에서도 철거명령과 대집행절차내의 행위들은 행정목적을 달리하는 것으로 보고 있다.

하지만, 대집행절차내의 행위들에 관한 것을 보면, 대집행절차는 결국 대집행의 실행행위를 지배적 행위로 하여 그 전후에서 일련의 행위들이 결합되어 통일적 목적을 추구하고 있다고 할 수 있다.

또, 하자의 승계에 관한 전형적 사례로서 들고 있는 것이 조세체납절차내의 일련의 행위들이다. 이 때, 조세부과처분과 조세체납절차내의 행위들사이에 하자의 승계는 부인된다. 판례도 "조세의 부과처분과 압류 등의 체납처분은 별개의 행정처분으로서 독립성을 가지므로 부과처분에 하자가 있더라도 그 부과처분이 취소되지 아니하는 한 그 부과처분에 의한 체납처분은 위법이라고 할 수 없"다고 하고 있다.(대법원 1988. 06.28 87누1009 부동산소유권이전청구채권압류처분등무효확인)

조세부과처분은 법인세인가 소득세인가 등에 따라 각각 조세에 관한 개별실체법이 있고 그에 따라 부과되지만, 조세징수행위는 국세징수법에 따라 집행되고 있다. 특히, 체납절차에 관해서는 국세징수법 제3장(제24조이하)에서 규정한 바에 따르고 있다. 때문에, 조세부과처분과 국세징수절차내의 행위들은 적용되는 법률이 달라 법률효과도 다르다고 이해할 수 있을 것이다. 하지만, 다수설과 판례가 하자의 승계를 긍정하기 위해 동일한 법률내에서도 처분의 근거규정까지 동일한 것을 요구했었다고 이해하는 것[151]은 종래의 다수설의 입장을 지나치게 협소하게 파악한 것이라 할 것이다.

하지만, 적용되는 법률이 동일할 것을 암묵적으로 전제하고 있었던 것으로 필자가 이해한 전통적 통설의 입장에서도 암매장분묘개장명령과 후행계고처분에 관한 판결(대법원 1961. 12. 21, 4293 행상 31)을 이해하기는 어렵다.

우선, 1961년 12월 시점에서 암매장분묘개장명령의 근거법조문은 '매장등및묘지등에관한법률' 제16조 제1항이었는데, "서울특별시장 또는

---

151) 이러한 이해에 관해서는, 유지태, 행정행위의 하자승계 논의, 고시연구, 1995. 7, 219면. 선행행위와 후행행위의 근거규정의 동일성여부에 대한 문제의식은 다수설이 암묵적으로 전제하고 있는 세부기준에 대한 탐색노력의 결과일 것이지만, 다수설이 동일한 법률이 아니라 동일한 근거규정까지 요구하고 있다고 이해할 수는 없을 것이다.

도지사는 묘지이외의 토지 또는 설치자의 승낙없이 타인의 묘지에 매장된 시체 또는 유골에 대하여는 일정한 기간 공고를 한 후 그 매장자 기타 연고자에게 개장을 명할 수 있다"고 규정하고 있다. 한편, 이 판결(대법원 1961. 12. 21, 4293 행상 31)이유에서 나타나 있듯이 후행 계고처분의 근거법조문은 이미 1954년 3월 18일 제정시행되고 있던 행정대집행법 제3조 제1항이었다. 다만, 암매장분묘개장명령을 하는 행정청과 계고처분의 처분청은 동일한 행정청이었다.

따라서, 암매장분묘개장명령의 근거법률과 계고처분의 근거법률은 다른 법률인 것이다. 선행처분과 후행처분에 적용되는 법률이 동일한 법률일 것을 요구하는 한 이 판례를 이해하기는 어렵다고 할 것이다. 이 판례는 통설적인 하자승계론이 좀 더 확장될 필요가 있음을 인정한 효시적인 판례이었다고 할 수 있을 것이다.

둘째, 처분청이 다르고 선행처분이 확인적 행정처분인 경우이다. 이 때는 선행처분이 안경사시험합격여부에 관한 처분과 개별공시지가결정인 경우이다. 이 주제는 제목을 바꾸어 진행하기로 한다.

V. 개별공시지가결정 판례들의 분석을 위한 구체적 세부기준들과 대상판결의 평석

1. 제소기간 경과후의 위법한 행정행위에 대한 권리보호와 하자승계론의 위치와 기능

행정심판기간이나 제소기간은 한편으로는 행정의 효율성과 법적 안정성이라는 공익과 다른 한편으로는 개인의 권리보호라는 사익을 충분히 형량하여 내린 입법자의 결정이다. 이미 불가쟁력이 발생된 행정행위의

규율내용을 다시 다툴 수 있게 한다면 법적 안정성을 보호하고자 하는
제소기간의 의의는 현저히 상실될 것이다. 그럼에도 불구하고, 제소기간
이 지났지만 위법한 행정행위에 대한 권리구제의 필요성은 있고 행정법
학은 그것을 고려하여 다각도의 방향에서 그 구제방법들을 찾아왔다. 행
정행위 개념이 확대되면서 제소기간이 지나 위법한 행위의 결과를 그대
로 수용해야 할 경우 나타나는 일방적 권위주의의 문제점과 폐해도 커
지게 된다. 때문에, 불가쟁력이 발생하였지만 위법한 행정행위에 대한
구제제도들을 더 정비하여야 한다.

제소기간 경과후의 위법한 행정행위에 대한 권리보호방법들을 종합적
으로 개괄하고 나서 다른 방법들과 비교하여 하자의 승계론이 담당하여
야 할 역할과 기능을 파악해보기로 한다.

첫째, 무효이론의 확장에 의해 시도되었다. 주지하듯이 중대명백설의
엄격한 제한을 완화시키고자 중대성기준을 중심으로 명백성기준을 완화
시키려는 노력들이 이루어져왔으나 아직 대법원판례는 중대명백설을 견
지하고 있다. 때문에, 이러한 이론적 시도는 아직 성공하지 못하고 있다.

둘째, 독일 행정절차법에서는 사후적으로 법률이 개정되거나 사실관
계가 변경되는 상황에서 소송절차와 유사하게 재심절차를 도입함으로써
권리구제가능성을 확장해왔다. 재심절차가 도입되지 않는 경우에도 개
별법에서 신청 또는 직권에 의한 취소규정을 도입하는 경우도 늘어나고
있다. 하지만, 한국의 경우에는 행정절차법에 재심규정을 두지 않고 있
다. 불이익처분에 대하여 직권취소의 경우에 있어서도 취소여부는 행정
청의 재량에 속한다고 보고 있고, 개별법에 직권취소에 관한 명문의 규
정이 있는 경우에도 취소여부는 행정청의 재량에 속할 뿐 사인에게는
취소청구권이 인정되지 않고 있다.

셋째, 제소기간경과후에도 민사소송이나 형사소송에서 선결문제로서
행정행위의 위법성을 심사하도록 하려는 학설이 다수설이 되고 판례의
입장이 되었다. 민사소송과 형사소송 등 다른 소송에서의 구제방법이기

는 하지만 행정소송에 대한 제소기간이 경과한 이후 위법한 행정행위에 대한 구제방법으로서 한국에서 중요한 기능을 수행하고 있다.

넷째, 판례는 과다징수한 조세의 환급행위의 경우처럼 후행행위에 대해 처분성을 부인하고 소멸시효에 걸리지 않는 한 민사소송에 의해 부당이득반환청구권을 행사할 수 있다고 함으로써 사실상 제소기간제한의 문제를 회피하는 방법으로 사용하기도 한다.152) 하지만, 이러한 구제방법은 민사소송에서의 구제방법일뿐만 아니라 금전적 부과처분중에서도 환급규정이 있는 경우에만 가능하므로 상당히 제한적으로 적용된다는 문제가 있다.

하자승계론도 제소기간이 경과한 행정행위에 대한 권리구제가능성을 넓히려는 시도에 속한다. 이 방법의 장점은 행정소송내에서의 구제방법이어서 다른 후행행위에 대한 행정소송의 계속중에 선행행위의 위법여부에 대한 심사를 받을 수 있어 간편하다는 점이다. 또, 선행행위의 효력을 대세적으로 부인할 필요가 없는 부수적 통제의 일종이어서 헌법재판소의 변형결정의 경우처럼 행정부와의 마찰을 줄이고 사법적 통제의 탄력성과 유연성을 높여 국민의 권리구제에 기여한다는 점이다.153)

---

152) 납세자의 환급청구권의 행사에 대하여 국가등이 아무런 조치를 하지 않거나 거부처분을 한 경우 또는 일부만 인용하는 환급금결정을 한 경우에 관하여 대법원판례는 종전에는 납세자가 행정쟁송방법으로도 불복할 수 있다는 견해와 민사소송으로 부당이득반환청구만을 할 수 있다는 견해로 나뉘어져 있었으나, 1989.6.15 선고 88누6436호 전원합의체판결로 이 경우 행정쟁송방법으로는 불복할 수 없고 민사소송으로 부당이득반환청구만을 할 수 있다는 견해를 취한 이래 이 입장을 일관하여 견지하고 있다. 그 논거는 국세기본법 제51조 및 제52조의 국세환급금 및 가산금 결정에 관한 규정은 이미 납세자의 환급청구권이 확정된 국세환급금 및 가산금에 대하여 내부적 사무처리절차로서 과세관청의 환급절차를 규정한 것에 지나지 않고 위 규정에 의한 국세환급금 등 결정에 의하여 비로소 환급청구권이 확정되는 것은 아니므로 국세환급금결정이나 이 결정을 구하는 신청에 대한 환급거부결정 등은 납세자가 갖는 환급청구권의 존부나 범위에 구체적이고 직접적인 영향을 미치는 처분이 아니어서 항고소송의 대상이 되는 처분이라고 볼 수 없다는 것이다.
153) 프랑스 행정법학에서 '위법성의 항변'의 문제는 행정입법의 부수적 통제, 하자의 승

이미, 개별행정행위의 위법성을 심사하면서 문제된 행정입법의 위법 여부를 심사하는 부수적 통제가 행정소송에서도 광범위하게 인정되고 있다. 행정소송법의 개정으로 행정입법에 대한 직접적 통제제도가 도입될 경우에도 부수적 규제제도는 필요하고 그 존재의의도 있다. 직접적 통제제도를 도입하고 있는 프랑스, 독일, 미국, 영국 등 외국의 다른 나라들의 경우도 행정입법에 대한 부수적 통제제도를 함께 인정하여 행정입법에 대한 제소기간이 경과한 후 부수적 통제방법의 유연성과 탄력성을 살리려 하고 있다.

행정행위라는 규제들로 이루어지는 규제체계가 안정됨으로써 사회의 위험을 방지하는 기능을 수행하기도 하지만, 지나치게 경직되게 운영되면 사회환경의 변화와 시장의 자율성증대를 방해하므로 규제를 줄이고 신속하게 규제를 변화시키며 임기응변적으로 대응할 필요도 있다는 점을 고려하여야 한다. 즉, 법적 안정성보장의 이익을 한 축으로 하고 적법성회복의 이익 및 행정의 탄력성에 대한 필요를 다른 축으로 하여 양자를 비교형량하여 하자의 승계론의 적용범위를 결정하여야 한다.

행정의 복잡성이 증가하고 동종유사의 대량행정이 늘어나면서 각각의 행정행위를 해야 하는 상황의 개별구체적 특수성에 대한 배려의 필요도 커지고 있다. 여러 이익의 형량과정에서 사전적으로 그 특수성이 충분히 배려되지 않았다면 행정처분이 이루어진 후 사후적으로라도 교정적 배려가 이루어져야 할 것이다.

계 그리고 선결문제심리 등의 문제를 함께 파악하고 있는데, 이 세 구제방법은 모두 선행행위의 효력을 대세적으로 부인하는 것이 아니라 후행소송의 문제해결에 필요한 한도내에서 당해 사건에 한해 선행행위의 위법성을 인정한다는 점이 공통적이다.

2. 개별공시지가에 관한 판결들의 특징

1994년 개별공시지가결정을 선행행위로 하고 양도소득세부과처분을 후행행위로 하는 경우 하자의 승계를 긍정한 대법원판결(대법원 1994. 1.25, 93누8542)이 나온 이후 하자의 승계에 관한 판례들은 대부분 개별공시지가결정에 관한 것들이었다. 때문에 이 판례의 입장은 다른 유형의 하자의 승계에 관한 판례들과 어떤 관계에 있는지, 그리고 다른 유사 사건들의 경우에도 하자의 승계가 인정될 수 있는가에 대해 학계는 큰 관심을 가지게 되었다. 이것은 결국 하자의 승계에 관한 새로운 구체적 세부기준들에 대한 관심으로 연결되었다.

개별공시지가결정에 관한 판결들의 특징을 먼저 요약해본다.

첫째, 개별공시지가와 조세처분에 관한 판례들에서 처분청이 서로 다르고, 적용되는 법률들도 서로 다르다. 개별공시지가를 결정고시하는 행정청은 "시장, 군수 또는 구청장"이지만 조세처분은 세무서장이 부과한다. 안경사시험합격무효처분과 안경사면허처분154) (대법원 1993. 2. 6, 92누 4567)의 경우에도 처분청이 다르다.

둘째, 개별공시지가결정이나 안경사합격에 관한 처분은 확인적 행정행위이다. 선행행위가 확인행위일 것은 독일 조세소송에서 선행행위의 구속력을 부인하기 위해 요구하고 있고 프랑스 행정판례는 적어도 새로운 권리를 창설하거나 기득권을 침해하는 행위가 아닐 것을 요구하고 있음은 이미 살펴보았다.

셋째, 후행처분인 조세부과처분이나 대상판례에서의 개발부담금부과처분 또는 안경사면허처분과, 선행처분을 비교해보면 적어도 처분의 상

---

154) 이 경우 안경사시험은 그 당시 보건사회부의 소속기관이 국립보건원장이 시행하고 합격증을 그의 이름으로 주고 있어 안경사시험에 관한 다툼은 국립보건원장을 피고로 하여 제기하여야 할 것이다. 하지만, 안경사면허에 관한 다툼은 보건사회부장관을 피고로 하여야 한다.

대방인 사인 자신에게는 후행처분이 훨씬 직접적으로 중요하고 본질적인 처분이라 할 수 있다. 이 점은 프랑스 행정법상 위법의 항변의 요건으로 요구되는 사항이다. 독일의 판례와 학설도 후행처분에 의해 기본권이 침해되는 경우 구속력이 미치지 않고 하자의 승계를 인정하고 있다.

넷째, 수인기대가능성과 예측가능성이 없는 경우에는 선행처분과 후행처분이 서로 독립하여 별개의 효과를 목적으로 하는 때에도 하자의 승계는 인정된다는 입장을 취했다. 이러한 판결이유로 인해 선행행위가 개별공시지가결정의 경우처럼 인식가능성 또는 예견가능성이 있는 것인지 아닌지가 하자의 승계여부를 판단하는데 중요한 기준이 되었다. 즉, "개별공시지가는 이를 토지소유자나 이해관계인에게 개별적으로 고지하도록 되어 있는 것이 아닌" 것이라는 점이 중요했으므로 개별통지방식인지 아니면 공고방식인지 하는 것이 문제된 것이다. 때문에, 판례는 개별공시지가결정에 대하여 한 재조사청구에 따른 조정결정을 통지받고서도 더 이상 다투지 아니한 경우는 예측가능성과 수인기대가능성이 있다고 보아 하자의 승계를 부인했다.(대법원 1998. 3. 13. 선고 96누6059)

다섯째, 대상판결에서는 개별공시지가결정을 선행행위로 하는 하자승계에 관한 다른 판결들과는 별개의 쟁점이 추가되고 있다. 선행행위의 절차적 하자도 후행행위에 대한 소송에서 위법사유로 주장할 수 있는가의 문제이다. 이미 소개했듯이 프랑스 도시계획법에서는 일정한 절차의 하자에 대해서는 후행행위에 대한 행정소송에서 선행행위를 발한 지 6개월이 지나면 그것을 주장하는 것이 배제되고 있다. 한국에서도 선행행위의 일정한 절차적 하자에 대해서는 하자의 승계에서 제외할 필요는 없는지 검토할 필요가 있다.

3. 구체적 세부기준들의 탐색

현재 한국의 다수설, 소수설 및 판례 모두 하자의 승계와 관련하여 "둘 이상의 복수의 행위들이 상호 연결되어 있거나 결합되어 있거나 내적인 관련성을 맺고 있어야 한다"는 점은 받아들인다. 문제는 두 번째 요건인 하나의 효과를 완성시키는가 아니면 별개의 효과를 완성시키는가 하는 부분이다. 이 부분의 의미는 매우 불명확하다.

필자는 이 부분을 프랑스의 구학설을 참조하여 다음의 것을 암묵적 전제로 하고 있다고 추론할 수 있지 않을까 생각했다. 즉, 서로 결합하여 하나의 효과를 완성시킨다는 요건은 하자의 승계여부가 문제된 "복수의 행위들에 대해 적용되는 법률이 동일할 것을 요구"하고 있었고, 복수의 행위들 중에서 지배적 또는 결정적 행위가 있으며, 이것과 통일적 목적 또는 결과를 위해 유기적으로 결합된 다른 행위들 상호간에 하자의 승계를 인정했다는 것이다.

개별공시지가결정에 관한 판례이후 이러한 암묵적 전제는 유지될 수 없게 되었다. 적용되는 법률이 다른 여러 사례들에서 하자의 승계가 인정되었기 때문이다. 이러한 판결에서 대법원도 명확히 "선행처분과 후행처분이 서로 독립하여 별개의 효과를 목적으로 하는 경우"라고 적시하고 있다. 때문에, 다수설에서 제시한 요건 중 두 번째의 요건, 즉, '하나의 효과'가 문제되었다고 할 수 있다. 즉, 선행행위와 후행행위가 어떻게 결합되어 있는가 그리고 두 행위들의 성질에 관한 것이 문제된 것이다. 하지만, 다수설에서 제시한 두 번째 요건인 '하나의 효과'라는 기준은 지극히 간략한 것이어서 아래에서 필자가 제시할 기준과 조화될 수 있는지가 문제된다. 필자로서는 '하나의 효과'라는 표현보다는 '통일적 목적 또는 통일적 결과'라는 표현을 쓴다면 상호 조화될 수 있을 것으로 생각한다.

개별공시지가결정에 관한 판결의 경우 선행행위와 후행행위의 처분청

과 적용법률이 다르고 선행처분이 확인적 행정행위다. 안경사시험합격
무효처분과 안경사면허처분(대법원 1993. 2. 6, 92누 4567)도 처분청이
다르고 선행처분이 확인적 행정행위라는 점에서 유사하다.

개별공시지가결정에 관한 판례들과 안경사시험합격무효처분에 관한
판례들의 경우 프랑스 행정법학과 독일 조세소송의 판례들에서 제시된
기준에 정확히 부합되는 판례들이라고 할 수 있다. 처분청이 서로 다르
고, 선행행위가 확인적 행정행위이며, 후행행위에 의해 기본권과 같은
사인의 중대한 권리가 침해되어 후행행위가 보다 본질적이고 지배적인
행위이다.

다만, 개별공시지가결정에 관한 한국의 판례는 예측가능성과 수인기
대가능성을 하자의 승계 긍정의 이유로 제시했다. 즉, 개별적 고지방식
을 따르지 않았기 때문에 인식가능성 및 예측가능성과 수인기대가능성
이 없거나 매우 낮다는 것이다.

개별공시지가결정이후 나타난 판례들의 입장을 분석하여 하자의 승계
에 관한 구체적 세부기준 또는 보다 상세한 지식을 획득하기 위해서는
프랑스와 독일의 논의들이 통합적으로 이해될 필요가 있다. 다만, 수인
기대가능성이나 예측가능성은 일반법원리로서 너무나 일반적 기준이기
때문에 하자의 승계로 문제되는 구체적 행위들의 성질을 통해 구체화될
필요가 있다.

여기서 간단히, 한국 행정법상 하자의 승계요건을 제시해보기로 한다.

선행행위와 후행행위가 결합하여 통일적 목적 또는 결과를 실현시키
는 경우에는 선행행위의 하자를 후행행위에 관한 소송에서 주장할 수
있는 반면에, 통일적 목적 또는 결과를 실현시키지 않는 경우에는 선행
행위가 당연 무효가 되지 않는 한, 선행행위의 하자를 후행행위에 대한
소송에서 주장할 수 없다. 달리 말해, 하나의 행정행위가 다른 하나의
또는 복수의 행정행위들과 결합하여 모든 단계가 끝난 후에 통일적 행
정결정을 만들어내는 경우, 후행행위에 대한 취소소송에서 선행행위의

위법을 법원이 다시 심사할 수 있다.

이 요건의 구체적 의미를 이하에서 두 요건으로 설명하기로 한다. 이 설명은 기본적으로 프랑스 행정법상의 기준을 따른 것이다.

첫째, 선행행위와 후행행위가 별개이고 독립적이거나 이질적인 것일 수는 있지만, 하나의 통일된 목적 또는 통일적 결과를 위해 상호 분리불가능하거나 해체하기 어렵게 결합(lien dissoluble)되어 있고 그 결합이 명백히 필요할 것

둘째, 선행행위와 후행행위 사이의 결합내용이 특수한 것이어야 하는데, 후행행위가 선행행위를 집행하거나 적용하기 위한 행위 또는 집행행위이어야 하지만, 선행행위가 기득권을 침해하거나 새로운 권리를 창설하지 않는 행위이어야 하고, 양 행위 사이에서 후행행위가 지배적인 결정 또는 본질적인 결정이어야 한다.[155]

이 두 개의 기준을 다수설과 비교해보면 다수설의 기준은 첫째 요건으로 대치되었다. 다만, 선행행위와 후행행위에 적용할 법률의 동일성을 암묵적으로 전제하고 있었다고 보여지는 '하나의 효과'라는 표현은 그 법률이 달라질 수 있음을 의도하기 위해 "통일된 목적 또는 통일적 결과"라는 표현으로 바꾸었다. 그리고, 둘째 요건은 선행행위와 후행행위에 관한 구체적이고 세부적인 기준이다.

후행행위가 지배적인 결정이라는 것은 후행행위에 의해 비로소 기본권과 같은 중대한 권리가 침해됨에도 후행 행정청이나 법원이 선행행위의 하자를 독자적으로 심사하지 못해 그 침해를 방치할 수밖에 없다는 것을 당해 사인이 수인하도록 기대가능하지 않다는 의미를 전달하기 위한 것으로 이해하고자 한다. 수인기대가능성이라는 관점이 더 일반적인

---

155) 더 나아가, 다음 부분에서 다루어지지만, 선행행위의 절차형성에 있어 본질적으로 중요한 절차인 경우 하자의 승계에서 제외되어서는 안되겠지만, 경미한 형식과 절차인 경우 신속하게 법질서를 안정시킬 필요가 큰 이상 하자의 승계사유에서 제외시키는 것이 타당할 것이다.

기준이고, 후행행위가 지배적인 행위로서 기본권이 침해되는 경우가 기대가능하지 않은 전형적인 때라는 것이다.

또, 후행행위가 선행행위를 집행하거나 적용하기 위한 행위이기 때문에 선행행위의 결과가 후행행위를 통해 사인에게 미친다는 것을 인식했어야 함에도 불구하고 개별적 고지가 이루어지지 않아 인식할 수 없었거나, 확인적 행정행위 등이어서 선행행위 당시에는 다툴 실익을 명확히 인식하지 못했었다는 점에서, 인식가능성 및 예측가능성의 요건과 집행행위(후행행위) 또는 확인적 행정행위(선행행위)의 요건은 결합되어야 한다. 즉, 인식가능성 및 예측가능성의 요건은 더 일반적인 기준이고, 두 번째 요건은 그 기준에 부합되는 전형적인 경우를 제시하고 있다는 것이다.

보다 상세한 검토가 필요하겠지만, 우선 이러한 기준들을 통해 개략적으로 과거의 판례들을 살펴볼 때, 대법원 판례에 의하여 하자의 승계가 부인되었던 판례들 중, 예를 들어, 토지등급결정과 과세처분(대법원 1995.03.28, 93누23565 방위세부과처분취소), 사업인정과 토지수용재결처분(대법원 1987.9.8. 87누395 토지수용재결처분취소) 등이나, 판례상으로 많이 나타나지는 않았지만 시험합격에 관한 처분과 면허 또는 입학 등에 관한 처분 상호간에 하자의 승계를 긍정적으로 검토할 수 있을 것으로 본다.

4. 절차적 하자의 승계문제의 검토

1) 이 사건은 개별공시지가결정을 선행행위로 하지만 후행행위가 조세부과처분인 다른 사건들과는 약간의 차이가 있다. 대상판결에서 개발부담금부과처분권자가 부산광역시동래구청장으로 되어 있어서 시군구청장이 결정고시하도록 한 개별공시지가결정의 경우와 처분청이 동일하

다. 이것으로 보아, 대법원은 하자의 승계문제에 있어서 처분청의 동일성여부는 그렇게 결정적인 기준으로 삼고 있지는 않는 듯하다.

2) 다음, 선행행위의 절차적 위법사유도 하자승계의 사유가 될 수 있는가 하는 논점이 있다. 이미 소개했듯이 프랑스 도시계획법에서는 일정한 절차의 하자에 대해서는 후행행위에 대한 행정소송에서 선행행위를 발한 지 6개월이 지나면 그것을 주장하는 것이 배제되고 있다. 한국에서도 선행행위의 일정한 절차적 하자에 대해서는 하자의 승계에서 제외할 필요는 없는지 검토할 필요가 있다. 선행행위의 절차형성에 있어 본질적으로 중요한 절차인 경우 하자의 승계에서 제외되어서는 안되겠지만, 본질적이지 않은 형식과 절차인 경우 신속하게 법질서를 안정시킬 필요가 큰 이상 하자의 승계사유에서 제외시키는 것이 타당할 것이다.

3) 이 사건에서 부산고등법원(부산고법 1996. 12. 4, 96구4671)은 개별공시지가를 결정하는 행정청이 개별공시지가를 적법한 절차를 거쳐 종전과 같은 금액으로 다시 결정하고 공시한 경우, 결국, 개발부담금은 '동일한 금액'이 되므로 개별공시지가결정절차의 하자가 승계되어 개발부담금산정절차의 하자로 된다 하더라도 그 하자는 치유되었다고 보았다. 이에 대하여 대법원은 "개발부담금 납부의무자로서는 위법한 처분에 대한 가산금 납부의무를 부담하게 되는 등 불이익"이 있을 수 있으므로 하자의 치유를 인정할 수 없다고 판시했다.

부산고등법원과 대법원은 모두 하자의 승계는 인정한 전제위에서 승계된 하자가 단순히 절차적 하자인 경우 치유될 수 있는가 하는 논점에 대해 입장을 달리 했다. 즉, 부산고등법원과 대법원은 절차적 하자와 실체적 하자를 구별하지 않고 모두 승계된다는 입장을 취했다.

문제된 절차적 하자는 행정청이 감정평가사의 감정평가액에 따라 개별지가를 산정했다는 점이었다. 즉, 개별토지가격의 결정에 있어 비교표준지를 선정하여 그 비교표준지의 공시지가를 기준으로 당해 토지의 지가형성요인에 관한 표준적인 비교표를 활용하여 두 토지의 특성을 상호 비교하여 가격조정률을 결정한 후 토지가격을 산정하였어야 하는데,(A방법) 그러한 과정을 거치지 않고 감정평가사의 감정평가액에 따라 개별지가를 산정했다(B방법)는 점이었다. 문제된 토지는 진입도로가 불편하거나 고속도로와 산 등으로 막혀 있어, 비교적 대규모 필지이지만 거래사례가 극히 희소하여 일률적인 가치측정이 어려운 특수필지이었다. 이러한 특수필지에 대하여 1995년도 '개별지가조사요령'은 용도지역이나 거리에 상관없이 실제 토지이용상황 또는 지목이 같은 표준지를 선택적용하거나 감정평가에 의뢰하도록 하고 있었다. 이에 따라 행정청은 이 토지에 대해 감정평가사에 맡겨 감정평가액에 따라 개별지가를 산정했다.

하지만, '지가공시 및 토지 등의 평가에 관한 법률' 제10조 제1, 2항과 조사지침(국무총리훈령 제241호, 제248호)은 감정평가방법이 아닌 정상적인 개별지가산정방법인 A방법에 따르도록 규정하고 있었다. 부산고등법원은 1995년도 '개별지가조사요령'은 '행정청내의 사무처리의 준칙'이라고 보면서 비록'개별지가조사요령'에 따랐다 하더라도 '지가공시 및 토지 등의 평가에 관한 법률'과 조사지침에 반하여 위법하다고 판시했다.

생각건대, 재산권에 대한 침익적 처분인 개발부담금 부과처분의 기준이 되는 개별공시지가의 산정방법을 법령에서 보다 신중하게 하도록 규정하고 있음에도 '개별지가조사요령'에서 간단하게 감정평가사의 감정평가만으로 산정할 수 있도록 규정한 것은 적절하지 않은 것으로 생각되고, 따라서, 산정절차상의 하자는 중대한 절차적 하자라고 볼 수 있을 것이다. 적법한 절차를 거쳐 고시된 새로운 개별공시지가결정의 금액이 같다고 하더라도 그러한 평가는 바뀔 수 없을 것이다.

부산고등법원은 하자의 치유논리를 전개하였다. 행정행위에 있어서 하자의 치유는 행정행위의 성질이나 법치주의의 관점에서 원칙적으로 허용될 수 없고, 행정행위의 무용한 반복을 피하고 당사자의 법적 안정성을 보호하기 위하여 국민의 권익을 침해하지 아니하는 범위 내에서 예외적으로만 허용된다.(대법원 1992. 5. 8. 선고 91누13274 판결 참조). 경미한 형식과 절차상의 요건을 갖추지 못한 경우에 치유가 인정된다. 그런데, 이 사건에서 하자는 경미한 형식과 절차상의 하자는 아니다. 때문에 하자의 치유의 논리는 적절하지 않은 것으로 본다.

때문에 필자의 견해로는 대상판결에 나타난 절차적 하자에 대해 하자의 치유의 논리를 적용하는 것은 적절하지 않고 그 하자는 승계될 수 있는 하자라고 본다.

5. 선행처분이 취소되어 실효된 경우 후행행위에 대한 소송에서 선행행위의 하자주장가능성

선행행위가 판결에 의해 취소된 경우에도 하자의 승계가 문제되는가, 아니면 무효인 처분인 경우와 마찬가지로 하자의 승계문제는 아니고 이제는 실효된 선행처분의 하자를 후행처분에서 주장할 수 있는 경우에 해당하는가? 이 사건의 경우, 후행행위에 대한 취소소송 제기 당시 선행행위는 판결에 의해 취소되지는 않았고 단지 그 위법여부만 후행행위에서 심사할 수 있었다. 취소소송에 있어 위법판단의 기준시는 처분시라고 하는 것이 다수설과 판례의 입장이기 때문에, 이 입장에서는 대상 사건은 하자의 승계이론이 적용되는 사례에 해당된다고 볼 수 있을지도 모른다. 하지만, 하자의 승계론은 선행행위가 불가쟁력이 발생하여 선행행위를 다툴 수 없는 경우에만 적용되는데, 이 사건은 선행행위인 개별공시지가결정을 다툴 수 있어서 부산고등법원에 의하여 취소되기까지 했다. 때문에 이 사건은 하자의 승계론을 적용할 수 없는 사례라고 할 것이다.

후행처분당시는 선행처분이 유효했으나 후행처분에 대한 소송계속중 선행처분에 대한 소가 제기되어 선행처분이 취소된 경우는 어떠한가? 위법판단의 기준시를 처분시라고 보는 입장에서는 후행처분을 할 당시에는 적어도 선행처분은 유효했으므로, 선행처분이 무효인 처분의 경우 후행행위에 대한 소송에서 선행행위의 하자를 주장할 수 있다는 이론을 적용할 수도 없다.

하자의 승계이론을 적용할 수도 없고 선행처분이 무효인 경우 후행처분에 대한 소송에서 선행처분의 하자를 주장할 수 있다는 이론을 적용할 수도 없다면 이 사건에서는 선행처분의 하자를 후행처분에 대한 소송에서 주장할 수 없는가? 필자의 견해로는 두 개 이상의 행위들이 긴밀하게 결합되어 통일적 행정목적이나 결과를 실현시키고 있는 경우에는 선행행위에 대한 위법판단의 기준시가 후행행위에 대한 판결시로 된다고 보는 것이 적절하다고 생각한다.

선행행위가 판결에 의해 취소되어 실효된 상황은 선행처분의 근거법률이 헌법재판소에 의해 위헌결정된 경우 후행처분은 어떤 하자를 지니게 되는가 하는 문제상황과 유사하다. 대법원은 헌법재판소의 위헌결정의 효력은 위헌제청을 한 당해 사건, 위헌결정이 있기 전에 이와 동종의 위헌여부에 관하여 헌법재판소에 위헌여부심판제청을 하였거나 법원에 위헌여부심판제청을 한 경우에 당해 사건과, 따로 위헌제청신청은 아니하였지만 당해 법률 또는 법률의 조항이 재판의 전제가 되어 법원에 계속중인 사건뿐만 아니라 위헌결정이후에 위와 같은 이유로 제소된 일반 사건에도 미친다고 판시했다.(대법원 1993.1.15, 92다12377) 즉, 위법판단의 기준시가 이 경우에는 판결시로 되고 있다고 볼 수 있을 것이다.

이 판결의 논리에 따를 때, 선행행위의 근거법률에 대한 위헌결정의 효력은 법원에 계속중인 후행행행위에도 미친다고 볼 수 있다. 하지만, 헌법재판소의 위헌결정전에 행정처분의 근거가 된 법률이 헌법에 위반된 경우에도 그 사유는 그 행정처분의 취소사유는 되어도 당연무효사유

는 아니다.(대법원 1994.10.28, 92누9463) 때문에, 대법원의 논리에 따를
때, 선행처분의 근거법률이 위헌결정되어도 그 처분은 위법한 처분일 뿐
무효인 처분은 아니다. 따라서, 선행처분은 행정청이나 법원 등에 의해
취소되어야 비로소 효력을 잃게 된다.

하지만, 이에 대하여 헌법재판소는 취소소송의 제소기간을 지나 확정
력이 발생한 처분은 근거법률이 위헌으로 선언되어도 그 처분은 당연무
효가 되지 않음이 원칙이지만,(헌재 2004.1.29, 2002헌바73) 그 행정처분
을 무효로 하더라도 법적 안정성을 크게 해치지 않는 반면에 그 하자가
중대하여 구제할 필요가 있는 경우에 대해서는 예외를 인정하여 당연무
효사유로 보아 쟁송기간 경과후에라도 무효확인을 구할 수 있는 것으로
보아야 한다고 한다.(헌재 1994.6.30, 92헌바23)[156]

필자의 생각으로는 "위헌제청신청은 아니하였지만 당해 법률 또는 법
률의 조항이 재판의 전제가 되어 법원에 계속중인 사건"에도 위헌결정
의 효력이 미친다고 보는 대법원의 판례(대법원 1994.10.28, 92누9463)와
같은 논리가 이 사건에도 적용될 수 있을 것으로 보인다. 즉, 위헌결정
에 따라 선행처분이 실효된 경우(무효이론에 따라서든 혹은 법원에 의
한 취소판결에 의해서든)와 마찬가지로, 선행처분이 행정소송에서 취소
되어 실효된 경우에도 그 후행처분에 대한 소송에서 선행처분의 하자를
주장하고 심사할 수 있다고 보아야 할 것이다.

결론적으로 볼 때, 부산고등법원과 대법원은 선행처분이 제소기간내
에 있어 취소소송에 의해 취소되었기 때문에 후행처분에 대해 하자의

---

156) 헌법재판소의 무효이론(헌재 1994.6.30, 92헌바23)에 대해서는 비판이 존재한다. 윤
   진수, 위헌인 법률에 근거한 행정처분의 당연무효여부, 대법원판례해설 제22호,
   1994.10, 469-470면. 즉, 문제된 사례인 압류처분(선행처분)과 공매처분(후행처분)
   은 조세체납처분들에 속하고 체납절차내의 행위들사이에서는 하자가 승계되므로
   쟁송기간이 경과한 선행 압류처분을 무효라고 보지 않더라도 후행 공매처분의 취소
   소송에서 그 하자를 다툴 수 있기 때문에, 권리구제에 문제가 발생하지 않음에도
   헌법재판소가 무리하게 행정행위의 무효이론을 새롭게 구성하려 했다는 것이다.

승계론을 적용할 수 없음에도 불구하고 적용하였다. 하지만, 필자의 견해에 따를 때, 선행처분이 취소된 경우에도 무효인 경우와 마찬가지로 선행처분의 하자를 후행처분에 대한 소송에서 주장할 수 있다는 점에서 판결의 결론은 잘못되지 않았다고 본다. 다만, 이 경우 후행행위에 대한 위법판단의 기준시는 처분시가 아니라 변론종결시 또는 판결시라고 보아야 할 것이다. 이와 같이 위법판단의 기준시가 다수설 및 주류적 판례와 달라지는 경우는 하자가 승계될 수 있을 정도로 두 개 이상의 행위들이 긴밀하게 결합되어 통일적 행정목적이나 결과를 실현시키고 있는 때이다.

부산고등법원과 대법원은 이러한 논점에 대해 고민했어야 하는데 고민하지 않고 다른 개별공시지가결정례와 같이 기계적으로 하자의 승계론을 적용한 잘못은 있다.

제4절 패러다임의 변화와 기업의 불법행위에 대한 제재 시스템의 현대화

Ⅰ. 적극적 발전국가, 신자유주의를 넘어 민주적 법치사회로

경제위기의 원인이었던 도덕적 해이와 불법행위가 다시 확산되어가면서 새로 들어선 정부는 사회의 지속적 발전에 필요한 제도개혁을 위해 여러 가지 아이디어들을 내놓고 있다. 이러한 것들 중에는 공법학과 관련하여서도 중요한 내용들이 포함되고 있어 학문사회에서 이에 관한 검토가 시급한 실정이다.

1. 적극적 발전국가의 패러다임과 그 한계

현대사회에서 기업은 사회발전의 핵심 키를 쥐는 위치로서 제3공화국의 적극적 발전국가시대에 한국 정부는 기업들을 새로 키우는 역할을 담당하며 높은 진입장벽, 자본과 인재의 집중 등 강력하면서도 종합적인 인센티브와 유인조치들을 통해 기업에 대해 강력한 영향력을 미쳤었고 현재까지도 그러한 흔적은 여러 곳에 남아 있다. 박정희정부로 대표되는 적극적 발전국가시대의 정부는 시장에 대한 정부의 적극적인 사전개입이 필요하다고 보면서도 사법부에 대해 강한 불신과 비효율적이라는 인식을 가지고 있었으므로 행정의 적극적 개입조치에 대한 사법심사에 반대했고, 다만, 사인의 권리가 침해된 경우에만 민사소송이나 행정소송을 제기하는 것이 가능하다고 보았다. 미국에서도 1930년대 대공황이후 등장한 루스벨트정부와 뉴딜정책의 입안자들은 이러한 신념을 가지고 있었다. 80, 90년대 이후 중국, 동유럽 및 러시아에서 자본주의경제가 도입되고 발전하는 과정에서 정부는 새로운 시장과 기업을 창출하고 확장하며 시장기능을 개선하기 위해 적극적 역할을 수행해 온 것을 보더라도 정부에 비해 시장이 지나치게 작고 그 기능이 미약할 때 시장기능의 확장과 개선을 위해 정부의 적극적 역할은 매우 중요하다는 것을 알 수 있다.157)

하지만, 이제 OECD에 가입하여 국제적 무역기준을 준수해야 하는 한국정부로서는 한국 기업들에 대해 더 이상 과거의 적극적 유인조치를 집행할 수 있는 권한을 갖지 않게 되었다. 이 점은 군사정권의 성격을 벗어난 김영삼 정부가 들어서면서 명확해지게 되었다. 이 변화된 상황에서 정부는 기업에 대해 기업형성적 지위가 아니라 불법행위를 제재할 수 있는 능력에 의해 우월적 위치를 유지하려 하였다. 남북한관계에서 평화정착과 발전을 위하여 협력적 합의가 그 기초가 되기도 하지만 상대방의 침략행위를 억지할 무력이 결국 중요한 것처럼, 정부와 시장의 관계에서도 기업의 불법행위를 억제할 제재수단들은 매우 중요한 의미를 갖는다. 경제위기에서 출범한 김대중정부는 강력한 기업구조조정을 실시하면서 제재자로서의 정부의 능력을 그 어떤 정부보다 강력하게 행사하였는데, 노무현정부나 그 이후 다른 정부들에서도 기업에 대한 제재권을 누가 얼마만큼 갖는가는 사회의 가장 핵심적 권력의 소재를 결정하는 문제가 될 것이다.

사회의 핵심적 권력으로서 기업의 불법행위에 대한 제재권의 소재는 적극적 발전국가시대의 정부중심적 지배구조 내지 정부중심적 거버넌스에 많은 환상을 갖는 정치인들이나 관료들에 의해 행정우위를 유지하기 위해 다양하게 변형되어 나타나게 될 것인데, 최근 몇 년 동안 서구 어

---

157) Charles Wolf, Jr., Markets or Governments - Choosing between Imperfect Alterna-
tives -, 1997, pp.162-176.

편 국가나 일본에서보다 한국에서 정부가 기업들에 대해 다양한 이유로 수십억원의 과징금을 부과하는 현상이 갑작스럽게 증가하는 것은 이러한 데 원인이 있었다고 할 수 있을 것이다.

최근 정치학이나 행정학의 이론적 흐름은 선진국들에서의 논의상황을 반영하여 정부중심적 거버넌스에서 사회중심적 거버넌스로의 변화에 관한 것에 집중되고 있다. 한국사회도 노무현 정부가 정부의 명칭을 '참여정부'로 정한 것에서 알 수 있듯이 사회의 중요한 정책의 결정은 입법부 및 사법부에 대한 행정부의 우위현상이 완화되고 보다 협력적으로 변하며 정부와 사회의 관계도 보다 사회중심적으로 변해갈 것이다. 기업의 불법행위에 대한 제재권의 소재와 제재절차의 주도권도 그러한 방향으로 변하지 않으면 안될 것이지만, 정치인과 관료들이 과거 발전국가시대의 환상에 젖어 다양하게 변형된 제도들을 개혁이라는 이름을 악용하여 제시하면서도 압도적 행정우위를 결코 포기하지 않으려 할 가능성도 있다.

2. 신자유주의적 패러다임과 그 한계

한편, 미국의 레이건 행정부이래의 신자유주의적 패러다임은 뉴딜정책이 출현하기 전에도 그 고전적 모습을 갖고 있었는데, 80년대이후 한국사회의 정부시장관계에 관한 논의와 제도형성에 상당한 영향력을 행사해 왔다. 적극적 발전국가시대의 패러다임과 달리 신자유주의적 패러다임은 시장이나 기업과의 관계에서 정부, 특히, 행정부에 대하여 시장형성적 기업육성을 위한 개입에 반대할 뿐만 아니라, 더 나아가 기업의 불법행위에 대한 제재는 행정부가 할 것이 아니라 시장에서 사인이 전통적인 사권이 침해될 경우에만 하도록 해야 한다고 주장한다. 즉, 신자유주의적 패러다임은 기업가의 창조적 파괴를 통한 혁신의 공간확보와 사회환경변화에의 민감한 대응을 위한 관료의 재량권확보를 위해 정부의 유인적 성격의 적극적 시장개입이나 제재권 모두를 규제로 보고 그의 철폐를 주장한다. 또, 시장에서의 기업들과 소비자들의 자기책임적 판단에 따라 시장질서를 유지하되 시장에서의 Rule의 위반자에 대한 제재는 주로 시장에서의 거래법칙에 맡기거나 직접 사인이 사법부에 재판을 청구함으로써 해결하는 방식을 선호한다. 신자유주의적 패러다임은 적극적 발전국가의 패러다임과 비교할 때, 전통적인 사권이 침해되는 경우에만 행정작용에 대한 사법심사가 허용된다고 본다는 점에서 공통점을 갖는다. 이 입장에서는 민사소송이나 행정소송을 제기할 수 있는 자격을 결정하는 기준인 사권이나 권리 개념을 매우 협소하게 파악함으로써,158) 경제위기의 원인이었던 기업경영자들이나 고위관료들의 도덕적 해이와 불법행위를 적절하게 통제할 수 없게 된다.

3. 민주적 법치사회의 패러다임의 모색

따라서, 한국사회는 적극적 발전국가의 패러다임이나 신자유주의적 패러다임을 넘어 양자의 단점은 버리고 장점은 모아 한국인의 아이덴티티와 한국사회에 적합한 사회발전의 패러다임을 발견하고 형성시켜나가야 한다.159)

---

158) Cass R. Sunstein, Standing and the Privatization of Public Law, Columbia Law Review 1988, p.1432f는 사법모델(Private-Law Model)이라고 부른다. 행정법학의 전통적 모델로서 방어권모델(Private Rights of Defense)이라고 부르기도 한다. Richrd B. Stewart/Cass R. Sunstein, Public Programs and Private Rights, Harvard Law Review 1982, p.1193f 참조.

159) 필자는 그것을 민주적 법치사회의 패러다임이라 부르고 그것을 구체화하는 작업을 계속해왔다. 전자정부와 개인정보보호, 공법연구 29권3호 (2001.05), 113-148. ; 규제개혁과 정부책임-건설산업의 규제개혁실패와 공법학의 임무-, 공법연구 30권 1호 (2001.12) 377-401. ; 항고소송의 대상에 관한 입법적 검토, 2002.7.2 행정소송법법 관세미나자료. ; 새로운 행정조직모델과 중앙행정조직개편의 방향, 공법연구 31권

국제사회가 개방사회 및 정보사회로 변하면서 국가간 경쟁의 격화와 경제사회환경의 가변성 및 폭력성의 증가로 사회의 정부의존도가 다시 높아지고 있다. 이로 인해 정부는 전통적인 과제의 이행책임도 지지만, 사회의 성격과 구조변화에 상응한 새로운 공적 과제에 대한 이행책임도 피할 수 없다. 민주적 법치사회에서 정부와 시장은 공익보호의 책임을 함께 분담할 수밖에 없기 때문에 정부와 시장의 적절한 역할분담과 협력적 보완관계의 건설이 매우 중요해진다. 민주적 법치사회의 패러다임은 정부개입이냐 시장의 자율적 문제해결이냐의 양자택일적이고 단절적·배타적 접근이 아니라, 공적 과제의 이행보장을 위한 최상의 거버넌스를 구축하기 위한 정부와 시장의 협력관계의 건설이라는 관점에서 접근해야 한다.[160]

역사가 발전하고 있음을 인식하지 못한 채 여전히 행정부가 적극적 발전국가시대의 기업관을 가지고 제재권을 독점하려 한다면 헌법재판소나 법원으로부터 계속 거부당할 것이고 국민들의 신장된 권리의식에도 전혀 부합하지 않게 될 것이다. 또, 시장경제가 계속 발전하기 위해서는 지나치게 불법행위자에게 유리한 시스템이 아니라 시장경제를 지탱하는 Rule에 대한 신뢰와 그것을 위반한 자에 대한 제재가 실효적으로 보장되지 않으면 안된다. 정부나 기업의 경영자들의 결정에 대한 불만으로 거리의 데모가 만연하고 있는 것은 시장의 기초인 Rule과 제도에 대한 불신이 팽배해 있고, 제도적으로 시장에서의 Rule을 위반한 불법행위자들에 대한 제재절차에 있어 시민들의 주도권이 전혀 보장되고 있지 않다는 것을 반증한다. 국가의 위법과 기업의 불법에 대한 감시와 제재의 부족은 경제성장으로 늘어난 국가재정과 글로벌화로 인해 증가한 기업자

2호(2002.12.) 119-176. ; 조직법이론의 새로운 동향과 정부조직에 관한 민주적 법치국가모델, 월간법제, 2003.01, 33-64면.

160) 졸고, 규제개혁과 정부책임 - 건설산업의 규제개혁실패와 공법학의 임무 -, 공법연구 2001, 제30권 제1호, 390면.

산으로 인해 사회전체에 치명적 재난을 불러온다. 역사인식이 결여된 채 적극적 발전국가시대의 고착된 정부관을 고집하거나 오랜 역사를 가지고 형성되어 있는 선진국의 제도적 시스템에 대한 인식이 결여된 채 현재의 사회과학적 논의만을 참고로 한 신자유주의적 Dogma는 사회에 위기를 가져올 수도 있다. 과거의 관행과 이데올로기에 대한 맹신은 IMF 위기의 직접적 원인이었던 지나친 금융자유화와 경영자들의 도덕적 해이, 관료들의 감시부족을 초래하여 다시 한번 한국사회를 혼란과 정체로 몰고 갈 수도 있다. 따라서, 정치인과 고위관료 그리고 경영자들의 태만과 불법행위에 대해 적절하게 책임을 추궁하고 제재할 수 있는 제도적 시스템이 건설되어야 한다.

기업의 불법행위에 대한 제재시스템의 현대화방향은 민주적 법치사회의 건설이라는 관점에서 헌법정신에 맞게 사회적 연대를 고려하면서도 스스로 야기한 위험을 스스로 책임지는 자기책임원칙이 정착되도록 하되, 시민의 주도권의 강화와 사법부의 권한강화에서 찾아져야 할 것이다.

II. 기업의 불법행위에 대한 제재에 있어 공법의 기능강화와 역할의 재설정

1. 공법의 기능강화와 역할재설정의 필요

국내의 실정법에 의해 정부가 기업과 시민들에 대해 행사해왔던 권한들이 글로벌 스탠더드에 익숙한 외국기업들과 외국인들에게는 매우 자의적이고 낙후된 한국적 법시스템의 문제로 인식되어 가고 있고 앞으로 그러한 현상은 더욱 많이 나타날 것이다. 물론 국내의 특유한 법시스템도 개방사회에서 설득력있는 이론과 논리에 의해 그 근거가 부여되어 있다면 그 시스템을 고수하면서 외국 정부와 외국기업들을 설득할 수도 있을 것이다. 하지만, 과거의 '사무관입법'의 관행으로는 아무런 철학적·이론적 뒷받침도 없어서 실무적 수요에의 대응필요이외에는 적절한 정당화필요를 제시하지 못하기 때문에 정부와 한국사회전체가 당황하는 일이 자주 벌어지게 될 것이다. 규제개혁과정에서 나타났듯이 법시스템 개혁의 동인은 다른 사회과학과 기업들의 필요로부터 왔는데, 개혁이후 새로 정착된 시스템의 운용과정에서 나타난 법적 문제들에 대해서는 새로운 법시스템을 구체적인 쟁점들과 관련하여 정당화해주는 이론이 없기 때문에 실정법조문과 관행이외에는 실정법의 힘을 지탱해주는 근거가 없는 것이다.

사회가 현대화되면서 내부적으로 차별화현상이 강하게 나타나 사회과학과 법학, 공법학과 사법학은 서로 분리발전하면서 자신들의 특수한 문제에 대응해온 것이 현대사회의 일반적인 경향이다. 그러나, 우리사회에서 지식사회의 분절지속으로 인해 사용하는 핵심개념들마저 달라져 사회변화에 대한 학문의 통합적 발전조정능력이 현저히 감소했으며 이에 따라 문제해결을 위해 설계된 제도의 문제대응능력도 급격히 떨어졌다. 이를 극복하기 위해서, 적어도 사회의 핵심쟁점들에 대해서는 적절히 대응방법을 발견하기 위하여 필요최소한의 의사소통이 이루어져야 하고, 행정학이나 법학사이에서는 물론 공법학과 사법학사이에서도 최적의 결과를 위하여 상호 보완하고 협력할 수 있도록 그 기능이 강화되고 역할이 재설정되어야 한다.[161] 또한 사회의 핵심쟁점들과 관련된 공법학과 사법학에서의 논의는 단지 소송기술적인 측면에서 논의되는 수준을 넘어 사상의 측면에까지 심화되어 논의될 필요가 있다.[162]

---

161) Eberhard Schmidt-Aßmann, Öffentliches Recht und Privatrecht : Ihre Funktionen als wechselseitige Auffangordnungen, in ; Hoffmann-Riem/Schmidt-Aßmann (Hg.), Öffentliches Recht und Privatrecht als wechselseitige Auffangordnungen, 1996, SS.23-40.

한국 정부의 권위주의적 성격을 극복하면서도 시장경제의 룰을 위반하는 기업불법행위에 대해 글로벌 사회에 적합한 제재능력을 확보하기 위해서 기존의 행정규제수단인 제재처분, 민사소송, 행정소송 등의 역할을 재조정해야 한다. 필자는 기업의 불법행위에 대한 제재능력에 있어 미국의 시스템이 가장 발전된 것으로 보고, 그 다음이 유럽이고, 일본과 한국의 시스템은 세 번째 그룹에 속한다고 본다. 그리하여 현 단계에서의 과제를 미국에서의 논의를 참고하되 목표를 유럽수준이나 또는 유럽과 미국의 중간단계 수준에 도달하는 것을 목표로 삼아야 한다고 본다. 기업의 불법행위로부터 공익을 보호하기 위하여 미국은 1970년대-80년대까지의 형사소송이나 행정소송중심에서 80년대 이후 징벌적 배상소송이나 민사소송형 시민소송(손해배상소송) 중심으로 바꾸었고, 독일과 같은 유럽국가들에서는 현재 징벌적 배상소송도 인정되지 않고 민사소송형 시민소송도 아주 제한적으로만 인정되고 있다. 한국은 과징금부과처분과 같은 행정제재처분이 중심도구로 이용되고 있고, 일본163) 도 행정지도가 중심이기는 하지만 민사소송이나 행정소송과 비교할 때 역시 행정제재처분이 유럽이나 미국에 비해 매우 중요한 역할을 담당하고 있다. 현재의 행정소송법개혁시도나 정부의 공익소송도입시도로 볼 때, 한국은 2단계 정도를 발전목표로 가질 수 있는 시점에 도달했다고 본다. 이러한 목표는 기업의 국제적 규모, 변호사시스템, 국민의식이나 문화 등과도 밀접한 관련을 갖는데 이 점을 고려하더라도 적절하다고 본다.

---

162) 최송화, 행정법학에 있어 공·사법구별론의 사상사적 검토, 법치행정과 공익, 박영사, 2002, 73-102면(이 논문은 한국공법의 이론(김도창박사 고희기념논문), 1993에 처음 게재되었음)은 자유주의와 집산주의의 관점에서 공법과 사법의 관계를 논하고 있다. 본고도 이러한 접근방법에 시사받은 바 크다.

163) 미국은 일본의 손해배상제도가 개선되어야 한다는 점에 강한 관심을 가지고 있다 한다. 박기석 역(伊從寬, ジュリスト 1992.3.1) 독점금지법위반행위에 대한 행정처분, 과징금, 형벌, 형사정책연구소식 제35호, 1996. 5/6, 75면 주16)참조.

현재까지 일본과 한국에서 민사소송에 비하여 행정소송은 너무 제한 적으로 인정되어 있었고 상대적으로 사건수도 매우 적었었다. 따라서, 현 단계의 한국에서 행정소송유형을 다양화하고 객관소송으로서 성격을 강화하여 원고적격도 확대하며 정부의 공익소송164) 과 같은 변형된 형 태의 새로운 공법소송을 도입해야 할 시점에 도달했다고 보며, 공법과 사법의 관계에서도 공법의 역할이 좀 더 활성화되고 기능이 강화되어야 할 필요가 있다 할 것이다.

2. 한국에 있어 공법적 규제수단의 우위와 사법적 구제 수단의 약점

1) 한국에서 공법적 규제수단의 우위

한국에서는 적극적 발전국가시대를 지나오면서 공익보호를 위한 법의 집행은 행정기관만이 할 수 있고 사권의 행사는 오직 사익의 실현만을 위한 것에 한정되어야 한다는 사고가 팽배하게 되었다. 기업들의 불법행 위에 대한 통제의 필요성이 있으면 우선 행정부가 나서서 인·허가제도, 작위·부작위규정 등을 만들고 이에 위반되는 경우에는 인·허가의 취소 나 영업정지, 과징금과 과태료의 부과, 고발조치 등을 규정하는 특별법 이 만들어지고 중대한 위법행위에 대해서는 징역이나 벌금 등 형사적 제재를 가하는 규정을 둔다.165) 그리고 특별법에 사법적 구제수단에 관

---

164) 공익소송 내지 공공소송에 대해서는 이 소송이 갖는 공익보호기능과 정책형성기능 에 주목하여 이미 한국에서도 그 필요성을 파악하고 소개가 이루어졌었다. 서원우 역, 공익소송에 있어서 법관의 역할, 법조 1984. 9.10.11. ; 동인, 공공소송에 관한 연구, 법학(서울대학교), 제26권 제1(105-130면), 2-3호(41-71면), 1985 참조.

165) 박정훈, 협의의 행정벌과 광의의 행정벌, 서울대학교 법학 제41권 제4호 (2001), 278-322면은 행정형벌과 행정질서벌을 협의의 행정벌이라 부르고 '의무불이행에

한 규정을 두기도 하지만 그 경우에도 행정조치가 끝나야 사법적 구제
수단이 가능하게 하는 등 행정수단의 우월성이 강력하게 지배해왔다.[166]
　　이에 비하여 미국에서는 기업불법행위에 대하여 행정의 제재절차를
거치지 않고 곧바로 사인이 기업을 상대로 소송을 제기하는 방식에 의
하여 문제를 해결하는 비율이 크게 높았고 소송형태도 매우 다양하게
발전해 왔다. 유럽은 미국에 비하여 행정에 의한 규제집행으로부터 사인
에 의한 규제집행으로의 변화가 상대적으로 더디었으나 최근에는 사인
이 소송을 직접 제기할 수 있는 문이 넓어지면서 규제집행의 중심주체
가 행정부로부터 시장과 사인으로 옮겨가고 있다.[167]

2) 한국의 불법행위배상소송의 약점

　　미국에 비하여 한국에서는 사법제도와 사법이론에 있어 근대 시민혁
명기의 개인주의적 시스템이 지속하여 개인간의 법률행위를 기초로 한
계약책임과 개인간의 불법행위를 기초로 한 불법행위책임을 중심으로
구성되어 있어 기업의 불법행위에 대한 사법적 제재수단은 매우 약하고
발달되어 있지 않다.

　　대해 부과하는 불이익 내지 제재'의 기능을 수행하는 것들을 포괄하여 광의의 행정
　　벌이라고 부른다. 행정의 실효성확보수단은 각국의 실정법률에 기초한 살아 숨쉬는
　　행정법영역으로서 각국의 공법문화나 사회발전의 정도를 그대로 보여준다고 할 수
　　있다. 적극적 발전국가시대를 지나오면서 과잉규제상태에 있는 제재수단들에 대하
　　여 '제재적 행정행위'의 이론으로 파악하고 그 발령요건, 재량의 범위와 통제, 효력
　　(특히 공정력과 자기집행력). 하자의 승계, 제척기간, 일사부재리, 집행정지 등 모든
　　쟁점에 대한 재검토가 필요하다는 박정훈 교수의 주장은 시대적 적실성을 갖는 주
　　장이라 할 것이다.
166) 김상일, 불법적인 채권추심행위에 대한 규제와 구제, 현대상사법논집(강희갑교수화
　　갑논집), 2001.12, 667면.
167) Rodger/MacCulloch, Community Competition Law Enforcement Deregulation and
　　Re-regulation : The Commission, National Authorities and Private Enforcement,
　　Columbia Journal of European Law 1988, pp.579-612.

우리 민법은 근본적으로 개인주의와 자유주의사상을 지도원리로 하는 근대민법을 토대로 하고 있다. 따라서 불법행위법에서도 과실책임주의가 원칙이다. 과실책임주의에 따르면 고의와 과실의 구분없이 발생한 손해의 전보만이 고려된다. 이러한 손해배상법하에서는 고의불법행위에 대한 억제효과를 기대할 수 없으며 가해행위가 방치되게 된다. 무엇보다 배상금액의 산정기준이 한국에서는 민법 제750조의 해석에 따를 때 그 개인이 직접 입은 개인적 피해에 한정되고 입증책임도 피해자가 지므로 가해자가 피해를 입힌 경우에도 그 중 소송을 제기한 소수가 자신들이 입은 피해를 입증한 경우에 그들이 입은 피해액 한도에서 배상하면 되므로 해당 기업이 사회전체에 야기한 피해비용은 전액 배상될 수가 없어서 가해자에게 매우 유리한 시스템이다. 또, 불법행위의 피해자중 소송을 제기하지 않은 사람이 더 많으며 소송을 제기한 사람도 변호사보수 등에 있어 완전한 배상을 받지 못한다.

민법 제750조는 특수한 상황에서 예외적으로 특정의 개인이 다른 개인에게 피해를 한두 번 입히는 상황에 적용되는 것을 전형적인 경우로 예상한 규정으로서, 특정 장소에 공장이 존재하면서 지역주민다수에게 반복해서 불법행위를 하는 기업에 대해서 적용되는 경우는 예상하지 못했다고 할 수 있다. 이러한 손해배상체계하에서 손해의 전보는 어느 정도 피해자에 대한 구제역할을 하고 있으나 불법행위 그 자체를 억제하는 기능은 없다. 왜냐하면 불법행위로 얻어지는 이익이 손해배상액을 공제하고도 남는 결과가 발생하므로 가해자는 불법행위임을 알면서도 재산적 이익을 위하여 과감하게 불법행위를 범하기 때문이다. 그리고, 공법적 개입을 위한 행정의 권한과 비교하더라도 현재의 불법행위법은 약점을 가지는데, 행정은 손해가 발생하지 않더라도 불법행위가 있었다는 사실만으로도 불법행위에 대한 제재를 위해 개입할 수 있으므로 개입의 근거와 범위가 넓지만,168) 사인이 사법상의 불법행위책임을 추궁함에 있어서는 손해의 발생이 요구되기 때문에 상대적으로 개입할 수 있는 사유가 협소하다는 점도 문제된다. 다수의 피해자들에게 큰 손해를 끼치는 고의불법행위는 대부분 경제적 이윤추구를 목적으로 이루어진다. 따라서, 행정규제나 행정소송을 통해 제재를 위한 개입의 사유를 확대하여 불법행위에 의한 피해발생을 미리 예방하거나 축소하고, 고의불법행위자가 그 불법행위로부터 얻은 이익 이상의 금액을 피해자에게 배상해주는 방식이 불법행위의 방지를 위해 보다 효율적이라고 할 수 있다.

미국에서 널리 이용되고 있는 징벌적 손해배상소송의 경우 전보적 손해배상의 경우보다 고액의 배상액이 인정되므로 실질적으로 보상을 받지 못하는 변호사보수 기타의 소송비용을 보상받는 부수적인 기능도 있다. 한국과 달리 미국에서는 변호사의 고용을 위한 착수금이 없고 대체로 성공보수금만 있는 것도 기업의 불법행위에 대한 징벌적 배상소송의 활성화에 크게 기여하였다. 이는 피해자가 소송에 의하여 침해된 권리를 최대한 구제받을 수 있도록 적극적으로 노력하도록 함으로써 사회전체적으로 불법행위의 방지와 피해구제에 충실하게 되는 의미도 있게 된다. 손해의 전보 자체도 실제로는 손해발생에 대한 상당인과관계의 요구 및 과실상계나 손익상계 등으로 그 범위가 상당히 제한되고 있어 과연 피해자의 구제에 충분한가도 의문이다.

그러므로, 소송을 제기한 피해자가 입은 손해만을 배상해주는 전보적 배상제도만으로는 언제나 집행실패가 야기될 수밖에 없으므로 가해자가 사회전체에 야기한 비용의 배상을 목적으로 하는 징벌적 손해배상제도나 징벌적 기능을 수행하는 대체적인 금전적 제재수단의 필요가 미국은 물론 한국에서도 계속 존재해 왔고 앞으로도 존재할 수밖에 없는 것이다. 그러나, 미국에서도 징벌적 손해배상제도는 가해자에게 가혹한 제재가 가해지는 점을 고려하여 가해자가 악질적으로 침해를 의도하였거나

---

168) Hans-Heinlich Trute, Wechselseitige Verzahnungen zwischen Privatrecht und Öffentliches Recht, in ; Hoffmann-Riem/Schmidt-Aßmann (Hg.), Öffentliches Recht und Privatrecht als wechselseitige Auffangordnungen, 1996, SS.171-175.

다른 사람의 권리 또는 이익을 의식적으로 현저하게 무시하였다는 명백하고 확고한 증거를 원고가 제시하도록 함으로써 매우 엄격한 입증의무를 원고에게 지우고 있다는 점을 고려한다면, 한국의 징벌적 제재수단들에 대해서는 민주적 법치사회의 기준에 적합하도록 부과절차에 매우 엄격한 제약을 가해야 함에도 불구하고 그러한 제약이 크게 부족하다는 점이 문제라 할 것이다.

3. 기업의 불법행위에 대한 제재수단들의 이론적 비교

기업의 불법행위에 대한 제재시스템의 설계에 있어서는 현실적 가해자와 현실적 피해자뿐만 아니라 잠재적 가해자와 잠재적 피해자라는 네 당사자들의 이해관계가 적절히 고려되어야 한다. 형사법적 제재수단, 민사소송과 행정규제수단들은 각 당사자들의 이해관계에 서로 다른 정도로 영향을 미치므로 각 수단들의 장단점과 문제점을 정확하게 이해하는 것이 필요하다.[169] 이하에서는 한국의 현행제도의 제약을 받지 않은 상태에서 이론적으로 볼 때 기업불법행위의 제재수단으로서 과징금과 같은 행정규제수단들과 다른 수단들이 어떤 장단점을 갖는지 비교해보기로 한다.

행정규제행위는 현실적으로 피해자들이 제재를 위한 비용과 입증의 부담을 지지는 않지만 공무원들의 판단에 따라 그의 집행여부가 결정되기 때문에 피해자들이 집행을 스스로 통제하지 못한다. 때문에 피해자가 가해기업에 대한 제재를 원하는가와는 상관없이 제재여부가 결정된다. 제재여부 및 그 정도의 결정도 행정공무원들이 한다. 행정규제권의 발동에 있어서는 기업의 불법행위로 피해가 발생하였는가 보다는 기업이 불

---

169) Neil K. Komesar, Injuries and Institutions : Tort Reform, Tort Theory, and Beyond, N.Y.U. Law Review 1990, pp.23-77.

법행위를 했다는 사실이 중요하며 과징금과 같은 금전의 부과도 그 금액이 불법행위를 막을 수 있을 정도의 압력을 기업에게 줄 수 있는지가 판단기준이 될 것이다. 또, 행정공무원들에게는 불법행위를 한 기업들의 적발건수가 그 업무성과가 될 것이다.

약점으로는 행정기관은 피해자에 비해 전문성이 높을 것이지만 예산, 인력 및 조사권은 한계가 있을 수밖에 없어서 행정기관은 기업불법행위의 방지를 위한 적정한 집행력과 억지력을 확보하기가 곤란한 경우가 있다는 점이다. 현실적으로 사회적 파급효과가 큰 사건에 집중할 가능성이 있으며 그 경우에도 정치적 고려를 우선시할 수도 있다.

형사법적 수단도 검사가 기소여부를 결정하기 때문에 피해자의 의사여부와 상관없이 제재절차가 진행되지만 가해자의 과실은 특별한 규정이 없는 한 처벌되지 않는 것이 원칙이고 무죄추정의 원칙 때문에 검사에게 매우 강한 입증의 부담이 지워져 제재가 상당히 어렵다. 제재여부의 결정은 판사가 한다. 형사법적 제재수단은 감금과 벌금이라는 수단에 의해 가해기업이나 경영자 및 대주주 등을 처벌하는데, 기업의 경영자나 대주주는 당해 기업이 부도가 나지 않는 한 형사처벌하는 예가 거의 없을 정도이기 때문에, 시장에서 정상적으로 거래를 하고 있는 기업들이 하는 불법행위를 제어하는데는 상당한 한계를 갖는다. 또, 형사처벌이 늘어나면 국가는 감옥시설을 늘리기 위해 더 많은 예산을 투입하여야 하나 금전적 제재나 공익소송은 정부수입의 증가에 크게 기여한다.[170]

민사소송은 제재절차의 개시여부결정을 피해자가 하기 때문에 피해자가 주도권을 갖는다. 피해자가 소송을 제기하기 전까지는 제재절차는 개시되지 않는다. 피해자가 제재절차의 구체적 목적을 정하고, 증거를 수집하고 변론을 준비한다. 피해자 스스로가 도움을 얻기 위해 변호사를

---

170) Kerrigan/Berrettini/Callahan/Entas, The Decriminalization of Administrative Law Penalties, Civil Remedies, Alternatives, Policy, and Constitutional Implications, Administrative Law Review 1993, pp.374-379.

고용한다. 제재여부 및 제재의 내용은 판사가 결정한다. 민사소송을 통해 가해기업이 배상해야할 금액은 피해자가 가해행위로 인해 입은 피해액뿐만 아니라 소송을 수행하기 위해 지출한 비용의 상당부분까지 포함된다. 이 배상금액과 피해자들이 소송을 제기할 확률이 잠재적 가해기업이 불법행위를 계속할 것인가의 여부와 그 정도의 판단에 영향을 미치게 된다.

민사소송의 약점은 기업의 가해행위가 있었는가 보다는 피해자의 피해발생여부라는 결과에 초점을 맞추기 때문에 가해기업에게 반사회적 의도가 명백한 경우에도 피해가 현실화하기까지는 제재절차가 진행되기 어렵다는 점이다.171) 또, 한국의 경우 징벌적 배상소송이 인정되지 않기 때문에 가해기업은 피해자 개인이 입은 손해액을 한도로 하여 손해를 부담하고, 미국과 달리 변호사를 고용하기 위해서 착수금을 지출해야 하는 피해자들이 소극적으로 소송을 제기하지 않는 경우도 많으므로, 민사소송만으로는 가해기업에게 유리한 결과가 발생하여 불법행위의 유인이 크게 존재할 수밖에 없다는 점이다. 또, 사법상의 구제수단은 사적 자치의 원칙, 소송상 처분권주의, 변론주의 때문에 반드시 법원에서 사건화되고 법의 이념이 실현될 것이라는 보장이 없다. 특히, 정보와 증거수단의 부족 때문에 기업의 불법행위를 증명하고 손해금액을 정확하게 평가하여 주장하기가 매우 어려울 수도 있다.

이에 비하여 행정기관은 오랫동안 기업들에 대한 규제와 과세를 담당하면서 상당한 통계자료를 확보하고 있고 필요한 증거수집을 위한 조사권한이 있으며 전문지식도 확보하고 있고 기업들에게 필요한 정보를 제출하도록 요구할 수도 있다.172) 정부의 공익소송은 이러한 행정기관의

171) Neil K. Komesar, Injuries and Institutions : Tort Reform, Tort Theory, and Beyond, N.Y.U. Law Review 1990, pp.27-28.
172) Scott Ilgenfritz, The Failure of private Actions as an ECOA Enforcement Tool : A Call for active Government Enforcement and statutory Reform, University of

장점을 활용하기 위하여 행정기관이 사인들이나 피해기업들의 사법상의 청구를 대신 주장하며 소송을 제기할 수 있도록 당사자적격을 확대한 것이다.

기업의 불법행위에 대한 제재수단으로서 행정소송이 갖는 장단점에 관한 것은 의무이행소송과 객관소송에 관한 논의에서 살펴보기로 한다.

4. 제재수단들이 합헌성을 획득하기 위한 전제요건들

기업불법행위에 대한 제재수단들이 법치사회에서의 정당성을 획득하기 위해서 필요한 요건들을 살펴보기로 한다.

형사법적 제재가 실현되기 위해서는 수사기관과 소추기관이 헌법상 보장된 인신보호절차와 무죄추정의 원칙으로 인한 엄격한 입증절차를 거쳐야 한다는 점에서 불법행위를 한 자에 대한 보호수단이 강력하게 갖추어져 있다. 민사소송과 행정규제수단들을 통해 가해기업을 제재하려고 할 때 상대적으로 가해기업에 대한 보호절차는 완화되어 있지만 여전히 헌법상 보장된 적법절차원칙, 이중위험금지원칙, 비례원칙 등이 적용된다. 이하에서는 행정제재조치의 발동을 위해 충족시킬 것이 요구되는 법치국가적 요건들을 살펴보기로 한다.[173]

첫째, 행정제재조치의 발동을 위한 영업장소나 영업활동에 대한 조사에 있어서도 형사법상 수색절차진행을 위한 영장요건보다는 완화되어 있지만 특별한 정당화요건이 충족되지 않는 한 영장없이 불법적인 권력적 행정조사를 하는 것은 인정되지 않는다. 미국법상 이 요건은 미국 수

Florida Law Review 1984, p.461.

173) 이하의 논의는, Kerrigan/Berrettini/Callahan/Entas, The Decriminalization of Administrative Law Penalties, Civil Remedies, Alternatives, Policy, and Constitutional Implications, Administrative Law Review 1993, pp.397-418 참조.

정헌법 제4조와 관련되고, 한국 헌법상으로는 헌법 제12조와 관련된다.

둘째, 이중위험금지원칙을 위반하지 않아야 한다. 이 원칙은 동일한 범죄행위에 대해서 동일한 정부에 의해 두 번 이상 기소되지 않아야 한다는 것인데, 형사처벌의 위험이 규정되어 있음에도 불구하고 행정규제나 민사소송을 통해 가해기업이 지불해야 할 배상금이 징벌적(punitive) 성격을 갖는다면 비록 행정제재조치로서(예, 과징금) 또는 민사판결(예, 징벌적 배상금)로 그것이 부과되더라도 이중위험금지원칙을 위반한 것이 된다는 것이 미국의 연방대법원의 판례이다.174) 원칙적으로 미국이나 한국 모두 형사처벌이 있었더라도 행정제재조치나 민사소송을 제기하는 것은 허용되는 것이고 이중위험금지원칙은 형사처벌상호간에만 문제되는 것이었으나, 금전적 제재금이 해당 기업에게 법준수를 단순히 심리적으로 압박하는 수준을 넘어 보복적 성격을 갖는다면 그것은 형식적 부과주체나 이름을 떠나 그 실질적 성격에 따라 보아야 하기 때문이다. 그 판단기준은 제재금이 징벌적(punitive) 성격을 갖는가 아니면 손해전보적(remedial) 성격을 갖는가 이다. 이 때, 제재금을 규정한 입법자의 주관적 의도도 고려대상이 될 수 있지만 보다 중요한 것은 제재금을 부과한 객관적 목적에 따라 그리고 가해기업에게 그 제재금이 갖는 효과에 따라 그 성격이 판단되어야 한다. 다만, 피해액은 정확하게 금전으로 환산될 수 없는 것들도 많으므로 전보적 배상금이 피해자에게 발생한 피해액과 정확하게 일치될 필요는 없고 어느 정도 상회하더라도 징벌적이라고 볼 수는 없을 것이다.(United States v. Halper 490 U.S. 435(1989).) 문제는 미국에서도 징벌적 성격을 갖는 행정제재의 금액과 손해전보적 성격을 갖는 제재금의 구별은 사건과 가해기업에 따라 달라지기 때문에 어떤 명확한 기준을 제시하기가 대단히 어렵다는 점이다.175)

---

174) 이 입장은 United States v. Halper 490 U.S. 435(1989)에서 확립되었다.

175) Kerrigan/Berrettini/Callahan/Entas, The Decriminalization of Administrative Law Penalties, Civil Remedies, Alternatives, Policy, and Constitutional Implications,

한편 헌법재판소는 이중처벌금지의 원칙을 규정한 헌법 제13조 제1항, "모든 국민은…… 동일한 범죄에 대하여 거듭 처벌받지 아니한다"는 조항의 해석과 관련하여, 이 원칙은 한번 판결이 확정되면 동일한 사건에 대해서는 다시 심판할 수 없다는 '일사부재리의 원칙'이 국가형벌권의 기속원리로 헌법상 선언된 것으로서, 동일한 범죄행위에 대하여 국가가 형벌권을 거듭 행사할 수 없도록 하여 국민의 기본권 특히 신체의 자유를 보장하기 위한 것이라고 할 수 있으므로, 이러한 점에서 헌법 제13조 제1항에서 말하는 "처벌"은 원칙적으로 범죄에 대한 국가의 형벌권 실행으로서의 과벌을 의미하는 것이고, 국가가 행하는 일체의 제재나 불이익처분을 모두 그 "처벌"에 포함시킬 수는 없는 것이라고 한다.(헌재 1994. 6. 30. 92헌바38, 판례집 6-1, 619, 627 참조).

미국의 판례나 한국의 판례를 참조할 때, 과징금의 액수가 당해 기업의 능력에 비추어 너무나 커서 기업의 존립이나 경영의 지속가능성을 위협할 정도로 보복적 성격이나 형벌적 성격을 갖는 정도라면 형벌에 해당되기 때문에 행정이 일방적으로 부과할 수는 없지만, 다른 형태의 행정의 금전적 제재처분은 이중위험금지원칙에 반하지 않는다고 본다.

셋째, 징벌적 성격을 갖는 행정의 제재금부과처분이나 징벌적 배상소송의 평가주체와 관련되는 것인데, 미국의 경우, 징벌적 배상금액을 평가하는 주체는 배심원이다. 한국에서도 기업불법행위에 대해 과징금부과처분을 내릴 경우 현재 행정에 대한 기업들의 강한 불신과 불만을 고려하여, 대구시 수성구나 경남남해시 등에서 집단민원처리를 위해 도입된 민원배심원제가 시사하듯이 가해자, 피해자 및 행정청과는 구별되는 전문가들이나 모범적인 시민들이 참가하는 과징금평가위원회가 구성되어 과징금액을 결정하도록 하고 공정거래위원회는 그것을 형식적으로 집행하는 방안도 고려할 수 있을 것이다.

Administrative Law Review 1993, p.406.

넷째, 행정이 부과할 수 있는 제재금이 과다해서는 안된다. 미국 수정헌법 제8조는 과다한 벌금이나 보석금은 허용되지 않는다고 규정하고 있고, 우리 헌법 제37조 제2항도 비례원칙을 규정하고 있다. 하지만 미국 판례는 징벌적 배상소송에는 과다한 벌금금지원칙은 적용되지 않고 행정의 제재금부과처분에만 적용된다고 하고 있어,176) 미국에서도 행정규제와 민사판결에 적용되는 법원칙간에 상이한 점이 있다. 미국의 상황을 보더라도 한국에서 과징금의 방식으로 징벌적 제재 내지 형벌적 제재를 과하는 방식은 지양하고 정부의 공익소송이나 징벌적 배상소송 등 소송을 통해 징벌적 제재를 추구하는 방식이 형벌의 경우 법원만이 부과할 수 있는 시스템과도 맞고, 또, 글로벌 스탠더드에도 적합할 것으로 생각한다.

다섯째, 적법절차(Due Process of Law) 원칙의 적용이 문제된다. 적법절차원칙은 미국 수정헌법 제5조, 제14조에 규정되어 있고, 한국헌법상으로도 제12조 제1항에 규정되어 있는데, 적정절차를 거치지 않고 생명, 자유 및 재산을 박탈하거나 제한해서는 안된다는 것이다. 이러한 절차의 성격이 형사절차인가 아니면 행정절차인가 또는 민사소송인가와는 상관없다. 적법절차의 위반여부는 세 가지 기준에 의해 평가되는데, 즉, 1) 침해되는 사익의 크기정도 2) 부가적이거나 대안적인 다른 절차를 거쳤더라면 어느 정도 회피될 수도 있었지만 현행절차를 거침으로 인해 이익이 부당하게 박탈당하게 된 위험의 정도 3) 관련된 공익의 크기가 그들이다. 따라서, 예를 들어 중대한 사익이 침해되었다면 적법절차에 의한 보호필요는 더 커진다. 사익과 공익의 크기에 따라 사전통지, 청문, 증명의 정도, 변호인의 조력을 받을 권리의 보장여부, 증거제출권, 불리한 증인에 대한 심문권, 반대심문권 등의 절차적 권리 중에서 보장의 범

---

176) Browning-Ferris Indus. v. Kelco Disposal, 492 U.S. 257 (1989)은 600만 달러의 징벌적 배상금을 부과한 사건이었는데 과다한 벌금금지원칙은 징벌적 배상소송에는 적용되지 않는다고 한다.

위가 결정되는데, 행정절차와 민사소송에서는 형사소송에서보다는 그 보장범위가 좁아지는 것을 인정한다 하더라도 징벌적 성격을 갖는다면 그 실질적 성격은 형벌과 마찬가지이므로 형사절차에 준하여 절차적 권리가 보장되어야 할 것이다.

Ⅲ. 기업의 불법행위에 대한 제재수단으로서 과징금, 정부의 공익소송과 행정소송

1. 기업의 불법행위에 대한 금전적 제재시스템의 분류

　기업불법행위에 대한 금전적 제재시스템은 제재주체의 측면에서 (1) 과징금부과처분에서 나타나는 것처럼 행정기관만이 중심이 되는 시스템, (2) 시민소송의 예처럼 시민들도 제재권발동의 중심주체가 되는 시스템, (3) 행정주체가 원고가 되어 공익소송을 제기하거나, 미국의 행정소송형 시민소송이나 제3자가 제기하는 의무이행소송의 경우처럼, 시민이 행정에게 기업에 대한 제재절차를 개시하도록 요구할 수 있는 행정과 법원의 협력적 시스템의 셋으로 분류할 수 있고, 제재정도의 측면에서 (1) 현재의 한국 사법상의 불법행위배상시스템처럼 피해자 본인의 피해금액배상에 한정하되 법원이 부과주체인 시스템 (2) 기업의 불법행위로 야기된 피해금액 전액의 배상을 목표로 하되 법원이 부과주체인 징벌적 배상시스템 (3) 과징금처럼 행정주체가 특정한 피해자의 피해금액에 한정하지 않고 주로 사회전체에 야기한 피해금액을 고려하되 그것을 상회하거나 하회할 수 있는 재량을 행정이 갖는 시스템의 셋으로 나누어 볼 수 있다.

　기업활동의 자유보장과 기업불법행위에 대한 정부와 사회의 제어능력의 관점에서 볼 때 어떤 방향으로 개혁되어나가야 하는가? 금전적 제재 시스템의 개혁방향은 제재주체의 측면에서는 행정단독이 아니라 사인에 게 더 주도권을 인정하고 사법부와의 협력을 강화하는 방향이어야 하고, 제재금액의 측면에서는 불법행위로 특정 개인에게 야기된 피해금액이 아니라 사회전체에 야기된 피해금액의 배상의 측면으로 나아가야 할 것 이다.

이하에서는 기업의 불법행위에 대한 금전적 제재수단으로 대표적인 과징금과 새로이 도입이 검토되고 있는 정부의 공익소송, 그리고 행정소 송법개정작업을 중심으로 살펴보기로 한다.

2. 기업의 불법행위에 대한 제재수단으로서 과징금

1) 한국의 과징금과 미국의 징벌적 배상금의 비교

(1) 과징금부과처분

공정거래위원회는 2003년 1월 20일 계열사의 납품업체에 휴대폰를 강 매한 한 텔레콤회사에 행위금지명령과 함께 과징금 6억4000만원을 부과 했다, 언론사에 부과한 182억원의 과징금을 공정거래위원회가 취소하자 감사원이 2003년 1월 20일부터 정부과천청사 공정거래위원회 회의실에 서 언론사들에 대한 과징금 취소처분의 적법성 여부와 관련한 감사를 벌였다는 기사 등에서 알 수 있는 것처럼 최근 정부와 기업의 관계에서 가장 주목의 대상이 되고 있는 것이 과징금부과처분이고 그 액수가 수 억원에서 수십억원까지 되는 경우가 자주 나타나고 있다.

과징금은 "행정법상의 의무위반행위에 대하여 행정청이 의무위반행 위로 인한 불법적인 이익을 박탈하거나, 혹은 당해 법규상의 일정한 행정명령의 이행을 강제하기 위하여 의무자에게 부과·징수하는 금전"(헌재 2001.05.31 99헌가18.)이라고 할 수 있는데, 기업들이 불법행위로 얻은 경제적 이득을 박탈하기 위해 '독점규제 및 공정거래에 관한 법률'(1980.12.31. 법률 제3320호로 제정) 제6조에서 처음 도입됐다. 이후 20여 년동안 금융실명거래에 관한 법률, 대외무역법, 신용카드업법, 자동차운수사업법, 대기환경보전법, 건설산업기본법 등 70여개 법령으로 확산되었는데, 그 이유는 정부가 행정상 의무이행확보수단으로서 과징금을 크게 선호했기 때문이었다. 공정거래위원회의 경우 과거 각 국의 내부기준에 따라 과징금을 매겼으나 지난 1999. 4. 16 공정거래위원회 고시 제1999-5호로 제정된 '과징금부과세부기준등에관한고시'에 따라 과징금부과기준을 정식 발표하고 있다. 부과기준은 같은 법이라도 위반행위별로 다른데, 예를 들어 부당공동제한 규정을 어기다 적발되면 위반행위기간 중 관련상품 및 용역의 매출액의 5%가 부과된다.(독점규제및공정거래에관한법률시행령 제61조, 별표2)

여러 법령에서 과징금제도를 도입하면서 과징금 부과금액이 크게 불어나 통계상으로 공정거래위원회가 부과한 과징금은 대략 지난 97년 11억원에서 국민의 정부출범이후 급증해 2000년 1484억, 2001년 1601억원, 2002년 855억원 등으로 증가해,[177] 기업들은 납부해야 할 과징금액수에 큰 부담감을 느끼고 있다 한다. 20여개의 법령에서는 각 부처가 과징금을 '특정용도'로 쓸 수 있도록 규정하고 있는데, 이것이 과징금제도의 확산과 활발한 징수활동을 촉진시켜 과징금수입증가의 중요한 원인이 되고 있다.

특히 과징금과 같은 행정제재금의 납부이외에도 같은 행위로 다시 벌금과 같은 형사처벌까지 받는 경우도 있어 이중처벌금지원칙을 위반한 것이 아닌가 하는 점이나, 과다한 과징금은 과잉금지원칙이나 평등원칙

---

177) http://ftc.go.kr 통계 및 발간자료 및 공정거래위원회, 주요업무보고, 제236회 국회 임시회 정무위원회, 2003. 2.20 참조.

을 위반한 것이 아닌가 하는 문제가 제기되었다. 헌법재판소는 과징금부
과규정이 이중위험금지원칙은 위반하지 않는다고 하면서도 장기미등기
자에 대하여 부동산가액의 100분의 30에 해당하는 과징금을 부과할 수
있도록 규정한 부동산실명법 제10조 제1항 본문이 과잉금지의 원칙이나
평등의 원칙에 위반된다고 판시하였다.(헌재 2001.05.31 99헌가18.)

법원도 과징금에 대해서는 다른 처분과 달리 상당히 특수하게 다루고
있다. "구 독점규제및공정거래에관한법률상의 불공정거래행위인 사원판
매행위에대하여 부과된 과징금의 액수가 법정 상한비율을 초과하지 않
는다고 하더라도그 사원판매행위로 인하여 취득한 이익의 규모를 크게
초과하여 그 매출액에 육박하게 된 경우, 불법적인 경제적 이익의 박탈
이라는 과징금 부과의 기본적 성격과 그 사원판매행위의 위법성의 정도
에 비추어 볼 때 그 과징금 부과처분은 비례의 원칙에 위배된 재량권의
일탈·남용에 해당한다"고 하였다.(대법원 2001.02.09 2000두6206.) 또, 금
전부과처분에 대해서 집행정지결정에 소극적이었던 법원이 과징금부과
처분에 대해서는 "과징금납부명령의 처분이 사업자의 자금사정이나 경
영전반에 미치는 파급효과가 매우 중대하다는 이유로 그로 인한 손해는
효력정지 내지 집행정지의 적극적 요건인 '회복하기 어려운 손해'에 해
당한다"고 판시하고 있는 것이다.(대법원 2001.10.10 2001무29.)

이에 따라 대통령직 인수위원회가 75개 법령이 규정한 과징금을 통합
관리하기 위하여 '과징금관리기본법'을 제정, 불필요한 과징금을 정비하
고 신설을 억제하는 등의 종합적인 관리체계를 마련하겠다는 입장을 밝
힌 가운데,(연합뉴스 2003.01.15) 기업들은 형사고발과 함께 부과되는 현
행 과징금제도가 기업 부담을 가중시키는 '준조세'라며 개선을 요구하는
있는 반면 공정거래위원회는 재계의 불법행위를 가장 효과적으로 제재
할 수 있는 수단으로서 결코 준조세가 될 수 없다고 하고 있다. 불법행
위로 얻은 경제적 이득을 환수하고 재발을 방지하기 위한 과징금제도를
완화할 경우 경쟁질서 확립은 불가능하다는 것이다. 특히 다툼이 심한

곳은 공정거래위원회가 부과할 수 있는 과징금인데, 그 이유는 다른 부처가 부과할 수 있는 과징금은 많아야 수백만에서 수천만원에 불과하기 때문이다.

그 동안 과징금의 성격은 불법행위로 얻은 이익을 박탈하기 위한 과징금인 일반형과 불법행위로 인해 인허가받은 사업의 정지처분을 하는 대신에 부과하는 과징금인 변형형이 있는 것으로 설명해왔다. 일반형인 과징금은 행정벌의 부과에 따른 전과자를 양산하는 부작용을 피하면서 행정법상의 의무이행을 확보할 수 있는 장점을 갖고, 변형된 과징금은 공익적 성격을 갖는 사업이나 많은 노동자를 고용하고 있는 기업의 인허가권을 취소함으로써 나타나는 사회적 부작용을 피해 취소나 정지를 대체할 수 있는 장점을 갖는 것으로 설명해왔다.[178]

과징금의 법적 성격에 관해서는 부당이득환수설과 행정제재설이 있는데, 행정재량의 인정여부에 있어 차이가 난다. 부당이득환수설은 과징금은 위법행위로 인한 부당한 이득의 발생이 있을 때만 부과될 수 있고, 과징금의 산정도 부당이득에 대해서 부과되어야 하기 때문에 행정은 일정한 세부기준을 마련해놓고 그에 따라 부과하여야 하며 부과금액의 결정에 있어 재량이 없다고 본다. 이에 대하여 행정제재설은 과징금은 부당이득의 발생여부와 상관없이 불법행위가 있었다는 사실로 충분하고 과징금의 산정도 부당이득과 연계되지 않고 불법행위에 대한 제재적 효과를 얻을 수 있는 금액을 행정이 재량권을 가지고 결정해야 한다고 본다.[179]

---

178) 신봉기, 경제규제입법에 있어서 과징금제도의 내용과 문제점, 법학논총(단국대 법과대학) 1992, 167-185면. ; 이상철, 과징금의 유형구분과 그 법적 성질, 법제 1998. 1월호, 81면이하. 교과서에서도 이분법을 따르는 것이 보통이지만 김종두, 현행법상 과징금제도에 관한 고찰, 입법조사월보 1988, 1월호, 1면 이하는 부과금이라 불리우는 것도 유사과징금으로 분류하여 3분법을 제시하기도 한다.
179) 김원준, 과징금제도의 활성화방안, 공정거래 1991. 3, 260-261면. ; 김호정, 새로운 행정제재수단으로서의 과징금제도, 한국외대외법논집 2000.12, 321-326면. ; 이헌

공정거래법상으로는 시장지배적 사업자의 부당한 가격인상에 대해 공정거래위원회가 가격인하명령을 내렸음에도 불구하고 그것을 위반한 경우에 부과할 수 있는 과징금은 부당이득환수로서의 성격을 가지지만, 대규모 기업집단의 상호출자금지위반, 출자총액제한위반, 채무보증제한위반, 사업자의 재판매가격유지행위, 부당한 국제계약의 체결을 이유로 부과되는 과징금은 행정제재적 성격을 갖는 과징금이다. 또, 시장지배적 사업자의 비가격남용행위, 사업자의 부당한 공동행위 및 불공정거래행위에 대한 과징금은 부당이득의 환수적 성격과 행정제재적 성격을 동시에 가지고 있다.[180]

과징금에 관한 현재까지의 논의에서는 한국의 공정거래법이나 다른 법에서 왜 갑자기 행정이 일방적으로 수십억원까지 부과할 수 있는 과징금이 다른 나라에서는 볼 수 없는 현상인데도 불구하고 많은 법령에 도입되고 또, 그것들이 실제로 집행되고 있는가, 그리고 그에 따른 문제는 무엇인가, 글로벌 스탠더드에 적합한 개선을 위한 대안은 무엇인가에 관한 논의는 부족했다. 기업불법행위에 대한 제재에 있어 한국은 행정기관의 과징금부과처분에 점점 더 많은 의존을 해가고 있는데, 행정청에게 과도한 재량이 인정되어 있는 반면 이해관계인들과 소비자들의 권익보호를 위한 기회와 절차는 매우 협소하여, 재량권의 남용위험과 그에 대한 통제능력의 부족이 문제된다. 기존의 행정재량이론도 기업들에 대한 수십억원의 과징금을 부과하는 문제에 적절히 대처하지 못했다. 또, 이러한 한국의 특수한 문제상황과 관련하여 유용할 수 있는 외국의 논의들에 대한 조사분석도 소홀했었다.

비교법적으로 볼 때, 행정이 단독으로 부과할 수 있는 금전적 제재수단으로 독일도 과태료(Bußgeld)가 있고 미국도 민사벌금(Civil Money

---

석, 환경규제 수단으로서 과징금제도, 서원대사회과학연구 1998.2, 201-203면.
180) 허찬무/신영호, 사업자단체의 공정거래위반행위에 참가한 사업자에 대한 과징금에 대한 소고, 공정경쟁 1999.5, 24면.

Penalty)이 있지만 그 액수에 있어서 공정거래위원회가 부과할 수 있는 금액보다 훨씬 작다. 또, 공정거래위원회의 과징금부과처분의 모델입법이었던 일본의 '사적 독점의 금지 및 공정거래의 확보에 관한 법률'(제7조의 2 및 제8조)에서 과징금을 부과하고 있지만 그 성격이 부당이득환수에 한정되어 부과횟수나 금액 등에서 제재적 성격을 갖는 한국의 과징금의 경우보다 훨씬 약하다.

필자가 생각할 때, 한국의 과징금과 가장 유사한 기능을 수행하는 것은 시스템의 성격이 전혀 다르지만 미국의 징벌적 배상소송에서의 배상금이라고 생각한다. 미국의 징벌적 배상소송에서 제기되는 논점들이 오히려 한국의 과징금부과처분의 문제를 다루는데도 유용하다고 생각한다. 그리고, 미국의 민사벌금중에서 형벌적 성격을 갖는 민사벌금에 관한 논의들도 유용하다. 이러한 논의들과 대안으로 검토되는 정부의 공익소송에 관한 것을 함께 종합적으로 살펴보기로 한다.

(2) 징벌적 배상소송(Punitive Damage)

Rule의 위반자가 위반으로 얻게 되는 편익이 피해자의 소송 등에 의해 지불해야 할 비용보다 높은 경우 Rule의 집행은 실패할 수밖에 없다. 징벌적 손해배상(punitive damage)제도는 집행실패(enforcement error)의 문제를 해결하기 위한 것으로서 영국의 common law에 의하여 발전되었는데, 1275년 2배의 손해배상을 인정하는 입법이 영국의회에 의해 제정되고 그러한 제도가 미국에 도입되어 19세기 중엽이후 확립되고 확대발전되어 오고 있다. 특히, 이 제도는 악의적인 고의의 Rule위반자를 제재하기 위한 시장내부적인 私法적 制度로서 과징금부과처분과 같은 공법적 Rule 보호장치와는 다르다.

미국의 징벌적 배상소송은 특히 불법행위를 한 기업이 그 행위를 통해 이익을 얻을 수 없도록 사회에 야기한 피해비용전부가 사회에 지불

되어야 한다는 입장에서, 배상금액에 대해 피해자가 입은 피해금액이 아
니라 가해자가 사회에 야기한 비용전부가 기준이 되어야 한다고 본다.
기업이 사회에 야기한 피해를 그 자신의 비용으로 내부화해야 한다는
것이다.[181] 따라서 배상금액은 한국의 경우보다 크게 증가할 수 있다.
이로 인해 기업들은 막대한 배상금지출을 막기 위하여 피해자들이나 반
대기업들과 화해계약을 체결하는 현상이 크게 증가하고 있다.[182] 그러
나, 징벌적 배상액의 산정에 상당한 불확실성이 존재한다. 가해자가 야
기한 총사회비용과 집행실패의 정도를 정확하게 평가하는 것은 어려움
이 있어 미국에서도 상당한 논쟁이 벌어지고 있다. 전보적 배상액뿐만
아니라 피고의 지불능력과도 관련되어 있다. 징벌적 배상액은 전보적 배
상액에 징벌승수(punitive multiple)를 곱한 것인데, 징벌승수는 가해자가
야기한 사회적 비용이 내부화될 수 있도록 총사회적 비용을 전보적 배
상액으로 나눈 금액이 될 것이다. 예를 들어 피고가 수천명의 고객을 상
대로 사기판매를 하였을 때, 각 거래의 액수는 비교적 적은 금액이지만
이들 총액은 거액인 경우, 징벌적 손해배상의 인정여부를 판단할 때는
피해자중 특정인만이 소송을 제기한 경우에도 전체의 총액을 기준으로
판단하여야 한다. 왜냐하면 피고는 사기판매로 인하여 원고에게 손해를
입혔다는 사실을 알고 있었을 뿐만 아니라 그러한 행위는 사악한 동기
에 의한 행위이기 때문이다.

우리나라에서도 미국의 징벌적 배상소송에 관하여 여러 민법학자들이
소개하고 있으나,[183] 우리 민법상 손해배상제도는 피해자에게 현실적으

---

181) Robert A. Klinck, The Punitive Damage Debate, Harvard Journal on Legislation
2001, p.479.
182) Charles A. Sullivan, Enforcement of Government Antitrust Decrees by private
Parties: Third Party Beneficiary Rights and Intervenor Status, University of
Pennsylvania Law Review, 1975, pp.822-895.
183) 윤정환, 영미법에 있어서 징벌적 손해배상, 단국대법학논총 15, 1989, 219-232면. ;
장재옥, 징벌적 손해배상의 합헌성에 관한 미연방대법원판결 소고, 강원법학 4,

로 발생한 손해를 전보하는 것을 원칙으로 하므로 피해자가 손해이상의 이익을 보아서는 안된다는 사고에 입각하고 있어,[184] 입법적으로는 그것의 도입이 진지하게 검토되지 않고 있다. 따라서, 여기서는 징벌적 배상소송에 관한 더 이상의 논의는 줄이고,[185] 징벌적 성격의 과징금부과처분의 분석을 위해서만 참고하기로 한다.

2) 과징금부과처분이 합헌성을 획득하기 위한 전제요건들

미국에서 징벌적 손해배상소송은 불법행위의 억제(Deterrence)기능을 가짐과 함께 보복(Retribution)기능도 가지며 손해전보(compensation)기능을 갖는다고 이해되고 있는데, 한국에서 기업들에 대해 부과하는 과징금은 기업들의 불법행위를 통해 얻은 이익을 환수하는 목적도 가지지만 더 나아가 기업들의 악의적 의도가 명백한 경우에는 보복적 성격을 가질 수 있고 이 성격 때문에 과징금액수가 크게 증가한 경우도 찾아볼 수 있다. 이러한 경우, 과징금부과처분은 이중위험금지원칙이나 적법절차원칙 또는 비례원칙을 위반할 수도 있다.

1990, 127-146면. ; 조상희, 징벌적 손해배상을 명한 미국법원판결의 집행에 관한 독일과 일본의 판례, 인권과 정의 1993, 102-106면. ; 김재국, 영미법상 징벌적 손해배상의 도입에 관한 소고, 비교사법 2, 1995. 507-534면. ; 소재선, 징벌적손해배상의 기능과 한계, 경희대론문집 27, 1998, 19-42면 등.

184) 장재욱, 징벌적 손해배상의 합헌성에 관한 미연방대법원판결 소고, 강원법학 4, 1990, 127면 참조. 동 취지의 판례로 대법원 1978.3.14 76다2168, 대법원 1978.11. 28 78다254. 255 판결이 제시되고 있다.

185) 다만, 장래의 과제로서 민사소송으로서 징벌적 배상소송도 언젠가는 도입될 필요가 있다고 본다. 이 때, 배상금액은 변호사보수 등에서 불법행위자로부터 구상받을 수 있도록 하며 피해자 입은 손해액에 일정금액(예, 2배, 3배)을 더해주도록 하는 제도를 도입하는 것이 필요하다. 또, 소액의 피해를 보았지만 정확한 피해금액산정이 어려운 피해자들을 위해 최소배상금액규정을 도입하는 것도 생각할 수 있을 것이다. 민사소송형 시민소송의 형태가 도입될 때에는 시민소송의 공익실현적 성격을 고려하여 증거수집등에 도움을 주기 위해 행정기관의 소송참가가 활성화되도록 하는 것도 필요하다고 본다.

징벌적 배상소송의 경우에도 배상금액이 너무 과도한 것을 비판하는 입장에서는 억제기능만을 담당하고 보복적 기능을 갖지 말아야 한다고 주장하는 사람도 있지만,186) 가해자의 행위가 특히 의도적이고 악의적일 경우에 대응하기 위하여 보복적 기능을 유지하는 것이 필요하다는 의견이 강하고 현재의 제도도 그러하다. 다만, 보복적 성격을 갖는다 하더라도 불법행위의 방지에 도움이 되면서도 발생하는 것을 원하지 않는 뜻밖의 부작용이 사회에 초래되지 않도록 하여야 한다.187)

징벌적 배상과 관련하여 제안되는 개선안들은 배상금액에 일정한 한도를 설정하는 것, 아마추어인 배심원들이 금액을 산정하는 약점을 보완하는 것, 불법행위자의 고의나 악의를 엄격하게 입증하도록 입증의무를 강화시키는 것, 배상금액산정을 위한 상세한 기준을 마련하는 것 등이 제안되고 있다.188)

가장 다투어지고 있는 쟁점은 징벌적 손해배상소송을 통해 과다한 배상금액이 결정되어 기업에 치명타를 입혀 결국 사회적으로도 바람직하지 않은 경우가 있을 수 있다는 점인데, 이 때문에 적정한 징벌적 배상금액에 관한 논쟁이 계속되고 있다.189) 미국의 경우에도 수많은 논쟁 끝에 1995년 3월 10일 연방하원이 징벌적 배상금액을 250,000달러나 전보적 배상금액의 3배까지로 제한하는 입법안을 만들고, 1996년 3월 18일 상하원합동회의를 거쳐 250,000 달러 또는 전보적 배상금액의 2배까지 제한하는 입법안을 만들었으나 1996년 5월 2일 클린턴 대통령의 거부권

---

186) David Luban, A Flawed Case Against Punitive Damages, Georgia Law Journal 1998, pp.378-379.

187) Steven Garber, Punitive Damages and Deterrence of Efficiency -Promoting Analysis : a Problem without a Solution?, Stanford Law Review 2000, pp.1809-1820.

188) Robert A. Klinck, The Punitive Damage Debate, Harvard Journal on Legislation 2001, p.472.

189) Cass R. Sunstein/Daniel Kahneman/David Schkade, Assessing Punitive Damages, Yale Law Journal 1998, pp.2071-2151.

행사와 의회에서의 재의결실패로 입법개정은 좌절되었다.[190]

이상의 논의들과 행정이 부과하는 제재금에 대한 논의들을 고려할 때, 과징금부과절차는 크게 개선될 필요가 있다. 징벌적 배상소송의 기능에 대해 손해전보(compensation)기능, 억제(Deterrence)기능, 보복(Retribution)기능으로 나누고 있음을 참고하여 손해전보기능은 과징금의 성격에 관한 학설 중 부당이득환수설에 대응하지만, 제재금설은 억제기능(또는 제재기능)과 보복기능(징벌적 기능 또는 형벌적 기능)을 구별하지 않은 것으로 보고 이하의 논의에서는 억제기능과 보복기능을 나누어 접근하겠다.

징벌적 배상금액에 비추어 손해전보나 억제기능만을 갖는 보통의 과징금이 아니라 징벌적 성격의 과징금액 또는 정부의 공익소송을 통해 부과될 수 있는 제재금액을 산정함에 있어서 고려될 기준들을 살펴보면, 가해기업이 야기한 해악 또는 피해의 크기, 가해기업의 행위에 나타난 그의 의도,(예, 가해기업은 언제부터 그 행위가 불법행위임을 알고 있었는가, 피해를 주고 있다는 사실을 알고 있었는가 등) 가해기업의 자산이 3대기준으로 제시될 수 있을 것이다. 1996년 12월 30일 신설된 독점규제 및공정거래에관한법률 제55조의3 제1항은 공정거래위원회가 과징금을 부과함에 있어 그 금액을 판단하는 기준으로 위반행위의 내용 및 정도, 위반행위의 기간 및 회수, 위반행위로 인해 취득한 이익의 규모 등의 3대기준을 제시하고 있다. 위반행위의 내용 및 정도, 기간이나 회수, 이익 규모에서 충분히 해당 기업의 악의성이나 반사회적 태도를 판단할 수 있으므로 한국의 과징금부과처분은 징벌적 성격의 제재기능과 함께 다른 성격의 제재 내지 억제의 기능을 함께 수행해왔다고 할 수 있을 것이다.

이 기준에 따라 부과할 수 있는 제재금의 액수를 유형화하여 일정한 화폐금액이나 아니면 가해회사가 얻은 이익 등을 기준으로 하여 일정한

---

190) Jonathan M. Karpoff/ John R. Lott, Jr. On the Determinants and Importance of Punitive Damage Awards, Journal of Law and Economics 1999, pp.552-553 참조.

정도까지만 상회할 수 있도록 제한을 가해야 한다. 과징금이 보복적일 때 그것은 형벌적 성격을 갖기 때문에 형사처벌에 준하여 절차적 권리가 충분히 보장되지 않으면 안된다. 따라서, 형벌적 성격을 갖는 금전적 제재, 즉, 일정금액이상의 금전적 제재는 기업이 악의적으로 또는 명백한 반사회적 태도로 불법행위를 했다는 것이 드러나야 부과할 수 있고, 제재방법도 정부가 공익소송을 제기하여 법원이 결정하도록 하는 것이 다른 형사처벌의 경우와 형평에 맞을 것이다. 예를 들어, 5억원이상의 금전적 제재나 매출액기준 몇%이상의 금전적 제재는 공익소송을 통해 결정하도록 하는 것이 타당할 것이다.

한편, 가혹한 금전적 제재는 공익소송을 통하여 해결한다고 하더라도 행정기관은 일정금액이하의 과징금을 여전히 부과할 수 있고, 그 과징금의 성격도 반드시 부당이득환수적 성격만을 갖는 것은 아니고 제재적 내지 억제적 성격을 갖는 것도 있을 수 있다고 생각한다. 미국의 민사벌금의 경우에도 행정이 일방적으로 부과하는데 제재적 성격을 가지는 경우도 있다고 이해되고 있다. 다만, 일정 금액이하여야 한다. 이 때의 과징금은 제재적 성격은 갖지만 형벌이라고 볼 수는 없기 때문에 이중위험금지원칙은 위반하지 않는다고 본다. 제재적 성격의 과징금을 부과하기 위해서는 적법절차가 준수되어야 하는데, 미국의 배심절차를 모델로 하여 대구시 수성구나 경남 남해시 등에서 행정절차에서 운용되고 있는 민원배심원제도와 유사하게 전문가들이나 모범적인 시민들이 참가하는 과징금평가위원회를 구성하여 과징금액을 결정하되, 구두변론기회의 보장, 행정의 엄격한 입증의무, 기업에 불리한 증인과 증거에 대한 반대심문권의 보장, 처분에 대한 상세한 이유제시의무 등의 절차적 권리가 보장되어야 할 것이다. 기업에 대한 과징금부과처분은 그 액수가 억제적 성격을 갖게 될 경우 그 금액산정의 기준과 근거들을 상세하게 이유제시해야 할 의무를 진다고 보아야 할 것이다. 왜냐하면 이유제시의무는 행정의 일방적 결정으로 인한 행정의 불투명성을 극복하기 위한 것으로서 이해관계인에게 그 처분의 실질적 이유를 알도록 하여 불복여부를 판단하도록 하는 기능을 갖는데, 제재적 내지 억제적 성격을 갖는 과징금의 경우에는 이유제시의무가 훨씬 더 강화되어야 한다고 보기 때문이다.[191)]

현재로서는 억제적 성격을 갖거나 징벌적 성격의 과징금을 부과할 때, 부당이득환수적인 과징금과는 달리 과징금을 부과하는 기준이 너무 막연한데 이로 인해 행정은 너무 광범위한 재량을 부여받게 되고, 합리적이고 상세하지 않은 기준에 의한 과징금부과처분은 행정의 자의성, 재량권남용에 대한 의심을 주기 때문에, 특히 고액의 과징금부과처분의 경우 위법으로 평가받을 가능성이 높다.

한편, 영세한 사업자들이나 자영업자들의 경우 소송을 제기하기 위해 필요한 비용, 시간 및 정보관리능력을 충분히 갖추지 못한 경우가 많다. 이들에 대해서 과징금이나 영업정지처분과 같은 제재처분이 내려질 때, 그 처분의 위법성에 대한 의심을 가진다 하더라도 소송은 구제방법으로서 적절하지 않다. 또, 금전적 제재액수가 소액인 경우에도 소송을 제기하도록 하는 것은 보통의 경제인에게는 합리적이지 못할 수 있다. 1960년대 미국에서도 공익변호사들 중의 일부가 가난한 사람들을 위한 권리보호방법으로 '청문권'확보운동('New Property Hearing Rights')을 전개하였다고 한다.[192)] 한국의 경우에는 행정절차에서 절차적 권리의 확보주장이나 행정심판활성화론의 논거가 될 수 있을 것으로 보인다.

---

191) 미국에서도 배심원에 의한 징벌적 손해배상결정에 있어 그 결정의 기초에 대한 상세한 설명의무를 제시하도록 하는 안이 개선안으로 제시되고 있다. Richard W. Murpy, Punitive Damages, Explanotory Verdicts, and the Hard Look, Washington Law Review 2001, pp.997-1065.

192) Reich, The New Property, Yale Law Journal 1964, 733면 이하.; Richrd B. Stewart/Cass R. Sunstein, Public Programs and Private Rights, Harvard Law Review 1982, pp.1255-1267 참조.

3. 정부의 공익소송

1) 정부의 공익소송의 의의

공정거래위원회는 2003년 1월 17일 카르텔 등으로 발생한 소비자피해에 대해 개인이 손해배상청구를 제기하는 현행 제도로는 피해구제가 실질적으로 어렵다고 보고 소비자피해구제제도로서 공익소송의 도입을 추진하겠다고 대통령직 인수위원회에 보고했다.[193] 공정거래위원회가 생각하는 공익소송제는 소비자를 대신해 국가가 원고가 돼 배상판결을 받아낸 뒤 배상금을 피해소비자에게 분배하는 제도로 이 제도가 도입될 경우 제조물책임법 도입 이후 소비자피해를 구제하기 위한 획기적 제도가 될 것으로 전망하였다.

'공익소송'을 공익을 보호하기 위한 소송이라고 이해한다면 공익소송은 정부뿐만 아니라 시민도 제기할 수 있는 것이다. 미국에서도 시민들이 활발하게 공익소송을 제기하고 있고, 그것을 시민소송(Civil Suit)라고 부르고 있다. 따라서, 공정거래위원회가 생각하듯이 정부가 공익을 보호하기 위해 원고가 되어 제기하는 공익소송에 대해서는 '정부의 공익소송'이라고 부르고자 한다. 또, 정부의 공익소송은 미국에서 연방보다 주가 더 활발하게 이용하듯이 중앙행정기관보다는 오히려 지방자치단체가 더 활발하게 제기할 수 있다는 점도 인식해야 한다.

한국법상 기업이나 개인의 불법행위로 사람들이 피해를 구제받기 위해 민사소송이나 행정소송을 제기할 경우 원칙적으로 피해 당사자가 소송을 제기하도록 되어 있기 때문에 정부의 공익소송은 기존의 소송체계의 관점에서는 매우 이질적인 제도이다. 그럼에도 불구하고, 한국 정부가 갑자기 정부의 공익소송의 도입을 검토하게 된 배경은 어디에 있는

---

193) 동일한 내용은, 공정거래위원회, 주요업무보고, 제236회 국회임시회 정무위원회, 2003. 2.20에도 나타나 있다.

가, 그리고 이 소송의 성격은 행정소송인가 아니면 민사소송인가? 이하
에서는 이 제도의 모델로 제시되었던 미국의 공익소송을 중심으로 하여
검토해 보기로 한다.

2) 미국법상 "후견인으로서 국가"(Parens Patriae) 원칙과 정부의 공익소송

정부의 공익소송을 이해하기 위해서는 미국에서 운용되고 있는 두 가
지 형태의 소송을 이해하는 것이 필요하다고 생각한다. 첫째는 후견인으
로서의 정부의 공익소송이고, 둘째는 시민소송(Civil Suit)이다.

(1) 미국법상 "후견인으로서 국가"("Parens Patriae") 원칙의 계수와 발전

"후견인으로서 국가"("Parens Patriae")원칙에 의해 행정청이 제기하는
소송을 '후견인소송'이라고 부르는 것이 적절할 것 같지만, 공익을 보호
하기 위한 후견인소송이란 표현은 매우 낯설기 때문에, 공정거래위원회
의 표현인 공익소송이라는 용어를 사용하되 시민이 제기하는 공익소송
과 구별하기 위하여 '정부의 공익소송'('Parens Patriae Suit')이라고 부르
기로 한다.

"후견인으로서 국가"("Parens Patriae")라는 영미법계의 전통적 법원리
는 약간 불명확하지만 전통적으로 영국에 그 기원이 있는 것으로 알려
져 왔는데, 이 원리에 따를 때, 국왕은 그의 영토내에 있는 모든 사람들
에 대한 지배권에 따라 인정된 국왕대권(Prerogative)에 의해 유아, 금치
산자, 정신박약자와 같이 법적 능력이 제한되어 있는 자를 돌볼 의무가
있었다.[194] 이러한 법전통은 호주와 같은 다른 영미법계국가들에도 계
수되었고, 미국에 와서는[195] 가족법이나 소년법의 영역에 머무르지 않

---

194) Curtis, The Checkered Career of Parens Patriae : The State as Parent or Tyrant?
　　25 Depaul Law Review. 1976, p.895, 896-898.

고 주나 연방이 후견인으로서 역할을 담당하도록 변화되었는데, 연방보
다는 주가 훨씬 활발하게 이 원리에 따라 그의 권한을 행사했고,[196] 그 대
상도 교육, 재산권, 생명신체 등의 인권침해사안에까지 확대해가고 있다.

초기에 소년법영역에서 주나 연방은 소년들을 대신하여 소송을 제기
하였지만, 점차 건강, 복지, 인종차별, 자원 및 환경, 독점규제의 영역에
까지 확장되어가면서 법적 무능력자의 보호를 위한 소송과 다른 유형의
소송이 인정되기 시작했다. 행정청에게 시민들을 대신하여 재판청구권
이 부여되기 위해서는 그 소송이 법적 무능력자를 돕기 위한 소송이어
야 했으나, 건강, 환경 및 독점 등의 문제를 야기하는 기업에 대한 소송
처럼 매우 많은 사람들에게 비용이 분산되어 발생되는 반면 소수의 기
업에게 이윤이 집중되는 경우 실제적으로 다수의 시민들이 이 기업들을
상대로 소송을 제기하는 것은 매우 힘들었다. 미국법상 집단소송의 제기
요건을 충족시키는 것도 힘들었다.(이 부분은 후술하겠음.) 그래서, 법적
무능력자라는 엄격한 요건은 환경소송이나 독점규제의 영역 등에서 점
차 완화되어,[197] 다수의 시민들이 관련되어 있으면서도 그들이 소송을
수행하는 것이 실질적으로 어렵고 동시에 주나 연방의 독자적 이익도
관련된 경우에 이 소송은 허용되게 되었다. 법적 무능력자의 후견인으로
서의 전통적인 정부의 역할은 특정한 법적 무능력자라는 소수보호자로
서의 정부를 그렸지만, 미국에서 20세기 초반이후 정부의 공익소송에서
는 가능한 한 다수의 시민들의 이익보호를 위한 정부의 역할이 강조되

---

195) 초기의 판결로는 Fontain v. Ravenel, 58 U.S (17 How.) 369 (1854).

196) Amelia C. Waller, State Standing in Police-Misconduct Cases: Expanding the
Boundaries of Parens Patriae, Georgia Law Review Summer, 1982, p.873. FN50
참조.(이하 Waller, Parens Patriae로 인용.)

197) 거부되었다는 표현도 쓰인다. Comment, State Standing to Challenge Federal
Administrative Action: A Re-examination of the PARENS PATRIAE DOC-
TRINE, University of Pennsylvania Law Review, 1977, p.1076.(이하 PARENS
PATRIAE DOCTRINE으로 인용.)

었다. 이러한 소송유형에 있어서는, 특정한 소수의 시민들이나 기업의 이익을 보호하기 위해서는 허용되지는 않는다.(Kansas v. United States, 204 U.S. 331 (1907))

(2) 후견인으로서 정부의 공익소송의 제기요건

공정거래위원회가 생각하는 새로운 유형의 공익소송이 시민 개개인이 제기할 수 있는 민사소송이나 행정소송과 어떻게 구별될 수 있는가, 그리고 행정주체가 국고관계에 의하여 제기할 수 있는 민사소송과는 또 어떻게 구별될 수 있는가가 문제된다. 미국법상으로도 보통의 경우 시민 개인이 자기의 권익을 위해 제기할 수 있는 민사소송이나 행정소송을 행정청이 제기하는 것은 허용되지 않는다. 그러나, 명확한 경계는 설정하기가 점차 어려워지고 있다.

미국 판례상 정립된 기준으로 정부가 공익소송을 제기하기 위해서는 두 가지 요건을 충족시켜야 한다. 첫째, 특수한 이익집단과는 구별되는 "충분한 수의 시민들", "그 인구중의 본질적인 부분"("a substantial Portion of its Populace")을 위하여 소송을 제기해야 한다. 둘째, 시민들의 이익을 대변하면서 당해 행정청은 "독립한 이익"("independent Interest"), "분리된 이익"("separate Interest")을 가져야 하는데, 주의 경우 주자신의 주권침해와 유사한 이익(qusi-sovereign)의 침해를 당했다고 주장해야 한다.

충분한 수의 시민들의 이익이 관련되어야 한다는 요건은 20세기 초반에 그 요건으로 포함되었는데,(Oklahoma v. Atchison, T. & S.F. Ry., 220 U.S. 277(1911).) 주로 다수의 주민들의 이익이 아니라 특정의 기업이익을 보호하는 것으로 판단될 경우 행정청의 원고적격이 거부되었다. 충분한 수의 시민들의 이익이 침해되었는지를 판단하기 위하여 법원은 조사를 해야 할 의무가 있는데, 이 요건은 두 번째 요건의 충족여부를 판단함에 있어서도 중요한 근거가 되었다.198)

당해 행정청이 독립한 이익을 가져야 한다는 요건은 그가 명목상의 당사자가 아니라 실질적 이익을 가진 실질적 당사자(the real Party in Interest)이어야 한다는 것이다. 이 요건은 행정이 소수의 시민들의 사적 이익을 추구하는 소송을 대행하는데 공공자원을 써서는 안된다는 점에서 정당화된다. 예를 들어, 주는 주민들의 이익으로부터 독립된 반독점소송에서 부당한 가격차별로 인한 주자신의 경제적 이익의 침해나 다른 주로부터 허가받은 기업의 환경오염물질로부터 자기 주의 환경오염방지와 같은 그 자신의 직접적 이익을 주장해야 한다. 이 요건은 도덕적 해이를 방지하고 행정이 승소를 위해 최선을 다해 소송을 수행하는 것을 보장하는 기능도 갖는다. 침해가 주의 이익과 시민들의 이익 양쪽에 발생했을 경우에도 주가 사법적 구제를 청구하기 위한 최적의 당사자라면 주가 소송을 제기할 수도 있다.

정부의 공익소송이 인정되기 위한 두 요건은 전통적인 민사소송이나 행정소송과의 관계에서 그 경계의 혼란을 겪었지만, 특히, 반독점소송이 각광받는 소송형태가 되면서 매우 중요한 소송이 되었다.[199] 반독점소송은 정부의 공익소송의 허용을 위해 매우 유리한 기초를 제공했는데 그 이유는 행정은 소비자이기도 하면서 관할구역내의 시민들의 이익의 대변자로서 다수주민의 이익보호요건과 행정자신의 이익보호요건을 쉽게 충족시킬 수가 있었기 때문이다. 예를 들어, 독점은 주민들의 노동의 기회를 줄이고 해당 산업의 발전을 지체시키며 다른 주에 비하여 경제적으로 더 불리한 위치로 떨어뜨릴 것이기 때문이다. 마이크로소프트에 대한 여러 주들의 반독점소송[200] 은 최근의 유명한 소송사례이다.

반독점소송에서 독점기업에 대하여 행정이 법원에 청구할 수 있는 청구내용은 1976년의 독점금지법의 개정[201] 까지는 금지명령(Injunction)만

---

198) Waller, Parens Patriae, p.881.
199) PARENS PATRIAE DOCTRINE, pp.1079-1082.
200) 최초의 재판은 Georgia v. Pennsylvania R.R., 324 U.S. 439 (1945)이다.

가능했는데, 1976년 법개정으로 손해배상소송을 제기하는 것도 가능해
졌다. 금지명령만 인정했던 이유는 손해평가와 배상금의 배분의 어려움
때문에 그리고 이중배상의 가능성 때문이었다. 그러나, 손해배상소송,
특히 징벌적 배상소송도 인정됨으로써 독점규제분야에서 충분한 정도의
다수주민들의 이익은 주자신의 이익과 동일한 것으로 평가받을 수 있게
되었다. 이리하여 독점규제분야에서 충분한 수의 시민들의 이익요건과
주의 독자적 이익요건은 통합되게 된다.202)

(3) 집단소송과의 구별 및 역할분담

정부의 공익소송(Parens Patriae Suit)은 독점규제, 건강, 환경 문제 등
에서 다수의 시민들을 대리하기 위한 소송으로 발전하면서 미국법상 인
정되고 있는 집단소송(Class Action)과의 구별 및 역할분담의 문제가 제
기되었다. 미국의 판례는 이중배상을 막기 위하여 집단소송이 인정되면
정부의 공익소송(Parens Patriae Suit)을 인정하지 않는다.(Hawaii v.
Standard Oil of Calif., 405 U.S.251. 265-266 (1972).) 그런데 집단소송이
인정되기 위해서는 첫째, 소송을 제기할 수 있는 사람들이 너무 많아서
모든 사람이 공동당사자가 되는 것이 비실용적이고, 둘째, 이들에게는
공통의 사실문제나 법적 문제가 있으며, 셋째, 대표당사자의 신청이나
방어가 그들의 이익을 적절하고 공정하게 보호할 수 있고, 넷째, 대표당
사자들이 그들의 이익을 공정하고 적절하게 보호하려 하며, 다섯째, 그
집단의 구성원들에 공통된 사실문제나 법적 문제가 구성원들 개인들에
게만 영향을 미치는 어떤 문제보다 압도적이라는 것을 법원이 인정하고,
또 집단소송이 그 문제의 공정하고 효율적인 재판을 위하여 다른 수단
보다 우월하다는 것을 법원이 인정해야 한다.203)

---

201) Antitrust Improvements Act of 1976, Pub. L. No. 94-435, 90 Stat. 1383 (1976).
202) PARENS PATRIAE DOCTRINE, p.1082.

집단소송은 주자체가 경제, 환경, 안전 또는 복지에 피해를 입었을 때에는 인정될 수 없게 된다. 이 때 주는 개인들이 입은 손해와는 분리되는 독자적인 손해를 입게 된다. 집단소송에서는 배상해야 할 손해가 구성원들의 손해의 합계이지만, 정부의 공익소송(Parens Patriae Suit)에서 배상되어야 할 손해는 개인들이 입은 손해의 단순한 합계보다는 더 크다. 집단소송은 다수의 개인들이 개인소송을 각자 제기하는데 따르는 불편을 극복하기 위한 방법에 불과한 것으로, 개인의 실체적 권리들을 보호하기 위한 소송법적 제도일 뿐이다. 그러나, 정부의 공익소송은 주와 같은 행정자신의 권리와 시민들의 상호 이질적인 실체적 권리들을 함께 보호받기 위한 것으로 실체법적으로도 독자적 의의를 갖는 소송이다.204)

집단소송은 현실적으로 정부의 공익소송에 비하여 상당한 약점을 갖는데, 우선 합리적인 노력을 통해 할 수 있는 확인가능한 모든 구성원들에게 통지를 하여야 하며, 집단소송을 제기하는 시민단체가 변호사비용을 감당하지 못하는 경우도 많고, 많은 피해를 입은 개인은 개인소송을 제기하는 것이 유리하다고 보기 때문에 집단소송에 동의하지 않는 경우도 있으며, 구성원들의 수가 많아지면서 대표자들의 이익과 구성원 전체의 이익 또는 일부구성원의 이익이 서로 달라지는 경우도 생겨난다. 이러한 사정 때문에 의회는 1976년의 독점금지법의 개정을 통해 정부의 공익소송으로도 손해배상청구가 가능하도록 하여 간접적으로 정부의 공익소송이 집단소송보다 더 적합한 것으로 평가한 셈이 되었다.

(4) 주와 연방사이에서의 공권력행사에 대한 사법적 통제

"후견인으로서 국가"("Parens Patriae")원칙은 정부와 기업 또는 개인간

---

203) Comment, State Protection of its Economy and Environment : Parens Patriae Suits for Damages, 6 Colum. J. L & Soc. Prob. 1970, p.411, 422.
204) PARENS PATRIAE DOCTRINE p.1104.

의 관계에만 적용되는 것이 아니라 행정주체 상호간의 관계에도 적용된
다. 즉, 미국의 주나 연방은 법적 무능력자를 대리하여 불법행위를 한
개인이나 기업에 대해서뿐만 아니라 다른 정부기관에 대해서도 소송을
제기할 수 있다. 이 법원리의 적용범위는 매우 광범위하여 시민들의 건
강, 복지, 환경 경제활동과 관련된 피해를 구제하기 위해 다른 주나 연
방에게 소송을 제기할 수 있다.205) 이 부분은 현재로서는 공정거래위원회
가 생각하는 정부의 공익소송과 관계가 없으므로 설명을 줄이기로 한다.

3) 정부의 공익소송의 성격, 요건과 문제점

행정기관들은 사인들에 의한 엄격한 규제집행의 문제점을 여러 이익
들을 비교형량함으로써 경기상황이나 사회여론 등에 따라 규제집행의
수준을 조절함으로써 극복할 수 있다. 또, 행정기관은 규제법령이 요구
하는 수준에 도달하기 위하여 현재 즉시 기업들이 그 수준에 도달할 것
을 요구하는 것이 아니라 몇 달 또는 몇 년간의 비공식적 기준들을 적용
하여 중장기적으로 순응수준을 높여갈 수도 있다. 따라서, 정부의 공익
소송은 기존의 민사소송과 비교할 때 공익을 보호하는 방법으로서 더
적절할 수도 있다.

한국의 경우 미국과 달리 대륙법계의 강한 영향을 받아 공법과 사법
의 구별이 매우 강하게 법학체계에 구조화되어 학자들의 연구와 강의를
나누고 있을 뿐만 아니라 행정법원이 별도로 구성되어 있기 때문에 한
국에서 정부의 공익소송의 성격을 규명하는 것은 상당한 의미를 갖는다.
정부의 공익소송은 기업에 대해 행정이 권력적 규제조치라는 행정행위
방식을 취하는 것이 아니라 그것을 대신하여 행정이 제기하는 소송이라
는 점에서 기존의 행정소송이나 민사소송과도 다른, 매우 이질적인 소송

---

205) Waller, Parens Patriae, pp.865 ; PARENS PATRIAE DOCTRINE, pp.1069.

이다. 피고가 기업이고 소송의 내용도 금전배상을 구하는 것이라는 점에서는 민사법상의 불법행위소송과 유사하지만, 사익이 아니라 주로 공익을 보호하기 위한 소송이고 원고가 행정청이 되며 제재적 성격도 갖는다는 점을 고려한다면 공법적 성격의 소송이라 할 것이다. 미국의 후견인소송은 연방의 행정행위에 대해 주가 주민들을 대신하여 제기하는 소송도 포함하고 있는데, 한국의 관점에서 볼 때 이러한 소송은 헌법재판이나 행정소송이라고 할 수밖에 없을 것이다. 그리고, 현재 과징금부과처분에 대한 소송이 행정소송이라는 점을 고려한다면, 공익소송이 도입된 후에도 업무의 계속성이라는 측면에서 볼 때, 법원내에서는 행정법원이 관할권을 갖는 것이 적절하지 않을까 생각한다. 다만, 입법적으로는 행정소송법을 개정하여 정부의 공익소송을 도입하는 것보다는 '독점규제및공정거래에관한법률'처럼 개별 실체법에 특별규정을 두어 도입하는 것이 적절할 것이다.

정부의 공익소송의 요건은 미국의 징벌적 배상소송과 정부의 공익소송을 참조하여 구성하는 것이 적절할 것이다. 첫째, 기업이 악의적으로 또는 명백한 반사회적 태도로 불법행위를 했다는 것이 드러남에도 불구하고, 현재의 민사법시스템으로 보아 미국의 징벌적 배상소송의 도입이 어렵다면, 형벌적 성격을 갖는 금전적 제재, 즉, 일정금액이상의 금전적 제재를 위하여 정부가 공익소송을 제기하여 법원이 결정하도록 하는 방법을 도입하는 것이 적절할 것이다. 시민들에게 어떤 피해가 발생했는지 불분명하지만 독점으로 인한 피해가 있거나 안보이익이 침해되거나 기타 정부 자신의 이익이 침해된 것으로 보이는 경우로서 행정 일방이 부과하는 일정금액이하의 금전적 제재나 형사처벌만으로는 실효를 거두기 어려운 때, 이 하나의 요건만으로도 정부의 공익소송을 제기할 수 있어야 한다고 본다. 이 경우, 미국에서도 징벌적 배상소송은 행정제재처분과 달리 과다한 벌금의 금지원칙을 위반하지 않는다는 것이 판례의 입장이라는 점을 고려한다면 정부의 공익소송에 의해 부과되는 징벌적 목적의 배상금은 비례원칙을 위반하지 않는다고 본다.

둘째, 기업의 불법행위로 인해 다수의 시민들에게 피해가 발생하고 있음에도 불구하고 시민 스스로 소송을 제기하기가 곤란한 경우에는 정부의 공익소송을 제기할 수 있도록 하여야 할 것이다. 현재 증권집단소송을 제외한 다른 분야에서 집단소송은 언제 도입될 수 있을지 막연하므로 미국과는 달리 이 하나의 요건이 충족되는 경우에도 정부의 공익소송이 허용될 수 있다고 본다.

이외에도, 정부내에서 공익소송을 제기하는 부처는 어디가 되어야 하는가 하는 문제가 있다. 예를 들어, 공정거래법위반사건에 대해 공정거래위원회와 법무부 중 누가 소송을 제기해야 하고, 특정지방자치단체구역에서 어떤 기업이 불법행위를 했을 때, 해당 자치단체는 소송을 제기할 수 있는가 하는 문제도 있다. 이 논문에서는 이 문제들에 대한 더 이상의 논의는 줄이지만, 일정 사건과 관련하여서는 중앙행정부처뿐만 아니라 지방자치단체도 원고적격을 갖도록 하여야 할 것이다.

한편, 현재의 과징금부과체계만을 그대로 유지하거나 정부의 공익소송만을 도입한다면 시민사회의 유능한 전문인력이나 공익적인 시민단체의 적극적인 의지를 활용하지도 못하고 정부기관에 더 많은 인력과 예산을 투입해야 하기 때문에 경제가 발전될수록 정부의 비대화를 초래할 것이다. 또, 정부는 기업의 불법행위를 제재하기 위하여 과징금부과처분권을 가진 상태에서 공익소송의 제기권마저 독점하게 되어 권력의 비대화를 더욱 부추겨 사회중심적 거버넌스의 구축과 민주적 법치사회의 발전에 역행할 수도 있다. 더구나, 현재 공정거래위원회는 공정거래법과 관련하여 형사처벌이 필요할 경우 전속고발권(독점규제및공정거래에관한법률 제71조 제1항)을 갖고 있어 사실상 형사처벌여부에 관한 독점권을 행사하는데 이어 정부의 공익소송에서까지 소제기여부를 결정할 권한을 갖게 된다.

행정규제와 공익소송의 제기업무를 담당하는 행정공무원들과 형사절

차를 진행하는 검사들은 배상금액에 대한 수익자가 될 수 없기 때문에
언제 누구에 대하여 어떤 동기로 기업과 그의 경영자 및 대주주들의 불
법행위에 대한 제재절차를 진행할 것인가는 명확하지 않다.206) 제재절
차의 진행여부는 피해자들이나 가해기업들과 같은 현실적 이해관계인들
이나 잠재적 이해관계인들이 가하는 로비, 데모나 시민단체의 개입여부
등 정치적 압력의 강도와 여론의 향방에 달려 있다고 볼 수 있다. 이를
통해 행정공무원이나 검사도 당해 불법행위가 야기한 피해의 정도나 불
법행위의 여러 모습들에 관한 정보를 얻을 수도 있지만, 가해기업의 집
요한 로비나 소수 이해관계주민들의 강력한 반발에 부딪쳐 제재절차의
개시나 그 종료가 결정될 위험도 있다. 또, 행정기관이 기업불법행위의
제재에 대해 포획현상이나 정치적 이유 등을 고려하여 소극적이고, 법원
에 소송을 제기하기 위하여 준비해야 하는 완벽한 증거수집을 매우 번
거로운 일로 생각한다면 소송제기사건수가 극히 적을 수도 있기 때문이
다. 미국의 경우에도 신용평가기관들의 차별적 신용평가행위(예, 성, 인
종 등)를 제재하기 위해 신용평가차별금지법(ECOA : Ecqual Credit Opp-
ortunity Act)을 제정하고 연방무역위원회와 연방법무부장관에게 사인이
나 기업들을 대신하여 제기할 수 있는 소송을 허용하였으나, 1982년 연
방거래위원회는 단 두건의 소송을 제기했고, 연방법무부장관은 1976년
부터 1982년 7월까지 단 12건의 소송만을 제기하여 행정기관들의 소극
적 태도가 지적되어 사인들이 제기할 수 있는 사법적 소송을 재활성화
시키려는 노력이 전개되었다.207)

따라서, 한국에서도 행정기관이 사인들을 대행하여 제기할 수 있는

---

206) 최근 언론사들에 대한 과징금부과처분과 그의 취소결정의 정치적 음모가능성에 대
한 논란은 제재절차개시여부 및 종료여부의 불명확성을 잘 보여준다.
207) Scott Ilgenfritz, The Failure of private Actions as an ECOA Enforcement Tool :
A Call for active Government Enforcement and statutory Reform, University of
Florida Law Review 1984, pp.461-462.

공익소송만을 새로운 제도로 도입하는 것은 기업불법행위의 방지와 제
재측면에서 문제를 야기할 수도 있다. 시장에 참여하는 시민이 실효적인
司法적 救濟手段에 의하여 소송을 통해 기업의 불법행위를 제재할 수
있는 시스템의 건설이 필요하다.

이상의 논의에서는 배상금청구소송으로 공익소송이 제기된 이후 행정
이 승소했을 때, 배상금을 피해자들에게 어떻게 배분할 것인가의 문제는
검토하지 못했다. 이 문제는 정부의 공익소송에 관한 논의가 보다 구체
화된 이후 검토하기로 한다.

4. 기업의 불법행위의 제재능력의 강화를 위한 행정소송법개
정의 의의 - 의무이행소송의 도입과 객관소송으로서의 성
격강화의 의미

미국의 경우 공익보호를 위한 소송유형으로 정부의 공익소송이외에
시민소송과 행정소송이 활성화되어 있다. 현재 한국에서는 시민소송이
도입되어 있지 않고, 학자들은 도입주장을 펴고 있지만 정부가 제도적으
로 시민소송의 도입을 진지하게 검토하고 있는 것 같지는 않다. 이하에
서는 시민소송을 간략히 살펴보고, 기업의 불법행위에 대한 제재능력의
강화를 위하여 최근 논의되고 있는 행정소송법의 개정작업이 갖는 의의
를 살펴보기로 한다.

1) 시민소송(Civil Suits)

의회가 시민들의 불만과 기대를 반영하여 독점규제법이나 환경법령을
제정하면서도 그것을 충실히 집행하기 위해 필요한 예산과 인원 등을
행정기관에 배정해주지도 않은 상황에서 행정은 실체법령에서 그에게

위임한 규제업무를 충실히 수행할 수가 없게 된다. 이 상황에서 시민소송은 공법적 가치를 지키고 행정이 예산제약이나 포획 등에 의해 규제위반을 방치하는 문제를 극복하기 위하여 시민이 행정을 대신하거나 보완하려는 것이다. 시민소송을 통해 정치적인 고려에 영향받지 않는 규제위반감시자들이 크게 증가하여 행정의 정보부족이 극복될 수 있고, 피해금액의 산정도 구체적 생활관계속에서 보다 쉽게 계산될 수 있으며, 배상의 문제 때문에 기업들은 불법행위를 하는 것을 극히 자제하게 되는 것이다.

미국에서는 70년대까지 기업이나 사인의 환경법상의 불법행위에 대한 제재의 이니셔티브를 행정이 쥐고 그 권한을 행사하였으나 80년대 초반 이후 이 시스템에 커다란 변화가 나타나, 시장에서 시민이 '시민소송' (citizen suit)을 통해 불법행위자에 대한 제재수단을 작동시킴으로써 시민이 제재의 주도권을 갖는 경우가 늘어나고 있다. 그것은 70년대에 많은 환경법령이 제정되어 시민소송을 제기할 수 있는 권리를 시민들에 부여하였기 때문에 나타난 현상이라고 할 수 있지만, 70년대에 시민들은 지역공동체나 시장의 가치의 보호와 같은 공공가치의 보호라는 측면을 인식하지 못하였었다. 하지만, 80년대에 들어와서 무엇보다 시민운동가들이 시민소송을 이러한 목적을 위해 널리 이용하게 되면서 '규제집행의 민영화'(privatization of regulatory Enforcement)라고 불리우는 현상, 즉, 규제법령의 전체적인 집행시스템이 시장에 그 권한과 책임을 상당부분 이양하는 현상이 빈번하게 나타나게 된 것이다.[208]

시민소송모델은 1970년대초 오염으로 인해 미시간호수와 강들에서 화재가 발생하여 진압조차 불가능할 정도가 되자 1970년 당시 미시간대학 교수이던 Joseph L. Sax가 처음으로 제창하고[209] 그것이 미시간주 환경

---

208) Barry Boyer/Errol Meidinger, Privatizing Regulatory Enforcement : A Preliminary Assessment of Citizen Suits under Federal Environment Laws, Buffalo Law Review, 1985, P.835.

보호법(Michigan Environmental Protection Act of 1970)과 연방대기오염방
지법(Clean Air Act Amendments of 1970)에 규정되면서 많은 환경규제입
법들에 도입되게 된다.

시민소송은 행정에 대한 소송과 기업과 같은 오염행위자에 대한 소송
으로 나눌 수 있다. 이 중에서 1970년대에 인정되었던 시민소송들은 환
경법의 집행에 태만했던 행정에 대한 소송이 중심을 이루었다. 이 경우
주로 시민소송은 행정소송으로서 행정의 부작위에 대한 통제소송의 방
식을 취해 불법행위를 한 기업에 대한 불법행위의 금지명령 또는 유지
명령(Injunction)을 구하는 것이다. 행정소송을 제기하기 위해서는 소를
제기할 수 있는 잠재적 원고가 먼저 행정의 규제집행태만을 발견할 때
행정기관에게 60일내에 규제를 집행하도록 요구해야 한다. 이 요구에 따
라 60일내에 행정기관이 성실하게 규제위반자에 대해 법원에 소송을 제
기한다면("diligently prosecuting a civil Action in a Court") 시민들은 행정
기관에 대해 소송을 제기할 수는 없고, 단지 소송참가할 권리만을 가질
뿐이다.(42 U.S.C. §7604(b)(1)(B) (1994))[210]

그러나, 1980년대에 정부보고서 등을 통해 기업들의 환경오염행위에
관한 정보가 시민들에게 알려지면서 시민들의 피해입증에 대한 장애가
상당부분 제거되어 오염원인제공자인 기업들에 대한 민사소송형 시민소
송이 크게 증가하게 되었다.[211] 규제위반을 금지하거나 위반자에 대한
제재금을 부과하는 특별법상의 규정들을 근거로 시민소송을 제기하는

---

209) Joseph L. Sax, Defending the Environment: A Strategy for Citizen Action, 1970.
210) 행정소송으로서 시민소송에 관한 자세한 소개는, 이한성, 미국환경법상의 시민소송
     제도, 행정법연구 2000 하반기, 67-95면. ; 김춘환, 멸종위기야생동식물보호법에 있
     어서의 시민소송의 원고적격, 공법연구 제30집 제2호, 2001, 309-328면. ; 손동원,
     미국 환경법상의 시민소송에 관한 연구, 1988, 전남대 박사학위논문 참조.
211) Elizabeth Rae Potts, A Proposal for an Alternative to the Private Enforcement of
     Environmental Regulations and Statutes through Citizen Suits: transferable
     Property Rights in Common Resources, San Diego Law Review Spring 1999,
     p.568.

사람들은 배상을 받을 수 있는 것도 아니지만 정부의 규제집행업무를 대신하거나 보완하기 위한 공익적 목적으로 소송을 수행하는 것이기 때문에 변호사비용이나 감정인관련비용을 보상받을 수 있다.(42 U.S.C. §7604 (d) (1994)).

시민들이 사적 법무장관으로서 공익을 보호하기 위하여 시민소송을 활발히 제기하는 것에 대한 비판도 제기되고 있다. 즉, 경제사회현실에서 제기되는 문제로서 사인들이 기업들의 규제법령위반에 대해 행정소송이나 사법적 손해배상소송을 통해 활발하게 소송을 제기함으로써 규제기준을 완벽하게 지키지 않을 수 없게 되면 기업활동은 크게 위축되어 사회에 매우 큰 부정적 결과가 초래될 것이라는 비판이 제기된다.212) 예를 들어, 고속도로에서 속도제한의 완벽한 집행은 고속도로에서의 심각한 교통정체를 야기하는 것과 같다는 것이다. 기업들은 수많은 소송 때문에 소송비용과 패소를 우려하여 사업계획의 수립을 늦추고 투자를 지연시켜 경제발전은 정체될 수도 있다. 또, 특히 민사소송의 경우 개인들은 우선적으로 소송제기여부의 결정에 있어 개인적인 비용과 편익을 우선적으로 고려할 뿐 사회적인 비용과 편익은 부차적으로 고려하므로, 현실적으로 민사소송의 제기여부는 공익보호의 필요가 아니라 피해자들이 배상을 받을 가능성과 배상금액에 달려 있다는 것이다.

2) 의무이행소송의 도입과 활성화필요

위에서 살펴보았듯이 정부의 공익소송만을 단독으로 도입하는 것은 정부인력 및 권력의 비대화를 초래하고 기업의 불법행위방지에 있어 피해자의 의사와는 상관없이 정부가 정치적인 이유로 소송을 제기하지 않

---

212) Michael S. Greve/Fred L. Smith, Jr.(ed.), Environmental Politics: Public Costs, Private Rewards, 1992, p.112. ; Ann E. Carlson, Standing for the Environment, 45 UCLA L. Rev. 1998, p.931, 985.

을 위험이 있다. 그러나, 민사소송으로서의 시민소송도 매우 미시적으로 개인적, 지역적 관심사나 특정 단체의 관심사에 한정하여 소송제기여부를 결정할 수도 있다. 사법은 공법과 달리 개인들의 관심과 이해관계에 따라 자기책임원칙에 의해 자기들의 문제를 해결하는 사적 자치원칙이 지배하고 있다. 따라서 기업의 불법행위책임의 추구에 있어서 특정 개인에게 피해가 발생한 경우에도 그가 가해기업에게 주장하거나 소송을 제기하여 피해배상을 받기를 원하는 때에만 피해를 배상해야 할 책임을 가해기업에게 추궁할 수 있는데, 가해기업과 피해자들이 화해나 조정을 통해 공익에 반하는 방식으로 문제를 해결할 위험도 있다.

현재 행정소송법의 개정작업이 진행중인데, 법개정을 통해 의무이행소송이 도입된다면 기업의 불법행위에 대한 제재를 위해서도 상당한 기여를 할 수 있을 것이다. 행정법상의 의무이행소송이 기업들의 불법행위에 대한 제재절차로서 기능하는 방식은 기업들이 법령을 위반하여 사업을 하고 있음에도 불구하고 책임있는 행정기관이 관계법령의 집행을 태만할 때 행정에 대한 사인의 집행청구권 내지 제재절차개시청구권 (Private Right of Initiation)213) 을 인정하여 행정기관이 제재절차를 개시하도록 법원이 재판을 통해 명령하는 것이다. 이하의 설명은 절차개시청구권모델에 따라 설명한다.

민사소송에서는 소송을 제기하는 사인에게 기업의 불법행위를 통해 피해가 발생하여야 하지만, 행정소송의 경우에는 기업이 법령을 위반하여 사업을 하고 있고 행정이 그것을 방지해야할 의무가 있으면 되는 것이고 개인에게 반드시 손해가 발생할 필요는 없다. 현재의 행정소송상 원고적격의 기준에 따른다 하더라도 법률상 이익은 민사법상의 손해보다는 넓은 개념이므로 소송을 제기할 수 있는 사람들의 범위가 행정소

---

213) Richrd B. Stewart/Cass R. Sunstein, Public Programs and Private Rights, Harvard Law Review 1982, pp.1195-1267 참조. Stewart/Sunstein은 절차개시청구권모델 (Private Right of Initiation)이라고 부른다.

송에서 더 넓어진다. 또, 행정법원이 행정소송사건을 다루면서 재량통제의 법리에 따라 예산이나 인력과 같은 행정자원의 제약, 여러 법령상의 상충하는 목적들과 이익들의 조정, 해당 산업에 대한 정부정책의 방향 등을 고려하여 재판할 수 있게 되므로 단순히 개인적인 이익상황만이 아니라 사회전체적인 공익을 고려할 수 있는 장점을 갖는다. 행정소송에서는 여러 부처나 기관들로 나뉘어 특정 업무에 집중하도록 되어 있는 행정조직의 특성상 갖는 전문성의 장점을 더 잘 고려할 수 있고, 대통령과 고위 정치인들이 제시한 정책과의 조화를 고려하는 능력에서도 우위를 갖는다.

따라서, 행정소송은 민사소송과 비교할 때 정책적 문제를 통제하는데 장점을 갖는다. 그러므로, 사건에 소극적으로 대응하는 과정에서 그 판단이 단편적·분산적일 수밖에 없는 법원의 약점으로 인해 나타나는 전문적·종합적 관점의 부족문제를 어느 정도 완화시킬 수 있다. 그리고, 의무이행소송과 같은 행정소송에서는 사인이 승소해도 행정청은 변화된 사실적 상황이나 법적 상황을 고려하여 법원과 다른 대안을 내놓을 수도 있으므로 정치적인 책임도 지지 않으면서 사회에 중대한 영향을 미치는 문제에 최종적인 답을 내놓을 때 야기되는 문제를 상당부분 피할 수 있다. 또, 행정소송이 제기되기 전에 행정청에 의한 제1차적 판단을 거치는 과정에서 필요한 증거자료와 법적 쟁점들을 검토했을 것이므로 민사소송에 비하여 법원의 심리부담이 크게 줄어든다.

이러한 이유 때문에 미국에서도 시민소송이용의 초기단계인 80년대까지는 공익을 보호하기 위한 시민소송 중 민사소송형 시민소송이 아니라 행정소송형 시민소송이 훨씬 넓게 이용되었던 것이다.

한국 행정소송법에 도입될 것으로 보이는 의무이행소송은 미국의 행정소송형 시민소송에 대응하는 것으로서 원고적격이 현재와 같이 법률상 보호이익에 한정되지 않고 훨씬 더 넓어진다면 미국에서와 같이 공익을 보호하기 위한 소송으로서 기능할 가능성이 크다.

3) 객관소송[214)]으로서 행정소송의 확립과 활성화필요

행정소송상 원고적격을 인정하는 기준으로서 미국 행정법에서 나타난 '사법모델'('Private Law Model of Standing')은 대륙법계국가에서의 주관적 소송모델과 유사한데 소송을 제기할 수 있는 원고적격을 사법상의 권리와 같이 협소하게 본다. 그러나, 대륙법계에서 객관적 소송모델과 유사한 공법모델은 현대사회에서 입법자는 과거 시민혁명당시의 생명, 자유와 재산권과 같은 권리이외에 환경오염, 노동차별, 보험사기, 독점금지위반 등의 이익을 입법적 보호대상으로 추가하였고, 행정이 예산이나 인력의 제한이나 기업가에의 포획 등의 이유로 이러한 공익의 보호를 위한 법의 집행을 소홀히 하는 경우 사인들이 소송을 통해 법의 집행을 강화시킬 수 있기를 기대한다.

미국의 공법모델에 따를 때, 원고적격의 인정을 위해 중요한 것은 권리가 침해되었는가가 아니라 입법자가 보호하는 이익이 침해되고 있는가 라는 것이다.[215)] 입법자의 의도는 행정의 과도한 규제집행에 의해서 침해될 수도 있지만 행정의 규제집행의 태만이나 친기업적 태도로 인한 특정 입법에 대한 행정의 반대태도에 의해서도 침해될 수도 있다고 보기 때문에 행정소송이나 민사소송에서 사인들이 소송을 제기할 수 있는 적격을 확대하려 한다. 이러한 입장의 전제는 기업의 이익보호도 중요하

---

214) 항고소송을 객관적 소송으로 이해할 때 나타나는 가장 중요한 특징은 항고소송의 목적을 권리의 보호보다는 행정작용의 위법성의 통제에 있다고 보고 원고적격도 엄격하게 권리가 침해된 자에 한정된다고 보지 않고 자신의 직접적 이익이 침해된 자에게 넓게 인정한다는 점이다. 박정훈, 행정소송법 개정의 기본방향 - 행정소송의 구조·종류·대상을 중심으로 -, 현대공법학의 과제(청담최송화교수화갑기념논문집), 2002, 645-683 면. ; 동인, 행정소송법 개정의 주요쟁점, 2002. 12. 21, 한국공법학회 발표문, 64-67면 참조. ; 이원우, 원고적격과 협의의 소의 이익 : 행정소송법의 개정방향, 2002.7 행정소송법법관세미나 자료.

215) Cass R. Sunstein, Standing and the Privatization of Public Law, Columbia Law Review 1988, p.1439.

지만 그에 못지 않게 독점으로 피해보는 경쟁사업자의 이익이나 환경침해를 입은 주민들의 이익 또는 노동차별이나 기업들의 불법적인 영업활동으로 피해보는 소비자의 이익 등에 대한 보호도 중요하다고 보기 때문이다. 사법모델의 지지자들은 행정규제로 인해 사법상의 권리에 상응하는 권리가 침해되는 경우에만 원고적격을 인정하기 때문에 행정규제로 인한 개입영역 중 사법적 통제에서 배제되는 영역이 있게 되는데, 그 영역은 정치적 통제에 맡겨져 있다고 본다. 하지만, 공법모델의 입장에서는 그 영역에 대한 정치적 통제나 행정내부적 통제는 불가능하다고 보고 그 영역에 대한 사법적 통제의 확대가 사법모델이 상정하듯이 규제집행을 억제하는 것이 아니라 오히려 행정을 대신하거나 보완하여 규제집행을 촉진시킨다고 보는데, 그 이유는 행정의 자원제약이나 행정의 포획현상 때문에 규제를 위반하는 기업들이 제3자인 주민들보다 행정공무원들이나 정치인들에 더 강한 영향력을 행사하고 있기 때문이라 한다.216)217)

행정소송법의 개정에 있어 항고소송에 관한 한 객관적 성격을 크게 강화하여야 하고, 이를 위해 우선적으로 원고적격이 확대되어야 할 것이다. 이것이 기업의 불법행위에 대한 한국의 제재시스템이 갖는 약점을 상당 부분 개선시킬 수 있을 것이다.

Ⅳ. 결어

적극적 발전국가시대의 정부중심적 거버넌스가 민주적 법치사회의 사

---

216) Cass R. Sunstein, a.a.O., pp.1443-1444.
217) 사법모델과 공법모델에 대한 더 자세한 논의는 지면관계상 여기서 줄인다. 더 자세한 설명은, 이한성, 미국 환경법상의 원고적격에 관한 판례의 동향, 현대공법학의 과제(청담최송화교수화갑기념논문집), 2002, 555-560면.

회중심적 거버넌스로 변하면서 종래의 정부역할에 대한 재검토가 필요해졌다. 정부와 시장은 사회의 발전과 위험극복을 위한 양대 축으로서 상호 협력적으로 그에 부과된 책임을 이행하기 위해 노력해야 한다. 현재 한국 기업의 불법행위에 대한 제재시스템은 지나치게 정부, 그 중에서도 중앙행정부처 우위적으로 설계되어 있다. 이 시스템의 현대화방향은 선진각국의 제도와 비교하여 국제적 수준에서 설득력있는 것이어야 하므로, 사법부의 권한을 보다 강화하고, 시민의 절차주도권을 강화시키는 방향으로 변화시켜야 한다. 피해자들이 민사소송방식으로 징벌적 배상소송을 제기하거나 민사소송형 시민소송을 본격적으로 도입하는 것은 우리 기업들의 규모나 수준에 비추어 지나치게 급진적인 면이 있으므로 정부의 공익소송이나 의무이행소송의 도입, 객관적 소송으로서 행정소송의 성격강화 등이 필요하다고 생각한다. 또, 기존의 과징금부과시스템 중 징벌적 성격의 과징금은 정부의 공익소송으로만 부과할 수 있도록 하되, 일정액수 이하의 과징금부과절차도 적법절차의 원칙에 적합하도록 절차적 정당성을 강화시켜야 한다.

〈추록〉

그 동안 우리 사회에서는 기업들의 불법행위를 억제하기 위해 과징금처분에 크게 의존해왔다. 하지만, 최근 국회는 2015년 3월 11일 신용정보의 이용 및 보호에 관한 법률 제43조, 2013년 5월 28일 하도급거래 공정화에 관한 법률 제35조, 2015년 7월 24일 개인정보보호법 제39조에서 기업들의 불법행위를 억제하기 위해 고의 또는 중과실에 의한 불법행위를 한 경우 피해액의 3배를 상한으로 배상하도록 하고 고의 또는 중과실이 없음을 가해자가 입증하도록 입증책임을 가해자에게 이전시킨 징벌적 배상소송을 도입한 이래 여러 법률로 확산시키고 있다. 2018년 1월 16일 가맹사업거래의 공정화에 관한 법률 제37조의2조, 2018년 10월 16일 대규모유통업에서의 거래 공정화에 관한 법률 제35조의2조

등에 도입되었다.

　기업의 불법행위의 억제수단으로서 과징금과 징벌적 배상소송은 장단점을 가지고 있다. 그 동안 우리 사회는 과징금에 지나치게 의존해왔다. 징벌적 배상소송이 기업들에 의한 심각한 불법행위영역에서 보다 중요한 기능을 할 수 있도록 확대도입되어야 한다. 지나치게 고액의 과징금부과처분은 실질적으로 형벌의 성격을 가질 수 있다. 적법절차로서의 성격이 상대적으로 약한 행정절차에만 지나치게 의존하지 말고 재판절차를 통해 배상금액이 결정되도록 하는 것이 개방적 합리성과 합헌적 법치주의의 관점에서 바람직하다고 본다.

제2편

행정입법과 자치입법

제1장 행정입법

제1절 항고소송의 대상에 관한 입법적 검토

Ⅰ. 항고소송의 개혁을 위한 철학적 기초와 입법모델의 필요

1. 항고소송의 개혁을 위한 철학적 기초 - 실학사상의 현대적 계승 -

현시점에서 사회발전을 이룩하기 위하여 행정에 대한 사법적 통제권이 강화되는 것이 왜 필요한가, 개혁의 주체들은 어떤 철학을 가지고 있는가 하는 물음은 매우 진부해 보이면서도 국민들과 정책결정자들에게는 항상 마음속에 품고 있는 생각이다. 이 생각 때문에 정책결정자들은 경제성장만을 중시하던 시대에 사회발전을 위한 입법과 사법의 역할을 낮게 평가하였다. 이제 소수의 정책결정자가 아니라 국민의 여론이 정책과 그의 내용을 결정짓는 시대로 바뀌었지만 국민들도 여전히 이러한 눈으로 여러 국가기관들이나 사회 제세력의 상충되는 주장들을 주시하고 있다. 민주사회에서는 국민의 여론이 중요정책을 결정하는 것을 당연시하는데, 이러한 사회는 21세기동안 계속해서 지속될 수밖에 없다. 그렇지만, 특히 민주사회의 초창기에 국가기관들 사이에 권력의 핵심적 기초가 결정되어지게 되는데, 이 중요한 시기에 법원은 그의 민주적 의지와 권리보호능력에 대해 국민들로부터 신뢰를 얻는 것이 얼마나 절박한 문제인지 명확하게 인식해야 한다. 그리고 이러한 신뢰를 얻기 위해서는 현시대에 적합한 법원의 과제가 무엇인지, 그 철학적 기초는 무엇인지를 묻는 작업으로부터 시작함으로써 행정에 대한 법원의 통제권의 강화가 국민을 위해 왜 필요한지를 납득시킬 수 있어야 한다. 단지 도구주의적 관점에서 어떤 구체적 문제를 해결하기 위한 수단을 찾는 방식으로 접근하게 되면 개혁입법을 제정하는 과정에서 그리고 그것을 적용해가는 과정에서 나타나는 여러 국가기관간 그리고 이해관계인들간의 갈등과 이견을 극복할 수 없게 된다.[1]

다수결의 원칙을 따르는 민주주의는 1인1표 원칙에 따라 인적평등원칙이 의사결정을 지배하지만, 시장경제는 가격결정에 있어 사람이 아니라 금액평등주의가 지배한다. 이에 따라 다수이지만 적은 돈을 지닌 사람들(예, 다수인 피지배종족)과 소수이지만 보다 많은 돈을 가진 사람들(예, 소수인 지배종족)간의 갈등은 민주주의와 시장경제의 병행발전을 추구하는 사회에서는 항상 존재할 수밖에 없는 근원적 위협요인으로서 많은 국가들의 발전을 좌초시켜왔다. 현재까지도 지속되고 있는 '법과 발전'('law and Development')운동에 참여했던 학자들과 실무자들이 서구 선진국들로부터 경제발전을 위한 이론과 자본의 지원을 받고도 발전에 성공하지 못하고 있는, 아프리카, 남아메리카, 아시아 여러 나라들의 실태를 조사한 결과, 다수결주의와 다액주의간의 근원적 갈등이 발전의 최대 장애요인임이 발견되고 있다.[2] 그런데, 우리사회에서도 최근 시장경

---

* 이 글은 2002.7.2-7.3일 행정소송법개정을 위해 사법연수원에서 개최된 행정소송법개정방향을 논하는 세미나에서 발표된 자료이다.

1) 아프리카, 남미 및 아시아국가들에서 사회발전을 위한 도구로서 법을 이용하고자 했던 '법과 발전'론의 핵심적 실패원인은 바로 사회적 합의, 최소한 개혁자 및 집행자들간의 합의의 중요성을 경시한 도구주의적 관점에 있었다. 도구주의적 관점을 취한 초기의 문헌들로는 Thomas M. Franck, The new Development : Can american Law and legal Institutions help developing Countries ?, Wisconsin Law Review 1972, p.767-801.; David M. Trubek, Toward a social Theory of Law : An Essay on the Study of Law and Development, The Yale Law Journal 1972, p.1-50 참조.

제와 민주주의의 발전과정에서 폭발적이고 다양한 갈등현상들이 나타나고 있어 사회의 지속적 발전가능성에 상당한 우려를 불러일으키고 있다. 신자유주의를 비롯한 최근의 사회와 정부개혁이론들은 심각한 갈등이 존재하지 않는 서양에서 탄생된 결과 갈등의 문제를 발전을 좌우하는 핵심요인중의 하나로서 고찰하지 못했다. 민주주의와 시장경제의 전면적 채택이후 사회와 종족간의 갈등으로 분열, 정체 내지 후퇴를 보이고 있는 러시아나 많은 아프리카, 중남미국가들에 비하여, 갈등을 관리할 수 있는 능력을 보존하면서 시장경제의 발전에너지를 경제특구부터 제한적으로 투입해왔던 중국이 현재 보여주는 차이를 비교하더라도 사회의 지속적 발전을 위하여 갈등관리의 문제가 얼마나 중요한가를 알 수 있다.

동양의 유교문화, 즉, 삼강오륜의 가부장문화에서는 강화된 소집단내부관계를 사회의 존속과 발전의 원동력으로 삼아왔다. 외부인에 대해서는 친절과 예를 강조하지만 가족내부, 조직내에서는 매우 강화된 특별관계를 보여준다. 이러한 지배문화는 공공조직의 내부문화에도 영향을 미쳐 권위주의적 행정의 모습을 보여주었다. 그리하여 특별권력관계내에서 자제되지 않고 견제되지 않는 불법적인 과잉내부규제가 해소될 수 없었고, 이것이 동양문화의 한계현상으로 정착되게 되었다. 일본, 한국, 중국은 모두 유교문화의 이러한 전통적 약점을 그대로 보여주고 있고, 북한에서도 가부장문화에서 나오는 권력적 지배현상이 그대로 나타나고 있다.

강화된 소집단관계를 그 핵심기초로 삼는 유교적 동양문화는 외부인에 대해서는 친절과 예를 강조하므로 시장제도의 수용에 있어서는 다른 저개발국가나 개발도상국가들에 비하여 상대적으로 쉬웠다고 할 수 있다. 그러나, 강화된 집단들의 집단이기주의와 집단내부에서의 불법적인

---

2) Amy L. Chua, Markets, Democracy, and Etnicity : Toward a New Paradigm for Law and Development, The Yale Law Journal 1998, p.1-107.

과잉내부규제문제는 21세기의 현대문화에서도 치유되지 않은 채 유교문화권의 동양국가들에서 그대로 드러나고 있다. 이 중에서도 특히 국가조직내에서 지시·명령권과 제재권이라는 특별권력을 갖는 권력자의 불법적인 과잉내부규제는 한국, 중국은 물론이고 경제적으로 선진국인 일본에서도 해소되지 않는 가부장적 유교문화의 핵심적 한계영역이다. 특별권력내에서 효도와 충성을 강조하는 상황에서 지시명령권자의 행위의 합리성은 주로 자신의 윤리적 노력과 자제에 맡길 수밖에 없었는데, 당해 조직과 사회가 나아가야 할 방향과 지침의 발견에 있어 리더는 복종자에 둘러싸여 견제받지 않은 채 점차 능력이 퇴보할 수밖에 없었다. 이러한 권력의 집중, 배타적 독점성 및 비밀성의 방치는 지금까지도 그랬지만 앞으로도 대형정책실패의 핵심원인이 될 것이다. 그러나 대등관계 속에서 계약에 익숙한 서양인들은 조직내에서의 이성발견을 위해서는 소수의 능력에 의존하기보다는 서로 다른 입장을 갖는 사람들이 참여하는 공론장을 통해 이성을 발견하는 것이 훨씬 적절한 방법이라는 것을 알고 있었다.

21세기에 들어와서 국가조직내에서 계층제와 법단계에 대한 사법적 통제의 존재의의는 공론장을 통한 이성의 발견이 현대사회에 있어 사회발전의 진정한 원동력이라는 사실을 수용한다는 점에 있다. 유교적 동양문화권은 모두 계층제와 법단계에 대한 통제가 매우 취약하거나 거의 존재하지 않기조차 한다. 권력자의 의사에 의해 짧은 시기에 수많은 비상입법들을 만들어 내거나 짧은 시기에 규제개혁위원회 등을 통해 대량의 행정입법들을 정리하는 권력자의존방식의 개혁이 갖는 최대 취약점은 바로 계층제와 법단계에 대한 경시이고, 그것은 바로 유교적 행정문화의 최대약점이기도 하다.

이러한 입장에서 볼 때, 항고소송제도의 대상에 관한 문제는, 21세기의 시점에서 아직도 탄생기의 여성차별적 요소와 전투적 요소로 인해 현대문화에 정착하지 못하고 있는 이슬람국가들과 달리, 우리가 유교적 동양문화를 다시 새롭게 혁신시켜 평등한 의사소통과 공론장에 기초한, 민주주의적인 새로운 행정문화를 창조할 수 있는가 하는 도전이기도 하다는 것을 알 수 있다. 이 길은 일본이 아직 걸어가지 않은 길이기도 하고, '하극상'이라는 용어를 들을 때 나타나는 우리들의 잠재의식적 적대감정을 극복하는 문제이기도 하다. 또, 조선중엽 공자의 고법고수 내지 전래의 종법고수의 완강한 태도를 취하는 사람들에 대하여 이율곡선생이 '變法更張'의 기치를 내걸고 대동법의 도입을 주장했고 결국 김육 등의 노력에 의해 제도개혁이 이루어졌던 선조들의 실학적 개혁전통을 현대적으로 계승하는 길이기도 하다.

이와 같은 행정소송법의 제·개정작업이 갖는 의의와 관련하여 한국사 초기에 대법관을 지낸 이병호 전대법관은 1996년의 '행정소송법개설'서문에서 다음과 같이 정리하고 있다. "식민지정치에서의 해방"이 있을 때까지 "근대법치주의의 혜택"을 받지 못하여 "진정, 탄원 기타 이와 유사한 명칭의 법률이전의 원시적 호소로써 은혜적인 개과선처를 복원하는 길"밖에 없던 상황에서, 이 법률의 제정으로 "법률에 의한 행정의 원리의 실천이 비로소 법적으로 보호"받게 되어 "우리나라 법제사상 획기적인 기원을 수립"하게 된 것은 물론, "국민의 권익보호"를 위하여서도 중대한 진전이라고 평가하였던 것이다.

2. 행정통제의 확대를 통한 권위주의적 행정의 극복

경제성장시대의 권위주의적 행정은 행정능률의 확보를 위하여 대통령을 비롯한 중앙정부의 정책결정자에게 정책형성과 변경에 대한 넓은 재량을 주면서 현장의 집행공무원들의 정책순응도를 높이기 위하여 매우 구체적이고 상세한 통제권을 확보해야 할 필요에 의하여 생겨난 것이다. 정책권력자는 광범위한 정책결정재량 및 지시재량을 가지고 있으나, 현장의 집행기관은 극히 한정된 권한과 재량을 가지고 있으며 단순행정업무에 대한 처리에 있어서만 재량을 행사하고 있었다. 법규명령이나 정책지침과 같은 행정입법은 행정내부의 현저한 권력불균형을 반영하여 정책권력자가 가장 선호하는 수단이 되고 정책결정자의 의사에 따라 쉽게 바뀔 수 있는 것으로 다루어진다. 따라서, 입법설계에 관한 투자도 이루어지지 않고 합의절차도 경시되며, 입법안을 기초하는 일은 정부내의 실무자급의 공무원이 정책결정자의 의사를 충실히 반영하는 기계적인 집행으로 인식된다. 따라서, 권력남용의 위험이 가장 높은 업무임에도 불구하고 외부의 통제기관인 사법적 통제가 가장 미치기 어려운 분야가 된다. 조례에 대한 중앙행정의 통제는 보장되지만 지방자치단체를 구속하는 힘을 갖는 법규명령이나 상급자치단체의 행정입법에 대한 기초자치단체의 원고적격은 인정되지 않아 왔던 것도 권위주의적 행정내부문화 때문이었다고 할 수 있다.

한편, 사회의 도시화·산업화가 촉진되면서 시민들사이에 건강, 환경 및 안전 등에 대한 의식의 각성으로 정부개입에 대한 수요가 폭증하는데 비해 행정능력은 기대만큼 빨리 증가하지 않는다. 이 문제는 특히, 급속한 사회변화와 경제발전을 겪은 한국에서 더욱 현저하다. 이 상황에서는 권위주의적 사고는 필요한 규제를 얼마나 신속하고 강하게 제공할 수 있는 지에만 주로 관심을 갖는다. 법을 집행할 인력이 부족한 상황에서 엄격한 규제집행과 규제위반자에 대한 강력한 제재가 성공적인 규제집행을 위해 가장 효과적인 것으로 이해되어, 처분청은 법령에서 허용되는 한 가장 강력한 제재수단을 선택한다. 제재수단의 선택기준은 동원가능한 자원으로 가할 수 있는 제재위협을 최대화하는 것이 무엇인가 하는 위하적 사고가 지배한다. 때문에, 유럽통합이 되면서 대부분의 유럽국가들에서는 유럽인권선언 때문에 폐지되어버린 행정형벌과 과도한 제재처분이 유럽의 행정법을 계수한 한국에서는 법령자체에 근거를 두고 아직도 광범위하게 존재하고 있는데, 행정이 침익적 성격의 권력적 사실행위를 광범위하게 사용해왔던 것도 이러한 사고때문이다.

　권위주의적 시대에는 법을 초월한 정책을 다루는 것으로 이해된 행정학은 정책결정자의 핵심적 관심사항을 다루므로 각광받게 되지만, 법해석에 치중했던 행정법학은 마치 정책결정자에 대한 현장공무원의 역할과 마찬가지로 그 역할은 축소되어,3) 현행법해석을 위한 교과서를 집필해야 하는 행정법학자는 다음과 같이 한탄하였던 것이다. "이번에 개필하면서 새삼 느끼게 된 것은, 우리 사회가 과연 남의 나라의 경우처럼 법의 존엄과 안정을 가질 날리 있을 것인가에 관한 회의와 불안감이었다. 법은 고치면 된다는 생각, 그리고 법은 그것을 그대로 적용할 것인가 아닌가가 법을 집행하는 사람들의 재량에 달렸다고 하는 생각 - 이러한 법치국가의 근본을 파괴하는 위험한 생각이 우리 사회에 만연되고 있다. 법을 집행하는 위치에 있는 사람들 자신이 법을 경시하면서, 민중에게 법을 지키라고 한들 민중이 그것을 지킬 리 없다. 또한, 오늘날 우리는 수많은 행정법령을 가지고 있다. 그러나 이 법령들을 통관할 때에, 법의 내용과 우리의 현실이 너무나 거리가 있다고 느껴지는 경우가 적지 아니하다. 규범이 지나치게 현실로부터 괴리될 때에는 규범으로서 실효성을 갖기 어렵게 될 것이다".4)

　규범이 규범으로서 실효성을 갖도록 하는데 있어 법원은 핵심적 역할을 담당한다. 법원이 없다면 헌법과 법령은 단지 종이문서일 수도 있다. 때문에 사법통제를 담당하는 판사들은 법의 지배의 진정한 중추(true Backbone of the Rule of Law)라고 할 수 있다.5) 그렇지만, 그 동안 법원의 행정입법통제의 태만은 결국 과거 5.16직후나 유신직후 그리고 1980

---

3) 행정법과 행정법학의 당면과제, 윤세창교수와 박수혁교수의 대담, 고시계, 1985, 11, 23-24면 참조.

4) 김도창, 행정법론(상), 1964, 서문.

5) Edward J. Schoenbaum, Improving public Trust & Confidence in administrative Adjudication : What administrative Law Practitioners, Judges, and Academicians can do, Administrative Law Review 2001, p.575-576.

년대 초반 입법과정에서 비상입법기관들에 의해 급조되었던 많은 입법
들이 다시 규제개혁위원회라는 비상입법개혁기관에 의해 그 당시까지의
규제입법의 2분의 1이상이 철폐되고 수정되는 상황을 초래하게 되었
다.6) IMF이후 경제위기상황에서 이와 같은 과감한 규제개혁은 주로 기
업경영환경을 Global Standard에 맞추기 위한 것이었지만 행정입법과 같
은 행정작용을 적극적으로 통제하는 것이 경제적 효율성의 향상이나 교
육, 환경, 복지 등의 공익을 보호하는데 있어서도 얼마나 긴요한 문제인
가를 여실히 보여준다고 하겠다.7)

　이제 행정기관들도 과거 권위주의시대의 규제입법들의 개혁목표를 수
량관리에서 규제품질의 관리로 바꿔가고 있다.8) 독립성도 떨어지고 비
상설위원회이어서 독립성과 조직강화의 필요성이 계속 제기되고 있는
규제개혁위원회와 비교할 때, 규제의 품질관리를 위하여 법원과 같은 독
립적이고 입법을 전문적으로 심사하고 통제할 수 있는 기관의 역할은
앞으로 더욱 중요해지고 있다.

　지금 진행되는 행정소송법의 개정작업은 행정법을 "생산하고 타당케
하는 일정한 국가구조와의 관련하에서" 그 과제를 발견하여야 하며, 과
거의 권위주의적 행정을 극복하여 "우리나라의 내외를 둘러싼 정치적·
경제적 제상황의 변화"에 대한 "적응능력의 증대"를 위한 것이어야 한
다. 법과 법학에게는 "사회와 국민의 요구에 상응하여 문제해결의 지침
을 제시해주기 위해서는 사회의 변화에 대해 민감적절하게 대처하는 자

---

6) 법령상에 존재하는 정부규제는 1998년 일년사이에 11,153건에서 5,433건으로 줄어
　 들어 폐지율 48.7%라고 한다. 김종석, 규제개혁의 과제와 방향, 김대중행정부규제개
　 혁평가, 규제연구 제8권 특집호, 1999, 454면 참조.
7) 동지. Cass R. Sunstein, On the Costs and Benefits of aggressive judicial Review
　 of Agency Action, Duke Law Journal, 1989, p.522-537.
8) 이것은 한국에 대한 OECD의 권고사항이기도 하다. 이에 관해서는, 김종석, 규제개
　 혁의 과제와 방향, 김대중행정부규제개혁평가, 규제연구 제8권 특집호, 1999, 457면
　 이하.

세가 요청"된다고 할 것이다".9)

3. 행정소송법개정작업에 있어 명확성의 가치와 입법모델의 필요

행정소송법의 개정작업에 있어 어떤 점이 가장 문제되는 것일까? 이 문제에 관하여 행정소송법이 제정된 초기에 교과서를 집필했던 분의 논평은 중요한 포인트를 전달해준다. 실무자에게는 물론 학자에게도 지나치게 간략한 행정소송법은 이해하기 매우 어려워, "행정쟁송법은 행정소송법이 우리나라에서 처음 실시된 제도이기 때문에 그 실시적용에 관하여 의문되는 점이 적지 않았으므로 …… 형언할 수 없으리만큼 큰 곤란에 직면하게 되었습니다. …… 용기를 잃고 몇 번 집필의 붓을 던졌는지 모르겠습니다"고 고백하였던 것이다.10)

입법자나 판사들과 마찬가지로 학자들도 현행법체계를 벗어나 새로운 법을 구상하는 것은 낯설고 쉽지가 않다. 전통문화의 창조적 계승과 국제수준에서 개방적 이성의 기준에 도달하기 위해서는 계층제와 특별권력관계에서 나타나는 상급자의 빈번한 권력남용의 통제가 매우 필요하지만, 우리가 어떤 논의와 사고를 전개하기 전에 동양인으로서 우리 의식저변에서는 이러한 유형의 일로부터 항상 피해가고 싶어한다는 점을 기억해야 한다.

필자가 외국의 법제도를 우리나라와 비교하면서 느꼈던 문제점은 한국의 판례가 법원칙이나 새로운 기준을 창조하는 측면에 있어 프랑스, 영국, 미국과 다르다는 점이었다. 이 나라들에서는 간단한 일반추상적

---

9) 서원우, 현대행정과 행정법학의 과제, 행정법학30년의 회고와 전망, 사법행정 1978, 5, 14, 21면.
10) 황동준, 행정법론(하), 1955, 서문.

기준이 입법에 제시되면 다른 구체적인 내용들은 판례가 구체화해가고 있었다. 이러한 의미에서 이 나라들을 판례법국가라 부른다면 독일, 일본 및 오스트리아는 실정법에 가능한 한 상세한 기준이 제시되고 매우 제한적 범위에서만 판례와 학설이 구체화여지를 갖고 있다는 점에서 실정법국가라고 할 수 있고 한국도 실정법국가에 속한다는 점이다. 다만, 헌법의 추상성으로 인해 헌법해석과 관련해서는 독일도 점점 판례의 해석여지나 재량여지가 넓어져가고 있다. 한국의 헌법재판소가 독일법의 영향을 더 많이 받으면서 실정법의 기준을 어느 정도 벗어난 해석을 많이 취하고 있는 것도 독일헌법재판소가 판례의 법창조적 기능을 넓혀가면서 나온 법이론들을 수용한 결과라고 보여진다. 그러나, 헌법학이 놓여 있는 상황과 행정법학이 놓여 있는 상황은 적어도 한국에서는 크게 다르다. 헌법학은 헌법전이라는 통일적인 법전이 있고 기본권의 내용도 적어도 헌법수준에서는 거의 대동소이하며, 기본권을 객관적으로 해석하고 있는 독일의 판례와 학설의 지원을 받아 한국의 재판관들이 구체적인 판단의 기준을 비교적 쉽게 찾을 수 있었지만, 우선 행정법령은 매우 수가 많고 법조문의 내용이 외국과 매우 다른 한국적 특수성을 반영하고 있을 뿐만 아니라, 행정소송을 담당하는 법원이 실정법의 조문에 크게 제약받아 재판을 수행하는 민·형사재판을 함께 수행하고 있다는 제약을 받고 있다. 이러한 사정 때문에 법원은 그 동안 행정법사건에 관해서도 실정법조문에 크게 의존하는 태도를 취해오거나 아니면 일본이라는 비교대상국가의 법해석에 크게 의존하는 태도를 보여주었다. 점차 행정법사건에 관한 한 법원에게는 법창조적기능이 민·형사재판에서보다는 더 넓게 인정될 것이 요구된다고 할 수 있지만, 법개정을 함에 있어서는 실정법국가로서의 한국적 특색에서 출발하지 않을 수 없었다는 점이다. 이러한 분석이 옳다면 가능한 한 필요한 내용은 행정소송법조문으로 구체화하는 것이 성공적인 개혁의 관건이 된다고 하지 않을 수 없을 것이다. 판례법국가들의 판례나 법해석기준도 가능하면 구체화된 법조문으로 만들려는 노력을 할 것이 기대된다. 간단한 일반추상적 기준만으로 우리 법원이 판례법국가들과 똑같은 기능을 수행할 수 있기를 기대하는 것은 현재로서는 무리라고 할 수 있기 때문이다. 현행 행정소송법상의 당사자소송이 수많은 법적 불명확성으로 인해 오랫동안 활성화되지 못하였던 경험은 명확성을 얻기 위해 아무리 많은 고생스러운 노력이 필요하다 하더라도 새로운 개정내용은 가능한 한 명확해야 한다는 강박관념같은 것을 필자는 느끼고 있다.

특히, 행정소송법의 핵심골격에 관한 개정은 쉽지 않아 앞으로 20여 년간(한국인의 엄청난 의식변화속도를 고려할 것!) 새 행정소송법이 효력을 지속시킬 가능성도 있는 것으로 본다면, 불명확한 점을 가능한 한 미리 예상하여 제거하는 것의 중요성은 절대 과소평가할 수 없다.[11]

이러한 점들을 고려한다면 입법모델을 제시하여 논의의 기준틀을 가지고 토론이 진행되는 것이 바람직하지만, 여기서는 두 개의 기준 내지 관점을 제시하여 명확성제고의 목적에 부응하고자 한다. 항고소송대상의 확대를 위한 비교기준으로 선진국들의 국제적 기준(Global Standard 또는 Global Model)과, 헌법구체화법으로서 행정법의 입장에서 특히 헌법소원제도와의 관계에서 헌법이 법원에 부여한 임무와 책임의 명확한 체계화를 목표로 하는 적응(Adaptation)기준을 제시하여 확장의 이론적 근거와 구체적 내용들을 검토하고자 한다.

첫 번째 기준은 한국 행정소송을 국제적 표준에 적합하게 개혁해야 한다는 Globalisation의 관점(Global Standard)에서 항고소송의 개혁에 접근하도록 하기 위한 비교기준이다. Globalisation의 관점은 국가간 경계가 허물어지고 사람과 기업들의 왕래가 빈번해지면서 인간의 삶이 자기나

---

11) 명확하고 체계적으로 흠결없이 입법규정들을 제시하는 것이 기존 법질서의 개혁을 위해 가장 확실하고 안정된 기초가 되므로 가능한 한 불명확성이 제거되어야 한다. 그렇지만, 명확화를 위한 지나친 노력이 시대변화와 사람들의 의식의 변화에 대응하여 학설과 판례의 발전을 통해 보충할 공간을 막아버리는 것은 경계하여야 한다.

라의 제도에 의해 영향받을 뿐만 아니라 다른 나라의 제도에 의해 영향
받는 부분도 늘어나는 국제사회환경의 변화를 중시한다. 한국경제의 대
외의존성이 늘어나면서 외국인이나 외국기업들의 한국투자를 촉진시키
고 한국사회를 신뢰할 수 있도록 하는 것이 경제의 사활적인 명제가 되
고 있는데, 이를 위해서는 한국의 법제도가 글로벌 국가(globalizing
State)를 지향하여 선진적으로 개혁되고 행정에 대한 사법적 통제도 선
진국들의 수준정도로 이루어질 것을 요구한다.12) 이러한 입장에서는 프
랑스는 물론이고 미국이나 영국 또는 독일도 행정법원이나 헌법재판소
또는 민사소송과 행정소송을 통합한 법원 등이 대체로 유사한 사법적
통제권들을 가지고 있는데, 그러한 권한들이 가능한 한 이번의 행정소송
법개정으로 도입되어야 한다는 입장을 취하게 될 것이다. 기업경영환경
의 global Standard로의 개선을 위한 급격한 규제개혁을 경험했던 우리로
서는 이제 한국의 행정통제에서 Globalisation의 관점은 결코 장래에나
가능한 관점이라고 할 수는 없게 되어버렸다. 인권위원회의 창설이 언론
의 강한 지지를 받았던 것이 최근의 일임을 고려할 때, 아직도 남아있는
인권침해적인 권력적 사실행위의 잔재들에 대한 통제범위의 확대도 시
급한 실정이다.

　두 번째 기준은 적응기준인데 이것은 현 단계에서 항고소송의 개혁을
위한 목표를 한국의 다른 사법제도들과 조화하면서 행정과 사회의 변화
에 상응하여 민주적 법치행정을 진전시키는 것을 목표로 국내적 관점에
서 개혁에 접근한다. 1985년 행정소송법이 개정된 후 민사소송법과 형사
소송법이 개정되고 헌법재판제도가 새로이 출현하였으나 그에 상응할만
한 변화를 행정소송법은 보여주지 못했다는 점에서 개혁의 필요성을 발
견하는 입장이다.

---

12) Alfred C. Aman, Jr, Proposals for reforming the Administrative Procedure Act :
　　Globalization, Democracy and the Futherance of a global public Interest, Indiana
　　Journal of Global Legal Studies, 1999, p.404-412.

이 두 기준은 법학이나 사회과학의 다른 주제들의 경우에도 사고의 준거기준으로 유용할 수도 있으나 여기서는 항고소송의 대상과 관련된 쟁점들에 한정하여 검토하고자 한다. 필자가 판단하건데, 적응기준에 따라 큰 갈등없이 항고소송의 대상으로 편입될 수 있는 주제들은 이하의 주제들이라고 생각되는데, 이 주제들과 관련해서는 입법자가 가능한 한 명확하게 입법안을 설계해서 제공하는 것이 필요하다고 본다.

① 권력적 사실행위의 통제여부 (특히 계속적 성질의 것이외에 일시적 성질의 것에 대한 통제여부) ② 처분적 행정입법에 대한 통제여부 ③ 행정입법에 대한 일반적 효력통제제도의 도입여부(처분 등을 전제로 하여 그 처분의 전제인 행정입법의 일반적 무효를 장래를 향하여 선언하는 제도의 도입여부) ④ 행정입법의 위법판단과 그 행정입법의 적용배제를 내용으로 하는 간접적·개별적 통제제도의 존치여부 ⑤ 이른바, '민생사건'이라고 부를 수 있는 소액, 소형행정사건들을 단독판사가 다룰 수 있도록 지역적 관할을 넓히고 소송대상을 확대하는 문제[13] ⑥ 행정계약과 관련된 구속적 행정결정의 통제여부 등의 문제 등이다. 이외에도 다단계 행정절차에서 국가나 광역자치단체의 승인거부 등을 항고고송의 대상으로 인정해야 하는가의 쟁점도 있으며 다른 쟁점들도 있을 수 있지만 여기서는 더 이상의 주제확대는 않기로 한다.

Global Standard에 따르고자 할 때, 반드시 도입되어야 할 부분은 ①국가와 광역자치단체의 공권력행사(행정입법과 개별적 조치를 포함함)에 대해서 지방자치단체에게 원고적격을 인정하는 것,(반대의 경우는 상황이 다르다. 우리의 경우에도 조례등과 관련하여 감독기관 등은 이와 같은 권한을 이미 가지고 있다.) ②행정입법과 개별적 처분에 대한 직접적

---

13) 예를 들어, 빠른 속도로 계속 확대되어 갈 것이 틀림없는 조례에 있어서 과태료는 매우 중요한 규제수단인데 이에 관한 과태료처분사건은 지방법원의 지원단위에서 단독판사가 다른 행정사건(예, 교통행정사건 등)과 함께 심사하도록 관할권을 이전하는 것이 필요하다.

집행전 심사제도이다.

①부분은 기관소송 및 권한쟁의심판이 함께 문제되는 곳이고 ②부분은 행정에 대하여 법원이 예방적으로 개입할 수 있는가, 개입을 승인한다면 그 한계는 어딘가에 관한 문제다. 특히, 유의할 점은 ①②제도가 함께 문제되는 경우도 있다는 점이고, 조례를 집행하기 전에 감독기관이나 자치단체장에게는 집행전 심사제도가 이미 한국 행정소송에는 인정되어 있다는 점에서, ①②제도가 한국에서 전혀 새로운 제도들이 아니지만, 역시 하위기관이 상급기관의 권력행사에 대해서 사법적 통제를 신청할 수 있는 권한을 갖도록 할 것인가, 갖도록 한다면 어떤 범위에서 갖도록 하고, 헌법재판소와의 권한배분은 어떻게 할 것인가 하는 점에서 입장이 나뉠 수 있다고 생각된다.

입법과정에서 많은 사람들이 아무리 노력해도 법을 적용하는 판사에게는 불명확한 점들이 많이 남는다. 이 상황에서는 행정법령을 해석하고 적용하는 판사에게 "법창조자로서의 역할"(the Role of the Judge as Law-Maker)과 "정책발전"(the Development of Policy)을 위한 막중한 책임이 주어진다고 하겠다.14) 새로운 행정소송법의 시행과정에서 법원의 법창조자로서의 역할은 더욱 기대된다고 하겠다.

II. 외국의 행정소송과 그 시사점

항고소송의 대상을 확대하려고 할 때, 우선적인 쟁점은 얼마만큼 확장할 것인가 이다. 그 동안 학자들에 의해 항고소송의 대상으로 새로이 확보되어야 할 것들로 검토된 것들은 행정입법, 권력적 사실행위, 행정청상호간의 공권력행사, 그리고 행정계약의 체결이나 낙찰과 관련된 감

---

14) Oliver Wendell Holmes, The Path of the Law, Havard Law Review 1897, p.457.

독기관의 승인조치[15] 등 행정계약에 포함되거나 관련된 공권력행사이었다. 이것들 중 행정청상호간의 공권력행사부분은 기관소송이나 원고적격을 다루는 다른 발제자가 상세히 검토할 것이고, 행정계약에 포함되거나 관련된 공권력행사는 과거의 개별적 처분에 관한 법해석의 변경에 의해서도 가능한 것이라서 여기서는 가능한 한 검토를 줄이고 행정입법 통제에 관한 외국제도들을 중심으로 살펴볼 것이다. 또, 한국에서 받아들이는 것이 필요한 제도와 관련된 외국의 제도를 살펴보고 약간씩 평하는 방식으로 논의를 진행할 것이다.

1. 프랑스 월권소송의 대상과 그 시사점

프랑스는 현대 행정법의 발상지로서 지금에 이르기까지 200여 년 이상동안 행정통제를 위한 많은 제도들과 법이론들을 생산하여 그 이후 다른 나라들에 큰 영향을 미치고 있어서 한국의 행정소송개혁을 위해서도 특별한 의미를 갖는다. 따라서, 외국제도의 분석에 있어 출발점으로 삼을 것이다.

1) 월권소송의 대상개관

프랑스 행정법상 한국 항고소송의 기능을 수행하는 월권소송의 대상은 "프랑스 행정기관에서 발한 일방적 행정행위"("Acte administratif unilatéral émanant d'une autorité administrative française")이다. 일방적이라는 것은 상대방이나 제3자가 행정행위의 효과를 수용하는데 있어 그 동의가 필요없다는 의미이다.[16] 일방적 행정행위는 집행적 결정(Décision

---

15) 박정훈, 행정조달계약의 공공적 성격, 2002. 2. 23 행정법이론실무학회 발표문 참조.
16) Pierre Delvolvé, l'acte administratif, Sirey 1983, p.11.

exécutoire)이라고도 하는데, 이것에는 행정입법제정행위(Actes réglemen-
taires)와 처분적 행위(Actes non réglementaires)가 있다. 처분적 행위에는
특정된 사람(1인이나 수인)을 상대방으로 하는 개별적 행위(Actes
Individuels), 시험결과발표행위처럼 특정된 다수의 사람들에 대해 개개인
을 상대방으로 하는 집단적 행위(Actes Collectifs), 불특정다수를 상대방
으로 하는 특수한 처분(Actes Particuliers)이 있다. 프랑스의회가 제정한
법률은 헌법평의회의 관할사항에 속하고 월권소송의 대상인 입법행위는
행정입법에 한정된다. 제소기간은 당해 행정결정에 의해 창출된 법적 상
태의 안정을 확보하기 위한 것인데 행정결정이 통지되거나 공포된 때로
부터 2개월이다.

월권소송은 행정의 합법성보장을 위한 객관적 소송으로서 변호사강제
주의를 채택하지 않고 있으며, 소송비용이 소송가액에 따르지 않고 100
프랑으로 고정되어 있다. 월권소송의 판결은 대세효가 인정되어 소를 제
기하지 않은 자에게도 그 효과가 미치나, 주의할 점은 이해관계있는 제3
자에 대하여 직권에 의한 소송참가도 활발하게 이루어지고 있고, 당해
재판과정에 소환되지 않아 자기에게 불리하게 판결이 내려진 경우에는
제3자의 이의신청(Tierce opposition)을 인정하여 대세효인정을 위한 제3
자보호절차가 강화되어 있다는 점이다. 한국의 경우에는 소송참가제도
가 특히 피고 행정청과 관련해서 다른 행정청이 보조참가하는 방식으로
만 약간 이용될 뿐 소송과정에 관한 정보가 부족한 제3의 이해관계인인
국민을 소환하여 직권으로 소송참가시키는 것은 거의 찾아볼 수 없음에
도 판결의 대세효가 인정되어 있어 상당한 문제가 되고 있다.[17] 입법개
정작업에 반영되어야 할 것이다.

---

17) 이에 관해서는, 졸고, 행정소송상 제3자보호와 소송참가에 관한 고찰, 행정법연구 창
   간호, 1997, 63면 이하.

2) 행정입법의 통제

프랑스 월권소송에 의한 행정입법통제는 원칙적으로 "개인적이고 직접적인 이익"이 침해된 사람이 법규명령자체의 취소를 구하는 직접적 통제방식이다. 그러나, 2개월의 제소기간이 지난 후에도 당해 법규명령에 기초한 처분적 행위의 위법을 다투는 과정에서 그 법규명령의 위법을 다투는 위법성의 항변(Exception d'illégalité)을 할 수 있다.[18]

프랑스 행정법상 위법성의 항변개념은 행정입법에 대한 일반적 효력통제제도가 아니라 단지 당해 사건과 관련하여 위법확인을 내용으로 하는 간접적인 적용배제제도이다. 이 점에서 현재 한국 행정소송에 도입되어 있는 간접적인 적용배제제도와 거의 유사하고, 일반적 효력통제제도가 아니라는 점은 주의를 요한다. 즉, 선결문제인 행정입법에 대해 위법의 확인(Constatation)을 한다 하더라도 그것은 취소(Annulation)를 의미하는 것이 아니고 소송당사자에 대한 기판력(Autorité relative de chose jugée) 만을 발생시킬 뿐이다.[19] 당해 사건과 관련하여 그 적용이 배제될 뿐이고 당해 행정입법은 여전히 유효하다. 적용은 배제되지만 여전히 유효한 상태는 매우 혼란스러운 느낌을 주기 때문에 법원은 당사자가 위법의 주장을 하더라도 위법을 잘 인정하지 않는 경향이 있다. 그렇지만, 위법성의 항변을 거쳐 위법확인이 된 행정입법에 대해 행정이 그 행정입법을 준수하지 않더라도 위법은 아니며 준수하지 않는 것이 오히려 의무적이기까지 하다.[20]

한편, 당해 행정입법제정의 원인이었던 법적·사실적 사정이 사라지거나 바뀐 경우에는 이해관계인은 그것을 이유로 행정에게 법규명령의 개정을 청구할 수 있고, 행정이 거절하면 그 거절에 대해 2개월의 기간내

---

18) Pierre Delvolvé, l'acte administratif, Sirey 1983, n°589. p.235-236.

19) Debbasch/Ricci, Contentieux administratif, 8éd., 2001, n°944, p.834-835.

20) C.E., sect., 8nov. 1968, Min. Finances c/Menez, Rec., p.557.

에 월권소송을 제기할 수 있다. 법률이 바뀌었으나 행정입법이 개정되지 않고 있는 경우에는 당해 법률이 공포된 후 2개월 이내에 직접 법규명령자체의 취소를 청구할 수 있다.

3) 행정의 부작위와 월권소송

한국에서 부작위위법확인소송에 관한 최근의 대법원판례들은 복지부동이나 무사안일로 대표되는 행정해태에 대하여 이 제도를 도입할 당시 기대했던 국민의 권익보호확장에 크게 기여하지는 못하고 있다. 1988년 2월 23일부터 1997년 4월 25일까지 판시된 총 21개의 대법원판례를 분석해보면 다음과 같다.[21] 21개의 대법원판결중 1건 원고전부승소(유선방송사업허가해태의 위법확인.92.7.28 91누7361 공2569), 1건 원고일부승소(88.11.8 87누479 공838.1540(19)), 19건 원고패소의 상황을 보여주었다. 이러한 운용상황은 부작위위법확인소송에 대한 국민의 불신을 가져와 이 제도를 결국 유명무실하게 만들었다.

21개의 대법원판결중 소송대상이 부작위가 아니라 거부처분이라는 이유로 원고패소판결을 내린 사건이 10건, 신청권없음(사실은 행정청의 처분의무를 주장하여 처분을 청구할 수 있는 법률상 이익)이 5건, 거부처분이 있었거나 신청권없음이 1건, 신청없음이 1건, 신청한 내용이 처분에 해당되지 않는다는 것이 2건이었다. 꽃동네비닐하우스로의 주소이전 신청에 대하여 전입신고를 수리하지 않고 구주소지관할동사무소로 반송한 행위가 거부처분인 것으로 본 판례(92.4.28 91누8753)나, 건축물관리대장의 열람복사청구에 대하여 부실작성대장이라는 이유로 열람복사해주지 않은 행위가 거부처분인 것으로 본 판례(90.12.11 90누4266)도 소송선택의 위험을 지나치게 원고에게 부과시키고 있는 듯하다.

---

21) LX에 수록되어 있는, 1988년 2월 23일부터 1997년 4월 25일까지 총 21개의 판례를 조사하였다. 다른 판례가 더 있는지는 조사하지 못했다.

프랑스 행정법상 행정의 침묵 또는 해태에 대해서는 신청일부터 2개월(2000. 4. 12일 이전에는 4개월이었음)이 경과하면 묵시의 거부결정으로 보아 2개월이 경과한 날을 기산점으로 하여, 2개월내에 거부처분취소의 월권소송을 제기하도록 하고 있다.[22] 독일형의 의무이행소송제도가 도입되지 못한다면 프랑스의 입법태도는 우리에게 시사하는 바가 크다. 왜냐하면 판례분석에서 드러나듯이 10여년간의 부작위위법확인소송에 관한 대법원판례 21건 중 무려 10건이 소송대상이 부작위가 아니라 거부처분이라는 이유로 원고패소판결을 내린 사건이었기 때문이다. 많은 행정사건들에서 변호사가 대리하고 있음에도 이러한 문제가 드러난 것은 소송선택의 위험을 당사자로부터 경감시켜줄 제도의 설계가 필요함을 반증하고 있는 것이다.

한편, 우리 판례는 거부처분의 성립요건으로서 법규상·조리상 신청권을 요구하고 있다. 그러나, 대상적격으로서의 거부처분은 가능한 한 외형적·객관적으로 판단해야 하는데, 신청권의 문제는 원고의 개인적 상황과 관련되는 개별적·주관적 성격을 갖고 있기 때문에 이를 대상적격의 문제가 아니라 원고적격, 즉, 이익의 구체성과 직접성의 문제로 파악하여야 할 것이다.[23]

4) 공법인의 원고적격, 행정계약으로부터 분리되는 행정행위

프랑스 월권소송에서는 공법인도 원고적격을 갖는데 국가의 경우에는 관계부처의 장관이 대표가 되고 시읍면의 경우에는 시읍면장이 소송을 제기할 수 있다.

---

22) René Chapus; Droit qd,inistrqtif générql; Tom 1, 6éd, 1992, n°561.

23) 박정훈, 행정소송의 종류와 대상, 2002.4.29 행정소송법개정위원회 기초자료, 28면.; 졸고, 행정의 공중에 대한 사법적 통제방식의 변화, 2002. 5. 17 행정판례연구회 발표문 17면 이하 참조.

행정계약의 영역에 있어서도 판례에 의하여 형성된 법이론에 의해 월권소송의 통제는 확장되어 있다. 즉, 감독기관의 승인조치처럼 "행정계약으로부터 분리가능한 행위"("Actes administratifs détachables du contrat)는 월권소송의 대상이 된다. 행정계약체결을 위한 도의회의 의결도 일방적 행정행위일 수 있다. 계약체결에 관한 결정도 월권소송의 대상이 된다.[24]

2. 독일의 행정입법통제제도

독일의 경우에는 행정입법의 사법적 통제제도만을 분석해보기로 한다. 독일에서 법률과 행정입법에 대한 사법적 통제를 담당하는 기관은 헌법재판소와 행정법원이다. 독일에서는 추상적(Abstrakte) 규범통제와 구체적(Konkrete) 규범통제라는 분류방식을 이용하여 규율하고 설명하고 있는데, 여기에서도 일단은 그 설명방식에 따라 그 권한배분과 통제의 내용들을 살펴본다.

1) 추상적 규범통제

추상적 규범통제는 구체적 법적 분쟁과는 상관없이 법령을 심사하는 제도라고 설명되고 있다.

(1) 연방헌법재판소에 의한 추상적 규범통제

기본법 제93조 제1항 제2호와 연방헌법재판소법 제13조 제6호, 제76조 이하에 의해 연방법이나 주법이 기본법과 형식, 절차 및 내용에 있어

---

24) Pierre Delvolvé, l'acte administratif, Sirey 1983, n°167.

다툼이 있거나 의문이 존재할 때, 또는 주법이 연방법과의 조화여부에 대한 다툼이 있을 때, **연방정부나 주정부 또는 연방의회 의원의 3분의 1의 신청**에 의해 연방헌법재판소가 재판하는 제도가 추상적 규범통제의 한 유형이다. 제소기간의 제한은 없고 오직 공익적 관점에서 심사하므로 신청을 철회한다고 해서 재판절차가 종료되는 것은 아니다. 그러나, 의문이나 다툼은 이론적이거나 순수한 학문적인 것이어서는 안되고 구체적인 것이어야 한다.(BVerfGE 12, 205/221) 심사대상은 **연방이나 주의 모든 법령이 포함되므로 법규명령이나 자치법규도 포함**되어서 매우 넓지만, 아직 효력을 발생하지 않았더라도 적어도 공포는 되었어야 한다.(BVerfGE 1, 396/410) 연방헌법재판소가 심사대상법령이 위헌이거나 주법이 연방법에 반한다고 판단하면 위헌이라고 선언한다. 그러나 직접 위헌무효라고 선언하기보다는 헌법불합치결정들을 통해 입법자에게 헌법합치적 규범을 창출하도록 촉구한다. 위헌인 법령의 무효는 소급하여 효력을 상실한다.

(2) 주헌법재판소에 의한 추상적 규범통제

주법이 주헌법에 위반하는지 여부를 주헌법재판소가 재판하는 제도인데, 연방헌법재판소는 연방헌법과 동일한 주헌법규정들에 대한 주헌법재판소의 해석내용에 구속당하지는 않는다. 그 절차에 관한 것은 각 주헌법들이 규정하고 있다.

2) 행정법원법 제47조에 의한 직접적 규범통제[25)

행정법원법 제47조는 자치단체의 건축법규나 주의 하위행정입법들이

---

25) 이하의 설명은, Thomas Würtenberger, Verwaltungsprozeßrecht, 1998 ; Eyermann, Verwaltungsgerichtsordnung, 10.Aufl., 1998 참조.

상위법들을 위반한 것인가를 심사하여 무효확인여부를 판단하는 확인소송인데 독일학자들은 추상적 규범통제소송으로 부른다. 그러나, 연방헌법재판소에서와 달리 소를 제기하는 자가 지방정부나 지방의회가 아니라 행정입법에 의해서 또는 그것을 적용함으로써 그의 권리(Recht)를 침해받은 자나 가까운 장래에 침해될 것이 예측되는 자연인이나 법인(연방행정법원법 제47조 제2항)이라는 점에서 다른 면이 있다.26) 행정입법 자체에 의해 권리가 침해되는 처분적 행정입법을 규율대상으로 예정하고 있다는 점은 주의해야 할 부분이다. 권리침해여부가 본안심리에서 승소요건이 아니라는 점에서 객관적 성격이 강하다는 점 때문에, 독일 학자들은 추상적 규범통제소송으로 불러왔다. 그렇지만, 추상적 소송을 권리구제소송이 아닌 객관적 합법성의 통제소송으로 이해한다면 프랑스, 미국 또는 영국의 관점에서는 행정법원법 제47조의 규범통제소송은 전혀 추상적 소송이 아니게 된다. 프랑스, 미국 및 영국 등에서 항고소송에 상응하는 소송들은 독일의 경우보다 원고적격이 더 넓혀져 있고 객관적 소송의 성격을 갖기 때문이다. 그러므로, 다른 나라와의 용어의 통일을 위하여 행정법원법 제47조상의 소송을 행정입법의 직접적 통제제도라고 부르는 것이 타당하지 않을까 생각한다.

해당 행정입법의 내용이 확정되어야 하기 때문에 공고되었어야 하지만 효력을 발생했을 필요는 없다. 독일 행정법원법상의 직접적 통제제도의 특색은 자연인이나 사법인뿐만 아니라 행정청도 원고가 되어 소를 제기할 수 있다는 점이다. 행정청은 해당 행정입법을 집행해야 하거나 자신의 업무범위를 결정함에 있어 존중하지 않으면 안될 때 위법인 행정입법에의 구속을 강요당할 수는 없기 때문에 원고적격이 인정된다. 자치단체(Gemeinde)나 다른 공법인도 원고적격을 갖는다.

---

26) 1997년 1월 1일 개정되기 전에는 손해(Nachteil)이라고 하고 있었다. 구법에서의 '손해' 기준에 따를 때, 독일행정법학에서 이해하고 있는 주관적 공권이 침해된 자의 범위보다 더 넓다.

피고는 당해 입법을 한 행정청이 된다. 일부무효판결도 가능한데, 그 경우는 나머지 규정들만으로도 독자적 의미를 가지고 의미있는 규율체계를 이루고 있을 때이다. 무효인 부분과 불가분의 일체를 이루고 있을 때는 전부무효판결만이 가능하다. 무효판결은 일반적으로 모든 사람에게 그 효력을 미치므로 행정청과 법원은 더 이상 당해 행정입법을 적용할 수 없다. 이 때 법원은 당해 행정입법을 무효가 아니라 위법의 확인만을 할 수도 있는데, 당해 행정입법은 개정될 때까지만 효력을 갖는다. 당장 무효라고 해서는 공익을 중대하게 침해할 우려가 있을 때이다. 무효판결은 입법제정시까지 소급하여 효력을 상실시킨다. 그렇지만 행정입법이 이미 시행되고 있을 때 새로운 상위법이 제정되었는데도 당해 행정입법이 정비되지 않아 무효판결을 받았을 때에는 법원이 무효라고 선언한 시점부터 효력을 상실한다.

행정입법의 무효판결도 이미 불가쟁력이 발생한 행정처분에 대해서는 영향을 미치지 못한다. 법원은 중대한 불이익을 방지하거나 다른 중요한 이유로 가구제가 긴급하게 필요한 때에는 신청이 있으면 가구제조치를 발할 수 있다.

3) 구체적 규범통제

독일 공법상 구체적 규범통제제도는 구체적 사건에 관한 재판이 계속 중에 당해 규범을 심사하는 제도인데, 법원이 위헌신청을 하므로 판사의 소라고도 불리운다. 이 소송도 연방헌법재판소가 관할권을 갖는 형태와 주헌법재판소가 관할권을 갖는 것이 있다. 연방헌법재판소가 관할권을 갖는 제도는 기본법 제100조 제1항, 연방헌법재판소법 제13조 제11호, 제80조 이하에 규정되고 있다. 법원이 다른 사건을 심사하다가 그 사건에 대한 재판내용이 그 사건에 적용할 규범의 유효여부에 달려 있고 당해 규범이 헌법위반이라고 볼 때에는 문제된 법규정과 헌법규정을 특정

하여 그러한 이유를 기재하여 연방헌법재판소에 제소하여야 한다. 위헌
심사신청을 하는 법원은 당해 법률에 대해 위헌임을 확신하여야 한다.
당사자는 위헌이라고 보지만 법원이 합헌이라고 판단할 때에는 그 구체
적인 사건에 대한 본안판단에 대해 항소와 상고절차를 거쳐 연방법원의
최종적인 판단이 나온 후 그 재판을 대상으로 하여 다시 헌법재판을 제
기하는 수밖에 없다. 법원이 합헌이라고 판단한다고 해서 당사자가 곧바
로 헌법재판소에 당해 법률의 위헌심판을 구하는 한국의 위헌심사형 헌
법소원제도는 독일이나 다른 나라들에서는 인정되지 않는다.[27] 위헌심
사형의 헌법소원제도는 한국에 특유한 것이다.

이 경우 법원은 당해 사건에 관한 재판을 중단해야 한다. 법원이 특정
의 사건을 심사하다 주법이나 행정입법들의 주헌법에의 위반여부가 재
판의 전제가 되었을 때 재판을 중단하고 주헌법재판소에 그 위헌여부의
확인을 구하는 소송도 이와 유사하다.

독일의 구체적 규범통제소송에서는 법률의 합헌여부가 재판의 전제가
되어야 하는데, 재판의 전제성은 원칙적으로 판결의 주문자체가 법률의
위헌여부에 의존하고 있을 때 충족된다. 법원은 위헌제청을 할 때, 위헌
제청이유를 진술할 의무가 있다.

4) 부수적 규범통제(Inzidentkontrolle ; Incidenter-Kontrolle)

필자는 한국에서 새로운 개정행정소송법에도 과연 현재와 같은 행정
입법의 간접적 통제제도가 필요한 것인가를 판단하기 위해 추상적 규범
통제제도와 구체적 규범통제제도를 가지고 있는 독일의 상황을 더 자세
히 살펴보기로 한다.

독일행정법상 부수적 규범통제는 한국에는 잘 알려져 있지 않은 것이

---

27) Ch. Pestalozza, Verfassunsprozeßrecht, 1991, S.206.

지만 우리 현행 행정소송법상의 간접적 규범통제제도와 매우 비슷한 것
이다. 즉, 부수적 규범통제는 행정입법 자체를 직접 소송대상으로 삼아
소가 제기되는 것이 아니라 다른 구체적 사건에 관한 재판의 전제로서
당해 행정입법의 위법여부를 판단하는 제도이다.28) 부수적 규범통제는
당해 사안과 관련해서만 당해 행정입법의 적용을 거부하는 적용배제권
(Nichtanwendungsbefugnis)에 불과하고, 일반적 효력을 갖지 않는다. 따라
서, 행정청은 다른 행정절차에서 당해 행정입법을 유효하게 적용할 수
있다. 부수적 규범통제는 재판절차의 속행정지의무나 제청의무 또는 위
법심사기관의 제한에 따른 제약을 받지 않고 구체적 사건을 심리하는
법원이 통제권을 행사할 수 있는 유연성(Beweglichkeit)을 제공한다는 점
에서 실무상 장점을 갖는다.29) 당해 행정입법에 대한 직접적 통제나 일
반적 효력통제를 위한 심사가 진행중일 때에도 부수적 규범통제가 가능
하지만 판례의 통일을 위하여 절차를 중단해야 한다.(독일 행정법원법
제94조, 민사소송법 제148조의 유추적용) 행정입법의 부수적 통제제도의
헌법적 근거는 법원은 적법한 행정입법에만 구속당한다는 기본법 제20
조 제3항에서 찾을 수 있다. 법원은 위법한 행정입법을 구체적 사건에서
적용하지 말아야 한다. 부수적 규범통제는 어떤 행정입법의 위법여부가
법률관계의 존부확인에 있어 선결문제인 경우에도 이루어질 수 있다.
　이와 같은 독일의 법이론상황은 직접적 규범통제제도나 일반적 효력
통제제도가 도입된 이후에도 여전히 간접적 효력통제제도가 필요하다는
것이다.

---

28) Gerhardt, in ; Schoch/Schmidt-Aßmann-Pietzner, 47 VwGO Rn.8f. ; Schmitt
　　Glaeser, Verwaltungsprozeßrecht, 1994, Rn.75. ; Thomas Würtenberger, Verwal-
　　tungsprozeßrecht, 1998, Rn.438-440.
29) Eberhard Schmidt-Aßmann, Die kommunale Rechtsetzung im Gefüge der adminis-
　　trativen Handlungsformen und Rechtsquellen - Aufgaben, Verfahren, Rechtsschutz-,
　　1981, S.52.

3. 오스트리아의 행정입법의 일반적 효력통제제도와 처분적 행정입법에 대한 직접적 통제제도

주지하듯이 한국에서 행정법학자들은 통설적으로 처분법규에 대해서는 직접 취소소송을 제기할 수 있다는 입장을 오랫동안 취해왔다. 그러나, 그 구체적인 문제점들에 대한 검토는 이루어지지 못했다. 여기서는 오스트리아의 처분적 행정입법에 대한 직접적 통제제도와 행정입법에 대한 일반적 효력통제제도를 중심으로 고찰해보기로 한다.

1) 행정입법의 통제제도 개관

오스트리아에서 연방과 주의 법규명령에 대한 위법성의 심판권은 헌법재판소가 갖는데, 법규명령의 위법을 구하는 소송을 제기할 수 있는 주체를 넷으로 분류할 수 있다. 첫째는, 헌법재판소에 계속중인 구체적 개별적 공권력행사에 대한 재판의 진행중에 당해 법규명령의 위법여부가 재판의 전제가 되고 위법의 의혹을 갖게 되었을 때에는 헌법재판소가 직권으로 당해 법규명령의 위법여부를 심사하는 방식이 있다. 둘째, 다른 법원에서 구체적 개별적 재판을 진행하는 도중에 그 사건에 적용할 법규명령에 대해 위법의 의심을 품게 되었을 때에 법원이 제청하여 헌법재판소가 심사하는 방식이다. 셋째, 주의 법규명령에 대해서는 연방정부의 신청으로, 그리고 연방정부의 법규명령에 대해서는 주의 신청으로 권리침해를 묻지 않고 문제된 법규명령의 객관적 위법여부를 심사하는 제도이다. 넷째, 구체적 개별적인 처분없이 자신에게 직접적으로 효력을 미치는 위법한 법규명령에 의하여 자신의 권리(Recht)를 침해당했다고 주장하는 사람의 신청이 있는 경우에[30] 심사가 이루어지는 방식이 있다.[31]

---

30) 개별신청(Individualantrag)제도라고 부른다.

2) 행정입법의 일반적 효력통제제도와 처분적 행정입법에 대한 통제제도

오스트리아의 행정입법통제방식들 중에서 여기서 특히 검토할 것들은 일반적 효력통제제도(위의 둘째)와 처분적 행정입법에 대한 직접적 통제제도(위의 넷째)이다.

두 절차에 공통되는 내용은 다음과 같다. 위법심사신청이 제기되면 재판장은 지체없이 심리를 개시해야 하는데, 당해 행정입법을 제정한 행정청, 당해 행정입법에 대해 이해관계를 가지는 최상급행정청, 구체적 사건에 대해 소를 제기한 원고는 직권으로 소송참가[32] 시켜야 하는데,(VfGG 제58조 제1항) 당해 행정입법을 제정한 행정청과 이해관계를 갖는 행정청은 소환장을 받은 후 2주 이내에 당해 행정입법의 위법여부에 관한 의견서를 제출해야 한다.(VfGG 제58조 제2항) 헌법재판소는 가능한 한 신청이 제기된 후 1개월 이내에 재판을 하여야 한다. 헌법재판소는 재판시점에서 이미 효력을 상실한 법규명령에 대해서도 당해 사건과 관련해서는 적용되는 경우일 때 취소(aufheben)하여야 하지만, 그렇지 않을 때에는 당해 법규명령이 위법이었음을 확인해야(feststellen) 한다. (오스트리아 헌법 제139조 제4항) 헌법재판소가 판결에서 내린 법적 견해는 법원을 구속한다. 헌법재판소의 판결은 행정입법을 제정한 행정청에 송달되어야 하며, 행정입법이 취소되었다면 판결에서 위법으로 판시된 부분을 지정하여 취소되었음을 관보등의 방법으로 공고해야 한다.(VfGG 제60조 제2항)

---

31) Heinz Mayer, Bundesverfassungsrecht, 1994, VfGG §57. ; Robert Walter/Heinz Mayer, Grundriß des österreichischen Bundesverfassungsrechts, 6.Aufl., 1988. ; Klecatsky/Öhlinger, Die Gerichtsbarkeit des öffentlichen Rechts, 1984. ; Karl Korinek, Die Verfassungsgerichtsbarkeit in Österreich, in ; Verfassungsgerichtsbarkeit in Westeuropa, 1986. 오스트리아의 재판제도에 대해서는 이상의 문헌들을 참고하였다.

32) Ladung을 소환으로 번역하는 것이 법원의 의무적 성격을 드러내 더 적합할지도 모른다.

신청자가 당해 행정입법에 대하여 구체적으로 제시한 위법사유의 관점에서만 심사가 이루어지고, 당해 행정입법이 주장되어진 것과 다른 사유로 위법이었는가는 심사되지 않는다는 판례도 있지만33),(VfSlg 9089, 9911, 10.640) 당해 행정입법의 객관적 위법도 주장될 수 있고 심사할 수 있다는 판례도 있다.(VfSlg 8697) 실무상 행정입법의 취소는 당사자나 법원이 신청하거나 주장한 부분에 대해서 내려지는 것이 보통이지만, 헌법재판소가 당해 법규명령전부에 대하여 법률의 근거가 없다고 판단하거나 권한없는 행정청에 의해 발해졌거나 위법한 방식이나 절차를 거쳐 제정되었다고 본다면 직권으로(VfSlg 9260) 전부의 행정입법에 대해 취소할 수 있다. 그렇지만 이러한 판결은 취소신청을 한 당사자의 법적 이익과 충돌될 때는 허용되지 않는다. 이익형량이 필요하다.(VfSlg 8697)

행정입법의 취소판결이나 위법선언은 관할을 갖고 있는 연방이나 주의 최고행정청에 의하여 지체없이 공고되어야 하는데(관보에 게재하는 방식을 취함), 취소의 효력은 판결에서 달리 정하지 않는 한 공고한 날, 즉, 관보에 게재된 날에 효력을 발생한다. 헌법재판소는 당해 법규명령의 효력상실시점을 18개월이 넘지 않는 범위내에서(오스트리아 헌법 제139조 제5항) 장래시점으로 정할 수 있는데, 이것은 헌법재판소의 재량에 속한다. 기산일은 판결이 공고된 날이다.34) 법규명령이 무효가 되어도 헌법재판소가 달리 정하지 않는 한 원칙적으로 장래를 향해서만 무효가 되는데, 이로 인해 행정입법이 무효가 되기 전에는 그 행정입법은 그대로 적용되게 된다. 다만 소송이 제기되었던 당해사건(Anlaßfall)에 대해서는 무효인 행정입법을 적용할 수 없다. 헌법재판소가 소급의 기간을 정했다면 그 때까지 발생했던 사안들과 관련해서도 당해 행정입법은 무

---

33) 이 입장에서 볼 때, 심사권은 주장된 사유에만 제한되므로 당해 기관력은 동일한 행정입법에 대하여 다른 사유로 새로이 위법판단하는 것에는 미치지 않는다.

34) Robert Walter/Heinz Mayer, Grundriß des österreichischen Bundesverfassungsrechts, 6.Aufl., 1988, S.369.

효이다. 각하판결이 있게 되면 그 판결에도 기판력이 미치므로 동일한
사유로 새로운 판결을 할 수는 없지만, 헌법재판소는 신청되고 주장된
사유에 대해서만 기판력을 인정하므로(VfSlg 9089) 다른 사유로 위법심
사신청을 하는 것은 가능하다.

특히, 법규명령이 위법하여 취소되었을 때, 그 법규명령과 모순되는
법률에 대해서는 어떤 효력을 미치는가에 대한 문제가 있다. 이 때, 법
률은 위법한 법규명령에 의해 일시적으로 그 효력이 억제되어 있었을
뿐이므로 그에 위반된 법규명령이 취소됨으로써 완전한 법적 효력을 미
친다.35)

(1) 행정입법의 일반적 효력통제제도

오스트리아 헌법재판소법 제57조 제2항은 법원에 계속중인 구체적 사
건에 대해서 행정입법의 적법성이 당해 사건의 선결문제인 경우, 행정입
법에 대하여 전부나 특정한 일부를 취소신청할 수 있도록 규정하고 있
다. 법원은 판결을 내리기 전에는 모든 소송절차에서 행정입법의 위법심
사신청을 할 수 있는데, 위법에 대한 의심, 즉, 관련된 위법사유를 주장
하여야 한다. 법원이 행정입법에 대한 위법심사신청을 했다 하더라도 헌
법재판소의 위법여부판단에 의해 영향받지 않는 법원의 다른 소송활동
이나 결정은 중단되지 말고 계속 진행되거나 내려져야 한다.

(2) 처분적 행정입법에 대한 직접적 통제제도

처분적 행정입법에 대한 통제제도는 1975년의 헌법개정으로 도입되게
되었다. 개인이 신청권을 갖기 위해서는 행정처분없이 신청자에게 직접

---

35) VfSlg 2873, 8702, 9757 ; Walter/Heinz Mayer, Grundriß des österreichischen
Bundesverfassungsrechts, 6.Aufl., 1988, S.370.

효력을 발생하는, 위법한 행정입법에 의하여 그의 권리가 침해되었다고 주장하여야 한다. 판례에 따를 때 그 침해가 직접적이라는 뜻은 법규명령자체에 의하여 직접(direkte Wirksamkeit) 현실적으로(aktuell) 발생하였어야 하고 당사자 스스로에게 발생하였어야 하며, 나중에 발생하거나 잠재적이어서는 안된다. 직접적 효과성은 헌법재판소가 재판할 시점에도 존재해야 한다.

그리고 보충성의 원칙에 의해 신청자가 행정입법 자체를 직접 다투는 방법이외에는 다른 기대가능한 구제방법이 존재하지 않아야 한다. 신청자는 취소청구하는 부분을 명확하고 모순없이(VfSlg 9545) 지정하고 위법의 의심을 제기하며 직접적 효과성을 주장해야 한다. 행정입법의 일부 조문에 대해서만 위법심사청구하는 때에는 구체적으로 모든 개별조문들을 특정하여야 한다. 이러한 주장이 없는 위법심사신청은 각하되어야 한다. 당해 행정입법이 법률에 반하거나 법적 근거가 없는 것일 때에는 당해 행정입법을 취소하여야 하는데, 이미 당해 행정입법이 효력을 상실했다면 그 행정입법이 위법했음을 선언해야 한다. 이 때 신청자는 위법확인의 청구를 해야 한다. 다만, 취소청구하더라도 위법확인판결은 가능하다.[36] 그리고, 행정입법의 전부 또는 특정된 일부만을 취소할 수도 있다. 개인이 처분적 행정입법의 무효소송을 제기한 개인신청사건에서 그 개인이 승소한 경우에는 증가한 소송비용을 보상받을 수 있다.(VfGG §61a)

---

36) Heinz Mayer, Bundesverfassungsrecht, 1994, §57 VfGG. S. 635.

4. 영국 행정소송의 체계와 항고소송의 대상에 관한 개관

1) 행정소송체계의 개관

영국은 특히 IMF 이후 한국의 행정개혁에 많은 아이디어를 제공한 나라로 앞으로도 우리의 제도개혁에 상당한 영향을 미칠 것이다. 영국에서는 1976년 법제개혁위원회(Law Commission Report)에 의해 개혁안이 제시되면서 1978년 최고법원규칙(Rule of the Supreme Court (Order 53))과 1981년 최고법원법(Supreme Court Act)이 제정되었다. 이 법들은 과거 공법에 소극적이었던 Dicey의 그늘을 벗어나 현대 사회에서 공법학의 필요성을 재인식하면서 나타난 것들로 영국의 현대행정법의 틀을 재구성시킨 것이라 할 수 있다. 이 법들은 사법적 구제방법이 없던 행정사건들이나 산발적으로 그 구제방법이 분산되어 있던 상태에서 통일적이고 체계적인 공법적 심사청구제도(Application for judicial Review)를 도입한 것이다.[37]

영국의 행정법원은 제1심은 High Court의 국왕재판부(Queen's Bench Division)의 단독판사가 맡고, 항소심(Court of Appeal), 대법원(House of Lords)이 있는데, 원고적격에 대해서는 "당해 소송사건에 관한 충분한 이익"("Sufficient Interest in the Matter to which the application relates")의 존재여부가 판단기준이 되고, 심사대상은 "공권력의 행사"("Exercises of Official Power")인지 여부가 그 판단 기준이 되는데, 이 기준들은 매우 넓다는 것을 알 수 있다. 이 기준들은 판사에게 넓은 구체화여지를 주고 있는데 영국과 같은 판례법국가들은 판례가 그 구체적 가이드라인을 제

---

37) 이하의 내용은 Jones/Thompson, Garner's Administrative Law, 8ed. 1996. ; Carl Emery, Administrative Law : Legal Challenges to Official Action, 1999. ; Wade/Forsyth, Administrative Law, 8ed., 2000. ; S.H.Bailey, Cross on Principles of Local Government Law, 2ed., 1997을 참조하였다.

공하고 있다. 판례에 따를 때, 정책지침(Official Statements of Policy), 법적 지위에 관한 견해표명, 아동학대기록과 같은 공문서에의 등록 등의 행위는 심사대상이 된다.38)

소제기가 허용되기 위해서는 "쟁점을 갖고 있는 사건"("arguable Case")이라는 것을 보여주면 되고 "일응의 증거를 갖춘 사건"("Prima facie Case")이라는 것을 보여줄 필요는 없다. 제소기간은 심사기간을 연장할 만한 적절한 이유가 제시되지 않는 한 사유가 발생한 날로부터 3개월이다.39) 3개월의 기한을 준수하지 못할 실질적인 장애가 있다면 그 후에도 소제기가 가능하다.

2) 행정입법에 대한 사법적 통제제도

유럽에서는 유럽공동체의 가속화가 국내법에 지대한 영향을 미쳐가고 있다. 이러한 현상은 영국에서도 현저한데, 유럽공동체가 출범하기 전에도 행정입법에 대한 사법적 통제제도는 존재했었지만 의회가 제정한 법률에 대해서는 의회의 최고기관으로서의 지위를 강조하기 때문에 사법심사는 인정되지 않았었다. 그러나, 유럽공동체법이 출현하면서 의회의 법률과 충돌하는 경우에는 공동체법을 우선적용하게 됨으로써 법률에 대한 사법적 통제도 인정되게 되었다.40)

행정입법에 대해서는 의회에의 사전제출절차(Laying before Parliament)가 요구되거나, 관련이익을 대표할 수 있는 단체들과의 협의절차(Consultation)가 요구되고 있다는 점에서 상당한 사전통제가 이루어지고 있다.

사법적 통제방법으로는 행정입법 그 자체를 법원이 직접적으로 통제

---

38) Carl Emery, Administrative Law : Legal Challenges to Official Action, 1999. p. 66-70.

39) Jones/Thompson, Garner's Administrative Law, 8ed. 1996. p.282-284.

40) Jones/Thompson, a.a.O., p.63.70.

하는 **직접적 청구제도(Direct Challenge)**와 다른 절차에서 중요한 **선결문제**로 심리하는 **병행적 청구제도(Collateral Challenge)**가 있다. 직접적 청구제도의 경우 위법인 행정입법에 대한 판결의 내용은 무효선언(Declaration of Invalidity)의 방식이 일반적이다.[41] 직접적 청구에 대해 법원은 절차적 위법과 실체적 위법의 측면 모두에 대해 심사하는 것이 가능하고 어느 하나의 사유만으로도 행정입법의 무효사유가 된다. 병행적 청구제도는 행정입법을 포함하는 공권력행사의 위법이 선결문제로서 문제될 때 민사법원이나 형사법원이 함께 병행하여 심사하는 제도를 말한다. 병행적 심사에 대해서는 학설과 판례가 나뉘고 있다.[42] 병행적 청구제도나 그의 확대에 찬성하는 입장에서는 행정소송에서의 제소기간제한과 같은 절차적 제한이 민·형사사건에서 장애물이 되어서는 안된다는 점, 재판의 신속성을 강조하면서 행정법원에 이송하여 판단이 나올 때까지 기다리는 것은 원스톱처리정신에 반한다는 점, 유럽공동체법사건의 경우 병행적 심사가 널리 이용되고 있는데, 국내법사건만 그 제한이 엄격한 것은 형평에 맞지 않는다는 점등이 거론되고 있다. 이에 대해 병행적 심사나 그의 확대에 반대하는 입장에서는 기술적 측면에서 볼 때 행정법원은 당해 행정입법을 제정한 행정청이 제출한 기록, 청문내용, 다른 행정입법들을 다루면서 획득한 공법적 쟁점들의 종합적 검토능력등에서 민사법원보다 강점을 지닌다는 것이다. 또, 민사법원등은 개인적 권리의 관점에서만 바라보기 때문에 행정재량의 통제나 입법자의 공익보호관점을 고려하는데 한계가 있으며 행정소송으로 제기되었을 때 이용가능한 취소나 무효선언, 이행명령 등과 같은 다양한 재판을 할 수 없다는 점이다. 그리고, 민사법원의 병행적 판단은 행정법원의 판단과 모순될 수도 있어서 판례법질서의 일관성을 해칠 수도 있다는 것이다.

---

41) Jones/Thompson, a.a.O., p.95. 173.
42) 이하의 내용은, Carl Emery, Administrative Law : Legal Challenges to Official Action, 1999. p.163-165.

3) 행정청상호간의 공권력행사와 행정계약에 대한 항고소송의 통제가능성

영국에서 지방자치단체는 국가나 다른 지방자치단체의 공권력행사를
대상으로 하여 소송을 제기할 원고적격을 갖는다. 즉, 1972년의 지방자
치법 제222조 제1항은 지방자치단체가 지역주민 이익의 증진 또는 보호
를 위해 적절하다고 생각하는 경우에 소송을 제기할 수 있도록 규정하
고 있는데, 여기에서 지방자치단체가 충분한 이익만 있다면 주민의 이익
을 보호하기 위하여 국가나 다른 지방자치단체의 공권력행사에 대해서
행정소송을 제기할 수도 있다.[43]

영국에서는 국가차원에서 시장체제를 중심으로 하는 경쟁과 효율 그
리고 기업경영방식과 같은 개념들이 도입되고 정착되면서 공공기능의
민영화가 활발한데, 재정부문에 있어서도 그 효율성과 책임성을 높일 목
적으로 의무경쟁입찰(Compulsory Competitive Tendering)제도가 도입되고
있다. 의무경쟁입찰제도는 1980년의 지방정부, 계획 및 토지법(Local
Government, Planning and Land Act 1980)에서 최초로 도입되고 1988년
지방정부법(Local Government Act), 그리고 1997년 지방정부법개정에 의
해 인증계약(certified Contract)제도 등이 도입되었다. 이 추세는 건축, 도
로, 상하수도, 음식물제공업무 등 광범위한 영역으로 확대되어가고 있다.

행정계약부문에서 1980년대 중반까지는 영국에서도 사법상의 계약원
리가 적용되어왔을 뿐 공법사건으로서 항고소송대상으로 다루지 않아
왔다. 그러나, 이제 영국에는 특히, 계약상대방의 선택행위를 중심으로
항고소송에 의한 통제가 행정계약부문에도 미친다는 판례들이 쌓여가고
있다.[44]

---

43) S.H.Bailey, Cross on Principles of Local Government Law, 2ed., 1997, 10-65,
   p.309.
44) 이에 관해서는, 박정훈, 행정조달계약의 공공적 성격, 2002. 2. 23 행정법이론실무학
   회 발표문 11-13면 ; Carl Emery, Administrative Law : Legal Challenges to Official
   Action, 1999. p.70-75 참조.

5. 미국 행정소송의 대상

1) 행정입법에 대한 사법심사제도

미국에서 행정입법에 대한 사법심사제도(Judicial Review of Rulemaking)는 행정절차법에서 규율하고 있는데 재결(Adjudication)보다도 미국 행정소송의 주요대상이 되고 있다. 행정입법의 사법적 통제방식은 행정 입법이 집행되기 전에 직접 심사할 수 있는 직접적 집행전심사(direct pre-enforcement Review)와 집행단계에서의 심사(review in enforcement proceedings)로 나눌 수 있다.45) 직접적 집행전심사방식에 있어서도 개별 법률(legislation)에서 특별한 근거규정을 두고 90일과 같은 제소기간을 정해놓은 경우도 있고 기한이 없는 경우도 있다. 개별법률에서 집행단계 에서의 심사방식을 정해놓은 경우도 있지만 없는 경우에도 행정절차법 에 의해 사법심사가 이루어지게 된다. 예를 들어, 직접적 집행전심사방 식을 규정하고 있는 텍사스행정절차및기록관리법(Texas Administrative Procedure and Register Act : APTRA)은 제12조 (a)에서 그 요건을 규정하 고 있는데, "규칙이나 그의 임박한(threatened) 적용이 원고의 권리를 침 해하거나 방해할 우려가 있다는 것을 주장하면, ······규칙의 효력유무나 적용여부를 확인판결의 형식으로(in an Action for Declaratory Judgement) 재판할 수 있다"고 규정하고 있다.46) 텍사스 법에 따를 때, 행정입법에 대하여 직접적 집행전소송을 제기함에 있어서는 현실적으로 침해가 발

---

45) Frederick Davis, Judicial Review of Rulemaking : New Patterns and New Problems, Duke Law Journal, 1981, pp.279.

46) 텍사스행정절차및기록관리법에 대한 소개는 Pieter M. Schenkkan, WHEN AND HOW SHOULD TEXAS COURTS REVIEW AGENCY RULES?, Baylor Law Review 1995, pp.989. 1034 ; John J. Watkins/ Debora S. Beck, Judicial Review of Rulemaking under THE ADMINISTRATIVE PROCEDURE AND TEXAS REGISTER ACT, Baylor Law Review 1982. pp. 1 참조.

생했을 필요는 없고, 그 위협이면 충분하며 확실하거나 절박할 필요까지
는 없고 가능한 미래의 위험으로서 경고나 징후가 있으면 된다. 텍사스
법(APTRA) 제5조 (e)는 집행단계에서의 심사방식도 규정해놓고 있는데,
행정입법의 효력발생일로부터 2년내에 제기되어야 한다고 규정하고 있
다.[47)

미국 헌법상 행정소송이 제기되기 위해서는 재판의 전제(Case or
Controversy) 요건이 충족되어야 한다는 점에서 한국과 비슷한데, 미국
행정법학에서 Finality, Ripeness와 같은 법이론은 이러한 전제요건을 심
사하기 위해 법원에서 만들어낸 것들이지만, 이러한 법이론이 직접적 집
행전소송의 인정에 장애가 되지는 않는다.

2) 주와 연방사이의 공권력행사의 사법적 통제제도

미국에서 주(State)는 행정절차법상의 행정작용(administrative acrion)에
대해서는 연방이나 다른 주 또는 사인들에 대하여 행정소송을 제기할
원고적격을 갖는데, 다른 나라들과 비교하여 미국의 주(State)는 행정소
송에서 당사자로서 매우 광범위하고 중요한 역할을 담당하고 있다. 영국
에서 인정되어 왔던 "후견인으로서 국가"("Parens Patriae")라는 전통적
법원리는 미국에 승계되었는데, 이 원리에 따를 때, 국가는 유아, 금치산
자, 정신박약자와 같은 법적 능력이 제한되어 있는 자에 대하여 국왕이
갖는 보호자로서의 역할을 맡는다. 이것이 미국에 와서는 가족법이나 소
년법의 영역에 머무르지 않고 주가 후견인으로서 역할을 담당하도록 변
화되었는데, 주의 주권의 일부로 인정되었다.[48) 주가 이 법원리에 의하
여 갖게 된 권한범위는 매우 넓은데, 주민들의 건강, 복지, 환경 경제활

---

47) Pieter M. Schenkkan, WHEN AND HOW SHOULD TEXAS COURTS REVIEW
     AGENCY RULES?, Baylor Law Review 1995, pp 1034-5.
48) Fontain v. Ravenel, 58 U.S (17 How.) 369 (1854).

동과 관련하여 공공복리를 보호하기 위하여 필요한 것은 모두 주가 소송을 제기할 수 있는 권리가 인정된다.49) 특이한 것은 연방에 대한 주의 제소권도 인정되지만 개인이나 기업에 대해서도 주민의 이익을 대표하여 제소권이 인정되어 있다. 마이크로소프트에 대한 여러 주들의 반독점 소송50) 은 최근의 유명한 소송사례이다.

3) 행정계약에 대한 항고소송방식의 통제제도

미국에서 정부계약(Government Contract), 공공계약(public Contract) 등으로 불리우는 행정작용영역에서도 계약을 체결할 것인지 아닌지 결정하는 과정에서 행정은 자신들의 목적, 자본, 시간 등을 평가하고, 계약상대방의 자본능력, 기술과 계약상의 의무이행능력을 평가하여야 한다. 이러한 평가가 적절할 때만 비용을 절약하면서도 공익을 충실하게 보호할 수 있도록 계약체결과 계약감독을 수행할 수 있다. 미국에서 정부계약은 연방조달간소화법(Federal Acquisition Streamlining Act), 1984년 연방조달규칙(Federal Acquiisition Regulation ; FAR)과 1994년 연방조달개혁령(Executive Order 12931 Federal Procurement Reform) 등의 법령에 의해 규율되는데, 정부계약에 관한 분쟁은 연방청구법원(Court of Federal Claims)이 다룬다. 동법원은 행정이 발하는 계약의 체결뿐만 아니라 계약감독을 위한 계약이행중지결정(suspension), 입찰금지결정(Debarment) 등에서도 심사하는데, 행정은 이러한 권한을 행사함에 있어 부당한 행동을 제재하기 위한 단순한 목적을 넘어 공익보호의 목적을 반드시 가지

---

49) Amelia C. Waller, STATE STANDING IN POLICE-MISCONDUCT CASES: EXPANDING THE BOUNDARIES OF PARENS PATRIAE, Georgia Law Review Summer, 1982, pp.865 ; STATE STANDING TO CHALLENGE FEDERAL ADMINISTRATIVE ACTION: A RE-EXAMINATION OF THE PARENS PATRIAE DOCTRINE, University of Pennsylvania Law Review, 1977, pp.1069.
50) 최초의 재판은 Georgia v. Pennsylvania R.R., 324 U.S. 439 (1945)이다.

고 그것을 입증하여야 한다.[51)52)] 그러나, 연방조달규칙에서 계약자의 제
재기준으로 삼고 있는 공익(public Interest)이 무엇인지에 관해서는 행정
의 재량이 인정될 수밖에 없는데 재량을 행사함에 있어 적절한 증거는
갖추었는지까지 연방청구법원은 심사하여야 한다. 이 점에서 미국 법원
은 정부계약에 관한 행정작용 중 공법적 측면에 대해서까지 충실한 심
사를 하고 있다고 말할 수 있다.[53)]

Ⅲ. 행정입법통제를 위한 개정안의 설계

적응(Adaptation)기준에 따라 개정안에 포함되는 것에 관해 이미 잠재
적 합의가 어느 정도 형성되어있는 주제들에 대해서는, 가능한 한 불명
확성을 제거하기 위하여 관련된 쟁점들을 철저히 검토하고 입법의 이유
와 그 안을 명확하게 제시하려고 노력했다.

Global Standard에 따르고자 할 때, 반드시 도입되어야 할 부분은 ①국
가와 광역자치단체의 공권력행사(행정입법과 개별적 조치를 포함함)에

---

51) Donna Morris Duvall, Moving toward a better-defined Standard of public Interest
in administrative Decisions to suspend Government Contractors, American Unive-
rsity Law Review 1987, pp. 693.; Jean M. Boylan/ Barbara R Gadbois, Public
Contracts and competitive Bidding, Probate and Property, 1997, pp.34. ; Ruth
Hoogland Dehoog, Legal Issues in Cotracting for Public Services, in ; Handbook
of Public Law and Administration, 1997, pp.528.
52) Elsa Kircher Cole/Stevene M. Goldblatt, Award of Construction Contracts : Public
Institution' Authority to select the lowest Responsible Bidder, Journal of College
and University Law, 1989, pp.177. 건설공사의 경쟁입찰에서도 무조건 최저가격제
시자를 낙찰자로 결정해서는 안되고 책임성을 평가하여 책임성이 부족한 사업자는
입찰과 낙찰에서 배제해야 한다. ; Douglas O. Smith, Understanding Government
Contracts, Wisconsin Lawyer 1990, pp.22.
53) 동취지의 평가는, 박정훈, 행정조달계약의 공공적 성격, 2002. 2. 23 행정법이론실무
학회 발표문 15면.

대해서 지방자치단체에게 원고적격을 인정하는 것,(반대의 경우는 상황
이 다르다. 우리의 경우에도 조례등과 관련하여 감독기관 등은 이와 같
은 권한을 이미 가지고 있다.) ②행정입법과 개별적 처분에 대한 직접적
집행전 심사제도이다. Global Standard와 관련하여 필자는 지방자치단체
등 행정청이 감독기관의 명령·규칙의 위법여부의 심사를 대법원에 신청
할 수 있는 제도의 도입을 제안했다. Global Standard에 따를 때, 상급기
관의 지방자치단체등에 대한 개별적 처분에 대한 항고소송도 인정되어
야 할 것이지만, 다른 집필자의 담당부분이고 논의가 많이 필요한 부분
이라 검토를 생략했다. 또, 개인이 직접 행정입법을 상대로 제소할 수
있는 집행전 심사제도에 대해서도 이를 도입하되, 심사권은 대법원만이
갖도록 하고 지방법원은 위법심사제청권을 가지며, 개인은 지방법원에
대해 행정입법의 위법심사제청을 신청할 수 있는 권리를 갖도록 하는
방식을 제안했다. 당사자가 법원의 제청신청기각결정이 있을 때 대법원
에 직접 행정입법에 대한 위법심사신청을 할 수 있는 제도는 위헌심사
형 헌법소원과는 달리 남소의 우려와 대법원의 업무과중의 우려를 고려
하여 입법안으로 제안하지 않았다. 개별적 처분에 대한 직접적 집행전
심사제도에 관해서도 소송유형이나 다른 부분에서 다루어질 것이므로
검토하지 않았다.

1. 위헌심사형 헌법소원제도의 분석

1) 대법원과 헌법재판소의 관계

대법원과 헌법재판소의 관계는 어떻게 이해하고 설정해야 하는가? 이
에 관해서는 많은 논의가 가능하지만, 여기서는 "헌법제정권자의 결단은
법원과 헌법재판소 두 기관이 상호 경쟁과 견제를 통하여 헌법을 수호

하고 국민의 기본권 보호기능을 하도록 한 것이라고 이해할 수" 있으므로, "각기 상대방의 헌법상의 역할과 기능 및 권한을 서로 존중하는 가운데 때로는 경쟁하고 때로는 협력함으로써 헌법의 수호와 국민의 기본권의 보장이라는 헌법이 부여한 공동과제를 수행하도록 노력하여야 할 것이다"고 본다.54) 입법통제권의 배분과 관련해서는 "헌법재판소는 위헌법률심사권을 통해 입법권으로부터 헌법을 수호하는 기능을 담당하고 있으며, 대법원을 최고법원으로 하는 법원은 명령·규칙·처분에 대한 위헌심사권을 통해 행정이 합헌적으로 이루어지도록 함으로써 행정권으로부터 헌법을 수호하는 기능을 담당하고 있다"고 이해한다.55)

2) 위헌심사형 헌법소원제도의 분석

모든 제도는 다른 제도들과 경쟁관계에 있다. 행정소송의 경쟁력은 그 제도와 경쟁관계에 있는 다른 제도와 비교하여 얼마나 효율적인가에 달려 있다. 당사자소송을 도입한 후 많은 세월이 흘렀지만 민사소송과 비교하여 경쟁력을 갖지 못한 결과 당사자소송이 거의 유명무실한 제도이었던 뼈아픈 경험으로부터 제도간 경쟁의 개념의 유용성을 재인식해야 한다. 항고소송형태의 행정입법에 대한 통제제도는 무엇보다 위헌심사형 헌법소원제도와 경쟁관계에 있고, 또, 규제개혁위원회와도 경쟁관계에 있다. 따라서, 새로운 항고소송이 국민들로부터 외면받지 않고 학자들과 판사들이 불신하지 않도록 경쟁제도들에 대한 철저한 분석과 그 장점을 수용하려는 노력을 해야 한다.

헌법 제107조 제1항과 헌법재판소법 제41조 제1항은 "법률이 헌법에 위반되는 여부가 재판의 전제가 된 때에는 당해 사건을 담당하는 법원

---

54) 이동흡, 세계각국의 헌법재판제도개관 -법원과 헌법재판소의 관계를 중심으로-, 헌법 재판제도의 이해, 재판자료 제92집, 2001, 92.95면.
55) 이동흡, 상계논문, 91-92면.

(군사법원을 포함한다. 이하 같다)은 직권 또는 당사자의 신청에 의한 결정으로 헌법재판소에 위헌여부의 심판을 제청한다"고 규정하고 있다. 이에 따라 법원의 결정에 의한 제청으로 위헌법률심판이 가능하다. 이 경우에 당사자는 위헌법률심판의 제청결정을 신청할 수 있다.

헌법재판소법 제68조 제1항은 "공권력의 행사 또는 불행사로 인하여 헌법상 보장된 기본권을 침해받은 자는 법원의 재판을 제외하고는 헌법재판소에 헌법소원심판을 청구할 수 있다"고 규정하고 있는데, 이것을 권리구제형 헌법소원이라고 부른다. 독일이나 오스트리아와 같은 나라에서 헌법소원은 이러한 형태만 인정되고 있다. 그렇지만, 한국의 헌법재판소법 제68조 제2항은 "법률의 위헌여부심판의 제청신청이 기각된 때에는 그 신청을 한 당사자는 헌법재판소에 헌법소원심판을 청구할 수 있다"고 규정하고 있는데, 이것을 위헌심사형 헌법소원이라고 부르고 대다수의 위헌법률심판은 헌법소원형태로 제기되고 있는 것이 헌법재판소의 실무이다. 이러한 위헌심사형 헌법소원은 다른 나라에서는 유례를 찾기 어려운 매우 독특한 제도인데, 이 제도의 필요성은 법원의 재판에 대한 헌법소원을 제외하고 있기 때문에 법원이 위헌법률여부의 심판제청신청을 기각하면 구제를 구할 제도적 장치가 없다는데서 찾는다. 권리구제형 헌법소원에서 요구되는 보충성의 원칙도 요구되지 않는다.[56]

그러면 법률의 위헌제청과 관련하여 헌법재판소와의 관계에서 법원은 어떤 지위를 차지하고 어떤 기능을 수행하고 있는 것일까 하는 의문이 생긴다. 현재의 위헌법률심사절차에서 당사자가 위헌법률심사를 신청하려는 의사를 가지고 있다면 재판의 전제성이 갖추어져 있는 한 당사자가 위헌법률심판을 받는 과정에서 법원의 태도는 아무런 의미가 없다. 오직 의미를 갖는 것이 있다면 재판의 전제성을 갖추었는가 이다. 이로 인해 헌법재판소에 제기되는 위헌법률심사사건들중 3분의 2가 위헌심사

---

56) 성낙인, 헌법소원심판에 관한 연구, 영남법학 1997. 2, 103면 이하 ; 김학성, 위헌심사형 헌법소원, 강원법학 제11호, 45면 이하.

형 헌법소원신청의 절차를 거쳐 제기된 것들이다. 헌법재판소관보에 따를 때, 1988년 9월의 활동개시당시부터 2001년 5월말까지 처리된 위헌법률심판사건 총 382건 중 위헌결정은 64건이고 헌법불합치, 한정위헌 또는 한정합헌결정은 39건이었다. 위헌심사형 헌법소원사건은 총771건 중 위헌결정이 120건, 헌법불합치, 한정위헌 또는 한정합헌결정이 69건으로 나타나고 있어,[57] 법원의 제청에 의한 위헌법률심판사건이 3분의 1이지만, 당사자가 직접 소를 제기하는 위헌심사형 헌법소원사건이 전체의 위헌법률심사사건중 3분의 2를 차지하고 있다는 것을 알 수 있다.

2. 핵심적 효력통제제도로서 일반적 효력통제제도와 위법결정의 장래효원칙

1) 행정입법통제의 핵심적 제도로서 일반적 효력통제제도

행정입법의 통제제도로서 행정입법자체를 직접 공격할 수 있는 직접적 통제제도, 구체적 사건을 전제로 하여 제기될 수 있는 일반적 효력통제제도, 그리고 구체적 사건을 전제로 제기되지만 단지 개별적으로 당해 사건에만 적용을 배제할 수 있는 개별적 효력통제제도 중에서 어떤 제도를 핵심적 통제제도로 설계할 것인가를 결정하지 않으면 안된다. 필자는 구체적 사건을 전제로 하여 제기될 수 있는 일반적 효력통제제도가 그 핵심적 제도가 되어야 한다고 본다. 그 이유는 다음과 같다.

첫째, 행정입법을 통제하는 항고소송은 입법통제에 관해 헌법재판소의 위헌법률심사제도와 경쟁하고 있는 제도이다. 현재의 입법관행을 보면 법률이 있으면 시행령과 시행규칙이 있고 또, 관련 조례가 제정될 뿐

---

57) 이인복, 우리나라 헌법재판제도의 연혁과 전개, 헌법재판제도의 이해, 재판자료 제92집, 2001, 317면에서 재인용.

만 아니라 대응하는 행정규칙들이 제정된다. 행정입법들의 수가 법률보다 훨씬 많기 때문에 대법원이 헌법재판소와 같은 태도로 행정입법통제에 접근했다면 규제개혁위원회와 같은 비상적인 입법개혁기구의 개입영역을 크게 줄일 수 있었고 법논리에 의해 보다 정비된 행정입법이 출현하도록 법원이 도움을 줄 수도 있었을 것이다. 현행의 간접적·개별적 적용배제제도에 기본적으로 만족하고 헌법재판소가 다루고 있는 1000여건의 위헌법률사건들중 10여건이 채 안되는 처분적 행정입법통제권만을 법원이 행사할 수 있으면 만족하려는 태도가 잘못이라고 보는 이유가 여기에 있다. 법원의 직무태만은 외부개입을 부르고 국민의 신뢰상실로 이끄는 것이 역사의 교훈이다.

둘째, 헌법재판소의 위헌법률심사제도가 바로 구체적 사건을 전제로 하여 제기될 수 있는 일반적 효력통제제도로 되어 있어서, 법률, 시행령, 시행규칙, 조례가 상호 일체가 되어 적용되는 한국의 법집행실무를 고려할 때, 전체적인 조화를 이룰 수 있을 뿐만 아니라, 행정입법통제에 대한 제소기간의 제한이 없어서 제정된 후 오랜 시간이 흘러도 구체적 사건과 관련하여 위법성을 확인할 수만 있으면 그 입법을 무효로 할 수 있다는 점이다. 또, 무엇보다도 헌법재판소는 이미 일반적 효력통제제도만으로도 위헌법률통제에 있어 훌륭한 성공을 거두고 있다는 점이다.

셋째, 직접적 효력통제제도는 크게 두가지로 다시 나눌 수 있는데, 행정입법을 제정하여 공포하기는 하였으나 아직 시행되지 않고 있을 때 권리침해의 임박성을 이유로 심사하는 집행전심사제도나 시행되어 직접적으로 현재 개인에게 효력을 미치는 처분적 행정입법에 대한 통제제도로 나눌 수 있다. 법률에 비하여 행정입법은 그 수가 훨씬 많지만 처분적 행정입법은 극소수이고 또 독일에서는 처분법규 그 자체가 바람직하지 않은 입법방식으로 비판받고 있다. 외국에서 직접적 효력통제제도의 핵심은 집행전심사제도이다. 처분적 행정입법은 그 비중이 낮기 때문에 그에 대한 통제제도를 별도로 논의조차 잘하지 않는 실정이다.

넷째, 집행전 심사제도도 독일 기본법 제93조 제1항 제2호와 같이 연방정부등이 소를 제기하는 방식과 미국 텍사스행정절차및기록관리법 (Texas Administrative Procedure and Register Act : APTRA)은 제12조 (a)나 독일 연방행정법원법 제47가 규정하듯이 권리가 침해된 국민이 제기할 수 있는 두가지 방식으로 나눌 수 있는데, 이 두 방식이 모두 행정입법이 공고된 때로부터 2개월 또는 90일의 제소기간의 제한을 두는 형태로 한국의 개정행정소송법에 포함된다 하더라도, 해방이후 60여년 가까운 세월동안 제정된 많은 행정입법들은 이미 2개월이나 90일의 제소기간을 경과하여 더 이상 다툴 수 없게 될 것이다. 또, 행정소송법개정이 효력을 발생한 날로부터 소제기의 기간이 개시된다고 부칙으로 규정하여도 그 많은 행정입법들에 대해 2개월 또는 90일의 기간내에 다투고 더 이상은 다툴 수 없다고 하는 것도 매우 비현실적인 입법태도라 할 수 있다. 구체적·개별적 처분과 행정입법을 오랜 세월동안 함께 통제해온 프랑스 방식의 행정입법통제제도에서는 직접적 통제방식을 원칙적 방법으로 삼는데, 그것은 오랜 세월동안 항상 행정입법이 제정되자마자 그 위법성을 공격할 수 있었으므로[58] 일반적 효력통제제도는 존재하지 않을 뿐만 아니라 그 필요가 없고, 단지 위법인 행정입법에 대해 당해사건에의 적용을 배제하는 개별적 효력통제를 위법성항변이란 이름하에 보완적으로 인정한다. 프랑스의 행정입법통제방식이 한국의 행정입법통제에는 적합하기 어려운 이유가 여기에 있다.

다섯째, 근본적으로 행정입법통제의 강화에 회의적인 사람들이 있을 수 있다. 그러나, 행정입법에 대해 법원이 본안사항으로 심사를 활발하

---

58) 꽁세이데타는 행정입법의 제정과정에서 자문을 통해 그의 의견을 반영시키고 있으므로 주로 꽁세이데타가 미리 예상하지 못한 이유로 행정입법의 위법무효가 주장될 때에 한정하여 그 무효를 인정하게 될 것이다. 그러나, 미국, 독일, 한국 모두 법원과 행정부는 엄격히 분리되어 있어 행정입법제정과정에서 법원은 그의 의견을 반영시킬 제도적 장치를 가지고 있지 않으므로 프랑스에서와 달리 행정입법통제의 필요성도 크고 위법이 인정될 수 있는 사유도 사실상 넓다고 할 수 있을 것이다.

게 수행하면 미국의 예에서 알 수 있듯이 행정기관들이 기록관리법59)
을 더 충실히 지키고 행정절차법상의 입법예고절차에서도 충실한 입법
이유를 제시할 것이며 학자들과의 협동작업에 노력하고 판례가 제시한
입법기준들을 준수하게 되어 입법의 합리화에 기여할 수 있다. 이것은
규제개혁위원회가 모든 입법에서 비용편익분석을 강화하고자 하는 취지
와도 잘 조화를 이루게 된다. 현재까지 행정입법통제가 부실한 결과 한
국의 입법예고안은 입법이유가 너무나 취약하고 입법과정에서 학계의
전문적 연구성과도 전혀 반영되지 않을 뿐만 아니라 불필요하고 번잡스
럽다고 생각하여 아직까지도 사무관입법이 양산되고 있는 실정이다. 결
국 입법통제의 강화는 입법의 정당성논의공간의 실질적 확대기능을 수
행하여 정책결정과 공권력행사에 있어 합리성을 크게 개선시킬 것이다.

　요약하면, 행정입법을 통제하는 제도로서 항소소송은 헌법재판소와
경쟁하면서도 협력할 수 있는 제도이어야 한다. 그런데, 이미 헌법재판
소의 입법심사사례에서 나타나듯이 처분법규의 통제사례는 1000여건의
위헌법률심사사건들 중 극히 몇 건 안되는 예외적인 경우에 그치고 있
어 행정입법통제제도를 예외적으로 보완해주는 제도로밖에 의미가 없
다.60) 단지 헌법재판소가 다루었던 몇 건의 처분적 행정입법에 대한 직
접적 심사제도와 프랑스의 위법성항변과 같은 현행 행정소송법상의 간
접적·개별적 효력통제제도만을 항고소송으로 도입하거나 존치시키는
것은 다시 법률에 대한 일반적 무효선언제도는 있지만 행정입법에 대한
실효적인 일반적 무효선언제도는 없는 '절름발이 법치주의'의 사태를 연
장시키는 결과가 될 것이다. 헌법재판소와 같이 행정입법의 일반적 효력
통제제도를 핵심적 제도로 삼아야 할 것이다.

---

59) 한국에도 이미 시행되고 있다. 미국의 경험으로 볼 때, 입법의 실효적 통제를 위하여
　　매우 중요한 법이다.
60) 다만, 그 비율은 미미하지만 처분적 행정입법과 기속행위를 매개로 하는 행정입법에
　　대한 헌법재판소의 심판권확대는 법원에 크나큰 경종이 된 것은 사실이다.

2) 법령보충적 행정규칙에 대한 일반적 효력통제

법령의 위임에 의해 제정되는 법령보충적 행정규칙에 대해서 법원은 계속해서 법규로 보아 통제를 해왔다. 즉, 재산제세조사사무규정(대법원 1990.2.9, 89누3731), 주류도매면허개선업무처리지침(대법원 1992.12.11, 92누10555), 노인복지사업지침(대법원 1996.4.12, 95누7727), 공장입지기준고시(대법원 1999. 7. 23, 97누6261)에 대해 법규성을 인정해왔다. 그리고, 먹는샘물에 대한 국내시판을 제한해 온 보건사회부고시 식품제조업 영업허가기준에 대해서는 위헌무효로 판시했으며(대법원 1994.3.8, 92누1278), 표시·광고에관한공정거래지침에 대해 "사업자에게 중대한 불이익을 부과하는 규정이라 할 것이므로 이러한 사항을 지침으로 정하기 위하여는 법령상의 뚜렷한 위임근거가 있어야 할 것인데, 위 법규정은 공정거래위원회로 하여금 불공정거래행위를 예방하기 위하여 사업자가 준수하여야 할 사항을 정할 수 있도록 위임하였을 뿐 입증책임전환과 같은 위 법의 운용방침까지 정할 수 있도록 위임하였다고는 볼 수 없으므로 위 입증책임규정은 법령의 위임 한계를 벗어난 규정이어서 법규적 효력이 없다"고 판시하여 적극적으로 위법무효를 판단하고 있다.

헌법재판소는 처분적 성질을 갖는 행정규칙에 대하여 대법원과 같이 법령보충적 행정규칙의 논리를 이용하여 처분적인 법령보충적 행정규칙도 헌법소원의 대상이 된다고 보고 있다. 즉, "법령의 직접적인 위임에 따라 수임행정기관이 그 법령을 시행하는데 필요한 구체적 사행을 정한 것이면, 그 제정형식은 비록 법규명령이 아닌 고시, 훈령, 예규 등과 같은 행정규칙이더라도, 그것이 상위법령의 위임한계를 벗어나지 아니하는 한, 상위법령과 결합하여 대외적인 구속력을 갖는 법규명령으로서 기능하게 된다고 보아야 한다"고 하면서, "청구인이 위 법령과 예규의 관계규정으로 말미암아 직접 기본권을 침해받았다면, 이에 대하여 바로 헌법소원심판을 청구할 수 있다고 보아야 할 것이다"고 하고 있는 것이다.(헌재1992.6.26, 91헌마25 ; 1990.9.3, 90헌마13 ; 1997.7.16, 97헌마70 ; 1997.5.29, 94헌마33 ; 1997.7.16, 97헌마38 등)

헌법재판소가 법원의 권한사항을 침해하는 문제는 매우 민감한 문제이지만, 민주주의는 권력간의 견제와 경쟁을 통해 권력기관의 권력남용과 태만을 견제하지 않고는 보장될 수 없으며, 최근의 사회과학계를 선도하고 있는 제도주의이론의 입장에서도 공공부문에서의 제도간 경쟁은 공공부문혁신의 주요한 도구로 간주되고 있으므로 한국 법치주의발전을 위해 헌법제정자의 결단을 비난만 할 것은 아니다. 단지, 문제는 그 동안 행정입법통제에 법원이 너무 소극적이었다는 점인데, 입법개정으로 행정입법을 무효로 선언할 수 있는 권한이 법원에게도 주어진다면 그 태도도 바뀔 수 있을 것으로 보인다. 법질서의 통일성은 가능한 한 보장되어야 하지만 한계사례들에서 법질서의 다양성의 가치도 민주사회의 다양성을 반영하고 있는 것으로서 크게 문제될 것은 없다고 본다.

3) 행정입법에 대한 위법결정의 장래효원칙

헌법재판소법 제47조 제2항은 "위헌으로 결정된 법률 또는 법률의 조항은 그 결정이 있는 날로부터 효력을 상실한다. 다만, 형벌에 관한 법률 또는 법률의 조항은 소급하여 그 효력을 상실한다"고 규정하고 있다. 우리나라에서는 법원에 구체적 소송을 제기하여 재판의 전제성요건을 충족시킨 후에 위헌법률심사를 신청할 수 있다는 점에서 구체적 규범통제제도만을 인정하고 있는데, 이 규정은 법률의 위헌결정에 대해 당해 사건에 적용거부하는 것에 그치는 것이 아니라 일반적 효력을 인정하고 있으며, 형벌에 관한 법률과 법률의 조항을 제외하고는 소급효를 인정하지 않고 장래효만을 인정하고 있다.

한편, 법원은 헌법재판소의 위헌판결을 존중하여 헌법재판소법 제47조의 장래효원칙에 대한 예외를 인정하여 형벌규정이 아닌 법률에 대해서도 제한된 범위에서 소급효를 인정하고 있다. 이러한 예외는 대법원이 먼저 그 기준을 설정하여 인정하기 시작하고 이어서 헌법재판소도 그 기준을 따랐는데, 대법원은 소급효의 범위를 서서히 확대해왔다. 당해 사건(대법원 1991. 6. 11. 90다5450), 위헌제청을 불문하고 법원에서 그 법률의 위헌여부가 다투어지고 있는 모든 사건(대법원 1991.12.24, 90다8176), 위헌법률이 재판의 전제가 되어 법원에 계류된 모든 일반 사건(대법원 1992.2.14, 91누1462), 법률에 대한 위헌결정이후에 소송이 제기된 일반사건(대법원 1993.1.15, 92다12377)으로 확대되어 왔다. 그 중 중요한 판례를 살펴본다. 초기에 대법원은 "법률의 위헌 여부의 심판제청은 그 전제가 된 당해 사건에서 위헌으로 결정된 법률 조항을 적용받지 않으려는 데에 그 목적이 있고, 헌법 제107조 제1항에도 위헌결정의 효력이 일반적으로는 소급하지 아니하더라도 당해 사건에 한하여는 소급하는 것으로 보아, 위헌으로 결정된 법률 조항의 적용을 배제한 다음 당해 사건을 재판하도록 하려는 취지가 포함되어 있다고 보여질 뿐만 아니라, 만일 제청을 하게 된 당해 사건에 있어서도 소급효를 인정하지 않는다면, 제청 당시 이미 위헌 여부 심판의 전제성을 흠결하여 제청조차 할 수 없다고 해석되어야 하기 때문에, 구체적 규범통제의 실효성을 보장하기 위하여서라도 적어도 당해 사건에 한하여는 위헌결정의 소급효를 인정하여야 한다고 해석"하였다.(대법원 1991. 6. 11, 90다5450 ; 1991. 6. 28, 90 누 9346) 하지만, 대법원은 그 기준을 조금 더 확대하여 "헌법재판소의 위헌결정의 효력은 위헌제청을 한 당해 사건, 위헌결정이 있기 전에 이와 동종의 위헌여부에 관하여 헌법재판소에 위헌여부심판제청을 하였거나 법원에 위헌여부심판제청을 한 경우에 당해 사건과, 따로 위헌제청신청은 아니하였지만 당해 법률 또는 법률의 조항이 재판의 전제가 되어 법원에 계속중인 사건뿐만 아니라 위헌결정 이후에 위와 같은 이유로 제소된 일반 사건에도 미친다고 봄이 타당하다"고 하였다.(대법원 1993.1.15, 92다12377.; 동취지 헌재 1993.5.13, 92헌가10등 병합) 그렇지

만 이러한 소급효를 일정한 경우 제한하기 위한 기준도 제시하였는데,
즉, 소급효가 "미치는 범위가 무한정일수는 없고 법원이 위헌으로 결정
된 법률 또는 법률의 조항을 적용하지는 않더라도 다른 법리에 의하여
그 소급효를 제한하는 것까지 부정되는 것은 아니라 할 것"이라고 하면
서, "장래효원칙의 예외로서 당사자의 권리구제를 위한 구체적 타당성의
요청이 현저하고 위헌결정의 소급효를 인정함으로 인하여 법적안정성을
침해할 우려가 없으며 구법에 의한 기득권자의 이득이 해쳐지지 않을
경우에 해당한다고 볼 수 없"는가 하는 판단기준을 제시하였다.(대법원
1994.10.25, 93다42740)

결국, 대법원은 장래효원칙을 존중하면서도 당해사건, 그리고 위헌결
정이 있기 전후 법원에 계속중인 동종사건에 관하여 소급효를 인정하고
있는데, 이 태도가 위헌법률결정의 일반적 소급효를 인정하는 것으로 오
해해서는 안된다. 일반적 소급효를 인정한다면 세법과 같은 영역에서는
일부 규정이 위헌결정되면 이미 납부한 많은 납세자들은 법원에 소를
제기하지 않더라도 행정청에 조세환급을 신청하는 우려할만한 사태가
벌어질 것이다. 헌법재판소는 일반적 소급효의 문제점을 많은 변형결정
을 통해 일정한 장래시점부터 위헌결정의 효력이 발생하도록 하는 방식
으로 오히려 장래에 위헌결정의 효력을 발생시키는 결정도 많이 내리고
있다. 현재 법원이 변형결정에 대해 갖고 있는 부정적 인상을 고려할 때,
행정입법에 대한 위법결정에서 변형결정들이 내려질 수 있을지, 내려진
다 해도 얼마나 내려질지는 알 수 없고 오히려 회의적이다.

따라서 행정입법의 위법결정에 대해서도 프랑스와 같이 일률적으로
소급효를 인정할 것이 아니라, 오스트리아와 같이 당해 사건과 법원이
판례로 제시한 기준에 해당되는 경우에만 소급효를 인정하는 태도가 헌
법재판소법 제47조 제2항과도 조화를 이룰 수 있어 적절하다고 본다. 만
약 행정입법의 위법결정에 대해서만 소급효를 일반적으로 인정하도록
행정소송법에 규정한다면, 동일인이 관련된 법률과 법규명령에 대해 헌

법재판소와 법원에 위헌신청 또는 위법심사신청을 동시에 하였을 때,[61] 법률에 대해서는 헌법재판소가 위헌결정해도 장래효만 인정되어 과거와 관련해서는 여전히 유효한 법률이 존재하는데 법규명령은 무효인 상황이 벌어질 것이다. 그렇게 되면 소송을 제기하지 않은 많은 이해관계인들은 매우 불안정한 법적 상황에 빠지게 될 것이다. 행정입법의 위법심사제도는 헌법재판소법상의 위헌법률심사제도와 조화를 이룰 수 있도록 설계되어야 한다.

3. 처분적 행정입법에 대한 직접적 효력통제제도

헌법재판소는 법규명령, 법령보충적 행정규칙과 조례의 조항이 집행행위없이 직접 기본권을 침해하는 경우에는 헌법소원의 대상이 된다는 입장(헌재 1990.10.15, 89헌마178 ; 1996.4.25, 95헌마331 ; 1995.2.23, 90헌마214 ; 1997.3.27, 93헌마159 등.)을 취하고 있는데, 특히, 공탁금의이자에관한규칙에 대한 헌법소원사건에서는 "헌법소원심판의 대상이 되는 법령은 그 법령에 기한 다른 집행행위를 기다리지 않고 직접 국민의 기본권을 침해하는 법령이어야 하지만, 예외적으로 법령이 일의적이고 명백한 것이어서 집행기관이 심사와 재량의 여지 없이 그 법령에 따라 일정한 집행행위를 하여야 하는 때에는 당해 법령을 헌법소원의 직접대상으로 삼을 수 있다"고 한다.

처분적 행정입법에 대해서 행정법학계에서는 처분으로서 취소소송의 대상이 된다는 것이 오랫동안의 통설이어 왔지만 그 동안 법원은 처분적 행정입법의 통제를 해태해왔다. 다만, 아주 오래 전의 것이지만, "원

---

61) 이러한 사례는 충분히 있을 수 있다. 예를 들어 건축허가취소를 위하여 그 요건이 도시계획법과 도시계획법시행령에 분산규정되어 있는 경우가 이러한 사례에 해당될 것이다.

래 대통령령은 법령의 효력을 가진 것으로서 행정처분이라 할 수 없으므로 행정소송의 대상이 되지 아니한다 할 것이나 법령의 효력을 가진 명령이라도 그 효력이 다른 행정행위를 기다릴 것 없이 직접적으로 또 현실이 그 자체로서 국민의 권리훼손 기타 이익침해의 효과를 발생케 하는 성질의 것이라면 본법상 처분이라 보아야 할 것이요, 따라서 그에 관한 이해관계자는 그 구체적인 관계 사실과 이유를 주장하여 그 명령의 취소를 법원에 구할 수 있을 것이다"라고 한 대법원 판결이 하나 있다.62)

대법원도 최근에는 행정입법에 대한 통제와 관련하여 적극적 태도로 전환하여 비록 처분적 입법에 대한 통제사건은 아니지만 간접적·개별적 효력통제제도의 이용을 확대해가고 있다. 즉, 취득세등부과처분취소청구 사건에서 "법률의 위임이 없이 명령 또는 규칙 등의 행정입법으로 과세 요건 등에 관한 사항을 규정하거나 법률에 규정된 내용을 함부로 유추, 확장하는 내용의 해석규정을 마련하는 것은 조세법률주의 원칙에 위배 된다"고 하면서, "과세대상 물건의 취득으로 간주되는 주식의 취득과 같은 과세요건에 관한 법규의 제정까지도 포괄적으로 대통령령에 위임한 규정이라고는 볼 수 없으므로 위 지방세법시행령 제78조 제1항은 무효라 할 것이다"고 판시하였으며, (대법원 2000. 3. 16, 98두11731) 농지전용불허처분취소청구사건에서 구 농지법시행령 제41조 [별표 1] 제1호에 대하여 "농업진흥지역 내에 설치되는 농업인 주택에 대하여는 같은 법 제39조와 구 같은법시행령 제37조 및 제38조의 규정에 따라 농지로서의 보전가치와 농업경영 및 농어촌 생활환경의 유지라는 측면에서 보다 엄격한 심사가 이루어지는 허가를 받도록 한 것은, 결국 법률의 위임 없이 국민의 재산권 행사를 보다 제한한 것이 되어 효력을 가질 수 없다"고 판시하고 있는 것이다.(대법원 2000.10.19, 98두6265)

---

62) 대법원 1954. 8. 19, 4286行上37 카3275 집1(4)行34, 대법원판결요지집 특별편 III-3, 895면.

한편, 처분적 법령에 대한 헌법소원에 있어서 헌법재판소는 위헌심사형 헌법소원이 아니라 권리구제형 헌법소원의 경우와 마찬가지로 "법률에 대한 헌법소원의 청구기간은 원칙적으로 그 법률의 시행과 동시에 기본권의 침해를 받게 된다고 할 것이므로 그 법률이 시행된 사실을 안 날로부터 60일 이내에, 법률이 시행된 날로부터 180일 이내에 헌법소원을 청구하여야 할 것이나, 법률이 시행된 뒤에 비로소 그 법률이 해당되는 사유가 발생하여 기본권의 침해를 받게 된 자는 그 사유가 발생하였음을 안 날로부터 60일 이내에, 그 사유가 발생한 날로부터 180일 이내에 헌법소원을 청구하여야 할 것이다. 여기서 "사유가 발생한 날"이라는 것은 당해 법률이 청구인의 기본권을 명백히 구체적으로 현실 침해하였거나 그 침해가 확실히 예상되는 등 실체적 제요건이 성숙하여 헌법판단에 적합하게 된 때를 말한다"고 한다.(헌재 1990.10.8, 89헌마89)

헌법재판소의 이 입장은 처분적 행정입법에 대한 항고소송에 있어서도 입법통제제도로서의 측면보다는 권리구제제도로서의 측면을 고려하여 통제제도가 설계되어야 한다는 것을 시사하는 것으로 이해할 수 있을 것이다. 다만, 제소기간은 헌법재판소와는 달리 개별적 처분의 제소기간에 맞추어 결정하여야 할 것이다.

오스트리아에서는 처분적 행정입법에 대한 통제제도를 1975년의 헌법개정으로 도입하였는데, 개인이 신청권을 갖기 위해서는 행정처분없이 신청자에게 직접 효력을 발생하는, 위법한 행정입법에 의하여 그의 권리가 침해되었다고 주장하여야 한다. 판례에 따를 때 그 침해가 직접적이라는 뜻은 법규명령자체에 의하여 직접(direkte Wirksamkeit) 현실적으로 (aktuell) 발생하였어야 하고 당사자 스스로에게 발생하였어야 하며, 나중에 발생하거나 잠재적이어서는 안된다. 직접적 효과성은 재판할 시점에도 존재해야 한다. 이러한 오스트리아의 입법례는 한국에서 처분적 행정입법의 통제를 위한 입법안을 설계하고 그것을 집행함에 있어 유용하리라고 생각한다.

4. 행정입법에 대한 집행전 심사제도

1) 지방자치단체등 행정청이 원고가 되는 행정입법에 대한 집행전 심사제도

이 부분은 필자가 다루어야 하는지 의문은 있으나 필자가 생각하기에 이 제도는 한국에 반드시 도입되어야 하는데, 오스트리아 제도중 우리에게 적합해 보이는 제도가 있고 이 부분을 다루는 분들이 오스트리아의 제도를 소개할지도 의문이이서 그 취지와 제도의 내용을 소개하는 방식으로 논의를 진행하기로 한다.

우리 헌법재판소법 제61조가 규정하는 권한쟁의심판은 "피청구인의 처분 또는 부작위가 헌법 또는 법률에 의하여 부여받은 청구인의 권한을 침해하였거나 침해할 현저한 위험이 있는 때에 한하여", "국가기관 상호간, 국가기관과 지방자치단체간 및 지방자치단체상호간에 권한의 존부 또는 범위에 관하여 다툼이 있을 때에는 당해 국가기관 또는 지방자치단체"가 제기하는 소송이다. 헌법재판소는 정부의 시화공단 공공시설의 관리태만을 이유로 시흥시가 제기한 권한쟁의심판에서 시흥시의 청구인적격을 인정하였으며(1998.8.27, 96헌라1), 성남시가 경기도를 상대로 진입도로지정처분을 둘러싼 권한쟁의에서도 "청구인의 불이행을 이유로 지정처분을 한 것은 인용재결의 범위를 넘어 청구인의 권한을 침해한 것"이라고 하였다.(헌재 1999.7.22, 98헌라4) 헌법재판소법 제61조와 이에 관한 헌법재판소판례들을 고려할 때, 지방자치단체가 중앙행정의 처분에 대해 항고소송을 이용하는 제도의 도입은 헌법재판소법과 상당한 갈등과 경합을 초래할 우려도 있다. 물론, 지방자치법 제157조에서는 자치사무에 대한 감독기관의 취소권등에 대하여 지방자치단체장이 대법원에 소를 제기할 수 있도록 규정하고 있어서 대법원도 행정청상호간의 처분권에 대한 재판관할권을 가지고 있다. 때문에, 행정청상호간의 "처분 또는 부작위"에 관한 재판관할권의 소재문제는 매우 갈등이 많은 분야이다.[63] 그러나, 법규명령에 대해 지방자치단체가 항고소송을 제기하는 것은 헌법재판소법상의 권한쟁의심판과 충돌하지 않고, 지방자치법상의 조례통제소송에 비추어서도 형평에 맞는다. 따라서, 법규명령이나 법령보충적 행정규칙(상급자치단체의 조례등도 당연히 포함)에 대해 지방자치단체가 제기하는 항고소송이 도입되어야 한다. 이 소송은 구체적 규범통제가 아니라 법규명령등을 직접 공격할 수 있는 직접적 통제제도이어야 하되, 조례통제소송이 조례안상태에서 그것을 대상으로 하여 소제기가 허용되고 있고 헌법재판소법상의 권한쟁의심판도 "침해할 현저한 위험이 있을 때"라고 하고 있는 것을 고려할 때, 법규명령등을 집행전에 통제할 수 있는 제도이어야 할 것이다.

오스트리아 헌법 제139조 제1항은 주의 법규명령에 대해서는 연방정부의 신청으로, 그리고 연방정부의 법규명령에 대해서는 주의 신청으로 권리침해를 묻지 않고 문제된 법규명령의 객관적 위법여부를 심사하는 제도를 도입해놓고 있다. 다른 형태의 감독청의 법규명령에 대하여 피감독기관도 청구권을 갖는다.[64] 한국에서는 지방의회의 의결로서의 조례안에 대해서만 당해 지방자치단체장이나 행정자치부장관 또는 광역자치단체장이 대법원에 직접 제소할 수 있도록 하고 있다.(지방자치법 제159조 제3, 4항) 한국의 경우에는 행정소송법이 아닌 지방자치법에서 규정하면서 조례에 대해서만 일방적으로 다툴 수 있도록 했을 뿐 법규명령등에 대해서는 지방자치단체가 다툴 수 있는 길은 열어두지 않고 있는데, 이것은 헌법상 보장된 지방자치의 본질, 즉, 자치사무에 대한 지방자치단체의 권한을 형해화하는 법규명령 등에 대해서도 지방자치단체에게

---

63) 이에 관한 최근의 논의로는, 박정훈, 지방자치단체의 자치권을 보장하기 위한 행정소송, 한국지방자치법학회 제2회 학술발표회 발표문(2001. 11. 14). ; 홍기태, 권한쟁의심판, 헌법재판제도의 이해, 재판자료 제92집, 2001. 11 ; 최승원, 권한쟁의심판과 기관소송, 법학논집 제4권 제4호, 2000. 2. 참조.

64) 한국에서 교육인적자원부와 도교육청의 관계같은 것이 여기에 속한다.

일방적으로 수인할 것을 요구하는 것과 같으므로 법치행정의 발전에 중대한 문제점으로 지적할 수 있을 것이다.

2) 개인이 직접 위법심사신청을 할 수 있는 집행전 심사제도

미국 헌법상 행정소송이 제기되기 위해서는 재판의 전제(Case or Controversy) 요건이 충족되어야 한다는 점에서 한국과 비슷한데, 미국 행정법학에서 Finality, Ripeness와 같은 법이론은 이러한 전제요건을 심사하기 위해 법원에 만들어낸 것들이지만, 이러한 법이론이 직접적 집행전소송의 인정에 장애가 되지는 않는다.

예를 들어, 직접적 집행전심사방식을 규정하고 있는 텍사스행정절차및기록관리법(Texas Administrative Procedure and Register Act : APTRA)은 제12조 (a)에서 그 요건을 규정하고 있는데, "규칙이나 그의 임박한 (threatened) 적용이 원고의 권리를 침해하거나 방해할 우려가 있다는 것을 주장하면, ……규칙의 효력유무나 적용여부를 확인판결의 형식으로 (in an Action for Declaratory Judgement) 재판할 수 있다"고 규정하고 있다.[65] 텍사스 법에 따를 때, 행정입법에 대하여 직접적 집행전소송을 제기함에 있어서는 현실적으로 침해가 발생했을 필요는 없고, 그 위협이면 충분하며 확실하거나 절박할 필요까지는 없고 가능한 미래의 위험으로서 경고나 징후가 있으면 된다.

한국에서도 행정입법을 다투기 위해서는 언제나 먼저 그 행정입법에 의하여 불리한 개별처분을 받든지 아니면 행정입법을 위반하여 제재처분 또는 형사소추를 받을 것을 요구한다는 것은 기대가능성없는 무리한

---

65) 텍사스행정절차및기록관리법에 대한 소개는 Pieter M. Schenkkan, WHEN AND HOW SHOULD TEXAS COURTS REVIEW AGENCY RULES?, Baylor Law Review 1995, pp.989. 1034 ; John J. Watkins/ Debora S. Beck, Judicial Review of Rulemaking under THE ADMINISTRATIVE PROCEDURE AND TEXAS REGISTER ACT, Baylor Law Review 1982. pp. 1 참조.

요구이다.66) 그러므로, 한국 행정소송에서도 행정입법의 적용이 임박했고 그로 인해 자신의 법적 보호이익이 침해될 우려가 있는 사람은 당해 행정입법의 위법무효의 확인을 구할 수 있도록 집행전심사제도가 도입되어야 할 것이다. 이것이 GlobaL Standard에도 맞을 것이다.

물론, 한국의 헌법재판도 구체적 규범통제제도이기 때문에 개인에게 인정되는 집행전 심사제도는 한국에 상당히 낯선 것이다. 이 통제권에 대해서는 우선, 행정법원이 행정입법의 무효여부를 직접 판단할 수 있도록 하는 방안을 생각해 볼 수 있다. 그러나, 대통령령까지 포함하는 행정입법에 대한 행정법원의 직접적 효력통제는 판사들의 정서상 맞지 않는 부분이 있다. 또, 신속한 최종결정을 얻도록 하기 위해서는 가능한 한 대법원에서 한 번의 심사만으로 처리되도록 하는 것이 적절한 측면도 있다. 다만, 남소의 우려가 있을 수 있고, 사실심이 아닌 대법원으로서는 구제의 필요성을 판단하는데 애로를 겪을 수도 있지만, 그 동안 대법원은 조례안에 대해서 이미 집행전 심사를 해온 경험을 가지고 있기 때문에, 심사함에 있어 쟁점의 법적 성격이 명확해지지 않아 겪는 애로를 충분히 극복할 수 있을 것이다.

이러한 사유들을 고려하여 개인이 직접 행정입법을 상대로 제소할 수 있는 집행전 심사제도를 도입하되, 심사권은 대법원만이 갖도록 하고 지방법원은 위법심사제청권을 가지며, 개인은 지방법원에 대해 행정입법의 위법심사제청을 신청할 수 있는 권리를 갖도록 하는 방식이 타당하지 않을까 생각한다. 지방법원은 제청신청을 기각할 수도 있는데, 이러한 경우에는 개인은 당해 행정입법이 시행되기를 기다려 일반적 효력통제제도나 처분적 입법의 통제제도를 이용하면 될 것이다. 이 때, 행정입법의 제정기관이 피고가 되도록 하고 관련된 공공단체나 최고 감독기관에게는 의견을 제출할 수 있는 기회가 주어져야 할 것이다. 이 때 행정

---

66) 박정훈, 행정소송의 종류와 대상, 2002. 4. 29, 행정소송법개정위원회 토의기초자료, 28면.

입법은 아직 시행되기 전이라도 적어도 입법안은 명확해져야 하기 때문에 공포는 되었어야 한다. 대법원에서의 단심절차이기 때문에 재판절차는 비교적 단순하므로 재판절차에 관한 더 상세한 검토는 줄인다.

5. 행정입법의 간접적·개별적 무효결정제도

1) 외국의 상황

프랑스에서는 행정입법에 대한 직접적 효력통제제도가 인정되어 있지만 **행정입법의 간접적·개별적 무효결정제도**도 인정되어 있다. 이 내용은 위에서 살펴보았지만 다시 살펴본다.

프랑스 행정법상 **위법성의 항변**(Exception d'illégalité)개념은 행정입법에 대한 일반적 효력통제제도가 아니라 단지 당해 사건과 관련하여 위법확인을 내용으로 하는 간접적인 적용배제제도이다. 이 점에서 현재 한국 행정소송에 도입되어 있는 간접적인 적용배제제도와 거의 유사한데, 일반적 효력통제제도가 아니라는 점은 주의를 요한다. 즉, 선결문제인 행정입법에 대해 위법에 대한 확인(Constatation)을 한다 하더라도 그것은 취소(Annulation)를 의미하는 것이 아니고 소송당사자에 대한 기판력(Autorité relative de chose jugée) 만을 발생시킬 뿐이다.[67] 당해 사건과 관련하여 그 적용이 배제될 뿐이고 당해 행정입법은 여전히 유효하다. 적용은 배제되지만 여전히 유효한 상태는 매우 혼란스러운 느낌을 주기 때문에 당사자가 위법을 주장하더라도 법원은 위법을 인정하지 않는 경향이 있다. 그렇지만, 위법성의 항변을 거쳐 위법확인이 된 행정입법에 대해 행정이 그 행정입법을 준수하지 않더라도 위법은 아니며 준수하지

---

67) Debbasch/Ricci, Contentieux administratif, 8éd., 2001, n°944, p.834-835.

않는 것이 오히려 의무적이기까지 하다.[68]

추상적 규범통제제도와 구체적 규범통제제도를 가지고 있는 독일에서
도 **부수적 규범통제(Inzidentkontrolle ; Incidenter-Kontrolle)**라는 이름으로
존재하고 있다.

독일행정법상 부수적 규범통제는 우리 현행 행정소송법상의 간접적
규범통제제도와 매우 비슷한 것이다. 즉, 부수적 규범통제는 행정입법
자체를 직접 소송대상으로 삼아 소가 제기되는 것이 아니라 다른 구체
적 사건에 관한 재판의 전제로서 당해 행정입법의 위법여부를 판단하는
제도이다.[69] 부수적 규범통제는 당해 사안과 관련해서만 당해 행정입법
의 적용을 거부하는 적용배제권(Nichtanwendungsbefugnis)에 불과하고,
일반적 효력을 갖지 않는다. 따라서, 행정청은 다른 행정절차에서 당해
행정입법을 유효하게 적용할 수 있다. 부수적 규범통제는 재판절차의 속
행정지의무나 제청의무 또는 위법심사기관의 제한에 따른 제약을 받지
않고 구체적 사건을 심리하는 법원이 통제권을 행사할 수 있는 유연성
(Beweglichkeit)을 제공한다는 점에서 실무상 장점을 갖는다.[70] 당해 행
정입법에 대한 직접적 통제나 일반적 효력통제를 위한 심사가 진행중일
때에도 부수적 규범통제가 가능하지만 판례의 통일을 위하여 절차를 중
단해야 한다.(독일 행정법원법 제94조, 민사소송법 제148조의 유추적용)
행정입법의 부수적 통제제도의 헌법적 근거는 법원은 적법한 행정입법
에만 구속당한다는 기본법 제20조 제3항에서 찾을 수 있다. 법원은 위법
한 행정입법을 구체적 사건에서 적용하지 말아야 한다. 부수적 규범통제

---

68) C.E., sect., 8nov. 1968, Min. Finances c/Menez, Rec., p.557.

69) Gerhardt, in ; Schoch/Schmidt-Aßmann-Pietzner, 47 VwGO Rn.8f. ; Schmitt
Glaeser, Verwaltungsprozeßrecht, 1994, Rn.75. ; Thomas Würtenberger, Verwal-
tungsprozeßrecht, 1998, Rn.438-440.

70) Eberhard Schmidt-Aßmann, Die kommunale Rechtsetzung im Gefüge der
administrativen Handlungsformen und Rechtsquellen - Aufgaben, Verfahren, Rech-
tsschutz-, 1981, S.52.

는 어떤 행정입법의 위법여부가 법률관계의 존부확인에 있어 선결문제
인 경우에도 이루어질 수 있다.

이와 같은 독일의 법이론상황은 직접적 규범통제제도나 일반적 효력
통제제도가 도입된 이후에도 여전히 현행 행정소송법상의 간접적 통제
제도가 필요하다는 것이다.

영국 행정법상 **병행적 청구제도(Collateral Challenge)**도 행정입법의 간
접적·개별적 무효결정제도의 도입여부판단에 도움이 될 수 있는 내용들
을 제공하고 있다.

행정입법을 포함하는 공권력행사의 위법이 선결문제로서 문제될 때
민사법원이나 형사법원이 함께 병행하여 심사하는 제도를 말한다. 병행
적 심사에 대해서는 학설과 판례가 나뉘고 있다.71) 병행적 청구제도나
그의 확대에 찬성하는 입장에서는 행정소송에서의 제소기간제한과 같은
절차적 제한이 민·형사사건에서 장애물이 되어서는 안된다는 점, 재판
의 신속성을 강조하면서 행정법원에 이송하여 판단이 나올 때까지 기다
리는 것은 원스톱처리정신에 반한다는 점, 유럽공동체법사건의 경우 병
행적 심사가 널리 이용되고 있는데, 국내법사건만 그 제한이 엄격한 것
은 형평에 맞지 않는다는 점등이 거론되고 있다. 이에 대해 병행적 심사
나 그의 확대에 반대하는 입장에서는 기술적 측면에서 볼 때 행정법원
은 당해 행정입법을 제정한 행정청이 제출한 기록, 청문내용, 다른 행정
입법들을 다루면서 획득한 공법적 쟁점들의 종합적 검토능력등에서 민
사법원보다 강점을 지닌다는 것이다. 또, 민사법원등은 개인적 권리의
관점에서만 바라보기 때문에 행정재량의 통제나 입법자의 공익보호관점
을 고려하는데 한계가 있으며 행정소송으로 제기되었을 때 이용가능한
취소나 무효선언, 이행명령 등과 같은 다양한 재판을 할 수 없다는 점이
다. 그리고, 민사법원의 병행적 판단은 행정법원의 판단과 모순될 수도

---

71) 이하의 내용은, Carl Emery, Administrative Law : Legal Challenges to Official
　　Action, 1999. p.163-165.

있어서 판례법질서의 일관성을 해칠 수도 있다는 것이다.

2) 행정입법의 간접적·개별적 효력통제제도

어떤 행정입법의 위법여부가 구체적 행정소송사건의 선결문제가 되고 있는 경우에 현재의 제도와 같은 **행정입법의 간접적·개별적 효력통제제도**가 여전히 존재할 필요가 있는가? 이것은 특히 일반적 효력통제제도, 또는 독일의 구체적 규범통제제도가 도입되어 있다는 전제에서 볼 때, 그 필요성에 의문을 품을 수 있다. 만약 도입된다면, 부수적 규범통제의 경우에서 드러나듯이 이 제도는 재판절차의 속행정지의무나 제청의무 또는 위법심사기관의 제한에 따른 제약을 받지 않고 구체적 사건을 심리하는 법원이 통제권을 행사할 수 있는 유연성(Beweglichkeit)을 제공한다는 점에서 실무상 장점을 갖는다.[72] 다만, 한국에서는 일반적 효력통제제도가 독일과는 달리 매우 간편하고 신속한 제도로 도입된다는 전제에 서는 한 유연성을 제공한다는 장점은 상당 부분 줄어들 것이다. 독일에서는 당해 행정입법에 대한 직접적 통제나 일반적 효력통제를 위한 심사가 진행중일 때에도 부수적 규범통제가 가능하지만 판례의 통일을 위하여 절차를 중단해야 한다.

하지만, 사견으로 한국 행정소송에서도 행정입법의 간접적·개별적 효력통제제도는 존속시킬 필요가 있다고 본다. 이 문제는 행정입법통제제도를 도입함에 있어 **변형결정제도가 허용**되는지 여부와 상당한 관련이 있다. 변형결정제도가 도입되지 않거나 해석상으로도 인정되지 않는다면 법원은 구체적 사건과 관련하여 행정입법을 통제하는데 상당한 난관에 봉착할 수도 있다. 특정 규정을 일반적으로 무효로 하는 것은 문제가

---

72) Eberhard Schmidt-Aßmann, Die kommunale Rechtsetzung im Gefüge der administrativen Handlungsformen und Rechtsquellen - Aufgaben, Verfahren, Rechtsschutz-, 1981, S.52.

있지만, 당해 사건과 관련하여 해당 행정입법에 대한 행정의 해석과 관련된 행정규칙에 문제가 있을 때, 즉, 행정입법의 위법적인 집행관행이 문제될 수도 있다. 제재적 처분기준이 특히 문제될 수도 있다. 즉, 도로교통법시행규칙의 별표에 규정되어 있는 벌점기준은 보통 그대로 적용되고 별 문제가 없지만 한계사례에서는 그것을 최고기준으로 보고 그 이하로 적용할 재량을 갖는다고 보지 않으면 문제가 있을 수도 있다. 이 때, 사안에 따라서 헌법재판소는 한정위헌이나 한정합헌을 결정할 수도 있겠지만 행정소송에서는 간접적·개별적 적용거부제도를 전혀 인정하지 않는다면 법원은 당해 행정입법을 무효라고 하거나 아니면 합법이라고 선언할 수밖에 없기 때문이다. 당해 사건에 관해서는 특정 측면에서 위법이라고 법원이 판시하게 되면 행정이 자발적으로 해당 행정입법을 개정할 수도 있다는 장점도 갖는다. 다만, 이를 위해서는 행정입법의 제정기관이 그 사실을 알 수 있도록 공고하는 절차가 필요하다. 현 행정소송법 제6조는 "행정소송에 대한 대법원판결에 의하여 명령·규칙이 헌법 또는 법률에 위반된다는 것이 확정된 경우" 행정자치부장관에게 통지하여 관보에 게재하도록 하고 있으나, 이 요건을 조금 더 완화하여 피고 행정청의 상고포기등으로 재판이 확정된 경우로 하는 것이 더 적절하지 않을까 생각한다. 대법원까지 가지 않는 경우도 상당히 있을 것이고 법원의 판결을 행정입법의 제정기관이 알게 되면 당해 입법을 자발적으로 개정73) 할 수 있는 정도의 효과를 거두기 위하여, 대법원에서 최종확정하는 것을 행정자치부장관에게 통지하는 요건으로 할 필요까지는 없다고 보기 때문이다.

그렇지만, 법원이 일반적 효력통제제도의 적용을 회피하기 위한 수단으로 이용할 위험도 크므로 설령 인정한다 하더라도 그 적용요건을 제한하여야 할 것이다. 당사자가 행정입법의 위법심사신청을 한 경우 법원

---

73) 물론 당해 행정입법의 제정기관은 개정하지 않을 수도 있다.

은 위법심사신청이나 기각결정에 의해 응답해야 한다. 즉, 위법여부에 대한 의심을 가질 경우 대법원에 위법심사제청을 하여야 하고 그렇지 않다고 판단하는 경우에는 기각결정을 하여야 한다. 그리하여 일반적 효력통제절차가 개시되도록 하여야 할 것이다.

또, **민사법원이나 형사법원에서 선결문제**로서 행정입법의 위법이 문제될 경우에도 현 행정소송법상의 **간접적·개별적 효력통제제도**가 필요할 수 있다. 즉, 행정입법이 민·형사법원의 재판에서 선결문제가 될 때 민·형사법원이 당해 행정입법에 대해 현재와 같이 당해 사건과 관련해서만 위법무효여부를 심사하여 위법무효라고 판단하는 경우 그 적용을 배제하는 것을 인정할 필요가 있는 것이다. 예를 들어, 형사법원에서 형사처벌의 가중판단의 요건인 무면허운전자인지 여부의 확인을 위하여 도로교통법시행령상의 특정규정에 대한 위법여부의 의심이 생길 경우에 적용될 수 있을 것이다. 이 때, 도로교통법시행령은 형사관계행정입법이라고 볼 수도 없고 행정형벌을 규정하고 있는 규정이 아니지만 특정규정의 위법여부가 형사재판의 선결문제로 될 수도 있는 것이다. 우리나라는 오스트리아와 같이 재판중지 및 행정법원으로의 이송제도를 두고 있지 않은 점을 고려하고, 또, 행정법원이 아닌 민·형사법원에서는 민·형사관계행정입법이 아닌 다른 행정입법을 제정한 행정청이 반드시 피고나 참가인으로 참가하는 것도 아니고 행정전문법원도 아니므로 현행의 간접적 규범통제방식을 이용하도록 하는 것이 적절할 수도 있기 때문이다.

6. 행정입법통제를 위한 재판절차

1) 일반적 효력통제제도의 재판절차

외국의 일반적 효력통제제도의 운영상황을 살펴본다. 독일의 구체적 규범통제제도의 경우, 제1심 법원에서 당사자가 어떤 법률에 대한 위헌심사신청을 하더라도 법원이 합헌이라고 판단하는 한 당사자는 재판의 전제인 당해 사건에 관한 본안판결을 받은 후 그에 대해 항소와 상고절차를 거쳐 최상급법원의 재판을 상대로 헌법재판소에 소를 제기하여야 한다. 그런데, 이 방식은 당사자로서는 매우 번거로우므로 이 제도를 이용한 위헌법률심사의 비중과 그 성공가능성은 매우 낮은 편이다. 오스트리아도 헌법재판소법 제57조 제2항에 의해 법원에 계속중인 구체적 사건에 대해서 행정입법의 적법성이 당해 사건의 선결문제인 경우, 행정입법에 대하여 전부나 특정한 일부를 취소신청하여 헌법재판소가 취소 또는 위법확인할 수 있는 일반적 효력통제제도를 도입하고 있는데, 법원만이 신청권을 갖기 때문에 그 이용률이 그렇게 높은 편이 아니다. 따라서, 외국제도가 이 부분에 있어서는 별 도움이 안된다.

한국 행정입법통제제도의 설계에 있어 문제의 핵심은 법원이 제청하는 방식의 위헌법률심사사건이 3분의 1만을 차지하고 위헌심사형 헌법소원사건이 3분의 2를 차지하는 기형적인 헌법재판제도나, 단심구조를 가지고 있고 신청권자에 대해 아무런 제약이 없는 규제개혁위원회와 비교하여, 항고소송이 어떻게 제도적 경쟁력을 가질 수 있겠는가 이다. 위헌심사형 헌법소원은 한국에 특유한 것이기 때문에 동일한 외국의 제도도 존재하지 않아 우리 스스로 이에 상응하는 제도를 만들어내야 한다는 사실을 직시해야 한다. 국민들이 여전히 항고소송을 외면하고 헌법소원으로만 계속해서 소를 제기한다면 그것을 막을 수는 없다. 헌법소원과 비교하여 항고소송이 국민에게 더 낫거나 아니면 비슷한 정도로 효과적인 위법통제제도이어야 한다.

헌법재판소나 규제개혁위원회는 심급구조가 아니기 때문에 단 한번의 재판이나 결정으로 최종적인 판단을 내려주는데 이것은 한국국민들과 같이 신속성을 중시하는 사람들의 기질에 잘 맞는다고 생각된다. 한편, 행정입법에 대한 일반적 효력통제제도는 구체적 분쟁을 전제로 하는 제도이기 때문에 적어도 지방법원이나 고등법원에 구체적 사건이 계속중일 것이 요구된다. 이로 인해 항고소송형태의 행정입법통제제도의 설계에 있어서는 매우 어려운 문제상황에 봉착하게 된다. 결국, 대법원의 단한번의 재판이나 그에 상응할 정도의 신속성이 보장되는 제도가 설계되어야 한다는 것이다. 이와 관련하여 쟁점은 지방법원이거나 고등법원인가에 상관없이 구체적 사건이 계속중인 법원이 행정입법의 위법심사결정을 할 수 있도록 할 것인가, 아니면 헌법재판소와의 관계에서 법원의 위치처럼 단지 대법원에의 최종결정을 위한 경유기관으로서의 성격만을 부여할 것인가이다.

이에 관해서는 두가지의 의견이 있을 수 있다고 본다.

첫째, 지방법원이거나 고등법원인가에 상관없이 구체적 사건이 계속중인 법원이 행정입법의 위법심사결정을 할 수 있도록 하되, 당사자는 그 결정에 대하여 비약상고와 유사하게 대법원에 곧바로 그 위법여부를 심사해주도록 청구하는 제도를 도입하는 방법이다. 여기의 당사자에는 소송을 제기한 개인뿐만 아니라 행정청도 포함되므로 입법자의 보호도 충실히 이루어질 수 있다. 이 경우, 오스트리아의 헌법재판소가 행정입법에 대한 위법심사를 하는 경우와 같이 구체적 사건의 원고와 피고뿐만 아니라 당해 행정입법을 제정한 행정청, 당해 행정입법에 대해 이해관계를 가지는 최상급행정청에게 소송참가하도록 하여야 한다.(오스트리아 헌법재판소법 제58조 제1항) 왜냐하면 입법과정에 관한 기록과 노력을 입법한 행정청이 가장 잘 알고 있기 때문이다. 대법원에 직접 위법심사를 신청할 수 있는 행정청은 당해 구체적 사건에 관한 행정청뿐만 아니라 행정입법을 제정한 행정청이나 감독청이 제소할 수 있도록 할 것인지는 검토를 요한다. 처분청이 법원의 결정에 대해 불복하지 않는 경우에 당해 행정입법을 제정한 행정청이 불복할 수 있도록 하고, 또 당해 행정입법을 제정한 행정청도 법원의 결정에 대해 대법원에 불복신청을 하지 않는 경우에는, 감독권이 있는 최상급행정청이 행정입법을 제정한 행정청에 대하여 제소를 지시하거나 직접 제소할 수 있다고 하는 것도 검토할 수 있을 것이다. 이미 지방자치법 제159조 제4항은 조례안을 포함하는 지방의회의 의결에 대하여 이와 유사한 취지를 규정하고 있다.

두 번째 견해는, 헌법소원제도와 매우 유사하게 행정입법의 위법여부가 재판의 전제가 된 때 당해 사건을 담당하는 법원이 직권 또는 당사자의 신청에 의한 결정으로 위법심사제청을 하도록 하는 규정을 두는 한편, (헌법재판소법 제41조 제1항에 대응) 행정입법의 위법여부심사의 제청신청이 기각된 때에는 그 신청을 한 당사자가 직접 대법원에 위법여부심사신청을 할 수 있도록 하는 방식(헌법재판소법 제68조 제2항에 대응)을 도입해야 한다고 보는 견해이다. 법원이 제청신청을 할 때에는 자신의 의견을 대법원에 제출해야 한다. 이 경우 헌법재판소법 제44조는 "당해 소송사건의 당사자 및 법무부장관은 헌법재판소에 법률의 위헌여부에 대한 의견서를 제출할 수 있다"고 규정하고 있고, 헌법재판소법 제74조 제1항은 "헌법소원의 심판에 이해관계가 있는 국가기관 또는 공공단체와 법무부장관은 헌법재판소에 그 심판에 관한 의견서를 제출할 수 있다"고 규정하여 입법관계기관이나 공공단체가 의견을 제출할 수 있는 기회를 줄 수 있도록 규정하고 있는데, 이와 유사한 규정을 도입하는 것이 타당하다.

필자로서는 두 번째의 견해를 지지하고자 한다. 대법원에서의 행정입법의 위법심사절차에는 당해 행정입법을 제정한 행정청, 관련된 공공단체, 당해 행정입법에 대해 이해관계를 가지는 최상급행정청에게 의견제출기회를 주도록 하는 것이 타당하지 않을까 생각한다. 일반적 효력통제제도의 최대장점인 제소기간의 제한이 없다는 점은 헌법재판소와 마찬가지로 인정되어야 한다.[74]

---

[74] 만약 첫 번째 견해를 따른다면 반드시 당해 행정입법을 제정한 행정청이 공동당사자적 참가를 하도록 하는 규정을 도입한다. 또, 3심을 거치는 최종결정지연의 문제를 극복하기 위하여 당사자가 대법원에 비약상고할 수 있는 제도를 도입한다.

한편, 대법원은 행정사건뿐만 아니라 민·형사사건까지 담당하고 있어서 매우 업무가 많고 현재도 조례안에 대해서는 소부에서 심리할 수 있게 되어 있으므로 법원조직법을 개정하여 대법원에서 행정입법에 대한 통제를 담당하는 재판부는 대통령령을 제외하고는 현재 4인으로 구성된 소부에서 심리하도록 하되, 대통령령에 대해서는 전원합의부에서 심리하도록 하는 것이 타당할 것이다.

구체적 사건이 계속중인 법원은 그 재판에 적용할 행정입법에 대한 위법여부결정을 대상으로 하는 상고에 관해 대법원의 최종결정이 나오기까지 재판절차를 중단하여야 하는지가 문제된다. 오스트리아의 일반적 효력통제제도의 경우와 같이 행정입법에 대한 대법원의 위법여부판단에 의해 영향받지 않는 다른 소송활동이나 결정은 중단되지 말고 계속 진행되거나 내려지도록 근거규정을 두는 것이 좋을 것이다. 우리 헌법재판소법 제42조 제1항도 "법원이 법률의 위헌여부의 심판을 헌법재판소에 제청한 때에는 당해 소송사건의 재판은 헌법재판소의 위헌여부의 결정이 있을 때까지 정지된다. 다만, 법원이 긴급하다고 인정하는 경우에는 종국재판외의 소송절차를 진행할 수 있다"고 규정하고 있다. 재판절차에 관한 다른 사항은 오스트리아의 일반적 효력통제절차를 참고할 수 있을 것이다.

2) 처분적 행정입법에 대한 재판절차

처분적 법령에 대한 헌법소원에 있어서 헌법재판소는 위헌심사형 헌법소원이 아니라 권리구제형 헌법소원의 경우와 마찬가지로 "그 법률이 시행된 사실을 안 날로부터 60일 이내에, 법률이 시행된 날로부터 180일 이내에 헌법소원을 청구하여야 할 것이나, 법률이 시행된 뒤에 비로소 그 법률이 해당되는 사유가 발생하여 기본권의 침해를 받게 된 자는 그 사유가 발생하였음을 안 날로부터 60일 이내에, 그 사유가 발생한 날로

부터 180일 이내에 헌법소원을 청구하여야 할 것이다. 여기서 "사유가
발생한 날"이라는 것은 당해 법률이 청구인의 기본권을 명백히 구체적
으로 침해하였거나 그 침해가 확실히 예상되는 등 실체적 제요건이 성
숙하여 헌법판단에 적합하게 된 때를 말한다"고 한다.(헌재 1990.10.8, 89
헌마89)

헌법재판소의 이 입장은 처분적 행정입법에 대한 항고소송에 있어서
는 입법통제제도로서의 측면보다는 권리구제제도로서의 측면을 고려하
여 통제제도가 설계되어야 한다는 것을 시사하는 것으로 이해할 수 있
을 것이다. 처분적 행정입법의 직접적 효력통제에 있어서는 입법이 아니
라 처분이라는 점에 초점을 맞추어 1심법원이 직접 무효로 선언할 수
있도록 하되, 신속한 최종결정을 위하여 대법원에 비약상고할 수 있는
규정을 두는 것이 옳을 것이다. 제소기간도 헌법소원의 경우와는 달리
개별적 처분과 동일하게 하는 것이 적절할 것이다.

7. 민·형사관련 행정입법에 대한 일반적 효력통제제도 및 간접적·개별적 효력통제제도의 도입필요성

헌법재판소는 민·형사관계법에 대해서도 일반적 효력을 통제할 수 있
는 위헌법률심사제도가 있으나 행정법원이 민·형사관계행정입법을 적
용하지는 않으므로 이번의 행정소송법개정으로도 민·형사관계행정입법
들의 일반적 효력유무를 통제할 수 있는 제도는 도입되지 않을 것이다.
따라서, 시급히 민사소송법을 개정하여 민사관계특별행정입법(예, 부동
산등기법시행령)의 위법여부가 구체적 사건과 관련하여 문제될 때, 그
일반적 효력유무를 통제할 수 있는 제도를 항고소송에 준하여 도입해야
한다. 가사소송법도 이에 준하여 도입해야 한다. 이 때, 행정입법의 제정
자와 최상급감독기관, 공공단체등의 소송참가 또는 의견제출기회보장제
도를 도입해야 할 것이다.

또, 형사소송법을 개정하여 형사관계특별행정입법(예, 각종 행정형벌에 관해 규정하고 있는 시행령이나 시행규칙의 위법여부가 문제될 때)의 위법여부가 구체적 형사사건의 처리와 관련하여 문제될 때, 그 일반적 효력유무를 통제할 수 있는 제도를 항고소송에 준하여 도입해야 한다. 다만, 형사소송절차에는 소송참가제도가 없음을 고려하여 행정입법의 제정자와 최상급감독기관 및 공공단체에게 의견제출기회를 부여하는 제도를 도입해야 할 것이다.

또, **민사법원이나 형사법원에서 선결문제**로서 행정입법의 위법이 문제될 경우에도 현 행정소송법상의 **간접적·개별적 효력통제제도**가 필요할 수 있다. 즉, 민·형사관계행정입법이 아닌 일반적 행정입법이나 민·형사관계행정입법이 민·형사법원의 재판에서 선결문제가 될 때, 민·형사법원이 당해 행정입법에 대해 현재와 같이 당해 사건과 관련해서만 위법무효여부를 심사하여 위법무효라고 판단하는 경우 그 적용을 배제하는 것을 인정할 필요가 있는 것이다. 이에 관해서는 위에서 이미 기술했으므로 더 이상의 논의는 줄인다.

Ⅳ. 권력적 사실행위에 대한 통제제도 - 오스트리아의 경우75) -

행정의 권력적 사실행위는 행정이 사람이나 물건에 대하여 일방적인 물리적 개입행위에 의해 일정한 법적 상태를 현실적으로 직접 창출하는 행위라고 할 수 있는데, 적어도 행정법학의 학설상으로는 계속적 성질의

---

75) 이에 관한 더 자세한 설명은, 졸고, 오스트리아 행정법상 '절차로부터 자유로운 행정행위'와 그에 대한 권리구제 - 특히 강제행위를 중심으로 -, 행정법연구 제2호, 1998, 60-103면.; 졸고, 항고소송의 대상 - 권력적 사실행위-, 대법원특별소송연구회 발표문, 2001, 12, 1-55면.

권력적 사실행위에 대해서는 항고소송의 대상적격을 인정하는데 일치하고 있었으나, 일시적 성질의 권력적 사실행위에 대해서는 명백한 논의는 없었다.

행정은 일반적 규범을 구체화하여 개별적 조치를 발함으로써 법을 집행하고 법원은 행정청의 조치에 나타난 개별적 규범이 상위의 일반적 규범을 준수하고 있는가를 심사함으로써 법을 보호한다. 따라서, 행정청의 어떤 조치가 항고소송의 대상이려면 그 조치에 의해 개별적 규범이 창조되어 현재 존재하고 있거나, 적어도 과거에 존재하고 있었어야 하는데, 오스트리아에서는 일시적 성질의 권력적 사실행위에 대해서도 처분성을 인정하며 실체법적으로 개별적 규범이 창조되었다고 보아 규범성의 계기를 인정한다. 소송법적으로 보더라도, 일시적 성질의 조치로서 이미 종료된 것인 경우에는 이 규범의 시간적 효력영역이 이미 끝나버렸기 때문에, 현재시점에서 유효한 개별적 규범은 존재하지 않지만, 장래 동종의 행위가 반복될 개연성이 높다는 등의 사정상 권리보호의 필요가 존재하기 때문에 과거의 개별적 규범이 위법했음을 확인할 필요가 있다고 보는 것이다.

1. 오스트리아의 헌법재판소와 행정재판소간의 처분통제권의 배분개관

1920년에 제정된 오스트리아의 제정헌법이나 1929년의 개정헌법은 행정청의 결정이나 처분에 대하여 권리침해를 당한 사람이 행정소송을 제기할 수 있도록 규정하고 있었을 뿐, 행정청의 강제권행사에 대해서 행정소송을 제기할 수 있다는 명문의 근거를 두지는 않았다. 그렇지만, 2차대전 이후 오스트리아의 헌법재판소는 행정청의 의사가 상대방에 서면으로 명백하게 도달함으로써 성립하는 "결정"("Bescheid")이라는 행정활동이외에 "사실적 직무활동"("faktische Amtshandlung")이라는 행정활동의 유형에 대해서도 헌법재판소의 통제를 받는다고 판시하면서 그에 관한 많은 판례를 축적시켰다. 그러나, 1975년 헌법개정시까지 헌법재판소가 "사실적 직무활동"으로 파악해 온 행정작용유형에 대하여 행정재판소는 "결정"에 속하지 않는 것으로 보아 재판대상에서 제외시켜 헌법재판소와 상호모순된 입장을 보여주었다.

이러한 양 법원간의 갈등을 해결하기 위해 1975년 헌법개정이 이루어져, 이에 의해 행정재판소는 결정에 대한 권리구제이외에 행정청의 명령권행사나 강제권행사에 대해서도 통제권을 갖게 되었다. 즉, 1975년의 개정헌법 제130조 1항 a에 의해 행정청의 위법한 직접적인 명령권행사와 강제권행사에 의하여 자신의 권리가 침해되었다고 주장하는 사람이 행정재판소에 소송을 제기하는 것이 가능해진 것이다. 그 주된 이유는 헌법재판소에 의한 1심제적 통제는 시민의 재판청구권의 보장에 상당한 문제를 야기하였던 것에 있다. 다만 개정헌법은 논의끝에 "사실적 직무활동"이라는 표현대신에 "행정청의 직접적인 명령권 및 강제권의 행사"("Ausübung unmittelbarer (verwaltung)behördlicher Befehls- und Zwangsgewalt")라는 용어를 쓰게 되었다.

하지만 1975년의 헌법개정이후에도 연방차원에서 오직 Wien에 설치되어 있는 행정재판소가 행정사건에 대한 독점적 관할권을 가지고 있었는데, 그 점은 비판의 대상이 되었다. 그리하여, 1988년 개정되어 1991년 1월 1일부터 지금까지 시행되고 있는 개정헌법에 의하여, 오직 Wien에 설치되어 있던 행정재판소의 독점적 관할권은 수정되고 새로 설치된 주의 독립행정위원회(die unabhängigen Verwaltungssenate in den Ländern)도 부작위와 "행정청의 직접적인 명령권 및 강제권의 행사"("Ausübung unmittelbarer (verwaltung)behördlicher Befehls- und Zwangsgewalt")에 대한 통제권을 갖게 되었다. 개정행정절차법 제67a 제2호도 독립행정위원회가 연방의 조세벌사건은 제외하고, "행정청의 직접적인 명령권행사 및 강제권행사에 의하여 자신의 권리를 침해당했다고 주장하는 사람이 제기하는 소"에 대한 관할권을 갖도록 규정하고 있다. 이러한 헌법개정으로 절차로부터 자유로운 행정행위에 대한 심사가능성은 지역적으로 더욱 확대되었다.

한편, 독일과 달리 오스트리아에서는 행정재판소의 재판에 대한 헌법소원을 인정하지 않고 있다. 이 때문에 두 개의 최고법원체제를 가지고 있는 오스트리아에서 행정청의 직접적인 명령권 및 강제권의 행사에 대한 독립행정위원회의 결정에 대한 소를 어떤 법원이 담당해야 하는가가 문제되었으나, 결국 오스트리아 현행 헌법(1988) 제130조 제1항 a호에 의해 "독립행정위원회를 포함한 행정청의 결정의 위법성"에 대한 소송을 행정재판소가 담당하게 되었다.

2. 오스트리아 행정소송의 체계

오스트리아 행정재판소법상 소송체계는 (1)결정소송(Bescheidbeschwerde) (2)조치소송(Maßnahmebeschwerde) (3)부작위소송(Säumnisbeschwerde) (4)지시소송(Weisungsbeschwerde)으로 크게 나누어볼 수 있다.[76]

---

76) 1988년의 헌법개정으로 새로 설치된 주의 독립행정위원회(die unabhängigen Verwaltungssenate in den Ländern)도 부작위와 절차로부터 자유로운 행정행위에 대한 통제권을 갖게 되면서, 절차로부터 자유로운 행정행위에 대한 심사가능성은 지역적으로 더욱 확대되었으나, 행정쟁송제도 전반으로 볼 때 행정통제권의 내용에는 별다른 변화가 없었다. 독립행정위원회는 심판관의 임기가 6년이고 그 독립성과 자율성이 보장되고 있어 행정법원에 비해 손색없는 심판기능을 수행하고 있다. 그러나, 독립행정위원회의 심판종류와 심판절차 역시 1975년이후 Wien의 행정재판소가 유일한 행정법원인일 때와 매우 유사하기 때문에 여기서는 독립행정위원회와 행정재판소를 상호 구별하지 않고 독립행정위원회이전의 행정재판소의 소송체계를 중심으로 설명을 진행한다.

1) 결정소송(Bescheidbeschwerde)

결정소송으로는 행정재판소(Verwaltungsgerichtshof)에 행정청의 결정의 위법을 주장하여 그 결정의 취소를 청구하는 소송이다. 다만 예외적으로 직무책임소송과 기관소송에서는 결정의 위법의 확인도 청구할 수 있다.

결정소송은 ① 취소소송(Parteibeschwerde), ② 기관소송(Amts- oder Organ-beschwerde), ③ 직무책임(기관배상의무)소송 (Amtshaftungs- (Organhaftp-flicht-)beschwerde), ④ 자치단체소송(Gemeindebeschwerde) 으로 나누어져 있다.

(1) 취소소송(Parteibeschwerde)

취소소송은 자연인이나 법인이 행정내부의 권리구제절차를 거친 후에도 행정청의 결정에 의하여 자신의 권리가 침해당했다고 주장하여 제기하는 소송이다. 행정재판소의 소송들 중 역사적으로 핵심적인 제도이었으며 오늘날까지도 실무적으로 가장 중요하다. 행정재판소는 결정이 위법하고 소제기자의 주관적 권리를 침해하였다고 판단할 때는 결정을 취소하여야 한다. 결정을 취소하는 판결은 소극적 형성판결의 기능을 갖는다. 결정의 취소는 행정재판절차와 이것의 기초가 된 소송법관계를 종결시키고 실체적 법적 상황을 변경시킨다. 결정은 취소판결로 소급적으로 실체법적 효력을 상실한다.[77]

---

77) Peter Oberndorfer, Das österreichische Verwaltungsgerichtsbarkeit, Linz 1983, S. 166

(2) 기관소송(Amts- oder Organbeschwerde)

기관소송은 사인소송과는 달리 헌법과 법률에서 명시적으로 허용된 경우에만 제기할 수 있다. 이 소송에서는 사인의 주관적 권리가 아니라 행정청의 결정의 객관적 위법을 주장할 수 있다. 또 기관소송의 목적때문에 오직 행정기관만이 기관소송을 제기할 수 있다.

(3) 직무책임(기관배상의무)소송(Amtshaftungs-(Organhaftpflicht-) beschwerde)

직무책임소송에 대한 재판이 선결문제로서 행정청의 결정의 위법성의 문제에 의존하고 있고, 직무책임소송을 관할하는 법원이 당해 결정을 위법한 것으로 판단하지만 아직 그 결정에 대한 헌법재판소나 행정재판소의 판결이 존재하지 않는다면, 그 법원은 자신의 절차를 중단하고 결정의 위법의 확인에 대한 소송신청을 해야만 한다.[78] 오스트리아 행정재판소법은 제64조에서 제70조까지 직무책임소송에 관하여 규정하고 있다. 오스트리아에서도 국가배상에 관한 소송은 민사사건을 담당하는 일반법원의 관할에 속하고 있으나, 특히 행정청의 결정의 위법이 선결문제로 문제될 때를 학설과 판례에 맡기지 않고 입법으로 해결하고 있다. 그러나 결정의 위법이 무효사유에 해당될 때는 일반법원도 그 무효여부를 스스로 판단할 수 있는 점은 우리나라와 같다.

(4) 자치단체소송(Gemeindebeschwerde)

자치단체소송(Gemeindebeschwerde)은 감독청의 침익적인 위법한 감독결정에 의하여 자치단체가 자신의 자치행정권의 침해에 대한 방어청구

---

[78] Peter Oberndorfer, a.a.O., S.71.

권에 기초하여 제기할 수 있는 행정소송이다.

2) 조치소송(Maßnahmebeschwerde)

조치소송은 특정인에 대한 행정청의 직접적인 명령권행사와 강제권행사에 의하여 자신의 권리를 침해당했다고 주장하는 사람이 제기할 수 있는 행정소송이다.

3) 부작위소송(Säumnisbeschwerde)

부작위소송은 행정청이 결정을 발할 의무를 이행하지 않고 소제기자가 행정절차의 당사자로서 결정의무의 존재를 주장할 수 있을 때 제기할 수 있다. 이 소송은 결정소송이나 조치소송과 달리 행정행위의 취소가 아니라 결정을 발할 의무를 남용한 행정청의 부작위에 대해서 제기할 수 있는 소송이다.

4) 지시소송(Weisungsbeschwerde)

지시소송은 교육법의 문제들과 관련하여 오스트리아 행정법상 교육청 등 헌법에 의해 제도적으로 독립성이 보장된 교육행정기관들이 상급 감독청들의 위법한 감독적 지시에 대하여 그 취소를 주장할 수 있는 소송이다.

3. 강제행위의 유형

오스트리아 행정법상 '절차로부터 자유로운 행정행위'에는 명령행위와 강제행위가 있다. 명령행위는 우리나라에서도 주로 하명으로 보아 행정법이론상으로는 처분으로 보아왔기 때문에 여기서는 검토하지 않는다. 그 다음 강제행위가 있는데, 보통 강제행위는 규범실현을 방해하려는 의무자의 저항을 최종적으로 종식시키기 위한 행위이지만,[79] 강제행위는 그것에 한정되지 않는다. **사람에 대한 물리적 개입조치이외에 물건에 대한 개입행위, 더 나아가 공권침해를 야기하는 다양한 일방적 개입들이 포함될 수 있다.**[80] 오스트리아 판례상 **선거를 위한 유권자명단으로부터 삭제하는 행위**[81]는 이러한 다양한 일방적 개입으로서의 강제행위로 볼 수 있는 예일 것이다. 따라서 행정공무원의 신체적 개입보다 더 넓다. 또 전염병감염의 의심이 있는 가축을 도살하거나 정신병자를 폐쇄시설에 감금하는 강제행위의 경우에서 드러나듯이 사인의 의무위반을 전제로 한 행정개입보다 더 넓은 것이다. 또 행정의 강제행위는 이해관계인의 동의여부와 상관없이 일방적으로 실행되는 행위이다.[82] 한편 행정행위로 평가받을 수 있는 강제행위가 되기 위해서는 법령을 집행하였다고 인정하기 위해 필요한 최소한의 외관을 가져야 하고 법적 효력을 발생시키는 행위이어야 한다.[83]

강제행위를 몇 가지로 유형화시켜볼 수 있는데, 수인명령이 합성되어 있다고 볼 수 있는 경우와, 법률이나 행정청의 명령행위로부터 의무가 부과되어 있으나 그것을 이행하지 않은 경우의 의무강제행위, 그리고, 행정의 확인적 판단을 공통의 징표로 가지는 행정의 권력적 개입행위가 있다.

---

79) B.C.Funk, Der verfahrensfreie Verwaltungsakt, 1975, S. 84.
80) B.C.Funk, Von der "faktische Amtshandlung" zum "verfahrensfreie Verwaltungsakt" - ein Beitrag zur Theorie und Praxis des Rechtsschutzes im öffentlichen Recht - ZfVB 1987, S. 627. 이하에서는 B.C.Funk, Amtshandlung(1987)로 인용.
81) VfSlg 10547 ; B.C.Funk, Amtshandlung(1987), S. 627. Fn.60 참조
82) B.C.Funk, Amtshandlung(1987), S. 626.
83) B.C.Funk, Amtshandlung(1987), S. 627.

첫 번째, 개입의 필요성이 긴급하고 사인의 이익과 명백히 대립하지 않으며 수인명령이 합성되어 있는 경우가 여기에 해당된다. 주로 위험방지영역이다. 예고없이 발생한 도로사고에 있어 권한있는 사람의 사전양해없이 그리고 그의 부재시에 적법하게 정차된 자동차를 견인하는 행위의 경우, 소방지휘자의 지휘하에 사인의 토지나 건물에 출입하고, 건축물을 철거하고, 사인의 물을 사용하는 등의 경우, 그리고 천재지변시 재난구조업무의 수행도중에 이러한 행위를 할 수 있다. 또, 적법한 체포명령에 의하여 사람을 체포한 경우에도 그 체포한 사람에게 수갑을 지나치게 오래 불필요하게 채우고 있는 경우, 그 수갑채우는 행위가 여기에 해당될 수 있으며, 범죄방지를 위한 건물출입행위도 포함될 수 있다.

두 번째, 법률이나 행정청의 명령행위로부터 사인에게 의무가 부과되어 있으나 그것을 이행하지 않은 경우의 의무강제행위가 있다. 의무강제행위에 관해 오스트리아 판례에 나타난 사례로는 다음과 같은 것들이 있다.[84] 음주운전자가 교통경찰관의 정차신호를 무시하고 질주하는 경우 계속주행의 저지행위, 불법무기소지자의 무기의 강제압수, 불법주정차된 자동차의 견인행위, 붕괴위험있는 건축물의 소유자가 하자보수를 하고 있지 않은 경우의 강제보수행위, 공중의 교통지역에서 데모군중들에게 해산명령을 내렸으나 불응하는 경우 경찰에 의한 강제연행행위와 강제해산행위, 주거이동의 자유나 신체의 자유에 일정한 법적 제한을 받고 있는 자가 그 제한을 위반했을 때 강제적으로 의무를 이행시키는 행위, 영공에 침입한 비행사가 착륙명령을 이행하지 않을 때 그 비행기의 강제착륙행위 등이다.

세 번째, "합성된 확인"(implizierte Feststellung)에 의한 행정행위는 행정의 확인적 판단을 공통의 징표로 가지는 행정의 권력적 개입행위를 말한다. 즉, 행정의 권력적 개입에 의하여 권리가 침해되었으나, 행정의

---

84) B.C.Funk, Der verfahrensfreie Verwaltungsakt, 1975,, S 204.

개입요건의 존재여부에 대한 행정자신의 확인적 판단의 위법을 법원이
확인해달라는 청구이외에 다른 요구를 할 수 없는 경우이다.[85] 국가의
규범적 판단을 확인적 판단, 명령적 판단 그리고 형성적 판단의 셋으로
나눌 때 가장 기초적이고 나머지 두가지 유형에 공통된 규범적 판단이
확인적 판단이다. 공안기관이 전화를 도청하거나, 미결구금수가 구독하
고 있는 신문의 특정면을 절단하고 돌려주거나 그에게 온 우편물을 미
리 개봉하거나 유치하고 돌려주지 않는 행위 등에 있어서, 사인의 기본
권에 대한 침해행위는 있어도 사인으로서는 전혀 도청사실을 도청당시
알 수 있는 가능성도 없고, 또 신문의 특정 면의 절단 당시나 우편물의
개봉당시나 유치당시 그러한 행정기관의 행위를 중단시킬 가능성이 전
혀 없다. 따라서 (수인)명령은 더이상 언급될 수 없다. 수인하지 않음으
로써 권리침해를 방지할 가능성이 이해관계인에게 주어져 있지 않기 때
문이다. 이러한 사례들에 있어서 행정의 확인적 판단의 존재여부는 외부
적으로 객관화된 개입행위를 통해서 추정할 수밖에 없다. 때문에 가정
적, 추정적, 합성적 또는 합성된 확인이라고 할 수밖에 없다.

오스트리아의 판례상 다음의 예들이 있다. 경찰이 수집한 정보를 독
자적으로 제3자에게 제공하는 행위[86]. 확정력있는 몰수명령이 발해지기
전에 압류된 물건을 현금화하는 행위[87] 특정한 면을 미리 절단한 후 비
로소 정기구독하고 있는 신문을 미결구금자에게 인도하는 행위[88] 체포구
금요건이 소멸했음에도 불구하고 구속된 사람을 석방하지 않는 행위 등.

---

85) B.C.Funk, Der verfahrensfreie Verwaltungsakt, 1975, SS.214-216 참조
86) VfSlg 2798/1955
87) VfSlg 1542/1947
88) VfSlg 4948/1965

4. 오스트리아 조치소송의 구조

1) 행정재판소법(Verwaltungsgerichtshofgesetz)상 조치소송 (Maßnahmebeschwerde)의 근거

1990년 행정재판소법의 개정으로 행정재판소는 절차로부터 자유로운 행정행위에 대한 직접적인 재판권을 상실하게 되었으나, 1988년 개정헌법 제130조 1항 a)호가 "독립행정위원회를 포함한 행정청의 결정의 위법"에 대한 심사권을 행정재판소에 주고 있기 때문에 행정재판소는 여전히 상고심으로서 독립행정위원회에 대한 재판권을 가지고 있다. 개정 행정절차법 제67a이하의 규정들은 독립행정위원회의 심판대상, 심판절차 그리고 심판내용 등에 관하여 규정하고 있다. 그 내용은 1990년 행정재판소법 개정이전의 행정재판소법의 규정들과 유사하다. 다만 심판의 내용에 대하여 절차로부터 자유로운 행정행위에 대한 취소심판규정을 삭제하고 위법확인심판만을 규정하고 있다. 한국 행정소송을 위한 시사점을 얻기 위해서는 독립행정위원회의 운영절차보다는 행정재판소의 운영절차를 이해하는 것이 도움이 되므로 1990년 행정재판소법 개정이전의 행정재판소법의 규정들에 따라 설명하겠다.

행정재판소법은 제26조 제1항에서 "헌법 제131조에 따른 행정청의 결정, 제131조 a에 따른 행정청의 직접적인 명령권행사 및 강제권행사 또는 제81조 a의 4항에 따른 지시에 대한 소제기의 기간은 6주"라고 규정하면서, 제26조 제1항 e)호에서는 "소제기기간은 제131조 a의 경우에는 당사자가 행정청의 직접적인 명령권행사 및 강제권행사에 관해 알게 된 시점부터 시작하지만, 소제기권을 행사하는 것이 방해받았다면 이 방해가 중단된 때로부터 시작한다"고 규정하고 있었다. 또 행정재판소법 제28조 제1항 제2호에서 "결정(지시)를 한 행정청의 특정, 행정청의 직접적인 명령권행사 및 강제권행사의 경우 기대가능하다면 어떤 기관이 행정청의 직접적인 명령권과 강제권을 행사했는지 그리고 그것이 어떤 행정청에 귀속되어져야 하는지(관계행정청)에 관한 진술"을 소장에 기재해야 할 것으로 규정하였다. 이어서 제42조 제1항은 "행정재판소는 이 법이 다르게 규정하지 않는 한, 모든 소송사건들을 판결로 처리해야 한다. 이 판결은 헌법 제131조 a의 사례들과 부작위소송(제132조)의 경우를 제외하고는 소송을 이유없는 것으로 기각하거나 결정을 취소해야 한다"고 규정하고, 제4항에서는 "헌법 제131조 a의 경우 주장되어진 소송쟁점들을 심리한 후 이 소송을 이유없는 것으로 기각하거나 당해 행정행위를 위법한 것으로 선언하거나 경우에 따라서는 취소해야만 한다"고 규정하였었다.

2) 조치소송(Maβnahmebeschwerde)의 절차

조치소송(Maßnahmebeschwerde)은 특정인에 대한 행정청의 직접적인 명령권행사와 강제권행사에 의하여 자신의 권리를 침해당했다고 주장하는 사람이 제기할 수 있는 행정소송이다.

(1) 취소청구된 행정행위의 특정

소제기자에 대하여 행사된 행정청의 명령권행사와 강제권행사는 행정행위로서 공간적으로나 시간적으로 적절하게 특정되어야 한다.[89]

(2) 관계행정청의 특정

절차로부터 자유로운 행정행위를 한 행정기관(예, 경찰기관)은 물론 당해조치가 귀속되어져야 하는 행정청(예, 도청)도 소제기시 특정되어야

---

89) Peter Oberendorfer, a.a.O., S.113.

한다. 소제기자에게 이러한 특정이 기대가능할 때만 그 특정은 필요하다.(행정재판소법 제28조 제1항 제2호) 기대가능성에 의한 특정의무의 면제가능성은 사실상 직접적으로 강제권이나 명령권을 행사한 행정기관을 특정하고 또 이러한 사실적 행정활동의 법적 귀속의 문제를 소제기자가 해결하는 것이 매우 어려운 경우가 있다는 점에 근거를 두고 있다.[90] 소장에 절차로부터 자유로운 행정행위를 한 행정기관이 특정되어 있지 않고, 또 소제기자에게 그 특정의 기대가능성이 없는 경우, 행정재판소는 직권으로 조사하여 관계행정청을 찾아내야 한다.

(3) 소송상 청구

조치소송을 제기할 때 소제기자는 소송상 청구를 소장에 기재하여야 한다. 조치의 위법의 확인청구 대신에 취소청구를 소장에 기재하였다 하더라도 취소청구에 위법확인청구가 포함되어 있기 때문에 소를 각하하거나 기각해서는 안된다.[91]

(4) 제소기간에 관한 기재

조치소송의 제소기간은 행정재판소법 제 26조 1항에 의하여 6주이다. 조치소송에 있어서도 소는 제소기간내에 제기되어야 하는데, 소제기자가 당해 조치를 인식한 때로부터 제소기간이 진행한다. 따라서 당해 조치를 알게 된 시점을 소장에 기재하여야 한다. 그러나 행정이 소제기를 방해(예, 구금이나 수감)하였다면 그 방해가 제거된 날로부터 제소기간이 진행하므로 방해가 제거된 날을 기재하여야 한다.[92]

---

90) a.a.O., S.113.
91) VwGH 7.9.1979,Zl 1825/78.
92) Peter Oberendorfer, a.a.O., S.95.114.

5. 권력적 사실행위의 통제를 위한 개정안의 내용

계속적 성질의 권력적 사실행위의 경우에는 예를 들어 합성된 수인명령이 현재도 존재하고 유효하므로 그 수인명령의 취소판결을 내릴 수 있지만, 일시적 성질의 권력적 사실행위에 대해서는 현재 수인명령이 유효하게 존재하지도 않는다. 그렇지만, 일시적 성질의 권력적 사실행위들에 대해서도 반복의 개연성이 있는 한 권리보호의 필요성은 존재하므로 과거의 행위에 대한 위법확인판결을 통해 재발을 방지하여야 한다. 일시적 성질의 권력적 사실행위의 통제를 위하여 취소뿐만 아니라 위법확인이 가능하도록 하는 규정을 도입하여야 할 것이다.

V. 민생행정사건처리를 위한 단독판사관할사건의 확대와 간이재판절차의 도입필요성

항고소송이외의 다른 소송의 경우에도 해당되는 것이기는 하지만, 항고소송으로 처리할 수 있는 **단독판사의 관할사항**을 기존의 교통민원사건이외에 입법적으로 추가하고 정비하여야 한다. 합의부가 지정하는 방식 아니라 일정한 유형의 사건(예, 영업정지사건이나 소액의 금전적 제재처분사건)을 단독판사가 관할하도록 입법기준을 마련하여 단독판사제도의 제도적 기초를 강화하고 그 활용범위를 넓혀야 할 것이다. 단독판사제도는 신속성과 비용절감의 측면에서 국민에게 유리한 측면이 있는 것이 사실이기 때문이다. 또, 국민의 접근편의성을 대폭 개선하기 위하여 소액, 소규모 행정사건들에 대해서는 **지방법원지원에서도 단독판사**가 다룰 수 있도록 하여야 한다. 현재 지방법원 지원단위에서는 행정소송제기가 가능하지 않은데, 예를 들어 강릉지역을 고려할 때, 소액, 소규

모 행정사건들에 대해서까지 지방법원소재지인 춘천까지 가서 소제기하
도록 하는 것은 행정에 대한 국민의 실효적 재판청구권의 보장정신에
반하기 때문이다. 도청소재지와 지리적으로 상당한 정도 떨어져 있는 지
역들의 배려를 위해 지방법원 지원에서도 단독판사관할사건들은 처리할
수 있도록 해야 한다.

　이러한 관점에서 볼 때, 기초자치단체가 법집행수단으로 주로 이용하
는 **과태료부과처분**에 대해서는 현지에서 근무하고 **현지실정**을 잘 알고
있는 **지원의 단독판사나 또는 일정규모이상의 사건에 대해서는 합의부**
가 다루도록 하여야 한다. 현재 과태료사건은 비송사건절차법이 적용되
고 있는데, 과태료사건들은 주로 부동산등기법상의 과태료사건이거나
지방자치법상의 과태료처분사건이다. 이 두 종류의 사건들은 그 성격이
매우 다르고 행정재량의 통제를 전담하는 행정법원에서 처리하는 것이
타당할 뿐만 아니라 지방자치의 활성화로 조례가 증가하여 과태료처분
취소청구사건이 급증할 것이 예상되므로, 행정이 부과한 과태료에 관한
사건을 행정법원의 관할사항으로 옮기는 것이 필요하다고 생각한다. 다
만, 현재 법원에서 과태료금액까지 결정하고 집행까지 보장하고 있는 체
제는 다른 행정사건처리와 비교할 때 매우 우수한 제도이므로 행정법원의
관할사항으로 바꾼 후에도 현행제도의 장점을 그대로 유지하여야 한다.

　이외에도 다른 소액, 소규모 행정사건들에 대해서는 **지방법원지원에
서도 단독판사**가 다룰 수 있도록 하여야 할 것이다. 이를 위해 행정소송
법에 별도의 장을 두거나 아니면 별도의 입법을 만들어 간이재판절차를
규정하여야 할 것이다. 여기서는 통상의 행정소송유형과는 전혀 다른 각
도에서 접근해야 할 것이다. 실효적 권리구제를 위해 필요한 규정들이라
면 통상의 행정소송에서는 가능하지 않더라도 형성판결, 이행판결과 가
처분, 강제집행 등까지 가능하도록 규정해야 할 것이다.[93) 보통의 행정

---

93) 프랑스의 객관적 완전심리소송중 행정제재에 관한 소송(contentieux des sanctions
　administratives)도 이와 같은 유형의 소송에 속한다.

사건에서와는 달리 이행판결도 가능하도록 하고 강제집행할 수 있는 수
단도 인정하는 것이 현재와 같이 법지식이 부족한 민원담당공무원들[94)
을 오히려 도와주는 길일 것이다.

다만, 이 문제는 여기서 처음 제기되는 것이라 더 이상의 검토는 줄인다.

VI. 항고소송의 대상에 관한 개정안의 제안내용의 요약

1. 항고소송의 대상 : 행정청의 공권력의 행사 또는 불행사

헌법재판소법 제68조 제1항은 헌법소원의 대상으로 "공권력의 행사
또는 불행사"로 규정하고 있다. 항고소송의 대상은 "**행정청의 공권력의
행사 또는 불행사**"로 하여 헌법소원의 대상과 동일하게 하고 기본권의
침해여부와 법률상 이익의 침해여부라는 주관적 기준에 의하여 그 구제
가능성이 달라지도록 하는 것이 옳다고 본다. "**행정청이 당사자의 신청
에 대하여 일정한 처분을 하여야 할 법률상 의무가 있음에도 불구하고
2개월 이내에 이를 하지 아니하면 거부한 것으로 간주한다**"는 규정을
다른 항으로 도입한다. 또, "**상위법에 의하여 행정청에 명령·규칙을 제
정해야 할 법률상 의무가 있을 때, 합리적인 기간내에 이를 하지 아니하
면 거부한 것으로 간주한다**"는 조항을 다른 항으로 도입한다.

---

94) 아직까지도 지방행정에서 민원담당공무원들은 9급 일반행정직 공채출신들이지만 법
 학과목은 공무원임용시험에 포함도 안된 실정이다. 이러한 문제점에 관해서는, 졸고,
 직업공무원의 법지식의 개선과 법집행의 합리성 증대, 공법연구 제28집 제2호, 2000.
 1 참조.

2. 거부처분의 취소판결의 이행을 확보하기 위한 수단들을 정비한다.

취소판결을 선고함에 있어 원고의 신청에 기하여 판결주문에서 취소판결의 집행을 위하여 필요한 조치를 취할 것을 명하는 이행명령제도를 도입하고 불이행시 부과되는 이행강제금을 표시하도록 한다.[95]

3. 명령·규칙의 위법심사

명령·규칙의 위법심사라는 하나의 절을 도입한다. 이하에서는 이 절의 내용이다.

1) 행정절차법에 이미 **처분**개념이 정의되어 있고 그것은 실체법을 위해서는 의미가 있을 수도 있기 때문에 행정절차법상의 처분개념의 개정 여부는 별도로 검토될 필요가 있다. 행정절차법상 처분절차와 입법절차를 별개로 나누어 규정하고 있는 것을 고려할 때 행정소송법에서는 항고소송의 대상으로서 행정절차법상의 처분개념과는 별도로 추가되는 **행정입법개념**을 새로이 정의하는 규정을 도입할 필요가 있는지 검토가 필요하다. 방안으로 "행정입법은 법규명령, 법규명령의 효력을 갖는 행정규칙, 조례, 규칙 등 법으로서 효력을 갖는 행정청이 제정하는 일반추상적 규정이다"는 규정이 필요하다고 볼 수도 있고, **"명령·규칙"**(헌법 제107조 제3항, 행정소송법 제6조)이라는 표현을 사용할 뿐 정의하지 않거나, 행정절차법과 같이 **"행정청이 제정하는 법령등"**이라는 표현을 정의하지 않고 사용할 수도 있다.

---

95) 박정훈, 행정소송의 종류와 대상, 행정소송법 개정위원회 2002. 4. 29 토의기초자료, 11-12면.

사견으로는, 행정입법의 개념을 정의하지 않고 사용하는 것이 정책지침 등에 대한 사법통제가 넓어지면서 법령보충적 행정규칙이외에 다른 행정규칙도 법적 효력이 승인될 수도 있으므로 더 적절하다고 생각한다. 또, 규칙이라는 말속에 조례가 포함되는지 의문이 있을 수도 있으나, 헌법이 부여한 임무를 명확하게 한다는 의미에서 **"명령·규칙"**이라는 표현을 쓰는 것이 적절하지 않을까 생각한다.

한편, 행정소송법이 개정되면 행정심판법상의 심판대상에 관한 입법개정작업은 필요할 것이다.

2) 명령·규칙의 위법심사에 공통적으로 적용될 수 있는 규정들

(1) 행정입법의 간접적·개별적 효력통제제도

이 제도는 행정입법 자체를 직접 소송대상으로 삼아 소가 제기되는 것이 아니라 다른 구체적 사건에 관한 재판의 전제로서 당해 행정입법의 위법여부를 판단하되, 당해 사안과 관련해서만 당해 행정입법의 적용을 거부하는 적용배제권(Nichtanwendungsbefugnis)만 인정된다. 즉, 개별적·상대적 무효에 불과하여, 무효결정이 일반적 효력을 갖지 않는다. 행정입법의 개별적·상대적 효력통제를 위하여 **"법원은 위법한 명령·규칙을 적용해서는 안된다"**는 항을 도입한다. 이 조항의 위치를 어디에 둘 것인지는 검토가 필요하다. 입법심사의 원칙규정으로서 공통적으로 적용될 수 있는 규정들과 함께 규정하는 것이 타당하지 않을까 생각한다.

법원이 일반적 효력통제제도의 적용을 회피하기 위한 수단으로 개별적 효력통제제도를 이용할 위험도 크므로 그 적용요건을 제한하여야 한다. 이를 위하여 **"당사자가 행정입법의 위법심사신청을 한 경우 법원은 위법심사제청이나 기각결정에 의해 응답해야 한다"**는 규정을 도입한다.

이 규정을 통해 법원이 위법여부에 대한 의심을 가질 경우 대법원에 위법심사제청을 하여야 하고 그렇지 않다고 판단하는 경우에는 기각결정을 하여야 한다. 그리하여 일반적 효력통제절차가 개시되도록 하여야 할 것이다.

(2) 이해관계인의 의견제출제도의 도입

행정입법의 위법심사절차에는 당해 행정입법을 제정한 행정청, 당해 행정입법에 대해 이해관계를 가지는 최상급행정청 그리고 이해관계있는 공공기관에게 의견제출기회를 주는 것이 필요하다. 이를 위하여 **"명령·규칙의 위법심사에 이해관계가 있는 국가기관, 공공단체, 법무부장관 또는 법제처장은 의견서를 제출할 수 있다"**고 규정한다.[96] (헌법재판소법 제74조 제1항 및 오스트리아 헌법재판소법 제58조 제1항 참조. 다만, 오스트리아에서는 소송참가방식을 취함.)

(3) 대법원은 행정사건뿐만 아니라 민·형사사건까지 담당하고 있어서 매우 업무가 많고 현재도 조례안에 대해서는 소부에서 심리할 수 있게 되어 있으므로 법원조직법을 개정하여 대법원에서 행정입법에 대한 통제를 담당하는 재판부는 **대통령령을 제외하고는 소부**에서 심리하도록 한다. **대통령령에 대해서는 전원합의부**에서 심리하도록 한다. 이를 위하여 법원조직법 제7조 제1항 제1호와 제2호를 개정하여 "명령 또는 규칙"이라는 용어를 **"대통령령"**으로 개정한다.

(4) 명령·규칙에 대한 **대법원의 재판권의 내용**에 관한 규정이 필요하

---

96) 법제처장도 포함되어야 한다고 본다. 현재 행정실무상 민·형사관계행정입법에 대해서는 법무부가, 일반적인 행정입법에 대해서는 법제처가, 행정부내에서 해당 부처의 법제업무를 도와주고 있기 때문이다.

다. 이를 위하여, "대법원은 상고된 명령·규칙이 상위법을 위반하였다고 판단하는 때에는 당해 명령·규칙의 전부 또는 일부에 대하여 무효 또는 위법확인할 수 있다"는 규정을 둔다.(위법확인부분은 이미 실효된 과거의 행정입법을 통제할 필요성이 있는 경우를 위하여 필요함. 오스트리아 헌법 제139조 제4항 참조) 대법원의 명령·규칙에 대한 무효 또는 위법확인판결의 기속력을 보장하기 위하여 "대법원의 명령·규칙에 대한 무효 또는 위법확인결정은 모든 국가기관과 지방자치단체를 기속한다"는 규정을 둔다.(헌법재판소법 제75조 제1항 참조)

(5) 행정입법에 대한 위법결정의 장래효

헌법재판소법 제47조 제2항 및 법규명령의 위법결정의 효과를 규정한 오스트리아 헌법 제139조와 유사하게 "위법으로 결정된 명령·규칙이나 그 조항은 결정에서 달리 정하지 않는 한 그 결정이 있는 날로부터 효력을 상실한다. 법원은 명령·규칙의 효력이 장래 일정시점부터 상실되도록 결정할 수 있다"고 규정한다.

(6) 현 행정소송법 제6조상의 위법인 행정입법의 통지 및 공고요건을 조금 더 완화해야 한다. 현 행정소송법 제6조는 "행정소송에 대한 대법원판결에 의하여 명령·규칙이 헌법 또는 법률에 위반된다는 것이 확정된 경우" 행정자치부장관에게 통지하여 관보에 게재하도록 하고 있으나, 피고 행정청의 상고포기등으로 재판이 확정된 경우로 하는 것이 더 적절하지 않을까 생각한다. 대법원까지 가지 않는 경우도 상당히 있을 것이고, 행정입법에 대한 간접적·개별적 통제제도의 경우에는 법원의 판결을 행정입법의 제정기관이 알게 되면 당해 입법을 자발적으로 개정[97]

_____

97) 물론 당해 행정입법의 제정기관은 개정하지 않을 수도 있다.

할 수 있는 정도의 효과를 거두는 의미밖에 없는데, 이 효과를 위하여 대법원에서 최종확정하는 것을 행정자치부장관에게 통지하는 요건으로 할 필요까지는 없다고 보기 때문이다. 따라서, **"명령·규칙이 헌법 또는 법률에 위반된다는 것이 법원의 재판으로 최종 확정된 경우"**라고 개정하는 것이 적절하다고 본다.

(7) 기타 위법심사의 제청서나 신청서에 기재할 사항 등 기술적인 사항에 관한 검토는 줄인다.

3) 일반적 효력통제제도

일반적 효력통제제도는 법원에 계속중인 구체적 사건에 대해서 행정입법의 적법성이 당해 사건의 선결문제인 경우, 행정입법에 대하여 전부나 특정한 일부를 취소 또는 위법확인하는 제도이다.

이에 대해 헌법재판소법 제41조 제1항과 유사하게 제1항에서 **"행정청이 제정한 명령·규칙이 상위법에 위반되는 여부가 재판의 전제가 된 때에는 당해 사건을 담당하는 법원은 직권 또는 당사자의 신청에 의한 결정으로 대법원에 위법여부의 결정을 제청한다"**는 규정을 법원이 제청하는 경우를 위해 두고, 헌법재판소법 제68조 제2항과 같이 제2항에서 **"행정청이 제정한 명령·규칙이 상위법에 위반되는 여부가 재판의 전제가 된 때 당사자의 신청을 법원이 기각한 경우 그 신청을 한 당사자는 대법원에 위법심사신청을 청구할 수 있다. 이 경우 그 당사자는 당해 사건의 소송절차에서 동일한 사유를 이유로 다시 위법여부심판의 제청을 신청할 수 없다"**는 규정을 둔다.

구체적 사건이 계속중인 법원은 그 재판에 적용할 행정입법에 대한 위법여부결정을 대상으로 하는 상고에 관해 대법원의 최종결정이 나오기까지 모든 재판절차를 중단할 필요는 없다. 행정입법에 대한 대법원의 위법여부판단에 의해 영향받지 않는 다른 소송활동이나 결정은 중단되지 말고 계속 진행되거나 내려지도록 근거규정을 두는 것이 좋을 것이다. 이를 위하여, **"법원이 대법원에 명령·규칙의 위법여부의 결정을 제청한 경우에도 계속중인 사건에 관하여 당해 명령·규칙 위법여부에 의하여 영향받지 않는 다른 소송절차를 진행할 수 있다"**는 규정을 둔다. (오스트리아에서 행정입법의 일반적 효력통제절차를 규정한 오스트리아 헌법재판소법 제57조 제3항 참조)

4) 처분적 행정입법의 통제제도

처분적 행정입법은 행정청이 제정하는 명령·규칙이 그에 기한 다른 법집행행위를 기다리지 않고 직접 개인의 법률상 이익을 침해하는 경우이다. 처분적 행정입법의 통제를 위하여 **"행정청이 제정한 명령·규칙에 의하여 직접 법률상 이익을 침해받은 자는 그 명령·규칙의 위법심사를 신청할 수 있다"**고 규정하고,(오스트리아 헌법재판소법 제57조 제1항 참조) 다음 항에서, **"법원은 당해 명령·규칙이 직접 신청자의 법률상 이익을 침해하고 있거나 침해하였다고 판단하는 때에는 그 명령·규칙을 취소하거나 위법확인할 수 있다"**고 규정하며, 그 다음 항에서는 **"법원이 당사자의 신청을 기각한 때에는 당사자는 대법원에 직접 상고할 수 있다"**고 규정한다.

처분적 행정입법에 대하여 다른 처분과는 별도의 제소기간을 둘 필요가 있는지는 검토를 요하는데, 필자는 별도의 규정은 필요없다고 본다.

5) 행정입법에 대한 집행전 심사제도

행정입법에 대한 집행전 심사제도는 행정입법이 제정공포되었으나 아직 시행되지 않고 있는 상태에서 자신의 법률상 이익이 침해될 위험이 있는 자가 제기하는 소송이다. 지방자치단체 등 행정청이 원고가 되는 행정입법에 대한 집행전 심사제도는 조례안에 대한 통제소송이 인정되어 있는 이상 형평을 고려할 때 반드시 도입되어야 한다고 본다. 이를 위하여 "**상급행정청의 명령·규칙에 구속을 받는 행정청은 그 명령·규칙이 상위법에 위반된다고 판단되는 때에는 공포된 날부터 2개월 이내에 대법원에 소를 제기할 수 있다. 이 경우 필요하다고 인정되는 때에는 그 명령·규칙의 집행을 정지하게 하는 집행정지결정을 신청할 수 있다**"는 항을 둔다.(지방자치법 제159조 제3항과 오스트리아 헌법 제139조 제1항 참조)

개인이 직접 행정입법을 상대로 제소할 수 있는 집행전 심사제도를 도입하기 위하여, "**위법한 명령·규칙에 의하여 법률상 이익이 침해될 위험이 있는 자는 법원에 당해 명령·규칙에 대하여 공포된 날부터 2개월 이내에 위법심사제청을 신청할 수 있다**"는 항과, "**당사자의 신청에 대하여 법원은 대법원에의 위법심사제청여부를 결정으로 판단한다**"는 항을 둔다. (독일행정법원법 제47조 및 텍사스행정절차및기록관리법 제12조 (a) 참조)

이 때, 당연히 행정입법의 제정기관이 피고가 되도록 하고 최고 감독기관에게는 의견을 제출할 수 있는 기회가 주어져야 할 것이다. 이 때 행정입법은 아직 시행되기 전이라도 적어도 입법안은 명확해져야 하기 때문에 공포는 되었어야 한다.

4. 권력적 사실행위의 통제

소송유형에 관한 부분은 필자의 집필부분은 아니지만 권력적 사실행위의 통제와 관련된 범위내에서 입법안을 제안하기로 한다. 권력적 사실행위의 통제가 포함되도록 하기 위하여 "**취소소송은 행정청의 위법한**

공권력의 행사 또는 불행사를 취소 또는 위법확인하는 소송이다"는 조
문을 도입한다. 또, **"일시적 성질의 공권력행사를 한 행정청을 특정하도
록 당사자에게 기대하기 어려운 경우에는 국가를 피고로 하여 소를 제
기하도록 허용할 수 있다"**는 규정도 도입한다.(오스트리아 구 행정재판
소법 제28조 제1항 제2호 참조) 예를 들어, 전화도청을 하거나 개인정보
를 유출시킨 행정청을 특정하도록 개인에게 기대하기는 곤란하지만 전
화도청이나 개인정보를 유출시킨 것에 관한 증거는 가지고 있는 경우를
구제하기 위해서이다. 소장에 권력적 사실행위를 한 행정기관이 특정되
어 있지 않고, 또 소제기자에게 그 특정의 기대가능성이 없는 경우, 오
스트리아에서는 행정재판소가 직권으로 조사하여 관계행정청을 찾아내
도록 하고 있는데, 이 입장에 따른다면 **"국가를 피고로 하여"**를 **"피고를
특정하지 않고"**로 바꾸고, **"소장에 공권력행사를 한 행정기관이 특정되
어 있지 않고, 또 당사자에게 그 특정의 기대가능성이 없는 경우, 법원
은 직권으로 조사하여 관계행정청을 특정하여야 한다"**는 규정을 함께
도입하여야 할 것이다.

제2절 행정입법의 부수적 통제에 대한 비교법적 고찰
- 특히 직접적 통제와의 관계를 중심으로 -

I. 행정입법에 대한 사법적 통제의 확대와 비교법적 고찰의 필요성

1. 행정입법에 대한 사법적 통제 확대의 의의

경제성장시대의 권위주의적 행정은 행정능률의 확보를 위하여 대통령을 비롯한 중앙정부의 정책결정자에게 정책형성과 변경에 대한 넓은 재량을 주면서 현장의 집행공무원들의 정책순응도를 높이기 위하여 매우 구체적이고 상세한 통제권을 확보해야 할 필요에 의하여 생겨난 것이다. 정책권력자는 광범위한 정책결정재량 및 지시재량을 가지고 있으나, 현장의 집행기관은 극히 한정된 권한과 재량을 가지고 있으며 단순행정업무에 대한 처리에 있어서만 재량을 행사하고 있었다. 법규명령이나 정책지침과 같은 행정입법은 행정내부의 현저한 권력불균형을 반영하여 정책권력자가 가장 선호하는 수단이 되고 정책결정자의 의사에 따라 쉽게 바뀔 수 있는 것으로 다루어진다. 따라서, 입법설계에 관한 투자도 이루어지지 않고 합의절차도 경시되며, 입법안을 기초하는 일은 정부내의 실무자급의 공무원이 정책결정자의 의사를 충실히 반영하는 기계적인 집행으로 인식된다. 때문에, 권력남용의 위험이 가장 높은 업무임에도 불구하고 외부의 통제기관인 사법적 통제가 가장 미치기 어려운 분야가 된다. 조례에 대한 중앙행정의 통제는 보장되지만 지방자치단체를 구속하는 힘을 갖는 법규명령이나 상급자치단체의 행정입법에 대한 기초자치단체의 원고적격은 인정되지 않아 왔던 것도 권위주의적 행정내부문화 때문이었다고 할 수 있다.

여러 차례 정권이 바뀌고 경제가 크게 발전했지만 물질적인 것이 아니라 법치주의와 같이 사회생활과 국가생활의 핵심적인 정신적 지주가 되는 의식조건의 변화는 도외시되어 왔다. 결국 이것이 한국사회가 선진국으로 발전하는 것을 가로막는 가장 큰 원인이 되고 있는데, 이러한 입법의 부실과 권위상실에 대한 법학자들의 고민과 질타는 행정법학의 초창기부터 있었다.

김도창 박사는 현행법해석을 위해 교과서를 집필하면서 일찍이 1964년 다음과 같이 한탄하였었다. "이번에 개필하면서 새삼 느끼게 된 것은, 우리 사회가 과연 남의 나라의 경우처럼 법의 존엄과 안정을 가질 날이 있을 것인가에 관한 회의와 불안감이었다. 법은 고치면 된다는 생각, 그리고 법은 그것을 그대로 적용할 것인가 아닌가가 법을 집행하는 사람들의 재량에 달렸다고 하는 생각 - 이러한 법치국가의 근본을 파괴하는 위험한 생각이 우리 사회에 만연되고 있다. 법을 집행하는 위치에 있는 사람들 자신이 법을 경시하면서, 민중에게 법을 지키라고 한들 민중이 그것을 지킬 리 없다. 또한, 오늘날 우리는 수많은 행정법령을 가지고 있다. 그러나 이 법령들을 통관할 때에, 법의 내용과 우리의 현실이 너무나 거리가 있다고 느껴지는 경우가 적지 아니하다. 규범이 지나치게 현실로부터 괴리될 때에는 규범으로서 실효성을 갖기 어렵게 될 것이다".[98] 하지만, 이러한 현실은 1992년의 시점에도 크게 나아진 것이 없어 "법치주의가 걸돌고 있다기보다 공동화되고 있다"고 다시 비판하고 있는 것이다.[99] 한스 켈젠이 주장하여 이제 전세계에서 위헌법률심사의 중요한 이론적 근거가 되어버린 법단계설에 따르면 행정입법은 법률의 하위법으로서 극히 제한적인 역할만을 할 것으로 인식되었으나, 한

---

98) 김도창, 행정법론(상), 1964, 서문.
99) 김도창, 한국법제의 현황진단 -입법에 대한 국민적 관심을-, 법제연구 1992, 6면.

국행정실무에 있어서는 하위법으로 내려갈수록 집행권자인 공무원들에게 더 강한 규범력을 가지고 기속하는 속성을 갖고 있는데, 그 이유는 하위법일수록 집행공무원들에게는 보다 더 가까운 상급기관이나 상사의 명령이기 때문이다.100)

이렇게 된 이유는 여러 곳에서 찾을 수 있겠지만 법령에 대해 사법적 통제가 미약했던 것도 그 큰 원인이라 할 수 있을 것이다. 다행히 헌법재판소가 들어선 이후에는 법률에 대한 위헌심사는 활발하게 이루어져 왔으나 행정입법에 대한 통제는 여전히 미약하다. 이러한 사정은 한국, 일본 대만 등 아시아국가들에서는 공통된 것이지만, 최근 한국에서는 행정소송법이 전면개정되어 직접적 통제제도101)와 현행의 부수적 통제제도가 병존하게 될 가능성이 높아지고 있다. 하지만, 새로운 입법적 시도가 성공하고 또 입법화된 이후 정착하기 위해서는 학자들의 충실한 연구와 법원의 적극적인 의지가 뒷받침되지 않으면 안된다. 규범이 규범으로서 실효성을 갖도록 하는데 있어 사법적 통제는 법치주의의 진정한 중추(true Backbone of the Rule of Law)라고 할 수 있기 때문이다.102)헌

---

100) 김도창, 상계 논문, 6-7면. ; 동인, 한국에 있어서의 입법의 이상과 현실, 국회보 제217호(1984), 108-110면.

101) 행정입법에 대한 직접적 통제제도는 행정입법을 제정하여 공포하기는 하였으나 아직 시행되지 않고 있을 때 권리침해의 임박성을 이유로 심사하는 집행전 심사제도(direct pre-enforcement Review)와 집행단계에서의 심사제도(review in enforcement proceedings)로 나눌 수 있다.(미국의 분류방식) 집행단계에서의 심사제도도 시행되고 있는 행정입법에 대해 그것이 직접적으로 현재 개인에게 효력을 미치는 처분적 성질을 가질 때의 처분적 행정입법의 심사제도(오스트리아는 이를 별도로 규정함)와 구체적 처분에의 해석적용에서 문제될 때 당해 행정입법을 심사하되 위헌이나 위법으로 판단된 행정입법이 소를 제기한 사람뿐만 아니라 그 밖의 모든 사람에 대해서 일반적으로 효력을 상실하는 일반적 효력통제제도(한국 헌법재판소법 제47조 제2항)가 있다. 졸고, 항고소송의 대상에 관한 입법적 검토, 2002.7.2 행정소송법법관세미나자료 참조.

102) Edward J. Schoenbaum, Improving public Trust & Confidence in administrative Adjudication : What administrative Law Practitioners, Judges, and Academicians can do, Administrative Law Review 2001, p.575-576.

법재판소와 법원이 없다면 헌법과 법령은 단지 종이문서일 수도 있는
것이다.

2. 행정입법에 대한 부수적 통제의 의의와 비교법적 고찰의
   필요성

부수적 통제는 행정입법 자체를 직접 소송대상으로 삼아 소가 제기되
는 것이 아니라 다른 구체적 사건에 관한 재판의 전제로서 당해 행정입
법의 위법여부를 판단하는 제도로서, 당해 사건과 관련하여 그 개별처분
의 근거인 행정입법규정의 위법확인을 내용으로 하는 개별적·상대적 무
효확인제도이자 간접적인 적용배제제도이다. 일반적 효력통제제도가 아
니어서 행정입법이 무효로 판단되어도 소송참가인들 사이에서만 그 효
력이 인정된다. 그 동안 학계에서는 간접적 규범통제라고 하거나 개별
적·상대적 통제제도로 불러왔으나, 직접적 통제와 부수적 통제로 나누
어 설명하는 것이 각 유형의 차이를 선명하게 보여줄 수 있는 장점을 갖
는다고 생각한다.

현재까지 법원 판례상 행정입법에 대한 부수적 통제의 예들은 상당히
많고 조례통제의 경우를 제외하면 법원의 유일한 행정입법통제제도이었
다고 할 수 있으며 행정소송법이 전면 개정된 경우에도 법원이 빈번하
게 이용할 가능성이 크다.

부수적 통제제도는 독일에서는 부수적 규범통제(Inzidentkontrolle ;
Incidenter-Kontrolle)라고 부르고, 프랑스에서는 위법성의 항변(Exception
d'illégalité)이라고 부르며, 영국에서는 '병행소송'('Collateral Challenge',
'Collateral Proceeding') 또는 '병행청구'('Collateral Attack')의 문제 또는
선결문제(민·형사법원에서 처분의 위법이 선결문제인 경우와 비슷하기
때문)라고도 부른다. 비교법적으로 볼 때, 프랑스, 독일, 영국은 모두 부

수적 통제방식을 이용하고는 있지만, 한국과 같이 빈번하게 이용하지는 않는다. 현실적으로 부수적 통제제도는 한국의 주된 행정입법통제제도로서 가장 많이 이용되고 있는 제도임에도 학계에서 그 동안 부수적 통제 관한 비교법적 고찰이 부족했다. 이로 인해 부수적 통제를 둘러싼 여러 법적 쟁점들이 문제로 부각되지 않거나 문제가 있어도 적절한 해결책이 제시되지 못했었다.

Ⅱ. 행정입법에 대한 부수적 통제와 직접적 통제제도의 관계

1. 직접적 통제와 부수적 통제의 병존필요성

1) 행정입법에 대한 직접적 통제와 부수적 통제의 병존필요성에 관한 영국의 논의

한국 행정법학계에서는 행정청의 개별처분의 위법여부에 대하여 민·형사법원이 독자적으로 판단할 수 있는가의 문제를 보통 선결문제로 다루어왔으나 행정입법의 위법여부에 대해서도 똑같은 문제가 제기될 수 있다. 영국에서는 전자[103] 와 후자의 문제를 합하여 '병행소송'('Collateral Challenge', 'Collateral Proceeding') 또는 '병행청구'('Collateral Attack')의 문제 또는 공·사법의 혼합문제라고 부른다.[104][105] 여기서 병행이라는

---

103) 영국에서 부수적 소송은 과거에 이미 한국의 경우처럼 행정입법이나 개별처분이 표면적으로 보아 명백히 무효인 경우(evident invalidity on the face)에도 허용되지만, 위법인 경우에도 절대적 무효와 상대적 무효(nullity as an absolute concept and as a relative concept)로 나누거나 사실상의 허가(a license de facto), 사실상의 공무원(Officers de facto) 등의 이론을 통하여 인정되고 있었다. William Wade/Christopher Forsyth, Administrative Law, 8.ed., 2000, p.289. 291.

표현은 개별처분이나 행정입법의 심사를 위해 설계되지 않은 다른 절차 (예, 민·형사소송)에서 다른 주요문제의 전제문제로서 심사를 한다는 의미이다. 다만 이 때, 영국에서 선결문제로서 심리할 수 있는 다른 절차에는 민사소송이나 형사소송이외에도 행정심판(administrative Appeal)도 포함된다.

영국에서는 1978년 최고법원규칙(Rule of the Supreme Court (Order 53))과 1981년 최고법원법(Supreme Court Act)의 제정이후 전통적인 민사소송과 구별되는 독자적인 행정소송체계가 확립되고 사법과 구별되는 공법학의 원리들에 대한 연구가 매우 활성화되고 있다. 이에 따라, 영국에서는 행정법원이 행정입법에 대해 '직접적 소송'('Direct Challenge') 내지 '직접적 청구'('Direct Attack')를 심사할 수 있는데, 70년대 후반 이후 행정소송이 강화된 상황에서도 민·형사법원이 과거와 같이 여전히 행정입법에 대한 부수적 통제를 할 수 있는가에 관한 논쟁이 벌어져 학설과 판례가 나뉘고 있다.106) 이 논의들은 한국에서 행정입법에 대한 부수적 소송과 직접적 소송을 병존시킬 필요가 있는가의 문제를 이해하는데 상당한 시사점을 준다.

선결문제로서 민·형사법원의 독자적 심사에 반대하는 입장에서는 다음의 논거들을 제시한다.

---

104) Carl Emery, Administrative Law : Legal Challenges to Official Action, 1999. pp.161-180. ; William Wade/Christopher Forsyth, Administrative Law, 8.ed., 2000, pp.287-294. ; P.P. Craig, Administrative Law, 4.ed., 1999, pp.756-767. ; Brian Jones/Katharine Thompson, Garner's Administrative Law, 8.ed., 1996, pp. 173-177.

105) 법령에서 부수적 통제를 명백히 배제시켜 놓은 경우에는 부수적 소송을 인정하지 않고 오직 행정소송만이 인정된다. 예를 들어 공공사업을 위한 토지수용에 대한 소송의 제기는 수용결정이후 6주 이내에만 가능하다. 이 경우에는 부수적 소송은 허용되지 않는데, 그것은 많은 재정이 투입되는 공공사업의 원활한 수행을 위해서는 6주가 지난 후에는 부수적 소송을 인정하지 않는 것이 정책적으로 필요하기 때문이다.

106) 이하의 내용은, Carl Emery, a.a.O., p.163-165.

첫째, 기술적 측면에서 볼 때 행정법원은 당해 행정입법을 제정한 행정청이 제출한 기록, 청문내용, 다른 행정입법들을 다루면서 획득한 공법적 쟁점들의 종합적 검토능력과 전문성 등에서 민사법원보다 강점을 지닌다는 것이다. 즉, 민·형사법원 등은 개인적 권리의 관점에서만 바라보기 때문에 복잡한 정책적 주제들을 다루고 평가하는데 있어 약점이 있고 행정재량의 통제나 입법자의 공익보호관점을 고려하는데 한계가 있다. 기술논거(skills argument)라고 불리운다.

둘째, 민·형사법원 등은 행정소송으로 제기되었을 때 이용가능한 취소나 무효선언, 이행명령 등과 같은 다양한 재판을 할 수 없다. 행정입법에 대한 직접적 소송에서는 한국의 헌법불합치결정처럼 입법자에게 행정입법의 정비명령을 내리되 정비시기까지는 유효하게 적용되거나 또는 적용이 중단되도록 하는 등 개별 사례에서의 정당성을 고려한 탄력적 대응이 가능하나, 부수적 심사에서는 그것이 어렵다는 점도 지적되고 있다. 도구논거(tools argument)라고 불리운다.

셋째, 공법문제에 대하여 행정소송에서만 다룰 수 있게 하는 것이 공법의 명확성과 일관성을 보장할 수 있다는 점이 논거로 제시된다. 즉, 민·형사법원의 부수적 판단은 각급법원마다 판단이 다르고 행정법원의 판단과 모순될 수도 있어서 판례법질서의 일관성과 명확성을 해칠 수도 있다는 것이다. 특히, 민·형사법원의 부수적 판단은 당해 행정입법의 무효를 일반적·대세적으로 확인하는 것이 아니기 때문에 다른 소송에서 같은 문제가 다시 제기되어 다른 결론에 도달할 수도 있다는 점이 치명적 약점으로 지적된다.[107) 또, 당해 행정입법의 제정자와 민·형사법원의 당사자인 행정기관이 서로 다를 때 공법의 명확성과 일관성은 크게 위협받는다.

선결문제로서 민·형사법원의 독자적 심사를 긍정하는 입장에서는 몇

---

107) Carl Emery, a.a.O., pp.164-165.

가지의 논거를 제시한다.

첫째, 행정소송에서의 제소기간제한과 같은 절차적 제한이 민·형사사건에서 장애물이 되어서는 안된다는 점을 강조한다. 영국의 유명한 행정법학자중의 한사람인 Craig는 사람들이 행정입법이나 개별처분의 통제를 위해 행정소송이외에 부수적 소송이 필요하다고 하는 핵심적 이유는, 행정소송을 제기하기 위해서는 단기간의 제소기간을 준수하여야 하나 그것을 지킬 수 없음에도 사법상의 권리나 형사재판에서의 권리를 보호받기 위해서 행정입법이나 개별처분의 위법을 선결문제로서 주장할 필요가 있기 때문이라고 하면서, 단기간의 제소기간이 특히 문제되는 때는 행정입법이나 개별처분의 무효를 주장할 필요가 있는 자가 피고(또는 피고인)이어서 소의 제기시기를 스스로 통제할 수 있는 위치에 있지 않은 때라고 한다.108) 제소기간이 다른 모든 권리들을 눌러버리는 '으뜸패'('Triump')가 되어서는 안된다는 것이다. '추방의 논거'('lock-out argument')라고 불리운다.109)

둘째, 부수적 소송을 광범위하게 허용해야 하는 이유는 법의 지배와 개인의 권리보호를 위해 행정청이 제정한 행정입법이나 개별처분을 다툴 공정한 기회를 가능한 한 넓게 갖는 것이 필요하고 의회는 법률을 제정하면서 개인들에게 그러한 기회를 막지 않으리라는 강한 추정이 존재하기 때문이라고도 한다.

셋째, 재판의 신속성을 강조하면서 행정법원에 이송하여 판단이 나올 때까지 기다리는 것은 원스톱처리정신에 반한다는 점이 제시된다. '원스톱 소송 논거'('one-stop litigation argument')라고 불리운다.110)

넷째, 유럽공동체법사건의 경우 부수적 심사가 널리 이용되고 있는데, 국내법사건만 그 제한이 엄격한 것은 형평에 맞지 않는다는 점등이 거

---

108) P.P. Craig, Administrative Law, 4.ed., 1999, p.756.
109) Carl Emery, a.a.O., p.163.
110) Carl Emery, a.a.O., p.163.

론되고 있다. '유럽법논거'라고 불리운다.

절충적인 입장에서 문제된 행정입법에 관한 쟁점이 실체적(substan-tive) 성질의 것인가 아니면 절차적(procedural) 성질의 것인가에 따라 절차적 쟁점에 대해서만 부수적 심사를 허용하자는 판례들도 존재한다.111) 왜냐하면 실체적 성질의 쟁점일 때 복잡한 정책판단능력을 갖추지 못한 각급의 민·형사법원들이나 행정심판에서까지 행정입법의 무효를 판단하는 것은 너무 산만하고 절차적 정당성도 보장되지 않기 때문이다.112)

이상 부수적 통제의 허용여부에 관한 찬반논쟁의 치열함에도 불구하고 민·형사사건을 다루는 법원은 소수의 사건에서 부수적 통제가 가능하지 않다고 보기도 했지만 보다 많은 다른 사건들에서 행정입법에 대한 부수적 통제를 수행하고 있다.

2) 한국 행정소송법상 행정입법에 대한 부수적 통제와 직접적 통제의 병존 필요성

헌법재판소는 부수적 규범통제제도에 대하여 보충성원칙이 적용되는 권익구제제도로 인식하고 있지 않다. 행정소송법에 직접적 통제제도가 도입되지 않는다면 헌법재판소는 이러한 전제위에서 처분적 행정입법 등과 관련하여 법원의 관할영역에 다시 개입할 수도 있을 것이고, 법원의 판단과 헌법재판소의 판단이 충돌하는 상황도 출현할 수 있을 것이다. 또, 직접적 소송이 도입된다면 부수적 소송의 경우보다는 절차적 정당성을 강화시킬 것이므로 행정입법에 대해 다양한 관점에서 상충하는 이해관계를 가진 자들의 논쟁을 거쳐 판단할 수 있게 되지만, 부수적 통제의 경우에는 다른 개별적 사건을 처리하는 과정에서 제한적인 관심을

---

111) Waverley Borough Council v Hilden ; Avon County Council v Buscott.

112) 이에 관한 소개는 Brian Jones/Katharine Thompson, Garner's Administrative Law, 8.ed., 1996, pp.175-177 참조.

가지고 주로 개인적 권리의 관점에서만 바라보게 된다. 따라서, 복잡한 정책적 주제들과 관련된 행정입법의 경우에는 입법자의 공익보호관점을 고려하고 충돌하는 사익들을 종합적으로 고려하는데 한계가 있다. 하지만, 반대로 부수적 소송은 직접적 심사의 경우보다 전체 법질서에 큰 영향을 주지 않으면서 신속하게 재판을 할 수 있다는 장점도 갖는다.

새로운 행정소송법에 직접적 통제제도가 도입된다면 직접적 소송의 제기가 가능한 기간내에는 직접적 소송을 주로 이용하고 부수적 소송의 이용은 줄이도록 운용하며, 직접적 소송 제기를 위한 제소기간이 경과한 자를 구제하기 위해 정당한 필요가 있을 때는 부수적 심사청구를 인정하는 방식으로 두 소송을 이용하는 것이 적절할 것이다. 영국에서도 직접적 통제이외에 부수적 통제를 인정하는 가장 핵심적 논거가 바로 제소기간제한으로 인해 야기되는 불합리한 문제의 발생을 방지할 필요에 있었다. 즉, 행정입법의 무효를 주장할 필요가 있는 자가 민사소송이나 형사소송에서 피고(또는 피고인)이어서 소의 제기시기를 스스로 통제할 수 있는 위치에 있지 않은 때에 그는 직접적 소송을 전혀 이용할 수 없기 때문이다.

3) 중요한 기본권이나 복잡한 이해조정과 관련된 행정입법에 대한 부수적 통제의 절차적 정당성의 강화

법원의 심사는 규제개혁위원회나 국가인권위원회 등 유사입법통제기관들과 비교하여 심사절차의 전문성과 공정성에 있어 우위를 보여줄 수 있어야 한다. 따라서, 부수적 소송에서도 매우 중요한 기본권에 관한 문제이거나 사회적 파급효과가 크고 이해관계가 복잡하거나 전문적 판단이 필요한 문제일 때, 행정입법의 무효여부판단과정에 있어 행정입법에 대한 무효판단을 보다 신중하고 공정하게 수행하기 위하여 절차적 정당성을 강화시키는 조치가 필요하다. 당해 행정입법의 제정자, 감독기관,

이해관계있는 자치단체, 이해관계있는 시민단체나 시민 등이 법원의 판단에 그들의 의견을 충분히 반영시킬 수 있도록 하고, 전문가에게 감정의견을 제출할 수 있는 절차를 마련하는 것이 필요하다. 의견제출제도나 소송참가제도를 적절하게 변형시켜 이용할 수 있을 것이다. 다만, 이 규정은 부수적 통제소송이 갖는 신속성의 보장, 유연성 등의 장점을 잃지 않도록 하기 위해 적용범위를 이상에서 열거한 경우들에 한정하도록 하여야 한다. 그러나, 재량규정으로 하여 법원이 그 필요성을 재량을 가지고 판단하도록 하는 방법은 절차적 장치들을 전혀 활용하지 않을 위험도 있으므로 적절하지 않다고 본다.

2. 동일한 법조문에 대한 직접적 통제법원과 부수적 통제 법원의 판단의 저촉가능성의 방지

1) 두 법원간 판단의 모순저촉방지를 위한 독일의 논의

독일행정법상 선결문제로서 행정입법을 심사하는 것을 부수적 규범통제(Inzidentkontrolle ; Incidenter-Kontrolle)라고 부르는데, 이것은 행정입법 자체를 직접 소송대상으로 삼아 소가 제기되는 것이 아니라 다른 구체적 사건에 관한 재판의 전제로서 당해 행정입법의 위법여부를 판단하는 것으로서,[113] 독일 행정법학상 통설과 판례는 이를 긍정한다. 부수적 규범통제는 당해 사안과 관련해서만 개별적·상대적으로 당해 행정입법의 적용을 거부하는 적용배제권(Nichtanwendungsbefugnis)에 불과하고, 일반적 효력을 갖지 않는다. 행정입법의 무효는 소송참가인들사이에서만 인

---

113) Gerhardt, in : Schoch/Schmidt-Aßmann/Pietzner, VwGO, §47, Rn.8f. ; Schmitt Glaeser, Verwaltungsprozeßrecht, 1994, Rn.75. ; Thomas Würtenberger, Verwaltungsprozeßrecht, 1998, Rn.438-440.

정된다. 이 점은 개별처분이 선결문제가 되는 경우와 같다. 따라서, 행정
청은 다른 행정절차에서 당해 행정입법을 유효하게 적용할 수 있다. 부
수적 규범통제는 어떤 행정입법의 위법여부가 처분의 위법여부뿐만 아
니라 법률관계의 존부확인에 있어 선결문제인 경우에도 이루어질 수 있
으므로 행정법원뿐만 아니라 민사법원이나 형사법원에서도 허용된
다.114)

행정입법에 대한 직접적 소송 내지 주위적 소송(연방행정법원법 제47
조)에서는 행정입법 자체를 직접 소송대상으로 하여 특정의 법률관계에
제한당하지 않고 포괄적으로 합법성과 유효성을 심사한다. 직접적 소송
은 당해 행정입법을 적용한 개별 처분 등을 다투면서 특정 행정입법규
정의 무효를 주장하는 다수의 부수적 소송들을 예방하여 분쟁을 일거에
처리할 수 있는 것에서 그 필요성을 찾는다.

행정입법의 부수적 통제제도의 헌법적 근거는 다음의 두 조문에서 찾
는다. 즉, 기본법 제19조 제4항에 의해 이해관계인은 권리보호의 형식에
구애받지 않고 자신의 권리를 효과적으로 구제받을 수 있어야 하는데,
권리구제에 필요하기만 하다면 부수적 규범통제제도는 인정되어야 한다
는 점과,115) 법원은 오직 적법한 행정입법에만 구속당하기 때문에 구체
적 사건을 해결함에 있어 위법한 행정입법을 적용해서는 안된다고 규정
한 기본법 제20조 제3항이다.

부수적 규범통제는 재판절차의 속행정지의무나 제청의무 또는 위법심
사기관의 제한에 따른 제약을 받지 않고 구체적 사건을 심리하는 법원
이 통제권을 행사할 수 있는 유연성(Beweglichkeit)을 제공한다는 점에서
실무상 장점을 갖는다.116) 다만, 부수적 규범통제에 관한 판례도 상대적

---

114) Gerhardt, in : Schoch/Schmidt-Aßmann/Pietzner, VwGO, §47, Rn.8.
115) Wolf-Rüdiger Schenke, Verwaltungprozeßrecht, 1994, Rn.1064.
116) Eberhard Schmidt-Aßmann, Die kommunale Rechtsetzung im Gefüge der
administrativen Handlungsformen und Rechtsquellen - Aufgaben, Verfahren, Rech-
tsschutz-, 1981, S.52.

으로 드물고 관련 논문도 한 두편에 그칠 정도이어서 그렇게 활발하게 이용되는 것 같지는 않다.

행정입법의 동일한 규정에 대한 직접적 소송과 부수적 소송이 병행하여 제기되거나 순차적으로 제기될 때, 어느 한쪽의 소송계속은 다른 소송의 계속을 방해하는가, 방해하지 않는다면 법원들사이에서 판단의 모순저촉의 위험은 어떻게 피할 수 있을까? 현재 독일에서 양 소송들사이에 판결의 모순저촉을 피하기 위한 법적 장치는 존재하지 않는다. 당해 행정입법에 대한 직접적 소송이 계속중일 때에도 부수적 소송의 제기는 가능하다. 독일의 경우 직접적 소송은 고등행정법원이 1심이지만 다른 권리구제소송들은 지방법원들이 1심법원이므로 판단의 상충가능성은 더 크지만, 법원들사이에 판단이 달라지더라도 적어도 법적으로 문제될 수는 없다.

다만, 직접적 소송에서 먼저 판결이 내려져 특정 행정입법의 규정이 무효로 선언되면 그 판결의 효력은 부수적으로 당해 행정입법의 무효여부가 문제된 개별 소송에도 미치지만, 부수적 소송의 판결의 효력은 직접적 소송에는 미치지 않는다. 따라서, 판례의 통일을 위하여 부수적 소송이 먼저 계속중일 때 직접적 소송의 심사절차는 중단될 수 없지만, 직접적 소송이 이미 계속중이거나 동시에 제기되었을 때는 부수적 소송에서 행정입법에 대한 독자적 심사절차를 중단해야 한다는 견해가 다수설인 듯하다.(독일 행정법원법 제94조, 민사소송법 제148조의 유추적용)[117]

직접적 소송과 부수적 소송이 모두 제소기간내에 있을 때, 소송유형은 원고가 신청한 내용에 따라 결정된다. 원고의 신청내용이 불확실하고 해석상 이송이 허용되는 것일 때에는, 직접적 소송을 제기해야 할 사안

---

117) Hans-Jürgen Dageförde, Prinzipale und inzidente Kontrolle desseben Bebauungsplanes, Verwaltungs-Archiv 1988, SS.139-143. ; Eberhard Schmidt-Aßmann, a.a.O., S.52. ; Gerhardt, in : Schoch/Schmidt-Aßmann/Pietzner, VwGO, §47, Rn.9.; Ziekow, in : Sodan/Ziekow, VwGO, 1998, §47, Rn.27.

을 부수적 소송으로 제기했거나 그 반대인 경우, 제소받은 법원은 직권
으로 관할권있는 법원에 이송하여야 한다.118)

2) 한국에서 두 법원간 판단의 모순저촉방지

직접적 소송이외에 부수적 소송을 허용하는 입장에서도 법원간 판단
의 모순저촉위험은 상당히 심각한 문제이다. 하급심에서도 부수적 소송
이 가능함으로 인해 동일한 행정입법조문에 대하여 직접적 소송과 부수
적 소송, 또는 부수적 소송들이 병행적으로 제기되고 각급 법원마다 판
단이 달라 판례법질서의 일관성과 명확성을 해칠 수도 있다. 특히, 당해
행정입법의 제정자와 문제된 소송의 당사자인 행정기관이 서로 다를 때
공법의 명확성과 일관성은 크게 위협받는다. 독일과 같이 직접적 소송을
다루는 1심법원이 고등법원으로 결정된다면 부수적 소송은 지방법원들
이 1심법원일 것이므로 판단의 상충가능성은 더 크다.

이러한 판결의 모순저촉을 피하기 위해 직접적 통제제도와 부수적 통
제제도 사이에 보충관계가 존재한다고 할 것인가, 아니면 신청자의 처분
권에 맡기는 것이 합리적인지 검토해볼 필요가 있다. 보충성의 원칙이
적용된다 하더라도 직접적 통제제도와 부수적 통제제도사이에서 어느
것이 우선 적용되는가? 직접적 소송의 제기가 가능한 기간내에는 행정
소송에서든 아니면 민·형사소송에서든 부수적 소송의 제기는 할 수 없
다고 이론구성할 수도 있을 것이다. 하지만, 독일의 다수설을 참고할 때,
법이론상으로는 직접적 소송이 계속중일 때에도 보충관계는 존재하지
않아 부수적 소송의 제기를 막을 수는 없다고 본다. 이 경우에 판결의
모순저촉을 피하기 위하여 입법에 의해 부수적 소송을 제기할 수 없도

---

118) Hans-Jürgen Dagefӧrde, Prinzipale und inzidente Kontrolle desseben Bebauung-
    splanes, Verwaltungs-Archiv 1988, SS.129-130. ; Ziekow, in : Sodan/Ziekow,
    NKVwGO, §47, Rn.28.

록 하거나 직접적 소송의 최종결과가 나올 때까지 심사를 중단하도록 규정하는 것은 소송지연을 노리는 당사자가 직접적 소송을 제기하여 개별소송을 지연시키는 방식으로 악용할 수도 있으므로 바람직하지 않을 것이다.

그러나, 부수적 소송의 판결이 먼저 내려져도 그 판결의 효력은 직접적 소송에는 미치지 않지만, 직접적 소송에서 먼저 판결이 내려져 특정 행정입법의 규정이 무효로 선언되면 그 판결의 효력은 당해 행정입법의 무효여부가 문제된 다른 부수적 소송에도 미친다는 점을 고려할 때, 적절한 대책이 있어야 한다. 우선, 모순저촉을 피하기 위하여 부수적 소송이 먼저 계속중일 때 직접적 소송의 심사절차는 중단될 수 없다는 점은 분명하다. 하지만, 부수적 소송과 병행하여 직접적 소송이 제기된 때에는 그 사실이 법원내부의 인터넷망을 통해 모든 법원에 공지되도록 하고 부수적 소송을 담당하는 법관은 그 사안을 파악하여 직접적 소송에서 당해 행정입법이 무효로 선언될 가능성이 있을 때에는 사실상 소송절차를 중단하고 결과가 나오기까지 기다리는 것이 타당하다고 본다. 부수적 소송이 제기된 경우 그것을 심리하는 법원은 미리 동일한 법조문에 대한 직접적 소송이 제기되어 있는지 또는 부수적 소송계속중에라도 직접적 소송이 새로이 제기되는지를 확인하도록 하는 것이 필요하다. 물론, 만약 직접적 통제를 위해 3심절차를 모두 거쳐야 최종결과가 확정되도록 제도가 형성된다면, 부수적 통제법원은 장기간 기다려야 하기 때문에 이러한 이론구성은 중대한 장애에 부딪칠 것이다. 직접적 소송의 최종결과가 가능한 한 단기간에 확정될 수 있도록 단심제나 그와 유사한 것이 되어야 할 것이다.

Ⅲ. 행정입법에 대한 부수적 통제법원의 무효판단에 반하는 행정활동의 방지

1. 행정과 법원의 절차적 협력의 강화필요

현행 행정소송법 제6조 제1항, 제2항에 따를 때, 대법원의 판결이 있는 경우에만 명령·규칙의 위헌판결 등에 대해 행정자치부장관에게 통지하여 관보에 공고하는 절차를 밟도록 하고 있다. 이 절차는 1984년 12월 15일 행정소송법개정(법률 제3754호)에 의해 도입되었는데, 이 규정의 목적은 행정에의 정보제공편의와 무효인 법령에 대한 국민들의 인지도의 제고에 있다고 할 수 있을 것이다. 그러나, 이 규정만으로는 대법원이 위법판단한 행정입법에 대해 행정부가 아무런 조치를 취하지 않는 경우에도 어떤 대책이 있는 것이 아니다. 그러한 현실을 보여주는 것으로 최근에는 찾아보기 어렵지만 10년 전까지도 행정입법의 동일한 법조문에 대해 대법원이 위법판단을 반복하는 현상이 나타났었다.

1984년 12월 15일 행정소송법개정으로 행정입법을 무효라고 선언한 판결을 관보에 게재하도록 하는 절차가 도입된 지 상당한 시간이 흐른 후인 90년대에도 수자원보호령 수산자원보호령 제25조 제1항, 제31조 제1호에 대해 대법원이 동종사건에서 두 번씩 위법판단을 해야 했었고, (대법원 1991.10. 22, 91도1617 ; 대법원 1991.11.12, 91도1659) 배기량 50cc 미만의 원동기를 단 자전거를 "원동기장치 자전거"에 포함시킨 도로교통법시행규칙(1987.8.1. 교통부령 제861호) 제2조의2가 모법인 도로교통법 제2조 제15호에 위반되어 무효라고 판시한 대법원판례도 두 번이나 출현했다.(대법원 1990.11.27, 90도1516 ; 대법원 1991.04.23, 90도2194) 이것은 대법원이 위법판시한 행정입법에 대해 행정이 즉각 폐지하지 않아 나타나는 문제라 할 수 있는데, 부수적 통제제도의 중대한 결함이라 할 것이다.

더구나, 하급심에서 위헌이나 위법판시된 행정입법은 관보에 공고되지 않아 그 효력이 제거되는 절차가 사실상 진행되지 않고 있다. 규제개혁위원회나 국가인권위원회 등 비법률가로 이루어진 행정기관들도 과감하게 실정법의 개정이나 폐지를 해당 정부기관에 권고할 수 있는 권한을 가지고 있다. 즉, 행정규제기본법 제14조 제2항은 "권고를 받은 관계중앙행정기관의 장은 특별한 사유가 없는 한 이에 따라"야 한다고 규정하고 있다. 국가인권회의법은 제19조에서 인권에 관한 법령의 개선권고를 할 수 있도록 하면서, 동법 제20조 제1항은 "관계국가행정기관 또는 지방자치단체의 장은 인권의 보호와 향상에 영향을 미치는 내용을 포함하고 있는 법령을 제정 또는 개정하고자 하는 경우 미리 위원회에 통보하여야 한다"고 하고 있으며, 동법 제25조는 정책이나 관행에 대해 시정권고하고 그 권고사항을 따르지 않을 때는 문서로 설명할 의무를 부과하면서 그 설명내용을 공표할 수 있도록 국가인권위원회에 권한을 부여하고 있다. 이와 비교할 때, 하급심에서 행정입법의 위법판단을 하고도 그것을 해당 행정입법의 제정기관이나 관보발행기관 등에게 통지하는 절차도 없는 것은 법원의 권위를 극히 약화시키는 것으로서 시급히 시정되어야 할 사항이라 할 것이다.

예를 들어, 하급심의 판결중에서도 국민적 관심사인 병역의무에 관한 규정인 **병역법시행령** 제96조 제7항이 병역면제의 취소와 병역의무를 부과할 수 있도록 무단히 그 범위를 확장하여 정하고 있으므로 이는 모법의 위임이 없거나 그에 반하는 무효의 규정이라 한 판례(대전지법 1994.06.03 94구116 병역면제취소처분취소청구사건)에도 불구하고 관보에 게재되지도 않아 국민들도 알 수 없으며 여전히 구법령이 그대로 존속한다는 것은 민주주의와 법치국가적 정당성을 현저히 결여하고 있는 것이라 할 것이다.

따라서, 하급심에서 무효판시한 행정입법에 대해 최소한 당해 행정입법의 제정부처에의 통지제도를 도입하는 것이 필요하다. 그 후 해당 행

정부처는 법령정비사항을 법원에 통지할 의무를 지도록 해야 한다. 규정
으로 도입되지 않은 경우에도 실무운용과정에서 해당 행정입법의 주무
부처에 위법판시사항을 통지하는 공문을 보내면서 법령정비사항을 사후
에 통지해주도록 작성하여 보내는 방법을 생각해볼 수 있을 것이다.

2. 부수적 소송에서 무효판단한 행정입법에 대한 이해관계인 의 권리

1) 부수적 소송에서 무효판단한 행정입법에 대한 프랑스의 사후적 통제 방법들

프랑스 월권소송에 의한 행정입법통제는 원칙적으로 "개인적이고 직
접적인 이익"이 침해된 사람이 법규명령자체의 취소를 구하는 직접적
통제방식이다. 그러나, 2개월의 제소기간이 지난 후에도 당해 법규명령
에 기초한 개별적 처분이나 행정계약의 위법을 다투는 과정에서 그 법
규명령의 위법을 다투는 위법성의 항변(Exception d'illégalité)을 할 수 있
다.[119] 위법성의 항변은 개별적 처분의 위법을 다투는 월권소송에서 소
를 제기한 자가 주장하거나, 완전심리소송에서 원고가 주장하거나 피고
가 방어의 형태로 주장함으로써 나타날 수 있다.[120]

프랑스 행정법상 위법성의 항변개념은 당해 사건과 관련하여 그 개별
처분의 근거인 행정입법규정의 위법확인을 내용으로 하는 개별적·상대
적 무효확인제도이자 간접적인 적용배제제도이다. 판사가 선결문제인
행정입법에 대해 위법의 확인(Constatation)을 한다 하더라도 그것은 취

---

119) Pierre Delvolvé, l'acte administratif, Sirey 1983, n°589. p.235-236.
120) Emmanuel Langavant/Marie-Christine Rouault, Le Contentieux administratif, 1987, p.186.

소(Annulation)를 의미하는 것이 아니어서 제3자에 대해서는 효과를 미치지 못하고 소송당사자에 대한 상대효인 기판력(Autorité relative de chose jugée)만을 발생시킬 뿐이다.121) 당해 사건과 관련하여 그 적용이 배제될 뿐이고 당해 행정입법은 여전히 유효하다.122)

그러나, 행정실무는 사실상 무효인 행정입법의 개정이나 폐지가 의무인 것과 마찬가지로 운용되고 있다. 행정은 법이론상으로 당해 행정입법을 다시 적용할 수는 있지만 행정에게도 그것은 매우 위험한 것이 된다. 왜냐하면 일단 위법성의 항변을 거쳐 위법확인이 된 행정입법에 대해 행정이 그 행정입법을 준수하지 않더라도 위법은 아닐 뿐만 아니라, 폐지 등의 청구가 있으면 행정은 폐지의무를 지고,123) 법원이 위법하다고 인정한 행정입법에 대하여 소송을 제기한 사람뿐만 아니라 모든 사람이 폐지나 개정을 청구할 수 있고, 그 시기도 행정이 정비하지 않는 한 계속 가능하다.124) 이러한 판례이론을 반영하여 1983년 11월 28일의 데크레 제3조는 개별처분이 그 근거인 행정입법의 위법을 이유로 취소된 때에는 관할행정청은 위법한 행정입법에 대하여 제소기간이 지났더라도 제3자의 기득권을 침해하지 않는 한 문제된 행정입법규정에 대해 판결의 이유를 고려하여 폐지하거나 개정하는 등의 요구에 따르지 않으면 안된다고 규정하고 있다.

한편, 당초의 행정입법이 후발적으로 위법하게 된 경우 당초의 제소기간이 지났어도 사정변경이 생긴 때로부터 제소기간이 다시 진행하여

---

121) Debbasch/Ricci, Contentieux administratif, 8éd., 2001, n°944, p.834-835. ; Emmanuel Langavant/ Marie-Christine Rouault, Le Contentieux administratif, 1987, p.187.

122) 적용은 배제되지만 여전히 유효한 상태는 매우 혼란스러운 상황을 초래하기 때문에 법원은 당사자가 위법의 주장을 하더라도 위법을 잘 인정하지 않는 경향도 있다고 한다. Debbasch/Ricci, Contentieux administratif, 8éd., 2001, n°944, p.835.

123) C.E., sect., 8nov. 1968, Min. Finances c/Menez, Rec., p.557.

124) Emmanuel Langavant/Marie-Christine Rouault, Le Contentieux administratif, 1987, p.189.

당해 행정입법의 무효확인을 구할 수 있게 된다. 당해 행정입법제정의 원인이었던 법적·사실적 사정이 사라지거나 바뀐 경우에는 행정은 문제된 행정입법의 규정들을 폐지할 의무를 지게 되고, 이해관계인은 그것을 이유로 행정에게 법규명령의 폐지나 개정을 청구할 수 있으며, 행정이 거부하면 그 거부에 대해 사정변경을 소송제기의 원인으로 삼아 2개월의 기간내에 월권소송을 제기할 수 있을 뿐만 아니라, 손해가 있으면 국가배상소송을 제기할 수도 있다. 그렇지만, 이 상황변화는 중대한 것이어야 한다. 법률이 바뀌었으나 행정입법이 개정되지 않고 있는 경우에는 당해 법률이 공포된 후 2개월 이내에 직접 법규명령자체의 취소를 청구할 수 있다.125) 다만, 당해 행정입법으로 인해 제3자의 권리가 이미 발생했다면 그에 대한 적절한 보호조치를 취한 이후에만 그의 폐지나 개정이 가능하다.126)

2) 부수적 소송에서 무효판단한 행정입법에 대한 이해관계인의 권리와 제소가능성

부수적 소송에서 법원이 무효판단한 행정입법의 사후적 통제를 위한 프랑스의 대응방식은 매우 유연하면서도 상당히 합리적이다. 프랑스의 경험을 참조하여 한국의 행정실무나 법원실무의 운영에 있어 개선되어야 할 방향을 제시해보기로 한다.

어떤 행정입법에 대하여 부수적 통제절차를 거쳐 법원이 무효로 평가하였다면 한국에서도 행정이 그 이후의 행정절차에서 당해 행정입법을 준수하지 않으면 위법이 되는가? 대법원에서 위법판시된 경우는 관보에 게재되어 행정입법의 제정기관이 그것을 고칠 가능성이 높지만 하급심

---

125) Debbasch/Ricci, Contentieux administratif, 8éd., 2001, n°413, p.401-402.
126) Emmanuel Langavant/Marie-Christine Rouault, Le Contentieux administratif, 1987, p.190.

에서 위법판결이 나온 경우에는 처분청이나 당해 사건과 관련된 행정기관은 그 법의 위법성을 알겠지만 당해 행정입법의 제정기관이 반드시 그 법령의 위법성을 안다고 할 수는 없다. 따라서, 당해 행정입법이 존속하고 있는 상태에서 행정은 다른 유사처분과 관련하여 이런 문제에 부딪칠 가능성이 있다. 문제가 많은 행정입법을 행정이 그대로 준수하도록 요구하는 것은 전혀 합리적인 것이 못될 뿐만 아니라 법치행정의 보장을 위해서도 적절하지 않다. 행정은 오직 적법한 행정입법에만 구속당할 의무가 있으므로 위법한 행정입법을 준수하지 않더라도 위법이 아닐 뿐만 아니라 준수해서도 안된다고 해야 할 것이다. 만약, 행정기관이 위법판시된 행정입법조문을 다시 적용하려 할 때 그의 적용으로 불리한 영향을 받을 위험에 처한 사람은 당해 행정입법에 대해 폐지나 개정을 청구할 권리를 갖는다고 할 수 있다. 행정입법의 제정기관이 그 입법의 개정이나 폐지를 거부한 경우가 문제되는데, 개정행정소송법에 도입되는 의무이행소송이 단지 개별처분의 부작위나 거부뿐만 아니라 행정입법의 개정태만이나 개정거부까지도 소송대상으로 하는 것으로 제도화된다면 의무이행소송을 통해 해결할 수 있을 것이다. 이 때, 원고적격의 범위가 문제되는데, 의무이행소송을 제기할 수 있는 원고적격의 범위와 동일하다고 할 것이다. 따라서, 국민 모두가 소송을 제기할 수 있는 원고적격을 가지지는 못한다 할 것이다. 또, 개정이나 폐지를 청구할 수 있는 시기도 행정이 정비할 때까지는 언제나 가능하다고 해야 할 것이다. 다만, 당해 행정입법으로 인해 제3의 기득권자가 생긴 경우에는 기득권자의 이익을 적절히 보호할 수 있는 조치를 취한 후에 폐지되거나 개정되어야 할 것이다.

한편, 직접적 소송에 관한 문제이지만, 한국에서도 당초의 행정입법이 후발적으로 위법하게 된 경우 당초의 제소기간이 지났어도 사정변경이 생긴 때로부터 제소기간이 다시 진행하여 당해 행정입법의 무효확인을 구할 수 있다고 보아야 할 것이다. 당해 행정입법제정의 원인이었던 법적·사실적 사정이 사라지거나 바뀐 경우에는 행정은 문제된 행정입법의 규정들을 폐지할 의무를 지게 되고, 이해관계인은 그것을 이유로 행정에게 행정입법의 폐지나 개정을 청구할 수 있으며, 행정이 거부하면 그 거부에 대해 그 사정변경을 소송제기의 원인으로 삼아 사정변경시로부터 기산하여 제소기간내에 직접적 소송을 제기할 수 있다고 해야 할 것이다. 다만, 입법이 적용될 상황이란 항상 어느 정도는 변하는 것이므로 그러한 미세한 변화까지 고려할 수는 없다. 따라서, 이 상황변화는 중대한 것이어야 한다. 법률이 바뀌었으나 행정입법이 개정되지 않고 있는 경우에는 당해 법률이 공포된 날을 기산점으로 삼아 제소기간내에 직접적 소송을 통해 당해 행정입법의 무효확인을 청구할 수 있을 것이다. 당해 행정입법으로 인해 제3자의 권리가 이미 발생했다면 그에 대한 적절한 보호조치를 취한 이후에만 그의 폐지나 개정이 가능하다고 할 것이다.

Ⅳ. 결어

사회와 행정의 민주화와 함께 행정입법에 대한 사법적 통제의 강화가 필요함에도 불구하고 우리는 아직 현대사회에 걸맞는 통제제도를 갖고 있지 못하다. 이 점에서 행정소송법의 개정으로 직접적 통제제도가 도입되는 것은 매우 바람직한 일이다. 하지만 다른 측면에서 볼 때, 학계에서도 이미 도입되어 시행되고 있는 행정입법의 부수적 통제제도에 대해서 외국에서의 운용상황을 조사하는 데 소홀한 점이 있었다.

이 논문은 새로운 행정소송법에 직접적 통제제도를 도입하려는 노력을 지지하면서, 직접적 통제제도가 도입된 이후에도 부수적 통제제도가 병존할 필요가 있는지, 그리고 부수적 통제제도와 직접적 통제제도를 어떻게 조화롭게 운용할 수 있는지, 더 나아가 부수적 통제를 통해 무효판결된 행정입법에 대해 행정이 신속하게 개폐를 하지 않는 경우 국민들은 어떤 권리를 갖는지 하는 문제들에 관하여 비교법적 고찰을 통해 한국에의 시사점을 제시했다.

제3절 시행규칙의 법적 성질과 부수적 통제의 실효성강화
- 대법원 1991.04.23, 90도2194 ; 대법원 1996.06.14, 95누17823 -

Ⅰ. 대상판결과 시행규칙의 법규성에 대한 의문

현재까지 판례상 행정입법의 법규성을 심사한 예들은 상당히 많음에도 불구하고, 학계에서 그 동안 행정소송에서의 대법원판례들의 분석에 치중하여 민·형사소송이나 하급심에서 행정입법의 통제사례들을 검토하지는 못했었다. 또, 행정소송에서도 대법원판례들 중 시행규칙의 법규성을 긍정한 판례들도 있었는데, 이 판례들에 대한 평석은 없었다. 이 글에서는 시행규칙의 법규성을 긍정한 형사판결과 행정판례 두 개의 판례들을 대상으로 하여 검토하고자 한다. 또, 행정판례들의 분석과 함께 민·형사소송 및 하급심에서의 행정입법통제판례들의 분석을 추가하여 한국의 소송실무에서 행정입법의 법규성을 어떻게 다루고 있는지, 어떤 차이를 보이는지 종합적으로 검토하고자 한다.

1. 대상판결들의 개요

1) 대상 형사판례(대법원 1991.04.23, 90도2194)의 개요

특정범죄가중처벌등에관한법률 제5조의3 제1항은 도로교통법 제2조에 규정된 자동차, 원동기장치 자전거 또는 궤도차의 교통으로 인하여 형법 제268조의 죄를 범한 당해 차량의 운전자가 피해자를 구호하는 등 도로교통법 제50조제1항의 소정의 조치를 취하지 아니하고 도주한 때에는 치사와 치상의 경우로 구분하여 가중처벌하도록 규정하고 있는데, 이 사건들은 배기량 50cc 미만의 원동기를 단 자전거를 운전하다 사람을 다치게 하고도 도주한 사람들이 가중처벌대상인 도주차량운전자인지가 문제된 사건으로서 형사소송사건이다.

대법원은 이 사건에서 배기량 50cc 미만의 원동기를 단 자전거를 "원동기장치 자전거"에 포함시킨 **도로교통법시행규칙(1987.8.1. 교통부령 제861호) 제2조의2**를 모법에 위반된 것으로 보아 무효로 선언했다. 그 이유는 우선 시행규칙의 제정에 관한 관할권을 위반했다는 점, 즉, 이 규정의 모법인 도로교통법 제2조 제15호가 "원동기장치 자전거"의 분류지정을 내무부령에 위임하여 내무부령의 소관사항으로 규정하고 있음에도 불구하고 내무부령이 아닌 교통부령으로 "원동기장치 자전거"를 분류 지정한 것이므로 모법이 규정한 시행규칙의 소관사항을 무시한 것이라는 점 때문이었다. 또, 자동차관리법 제3조 및 같은법시행규칙 제2조는 2륜자동차는 배기량 50cc이상 또는 정격출력 0.59Kw 이상의 것이라고 규정하고 있어 배기량 50cc 미만의 차는 위 2륜자동차에 해당하지 아니하므로 "원동기장치 자전거"로 분류할 여지가 없는데도 불구하고, 도로교통법시행규칙 제2조의2가 배기량 50cc 미만의 차를 2륜자동차에 포함시켜 "원동기장치 자전거"로 규정함으로써 모법을 위반하였다는 점이다.

대법원은 같은 시행규칙의 같은 조문, 즉, 도로교통법시행규칙 제2조의2에 대한 또 한번의 무효판결(대법원 1990.11.27, 90도1516.)에서 동 규정이 무효라는 실질적인 이유에 해당되는 논거로서 다음의 것을 제시했다. "형벌법규의 해석은 엄격하여야 하고 명문규정의 의미를 피고인에게 불리한 방향으로 지나치게 확장해석하거나 유추해석하는 것은 죄형법정주의의 원칙에 어긋나는 것으로서 허용되지 않으며, 이러한 법해석의 원리는 그 형벌법규의 적용대상이 행정법규가 규정한 사항을 내용으로 하고 있는 경우에 그 행정법규의 규정을 해석하는 데에도 마찬가지로 적용된다."

두 개의 형사판결들(대법원 1991.04.23, 90도2194 ; 대법원 1990.11.27, 90도1516.)이 보여주는 특징은 대법원이 동일한 시행규칙조문에 대하여 두 번씩 무효판결을 내렸다는 점, 그리고, 시행규칙임에도 법규성을 일단 승인하고 나서 개별조항의 무효여부를 심사하였다는 점이다.

2) 대상 행정판례(대법원 1996.06.14, 95누17823)의 개요

행정청이 30일간 운전면허를 정지하는 자동차운전면허 정지통지서를 발송하였으나 주소불명으로 반송되자 관할 파출소의 소재수사를 통해 원고로 하여금 위 경찰서에 자진출석하도록 하였고, 경찰서 교통계에 출석한 원고에게 담당 경찰관은 위 통지서를 교부하지 아니한 채 구두로만 다음 날부터 30일간 원고의 운전면허가 정지됨을 고지하고 면허증을 반납하도록 하였다. 원고는 운전면허증을 반납한 이후에도 영업용택시를 운전하였는데, 면허정지기간중의 운전를 이유로 행정청이 운전면허를 취소하였다. 대법원은 이 사건에서 원심과 달리 적법한 운전면허정지처분의 효력발생을 위해 필요한 적법한 송달이 없었음에도 운전면허정지기간중에 운전을 한 것을 이유로 운전면허를 취소한 것은 위법하다고 하여 면허취소처분을 취소하였다.

대법원은 이 사건에서 부수적으로 시행규칙의 법규성을 긍정하였다. 즉, 대법원은 "도로교통법 제78조, 같은법시행령 제53조 제1항, 같은법시행규칙 제53조 제2항(1995. 7. 1. 내무부령 제651호로 개정되기 전의 것)은, 면허관청이 운전면허를 취소하거나 그 효력을 정지한 때에는 운전면허를 받은 사람에게 그 처분의 내용, 사유, 근거가 기재되어 있는 별지 52호 서식의 자동차운전면허 취소·정지 통지서에 의하여 그 사실을 통지하되, 정지처분의 경우에는 처분집행예정일 7일 전까지 이를 발송하여야 한다고 규정하고 있는바, 이는 상대방에게 불이익한 운전면허정지처분을 미리 서면으로 알림으로써 운전면허정지로 인하여 상대방이 입게 될 불이익을 최소화하고 차량의 입고 등 사전 대비(택시운전자의 경우에는 배차조정, 업무 인수인계 등)는 물론 그 처분에 대한 집행정지의 신청이나 행정쟁송 등 불복의 기회를 보장하기 위한 데에 그 규정취지가 있다고 할 것이므로, 운전면허정지처분의 경우 면허관청으로 하여금 일정한 서식의 통지서에 의하여 처분집행일 7일전까지 발송하도록 한 같은법시행규칙 제53조 제2항의 규정은 효력규정이라고 할 것"이라고 판시하고 있는 것이다.

도로교통법시행규칙 제53조 제2항의 법규성을 긍정하는 입장은 그 이후에도 대법원 1997.05.16, 97누2313에서 반복되고 있다. 이 판결에서 대법원은 "같은법시행규칙 제53조 제2항의 규정이 단순한 훈시규정이 아니라 법규적 효력을 가지는 규정이다는 의미이고, 따라서 적법하게 성립한 운전면허정지처분이 위 규정에 위반되는 방식으로 통지 또는 송달되었다고 하더라도 그 자체로 당연히 무효로 되는 것이 아니라, 면허정지 사실을 구두로 알리는 것과 같이 그 하자가 위 규정의 중요한 부분인 서면주의를 위반할 정도로 중대하고 객관적으로 명백한 경우에는 그 효력이 없으나, 여타의 경우에는 법규의 목적 의미 기능 등을 구체적 사안 자체의 특수성과 함께 합리적으로 고찰하여 하자의 중대 명백 여부를 판단하고 그에 따라 그 효력의 유무를 결정하여야 한다는 취지"라고 하여 대상판결의 판지를 보다 명확하게 선언하고 있다.

시행규칙의 법규성을 긍정한 이 판결의 입장은 외견상 도로교통법시행규칙 제53조 제1항 [별표16]에 대해 법규성을 부인하는 입장과 서로 모순되는 것으로 보인다. 특히, 동일한 도로교통법시행규칙에 대하여 한 조문은 법규성이 결여되어 있다고 보면서도 다른 조문은 법규성을 긍정하고 있는 것은 동일한 입법에 대해 모순된 판단을 하고 있는 것으로 비추인다.

그러나, 다른 각도에서 볼 때, 처분의 이유를 제시하고 불이익처분의 통지에 있어서는 사전에 의견제출기회를 주는 것은 적법절차원칙에 의해 요청되거나 불문법원리로서 청문절차에 관한 사항이기 때문에 당해 도로교통법시행규칙 제53조 제2항의 법규성을 긍정하였다고 볼 수도 있다. 이미, 판례는 건축사사무소의 등록취소처분에 있어 훈령에서 건축사들에게 사전청문기회를 보장하고 있을 때 그 청문을 하지 않고 한 처분은 위법하다고 판시하였기 때문이다.(대법원 1984.9.11, 82누166.) 하지만, 대법원은 "청문을 포함한 당사자의 의견청취절차없이 어떤 행정처분을 한 경우에도 관계법령에서 당사자의 의견청취절차를 시행하도록 규정하고 있지 않고 있는 경우에는 그 행정처분이 위법하게 되는 것은 아니라 할 것이다"고 하여 청문절차의 불문법원리로서의 성격을 부인하였다.(대법원 1994.8.9, 94누3414.)127) 따라서, 대상판결에서 대법원이 도로교통법시행규칙 제53조 제2항에 대해 불문법원리의 표현이기 때문에 법규성을 갖는 것으로 본 것으로 단정할 수는 없다.128)

2. 주류적 행정판례에 있어 시행령의 법규성긍정

헌법은 대법원에게 명령·규칙에 대한 최종적 심사권을 부여하고 있음에도 이에 대한 통제에 태만했다는 비판을 계속 받아 왔는데, 최근에는 특히 시행령에 관한 한 매우 적극적으로 통제를 해가고 있다. 이에 따라 시행령의 특정규정을 무효로 선언하는 판례들도 증가하고 있고, 그 전제로서 시행령의 법규성을 긍정하는 판례들이 쌓임으로써 이 입장은 판례의 입장으로 확고하게 정착한 듯 하다.

1997년에 이미 주택건설사업 영업정지처분취소사건 (대법원 1997.12.

---

127) 이 판결이 나온 1994년 시점이나 대상행정판례가 나온 1996년 시점에는 불이익처분의 상대방에 대해 사전의견제출기회를 보장한 행정절차법이 아직 제정되지 않았다.
128) 물론, 대법원 1984.9.11, 82누166의 입장에서는 불문법원리이기 때문에 법규성을 갖는다고 판시했다고 볼 수도 있을 것이다.

26, 97누15428.)에서 대법원은 주택건설촉진법시행령 제10조의 3 제1항 [별표 1]은 주택건설촉진법 제7조 제2항의 위임규정에 터잡은 것으로 대외적으로 국민이나 법원을 구속하는 힘이 있는 법규명령이라고 판시했었다. 그 이후 2000년대에 나온 판례들도 시행령에 대해서는 원칙적으로 대외적 구속력을 갖는 법규라는 것을 승인한 후 문제된 규정이 상위법을 위반하여 무효인가 아닌가 하는 관점에서 심사를 계속하고 있다. 이미 그 점을 주목하여 2000년 이후의 판례들 중에서 농지전용에 관한 위임규정인 구농지법시행령 제41조 및 [별표 1] 제1호가 상위법을 위반하여 무효라고 판시한 판결(대법원 2000.10.19 98두6265 농지전용불허처분취소)에 대한 최광률 변호사의 평석이 있었다.[129] 또, 수질개선부담금부과처분의 취소청구사건(대법원 2001.08.24. 2000두2716.)에서 대법원은 구 먹는물관리법시행령 제8조 제1항 제1호에 대하여 구먹는물관리법 제28조 제1항에서 위임받은 것으로 무효가 아니라고 판시하여 법규성을 긍정했다. 또, 구청소년보호법시행령 제40조 [별표 6] 제8호에서 유해업소에서 청소년고용금지규정의 위반자에 대하여 800만원의 과징금을 부과한 사건을 다룬 판결(대법원 2001.3.9. 99두5207)에서는 시행령의 법규성을 긍정하면서도 800만원이라는 시행령의 문언에도 불구하고 800만원 이하의 의미를 갖는다고 해석함으로써 엄격한 구속력이 아니라 신축적인 구속력을 갖는다고 판시했다. 대법원은 최근 다른 사건(대법원 2001. 12.24, 2000두2037 과밀부담금부과처분취소)에서도 시행령의 법규성을 긍정하고 있다. 이 사건은 과밀부담금이라는 침익적 처분의 상세한 기준을 수도권정비계획법이 제2조 제3호에서 인구집중을 유발하는 시설이라는 기준을 정한 후, 규제의 대상 및 과밀부담금의 산정에 관한 세부적인 내용을 수도권정비계획법시행령에 위임하고 그것을 시행령에서 규정한 경우, 구체적 위임이 있었는가, 그리고 모법의 위임한계를 벗어난 것인

---

129) 최광률, 농지전용에 관한 위임명령의 한계, 행정판례연구7, 2002, 3-24면.

가를 심사한 사건이었다. 이 사건에서 대법원은 법률에서 국민이 예측할 수 있도록 구체적으로 규정하였고, 모법의 입법취지도 존중하여 모법의 위임한계를 벗어나지 않았다는 이유로 제3조 제4호 (나)목과 제18조 및 [별표 2]를 적법·유효하다고 보았다. 구농지법시행령, 구청소년보호법시행령에 이어 수도권정비계획법시행령에 규정된, 침익적 처분의 기준인 별표의 법규성에 관해서 대법원은 긍정하고 있는 것이다.

3. 주류적 행정판례에 있어 시행규칙의 법규성부인

행정입법에 관한 행정판례들의 분석에서 학자들을 괴롭혀 왔던 문제는 대법원이 시행령에 대해서는 법규성을 긍정하면서도 시행규칙에 대해서는 법규적 효력을 지니지 못하는 행정내부의 단순한 사무처리기준이라는 판결을 계속 내려 왔다는 점이다. 양자를 구별하여 취급할 명확한 법적 근거도 찾기 어려운 상황에서 판례의 입장을 정당화하는 근거를 찾기 어려웠기 때문에 대부분의 학자들이 판례의 입장에 반대하는 견해를 표명하였다.[130] 더구나, 행정소송에서 시행규칙에 관한 판례들 중에서도 대상행정판례(대법원 1996.6.14, 95누17823 운전면허취소처분취소. ; 대법원 1997.5.16, 97누2313 자동차운전면허취소처분취소.)처럼

---

130) 김남진, 법규명령과 행정규칙의 구분 등, 법제 1998. 5, 79-81면. ; 김원주, 법규명령과 행정규칙 구별의 실익, 고시계 1998. 11, 7면, 12면. ; 김철용, 이른바 법규명령형식의 행정규칙·행정규칙형식의 법규명령론, 법제 1999. 3, 12면. ; 김동희, 법규명령과 행정규칙, 법제 1999. 1, 4-8면. ; 김동건, 대법원 판례에 비추어 본 법규명령과 행정규칙, 고시계 1998. 11, 55-56면 주53). ; 홍정선, 제재적 행정처분의 기준 : 법규명령인가, 행정규칙인가, 법제 1998.11, 45면. ; 홍준형, 법규명령과 행정규칙의 구별 : 제재적 행정처분의 기준을 정한 시행규칙·시행령의 법적 성질을 중심으로, 법제 1998.8, 51-54면.; 김유환, 법규명령과 행정규칙의 구별기준 : 행정입법의 외부법적 효력의 인정기준과 관련하여, 고시계 1998.11, 25-26면. ; 김용섭, 법규명령 형식의 제재적 처분기준, 판례월보 1999.1, 41면.

법규성을 인정한 판례들도 있었는데, 이러한 판례들과 시행규칙의 법규성을 부인한 판례들은 어떻게 조화될 수 있는가 하는 의문도 함께 작용하여 학자들에게 한국의 사법현실에 대한 심각한 의문속에 빠져들게 만들었다.

판례와 학설이 이와 같이 극단적으로 반대편으로 나뉘어 대립하고 있는 경우는 한국 법학계에서 시행규칙의 법규성을 제외하고는 거의 찾아보기 어렵지 않나 생각한다. 학문과 실무의 조화로운 발전을 위하여 어떤 계기가 마련될 필요가 있다고 본다.

4. 시행규칙의 법규성을 긍정한 대상 형사·행정판례가 주류적 판례에 대해 갖는 의미

그 동안 학자들의 판례분석은 대법원의 행정판례들에 한정되어 형사소송과 민사소송 그리고 하급심의 판례들을 고찰하지 못했었다. 보다 상세한 내용은 II 이하에서 다루겠지만, 형사소송과 민사소송에서 법원은 일관되게 시행규칙의 법규성도 긍정한 전제위에서 판결을 내리고 있으며, 하급심도 대부분 시행규칙의 법규성을 긍정하고 있다. 즉, 대법원은 민사소송사건에서 시행규칙의 법규성을 부수적으로 심사하면서 **소송촉진등에 관한 특례법 시행규칙 제2조**의 내용이 모법인 위 특례법의 위임범위를 벗어난 무효인 규정이라고는 볼 수 없다고 하였고, (대법원 1987.04.14 85다카223.) 형사소송에서는 배기량 50cc 미만의 원동기를 단 자전거를 "원동기장치 자전거"에 포함시킨 **도로교통법시행규칙(1987.8.1. 교통부령 제861호) 제2조의2**가 모법인 도로교통법 제2조 제15호에 위반되어 무효라고 판시하였다.(대법원 1990.11.27, 90도1516 ; 대법원 1991. 04.23, 90도2194.)

하급심에서는 행정소송사건에서도 **"구 공중위생법시행규칙……**공중위생법 또는 같은 법에 의한 명령에 위반한 자에 대하여 영업장폐쇄나 영업정지를 명할 수 있다고 규정한 같은 법 제23조 제1항의 규정 내용을 국민에게 불리한 방향으로 확장한 규정으로서 같은 법 제23조 제1항, 제4항을 비롯한 모법에 아무런 위임의 근거가 없으므로 무효"라고 판시하고 있다.(대구고법 1998.05 97구11202 영업정지처분취소) 또, 형사소송 사건에서, 자동차관리법 제3조 및 같은법시행규칙 제2조 별표 101에서 배기량 50씨씨 미만의 것은 이륜자동차의 범위에서 제외하고 있음에도 불구하고 **도로교통법시행규칙 제2조의 2**가 배기량 50씨씨 미만의 원동기를 단 자전차를 원동기장치자전차에 포함시킨 것은 모법의 위임범위를 일탈하거나 위임의 근거가 없는 것으로서 무효라고 했고,(대법원 1990.01.19 89고합138. 특정범죄가중처벌등에관한법률위반(도주차량)등) 모법의 위임근거없이 제정된 **부가가치세법시행규칙 제19조 제1항 단서의 규정**을 무효로 선언한 판례도 있으며,(1988.09.12 87가합5076 부당이득금반환청구판결) **구법인세법시행규칙 제12조 제2항 제3호**를 무효선언한 사례도 있다.(대구고법 1970.08.25 70나108 부당이득금반환청구사건)

대상 형사·행정판결들은 시행규칙의 법규성을 긍정하고 있는데, 이 입장은 행정소송에서 시행규칙의 법규성을 부인하는 주류적 판례들과 어떻게 조화될 수 있는가 하는 의문이 생긴다. 또, 하급심의 행정소송에서도 시행규칙에 대해 법규성을 긍정한 판례들이 있으며 오히려 법규성을 부인한 판례를 찾기가 어려운 실정인데, 이것은 어떻게 받아들여야 하는가 하는 의문이 떠오른다. 행정입법의 법규성에 대해 심사한 판례들을 종합적으로 살피고 난 후 이러한 의문에 답해보기로 한다.

Ⅱ. 소송의 종류에 따른 행정입법에 대한 통제의 차이

1. 행정소송상 행정입법에 대한 통제

1) 시행규칙에 대한 통제

대법원의 주류적 판례들은 시행령의 법규성은 긍정하고 있지만, 시행규칙에 대해서는 **"행정기관 내부의 사무처리준칙을 정한 것에 불과하여 법규적 효력이 없다"**는 논리를 사용하여 시행규칙 전체에 대하여 법규로서 효력을 가지지 않는다고 판시해 왔다. 시행규칙을 행정기관 내부의 사무처리준칙이라는 판례들도 그 성격을 분류해보면, **[별표]**나 제재처분의 기준인 경우와, 국민과의 관계에서 국민의 권익에 영향을 미칠 수 없는 순수한 행정내부의 업무처리절차에 관한 규정들인 경우로 나누어 볼 수 있는데, 대부분 **[별표]**나 제재처분의 기준에 관한 것들이다.

[별표]나 제재처분의 기준에 관한 것들로는 다음의 것들이 있다. **도로교통법시행규칙 제53조 제1항**이 정한 **[별표 16]**의 운전면허행정처분기준에 관한 판례,(대법원 1998.03.27 97누20236.; 대법원 1997.10.24 96누17288. ; 대법원 1997.05.30 96누5773. ; 대법원 1995.04.07 94누14360. ; 대법원 1991.06.11 91누2083.) 재요양의 인정요건을 규정한 **산업재해보상보험법시행규칙 제15조**에 관한 판례,(대법원 1997.03.28 96누18755) 자동차운수사업법제31조등의 규정에 의한 **사업면허취소등의처분에관한규칙,**(대법원 1996.09.06 96누914.) 의사면허자격정지처분이 보건복지부령이 제정되지 아니한 상태에서도 이루어질 수 있다고 하면서 의료법 제53조의3 소정의 **의사면허자격정지처분의 기준을 정하는 보건복지부령**을 행정기관내부의 사무처리준칙에 불과하다고 보았다.(대법원 1996.02.23 95누16318.) **자동차운수사업법시행규칙 제30조의10 제1항 및 [별표 3의 3],** 자동차운수사업법제31조등의규정에의한사업면허취소등의처분에관한

규칙 제3조 제2항 및 [별표2]에 관한 판례,(대법원 1995.10.17 94누14148. ; 대법원 1991.11.08 91누4973. ; 대법원 1991.11.08 91누100) 식품위생법시행규칙(1993.7.3. 보건사회부령 제910호로 개정되기 전의 것) 제53조가 정한 [별표 15],(대법원 1995.03.28 94누6925.; 대법원 1994.10.14 94누4370.; 대법원 1993.06.29 93누5635. ; 대법원 1993.05.25 92누18726. ; 대법원 1991.7.12. 90누6606. ; 대법원 1989.4.11 88누773 ; 대법원 1990.01.23 89누6730.) 식품위생법시행규칙 (1989.11.30. 보사부령 제835호로 개정되기 전의 것) 제53조가 정한 [별표 12],(대법원 1991.07.12 90누6606.) 풍속영업의규제에관한법률시행규칙 제8조 제1항 [별표3],(대법원 1994.04.12 94누651.) 건축사사무소 등록취소 등에 관한 건축사법시행규칙 제22조, (대법원 1993.10.08 93누15069. ; 대법원 1992.04.28 91누11940.) 국가기술자격법시행규칙 제24조의2 제1항 [별표12], (대법원 1992.05.12 91누11247.) 등이 있다.

법형식상으로는 시행령이나 시행규칙에 규정되었지만 국민과의 관계에서 국민의 권익에 영향을 미칠 수 없는 순수한 행정내부의 업무처리절차에 관한 규정들인 경우에도 당해 법령을 행정내부의 사무처리준칙으로 보고 있다. 이러한 판례로는 감정평가사시험위원회의 운영에 관한 규정인 **지가공시및토지등의평가에관한법률시행령 제20조**에 관한 판례,(대법원 1996.09.20 96누6882.) **자동차운수사업법시행규칙 중 협의에 관한 규정들(제2조 제3항, 제4조제1항 내지 제3항, 제5조 제1항, 제8조 등)**에 관한 판례(대법원1992.03.31 91누4928.)등이 있다.

2) 법령보충적 행정규칙에 대한 통제

판례는 이른바 **법령보충적 행정규칙**의 경우에는 법규로서 효력을 인정해왔었다. 즉, "일반적으로 행정 각부의 장이 정하는 고시라 하더라도 그것이 특히 법령의 규정에서 특정 행정기관에게 법령 내용의 구체적 사항을 정할 수 있는 권한을 부여함으로써 그 법령 내용을 보충하는 기능을 가질 경우에는 그 형식과 상관없이 근거 법령 규정과 결합하여 대외적으로 구속력이 있는 법규명령으로서의 효력을 가지는 것"이라고 판시하고 있다. 법령보충적 행정규칙을 법규라고 보는 전제위에서 "이는 어디까지나 법령의 위임에 따라 그 법령 규정을 보충하는 기능을 가지는 점에 근거하여 예외적으로 인정되는 효력이므로 특정 고시가 비록 법령에 근거를 둔 것이라고 하더라도 그 규정 내용이 법령의 위임 범위를 벗어난 것일 경우에는 위와 같은 법규명령으로서의 대외적 구속력을 인정할 여지는 없다"고 하여 법규성을 갖는 법규명령의 위법심사방식을 적용했다.

이러한 판례들 중 대표적인 것들이 **재산제세조사사무처리규정**에 관한 판례들이다. 즉, 1987.1.26. 국세청훈령 제980호로 개정된 **재산제세조사사무처리규정 제72조 제3항 제8호**의 규정은 거래자가 투기거래자인가 여부를 식별하기 위한 기준을 명시하지 아니하여 과세액을 예측할 수 없게 함으로써 조세법률주의 원칙을 위반하여 무효라는 판례, (대법원 1993.06.29 93누1565. ; 대법원 1993.01.19 92누6983. ; 대법원 1991.01.15 90누7234.) 하지만, **재산제세조사사무처리규정 (국세청훈령 제980호) 제72조 제3항 제1호 및 제5호**는 제8호와 달리 조세법률주의에 위배되는 무효의 규정이 아니라는 판례, (대법원 1990. 9.25. 90누4211. ; 대법원 1990.5.22. 90누639 .; 대법원 1990.2.9. 89누3731. ; 대법원 1992.02.11 91누9190.) **재산제세사무처리규정(국세청 훈령 제980호) 제72조 제3항 제7호**는 무효의 규정이 아니라는 판례, (대법원 1992.02.25 91누10169.) 재산제세조사사무처리규정(국세청훈령 제980호) 제72조 제3항 제6호는 무효의 규정이 아니라는 판례 (대법원 1992.01.21 91누5334.) 등이 있었다.

또, **국세청장의 주류도매면허제도개선업무처리지침에 관한 판례, (대법원 1994.04.26 93누 21668.)** 주세의 세수증대를 목적으로 하여 주세업무처리에 관한 일반지침과 준거기준을 정한 내부규정인 국세청 훈령 제

1264호 **주세사무처리규정**에 관한 판례,(대법원 2001. 7. 27. 2000두3849.) 공업배치및공장설립에관한법률 제8조의 규정에 따라 공장입지의구체적 기준을 정한 **공장입지기준고시**에 관한 판례(상공자원부고시 제1994-139 호), (대법원 1999.07.23 97누6261.) 등이 있다. 그리고, 노인복지법 제13 조, 같은법시행령 제17조에 따라 노령수당의 지급대상자를 '70세 이상' 으로 규정한 **노인복지사업지침**에 관한 판례,(대법원 1996.04.12 95누 7727.) 전통사찰보존법시행령의 위임에 의한 문화부 고시 제9호(1990. 6.29.) 중 전통사찰의 부동산양도허가 신청서의 구비서류로 '종파단체 대 표자승인서'를 규정하고 있는 부분이 대외적 구속력을 갖지 않는다고 판시한 예,(대법원 1999.11.26 97누13474 부동산양도허가신청반려처분취 소) 독점규제및공정거래에관한법률 제23조 제3항의 위임규정에 따라공 정거래위원회가 제정한 **표시·광고에관한공정거래지침** 중 공정거래위원 회가부담하고 있는 표시·광고내용의 허위성 등에 관한 입증책임을 전환 하여 사업자로 하여금 그 반대사실에 관한 입증책임을 부담하도록 한 규정이 법규성을 갖지 않는다고 판시한 예(대법원 2000.09.29 98두 12772.)가 있다.

2. 형사소송에서의 행정입법의 통제

형사소송에서 대법원이 부수적 통제방식에 의하여 행정입법의 개별 적·상대적 무효를 선언한 판례는 시행령과 시행규칙에 대하여 8회 있었 고, 법령보충적 행정규칙을 법규로 보고 특정 규정을 무효로 판시한 경 우도 1회 있었다. 그 내용을 간략히 본다.

총포·도검·화약류등단속법시행령 제3조 제1항은 같은 법 제2조 제1 항의 위임에 따라 총포의 범위를 구체적으로 정하면서도 제3호에서 모 법의 위임 범위를 벗어나 총의 부품까지 총포에 속하는 것으로 규정함으로써, 같은 법 제12조 제1항 및 제70조 제1항과 결합하여 모법보다 **형사처벌의 대상을 확장**하고 있으므로, 이는 결국 위임입법의 한계를 벗어나고 죄형법정주의 원칙에 위배된 것으로 무효라고 판시한 사례,(대법원 1999.02.11 98도2816 총포·도검·화약류등단속법위반) **구 근로기준법시행령 제12조**에 대하여 법률이 정한 **형사처벌의 대상을 확장하는 내용**이면서도 모법의 위임을 받지 않았다는 이유로 죄형법정주의의 원칙에 위배되어 위임입법의 한계를 벗어난 것으로 무효라는 판례,(대법원 1998.10.15 98도1759 근로기준법위반) **외국환관리규정(재정경제원고시 제1996-13호) 제6-15조의4 제2호 (나)목** 소정의 '도박 기타 범죄 등 선량한 풍속 및 사회질서에 반하는 행위'라는 요건은, 이를 한정할 합리적인 기준이 없다면, **형벌법규의 구성요건 요소로서는 지나치게 광범위하고 불명확**하다고 하면서 죄형법정주의에 위배된 것일 뿐만 아니라 위임입법의 한계도 벗어난 것으로서 무효이라고 한 사례,(대법원 1998.06.18 97도2231 외국환관리법위반) **수산자원보호령 제25조 제1항, 제31조 제1호**에 대하여 **모법의 위임 없이 부당하게 형벌의 범위를 확장한 것**으로서 죄형법정주의의 원칙에 위배되고 위임입법의 한계를 벗어난 무효의 규정이라고 판시한 사례(대법원 1991.11.12 91도1659 수산자원보호령위반 ; 대법원1991.10.22 91도1617 수산자원보호령위반)가 있었다.

형사판결에서는 동일한 법조문에 대한 **위법판결이 두 번씩** 나오기도 한다. 즉, 배기량 50cc 미만의 원동기를 단 자전거를 "원동기장치 자전거"에 포함시킨 **도로교통법시행규칙(1987.8.1. 교통부령 제861호) 제2조의2**가 모법인 도로교통법 제2조 제15호에 위반되어 무효라고 판시한 대법원판례가 두 번이나 출현했다.(대법원 1990.11.27, 90도1516 ; 대법원 1991.04.23, 90도2194) 또, **수산자원보호령 제25조 제1항, 제31조 제1호**가 죄형법정주의의 원칙에 위배되고 위임입법의 한계도 벗어난 무효의 규정이라는 판례도 두 번 있었다.(대법원 1991.10. 22, 91도1617 ; 대법원 1991.11.12, 91도1659)

형사소송에서 대법원이 행정입법을 심사할 때에는 언제나 모든 행정입법이 법규로서 유효한 것으로 보고 죄형법정주의와 위임입법의 한계를 벗어난 경우에만 예외적으로 무효로 판시하였다.

한편, 보건사회부장관이 발한 고시인 **식품영업허가기준**(1985.3.11. 보건사회부고시 제85-17호로 개정된 것 및 1987.7.18. 보건사회부고시 제87-44호로 개정된 것)은 실질적으로 법의 규정 내용을 보충하는 기능을 지니면서 그것과 결합하여 대외적으로 구속력이 있는 법규명령의 성질을 가진 것이라고 하면서, 보존음료수 제조업의 허가를 받은 제조업자들이 보존음료수를 내국인에게 판매하지 못하도록 금지하고 있는 것은 헌법상 보장된 직업의 자유와 국민의 행복추구권을 침해하는 것으로서 헌법에 위반되어 무효라고 판시했다.(대법원 1995.11.14 92도496 식품위생법위반.)

3. 민사소송에서의 행정입법의 통제

민사소송에서 대법원이 부수적 통제방식에 의하여 법규명령의 개별적·상대적 무효를 선언한 판례들로는 다음과 같은 것들이 있었다. 필자가 확인한 것으로 시행령과 시행규칙의 특정 조문을 무효로 판시한 사례는 8건이 있었고, 조례에 대해 무효여부를 심리한 사건도 1건 있었다. 그리고, 동일한 법규명령의 동일한 법조문에 대해 반복하여 위법이라고 판시한 것들도 두 종류의 판례들이 있었다.

국세기본법시행령 제18조 제1항 중 '그 재산에 대하여 부과된 국세'의 하나로 토지초과이득세를 규정한 부분이 모법에 반하여 무효라고 한 판례,(대법원 1999.03.18 96다23184.) **사립학교교원연금법시행령 제66조 제2항**이 법률의 위임이 없는 무효의 규정이라고 한 판례, (대법원 1995. 01.24 93다37342.) **소득세법 시행령 제170조 제1항 단서**의 규정은 모법인 구 소득세법의 규정과 부합하지 아니할 뿐 아니라 위 구 소득세법상 위임의 근거도 없이 모법에 규정된 과세요건 내용을 확장한 규정이므로 이는 결국 무효라고 볼 수밖에 없다는 판례가 있었다.(대법원 1984.08.21 84다카354.) 또, **소송촉진등에 관한 특례법 시행규칙 제2조**의 내용이 모법인 위 특례법의 위임범위를 벗어난 무효인 규정이라고는 볼 수 없다는 판례도 있었다. (대법원 1987.04.14 85다카223.)

민사판결에서도 동일한 법조문에 대한 **위법판결이 두 번씩** 나오고 있다. 즉, **구 물품세법**(법률 제1967호) 제2조 제1항 2종 2류 3호의 '감광재료'에는 촬영이나 현상이 완료된 영화필림은 해당한다 할 수 없음에도 불구하고 **동법시행령(대통령령 제3328호) 별표1, 2종 2류 3호**에서 '감광재료'로서 촬영 또는 현상한 필림까지 해당하는 것으로 규정한 것은 모법의 규정을 넘은 무효의 규정이라는 대법원 판례는 두 번 있었고, (대법원 1972.01.31 71다2468. ; 대법원 1971.11.30 71다2265) 상고허가신청을 기각하는 절차에는 이유를 붙이지 아니한다고 규정한 **소송촉진등에 관한 특례법 시행규칙 제9조 제2항**이 모법에 위반된 규정이라고 볼 수 없다는 판례도 두 번 있었다. (대법원 1983.02.10 82사16. ; 대법원 1983. 03.04 82사12.)

조례에 대한 것으로는 춘천시의 급수조례 제25조가 모법인 구 수도법에 위반하여 무효라고 할 수 없다는 판례도 있었다.(대법원 1996.07.09 94다31112.)

4. 하급심에서의 행정입법의 통제

행정소송에서 대법원이 법규명령을 심사할 때는 "행정기관 내부의 사무처리준칙을 정한 것에 불과하여 법규적 효력이 없다"는 논리가 지배적이다. 그러나, 하급심에서 법규명령을 무효로 선언한 대부분의 판례들은 법규명령의 특정규정이 모법에 근거가 없거나 위임한계를 벗어나 무효라는 논리구조를 취하고 있다. 이 입장은 모법에 근거가 있거나 위임한계를 벗어나지 않았다면 유효이라는 입장을 전제로 하는 것으로서 행정소송에서 법규명령에 대한 대법원의 입장과는 차이가 나는 것이다. 현재까지 필자가 확인한 것으로 하급심에서 행정입법을 무효로 선언한 판례들은 시행령과 시행규칙에 관한 판례 13건, 조례2건이 있었다. 그 구체적 내용을 살펴보면 다음과 같다.

우선 모법에 근거가 없거나 위임한계를 벗어나 무효라는 논리구조를 취하고 있는 시행령과 시행규칙에 관한 판례들로는 다음의 것들이 있었다.

"**운전면허**의 취소 또는 정지의 기준설정만을 위임받은 **규칙 제53조 제1항이** 그 **[별표 16] '2. 취소처분 개별기준' 제8호**에서 무적차량의 운전을 운전면허취소사유로 규정한 것은 법 제78조 제1항에서 정한 취소사유 외에 새로운 취소사유를 규정한 것이거나 위임의 범위를 벗어나 새로이 운전면허의 취소사유를 규정한 것으로서 효력이 없다고 할 것이다"고 함으로써 모법의 위임한계를 벗어나 효력이 없다고 한다.(서울행법 199812 98구18670 자동차운전면허취소처분취소) 다른 판례로는 "구체적인 범위를 정하여 위임한 한계를 넘어 증여 토지의 가액을 산정하도록 한 것으로서, 모든 국민은 법률이 정하는 바에 의하여 납세의 의무를 진다는 조세법률주의의 원칙에 위반되어 효력이 없다"는 판례,(**서울행법 199808 98구3012 증여세부과처분취소**) "**구 공중위생법시행규칙**……공중위생법 또는 같은 법에 의한 명령에 위반한 자에 대하여 영업장폐쇄나 영업정지를 명할 수 있다고 규정한 같은 법 제23조 제1항의 규정 내용을 국민에게 불리한 방향으로 확장한 규정으로서 같은 법 제23조 제1항, 제4항을 비롯한 모법에 아무런 위임의 근거가 없으므로 무효이다"는 판례도 있다.(대구고법 199805 97구11202 영업정지처분취소) 이외에도구 개발이익환수에관한법률시행령 부칙(1993. 8. 12.) 제2조 제2항이 모법의 위임이 없어 무효라고 판시한 개발부담금부과처분취소사

건,(대구고법 **1998.02 97구5030**) 구법인세법시행규칙 **제12조 제2항 제3**
호를 무효선언한 사례, (대구고법 1970.08.25 70나108 부당이득금반환청
구사건), **구법인세법시행령 제83조**에 대해 모법에 근거없이 제정된 시행
령이라 하여 무효선언한 사례, (대구고법 1971.11.17 71구6 행정처분취소
청구사건) **구 법인세법시행령 제100조의4 제1항 제3호 단서**를 모법위반
이라 하여 무효선언한 사례, (서울지법 1990.12.21 90구8345 법인세부과
처분취소) 토지초과이득세의 부과대상이 되는 무허가건축물의 부속토지
의 유형으로 '준공검사를 받아야 하는 건축물로서 준공검사를 받지 아
니한 건축물의 부속토지'를 규정한 **토지초과이득세법시행령 제11조 제3**
항 후단은 모법인 토지초과이득세법 제8조 제1항 제4호 다목의 위임의
한계를 벗어난 근거 없는 규정이어서 무효이라는 사례, (서울지법
1993.02.10 92구22468 토지초과이득세부과처분취소) **병역법시행령 제96**
조 제7항이 병역면제의 취소와 병역의무를 부과할 수 있도록 무단히 그
범위를 확장하여 정하고 있으므로 이는 모법의 위임이 없거나 그에 반
하는 무효의 규정이라 판시한 사례, (대전지법 1994.06.03 94구116 병역
면제취소처분취소청구사건) 자동차관리법 제3조 및 같은법시행규칙 제2
조 별표 101배기량 50씨씨 미만의 것은 이륜자동차의 범위에서 제외하
고 있음에도 불구하고 **도로교통법시행규칙 제2조의 2**가 배기량 50씨씨
미만의 원동기를 단 자전차를 원동기장치자전차에 포함시킨 것은 모법
의 위임범위를 일탈하거나 위임의 근거가 없는 것으로서 무효라는 사
례,(1990.01.19 89고합138 특정범죄가중처벌등에관한법률위반(도주차량)
등) 모법의 위임근거없이 제정된 **부가가치세법시행규칙 제19조 제1항**
단서의 규정을 무효로 선언한 사례, (1988.09.12 87가합5076 부당이득금
판결) 소득세법시행령 제50조 제1항 제1호가 소득세법상의 위임의 근거
도 없이 모법에 규정된 과세요건내용을 확장한 규정이고 또한 실질과세
의 원칙에도 위반하여 무효라고 판시한 사례(서울지법 1987.05.15 86구
409 방위세부과처분등취소청구사건) 등이 있었다.

특이하게 다음의 판례는 시행규칙에 대하여 특정규정이 **모법의 위임 한계를 벗어나 무효**라는 논리와 당해 시행규칙 전체가 **행정기관 내부의 사무처리준칙**을 정한 것에 불과하여 법규적 효력이 없다는 논리를 병용하였다. 즉, "의료법이 태아의 성감별행위를 취소사유로 규정하고 있을 뿐 이를 면허정지사유에 해당한다고 규정한 바 없으므로, 태아의 성감별행위를 한 경우에도 1차 위반시에는 면허정지처분을 하도록 규정한 위구 의료관계행정처분규칙의 규정은 모법인 의료법이 허용한 행정청의 권한 행사의 범위를 넘어서 멋대로 규정한 것으로서 그 효력이 없다(더구나, 위 구 의료관계행정처분규칙의 규정은 그 형식은 부령으로 되어 있으나, 그 성질은 행정기관 내부의 사무처리준칙을 정한 것에 불과하여 법규적 효력이 없다)"고 하여 두 개의 논리를 동시에 전개했다.**(서울행법 19981.2 98구21171 의사면허자격정지처분취소)**

이 판례들을 통해 볼 때, 하급심에서 시행규칙은 법규로서 일반적으로 효력을 발생하지만 특정한 규정은 무효가 될 수 있다는 입장을 갖고 있는 판사들과 일반적으로 법규가 아니라 행정기관 내부의 사무처리준칙에 불과하다는 입장을 갖고 있는 판사들이 병존할 뿐만 아니라 불확실하기 때문에 하나의 판결에서 두 개의 논리를 함께 구사하기도 한다는 것을 알 수 있다. **하급심판사들에게 두 개의 논리는 상당한 심리적 갈등을 일으키고 있기 때문에 법적 명확성을 위하여 두 개의 서로 다른 논리는 정리될 필요가 있다고 하겠다.**

하급심판례 중에는 **조례에 대해서도 개별적·상대적으로 무효임을 확**인한 사례들도 나타난다. 조례안은 대법원에서의 단심인 직접적 무효확인소송의 대상이 되고 있음에도 조례의 특정 규정을 개별적·상대적으로 무효로 선언한 판례들이 나타난다는 것은 직접적 심사제도이외에 부수적 심사제도가 한국에서도 여전히 필요함을 보여주는 사례라고 생각된다. 예를 들어, **서울특별시용산구주택개량재개발사업시행조례 제29조, 제30조** 중 자력재개발방식에 있어서의 청산금 산정방법등에 관한 부분에 대하여 "모법의 위임없이 모법에 규정된 내용을 토지소유자들에게 불이익하게 변경하는 것으로서, 모법에 위반되는 무효의 규정이라고 하지 않을 수 없다"고 판시하고 있다.(서울고법 1999.2.10 98누8171 청산금과처분취소) 유사한 사례로는 도로무단점용자에 대한 점용료징수를 정한 **도로점용징수조례 제7조**를 무효선언한 사례가 있다.(서울고법 1976. 10.21 76나2219 채무부존재확인청구사건)

5. 행정입법에 관한 한국 판례들의 요약

2000년대에 들어서면서 행정입법에 대한 사법부의 적극적인 통제의지로 인해 적어도 시행령의 위법여부를 심사하는 판례가 늘어가고 있는 점은 고무적인 일로 판단된다. 하지만, 직접적 통제제도가 존재하지 않은 가운데 전통적인 부수적 통제방식에 의해 산발적이고 소극적으로 행정입법들을 통제하면서 방치되었던 시행규칙의 법규성을 둘러싼 판례들간의 모순저촉, 그리고 행정부와 사법부간의 모순된 입장을 통일된 기준과 논리에 의해 명확하게 체계화할 필요가 있음이 드러나고 있다. 특히, 행정소송법 개정으로 직접적 통제제도가 도입될 가능성이 높아지고 있기 때문에 판례입장의 정리가 시급하다고 하겠다.

대법원판례상 동일한 법조문에 대한 무효판결이 두 번씩 나오는 경우도 몇 차례 있었는데, 판결의 권위를 보다 강화시키기 위한 노력이 필요하다고 할 것이고, 하급심판결의 경우는 특정 행정입법에 대해 무효판결을 하여도 공개하는 제도가 없는데 무효판결의 취지에 따라 실제로 행정입법이 정비될 수 있도록 제도적 보완장치가 필요하다 할 것이다.

한편, 행정소송에서는 소송대상에 따라 통제논리가 달라지고 있다. 즉, 행정소송에서 시행령과 시행규칙이 소송대상이 된 경우, 1) 특히 시행규칙에 대해서는 사무처리준칙으로서 법규성이 없다고 하고 있고, 2)

시행령에 대해서는 법규성이 있는 것을 전제로 하여 특정 규정의 무효여부를 심사하고 있다. 판례가 시행규칙의 법규성을 부인하고 있지만, 지방자치단체들은 중앙행정기관의 법규명령에 구속되어 조례를 제정하거나 업무를 처리해야 하고, 공무원들도 법령준수의무를 지고 있는데 법령속에는 시행규칙도 포함되는 것으로 이해하고 있어서 시행규칙은 주민들에 대해서도 사실상 대외적 구속력을 가지고 있다.

민사소송과 형사소송에서는 시행령과 시행규칙이 법규성을 갖는 것을 전제로 하여 특정 규정의 무효여부를 심사한 판례만 존재하고 있을 뿐, 시행규칙에 대해서도 행정내부의 사무처리준칙에 불과하다고 보는 판례는 전혀 발견되지 않는다. 그래서, 민·형사소송과 행정소송에서 대법원은 시행규칙의 법적 성질에 대해 다른 평가를 하고 있는 것으로 볼 있는데, 그 이유가 어디에 있는지 판례에서는 전혀 언급되지 않고 있다.

하급심에서는 대부분 법규성이 있는 것을 전제로 하여 특정 규정의 무효여부를 심사하였으나, 부령에 대하여 사무처리준칙으로서 법규성이 없다는 논리와 특정규정의 무효여부를 심사하는 방식을 함께 사용한 판례도 있었는데,(서울행법 1998.12 98구21171 의사면허자격정지처분취소) 대법원의 판단방식의 불일치가 하급심판사들에게 혼란을 주고 있음을 알 수 있다.

민사소송과 하급심에서는 이미 효력을 발생하고 있는 조례에 대해서도 부수적 통제를 하고 있는데,[131] 이것은 대법원에서의 조례안에 대한 직접적 통제와는 별도로 부수적 통제가 필요함을 실무도 이미 인식하고 있음을 알 수 있어, 행정소송법개정으로 행정입법에 대한 직접적 통제제도가 도입된 이후에도 직접적 통제제도와 부수적 통제제도를 병존시키는 것이 한국에서도 타당함을 알 수 있다.

법령보충적 행정규칙에 대해서는 시행령이나 시행규칙에서 위임받고

---

131) 부수적 통제와 직접적 통제의 개념에 대해서는 III. 3. 1)의 설명을 참조할 것.

있음을 이유로 법규성을 인정하는 논리구조를 취하면서 특정 조문의 무효여부를 심사하고 있다. 판례가 시행령의 법규성은 이미 긍정하고 있기 때문에 상황이 다르지만, 주류적 판례에 따를 때 법규성이 결여된 시행규칙으로부터 위임받았다고 해서 어떻게 당해 행정규칙이 법규성을 획득할 수 있는지 적절한 논거가 제시되지 않고 있다.

Ⅲ. 시행규칙의 법적 성질에 대한 판례변경의 필요와 부수적 통제의 실효성강화

1. 행정소송상 시행규칙의 법적 성질에 대한 판례의 추정적 논거와 그 맥락

1) 행정소송상 시행규칙의 법규성을 부인한 판례의 논거의 추론

시행규칙을 행정기관 내부의 사무처리준칙이라는 판례는 그 성격을 분류해볼 때, [별표]나 제재처분의 기준에 관한 것들인 경우와 국민과의 관계에서 국민의 권익에 영향을 미칠 수 없는 순수한 행정내부의 업무처리절차에 관한 규정들인 경우로 나누어 볼 수 있는데, 대부분의 경우는 [별표]나 제재처분의 기준에 관한 것들이다. 이러한 대법원의 판단방식은 법원이 부수적 통제권밖에 갖지 못하고 입법자나 이해관계인 그리고 시민단체 등이 참가하는 행정입법통제절차를 갖지 못한 상태에서 나온 것으로 부수적 소송에서의 '변형된 무효판결'방식으로 부를 수 있다고 생각한다.

시행규칙은 관계부처의 협의, 법제처의 심의 및 관보에의 공포 등의 절차를 거쳐 제정된다. 이에 비하여 대통령령인 시행령은 시행규칙의 제정절차이외에 국무회의의 의결과 대통령의 재가절차가 추가된다. 따라서, 시행령의 제정절차가 좀 더 신중하다고도 볼 수 있지만, 현실적으로 국무회의에서 관계시행령의 성격상 주무부처의 의견진술이외에 실질적 토론없이 제정되는 경우가 대부분이었기 때문에 헌법이 입법형식으로 승인한 것을 무시할 수 있을 정도의 의미를 갖는 것으로 그 절차적 차이를 크게 강조할 수는 없다.

그럼에도 불구하고, 대법원이 왜 행정소송에서 '변형된 무효판결'방식을 애용했겠는가 그 원인에 대해서 판례는 언급하지 않고 있기 때문에 실질적인 이유를 추론해 볼 필요가 있다.

첫째, 법원이 당해 시행규칙의 개별조문을 개별적으로 무효로 판결하여도 행정이 당해 시행규칙을 정비하지 않을 가능성이 있고, 그 경우에도 법원은 일반적 무효판결이 가능하지 않아 적절한 제재를 가할 수 없는 구조적 요인이 작용했을 것으로 보인다. 특히, 중앙부처에서 시행규칙을 제정하는 공무원들은 행정현장의 공무원들에게 재량을 줄 경우, 구체적·지시적 지침이 획일적으로 하달되지 않고 있음을 이유로 감사에서 지적받을 것을 두려워하며 결정을 지체하거나 재량의 구체화과정에서 뇌물을 수수할 가능성을 우려하고 있기 때문에, 대법원의 무효판결에도 불구하고 여전히 법률의 재량권부여문언을 무시한 채 시행규칙에서 획일적 기준을 고수할 가능성이 크다.

둘째, 문제된 당해 시행규칙의 규정은 예외적인 특수한 경우 합리성을 결여하여 무효라고 할 수밖에 없지만, 보통의 일상적인 개별처분을 위한 기준으로서는 적합할 수 있고, 그 기준의 내용도 매우 전문적·기술적이어서 상당한 비용과 노력을 투입해야 대안이 발견될 수 있는 경우, 당해 규정에 대해 적절한 대안도 제시하지 않으면서 개별적으로 특정규정을 무효로 선언하여 관보에 게재하도록 하는 것이 국민들의 법적 생활에 혼란을 초래하는 등 적절하지 않아 보인다는 내부적인 판단도 작용하지 않았나 생각한다. 시행규칙을 단순한 사무처리준칙으로 보는 판례에 이러한 이유가 존재한다면, 헌법재판소가 이용하고 있는 여러 형태의 변형결정방식에 대한 필요를 법원도 느끼고 있다는 것을 시사한다. 변형결정, 그 중에서도 특히 헌법불합치결정은 법령이 평등원칙에 반해 특정 집단에게 혜택을 배제하고 있는 경우, 입법자의 입법형성권이 존중될 필요가 있는 경우, 법적 공백상태 또는 법적 혼란의 방지, 입법부작위 등 4개의 사유가 있을 때 할 수 있는 것으로 이해되고 있는데,132) [별표]나 제재처분의 기준에 관한 사례들은 매일 매일 반복되는 일상행정에서 재량권행사의 결정적 지침이 되고 있는 것들이기 때문에, 갑자기 무효로 선언되어 관보에 게재된다면 법적 공백상태와 법적 혼란이 초래된다는 점도 사무처리준칙으로서 대외적 구속력을 가지지 않는다고 함으로써 행정자치부장관에게 통지하거나 관보에 게재시킬 필요가 없는 '변형된 무효판결'방식을 정착시키는 원인이 되었을 것이다.

이러한 입장은 법규명령의 효력문제를 개별적이고 상대적으로 접근하는 부수적 통제제도와 결합하여 나름대로 합리적 기능을 발휘할 수도 있었다고 보여진다. 즉, 소송이 제기된 특수한 상황에서는 이 [별표]기준이나 제재처분기준은 무효라고 보아야 하지만 보통의 일상적 개별처분을 위한 기준으로서는 여전히 적합할 수도 있기 때문이다.

셋째, 형사재판에서 동종의 범죄행위에 대하여 양형이 달라 피의자들이 판사에 따라 불합리한 차별을 당하고 있다는 비판이 있어 왔으나, 현실적으로 형량을 규정으로 만든다는 것이 다양한 정상참작사유를 고려한 구체적 타당성에 적합하지 않은 면도 있어 양형기준의 법규화는 시도되고 있지 않다는 점도 행정소송에서 제재처분의 기준에 대해서 대법원이 법규성을 부인하는 논거가 되었을 수도 있다.133)134)

---

132) 최완주, 헌법불합치결정, 헌법재판제도의 이해, 재판자료 제92집, 2001. 11, 365-406.

133) 법규명령과 행정규칙의 구별문제 - 제재적 행정처분의 기준을 정한 시행령·시행규칙의 법적 성질을 중심으로 -, 법제처 창설 50주년 기념토론회, 법제 1998.8, 26-27면. 조정찬 법제관이 제시한 논거이다.

134) 2000. 2. 10 발간된 대법원 보도자료 '21세기 司法발전計劃'에서는 양형의 합리화

넷째, 법률에서 행정에 재량을 부여하면서 적정하게 재량을 행사할
의무와 권한을 동시에 부여하였는데, 시행규칙의 획일적 기준에 의해 구
체적 상황을 고려하여 재량을 행사해야 하는 의무를 위반하고 있고 제
재처분의 기준인 별표의 경우에 그것이 많은 다른 시행규칙들의 경우에
도 일반화되어 있을 때, 법원으로서는 대세적 무효를 선언할 권한이 없
는 이상 특정한 구체적 사건에 한정하여 그러한 시행규칙의 법규성을
부인하는 것이 재량권이 적정하게 행사되도록 통제해야 할 법원의 임무
에 비추어 최소한의 의무라고 판단했을 수도 있다.

2) 행정소송상 시행규칙의 법적 성질을 부인한 판례의 구체적 배경과 그 맥락

법원은 구체적 사건에서 해답을 구하기 때문에 그 판결을 평석하는
학자도 판결이 내려지게 되는 개별적 상황을 고려하여야 한다. 특히, 행
위주체들에 미치는 영향 등 맥락을 잘 살펴야 한다. 시행규칙의 법규성
에 대한 평가에 있어서 그 시행규칙에 대해 법적 성질을 부인한 상황이
국민에게 불리하도록 작용하기 위한 것인가 아니면 행정에게 불리한 판
단을 하기 위한 것인가 하는 고려가 상당한 영향을 미치고 있는 것으로
이해되어 왔다. 즉, 당해 시행규칙의 법규성을 긍정할 경우 행정의 상대
방에게 과도한 제재를 해야 하는 경우도 있기 때문이라는 점이 판례의
주된 논거가 아닌가 추론하기도 했다. 특히, 제재처분이기 때문에 법률
에서 재량권을 부여한 취지를 살리기 위해 시행규칙에도 주로 감경규정
을 두는 것이 필요함에도 그것이 없는 경우가 문제되었다.

하지만, 판례가 반드시 상대방에 대한 과도한 제재를 피하기 위해 시

를 위하여 양형세미나를 개최하고, 중요 범죄별 형사재판장회의를 개최하여 결과보
고서를 발간하고, 양형데이타베이스시스템을 구축하여 활용하며, 체계적인 실무지
침서인 양형실무책자를 발간하는 등을 통해 사실상 양형기준의 통일성을 위해 노력
하여 왔음을 밝히고 있다.

행규칙의 법규성을 부인하는 것은 아니다. 예를 들어, 도로교통법시행규칙 제53조 제1항이 정한 **[별표16]**의 경우처럼 감경규정이 있어도 판례가 시행규칙의 법규성을 부인하는 경우도 있다. 특히, 대법원 1998.03.27 97누20236 사건에서 대법원은 원고인 국민에 대하여 **[별표16]**에 따라 벌점을 부과하고 운전면허를 취소하는 행정처분은 적법하다고 판시하면서 원고에게 불리한 행정청의 판단을 정당화해주기 위하여 **[별표16]**의 법규성을 부인하는 논리를 펴고 있다.135) 또, 대법원 1997. 10. 24 97누12570은 술집영업정지처분사건인데 식품위생법시행규칙 제53조 **[별표15] II** 개별기준 3. 접객업 제9호 (자)목 (1)은 단란주점영업허가를 받은 자가 유흥주점영업행위를 한 때 영업정지 2월의 처분을 하도록 규정하고 있었고, 이 기준에 따라 행정은 2개월의 영업정지처분을 하였다. 대법원은 과거에 술집주인이 불법행위를 하여 징역8개월에 집행유예 2년의 판결을 받았음에도 불법행위를 다시 하였다는 사정을 고려하여 이 판단이 적법하다고 하면서 시행규칙의 법규성을 부인하였다.

따라서, 대법원이 제재처분의 기준인 시행규칙의 법규성을 부인하는 것이 반드시 소송을 제기한 국민의 권리구제를 위해 필요하기 때문에 그러한 것이 아니라고 하겠다. 즉, 대법원은 형사소송이나 민사소송에서는 시행규칙의 법규성을 예외없이 인정하고 있으나, 행정소송의 경우에는 제재처분의 기준인 시행규칙에 대하여 원고에게 유리한가 여부를 떠나 법규성을 부인하고 있다 하겠다.

---

135) 동종의 판례들로는 다음의 것들이 있다.대법원 1997.10.24 96누17288. ; 대법원 1997.05.30 96누5773. ; 대법원 1995.04.07 94누14360. ; 대법원 1991.06.11 91누2083.

2. 행정소송상 시행규칙의 법규성을 부인하는 주류적 판례 입장의 변경필요

1) 대상 형사판결과 주류적 행정판례들의 조화필요

대상 형사판결에서 대법원은 행정제재처분보다 더 강하게 국민의 권리를 제약하는 형사처벌의 근거규정인 시행규칙에 대하여 법규성을 긍정하고 있다.

제재처분의 기준을 획일적으로 정하여 행정현장에서 평등한 법적용을 보장할 필요와 구체적 타당성을 위하여 그것을 벗어날 수 있는 재량을 행정공무원이나 판사에게 확보해 주어야 할 필요는 분명하게 존재한다. 하지만, 그것은 법원이 시행규칙의 별표기준의 법규성을 부인하여 전체 법질서와 법단계의 근간을 뒤흔들어 불완전한 법치주의를 고착시킬 정도의 이유가 되지는 못한다. 별표기준이 과도하게 경직적이어서 법원이 자꾸 무효로 선언하면 행정은 그 기준들을 더 정비하게 될 것이고 중장기적으로 그 기준들 중 중요한 것은 시행규칙에 정하면서도 다른 구체적 기준들은 훈령과 같은 행정규칙에 정하게 될 것이다.[136] 그렇게 되면, 행정규칙에 정해진 재량준칙은 준법규로서 기능하면서 예외적으로 특수한 상황에서는 그 기준을 위반할 수 있는 신축적인 구속력을 갖는다고 보는 이론이 이미 학계의 다수설로 정착되어 있기 때문에, 평등한 법적용의 필요와 예외적인 이탈의 필요의 조화문제는 해소될 수 있게

---

136) 대법원 1983.3.22, 82누347 판결에서 나타난 상황이 정상적인 상황이라고 본다. 즉, 자동차운수사업법 제31조 등에 관한 처분요령은 교통부훈령 제680호로 지정되어 있었다. 이 상태로 되돌아가기 위해서는 별표기준의 법규성을 부인하는 것이 아니라 그것을 무효로 선언하여 제거하여야 한다. 개별구체적 상황에서 제재처분의 적정성에 대해 판사의 재량을 확보해야 할 필요성은, 구체적 사정을 고려하여 가중하거나 감경할 수 있도록 하는 규정도 없이 제정된 시행규칙을 무효로 선언하여 행정이 보다 신속하게 시행규칙을 정비하도록 강요함으로써, 보다 명확하게 확보될 수 있다고 본다.

될 것이다.

따라서, 행정소송에서도 대법원은 일률적으로 시행규칙에 규정된 제재처분기준인 별표에 대하여 사무처리준칙에 불과하여 법규성이 없다고 볼 것이 아니라, 대상판결에서와 같이 일단 시행규칙은 법규성을 갖는다는 점을 인정하고 특정조문에 대해 무효여부를 심사하는 방식으로 전환하는 것이 필요하다. 이것이 총리령과 부령을 법형식으로 승인한 헌법에도 합치된다.

법원이 제재기준에 대하여 무효라고 판단하여 재판시점부터 효력을 상실한다면 일상행정에서는 상당한 혼란이 생길 것을 염려할 수도 있다. 현재, 행정입법에 대한 부수적 통제에서 일정한 시점까지 개정할 것을 법원이 요구하는 것과 같은 변형판결이 이용되지 않고 있기 때문에 제재기준의 무효판결에 관한 실무의 어려움은 가중되는 듯 보인다. 하지만 부수적 통제절차에서 법원의 무효판단은 개별적·상대적 효력만 발생하고 그 판단내용은 행정자치부장관에게 통보되어 관보에 게재되더라도 곧바로 대세적 무효로 되지는 않고 적법한 입법개정절차를 밟아 처리될 수도 있으므로, 직접적 통제제도에서 변형판결이 내려진 경우와 외형상 비슷해 큰 혼란은 생기지 않을 것으로 보인다.

행정소송법을 개정하여 모든 선진국가들에서 인정되고 있는 것처럼 행정입법에 대한 직접적 통제제도를 도입하여 법규명령에 대해 법원이 대세적으로 무효로 선언할 권한을 확보하여야 한다. 이러한 권한이 확보된다면 행정청은 현재 제재처분의 기준인 시행규칙을 행정규칙인 훈령의 형식으로 전환할 수도 있고, 아니면 보다 자세하게 감경규정이나 가중규정들을 두어 현장행정에서 적절하게 재량이 행사되도록 할 수도 있을 것이다. 즉, 행정은 보다 법치주의의 기본 정신에 적합하게 변화된 상황에 적응하게 될 것이다.

다만, 직접적 통제에 있어서는 필요하다면 무효선언을 하고 일정한 시기까지 입법을 개정할 것을 촉구하는 변형판결도 가능해야 할 것이다.

또, 판결이유에서 적절한 대안을 예시하여서 법규명령에 그 약점을 보완하는 규정을 두도록 촉구하는 방식이 필요할 수도 있을 것이다. 부수적 통제의 운용에 있어서도 필요한 경우 입법개정의 촉구나 대안의 제시 등을 할 수 있도록 개선하는 것이 필요하지 않을까 생각한다.

2) 대상 행정판례와 주류적 행정판례들의 조화필요

그 동안 법원은 개별사건들의 처리를 주 업무로 삼아 온 결과 복잡하게 이해관계가 얽힌 정책이나 입법이 직접 소송대상이 되는 사건들의 처리에 익숙하지 못해 고려해야 할 사항들을 제대로 고려하지 못해왔다. 정책이나 입법은 직접적으로 특정 국민들에게 영향을 미치기도 하지만 파생적으로 보다 많은 사람들에게 광범위하게 영향을 미치므로, 현재 소송을 제기한 사람보다 오히려 소송을 제기하지 않고 있는 훨씬 더 많은 이해관계인들에 대해 미치는 영향을 적절히 고려하지 않는다면 법치사회의 중요한 가치인 법적 안정성에 중대한 불안을 조성할 수도 있다는 점을 심각하게 인식해야 한다. 국가는 국민과의 관계에서 항상 구체적 행위를 통해 영향을 미칠 수는 없고 일반적이고 상징적인 작용을 통해 일반국민들에게 영향을 미치고 있다. 이 점이 소송대상으로서 입법에 대한 통제는 개별처분과는 달리 대사회적 영향을 특히 고려해야 하는 이유이다.

주류적 행정판례들이 도로교통법시행규칙 제53조 제1항 [별표16]의 법규성을 일관되게 부인하고 있음에도 대상행정판례는 도로교통법시행규칙 제53조 제2항의 법규성은 긍정하고 있다. 구체적 처분과 관련하여서는 형평에 맞는 적절한 결론이라고 할 수 있지만 도로교통법시행규칙이 실제로 사회에서 집행되면서 법원이 의도하는 대로 재량이 적정하게 행사되고 처분에 있어 지켜야 할 절차적 규정들의 준수를 강제하는 효과가 확실하게 발생하고 있는지는 의문인 것이다. 동일한 [별표16]에 대해 반복해서 사무처리준칙으로서 대외적 구속력을 갖지 않는다고 하면서 구체적 상황에 맞도록 적정한 재량을 행사하도록 하는 판결을 되풀이하는 것은 법을 선언하는 사법부의 권위를 약화시키는 결과를 초래하고 있다. 처분의 위법성에 대한 판단이 아니라 시행규칙의 법적 성질에 대한 판단이 문제될 때 법원은 그 판단이 단지 소송관계인사이에서만 문제되는 것이 아니라 국민일반의 권리의무에도 중대한 영향을 미치는 판단을 해야한다는 점을 깊이 인식해야 한다. 법원이 시행규칙의 특정 규정을 무효로 선언한다면 행정은 그 규정들을 그대로 고수하려면 행정규칙으로 끌어내리거나 아니면 별표의 기준들에 대해 구체적 상황을 고려하여 상회하거나 하회할 수 있도록 하여 재량권을 부여하는 규정을 더 상세하게 입법적으로 추가시키게 될 것이다.

또, 감경규정이 있는 경우에도 행정이 구체적 차이를 무시하고 획일적 기준만을 고집하는 경우에 대법원은 시행규칙의 법규성을 부인하는 판결을 습관적으로 할 것이 아니라 감경규정을 무시하고 합리적으로 재량을 행사하지 않은 처분이 법규성을 갖는 시행규칙을 위반하여 하자가 있는 것으로 판시하여야 할 것이다.

부수적 통제방식에 의해 무효로 선언하면 행정자치부장관에게 통지되고 관보에 게재되어 입법제정기관이 신속하게 입법을 정비하도록 하는 효과를 발생시키는 것에 비해, 시행규칙의 법규성을 부인하는 판결은 결과적으로 사회에서 해당규범을 유효하게 통용시키는 것을 방치하고 방조하는 것이 된다. 그러므로, 국민들에게는 법원이 무효로 선언해야 할 것을 무효로 선언하지 못하는 것으로 비추어져 법원의 허약성을 각인시키는 계기가 된다.

한편, 시행규칙의 법규성을 부인하는 논리는 법령보충적 행정규칙에 대한 설명이 어려워진다. 즉, 어떻게 법규성이 없는 시행규칙으로부터 위임받았다고 해서 당해 행정규칙이 법규성을 획득하게 되는지 납득할 수 있는 논거를 제시하기가 매우 어렵다. 따라서, 시행규칙은 행정기관

내부의 사무처리준칙으로서 법규성이 없다는 논리는 폐기되어야 할 것이다.

3. 행정입법에 대한 부수적 통제의 실효성강화

1) 행정과 법원의 절차적 협력의 강화필요

현재 한국의 법원에서 이용되는 행정입법에 대한 심사방식은 부수적 통제방식이다. 부수적 통제는 행정입법자체를 직접 소송대상으로 삼아 소가 제기되는 것이 아니라 다른 구체적 사건에 관한 재판의 전제로서 당해 행정입법의 위법여부를 판단하는 제도로서, 당해 사건과 관련하여 그 개별처분의 근거인 특정한 법규명령규정의 위법확인을 내용으로 하는 개별적·상대적 무효확인제도이자 간접적인 적용배제제도이다.[137) 일반적 효력통제제도가 아니어서 행정입법이 무효로 판단되어도 소송참가인들 사이에서만 그 효력이 인정된다. 그 동안 학계에서는 간접적 규범통제라고 하거나 개별적·상대적 통제제도로 불러왔으나, 직접적 통제와 부수적 통제로 나누어 설명하는 것은 기존에 관례적으로 쓰이던 방식과 다르지만 각 유형의 차이를 보다 명확하게 보여줄 수 있고, 현재 한국의 사법적 통제체계에서 흠결되어 있는 제도가 어떤 것인지를 명확하게 보여줄 수 있어 이후 사법적 통제제도의 강화를 위한 방향을 제시하는데 더 유용한 구별방식이 아닌가 생각한다. 행정입법의 부수적 통제방식에 대립되는 것으로 직접적 통제[138)가 있다.

---

137) 고육지책으로 흠이 중대하고 명백한 경우에는 무효가 된다는 견해도 존재하지만, 이러한 견해의 대립은 본 논문의 논점과는 직접적인 관련이 없어 더 이상 다루지는 않는다. 그 입장차이에도 불구하고 행정입법에 대한 직접적 통제제도가 필요하다는 인식은 공유하고 있는 것으로 보인다.

138) 행정입법에 대한 직접적 통제제도는 행정입법을 제정하여 공포하기는 하였으나 아

현행 행정소송법 제6조 제1항, 제2항에 따를 때, 대법원의 판결이 있
는 경우에만 명령·규칙의 위헌판결 등에 대해 행정자치부장관에게 통지
하여 관보에 공고하는 절차를 밟도록 하고 있다. 이 절차는 1984년 12월
15일 행정소송법개정(법률 제3754호)에 의해 도입되었는데, 이 규정의
목적은 행정에의 정보제공편의와 무효인 법령에 대한 국민들의 인지도
의 제고에 있다고 할 수 있을 것이다. 그러나, 이 규정만으로는 대법원
이 위법판단한 행정입법에 대해 행정부가 아무런 조치를 취하지 않는
경우에도 어떤 대책이 있는 것이 아니다. 그러한 현실을 보여주는 것으
로 최근에는 찾아보기 어렵지만 10년 전까지도 행정입법의 동일한 법조
문에 대해 대법원이 위법판단을 반복하는 현상이 나타났다.

1984년 12월 15일 행정소송법개정으로 법규명령을 무효라고 선언한
판결을 관보에 게재하도록 하는 절차가 도입된 지 상당한 시간이 흐른
후인 90년대에도 수자원보호령 수산자원보호령 제25조 제1항, 제31조
제1호에 대해 대법원이 동종사건에서 두 번씩 위법판단을 해야 했었고,
(대법원 1991.10. 22, 91도1617 ; 대법원 1991.11.12, 91도1659) 배기량
50cc 미만의 원동기를 단 자전거를 "원동기장치 자전거"에 포함시킨 도
로교통법시행규칙(1987.8.1. 교통부령 제861호) 제2조의2가 모법인 도로
교통법 제2조 제15호에 위반되어 무효라고 판시한 대법원판례도 두 번
이나 출현했다.(대법원 1990.11.27, 90도1516 ; 대법원 1991.04.23, 90도

직 시행되지 않고 있을 때 권리침해의 임박성을 이유로 심사하는 집행전 심사제도
(direct pre-enforcement Review)와 집행단계에서의 심사제도(review in enforce-
ment proceedings)로 나눌 수 있다.(미국의 분류방식) 집행단계에서의 심사제도도
시행되고 있는 행정입법에 대해 그것이 직접적으로 현재 개인에게 효력을 미치는
처분적 성질을 가질 때의 처분적 행정입법의 심사제도(오스트리아는 이를 별도로
규정함)와 구체적 처분에의 해석적용에서 문제될 때 당해 행정입법을 심사하되 위
헌이나 위법으로 판단된 행정입법이 소를 제기한 사람뿐만 아니라 그 밖의 모든 사
람에 대해서 일반적으로 효력을 상실하는 일반적 효력통제제도(한국 헌법재판소법
제47조 제2항)가 있다. 졸고, 항고소송의 대상에 관한 입법적 검토, 2002.7.2 행정소
송법법관세미나자료 참조.

2194) 이것은 대법원이 위법판시한 법규명령에 대해 행정이 즉각 폐지하지 않아 나타나는 문제라 할 수 있는데, 부수적 통제제도의 중대한 결함이라 할 것이다.

더구나, 하급심에서 위헌이나 위법판시된 법규명령은 관보에 공고되지 않아 그 효력이 제거되는 절차가 사실상 진행되지 않고 있다. 규제개혁위원회나 국가인권위원회 등 비법률가로 이루어진 행정기관들도 과감하게 실정법의 개정이나 폐지를 해당 정부기관에 권고할 수 있는 권한을 가지고 있다. 즉, 행정규제기본법 제14조 제2항은 "권고를 받은 관계 중앙행정기관의 장은 특별한 사유가 없는 한 이에 따라"야 한다고 규정하고 있다. 국가인권회의법은 제19조에서 인권에 관한 법령의 개선권고를 할 수 있도록 하면서, 동법 제20조 제1항은 "관계국가행정기관 또는 지방자치단체의 장은 인권의 보호와 향상에 영향을 미치는 내용을 포함하고 있는 법령을 제정 또는 개정하고자 하는 경우 미리 위원회에 통보하여야 한다"고 하고 있으며, 동법 제25조는 정책이나 관행에 대해 시정권고하고 그 권고사항을 따르지 않을 때는 문서로 설명할 의무를 부과하면서 그 설명내용을 공표할 수 있도록 국가인권위원회에 권한을 부여하고 있다. 이와 비교할 때, 하급심에서 법규명령의 위법판단을 하고도 그것을 해당 법규명령의 제정기관이나 관보발행기관 등에게 통지하는 절차도 없는 것은 법원의 권위를 극히 약화시키는 것으로서 시급히 시정되어야 할 사항이라 할 것이다.

예를 들어, 하급심의 판결중에서도 국민적 관심사인 병역의무에 관한 규정인 **병역법시행령** 제96조 제7항이 병역면제의 취소와 병역의무를 부과할 수 있도록 무단히 그 범위를 확장하여 정하고 있으므로 이는 모법의 위임이 없거나 그에 반하는 무효의 규정이라 한 판례(대전지법 1994.06.03 94구116 병역면제취소처분취소청구사건)에서 나타난 위법확인에도 불구하고 관보에 게재되지도 않아 국민들도 알 수 없으며 여전히 구법령이 그대로 존속한다는 것은 민주주의와 법치국가적 정당성을 현저히 결여하고 있는 것이라 할 것이다.

따라서, 하급심에서 무효판시한 법규명령에 대해 최소한 당해 법규명령의 제정부처에의 통지제도를 도입하는 것이 필요하다. 그 후 해당 행정부처는 법령정비사항을 법원에 통지할 의무를 지도록 해야 한다. 규정으로 도입되지 않은 경우에도 실무운용과정에서 해당 법규명령의 주무부처에 위법판시사항을 통지하는 공문을 보내면서 법령정비사항을 사후에 통지해주도록 작성하여 보내는 방법을 생각해볼 수 있을 것이다.

2) 중요한 기본권이나 복잡한 이해조정과 관련된 행정입법에 대한 부수적 통제의 절차적 정당성의 강화

현재 시행규칙의 법규성에 관한 논란은 시행령과 시행규칙에 대하여 헌법이 법의 형식으로 승인하고 있으면서도 입법절차에 관해서는 아무런 규율을 하지 않아 입법으로서 권위를 보장할 수 있을 정도로 절차적 정당성이 실질적으로 보장되지 않은 것에 그 근본원인이 있는 것이다. 따라서, 법규명령의 제정절차가 적정한 것이 될 수 있도록 입법절차를 개선시키는 것이 필요하다. 미국에서도 현대사회에서 제기되는 입법의 신속한 제정필요에 의해 행정입법의 경우에도 비공식적 입법절차가 널리 활용되고 있지만 중요하고 복잡한 이해관계가 얽혀 있는 입법의 경우에는 정식절차를 밟아 제정되고 있는 것을 보더라도 중요한 행정입법의 제정절차의 정당성을 개선시키는 것이 절실히 필요하다고 하겠다.

또한, 법원의 심사는 규제개혁위원회나 국가인권위원회 등 유사입법통제기관들과 비교하여 심사절차의 전문성과 공정성에 있어 우위를 보여줄 수 있어야 한다. 따라서, 부수적 소송에서도 매우 중요한 기본권에 관한 문제이거나 사회적 파급효과가 크고 이해관계가 복잡하거나 전문적 판단이 필요한 문제일 때, 행정입법의 무효여부판단과정에 있어 행정입법에 대한 무효판단을 보다 신중하고 공정하게 수행하기 위하여 절차적 정당성을 강화시키는 조치가 필요하다. 당해 행정입법의 제정자, 감독기관, 이해관계있는 자치단체, 이해관계있는 시민단체나 시민 등이 법원의 판단에 그들의 의견을 충분히 반영시킬 수 있도록 하고, 전문가에게 감정의견을 제출할 수 있는 절차를 마련하는 것이 필요하다. 의견제출제도나 소송참가제도를 적절하게 변형시켜 이용할 수 있을 것이다. 다만, 이 규정은 부수적 통제소송이 갖는 신속성의 보장, 유연성 등의 장점을 잃지 않도록 하기 위해 적용범위를 이상에서 열거한 경우들에 한정하도록 하여야 한다. 그러나, 재량규정으로 하여 법원이 그 필요성을 재량을 가지고 판단하도록 하는 방법은 절차적 장치들을 전혀 활용하지 않을 위험도 있으므로 적절하지 않다고 본다.

3) 대법원에서의 법규명령에 대한 무효판단요건의 완화

하급법원에서 행정입법의 부수적 심사를 할 때에는 다른 행정사건과 특별히 다르게 재판부가 구성되지는 않는다. 그러나, 대법원에서 시행령과 시행규칙에 대하여 무효판단을 할 경우에는 법원조직법 제7조 제1항에 의해 전원합의체를 구성하여야 한다. 다만, 법령보충적 행정규칙의 특정 규정의 무효여부에 대하여 심사할 경우, 대법원은 전원합의체를 구성하지 않고 대법관 4명으로 구성된 소부에서 재판하고 있다. 또, 조례안에 대해서 직접적 심사를 하는 경우에는 대법관 4인으로 구성되는 소부가 심리하는 대법원 단심제를 취하고 있다.

대법원으로 소송사건수가 폭주하는 현상은 적어도 현재 한국 소송문화에서는 극복하기가 매우 어렵고 대법원의 심리절차상 재판연구관제도가 활성화되어 대법관들의 판결을 보조하고 있으므로, 부수적 소송에 의한 행정입법의 통제를 활성화시키기 위하여 시행령과 시행규칙에 대해서도 기존의 판례를 변경하거나 법질서 전체의 관점에서 중요한 쟁점이 내포되어 전원합의체로 다룰 필요가 있는 경우를 제외하고는 대법관 4

인으로 구성되는 소부에서 다루는 것이 타당하지 않을까 생각한다. 이를 위해 법원조직법 재판관구성에 관한 규정(법원조직법 제7조 제1항)의 개정이 필요하다고 본다.

제2장 자치입법

제1절 자치법규기본조례와 자치입법권의 보장

Ⅰ. 지방분권에 따른 자치법규기능의 변화

참여정부 들어와 지방분권정책이 적극적으로 추진되고 있다. 과연 분권화된 사회가 개방사회에서 경쟁력을 갖추고자 하는 한국사회의 바람직한 사회모델로 정착하고, "법치국가의 이념에 충실한 지방자치법과 지방자치"[1]가 한국사회에 뿌리내릴 수 있을 것인가?

분권정책이 국가만의 일방적인 제도개혁으로 머무르지 않고, 자치단체와의 쌍방적인 운동이 됨으로써 자치단체 스스로 내발적인 분권개혁운동을 전개하는 데까지 이르러야 한다. 국가에 의한 제도적 분권화를 자치행정에 안정적으로 정착시키기 위해 자치단체 스스로 분권의 필요가 큰 대상을 찾아서 적극적으로 움직여가야 한다. 자치법규를 정비하고 새로운 자치법규를 제정하는 노력도 이러한 의미에서 필요하다. 이를 위해, 자치단체는 지방분권에 따라 자치법규의 기능이 어떻게 변해 가는가를 이해하고 그에 맞추어 적절한 역할을 수행해야 한다.

첫째, 자치법규는 지방분권운동이 강력하게 추진되기 전에도 상위법령을 보완하여 공무원들의 인사관리, 조세행정이나 민원행정(예, 폐기물처리)과 같은 대량행정의 영역에서 업무를 효율적으로 그리고 지속적으

---

1) 홍정선, 지방자치법주해 서문, 지방자치법주해 (한국지방자치법학회편), 2004, 8.

로 안정적이고 공평하게 처리하는데 중요한 역할을 해왔다. 특히, 조례·규칙과 같은 자치법규는 예규와 달리 자치단체의 공무원과 주민들을 함께 구속할 필요가 있는 경우에 매우 유용했다.[2]

이러한 기능을 수행하는 자치법규는 전통적인 **행정관리와 법무행정의 도구**로서 기술적 성격이 강해 인사행정이나 경비지출을 위한 행정내부적 기준으로 작용해왔다. 또, 생활환경보호나 쓰레기의 불법투기단속 등 주민들의 생활세계에 직접 영향을 미치는 **민원행정**의 영역에서 일상적인 법집행도구로서 기능해왔다.

둘째, 자치법규의 제정가능범위는 자치권이 보장되는 범위와 밀접한 관계를 가지고 있어서, 지방자치단체가 국가나 상급 자치단체와의 관계에서 자치단체의 **권한과 업무의 한계**를 설정하는 역할을 담당하고 있다. 또, 자신의 업무를 주체적으로 파악하여 체계적이고 계획적으로 처리하도록 하는 기능도 수행해왔다. 이제, 자치법규의 제정가능범위가 확대되고 있어 확대된 자율영역을 명확히 파악하는 것이 긴요한 과제가 되어가고 있다.

셋째, 자치법규는 지방분권이 진전되면 **정책법규**로서의 기능을 더욱 더 발휘하게 될 것이다. 지역경제의 발전이나 지역의 사회간접자본의 건설 또는 도시계획의 재조정, 재정개혁이나 민영화 등 지역사회의 발전방향에 영향을 미치는 많은 정책에 관해 자치법규를 통해 근거를 마련하고 틀을 형성하여 집행하게 될 것이다.

정책법규로서 자치법규의 설계에 있어서는 그 내용의 합리적이고 합법적인 설계능력이 무엇보다 중요하다. 자치법규가 법령과 다른 점은 입법자와 주민간의 간격이 매우 좁아 주민의 의견을 법규의 내용으로 직접적으로 반영할 수 있다는 점이다. 하지만, 이 점은 자치법규의 장점일 수도 있지만 단점일 수도 있다. 주민들의 이해관계와 감정이 보다 직접

---

2) Harmut Mauer, Rechtsfragen kommunaler Satzunggebung, DÖV 1993, S.185.

적으로 표출되므로 편파적인 이익옹호의 방지와 이익충돌의 조정이 매우 어려우면서도 중요한 과제가 된다. 민주주의의 관점에서는 주민과의 거리가 가까워지는 것이 필요하지만 법치주의관점에서는 주민과 일정한 거리를 두고 자치법규의 기준이 정립되고 집행되는 것이 필요하다.

II. 자치법규기본조례에 의한 자치법규의 정비

1. 자치법규의 제정절차에 관한 현황

1) 현행 자치법규의 제정절차

자치법규는 지방자치단체가 법령의 범위안에서 그 사무에 관하여 지방의회의 의결을 거쳐 제정하는 조례와 지방자치단체의 장이 법령 또는 조례가 위임한 범위안에서 그 권한에 속하는 사무에 관하여 제정하는 규칙이 있다. 이외에도 지방의회가 지방의회의 운영과 관련하여 규정들을 제정하고 있고 자치단체장도 훈령의 성격을 갖는 규정들을 제정하고 있다. 후자들의 경우 법규성을 갖지 않는다고 일반적으로 이해되고 있다. 하지만, 이 규정들도 자치행정과 지방의회의 의사진행에 중요한 영향을 미치고 체계적 제정과 정비의 필요도 크므로 기본조례에 포함되어 그 제정절차가 규정될 필요가 있다.

자치법규의 입법절차는 크게 ① 입법방향에 대한 기본방침의 수립 ② 공청회, 입법예고 등 주민의견의 수렴 ③ 조례 규칙심의회를 거쳐 입법안의 작성과 확정 ④ 조례의 경우 의회의 의결 ⑤ 공포의 5단계로 나누어진다.

입법방향에 대한 기본방침의 수립단계에서는 현안 정책의 실현, 상위법령에서 특별히 조례로 정하도록 위임된 사무 등 조례·규칙 제정의 필요성 등을 명시하여 입법방향에 대한 기본방침을 수립한다.

주민의견수렴단계에서는 입법의 투명성을 확보하기 위해 공청회, 입법예고 등을 거칠 수 있지만, 조례와 규칙의 제정절차에 관한 규정인 지방자치법 제19조나 지방자치법시행령 제2장은 입법예고절차를 전혀 규정하고 있지 않다.

입법안이 작성되면 조례·규칙심의회에 상정하여 심의·의결한다. 지방자치단체의 장은 조례·규칙심의회(지방자치법시행령 제10조의19)에서 의결된 조례안을 지방의회에 제출하고, 의회 소관 상임위원회를 거쳐 본회의에서 심의·의결한다.

지방자치단체의 장은 지방의회에서 의결되어 이송된 조례 공포안을 20일 이내에 구보, 군보, 시보나 도보 등에 게재하여 공포하거나,(지방자치법시행령 제12조 제1항) 조례안에 대하여 이의가 있는 때에는 이유를 붙여 지방의회로 환부하고 그 재의를 요구할 수 있다.

2. 자치법규기본조례의 필요성

지방자치제의 실시이후 분권움직임이 더욱 강해지고 있는 추세이지만 많은 자치법규들이 기존의 것들을 그대로 유지하는 가운데 새로운 자치법규들도 중앙부처의 지시나 표준조례를 모델로 하여 제정되는 관례가 생겨났다. 이에 따라 자치단체들은 기존의 자치법규나 새로운 자치법규 수요를 독자적으로 분석하고 연구하여 해당 자치단체에 적합한 자치법규를 정비하려는 노력이 미미했었다고 할 수 있다. 이 때문에 동일한 자치단체의 자치법규들간에 기본적인 법률용어의 불일치와 혼선이 존재하게 되었을 뿐만 아니라 자치법규들의 편제가 체계적이지 못하고 주민들을 위한 참여절차나 법규의 성립요건인 공포의 방식에도 상당한 문제를 안고 있는 자치단체들이 많은 실정이라 할 수 있다.

또, 자치법규들의 내용들 사이에도 상호 모순과 충돌이 나타나는 경우가 나타나고 있다. 뿐만 아니라 상위법령과의 관계에서 자치법규로 제정할 수 있는 범위내임에도 불구하고 자치법규가 제정되어 있지 않거나 상위법령의 변경 등이 있어도 신속한 대응이 이루어지지 않아 상위법령에 모순되는 것들도 나타나게 되었다.

하지만, 더 큰 문제는 분권화가 중앙부처와 국회차원에서 적극적으로 추진되어도 자치단체들이 법령의 변경에 맞추어 입법의 공백부분을 자치법규에 의해 채우려는 노력이 부족하다는 점이다. 기존에 행정내부에 유지되어 왔던 권위주의적 지배는 지방자치실시이후에도 그대로 영향력을 유지해 자치법규의 제정과정에서 중앙부처가 제시하는 지침이나 표준조례에 그대로 따르는 관행이 존속하고 있다. 이로 인해 주민들의 자치를 위해 주민의 광범위한 이해와 참여속에서 투명하고 명확하게 제정되어야 할 자치법규가 공론의 형성방식이 아니라 일방적 지시방식에 의해 제정되어왔던 것이다.

기존의 자치법규들을 통일된 원칙과 기준에 의해 정비하고 새로운 자치법규들의 질을 높이기 위하여 이와 같은 작업을 지도할 기본조례가 필요하다. 그것이 '자치법규기본조례'가 필요한 이유라고 할 것이다.

자치법규와 관련하여 기본법의 역할을 하도록 하기 위하여 연방제국가인 독일의 경우에는 주마다 주헌법이 있지만 한국이나 일본에서는 국가의 법률인 지방자치법이 그러한 역할을 수행한다. 하지만, 입법주체가 국가이기 때문에 특히 자치사무에 대한 자치단체의 입법권이 적절히 보장되지 않을 수도 있다. 일본에서는 이러한 문제의식하에 주민자치를 강화하기 위하여 최근 여러 지방자치들에서 **자치기본조례**가 활발하게 제정되고 있다.[3]

자치기본조례는 특정 지방자치단체를 위한 가장 기본적인 헌장의 성

---

3) 田中孝南/木佐茂南, 自治体法務, 2004, 20-22면. ; 金井利之, 廣がりを見せ始めた「自治基本條例」, 自治研 2004.1.

격을 갖는 것으로 형식적으로는 모든 조례들에 상호 우열관계는 있을
수 없지만 사실상 다른 자치법규들의 최상위 자치법규로서 위치를 부여
하려는 의도로 제정된다. 자치기본조례이외에 자치단체의 행정영역과
각종 정책에 관한 자치법규들의 원칙과 기본적인 사항들을 규정하는 기
본조례로서, 예를 들어, 환경기본조례같은 것을 규정할 수도 있을 것이
다. 이러한 기본조례는 개별조례의 입법, 해석 및 적용의 과정에서 원칙
과 방향을 제시하는 기준이 될 수 있다. 최근 일본에서 주목받고 자치기
본조례는 자치단체마다 그 내용에 있어 약간씩 편차는 있지만 마을공동
체의 활성화를 위한 마을만들기운동을 활성화시키고 지원하는 것에 초
점을 맞추는 경우가 많다.

이 글에서는 자치법규의 제정에 관한 기본조례로서 자치법규기본조례
를 제안하려는 것이다.

3. 형식의 측면에서의 자치법규의 정비와 자치법규기본 조례의 내용

1) 입법기술로서의 자치법규의 제정 - 자치법규명칭의 통일과 일몰제 등의 근거마련

자치법규는 개별적인 행정행위와 달리 하나의 입법이기 때문에 입법
특유의 기술적 측면에서의 배려가 있어야 한다.4)

자치법규명칭과 관련하여 한국의 실태를 살펴보면, 자치법규의 종류
로 조례, 규칙, 규정, 내규, 행동강령 등이 있으나, 규정의 성질에 맞게
명칭을 통일시켜 사용하지 못하고 있어서 기본조례에서 자치법규명칭을
통일시켜주는 것이 필요하다. 즉, 자치법규를 조례, 규칙, 의회규정, 및

---

4) 이에 관해서는, 김홍대, 지방자치입법론, 박영사, 1999, 490면 이하를 참조할 것.

규정의 4가지로 유형화하고, 이 명칭의 사용을 강제함으로써 개별자치법규의 성질을 용이하게 파악할 수 있게 하는 것도 그 한 방안일 것이다.

상위법령과의 관계에서 자치법규의 성질을 정확히 결정하는 문제, 즉, 조례로 제정할 사항과 규칙으로 제정할 사항을 정확히 구별하는 문제는 당해 자치법규의 효력과 직접적으로 관련된다. 그 형식을 잘못 결정하면 해당 자치법규는 무효가 된다. 대법원은 "국가사무가 지방자치단체의 장에게 위임된 기관위임사무는 원칙적으로 자치조례의 제정범위에 속하지 않는다고 할 것"(대법원 1994. 5. 10. 93추144 ; 대법원 1999. 9. 17. 99추30. ; 대법원 2000. 5. 30. 99추85)이어서 기관위임사무에 대한 조례는 상위법에 근거가 있는 위임조례(대법원 1999. 9. 17. 99추30)가 아닌 이상 무효라고 한다.

또, 자치법규에 필요한 서명, 공포일 및 적용지역 등에 관한 일반적 사항이 기본조례에 규정될 수 있을 것이다. 규제의 증가를 막기 위하여 일정 기간이 지나서 존속의 필요성을 입증하지 못하면 당해 자치법규가 효력을 상실하는 일몰제의 근거를 기본조례에 두는 것도 필요할 수 있다.

2) 자치법규 목차의 정비

자치법규의 전체적인 목차는 대략적으로 세 가지 기능을 수행해야 한다.

첫째는, 공무원들이 업무를 처리함에 있어 소관자치법규와 유관자치법규를 쉽게 발견하여 해석적용할 수 있게 해야 한다.

둘째, 상위법과의 관계에서 신속하게 합법성을 유지할 수 있도록 상위법령과 쉽게 대조가 가능하여야 한다.

셋째, 자치법규지식을 지역주민들과 공유할 수 있도록 명확하고 선명하게 자치법규내용을 주민들에게 전달할 수 있어야 하기 때문에 찾아보기가 쉬워야 한다.[5]

이러한 기능에 비추어 자치법규의 목차는 부서별로 편제될 수도 있고 업무기능별로 편제될 수도 있다. 부서별 편제는 공무원들에게 소관업무의 발견을 위해서 편리할 것이다. 업무기능별 편제는 민원인들에게 더 편리할 것이다. 현재 한국에서 정부의 법령집은 부서별 편제보다는 업무기능별 편제의 방식을 따르고 있다. 때문에 민원인의 편의성을 우선시하고 정부의 법령집의 편제방식에 맞추어 자치법규의 목차를 부서별순서가 아니라 업무기능별로 재편하는 것은 적절할 것이다.

3) 자치법규안의 입법예고 및 자치법규의 공포절차의 개선

법을 준수해야 할 사람들에게 국가나 자치단체가 제정한 법을 알 수 있도록 해야 하는 것은 법치주의에서 나오는 명령이다.6) 현실적으로 모든 국민이나 주민들이 법령이나 자치법규를 알 수는 없고, 기술적 이유나 비용상의 문제로 모든 국민들이 알게 하는 것은 매우 어렵다. 하지만, 한국에서 자치법규는 입법예고도 되지 않고 있고, 입법의 공포절차도 주민들이 알기에는 매우 비효율적이어서 시보 등에의 공포이외의 다른 부가적인 노력은 전개되지 않고 있다. 최근 한국에서 지방마다 케이블TV가 설치되어 방송되고 있고 벼룩신문 등 주민들에게 보다 널리 읽히는 지방신문들도 있어서 이것을 이용할 수도 있을 것이다. 또는, 주민들에게 꼭 알려야 할 자치법규나 정책의 내용은 홍보용 전단지나 스티커 등을 통해 알릴 수도 있을 것이다.

첫째, 입법예고절차의 개선이 필요하다.

한국에서 입법예고에 대한 관심은 우선 광역자치단체부터 나타나고 있다. 서울특별시가 '서울특별시자치법규입법및운용에관한조례'를 2002년 5월 20일 조례 제4003호로 제정하여 입법예고와 자치법규의 공포방

---

5) 田中孝南/木佐茂南, 自治体法務, 2004, 32-33면.

6) Ferdinand Kirchhof, Rechtspflicht zur Zusatzveröffentlichung kommunaler Normen, DÖV 1982, S.397-403.

법을 규정하였다. 또, 서울특별시자치법규입안심사기준표(동조례 제13조 제2항 별표1)를 만들어 입법의 질을 높이려 하고 있다. 이외에도 이미 '서울특별시법제사무처리규칙'이 이미 1985년 5월 31일 제정되어 시행 되어 오고 있다. 부산광역시도 '부산광역시자치법규의입법예고에관한조 례'를 1998년 5월 7일 제정하여 운용하여 오고 있다. 또, '부산광역시법 제업무운영규칙'을 1998년 5월 21일 제정하여 운영해오고 있다. 다른 광 역자치단체들도 이와 유사한 자치법규들을 가지고 있으나 통일적이지 않고 부분적인 내용만을 가지고 있는 경우도 있다.

하지만, 기초자치단체들의 경우는 자치법규를 제정하면서 입법예고를 하지 않는 경우가 많은데, 이러한 관행은 개선되어야 한다. 자치법규가 시행되는 순간까지도 주민들이 자치법규안을 사전에 검토해볼 기회도 갖지 않는 것은 문제이다. 이 사전입법예고와 그 기간은 '자치법규기본 조례'에 포함되는 것이 타당할 것이다.

둘째, 자치법규의 공포절차의 개선도 필요하다. 지방자치제도의 발상 지인 영국의 자치법규(Byelaw) 제정과정을 살펴보면 지방자치단체가 자 치법규를 만들면 그것을 집행하기 한 달 전까지 국가의 관계부처에 송 부하여야 하고 주민들이 알 수 있도록 하나 이상의 지방일간지에 공고 하여야 한다. 또, 조례안을 당해 지방자치단체의 사무실에 비치하여 주 민이 열람하고 복사를 신청하면 무료로 복사할 수 있게 해야 한다.[7]

법령이나 자치법규의 공포절차는 그것들이 법적 효력을 발생하기 위 한 최종절차로서 생략될 수 없는 절차이다. 법률, 시행령과 시행규칙은 관보를 통해 공포되고 있고, 또 법률의 경우는 국회의 홈페이지에 의하 여 그리고 법률과 법규명령에 대해서는 각 부처의 홈페이지나 법제처의 홈페이지를 통해 공개되어 있다. 행정규칙도 중요한 것들은 대부분 관보 에 공포되기도 하고 각 부처의 홈페이지를 통해 공개된다. 더구나, 법률

---

7) Brian Jones/ Katharine Thompson, Administrative Law, 1996, p.100.

이나 시행령 등은 관계시민단체나 직업협회 등에 의하여 찬반논쟁이 활발한 과정에서 주요 내용이 알려지거나 정당이나 국회의원 등이 주요업적사항으로 홍보하기도 한다. 최근에는 전국적인 전용케이블방송을 통해 국회 주요회의사항이 공개된다.

하지만, 자치법규의 경우는 사정이 다르다. 자치법규의 공포는 주민들에게 널리 알리기 위한 것인데, 지금과 같이 구보, 군보, 시보나 도보에 게재하는 것에 그치는 것은 일반 주민들이나 사업자들이 그것을 받아 읽어볼 수가 없기 때문에 문제된다. 지방자치법시행령 제12조는 "공보나 일간신문에의 게재 또는 게시판에의 게시"를 하도록 규정하고 있다.

지방일간지나 벼룩신문 등이 발행되는 자치단체의 경우는 이러한 수단들을 이용할 수도 있고 지역 케이블방송이 운영되는 경우는 이것을 이용할 수도 있다. 자치법규 전문의 공개가 아직 현실적인 방법이 아니라고 느낀다면 그 개요를 공개하고 구체적 내용은 지방자치단체의 홈페이지를 방문하여 얻도록 하는 방법이 현실적일 수도 있을 것이다. 현재 대부분의 자치단체들이 자치법규들을 홈페이지를 통해 공개하고 있다. 지방일간지가 발행되지 않는 자치단체도 있고 초고속망이 전국적으로 보급되어 있기 때문에 이 방법은 매우 효율적이라고 할 수 있다. 하지만, 자치법규의 내용이 빈번히 개정되고 있음에도 불구하고 개정 자치법규가 신속하게 게재되지 않는 경우도 있다. 법규성을 갖는 자치법규의 경우는 더욱 문제된다. 보다 신속하고 충실하게 공개되어야 할 것이다.

4. 내용 및 내용형성의 측면에서의 자치법규의 정비

1) 내용이 관련되거나 유사한 자치법규들의 통폐합

국가의 법령의 경우는 국가가 성립된 이후 오랜 시간이 흐르고 역대

정권들이 그 때 그 때의 필요에 따라 입법의 통일성을 염두에 두지 않고 법령들을 양산하면서 입법의 체계성과 통일성이 떨어지는 '파편적 입법' 현상이 크게 문제되고 있다. 지방자치실시이후 활발하게 자치법규들이 제정되면서 내용이 관련됨에도 서로 다른 자치법규로 되어 있어 상호연계적 효과를 충분히 발휘하지 못하는 경우도 많을 뿐 아니라 내용이 유사한 경우들도 있어 자치법규들의 통폐합도 시급히 추진되어야 한다.

이를 위해 자치법규기본조례에서 자치법규의 정비기간을 규정하여 정례화함으로써 시간이 지나면서 중복유사의 자치법규들이나 파편적 자치법규들이 증가하는 것을 억제하여야 할 것이다.

2) 입법이유의 충실한 작성과 그의 사전공개

입법예고절차를 갖고 있지 않은 자치단체들의 경우 자치법규를 제정하기 전 그 초안을 공개하거나 자치법규를 제정하여 공포할 때 전혀 입법이유가 제시되지 않고 있다. 입법예고절차가 도입되어 있는 자치단체의 경우도 입법이유서를 충실하게 작성하지 않거나 전혀 작성하지 않고 자치법규안만 공개하기도 한다. 자치법규도 주민을 구속하는 법규이기 때문에 그것의 합헌성과 합법성 그리고 입법의 필요를 주민들과 사업자들에게 충실하게 설명하는 것은 자치법규제정자들의 의무라고 할 것이다. 입법이유를 충실하게 작성하면 입법의 내용도 충실해지고 그 기록들이 쌓이게 되면 다음에 개정할 때에도 보다 충실한 검토가 가능해질 수 있다. 자치법규기본조례에 자치법규의 제정이나 개정시 입법이유를 작성하여 공개하도록 하는 의무를 부과하여야 할 것이다.

3) 자치법규의 제정과정에 있어 공청회, 청문 및 조례개폐청구 등을 통한 주민참여보장

자치법규내용의 공정성과 투명성을 보장하며 자치법규의 순조로운 집행을 보장하기 위해서는 자치법규의 내용을 지방의회나 자치단체공무원들이 일방적으로 결정하는 관행을 극복하고 자치법규안의 초안단계부터 주민들의 참여와 이해를 얻는 것이 매우 중요하다.

이를 위해 행정절차법 제38조에서 규정하고 있는 공청회를 적극 활용해야 한다. 공청회개최의 대상에 관해서는 행정절차법 제38조가 행정청의 재량에 맡기고 있을 뿐 아무런 한계를 규정하고 있지 않다. 즉, "행정청은 공청회를 개최하고자 하는 경우에는 공청회 개최 14일전까지" 제목 등을 통지하거나 널리 알리면 된다. 지역발전과 주민들의 권리의무에 영향을 미칠 수 있는 정책법무의 경우는 공청회의 개최대상으로 삼는 것이 적절할 것이다. 충실한 공청회가 되기 위해서는 입법안이 사전에 공고되고 여기에 입법이유가 상당히 자세히 공개되어 있을 것이 필요하다.

행정절차법 제38조는 자치법규의 내용에 대해 이해관계를 갖는 당사자등에 대해서도 공청회에의 참석을 통지하면 되도록 하고 있으나, 지역현장에서 많은 고질적인 미해결민원이나 집단민원이 점증하고 있는 것을 볼 때, 개최여부나 참석여부도 불투명한 공청회만으로 이해관계인들을 위한 제도적 배려가 충분했다고 할 수는 없을 것이다.

주민이나 사업자들 중 자치법규의 내용에 이해관계를 갖는 사람들이 참여하여 자신들의 의견을 전달하여 입법내용에 반영할 수 있는 기회를 보장하여야 한다. 이해관계인들이 서면으로 의견을 제시할 수 있는 기회가 보장되어야 하고, 국가법령의 경우와 달리 좁은 지역사회에서 적용범위가 한정되어 이해관계인들이 확정가능할 정도로 적은 수일 때에는 경우에 따라 공청회가 아니라 청문을 거쳐 자치법규를 제정할 수도 있을 것이다.[8) 자치법규기본조례에 그 요건을 명시할 필요가 있을 것이다.

한편, 지방자치법 제13조의3은 20세이상 주민총수의 20분의 1하의 주민들이 조례의 제정이나 개폐를 청구할 수 있는 제도를 도입하고 있다. 이에 따라 시민단체나 주민들은 지역사회발전에 필요하거나 지역발전에 중대한 지장을 초래하는 조례를 발굴하여 제정이나 개폐를 청구할 수 있을 것이다. 지역사회의 시민단체들이나 주민들로 구성된 주민운동이 활성화되어 지역현안에 대한 충분한 정보를 바탕으로 지방의회의원들과 연계하여 자치행정에 대해 활발하게 참여할 때 조례개폐청구제도도 그 유용성이 커질 것이다. 때문에, 자치단체는 지역사회에서 건전한 시민운동이 활성화될 수 있도록 활동공간인 사무실을 저렴하게 임대하는 등 적극 지원하여야 한다.

Ⅲ. 자치단체의 자치입법권의 보장

1. 자치법규에 대한 판례입장의 재검토필요성

정치권, 학계 및 시민단체 등에서 조례입법권의 확대를 위한 주장들이 많아지면서 사법의 보수적 성격에 대한 비판도 증가하고 있다. 지방분권의 촉진을 위해 법원이 과거의 중앙집권적이고 기관장집권적인 입장에서의 판례들을 수정하여 보다 지방자치 친화적이고 지방의회 친화적인 판결들이 내려져야 한다. 지나치게 법앞의 평등원칙과 국가 전체에 걸쳐 통일적 규율을 중시하여, 법령의 우위권을 이용하여 자치단체의 독

---

8) Christoph Gößwein, Allgemeines Verwaltungs(verfahrens)recht der administrativen Normsetzung?, 2000, S.119-120. ; Hermann Pünder, Exekutive Normsetzung in den Vereinigten Staaten von Amerika und der Bundesrepublik Deutschland, 1995, S.293f. 이해관계인의 활발한 참여가 이루어지고 있는 미국의 행정입법의 제정실태를 소개하며 이 방식을 독일에도 도입할 것을 제안하고 있다.

자적 활동영역을 축소제한하거나 행위준칙을 매우 상세하고 구체적으로 규정하는 "규율완전주의"적 시각에 사로잡힌 중앙행정부처 관료들의 사고방식과 시각을 법원이 어느 정도 교정하고 견제해주어야 하는 것이다.9)

지역발전을 위한 자치단체의 역할이 점점 더 기대되면서 자치법규의 입법재량이나 계획재량의 확대가 필요하지만, 이 점을 법원이 인정하고 평가해주지 않는다면 그러한 의도를 담은 자치법규나 계획은 위법한 것으로 되어 무효로 선언되거나 취소될 것이다. 특히, 현대의 법령들은 매우 복잡해 행정청이 법원의 법해석에 점점 의존해가고 있어서 법원의 법해석이 자치법규의 제정가능범위의 판단에 미치는 영향이 매우 크다고 할 수 있기 때문에 판례의 입장은 매우 중요하다.10)

자치법규인 조례가 상위법령을 위반할 때 지방자치법 제155조에서 제159조는 재의요구지시와 대법원에의 제소를 규정하고 있는데, 대법원에의 제소방법은 상위법에 위반된 조례 등에 대하여 그 집행에 앞서 무효를 확인하는 판결을 내려 그 조례 전부의 효력을 부인하는 방법11) 으로 운영됨으로써 헌법재판소가 갖는 위헌법률심사제도보다 더 강력한 자치법규의 통제수단으로 기능을 발휘하고 있다. 때문에, 법원이 지방자치단체의 재량을 축소시키고 지방의회의 조례입법재량을 위축시키는 판결을 내리게 되면 지방분권의 노력은 심대한 타격을 입게 될 것이다.

이와 관련하여 최근 나온 두 개의 대법원판례들을 분석검토하기로 한

---

9) Ernst Pappermann, Bürokratische Beeinträchtigungen der kommunalen Selbstverwaltung : Regelungsperfektionismus und Zweckzuweisungssystem, in, ; Deutsche Richterakademie (hg.), Kommunen, Bürger und Verwaltungsgerichte, 1984, S.13-31

10) Janbernd Oebbecke, Kommunale Satzungsgebung und verwaltungsgerichtliche Kontrolle, NVwZ 2003, S.1314.

11) 조례안의 일부가 위법한 경우 조례안 전부의 효력이 부인되어야 한다는 대법원의 입장은 재고되어야 한다. 같은 취지의 글은, 신봉기, 자치입법권의 범위와 실효성확보방안, 지방자치법연구 제1권 제2호. 2001. 12, 102-103면.

다.(대법원 20011211, 2001추64 강남구의회조례안의결취소 ; 대법원 20001110 2000추36 인천광역시동구주민자치센터설치및운영조례안재의결무효) 두 사건은 모두 주민자치센타에 관한 판례인데, "주민자치센터의 설치와 운영은 지역주민의 복리증진을 위한 지방자치단체 고유의 자치사무"에 속한다.(대법원 20011211, 2001추64 강남구의회조례안의결취소) 때문에, 주민자치센타에 관해서는 자치사무로서 지방의회의 조례제정권이 인정되고 상급기관과 법원은 합법성통제를 할 뿐이다.

인천광역시 주민자치센타 사건에서의 쟁점은 1) 조례에 의해 동장이 주민자치센터의 운영을 다시 민간에 위탁하도록 할 권한이 지방의회에게 있는가 하는 점과, 2) 구청장이 주민자치위원회 위원을 위촉함에 있어 조례로 동장과 당해 지역구의원 개인과의 사전 협의를 거치도록 할 권한이 지방의회에게 있는가 하는 점이었다. 강남구 주민자치센타사건에서의 쟁점은 주민자치센타가 설치되는 당해 동 구의원 개인이 그 운영위원회의 당연직 위원장이 되도록 조례에서 규정할 수 있는가 하는 점이다.

주민자치센타는 동사무소의 기능을 시대적 수요에 맞게 전환시켜 주민자치의 중심장소가 되도록 하려는 취지에서 나온 것으로 주민자치운동의 발전을 위해 매우 중요한 의미를 갖는다. 대법원은 동장이 주민자치센타의 운영을 민간에 위탁하는 것은 법적 근거가 없고 지방자치단체의 장만이 할 수 있다고 판시하였다. 또, 주민자치위원의 위촉에 있어 당해 지역구의원 개인과 사전협의하도록 조례가 규정한 것은 "지방의회 의원 개인이 구청장의 고유권한인 인사권 행사에 사전 관여할 수 있도록" 하는 것으로 허용되지 않는다고 했다. 구의원 개인이 운영위원회의 당연직 위원장이 되도록 조례로 규정한 것에 대해서는 "지방의회 의원 개인이 하부 행정기관인 동장의 권한에 속하는 주민자치센터의 설치와 운영을 심의하는 보조기관인 운영위원회의 구성과 운영에 적극적·실질적으로 사전에 개입하여 관여할 수 있게 함을 내용으로 하는 것"이라는 이유로 해당 조례안을 위법무효라고 판시했다.

이 판례들은 지방의회와 현장의 집행기관인 동장에 대한 견제목적에서 주민자치센타의 원활한 운영이라는 보다 근본적인 목적에 대한 배려는 찾아보기 어렵다. 자치사무에 대한 조례는 지방자치의 활성화를 위한 가장 중요한 토대로서 법규성을 갖는다는 점은 누구도 부인하지 않는다. 자치사무에 대해서는 외부에서 개입하지 말고 가능한 한 자치단체내에서 자율적으로 해결하도록 하되, 조례에 대한 통제에 있어서 법원은 보다 현장친화적이고 지방의회친화적인 태도로 전환해가야 한다. 현실적으로 지방의회의원과 동장은 주민자치에 있어 중요한 축이 되는 사람들이므로 이들의 역할이 전적으로 배제된 채 주민자치센타가 활성화되기도 어렵기 때문이다.

또, 적절한 대안에 대한 조언을 통해 주민자치센타에 대한 지방의회나 동장의 어떤 종류의 개입이 허용될 수 있는지 제시해주어야 한다. 입법에 대한 통제에 있어서는 개별적 처분의 경우와는 다른 태도로 접근해야 한다. 이 점은 헌법재판소의 위헌법률심사에서의 판시태도가 좋은 시사를 줄 수 있다. 국민들의 법의식의 변화를 반영하여 새로운 시각에서 자치행정의 합법성과 효율성의 보장을 위한 새로운 판례기준을 제시하고 자치단체의 자치입법능력의 신장을 위하여 입법적 대안들에 대한 조언이 절실히 필요하다.[12]

입법적 대안에 대한 조언은 자치단체장이나 지방의회뿐만 아니라 주민이나 행정자치부 등 중앙행정부처를 위해서도 자치입법권의 합헌적 발전을 위하여 필요한 것으로 이에 대한 법원의 연구분석이 필요하다고

---

12) 한국에서 주민자치운동은 선거에의 활용가능성과 선거에의 영향력행사를 목적으로 하는 선거참여형 주민참여운동에서 자원봉사운동이나 환경보호운동으로 전환해가고, 그 흐름은 다시 전세계적으로 마을공동체만들기운동으로 전환되어 가는 추세이다. 주민자치센타마다 발전단계에 차이가 있을 것이기 때문에 재판에 있어서는 해당 지역의 사정을 정확히 파악한 후 재판이 내려지고 대안이 제시되어야 할 것이다.

할 것이다.

2. 자치입법권의 범위의 불명확성과 표준조례에의 과잉
의존의 극복

1) 자치단체의 입법재량의 협소함과 불명확성의 극복필요

1998년 8월 시점에서 우리나라의 자치법규들을 조사하여 평가한 박영도(한국법제연구원 수석연구원)는 우리나라의 자치법규에 대해 "다양성과 독자성을 살리지 못한 채 획일적·단편적인 자치입법으로 머물고 있는 상태"라고 진단하면서, "자치입법의 영역은 매우 제한적"이라는 평가를 하고 있다.[13)

한국의 실정법상 자치법규의 제정근거는 헌법 제117조 제1항과 지방자치법 제15조에서 찾을 수 있다. 헌법 제117조제1항은 "지방자치단체는 주민의 복리에 관한 사무를 처리하고 재산을 관리하며, 법령의 범위안에서 자치에 관한 규정을 제정할 수 있다"고 규정하고 있고, 지방자치법 제15조는 "지방자치단체는 법령의 범위안에서 그 사무에 관하여 조례를 제정할 수 있다. 다만, 주민의 권리제한 또는 의무부과에 관한 사항이나 벌칙을 정할 때에는 법률의 위임이 있어야 한다"고 규정하고 있다.

이 규정들에 의하여 지방자치단체는 주민의 복리에 관한 사무를 처리하고 "법령의 범위안에서" 그 사무에 관하여 조례를 제정할 수 있지만, 이 규정들만으로는 지방자치단체가 어떤 사무에 대하여 어느 정도의 입법재량을 갖는지 현실적으로 매우 불명확한 경우가 많다. 현재 자치단체가 처리하는 사무의 내용은 역사적 산물인 것들도 있고 새로운 정치세력들의 정치투쟁의 산물인 경우도 있는데, 지방분권운동이 강화되고 있

---

13) 박영도, 자치입법의 이론과 실제, 한국법제연구원, 1998, 173면.

는 법의식의 변화를 반영하여 새로운 관점에서 입법적·법해석학적인 노력이 전개될 것이 요망된다 할 것이다. 다만, 개별 행정분야마다 법령으로 규율해야 할 사항에 관해 어느 정도 편차가 날 수 밖에 없어서 이익형량에 의해 자치법규의 제정범위가 결정될 수밖에 없을 것이다. 독일의 경우에는 건축법의 영역에서 발전한 계획형량의 이론이 자치법규의 제정과정에서도 유용한 기여를 하고 있다 한다.[14]

특히, 지방자치법 제15조 단서가 "주민의 권리제한 또는 의무부과에 관한 사항이나 벌칙을 정할 때에는 법률의 위임이 있어야 한다"고 규정함으로 인해 '주민의 복리에 관한 사무'에 관한 자치입법권은 현실적으로 크게 제약받고 있어 이 단서조항의 삭제나 수정이 필요한 실정이다.[15]

자치단체의 입법재량의 불명확성은 각 행정분야의 법령들이 통일법으로 정비되어 있지 않아 관계법들이 매우 짧게 분산되어 있는 "파편적 입법" 상태에 있다는 점, 지방분권의 역사가 짧아 중앙부처가 입법권을 매우 포괄적으로 선점하는 것을 전제로 개별법령들이 제정되어 있다는 점

---

14) 각 행정분야마다 법령으로 규정해야 할 공익상의 필요정도가 달라 이익형량이 필요한 점은 독일의 경우에도 마찬가지이다. Martin Weber, Die gemeindliche Satzungsgewalt im Spannungsverhältnis zwischen autonomer Rechtsgestaltung und staatlicher Einflußnahme, BayVBl. 1998, S.330-331.

15) 지방자치법 제15조 단서를 폐지해야 한다는 지방자치법개정안이 국회에 계류중이고, 학자들도 그러한 의견을 제시하고 있다. 2004년 9월 10일 김충환의원 대표발의로 지방자치법 제15조 단서를 폐지하고 제15조 본문에 대해서는 "법령의 범위 안에서"를 "법령에 위반되지 아니하는 한도 안에서"로 개정안을 내놓고 있다. ; 학자들의 제15조 단서 폐지의견은, 유지태, 지방자치법 제15조, 지방자치법주해(한국지방자치법학회 편), 2004, 136면.; 신봉기, 자치입법권의 범위와 실효성확보방안, 지방자치법연구 제1권 제2호 2001. 12, 96-97면. ; 법령선점 또는 조례에의 위임의 취지가 법령상 명시적으로 규정되어 있지 않은 경우에는, 당해 법령의 규정은 전국의 최저기준 또는 표준물만을 정한 것으로 추정하여, 지역의 필요에 상응하여 독자적으로 자치입법권을 보장하는 방법도 제시되고 있다. 문상덕, 자치입법의 위상 및 기능 재고, 행정법연구 제7호 2001 하반기, 99면.

등 한국적 특수성에도 기인한다. 파편적 입법의 상태는 법치주의의 가장
중요한 파생원칙들 중 하나인 명확성원칙이나 예측가능성원칙에 비추어
시급히 극복되어야 할 문제이다.

파편적 입법의 문제로 인해 일반법이 아니라 개별법을 통한 지방자치
의 제약을 차단하는 것이 매우 어렵게 된다. 일반법의 결단이 명실상부
한 것이 되도록 하기 위해서는 일반법뿐만 아니라 개별법상의 관련조문
들도 바뀌어야 하는 것이다. 또, 관계법률의 수준에서나 기초자치단체수
준에서만 바뀌어서는 안되고, 각 행정분야에서 법률, 법규명령, 광역자
치단체의 자치법규와 기초자치단체의 자치법규가 체계적으로 재조정되
어야 한다. 그리고, 한국의 법령들에는 행정영역별로 자치행정작용에 대
해 개별 법령에서 중앙행정부처의 장관이나 광역자치단체장의 승인을
받도록 하고 있는 경우가 많다. 이러한 내부승인제도도 정리되지 않으면
안된다. 과거 권위주의적인 명령통제(Command and Control)시스템이 보
다 대등한 협력관계로 전환해가는 과정에는 많은 장애물이 존재하고 있
는 것이다.

기관위임사무방식에 의해 상위법령에서 구체적으로 규칙사항을 위임
하고 있을 때에는 자치법규의 내용과 그 범위가 어느 정도 명확했지만,
'분권된 사무'의 경우는 위임의 방식을 취하는 사무부분과 권한이전의
방식을 취하는 사무부분이 새롭게 조합될 것이므로 자치법규의 종류선
택과 그 한계결정에 어려움이 가중될 것이다.

2) 표준조례에의 과잉의존의 극복필요

행정실무상 자치법규는 행정자치부 등 중앙행정부처가 제시하는 표준
조례(Mustersatzung)에 따라 제정되는 경우가 많다. 특히, 기초자치단체와
같이 작은 자치단체와 복잡한 행정업무의 경우처럼 자치단체의 입법설
계능력에 약점이 나타나는 경우에는 표준조례는 절대적 영향을 미친다.

표준조례가 제시되지 않으면 자치단체는 자치법규를 제정하지 못해 새로운 법령의 제정이나 개정에도 불구하고 실제로 신법이 집행되지 않는다.

표준조례는 자치법규들이 상위법령에 모순되지 않고 자치행정의 통일성을 보장시키는 역할을 수행한다. 하지만, 자치단체들의 개별적 특수성이나 다양성을 희생시킨다.16)17) 법앞의 평등원칙과 국가전체적 통일성의 과잉강조는 한국사회를 획일화시키고 관료화시켜 창의성과 다양성을 질식시키는 원인이 된다. 표준조례를 지나치게 과잉사용하게 되면 자치단체의 다양성과 자율성은 신장될 수 없게 된다. 또, 이렇게 되면 지방분권이란 중앙부처에서 명확하게 대상을 정하고 표준조례방식으로 자치법규의 틀을 제시한 것들만 자치법규로 제정되는 것을 의미할 수밖에 없게 될 것이다. 더구나, 표준조례의 내용은 그 작성주체의 일정한 의도를 나타내는 것일 뿐 현행법의 정확한 해석에 근거를 둔 것이라고 보기에 의심스러운 경우도 있을 수 있다.

중앙행정부처가 자치단체에게 제시하는 표준조례 또는 모범규칙은 기관위임사무의 경우에는 상위법령의 해석을 토대로 한 당해 사무의 처리기준일 수 있지만 자치사무의 경우는 중앙행정청의 비권력적인 조언에 불과하다고 할 수 있다.18) 표준조례는 지금까지는 그 성격상 자치단체의 권한을 제한하는 통제적 성격이 강했다고 할 수 있지만 앞으로는 업무처리의 준칙에 관한 정보를 제공해주는 성격이 더 강해질 것이고, 행정자치부가 그 중심적인 제공주체이었지만 분권화로 자치단체에게 권한

---

16) Hermann Hill, Soll das kommunale Satzungsrecht gegenüber staatlicher und gerichtlicher Kontrolle gestärk werden?, 1990, S.27-28.
17) 표준조례는 현실적으로 자치단체의 입법능력부족을 보완하고 상위법령과의 조화를 추구하기 위해 중요한 기능을 수행하지만, 자치단체는 표준조례안과는 다른 내용의 조례를 제정할 필요성도 있다. 영국의 경우 표준조례와 다른 조례를 제정하기 위해여 당해 자치단체는 그 지방에 특수한 합리적 이유를 제시하도록 하고 있다. Brian Jones/ Katharine Thompson, Administrative Law, 1996, p.101
18) 田中孝南/木佐茂南, 自治体法務, 2004, 67면.

이 많이 넘어가게 되면 광역자치단체도 표준조례를 제시하는 경우가 나타나게 될 것이다.

자치단체가 지역발전을 위한 정책도구로 자치법규를 이용하게 되면 상위법령이나 상위자치법규와의 충돌문제가 야기되는 경우가 늘어날 것이다. 따라서, 자치단체는 정책법무의 영역에서는 특히 표준조례를 토대로 지역의 입법기초사실을 참고하여 자기들에게 맞는 자치법규를 설계해내야 할 것이다.

3. 분권에 따른 자치단체간 역할의 재조정과 '분권된 사무'에 대한 자치법규의 제정

1) 광역자치단체와 기초자치단체사이의 사무배분과 협력강화

지방분권을 강화한다고 해도 그리고 자치단체가 주민의 복리에 관한 사무를 가능한 한 넓게 처리해야 한다는 입장에 선다고 해도 광역자치단체와 기초자치단체간 사무배분의 문제는 판단하기 어렵다.

우선 일반법인 지방자치법과 지방분권특별법상의 규정들을 중심으로 살펴본다. 사무배분의 기준을 제시해줄 수 있는 일반법상의 관련 법조문들은 다음과 같다.

지방자치법 제9조 제1항은 지방자치단체의 사무범위에 관하여 "지방자치단체는 그 관할구역의 자치사무와 법령에 의하여 지방자치단체에 속하는 사무를 처리한다"고 하고 있다. 또, 광역자치단체의 사무에 관하여 지방자치법 제10조 제1항 제1호는 광역적 사무, 조정이 필요한 사무 그리고 통일성을 유지할 필요가 있는 사무 등의 기준을 제시하고 있다.

지방자치법 제10조 제1항 제2호는 "시·도가 처리하는 것으로 되어 있는 사무를 제외한 사무. 다만, 인구 50만이상의 시에 대하여는 도가 처리하는 사무의 일부를 직접 처리하게 할 수 있다"고 규정하고 있다. 하지만, 지방자치법 제10조 제3항은 "시·도와 시·군 및 자치구는 그 사무를 처리함에 있어서 서로 경합하지 아니하도록 하여야 하며, 그 사무가 서로 경합되는 경우에는 시·군 및 자치구에서 우선적으로 처리한다"고 규정하고 있다.

또, 지방분권특별법 제6조 제2항은 사무배분의 원칙이라는 제목하에 "국가는 제1항의 규정에 의하여 사무를 배분하는 경우 지역주민의 생활과 밀접한 관련이 있는 사무는 원칙적으로 시·군 및 자치구의 사무로, 시·군 및 자치구가 처리하기 어려운 사무는 특별시와 광역시 및 도의 사무로, 특별시와 광역시 및 도가 처리하기 어려운 사무는 국가의 사무로 각각 배분하여야 한다"고 하고 있다.

기초자치단체는 지방자치법 제10조 제1항 제2호에 의하여 "시·도가 처리하는 것으로 되어 있는 사무를 제외한 사무"에 대해서 처리할 수 있는데, 국가에서 분권화작업을 하면서 먼저 광역자치단체의 사무를 분배하고 나서 그 나머지에 대해 기초자치단체의 사무로 하게 되면 이 규정에 의해 기초자치단체의 사무는 크게 줄어들 것이다. 반대로, 지방분권특별법 제6조 제2항에 의해 "지역주민 생활과 밀접한 관련이 있는 사무는 원칙적으로 시·군 및 자치구의 사무"로 하고, 지방자치법 제10조 제3항에 의해 "그 사무가 서로 경합되는 경우에는 시·군 및 자치구에서 우선적으로 처리"하도록 한다면 광역자치단체의 사무는 현재보다 상대적으로 그 비중이 낮아질 것이다.

하지만, 광역자치단체와 기초자치단체의 사무배분문제에 관하여 보다 결정적인 의미를 갖는 것은 특별법우선의 원칙에 의해 일반법의 원칙에 우선 적용되는 개법법들의 사무배분기준이다.

예를 들어, 도시계획관계법령이나 환경관계법령 등에서 여전히 광역자치단체에게 우월적 지위를 부여하게 되면 일반법상의 원칙들은 그 의미를 크게 상실하게 된다. 도시계획에 관해서는 특별시나 광역시가 입안권과 결정권을 가지고 있고 자치구는 결정권은 물론 입안권도 가지고 있지 않다.[19] 계획, 조세 등 많은 행정분야에서 정부는 수도권집중규제나 난개발방지 또는 부동산투기억제 등의 이유로 자치구와 같은 기초자치단체에게 그 권한을 넘기는 것에 소극적인 것이다.

이것이 현단계에서 정치역학적인 근본적인 지방분권운동의 한계라고 한다면, 이 권력배분을 원칙적으로 수용하면서도 기초자치단체의 권한을 강화시킬 수 있는 길을 찾는 노력도 필요하다. 지방자치법 제9조 제1항은 지방자치단체의 사무범위에 관하여 "그 관할구역의 자치사무"라고 하고 있는데, 광역자치단체장은 기초자치단체의 관할구역에서 실시되고 집행될 계획이나 행정작용을 결정하기 전에 관할 자치단체에게 의견제출의 기회를 주는 제도를 도입하는 것이 필요하다.[20]

2) 지방분권이 조례와 규칙에 미치는 영향과 훈령정비의 필요

지방분권이 촉진되어 자치단체의 사무와 권한이 늘어날 때 자치법규에 미치는 효과는 기관위임사무에 대한 입법인 규칙사항이 줄어들고 조례사항이 대폭 증가하게 된다는 점이다. 보다 중요한 사항들이 기관위임사무이었기 때문에 이론상으로는 조례가 규칙보다는 상위의 법이라고 인정되어왔지만 실무상으로는 규칙이 훨씬 중요한 의미를 지니고 있었다. 그런데, 자치단체로 권한이 대폭 이전되게 되면 조례가 명실상부하게 그 위상을 찾을 수 있게 될 것이고, 이에 따라 지방의회의 역할도 더

---

19) 국토의계획및이용에관한법률 제24조 제1항은 "특별시장·광역시장·시장 또는 군수는 관할구역에 대하여 도시관리계획을 입안하여야 한다"고 규정하여 기초자치단체중에서도 시장 및 군수와는 달리 자치구청장은 입안권을 갖는 자에 포함시키고 있지 않다.
20) 北村喜宣, 自治体の 法環境と 政策法務, 都市問題 2004.5, 19-20면. ; 중앙행정기관이 법령의 제정이나 개정을 통해 국가관여수단을 임의적으로 신설하거나 강화하고자 할 때, 지방자치단체에게 의견을 제출할 수 있는 기회를 주어야 한다는 주장은, 문상덕, 국가와 지방자치단체의 관계에 관한 기본원칙의 확립, 행정법연구 제9호, 2003 상반기, 284면.

커질 것이며 지방의회의 입법능력의 강화도 더욱 요청되게 될 것이다.

　그 동안 한국행정에서는 조례로 제정하도록 하여야 할 사항이 이른바 '법령보충적 행정규칙'론에 의해 중앙행정부처의 훈령이나 고시에 상세하게 규정됨으로써 자치법규로 규율할 사항을 훈령이 침범하는 경우가 많았다. 이러한 입법관행을 유지한 채 자치법규에 관한 표준조례를 중앙행정부처가 제시하게 되면 그것을 토대로 제정된 조례는 중앙행정부처의 훈령에서 규정하지 않은 지극히 경미한 사항만을 규정하게 될 것이다. 이 점은 광역자치단체와 기초자치단체의 관계에서도 그대로 타당하다 할 것이다.

　훈령에 의한 행정이 극복되지 않는 한 자치법규의 위상도 찾기가 힘들 것이다. 법령보충적 행정규칙이 아닌, 중앙정부나 광역자치단체의 훈령은 법령이 아니기 때문에 기초자치단체를 법리상 구속하지는 못하지만 현실적으로 상당한 구속력을 가지고 있기 때문에, 이러한 훈령에 대해서도 지방분권의 정신에 맞지 않으면 개정을 적극 건의해가야 한다. 또, 자치단체 자신의 조례나 규칙뿐만 아니라 훈령이나 예규의 정비도 추진해가야 한다.

3) '분권된 사무'에 대한 입법설계능력의 강화

　분권화작업이 활발해지면서 증가하는 **'분권된 사무'**에 관해서도 자치법규의 제정권은 확대될 것인데,[21] 입법과제는 기존의 자치사무와는 다

---

21) 최근 일본의 행정법학자들은 기관위임사무가 법정수탁사무로 바뀌면서 조례제정권의 범위가 확대되자 지역사회와 자치행정의 발전을 위해 새로운 조례안과 그 모델의 제시, 그것을 지원할 법무조직의 강화 등을 위하여 '政策法務'운동이라 불리울 만큼 활발하게 지방분권사회에 대응해가고 있다. 관련 단행본들이나 지방자치관련 최근의 정기간행물들에서 이에 관한 소개가 활발하다. 전반적인 정보에 관해서는 다음의 단행본과 논문을 참조함. 田中孝南/木佐茂南, 自治体法務, 2004. ; 北村喜宣, 自治体の 法環境と 政策法務, 都市問題 2004.5, 3-25면.

른 특성을 보여줄 것이다. 국가경찰권으로부터 분권이양이 확정된 자치
경찰사무처럼 국가경찰과의 사무배분, 국가의 법령과 조화를 이룰 수 있
는 자치법규의 제정 등의 작업은 새로 개정되어 나타날 관계국가법령에
대한 체계적인 지식을 전제로 국가와의 활발한 의사소통을 거쳐 구체화
될 것이다. 즉, 국가의 법령이 없는 영역에서 자치사무에 대해 조례를
제정하는 경우보다는 훨씬 국가법령과 자치법규의 범위와 한계의 설정
이 어려워져서 보다 정치한 법해석과 입법설계가 필요하다고 할 것이다.
이러한 제약조건속에서 자치단체의 필요를 충족시키는 자치법규를 제정
하기 위해서는 입법설계능력이 크게 개선되지 않으면 안될 것이다.

Ⅳ. 자치단체의 입법역량의 강화

1. 입법아이디어에 관한 자치단체간 경쟁방식의 제도화필요

지방자치발전을 저해하는 불합리한 상위법령이나 상위 자치법규의 발
굴은 지방분권의 촉진을 위하여 중요한 의미를 지니고 있는데, 지방분권
의 대상과 자치법규의 제정대상의 선정에 있어 거의 모든 것을 중앙부
처 단독으로 판단하는 태도는 많은 문제를 낳는다. 지방분권의 과정에서
결과적으로 중앙부처공무원들은 언제나 분주하지만 성과를 내기는 어렵
고, 반대로 자치단체 공무원들은 지방분권의 구호에 속았다고 하면서 불
만을 터뜨리지만 일손은 놓고 구경만 하는 상황이 초래될 것이다. 지난
김대중 정부에 있어서도 지방분권을 위한 노력을 기울였지만 큰 성과를
거두지 못한 것은 이러한 요인과도 관련있는 것이다.

중앙부처와 지방자치단체들은 자치법규의 제정범위와 제정방식에 관
하여 상호협력하고 활발한 의사소통을 하지 않으면 안된다. 자치단체의

공무원들의 의사소통만으로는 '분권된 사무'들의 경우 더욱 더 자치법규의 한계를 준수하면서 자치법규를 제정하는데 어려움이 많을 것이다. 지방분권의 과정에서 자치입법권의 범위가 각 행정영역에서 어디까지인가는 중앙부처의 담당공무원들이나 전문가들도 상세한 검토를 거쳐 답해야 하는 경우도 적지 않다.

이러한 한계를 극복하기 위해 지방자치단체들이 그들의 입법재량을 구체적으로 설계하여 제시하고 자신들의 입법아이디어들을 실현시켜볼 수 있도록 자치법규들에 관한 아이디어들이 경쟁적으로 중앙부처에 제시되는 제도를 도입하고, 그것들을 전문적이고 공정한 민관합동위원회에서 검토하여 자치법규로 제정하는 것을 허용하는 절차를 제안하고자 한다. 이와 유사한 방식은 일본의 구조개혁특별법이나 한국의 지역특화발전에관한규제특례법22) 에서 시도된 방식으로 아이디어의 부족을 극복하여 보다 질좋은 자치법규의 제정을 촉진시킬 것으로 생각한다. 이 과정에서 자치단체들은 지방분권의 정신에 적합하도록 상위법령의 개정을 건의할 수도 있을 것이다.

2. 법무조직의 강화와 연구기관의 설치필요

많은 자치단체들이 매우 유사한 자치법규들을 가지고 있어서 어느 하나의 자치단체의 자치법규에 흠이 있으면 다른 자치단체의 자치법규에

---

22) 지역특화발전특례법 제4조 제1항은 "특구의 지정신청" 이라는 제목으로 "시장·군수·구청장(자치구의 구청장을 말한다. 이하 같다)은 특화사업을 추진하고자 하는 경우에는 지역특화발전특구계획(이하 "특구계획"이라 한다)을 작성하여 재정경제부장관에게 특구의 지정을 신청하고, 재정경제부장관으로부터 특구계획의 승인 및 특구지정을 받아야 한다"고 규정하고 있다. 또, 동법 제9조는 "특구의 지정 등"이라는 제목으로 "재정경제부장관은 관계행정기관의 장(합의제 행정기관을 포함한다. 이하 같다)과의 협의 및 특구위원회의 심의·의결을 거쳐 특구를 지정한다"고 규정하고 있다.

도 흠이 있는 것을 목격할 수 있다. 하지만, 더욱 문제되는 것은 특정한 자치단체가 자기 지역실정에 맞추어 특정한 자치법규를 만들 때 그 입법의 질은 더욱 문제된다. 이 점은 지방의회 의원들이 집행부서공무원들의 지원을 받지 못하고 의회의 운영과 의사절차에만 적용되는 규정들을 만들 때도 나타난다. 명칭이나 규정의 내용 등에서 통일성이나 체계성이 부족하다. 이러한 약점은 다른 제도적 노력을 통해 시급히 극복되어야 한다.

입법의 질향상은 그에 상응하는 추진조직없이는 가능하지 않으므로,[23] 지방자치단체들은 법무조직과 지방의회의 입법지원기구나 기관을 강화해야 한다. 특히, 기초자치단체들이 기존의 자치법규제정관행에서 벗어나지 못해 자치법규에 대한 독자적인 연구에 소극적이고 중앙부처들도 자치단체들의 이기주의의 위험성을 우려해 자치법규제정역량의 강화를 지원하는데 소극적일 우려도 있다.

자치법규에 대한 자체적인 정비능력을 확보하기 위해, 서울특별시나 제주시와 같이 입법의 필요성과 합법성, 입법절차의 정당성, 사후관리의 적정성 등을 심사하여 평가하는 자치법규입안심사기준을 마련하고, 법무담당자들을 중심으로 총괄정비반을 구성할 필요가 있다. 각 부서에 전담자를 지명하여 총괄정비반과 유기적인 협력이 이루어지도록 해야 한다. 그리고, 발굴된 정비대상 자치법규에 대해서는 총괄정비반에서 긴급성이나 의회의 일정 등을 고려하여 순차적으로 정비해나가야 한다.

뿐만 아니라, 지방분권의 정신을 잘 구현하고 자치행정에 절실히 필요한 자치법규안을 발굴하거나 정비한 부서에 대해서는 적절한 인센티브를 부여해야 한다. 표창과 외국 우수 자친단체의 연수기회 등을 줄 수도 있을 것이다.

만약 어느 하나의 자치단체의 연구역량이 부족하다면 자치단체장들의

---

23) Christoph Gößwein, Allgemeines Verwaltungs(verfahrens)recht der administrativen Normsetzung?, 2000, S.56-57.

협의회나 지방의회의 협의회 등을 통해 유사한 처지에 놓인 자치단체들이 함께 연구하는 것이 대안이 될 수 있다. 이러한 의미에서 기초자치단체들을 위해 연구하고 대안을 제시해줄 수 있는 공동의 연구기관의 설립이 요망된다.

한편, 광역자치단체도 기존의 연구기관들의 연구역량을 법제능력의 측면에서 강화하는 것이 필요하다고 할 것이다.

3. 의원입법의 증가에 따른 입법설계능력의 강화와 조례·규칙심의회의 운영혁신

2004년 국회의원선거이후 새롭게 구성된 국회는 과거에 비하여 엄청나게 많은 의원입법제안을 하고 있다. 지방분권이후 지방의회의 의원들도 명예직에서 거의 유급직으로 전환되면서 과거보다는 훨씬 적극적으로 의원입법을 제안해갈 가능성이 있다. 지방자치법 제58조 제1항은 "지방자치단체의 장이나 재적의원 5분의 1이상 또는 의원 10인 이상의 연서"로 지방의회에서 의결할 의안으로서 조례안을 발의할 수 있다고 규정하고 있다.

하지만, 의원입법으로 제정되어도 자치행정의 실제에서 그 자치법규가 집행될 것인가는 의문이 따른다. 집행가능성에 대한 검토가 부족할 것이기 때문이다.[24] 입법이 집행되기 위해서는, 첫째, 예산조치가 수반되어야 한다. 일반예산에 의해 집행할 것인지 보조금이나 교부금을 이용할 것인지 검토가 이루어졌어야 한다. 둘째, 행정부서의 어느 과가 권한을 갖고 책임을 질 것인지 사무분장이 명확하게 설계되어 있어야 한다. 의원입법으로 출현하는 새로운 조례의 경우는 새로운 행정영역 내지 새

---

24) 天野巡一, 自治体政策法務と訴訟法務, 都市問題 제95권 제5호, 2004.5, 88-89면.

로운 행정사무일 수 있는데, 어떤 과에 사무를 관장할 것인지 명확하지 않을 수 있고, 각 부서의 담당공무원들의 업무부담의 형평성을 고려하지 못할 수도 있다.

때문에 지방의회의 입법과정에서 집행부서의 담당공무원들과 의사소통이 충실해야 하고 전문가들과도 충분한 검토를 해야 한다. 전문위원수도 증가시킬 필요가 있다. 중앙행정부처에도 입법문제를 자문하고 지원해줄 수 있는 입법전문인력을 대폭 충원하여 자치단체와 지방의회의 자문에 성실히 답변하여야 할 것이다.

지방자치법시행령 제10조의19는 조례·규칙심의회의 설치를 규정하면서 심의·의결사항으로 "지방자치단체의 장이 지방의회에 제출하는 조례안"과 "지방의회의 의결을 거친 조례공포안"이라고 규정하고 있다. 이러한 입법태도는 문제가 있다.

지방자치단체의 장은 조례안을 지방의회에 제출하기전에 조례·규칙심의회의 심의를 거침으로써 충실한 입법을 할 수 있지만, 지방의회의 경우는 의원입법으로 제안한 안을 심의하는 것이 아니라 의회의 의결을 거친 조례공포안을 심의하도록 함으로써 의원입법조례안의 질을 개선시킬 기회를 주지 않고 있는 것이다. 이것은 지방자치법상 최상위의 법인 조례제정기관으로서 지방의회의 위상을 현저히 침해하는 것이라 할 것이다. 조례·규칙심의회의 심의대상을 지방자치법 제58조 제1항에 따라 의원들이 제안한 조례안으로 하여야 할 것이다. 그리고, 조례·규칙심의회의 구성에 있어서도 자치단체장과 담당부서의 공무원들로만 할 것이 아니라 자치단체장과 의회가 추천한 전문가들을 과반수정도까지 참여시켜야 할 것이다.

4. 외국의 자치입법사례들에 대한 조사분석 및 자치단체의 중장기적 정책방향에 맞춘 자치입법연구의 필요

지방자치단체들은 지방분권의 확대에 따라 늘어나는 자치법규수요에 신속하게 대응하기 위하여 기존 자치법규의 정비나 한국의 다른 자치단체의 자치입법 그리고 중앙행정부처의 표준조례 등에만 의존해서는 안 된다. 특정 자치단체가 추진하는 정책과 관련하여 좋은 모델이 될 수 있는 외국의 자치법규들을 직접 찾아서 그것을 응용하려는 노력을 전개해야 한다. 중앙행정부처는 특정 자치단체의 특수한 사정을 고려하여 지침이나 모델을 제시할 수는 없기 때문에 중앙행정부처도 자치단체들의 이러한 노력을 비판적인 눈으로 보지 말고 장려할 필요가 있다.

외국의 자치법규의 연구는 활용여하에 따라서는 자치법규의 양적 팽창 및 질적 변화의 과정에서 그 방향과 개선의 기준을 제공해줄 수도 있다. 외국법제에 대한 조사분석은 즉흥적이기 보다는 각국의 역사발전단계가 다르기 때문에 발전단계를 충분히 고려하고 자기 자치단체와 유사한 상황에 처한 자치단체를 선택해야 하고 조사시점도 반드시 현재의 자치법규에 한정하지 말고 일정 시기이전의 자치법규도 필요하다면 조사분석하여 활용해야 한다. 이러한 연구는 해당 자치단체의 중장기적 정책방향에 맞추어 충실한 입법계획속에서 수행되는 것이 자치행정의 발전에 도움이 될 것이다.

제2절 도와 시·군간 조례제정권의 배분기준에 관한 고찰

Ⅰ. 분권개혁의 진전을 위한 법해석학적 접근의 재조명필요

1. 도와 시·군간 분쟁의 해결에 있어 법해석론의 가치

1) 특별법에 의한 일반법의 결단의 무시

1987년 민주헌법이 제정된 후 우리 사회에서 지방분권을 위한 개혁이 점점 진전을 이루는 가운데 다시 지방분권을 표방한 개헌노력이 지속되고 있다. 이에 따라 과거 중앙집권적 시스템에서 암묵적으로 용인되고 있던 법령들과 법해석들이 자치권이 강화된 분권사회에 부적합하게 된 경우들이 늘어나고 있어 이의 개혁이 시급해지고 있다.

우리 사회에서 정치적 대화나 입법론에서 널리 회자되는 입법관련 구어중의 하나는 '총론 찬성, 각론 반대' 또는 '원칙 찬성, 세부사항 반대'라는 말이다. 지방자치분권 및 지방행정체제개편에 관한 특별법은 지방자치법과 함께 분권과 업무배분에 관한 기본법이자 일반법으로 이해할 수 있을 것인데, 이 법 제9조에 따를 때 입법자는 보충성원칙을 규정하여 매우 명확하게 기초자치단체의 관할범위를 우선적으로 보장하려는 입법태도를 보여주었다.

하지만, 그 동안 우리 법집행실무에서 광역자치단체와 기초자치단체의 입법권의 배분에 보다 결정적인 의미를 갖는 것은 특별법우선의 원칙에 의해 우선 적용되는 개별 특별법상의 사무배분기준이었다. 도시계획관계법령, 환경관계법령, 지방교통관계법령, 지방교육관계법령 등 수많은 특별법령들에서 국가와 광역자치단체의 우월적 지위를 과도하게 인정함으로써 기초자치단체의 입법권을 부당하게 제약하여 현장기관의 권한을 강화하고자 하는 일반법상의 원칙의 의미를 크게 훼손해왔다. 일반법 제정자의 입법의지는 다른 특별한 정당화사유가 없다면 특별법령들의 제정과 해석에 있어서도 끝까지 관철되어야 할 것이다.[25)]

2) 분권개혁으로부터 소외된 문제로서 광역과 기초간 권한갈등

지방자치법상 국가사무와 자치사무의 구분 및 권한배분의 기준과 관련해서 많은 불확실성과 의문이 존재하지만, 더욱 많은 문제점을 안고 있는 것이 광역과 기초간 권한배분, 특히 입법권의 배분기준에 관한 것이다. 그럼에도 불구하고 광역과 기초간 권한갈등, 특히, 조례제정권의 소재를 둘러싼 갈등은 분권개혁과정에서 정치권은 물론 학계에서도 별로 주목받지 못했었다.

우리 헌법은 광역과 기초간 권한배분문제에 대해서는 직접적으로 규정하고 있지 않고, 지방자치법은 제9조 제2항에서 지방자치단체의 사무를 예시하고 있지만, "법률에 이와 다른 규정이 있으면 그러하지 아니하다."고 규정하여 특별법이 우선 적용됨을 명확히 하고 있어 특별법에 의한 제약없는 자치권축소를 막는데 무력하다. 또, 지방자치법 제10조 제1항 제1호는 광역자치단체의 사무를 열거하고 나서 동 제2호에서는 "제1호에서 시·도가 처리하는 것으로 되어 있는 사무를 제외한 사무"를 기초자치단체의 사무로 적극적 기준없이 소극적으로 규정할 뿐이어서 특별법령들은 물론 광역자치단체의 자치법규에 의한 제약없는 기초자치단체 자치권의 축소를 막는데 매우 무력하다.

---

25) 선정원, 자치법규기본조례와 자치입법권의 보장, 지방자치법연구 제4권 제2호, 2004, 71면. "일반법의 결단이 명실상부한 것이 되도록 하기 위해서는 일반법뿐만 아니라 개별법상의 관련조문들도 바뀌어야 하는 것이다. 또, 관계 법률의 수준에서나 기초자치단체수준에서만 바뀌어서는 안되고, 각 행정분야에서 법률, 법규명령, 광역자치단체의 자치법규와 기초자치단체의 자치법규가 체계적으로 재조정되어야 한다."

특별법들에서 명확하게 광역자치단체에게 조례제정권을 주는 경우 그 내용의 정당성에 대한 의문이 있더라도 광역과 기초간 법리상의 다툼은 실무상 상대적으로 적지만, 특별법령의 내용이 불명확하거나 흠결이 있는 경우에는 광역과 기초간 각 행정영역에서 조례제정권의 소재를 둘러싸고 상당한 갈등이 지속되어 왔다.

그 동안 중앙부처의 유권해석이나 광역자치단체의 조례입법실무를 보면, 광역우위의 해석관행이 광범위하게 존재해왔다. 개별 특별법들의 흠결을 보충하기 위한 중앙부처의 유권해석들에서 두드러지는 특징은 광역자치단체와 달리 기초자치단체의 입법권을 보호하기 위한 적극적인 기준을 제시하지 않는다는 점이다. 하지만, 이와 같은 과도한 집권적 해석으로 인해 지방자치분권 및 지방행정체제개편에 관한 특별법 제9조 제2항에 나타난 정신, 즉, "지역주민생활과 밀접한 관련이 있는 사무는 원칙적으로 시·군 및 자치구의 사무"로 한다는 보충성원칙이 결과적으로 크게 훼손되었고 그것은 법해석이라기 보다는 거의 입법창설적 역할을 해왔다고 본다. 과거의 정당화되기 어려운 집권적 법해석관행의 철저한 재검토없이 지역공동체의 활성화와 지방자치의 실현은 요원할 것이므로 이에 대한 철저하게 재검토가 이루어져야 할 것이다.

3) 지방자치법학에 있어 법해석론의 가치

현행 특별법들에서 국가와 지방자치단체간, 광역과 기초간 권한의 소재와 관련하여 흠결이 있거나 불명확한 경우 지속되어 왔던 집권적 유권해석의 관행은 헌법 개정이나 일반법 개정이 이루어지면 크게 개선될 것인가?

지방분권을 강화하는 내용으로 헌법 개정이 이루어지거나 지방자치법과 같은 일반법에서 지방자치를 강화하는 내용으로 개정이 이루어지더라도 많은 개별 특별법들의 개정이 이루어지지 않는다면 일단 입법자들간 가치판단의 괴리는 더욱 심해질 것이고 법집행자들은 법해석에 상당한 여러움을 겪을 가능성도 있다. 하지만, 이 상황에서 중앙부처의 유권해석론들과 광역자치단체의 자치법규들은 오직 특별법상의 결정내용에만 집착할 우려도 존재하는데, 이렇게 되면 헌법 개정이 이루어져도 지방자치의 강화와 풀뿌리 지역공동체의 활성화는 별다른 성과를 내지 못할 가능성도 있다. 그 동안 일반법이 보충성원칙을 반영하는 방향으로 개정되어 왔지만 집권적 법집행실무가 크게 바뀌지 않은 것은 이러한 우려가 부질없는 걱정이 아닐 수도 있음을 반증한다고 본다. 행정내부의 법주체들간의 법적 행위를 소송대상으로 하는 소송제도가 매우 미비한 현재의 우리나라 실정상 광역과 기초간 법적 갈등들은 대부분 사법적 통제의 대상도 되지 못할 것이기 때문에 집권적 유권해석의 관행의 합법성이 사례마다 평가를 받을 가능성도 현재까지와 마찬가지로 별로 크지 않을 것이다.

그 동안 광역과 기초간 입법권의 소재를 놓고 갈등이 벌어질 때, 중앙부처의 유권해석은 우리 행정에서 매우 중요한 역할을 담당해왔다. 하지만, 강화된 분권사회의 눈으로 평가했을 때 중앙부처의 유권해석이 과거의 집권적 법해석관행에 젖어 대응해온 것으로 이해할 수밖에 없는 경우들도 상당히 존재해 왔다. 이의 개혁을 위해 노력하는 것은 우리 사회가 지방자치법학에 부여한 소중한 과제이자 기대라 할 것이다.

이 글에서는 법률의 해석과 집행에 있어 광역자치단체와 기초자치단체에서 나타난 갈등과 분쟁사례를 대상으로 분권사회에 적합한 법해석을 위한 기준과 원칙을 발견하려는 시도를 할 것이다.

2. 대상 사례의 내용

여기서 살펴 볼 대상사례는 교통행정의 영역에서 시·군내버스의 재정지원업무에 대한 입법권의 갈등에 관한 것이다. 원주시내버스운송사업의 적자보전을 위한 재정지원업무에 관하여 입법권의 관할을 놓고 강원도와 원주시가 갈등을 보이고 있는 사례이다.26)

광역과 기초간 권한갈등을 법적으로 다룬 글들이 적기 때문에 이 분야를 연구하는 연구자들은 여러 어려움을 겪을 수밖에 없다. 다양한 쟁점들을 스스로 조사하여 판단해야 하는 어려움을 겪을 뿐만 아니라 더 어려운 점은 기초자료와 정보의 수집이 어렵다는 점이다. 이 사례의 검토를 위해 필수적인 법규인 「강원도 여객자동차 운수사업 관리 조례」의 전문 확인도 매우 어려웠다.27)

강원도 원주시에서는 여객자동차운수사업법 제50조 제2항 및 강원도 여객자동차 운수사업 관리 조례 제12조 제2항에 따라 여객자동차운송사업 중 시내버스운송사업을 경영하는 자에게 수익성 없는 노선의 운행에 따른 손실보전금 등을 지원하고 있었다.

원주시의회에서는 시내버스운송사업자에게 시비를 지원하고 있으므로, '원주시 시내버스운송사업 재정지원 조례'를 강원도조례와 별개로 제정하여야 한다는 입장이어서 같은 이름의 조례를 자문요청서에 첨부해온 상태이었다. 하지만 강원도는 여객자동차운수사업법에서 해당 내용을 시·도 조례로 정하도록 규정하고 있으므로 원주시의 조례로 규율

---

26) 필자가 법령해석을 위한 중앙부처의 민간심의위원으로서 접하게 된 것으로서 이 사례에 대한 필자의 개인적 의견을 기초로 보완작성된 것임을 밝혀둔다.

27) 강원도청과 강원도의회의 홈페이지에서 강원도의 조례와 규칙 전문을 찾아 볼 수 없었다. 여기서 인용할 수 있었던 것은 중앙부처의 민간심의위원으로서 종이문서를 통해서였다. 몇 년 전까지 식품의약품안전처 등에서 제정된 고시(법적 성격은 법령보충규칙임)도 그 전문을 찾아 볼 수 없었는데 이제 개선되어 법령확인의 어려움은 사라졌다. 그리고 자치법규들도 이제 법제처가 관리하는 국가법령정보센터(www.law.go.kr)에서 확인할 수는 있다.
하지만, 아직도 지방자치단체와 지방의회에서 법규성을 갖는 조례와 규칙의 전문을 자신의 홈페이지에 게재하지 않는 것은 지방자치단체의 자의적 권력성의 징표로서 법치주의와 주민자치를 훼손하는 중대한 흠이라 할 것이다(일부 조문의 입법개정예고는 이루어지고 있음). 시급히 개선이 요망된다 할 것이다.

할 수 없다는 입장이었다.

이에, 원주시에서는 여객자동차 운수사업자에게 필요한 자금의 일부를 보조하거나 융자하는 경우 보조 또는 융자의 대상 및 방법과 보조금 또는 융자금의 상환 등에 관하여 필요한 사항을 기초자치단체의 조례에서 정할 수 있는지 여부와 이 경우 조례를 별도로 제정하여야 지원이 가능한지 여부에 대하여 법제처에 질의하였다.

우리 여객자동차운수사업법은 시내버스에 대한 재정지원업무에 관해 광역과 기초간 입법권의 배분에 관해 명시적인 규정을 두고 있지 않고 있다. 하지만, 법제처는 아래에서 소개할 유사사례들에서 여러 차례 유권해석을 통해 시내버스나 군내버스의 적자보전을 위한 시·군의 재정지원업무에 관해 광역자치단체의 조례로 정해야 할 사항이라는 이유로 시·군이 조례를 제정하여 규율할 수는 없다는 의견을 제시해 왔다. 이와 같은 법제처의 유권해석의 핵심적인 논거는 여객자동차운수사업법이 시·군의 재정지원업무에 관한 입법권의 배분을 직접적으로 규정한 것은 아니지만 여객자동차운수사업법이 **사업면허권**을 **광역자치단체**에 부여하고 있기 때문에 시·군이 재정지원하는 경우도 도의 조례로 규정해야 한다는 것이었다.(**면허권설**).

그러나, 이 글에서 필자는 개별 특별 법률에 흠결이 있거나 불명확한 경우 노인과 아동을 포함한 주민의 교통복지를 보장하기 위해 관할구역 시내버스의 적자보전목적으로 시가 재정지원하는 경우 **관할구역과 재정부담**이라는 두가지 기준(**결합설**)을 새롭게 제시하고, 유사 문제해결을 위해 광역과 기초간 조례제정권의 새로운 배분기준으로 활용할 것을 제안하면서, 조례입법권이 **기초자치단체인 시에 있다**고 주장하였다.

3. 추가조례론과 수익적 조례론의 한계와 자치법 해석론의 발전필요

1) 광역과 기초간 입법권 갈등해결을 위한 해석론으로서 초과 조례론 또는 추가조례론의 적용상 한계

초과조례 또는 추가조례는 법률과 조례의 관계에서 전형적으로 문제되는데,[28] 일본에서 지방자치와 지방자치법학의 발전에 있어 이 논리의 전개는 상당한 의의를 가졌듯이,[29] 이제 우리나라에서도 중요한 의미를 갖고 있다.[30]

---

28) 양자를 구별하여 추가조례는 법령이 없거나 법령이 있더라도 동일한 적용대상을 확대한 조례를 말하므로 "대상확대조례"로 부르고, 초과조례는 "법령과 동일한 대상에 대하여 한층 엄격한 규제를 행하는 조례"로서 "규제강화조례"로 부르는 것이 그 의미를 명확히 할 것이라는 견해가 제시되고 있다. 신봉기/조연팔, 자치입법권의 범위와 한계에 관한 일 고찰, 토지공법연구 제58집, 2012, 367면 각주 55 참조.

29) 일본 지방자치법의 발전단계를 3기로 나누는 견해에 따르면, 제1기는 1950년대 초반-1960년대 중반, 제2기는 1960년대 중반에서 1970년대 후반인데(제3기는 1980년대 이후), 제2기에는 고도성장을 반영하여 지방자치단체의 재정력도 힘을 얻기 시작하여 지방자치단체가 독자적으로 지역정책을 전개할 수 있는 여건이 갖추어지기 시작했다. 그래서 국가와 별개로 독자의 조례를 제정하거나 추가조례나 초과조례가 등장하기 시작했다. 환경보호의 영역에서 지방자치단체에 의해 제정된 이 조례들의 내용이 사후적으로 법령의 개정에 의해 추인되기도 했다. 문상덕, 자치입법의 기능 및 위상 재고 - 한·일에 있어서의 자치입법 한계논의를 기초로 -, 행정법연구 제7호, 2001, 77면 각주 9 참조.

30) 우리 판례는 자치권의 합법성판단을 위한 해석론으로 이미 추가조례론 또는 초과조례론을 인정하고 있다. "지방자치단체는 법령에 위반되지 아니하는 범위 내에서 그 사무에 관하여 조례를 제정할 수 있는 것이고, 조례가 규율하는 특정사항에 관하여 그것을 규율하는 국가의 법령이 이미 존재하는 경우에도 조례가 법령과 별도의 목적에 기하여 규율함을 의도하는 것으로서 그 적용에 의하여 법령의 규정이 의도하는 목적과 효과를 전혀 저해하는 바가 없는 때, 또는 양자가 동일한 목적에서 출발한 것이라고 할지라도 국가의 법령이 반드시 그 규정에 의하여 전국에 걸쳐 일률적으로 동일한 내용을 규율하려는 취지가 아니고 각 지방자치단체가 그 지방의 실정에 맞게 별도로 규율하는 것을 용인하는 취지라고 해석되는 때에는 그 조례가 국가의 법령에 위반되는 것은 아니다."(대법원 1997. 4. 25. 선고 96추244 판결)

하지만, 이 사례의 해결과 관련하여 고려해 볼 수 있는 추가조례에 관한 쟁점은 직접적으로는 문제되지 않을 것이다. 왜냐하면 추가조례의 문제는 법률과 동일한 규율목적이라 하더라도 법률이 규제하고 있지 아니한 대상에 대해 조례로 추가하여 규정할 수 있는가의 문제인데, 여객자동차운수사업법에서는 이미 시·도가 재정지원하는 경우 시·도 조례로 규정할 수 있다고 하여 법률이외에 조례에게 이 사무에 대한 규제권을 인정하고 있기 때문이다.

대상사례에서 쟁점은 여객자동차운수사업법에서 명시적으로 규정하지 않은 부분, 즉, 시·군이 재정지원하는 경우 시·도의 조례로 규정하여야 하는가 아니면 시·군의 조례로 규정하여야 하는가의 문제이다. 만약 이 상황에서 시·군이 재정지원하는 경우에 대해 시·도의 조례가 규정하지 않았다면 추가조례와 유사한 쟁점이 대두되었을 수는 있을 것이다.

2) 광역과 기초간 입법권 갈등해결을 위한 해석론으로서 수익적 조례론의 적용상 한계

우리 지방자치법 제22조는 "지방자치단체는 법령의 범위 안에서 그 사무에 관하여 조례를 제정할 수 있다. 다만, 주민의 권리 제한 또는 의무 부과에 관한 사항이나 벌칙을 정할 때에는 법률의 위임이 있어야 한다."고 규정하고 있다. 우리 판례는 이 조항의 해석에 있어 국민의 권리의무에 대한 침익적 규제조례의 제정시에는 법률의 위임이 있어야 하지만, 수익적 조례의 경우에는 법률의 위임없이 조례를 제정할 수 있는 것으로 이해하고 있다. 즉, 대법원은 '정선군세자녀이상세대양육비등지원에관한조례안' 무효소송에서 "지방자치단체는 그 내용이 주민의 권리의 제한 또는 의무의 부과에 관한 사항이거나 벌칙에 관한 사항이 아닌 한 법률의 위임이 없더라도 그의 사무에 관하여 조례를 제정"할 수 있다고 한다(대법원 2006. 10. 12. 선고 2006추38 판결 ; 대법원 2009. 10. 15. 선고 2008추32 판결).

수익적 조례론은 지방자치법 제22조 단서의 제약하에 지방자치단체가 법률의 위임없이 제정할 수 있는 조례의 특성을 제시하여 조례입법권의 하나의 전형을 보여준 해석론이라 할 것이지만, 추가조례론과 마찬가지로 이 글의 대상사례에서 나타난 쟁점과 직접적인 관련은 없는 것으로 보여진다. 대상사례에서 쟁점은 여객자동차운수사업법에서 명시적으로 규정하지 않은 부분, 즉, 시·군이 재정지원하는 것을 도조례로 규정했을 때 이 사항에 대해 시·군의 조례로 규정할 수 있는 것인지 하는 문제이기 때문이다.

분권사회로 나아감에 있어 새롭게 나타날 지방자치법의 문제들에 대해서 기존의 법해석론의 유용성이 한계를 맞는 경우가 자주 나타날 것이다. 이러할 때 비교법적 연구가 유용할 수 있으나 때로는 우리에게 특유한 문제가 증폭되어 나타날 수도 있으므로, 우리 자치법규의 입법과 집행실무에 대한 정보와 지식을 토대로 합리적인 입법론이나 해석론을 적극적으로 전개하는 것이 필요하다 할 것이다.

Ⅱ. 지방자치법과 지방교통법상 권한배분 기준들의 불명확성과 불일치

1. 지역공동체의 형성과 발전을 위한 교통복지의 가치

시·군에 있어 교통문제는 오늘날 중소도시와 농어촌이라는 공동체가 직면한 중요한 현안사항이다. 지역공동체에서 이것의 중요성에 대한 심층적 이해와 관심없이 형식적으로 하나의 사례의 법적 해결을 위해 필요한 관계법령들과 조례의 분석만으로 답을 찾아서는 안된다.

우리나라 중소도시들은 심각한 주정차공간의 부족, 좁은 도로로 인한 차량혼잡, 도로의 부족 등으로 도시의 재생과 활성화에 어려움을 겪고 있다. 뿐만 아니라 원활한 대중교통의 유지는 오늘날 지방소멸의 위험에 직면한 시·군의 입장에서는 인구를 유지하고 관광과 같은 산업을 발전시키기 위해 가장 중요한 과제중의 하나가 되었다.

또, 우리 농어촌지역에서는 외출하고 싶은 의지가 있으나 외출하지 못한 경험이 있는 노인의 과반수 정도가 대중교통수단의 부족과 너무 뜸한 배차간격을 경험하고 있다 한다.31) 우리 헌법은 제14조에서 거주이전의 자유를 기본권으로 규정하고 있다. 때문에, 노약자나 장애인을 위해 이동의 자유라는 기본권을 보장하기 위한 사회적 인프라를 조성하고 유지하는 것은 국가와 지방자치단체의 포기할 수 있는 책임에 속한다고 보아야 한다. 이러한 입장에서 볼 때, 농어촌에서 교통복지의 보장은 국가와 지방자치단체의 단순한 정책목표를 넘어 반드시 보장되어야 할 기본권의 본질의 보장에 속하는 것이라는 점이 인식되어야 할 것이다.

2. 지방교통과 시·군내버스의 운영을 위한 법률과 조례의 규율내용들

1) 지방자치관계법상 관할배분의 기준들

(1) 지방자치법상 사무배분의 기준들과 개정의 필요성

일반법인 지방자치법과 지방자치분권 및 지방행정체제개편에 관한 특별법의 규정들 중 사무배분의 기준을 제시해줄 수 있는 법조문들은 다

---

31) 이경준/서문진희, 농촌지역 노인들의 이동권증진을 위한 교통복지적 대안연구, 한국자치행정학보 제27권 제1호, 2013, 263-265면 참조.

음과 같다.

지방자치법 제9조 제1항은 지방자치단체의 사무범위에 관하여 "지방
자치단체는 그 관할구역의 자치사무와 법령에 의하여 지방자치단체에
속하는 사무를 처리한다"고 하고 있다. 광역자치단체의 사무에 관해서
는, 가. 행정처리 결과가 2개 이상의 시·군 및 자치구에 미치는 광역적
사무, 나. 시·도 단위로 동일한 기준에 따라 처리되어야 할 성질의 사무,
다. 지역적 특성을 살리면서 시·도 단위로 통일성을 유지할 필요가 있는
사무, 라. 국가와 시·군 및 자치구 사이의 연락·조정 등의 사무, 마. 시·
군 및 자치구가 독자적으로 처리하기에 부적당한 사무, 바. 2개 이상의
시·군 및 자치구가 공동으로 설치하는 것이 적당하다고 인정되는 규모
의 시설을 설치하고 관리하는 사무 등의 기준을 제시하고 있다.(지방자
치법 제10조 제1항 제1호)

입법자는 대체로 해당 사무의 성질을 살펴 광역성, 동일기준의 필요
유무, 연락·조정사무, 공동설치필요가 있는 사무 등의 기준을 고려하여
관할을 판단하도록 하고 있음을 알 수 있다.

기초자치단체의 사무에 관해서는 "제1호에서 시·도가 처리하는 것으
로 되어 있는 사무를 제외한 사무. 다만, 인구 50만 이상의 시에 대하여
는 도가 처리하는 사무의 일부를 직접 처리하게 할 수 있다."고 규정하
고 있다.(지방자치법 제10조 제1항 제2호) 이 규정의 특징은 적극적으로
기초자치단체의 업무기준을 규정하지 않고 소극적으로 기술하여 광역과
기초의 입법권이 충돌시 광역의 제한없는 선점권을 억제하는데 실패한
것으로 보인다. 적극적 기준에 의해 보충성의 원칙이 실질적으로 구현될
수 있도록 입법의 개정이 이루어져야 할 것이다.

지방자치법 제10조 제3항은 "시·도와 시·군 및 자치구는 그 사무를
처리함에 있어서 서로 경합하지 아니하도록 하여야 하며, 그 사무가 서
로 경합되는 경우에는 시·군 및 자치구에서 우선적으로 처리한다"고 규
정하고 있다. 이 조항도 적극적인 사무배분기준을 제시하는 데는 실패한

것으로 보인다. 왜냐하면, 기초자치단체는 지방자치법 제10조 제1항 제2
호에 의하여 "시·도가 처리하는 것으로 되어 있는 사무를 제외한 사무"
에 대해서 처리할 수 있는데, 입법자가 의도하지 않았을지 모르지만 이
와 같은 적극적·명시적 표현에 의해 개별 법률에서 광역자치단체의 사
무로 규정하거나 광역자치단체가 조례나 규칙으로 자신의 사무로 규정
하면 그 나머지에 대해서만 기초자치단체의 사무로 규정할 수밖에 없어
오히려 이 규정에 의해 기초자치단체의 사무는 크게 줄어들 수밖에 없
기 때문이다.[32][33]

이와 같이 지방자치법 제10조 제1항 제2호는 지방자치분권 및 지방행
정체제개편에 관한 특별법 제9조 제2항에 나타난 정신, 즉, "지역주민생
활과 밀접한 관련이 있는 사무는 원칙적으로 시·군 및 자치구의 사무"
로 한다는 보충성원칙을 결과적으로 크게 훼손할 우려조차 있다고 본다.

(2) 지방자치분권 및 지방행정체제개편에 관한 특별법상 사무배분의
    기준들의 제한적 의미

입법자는 지방자치분권 및 지방행정체제개편에 관한 특별법은 지방자
치단체의 사무배분을 위하여 매우 중요한 의미를 가질 것으로 기대하여
정권이 바뀔 때마다 여러 차례 확대 개편하여 왔다. 즉, 이 법률은 연혁
적으로 2004년 1월 16일 제정된 지방분권특별법이 2008년 5월 30일 지
방분권촉진에 관한 특별법으로 전부개정이 이루어지고, 2013년 5월 28
일 지방자치분권 및 지방행정체제개편에 관한 특별법으로 내용이 확대

---

32) 동일 취지의 주장은, 선정원, 앞의 글, 73-74면 참조.
33) 김재광, 지방분권개혁과 조례제정권의 범위, 지방자치법연구 제5권 제2호, 2005,
    121-122면도 행정실제에 있어서는 광역자치단체가 스스로 조례를 제정하여 어떠한
    사무를 처리하면 기초자치단체는 속수무책이 될 수밖에 없다고 하면서 이 점을 감안
    하여 이 조항은 매우 제한적으로 해석하여야 한다는 견해를 표명했다. 김해룡, 지방
    자치단체의 조례, 법제연구 제21호, 2001, 86면도 동일한 견해이다.

되어 새로 제정되었다.

지방자치분권 및 지방행정체제개편에 관한 특별법 제9조는 "사무배분의 원칙"이라는 제목하에 여러 규정을 두고 있는데, 업무배분과 관련하여 가장 중요한 의미를 가진 것은 제9조 제2항에서 보충성원칙을 확고하게 명시하고 있다는 점이다. 즉, 제9조 제2항에서 "국가는 제1항에 따라 사무를 배분하는 경우 지역주민생활과 밀접한 관련이 있는 사무는 원칙적으로 시·군 및 자치구의 사무로, 시·군·구가 처리하기 어려운 사무는 특별시·광역시·특별자치시·도 및 특별자치도의 사무로, 시·도가 처리하기 어려운 사무는 국가의 사무로 각각 배분하여야 한다"고 규정하였다. 제9조 제1항은 "주민의 편익증진, 집행의 효과 등을 고려하여" 사무의 중복을 피하여야 한다는 점을 규정하였고, 제3항은 포괄적 배분원칙을 선언하여 사무배분시 "그 사무를 자기의 책임하에 종합적으로 처리할 수 있도록 관련 사무를 포괄적으로 배분하여야 한다"고 규정하고 있다. 제4항에서는 민간의 자율성존중원칙을 규정하여 "사무를 배분하는 때에는 민간부문의 자율성을 존중하여 국가 또는 지방자치단체의 관여를 최소화하여야 하며, 민간의 행정참여기회를 확대하여야 한다"고 규정하였다.

이상과 같은 규정내용과 기대에도 불구하고 이 법률은 실정 법률의 집행 측면에서 볼 때 지방자치단체의 분권과 체제에 관한 기본원칙을 담은 법으로서 기능을 전혀 수행하지 못하고 있다. 이 법 제4조에서 "다른 법률과의 관계"라는 제목하에 "자치분권과 지방행정체제 개편 등에 관하여 이 법에 규정이 있는 경우에는 다른 법률에 우선하여 적용한다"고 규정하여 사무배분에도 다른 법률에 우선하여 적용되는 것처럼 규정하고 있지만, 사무배분에 있어 특별법의 역할을 전혀 하지 못하고 있다.

또, 현실적으로 이 법 제9조의 사무배분의 원칙에 관한 내용은 적어도 이론적으로는 일반기준으로서 개별 전문법률의 흠결이나 불명확성을 보충하는 역할을 수행하도록 적용될 수도 있었으나, 실무상 이 법률의 규

정내용은 새로운 입법이나 조직개편시에만 적용되고, 개별 전문법률의
흠결을 보충하거나 불명확한 점을 명확히 하기 위한 해석에서는 사무배
분의 기준으로서 무시되어 왔다.

2) 여객자동차운수사업법령과 관련 조례의 규율내용들

여객자동차운수사업법 제50조 제2항는 "시·도는 다음 각 호의 어느
하나에 해당하는 사유가 있으면 여객자동차 운수사업자에게 필요한 자
금의 일부를 보조하거나 융자할 수 있다. 이 경우 보조 또는 융자의 대
상 및 방법과 보조금 또는 융자금의 상환 등에 관하여 필요한 사항은 해
당 시·도의 조례로 정한다."고 규정하고 있다. 하지만, 여객자동차운수
사업법은 시·군이 재정지원을 하는 경우에 대해서는 규정하지 않아 광
역과 기초의 갈등의 원인이 되고 있다.

강원도는 여객자동차운수사업법 제50조 제2항를 근거로 강원도 여객
자동차 운수사업 관리 조례를 제정하였는데, 동 조례 제12조 제2항은
"시장·군수는 관할구역 내 여객자동차운수사업자가 제1항 각 호의 사업
을 수행하는 경우에 재정적 지원이 필요하다고 인정되면, 예산의 범위에
서 필요한 자금의 일부를 보조할 수 있다. 이 경우 재정지원 관련 세부
사항은 해당 시장·군수가 정한다."고 규정하고, 동 조례 제14조 제1항에
서는 "제12조에 따른 재정지원을 받으려는 여객자동차운수사업자는 별
지서식에 따른 서류를 도지사에게 제출하여야 한다."고 하고 있으며, 동
조례 제16조 제1항에서는 1. 사업의 타당성, 2. 신청자금의 적정성, 3. 지
원 가능한 자금의 규모 등을 종합적으로 검토하여 지원여부를 결정하여
야 한다고 규정하였고, 동 조례 제18조에서는 보조금을 지원받은 자에게
일정한 사실이 발생한 경우 도지사가 "보조금 지원을 중단하거나 이미
지원된 보조금의 전부나 일부를 회수할 수 있다"고 규정하고 있다.

Ⅲ. 시·군내버스지원업무에 관한 도와 시·군간 입법권의 배분기준

1. 시·군내버스지원업무에 관한 광역과 지방간 갈등에 대한 법제처의 유권해석내용들과 그의 검토

1) 유사사례들에 대한 법제처의 기존 유권해석들의 내용

다음의 사례들에서는 대부분 여객자동차운수사업법 제50조 제2항의 해석이 문제된다.[34] 이 규정은 "시·도는 다음 각 호의 어느 하나에 해당하는 사유가 있으면 여객자동차 운수사업자에게 필요한 자금의 일부를 보조하거나 융자할 수 있다. 이 경우 보조 또는 융자의 대상 및 방법과 보조금 또는 융자금의 상환 등에 관하여 필요한 사항은 해당 시·도의 조례로 정한다."고 규정하고 있다.

아래 소개할 법제처 유권해석들은 이 조항 2문에서 규정한 "필요한 사항은 해당 시·도의 조례로 정한다."는 표현을 중시하여 시·군만이 재정지원하는 경우에도 시·도의 조례로 규정해야 한다는 의견을 제시했었다. 이하에서는 이유는 동일유사하므로 질의요지와 의견만을 간략히 소개한다.[35]

---

34) ⑤ 법제처 2015. 2. 31. 의견제시 15-0045에서는 택시운송사업의 발전에 관한 법률의 해석적용이 문제되었으나 쟁점의 성격이나 내용은 대동소이하다.

35) 과거의 집권적 태도를 반영한 유권해석의 과잉과 마찬가지로 표준조례의 과잉도 문제된다. 자치법규 실무자는 중앙부처에서 시달하는 표준조례에 따라 자치법규를 제정하는 경우가 많은데, 이것은 자치단체의 입법부족에도 그 원인이 있겠지만 이렇게 제정된 조례는 지역의 사정이나 특색을 고려할 수도 없어 중앙부처의 입장을 대변하는 집권적 내용을 갖게 될 것이다. 그 결과 우리 사회는 자치입법권이 형식적으로만 보장되는 사회가 될 것이다. 동지의 비판은, 이혜영, 자치조례의 범위와 한계, 지방자치법연구 제16권 4호, 2016, 122-123면 참조.

(1) 법제처 2012. 9. 28. 의견제시 12-0282

(질의요지)

영동군에서는 여객자동차 운수사업법 제50조 제2항 및 충청북도 여객자동차 운수사업 지원 조례에 따라 여객자동차 운수사업자에게 재정지원을 하고 있는데, 도 조례에서 규정하고 있지 않은 사항(면단위 버스정류장사업자 지원, 농어촌버스 요금단일화에 따른 손실지원, 오지마을 순환버스 운영 손실지원 등)에 대하여 군수가 재정 지원을 할 수 있도록 하는 내용으로 군 조례를 제정할 수 있는지?

(의견)

영동군에서 충청북도 여객자동차 운수사업 지원 조례에서 규정하고 있지 않은 사항(면단위 버스정류장사업자 지원, 농어촌버스 요금단일화에 따른 손실지원, 오지마을 순환버스 운영 손실지원 등)에 대하여 여객자동차 운수사업법 제50조 제2항에 따른 재정지원 근거를 마련하는 조례를 제정하는 것은 바람직하지 않은 것으로 보입니다.

(2) 법제처 2012. 10. 12. 의견제시 12-0330

(질의요지)

여객자동차운수사업법에서 재정지원에 관한 사항을 시·도 조례로 정하도록 하고 있음에도 시·군·구 조례로 재정지원에 관한 사항을 정할 수 있는지 및 시·군·구 조례로 정할 수 있다면 재정지원의 범위에 관한 사항이 상위법령에 위배되는지?

(의견)

여객자동차 운수사업법 제50조 제2항에서는 보조 또는 융자의 대상 및 방법과 보조금 또는 융자금의 상환 등에 관하여 필요한 사항은 '시·도 조례'로 정하도록 하고 있으므로 재정지원에 관한 사항을 김천시 조례로 규율할 수 있다고 보기 어려운 측면이 있으므로 조례 제정에 신중을 기하시기 바랍니다.

(3) 법제처 2012. 7. 11. 의견제시 12-0197

(질의요지)

춘천시에서 학생 통학으로 인한 출퇴근 시간대의 교통체증을 해소하기 위하여 낮은 운임으로 학생을 수송하는 통학택시제도를 운영하고, 통학택시에 대하여 재정지원을 하는 내용의 조례를 제정할 수 있는지?

(의견)

기초지방자치단체인 춘천시에서 여객자동차 운수사업법」 제50조 제2항 또는 강원도 여객자동차 운수사업 관리 조례 제12조제2항을 근거로 통학택시제도를 운영하고, 통학택시 운영으로 인한 택시운송사업자의 결손액을 보전하여주는 내용의 조례를 제정하는 것은 불가능할 것으로 보이며, 아울러 여객자동차 운수사업법령과의 관계를 볼 때, 동 법령과 관계없이 지방자치법 제9조에 따른 춘천시의 자치사무로써 조례로 규율할 수 있다고 보기에도 어려운 측면이 있으므로 조례 제정에 신중을 기하시기 바랍니다.

(4) 법제처 2013. 8. 1. 의견제시 13-0228

(질의요지)

농어촌버스가 운행되지 않는 지역의 주민들이 택시를 낮은 운임으로 이용하고, 그 이용에 따른 손실을 보전하기 위하여 택시사업자에게 보조금을 지급하는 조례를 제정할 수 있는지?

(의견)

금산군에서 농어촌버스가 운행되지 않는 마을에 택시를 운행하게하고, 택시 운행으로 인한 택시운송사업자의 손실을 보전해 주는 내용의 조례를 제정하는 것은 시·도의 사무에 대하여 금산군의 조례로 정하는 것으로 소관사무의 원칙에 위배되고, 아울러 여객자동차 운수사업법령과의 관계를 볼 때, 이러한 업무를 지방자치법상 금산군의 자치사무로 보아 조례로 규율할 수 있다고 하기에도 어려운 측면이 있어 바람직하지 않아 보입니다.

(5) 법제처 2015. 2. 31. 의견제시 15-0045

(질의요지)

택시운송사업의 발전에 관한 법률에 규정된 택시산업발전 종합계획수립, 택시정책 심의위원회, 택시산업 활성화를 위한 재정지원에 관한 사항을 서산시 택시산업발전 지원 조례로 제정할 수 있는지?

(의견)

서산시 택시산업발전 지원 조례로 택시산업발전 종합계획수립, 택시정책심의위원회의 설치, 택시산업 활성화를 위한 재정지원에 대한 사항은 국토교통부장관 또는 시·도지사의 권한이거나, 시·도의 조례로 정해야 할 사항으로 보이므로, 서산시에서 조례로 정하는 것은 바람직하지 않은 것으로 보입니다.

2) 기존 유권해석의 내용에 대한 검토

위의 유권해석사례들에서 나타난 법제처의 해석의견은 여객자동차 운수사업법 제50조 제2항의 규정 내용중 제2문, "이 경우 보조 또는 융 자의 대상 및 방법과 보조금 또는 융자금의 상환 등에 관하여 필요한 사 항은 해당 시·도의 조례로 정한다."는 법문에 근거를 두고 의견을 제시 하고 있다.[36]

하지만, 여객자동차운수사업법 제50조 제2항 제2문은 제1문의 요건이 존재하는 경우에 적용되는 것으로, 제1문에서 "시·도는 다음 각 호의 어 느 하나에 해당하는 사유가 있으면 여객자동차 운수사업자에게 필요한 자금의 일부를 보조하거나 융자할 수 있다."는 규정에 관하여 문언을 벗 어나 확대해석한 것으로 보인다. 문언 그 자체의 의미는 "시·도는 ······ 여객자동차 운수사업자에게 필요한 자금의 일부를 보조하거나 융자할 수 있다."는 문언에서 알 수 있듯이 시·도가 "필요한 자금의 일부를 보 조하거나 융자"하는 경우에 제2문이 적용되어 시·도의 조례로 정할 수 있다는 의미이기 때문이다. 이러한 입장에서 볼 때, 시·군이 재정지원하 는 경우에 대해서는 여객자동차운수사업법이 명시적으로 규정하고 있지 않다고 보는 것이 문언해석상 타당한 것으로 보인다.

---

36) 법률에서 지방자치단체의 조례로 규정하도록 하여 제정된 조례를 위임조례라 한다. 우리나라에서 "실제 개별법령의 위임에 따라 제정되는 위임조례는 대부분 대통령령 등 하위법령과 마찬가지로 법률의 내용을 보충하는 기능을 수행하여 법률의 하위에 놓인 법규로서의 성격을 두드러지게 나타낸다. 즉, 자치권의 내용으로서 자치입법권 에 기초하여 제정된 것이라기보다는 국법체계의 일부를 이루면서 국법의 단계구조에 있어 맨 하위에 놓인 법규로서의 성격을 갖는 것이다". 조정찬, 위임조례위주의 조례 입법 극복방안, 지방자치법연구 제4권 제2호, 2004, 39면.
   사건으로는 이러한 이유로 유권해석을 통해 지방자치단체의 입법권에 관한 다툼을 해결하고자 하는 경우에도 "법률의 구체적이고 범위를 정한 위임에 따라 그 위임한 계를 벗어나지 않는 한도 내에서 입법이 이루어질 것"을 지나치게 엄격하게 요구하 면서 유권해석의 내용이 집권적이 되는 것이 아닌가 생각한다.

법제처는 광역과 기초간 입법권 갈등에 대해 법률에서 명시적인 지시규정이 없음에도 광역자치단체가 입법권을 갖는 것으로 유권해석을 한 근거에 대해 명확하게 밝히지 않지만 광역자치단체가 여객운송업에 대해 면허권을 갖고 있음을 그 판단의 근거로 갖고 있는 듯하다. 시·군내 버스운송사업에 대한 **면허권을** 도가 가지고 있음을 이유로 시·군내버스에 대한 재정지원사무에 대한 입법권이 광역자치단체에 속한다는 입장을 **면허권설**이라고 부르기로 한다.[37]

여러 차례 반복된 유권해석에서 법제처는 면허권설을 뒷받침할만한 보다 상세하거나 구체적인 이유는 제시하지 않았었다. 필자는 법제처가 기존의 의견을 형성할 때 암묵적으로 다음과 같은 판단을 하고 있었을 수도 있다고 본다. 면허권설이 여객자동차운송사업에 관련된 재정지원 절차에 관하여 도의 독점을 유지할 필요를 중시해왔던 것은 시내버스운송사업자와 같은 지역유지에 의한 기초자치단체공무원의 포획과 부패를 방지할 필요가 있다고 판단하지 않았을까 추론해본다.

이 입장에 서서 구체적인 판단논리를 구성해보면, 시내버스운송사업의 적자를 보전하기 위한 재정자원은 시·군에서 나오는 것이지만 도가 기준과 절차를 정하고 도가 심사권을 가짐으로써 도에 속한 모든 시·군들에 공통된 기준과 절차를 적용할 수 있다는 점, 그리고 시·군지역에서 시내버스나 군내버스를 운영하는 사업자는 지역유지일 텐데 그들은 시·군내 공무원들과 더욱 가까운 곳에서 유착하여 재정지원규모를 부풀릴 위험이 있다는 점 등이 도가 심사권을 갖는 다고 보는 이유가 되지 않았을까 생각해 본다.

하지만, 이 논거에 대해서는 기초자치단체도 실정법상 이미 건축허가 등 많은 인허가권을 행사하고 있을 뿐만 아니라 포획과 부패의 위험은

---

37) 여객자동차운수사업법 제4조 제1항과 동 시행령 제4조 제1항, 그리고 여객자동차운수사업법 제3조 제1항 제3호에 따라 농어촌을 기점이나 종점으로 하는 여객자동차운송사업은 시·도지사의 면허를 얻어야 한다.

광역자치단체 공무원들에게도 존재한다고 비판할 수 있을 것이다.

2. 시·군내버스지원업무에 관한 광역과 지방간 갈등의 처리에 있어 보충성원칙에 적합한 법해석

1) 특별법상 명시적 규정이 존재하지 않을 때 광역과 기초간 조례제정권의 배분기준

지방자치의 정착과 발전에 있어서 주민, 관할구역과 자치권은 지방자치의 3요소로 불리울 정도로 중요한 의미를 갖는다. 관할구역은 자치권이 미치는 장소로서 자치구역의 주민의 복리에 관한 사무를 해당 지방자치단체가 주민참여하에 처리하도록 하는 것이 지방자치라 할 수 있다.

이에 따라, 지방자치법 제9조 제1항은 관할구역에 따라 권한을 배분하도록 규정하고 있는데, 개별 특별법에 명시적 규정이 없을 때에는 일반법인 지방자치법에서 규정한 것과 같이 관할구역내의 주민의 복리에 관한 사무일 때에는 관할구역에 따라 입법권을 배분하는 것이 타당할 것이다.

하지만, 관할구역을 중심으로 기초자치단체와 광역자치단체의 입법권의 범위를 구별하려는 입장에 대해서는 다음의 비판이 가능할 수 있을 것이다. 첫째, 오늘날 행정업무의 복잡성이 증가하고 있고 자본규모가 크거나 관련 주민들이 많아 기초자치단체 단독으로 해당 업무를 장기적이고 안정적으로 처리하는 것이 어려워지고 있다는 점이 고려되어야 한다. 둘째, 교통수단의 발달로 주민들은 이동이 더 쉬워져 주거지역과 일자리 장소가 분리되어 있는 경우도 많으므로 특정 기초자치단체의 관할구역내에서 발생한 일인지 여부가 그렇게 중요한 의미를 갖는다고 보기 어렵다.

이 비판에 대해서는 다음의 재비판이 가능하다고 본다. 관할구역을 중심으로 기초자치단체의 입법권의 범위를 결정하는 것을 지지하는 입장에서 볼 때, 위와 같은 우려는 과도한 것이다. 왜냐하면 기초자치단체가 입법권을 갖는다는 것은 기초자치단체가 독자적으로 결정하고 이행할 수 있다는 것을 의미하는 것일 뿐 그 능력이 부족할 때 광역자치단체나 국가의 지원을 받아 처리하는 것을 금지하는 것은 아니다.

비판적 견해에 따라 기초자치단체 구역내에서만 발생하는 해당 지역 주민의 복리사무를 처리함에 있어 광역자치단체 단독으로 처리하거나 광역자치단체의 결정권의 행사와 집행행위에 기초자치단체가 협의기관 또는 지원기관만의 지위를 갖도록 하는 것은 지방자치권의 헌법적 보장의 취지에 반하게 될 가능성이 크다고 보아야 한다.[38]

기초자치단체가 자신의 관할구역에서 처리해야 할 사무의 처리에 있어 단독으로 대응하는 것이 재정능력의 한계 등으로 적합하지 않을 때, 기초자치단체의 요청이 있으면 광역자치단체는 기초자치단체의 능력과 필요를 고려하여 개입여부를 판단하여야 한다. 이러한 경우에도 기초자치단체에게 업무처리의 주도권을 인정하면서 기초자치단체가 필요한 범위에서 그리고 필요한 방식으로 개입해야 하는 것이 자치의 취지에 맞는 해석이라 할 것이다.[39] 여기서 입법권의 배분을 위하여 중요한 것은 현실적으로 당해 비용의 재정부담자가 누구인가, 그리고 비용부담에 걸맞도록 절차주도권이나 절차참여권이 보장되는가 여부라고 할 것이다.

이 배분원칙에 따를 때, 해당 기초자치단체의 자금만이 단독으로 지출될 때에는 해당 기초자치단체가 자신의 조례로 그 요건과 절차를 규정하여 집행하도록 해야 한다. 광역자치단체가 그 비용 중 일부를 지원할 때에는 광역자치단체의 지원기준에 관해 사전에 광역자치단체의 조례로 규정하면서 기초자치단체의 지원심사절차에 협의나 참여 등의 방

---

38) Eva Schmidt, Kommunalaufsicht in Hessen, 1990, S.89-90.
39) Eva Schmidt, a.a.O., S.90.

식을 취하여야 할 것이다.

기초자치단체가 전속적 입법권을 갖는 경우에 관한 위의 입장을 요약해본다. 개별 법률에서 명시적으로 조례제정권의 배분에 관해 지시하지 않을 때, 주민복리사무에 관해 기초자치단체에게 조례제정권이 존재하는 경우는 다음과 같다.

주로 해당 지역주민의 복리에 직접적으로 영향을 미치는 사무일 것

해당 지역의 관할구역내에서 대상 활동이 이루어질 것

해당 기초자치단체가 단독으로 재정지출을 하거나 단독으로 그 업무를 처리할 수 있는 성질의 사무일 것

시·군 단독의 재정지원업무에 대해서 시·군이 조례제정에 대한 관할권을 갖는다고 보는 입장을 **단독관할 + 재정부담 결합설** 또는 줄여서 **결합설**이라고 부르고자 한다. 이 입장은 현지 기관에게 현지수요에 대해 신속한 대응이 가능하도록 하여 현지 지방자치단체의 권위를 보장하고 해당 구역의 실정에 맞는 맞춤형 대응이 가능하도록 할 것이며 재정부담에 따른 책임의식도 강화시킬 수 있을 것이다.

2) 여객자동차운수사업법의 내용으로부터 시·군의 조례제정권이 도출될 수 있는가?

여객자동차운수사업법 제50조 제2항에서는 "시·도는 다음 각 호의 어느 하나에 해당하는 사유가 있으면 여객자동차 운수사업자에게 필요한 자금의 일부를 보조하거나 융자할 수 있다. 이 경우 보조 또는 융자의 대상 및 방법과 보조금 또는 융자금의 상환 등에 관하여 필요한 사항은 해당 시·도의 조례로 정한다."고 규정하고 있는데, 이 규정의 의미가 문제된다.

이 규정은 "시·도는 …… 여객자동차 운수사업자에게 필요한 자금의 일부를 보조하거나 융자할 수 있다."고 규정하고 있으므로 시·도가 직접

자신의 재정에서 보조하거나 융자하는 경우를 예정하여 규정한 것으로 시·군이 자체 예산으로 지원하는 것에 대해서는 규정하고 있지 않은 것으로 해석하는 것이 문리해석상 자연스러운 것으로 보인다.

상위법률인 여객자동차운수사업법에 명시적인 근거가 없음에도 불구하고, 예를 들어 '강원도 여객자동차 운수사업 관리 조례'에서 시장·군수가 관할구역 내 여객자동차운수사업자에 대해 예산의 범위에서 필요한 자금의 일부를 보조할 수 있다고 규정한 것은 자신의 예산사용의 범위를 벗어난 시·군의 지출사항에 대해 규정한 것으로서 여객자동차운수사업법 제50조 제2항을 위반한 것으로 볼 여지가 있다. 더구나, 대상사례에 나타난 '강원도 여객자동차 운수사업 관리 조례'에서 자금지원절차에 대해 제16조 제1항과 제18조에서 규정하면서 시의 자금사용에 대해 도가 지원요건과 회수요건을 심사하도록 규정한 것은 도에 의한 시행정에 대한 과잉개입으로 자치권을 심히 침해하는 것으로 볼 소지가 있다. 이러한 광역자치단체 조례의 방치와 그의 맹목적 준수가 지방자치를 크게 촉진시키려는 현 정부의 정책방향에 맞는 것인지 의구심도 든다.

여객자동차운수사업법 제50조 제2항과 동 법의 다른 규정들 어디에서도 시·군의 보조행위나 융자에 대해서는 명시적으로 규정하고 있지는 않다. 하지만, 여객자동차운수사업법 제50조 제2항 단서에서 시·도가 지원하는 때, "이 경우 보조 또는 융자의 대상 및 방법과 보조금 또는 융자금의 상환 등에 관하여 필요한 사항은 해당 시·도의 조례로 정한다."고 규정한 취지에 따른다면 시·군의 보조행위나 융자에 대해서는 시·도의 조례나 시장 또는 군수의 규칙이 아니라 「시·군의 조례」로 규정해야 한다고 보는 것이 여객자동차운수사업법의 취지에 부합되는 해석이 아닌가 판단된다.

이와 달리 유사사례들에서 법제처의 유권해석은 여객자동차운수사업법에서 여객자동차운수사업에 대한 면허에 대한 심사권을 누가 가지고 있는가를 고려하여 면허심사업무가 도의 관할에 속하는 것을 중시하여 재정지원업무에 대한 입법권도 도가 갖고 있는 것으로 판단해 왔다. 상위 특별 법률에 명시적 규정이 없을 때에는 일반법인 지방자치법을 적용하여 문제를 해결하는 것이 타당하므로, 관할구역에 따라 권한을 배분하도록 규정하고 있는 지방자치법 제9조 제1항과 보충성원칙을 규정한 지방자치분권 및 지방행정체제개편에 관한 특별법 제9조 제2항에 따라 해석해야 한다고 본다.

현실적으로 주민의 복리에 관한 특정 업무에 재정부담을 지는 자치단체는 그 업무에 대해 더 강한 책임의식을 가지고 있을 것이므로 재정부담 여부도 입법권의 귀속기관을 판단함에 있어 중요한 판단기준이 되어야 할 것이다. 이러한 점들을 고려하여 필자는 시·군 시내버스사업자나 택시사업자에 대한 재정지원사항에 대한 입법권은 시·군에 있는 것으로 본다.[40]

3. 대상사례에 대한 검토의견

1) 자치사무로서 시내버스에 대한 원주시의 재정지원업무

이 사안은 원주시의 '관할 구역' 안에서만 운행하는 시내버스운송사업에 대한 재정지원여부가 문제되었다. 우리나라의 지방자치단체들의 재정의 열악함은 널리 알려진 사실인데, 그러한 상황에서 원주시가 자체 재정으로부터 "수익성 없는 노선의 운행에 따른 손실보전금 등을 지원"하고 있는 이유를 살펴볼 필요가 있다.

---

[40] 다만, 이러한 견해가 광역시와 자치구 내에서의 교통문제에도 그대로 적용될 수 있을 것으로 보지는 않는다. 도지역과 비교하여 광역시는 지역의 협소성과 광역시내에서 주민의 보다 빈번한 이동성을 고려할 때 교통행정과 관련하여 구체적 사례들을 가지고 검토해야 하겠지만 도와 시군의 관계와는 다른 측면을 지닐 수 있다고 본다.

지방자치법 제9조 제2항 제2호에서 '예시'해놓은 '주민의 복리에 관한 사무' 중에는 시내버스운송사업자의 지원사업을 직접적으로 명시하고 있지는 않다. 하지만, 지방자치법 제9조 제2항 제2호 다, 라목에서 생활이 곤궁한 자나 노인의 보호사업이 기초자치단체의 자치사무인 것으로 열거해 놓고 있다. 원주시장이 '수익성 없는 노선의 운행'을 하도록 시내버스운송사업자에게 재정지원을 한 것의 목적은 생활이 곤궁한 자나 노인의 보호사업과 밀접한 관계가 있다는 점을 고려한 것으로 볼 수 있을 것이다.

2) 지방재정법상 원주시 조례제정권의 근거

지방자치법 제141조는 "지방자치단체는 그 자치사무의 수행에 필요한 경비와 위임된 사무에 관하여 필요한 경비를 지출할 의무를 진다"고 규정하고 있고, 지방재정법 제20조는 "지방자치단체의 관할구역 자치사무에 필요한 경비는 그 지방자치단체가 전액을 부담한다"고 규정하고 있어서, 원주시는 관할 구역 안에서만 운행하는 시내버스운송사업에 대해 해당 지역 주민들의 의견을 무시할 수 없고 손실이 발생하는 버스회사의 사정을 무시할 수도 없는 상황에서 해당 사업의 성격을 자치사무로 인식하여 재정지원의 법적 의무를 지고 있는 것으로 해석하였다고 볼 수 있다.

지방자치법 제39조 제1항 제2호, 제8호에 따를 때, "예산의 심의·확정"과 "법령과 조례에 규정된 것을 제외한 예산 외의 의무부담이나 권리의 포기" 사항은 지방의회의 의결사항이다. 때문에 원주시장은 손실보전을 위한 재정지원 예산안에 대해 지방의회의 의결을 얻어야 지출할 수 있게 된다. 원주시가 사업자에게 재정지출을 하기 위해 지방의회의 의결을 거쳐야 한다면 그 기준과 절차에 대해 조례로 규정하도록 하는 것은 완전히 새로운 성격의 업무처리방식도 아니라 할 것이다.

4. 대상사례에 대한 법제처의 새로운 유권해석의 내용

대상사례와 관련하여 법제처는 놀랍게도 과거 오랫동안 유지해왔던 입장인 도가 조례제정권을 갖는다는 입장을 수정하고 원주시가 조례제정권을 갖는다는 입장으로 전환하였다.

대상사례와 관련한 법제처의 새로운 유권해석내용은 다음과 같다.[41]

"지방자치단체는 「지방자치법」 제22조에 따라 "법령의 범위 안"에서 "그 사무에 관하여" 조례를 제정할 수 있는데, 원주시조례안에 따라 원주시장이 시내버스운송사업자에 대하여 수익성 없는 노선의 운행에 따른 손실보전금 등을 지원하는 것은 지역 주민의 교통편익 증진을 위한 사무로서 「지방자치법」 제9조제2항제2호가목에 따른 원주시의 자치사무의 범위에 포함될 수 있을 것으로 보입니다.

또한, 여객자동차운수사업법 제50조제2항에서 시·도는 여객자동차 운수사업자가 수익성이 없는 노선의 운행 등을 수행하는 경우에 필요한 자금의 일부를 보조하거나 융자할 수 있고, 이 경우 보조 또는 융자의 대상 및 방법과 보조금 또는 융자금의 상환 등에 관하여 필요한 사항은 해당 시·도의 조례로 정하도록 규정되어 있으나, 해당 규정은 시·도가 여객자동차 운수사업자에게 재정지원을 하는 경우에 있어서 재정지원 대상 및 절차 등을 시·도의 조례로 정하라는 의미이지 시·도만이 여객자동차 운수사업자에 대한 재정 지원을 할 수 있다거나 각 기초자치단체가 그 관할 구역 안에서만 운행하는 시내버스운송사업자에 대하여 그 지방의 실정에 맞게 재정 지원하는 것을 금지하는 취지로 보기는 어렵습니다."[의견18-0011, 2018.2.28., 강원도. 국가법령정보센터(www.law.

---

41) 필자는 논문을 완성하여 투고단계에서 법제처가 대상사례와 유사한 사례들에 대해 오랫동안 유지해왔던 기존의 견해를 수정하였음을 확인했다. 즉, 대상사례에서 강원도가 아니라 원주시가 조례제정권을 갖는다고 하는 유권해석을 하였다. 이로 인해 논문의 말미에 이 사실을 밝히고 법제처의 새로운 유권해석을 환영함을 밝혀둔다.

go.kr)에서 확인가능]

Ⅳ. 강화된 분권사회에 적합한 새로운 법해석론의 필요

법해석은 법학계에서는 전통적으로 익숙한 일이지만 자치분권을 위한 개헌론이 국민과 정치권에서 활발한 현시점에서 변화된 사회적 가치를 반영한 새로운 법해석론이 필요한 상황이다.

법해석론적 접근방법은 다른 사회과학에서 갈등관리론으로 접근하면서 갈등해결을 위해 강조한 공무원들과 주민들의 인식조사나 협상전략들이 놓치고 있었던 자치단체간 분쟁의 해결을 위해 전통적이지만 매우 중요한 방법으로 부각될 수 있을 것으로 본다.

광역자치단체와 기초자치단체의 갈등은 권력관계내에서의 갈등과 분쟁이라는 성격이 매우 강하기 때문에 법치행정의 관점에서 관계법령을 정확히 해석하여 일방의 권력남용을 방지·제거하고 타방의 의무범위와 내용을 정확히 밝히는 것이 막연하게 합의와 협상을 강조하는 것보다 더 근원적이고 확실한 분쟁해결책이 될 수 있다.

하지만, 새로운 법해석론이 성공하기 위해서는 국가의 유권해석을 담당해온 기관들에서 중앙집권적 행정문화에 젖어 오랫동안 온존해왔던 유권해석들에 대해 변화된 가치에 맞게 반성적 입장에서 재검토하고 비판적으로 분석하는 과정이 반드시 필요하다. 습관적으로 이해하고 있던 광역과 기초의 역할을 재정의하고 마을공동체와 같은 지역공동체의 형성을 뒷받침할 법해석에 대해 충분한 관심을 가져야 할 것이다.

제3절 침익적 위임조례에 있어 위임의 포괄성과 그 한계
- 과태료조례를 중심으로 -

I. 서

1. 위임조례의 증가와 그 원인

지방분권을 강화하려는 헌법개정노력이 지연되면서 지방자치단체의 자치입법권의 신장노력도 연기될 수밖에 없게 되었다.

현 정권에서 지방사무의 지방이양노력이 입법적으로 전개되고 있지만 자치권의 침해를 방지할 효과적인 소송제도가 도입되지 않는 이상 위임 조례의 범람은 막기 어려울 것이다.[42) 위임사무와 자치사무의 구별이 어려울 뿐만 아니라 명백히 자치사무로 보이는 경우에도 국가나 상급 자치단체가 법령과 상위 조례에서 위임문언을 두면서 조례로 규정하더라도 지방사무를 이전한 것으로 계산할 것이기 때문이다.

일본에서 지방분권개혁으로 기관위임사무가 폐지되고 우리나라 지방 분권개혁의 흐름에서도 기관위임사무의 축소노력이 전개되어 왔다. 하지만, 2,000년 대 이후 우리나라에서 전통적인 자치사무, 단체위임사무와 기관위임사무의 구별의 경계가 매우 희미해지고 있고,[43) 사무의 성

---

42) 위임조례는 광역자치단체보다는 기초자치단체에서 더 광범위하게 이용되고 있다. 최환용, 기초지방자치단체의 자치입법실태와 법제발전방안, 지방자치법연구 제24호, 2009, 16-17면.

43) 우리 판례에서 조례의 위법평가를 할 때 사무의 성질과 그 내용의 실질적 합헌성에 대한 평가없이 형식으로 위임의 존부에 근거하고 있는 것(조성규, 조례와 법률의 관계, 국가법연구 제12집 1호, 2016, 19면)이 사무의 성질의 구별을 어렵게 하는 하나의 원인이 되고 있다.

질과 상관없이 법령의 위임을 받아 제정되는 조례인 위임조례가 급격히 증가하고 있다는 사실은 그 문제의 심각성에 비해 크게 주목받고 있지는 못하다.

위임조례의 증가는 법이론상으로는 자치사무의 규율방식에도 맞지 않고 기관위임사무의 규율방식에도 맞지 않으며 단체위임사무의 규율방식에 부합되는 것이라고 볼 수 있을 것이지만 사무의 실질적 성질을 고려할 때 입법적 혼란의 표현이 아닌가 일응 평가해볼 수 있을 것이다.

우리나라에서 2,000년대 이후 위임조례가 급격히 늘어나고 있는데, 왜 국회와 중앙부처들이 법률과 법규명령 등에서 국민의 권리의무와 관련된 사항에 대해 완결적으로 규정하지 않고 조례로 규정하도록 위임하는가? 사견으로는 다음의 이유들에 기인한다고 본다.

첫째, 주민의 권리에 관련된 사항은 피해를 입는 주민들의 반발을 초래할 가능성이 있는데 주민대표로 구성된 지방의회가 조례로 규정하도록 함으로써 법의 집행과정에서 초래될 주민과의 갈등을 사전에 완화시키고 책임을 분산시킬 필요가 있다는 것이다. 둘째, 국회나 중앙부처의 획일적 입법들과 달리 조례는 입법과정에서 다양한 이해관계들을 반영하여 문제해결에 보다 창의적인 아이디어들을 수용할 수 있을 것이라 기대한다는 것이다. 셋째, 국회나 중앙부처는 지방자치단체들의 자치입법능력이나 자원의 부족을 고려하고,[44] 법령의 집행과정에서 혼란을 방지하며, 중앙정부업무의 지방이양과정에서도 국가 등의 영향력을 유지하기 위해 법령이나 상위조례에서 일정한 가이드라인을 규정하고 세부내용은 조례에 위임하는 것을 선호한다는 것이다.

---

44) 현재 의원발의 조례의 상당수는 복지행정에 편중된 경향을 보이고 있는데, "복지와 관련된 조례의 경우 법률에 규정된 목적을 확인하는 수준이며, 조례의 주요내용이 계획수립이나 위원회 등을 규정하고 있는 내용을 제외하고 나면 대부분이 선언적 규정에 지나지 않거나 권고적 규정"에 그치고 있다. 서보건, 지방자치의 발전을 위한 지방의회 조례의 문제점과 개선방향-대구시의회 의안발의 조례를 중심으로-, 유럽헌법연구 제12호, 2012, 444-446면 참조.

위와 같은 이유들로 인해 지방사무의 규율을 위해 규칙보다는 위임조례에 광범위하게 의존하는 현상을 낳았고 조례의 합법성은 그 규율내용보다는 형식적으로 위임의 존재여부 및 범위를 둘러싼 상위법령의 해석에 대부분 치우치게 되었다. 하지만, 어떤 사무에 대해서 법령에서 조례에 규정하도록 위임한 경우에도 위임문언은 짧고 단편적이기 때문에 어떤 사항에 대해서 어느 범위까지 조례에서 규정할 수 있는지 자치입법 현실에서는 법적 불안이 상당히 광범위하게 존재해 왔다.

이 글은 과태료조례와 관련하여 법제처의 해석의견을 검토하여 자치 입법권의 확대기준을 발견하려는 목적으로 작성되었다.

2. 대상사례

이 글에서는 지방자치단체가 과태료조례를 제정할 수 있는 입법권을 확대시킨 '의무이행 과태료조례론'을 전개한 '법제처 2009. 6. 15. 회신 해석09-0135'을 대상으로 하여 논의를 진행할 것이다.[45]

이 사례에서는 환경영향평가법 제5조에서 과태료 부과원인과 관련된 사항을 조례로 위임하면서 과태료에 관한 사항을 조례에 위임하지 않은 경우 조례로 과태료를 정할 수 있는지 여부가 문제되었는데, 법제처는 다음과 같이 판단의 근거와 결론을 제시하였다.

"「환경영향평가법」 제5조에 따라 해당 시·도의 조례에 위임된 사항이 그 과태료 부과원인과 관련된 사항만이고 명시적으로 과태료에 대한 사

---

45) '의무이행 과태료조례론'이 자치입법해석론으로 등장한 최초의 법제처의견제시사례
는 2008년 '법제처 08-0340회신일자2008-12-02'인 듯하다. 하지만, 이후 법제처의
자치법규해석사례들에서 주로 인용되고 있는 것이 '법제처 2009. 6. 15. 회신 해석
09-0135'인 것을 볼 때, 2009년의 해석의견이 과태료조례의 허용범위를 확대하는 논
거를 보다 구체적으로 제시하고 있어 의무이행 과태료조례론의 정착에 중요한 역할
을 한 것으로 보인다.

항은 포함되어 있지 않다고 하더라도 조례를 위반한 행위에 대하여 조례로써 1천만원 이하의 과태료를 정할 수 있다고 규정하고 있는 「지방자치법」 제27조의 취지와 주민의 권리 제한 등에 관한 조례에 대한 법률의 위임은 포괄적인 것으로 충분하다는 점, 자치입법인 조례 역시 자기완결성을 갖추기 위하여 과태료와 같은 실효성 확보수단이 필요하다는 점에 비추어 볼 때, 법률에서 별도로 과태료에 관한 사항을 조례에 위임한 경우뿐만 아니라, 법률에서 과태료 부과원인이 되는 의무의 부과를 조례로 위임한 경우에도 그 의무를 위반한 경우의 과태료를 조례로 정할 수 있다고 할 것"이라고 했다.

II. 조례에 대한 위임의 포괄성과 엄격해석론의 극복

1. 법의 우위, 법률의 유보와 조례제정권에 관한 일본과 독일의 법적 규제상황

우리 지방자치법의 제도화와 법이론의 형성에 중대한 영향을 미치고 있는 일본과 독일의 자치입법권에 관한 법적 규제들과 관련 논의들을 간략히 살펴보기로 한다.

1) 일본법상 법의 우위, 법률유보와 조례제정권의 관계

1999년 제2차 지방분권개혁 이전 일본의 지방자치제도는 우리나라와 같이 지방사무를 자치사무, 기관위임사무와 단체위임사무로 나누었는데, 이 분류방법은 우리나라의 현행제도의 형성과 법해석에 심대한 영향을 미쳤다. 일본 지방자치법상 기관위임사무는 국가의 사무이지만 지방자치단체의 장에게 위임된 사무인데 이것은 규칙의 규율대상이 될 수 있지만 조례로 규율해서는 안되었다. 이와 달리 법정수탁사무로 대체되기 전 존재했던 단체위임사무는 국가의 사무를 지방자치단체에게 위임한 경우인데 이것은 조례의 규율대상이 될 수 있고 이 조례를 위임조례라 고 했다.46)

하지만, 2차 분권개혁 이전부터 지금까지 그대로 존재하고 있는 일본 헌법과 지방자치법의 규정내용도 현재 우리 법제와 중대한 차이를 가지 고 있었다는 점이 간과되어서는 안된다. 주요 법적 규제내용의 차이를 비교해본다.

첫째, 일본 헌법 제94조는 "지방자치단체는 그 재산을 관리하고 사무 를 처리하며 행정을 집행할 권능을 가지며 법률의 범위에서 조례를 제 정할 수 있다"고 규정하고 있다. 그런데, 우리 헌법 제117조 제1항은 "지 방자치단체는 주민의 복리에 관한 사무를 처리하고 재산을 관리하며, 법 령의 범위안에서 자치에 관한 규정을 제정할 수 있다"고 규정하고 있다.

둘째, 일본 지방자치법은 "보통지방자치단체는 법령에 위반하지 아니 하는 한에 있어서 …… 조례를 제정할 수 있다"(제14조 제1항)고 하고, 이어서 "보통지방자치단체는 의무를 과하거나 권리를 제한함에는 법령 에 특별한 규정이 있는 경우를 제외하는 외에 조례에 의하지 않으면 안 된다"(제14조 제2항)고 규정하고 있다.

우리 지방자치법 제22조는 "지방자치단체는 법령의 범위 안에서 그 사무에 관하여 조례를 제정할 수 있다. 다만, 주민의 권리 제한 또는 의 무 부과에 관한 사항이나 벌칙을 정할 때에는 법률의 위임이 있어야 한 다"고 규정하고 있다.

---

46) 과거 일본 지방자치법상 단체위임사무와 기관위임사무에 관한 설명은, 최철호, 일본 지방자치법상의 자치입법권의 해석 및 한계, 지방자치법연구 제7권, 제3호, 2007, 6-7면 참조. 1999년 제2차 지방분권개혁으로 일본은 기관위임사무와 단체위임사무를 폐지하고 법정수탁사무로 대체하였으며 법정수탁사무와 자치사무는 모두 조례의 규 율대상이 되었다. 자치입법권에 관한 일본의 법적 규제내용은 1999년의 개혁으로 우 리나라의 현행제도와 상당히 달라지게 되었다.

이 규정내용의 차이는 양국의 자치입법의 합법성의 해석에 심대한 영향을 미치고 있다. 일본의 경우는 침익적 조례나 수익적 조례 모두 법률의 우위원칙에만 따르면 되고 위임의 존부를 논할 필요가 없지만, 우리나라에 있어서는 침익적 조례의 경우 법의 우위원칙 뿐만 아니라 법령의 유보가 적용되어 위임의 존부와 그 일탈여부에 따라 침익적 조례의 합법성이 결정되고 있다.

셋째, 일본 지방자치법 제14조 제3항은 "지방자치단체는 법령에 특별한 정함이 있는 경우를 제외하고는 그 조례중에 조례에 위반한 자에 대해서 2년 이하의 징역 또는 금고, 100만엔 이하의 벌금, 구류, 科料 혹은 몰수의 형 또는 5만 엔 이하의 過料를 과하는 규정을 둘 수 있다"고 규정하고 있다. 이에 반하여 우리 지방자치법 제27조 제1항은 "지방자치단체는 조례를 위반한 행위에 대하여 조례로써 1천만원 이하의 과태료를 정할 수 있다"고 규정하고 있다.

이 차이로 인해 일본은 죄형법정주의의 적용에 있어 조례도 일정 범위내에서는 법률과 동등한 위치를 가진다는 해석론이 가능하게 되었으나 우리나라의 경우에 이러한 해석은 가능하지 않다.

위와 같은 한일 양국의 법제도의 차이는 존재하지만, 법률과 법규명령의 규정내용에 흠결이 있거나 불명확한 부분이 있는 것은 피할 수 없고 법령의 위임문언도 매우 간략할 수밖에 없기 때문에, 일본과 우리나라 모두 조례제정권의 존부와 그 범위를 둘러싸고 다수의 해석론상의 쟁점들이 출현하고 있다.

일본에서는 법정수탁사무와 자치사무로 분권개혁이 이루어진 후에도 법률에서 불명확한 부분이나 규정되지 않은 사항을 조례에서 구체화하거나 보충하여 부가할 수 있는지가 법해석론으로서 여전히 논의되고 있다. 이와 관련하여 우리나라에 널리 알려진 추가조례론과 초과조례론이외에 법률에서 규정한 요건을 조례로 구체화하는 것이 허용된다는 구체화조례론, 법률에서 요건으로 규정하지 않은 사항도 조례에서 요건을 보

충 부가하여 규정하는 것이 가능하다는 부가조례론 등이 논의되고 있다.[47]

2) 독일법상 법의 우위, 법률유보와 조례제정권의 관계

독일은 국가, 주(Land), 기초지방자치단체(Gemeinde)로 구성되어 있는데, 연방제국가로서 기초지방자치단체(Gemeinde)[48]보다는 주(Land)에 광범위한 자치권이 부여되어 있다. 연방국가인 독일과 달리 일본과 우리나라는 광역자치단체와 기초자치단체의 자치권에 대해 특별한 차이를 두지 않고 동일한 원칙에 따라 규정하고 있다. 때문에 사무마다 편차가 있어 일률적으로 판단하기는 어렵지만 일본과 비교하여 독일 기초지방자치단체(Gemeinde)의 자치권은 더 좁다.[49] 일본의 경우 일본 헌법 제94조("법률의 범위")와 일본 지방자치법 제14조 제2항("조례")에 주목하여 법률에 근거가 없더라도 침익적 조례의 제정이 가능한 것으로 해석하면서 조례를 준법률로 보고 조례제정활동을 입법활동으로 보는 견해들이 많지만, 독일의 경우 조례제정행위는 행정기관의 규범정립행위로서 행정활동으로 보고 있다.[50]

---

47) 岩橋健定, 分權時代の條例制定權 - 現狀と課題, 自治体政策法務(北村喜宣/山口道昭/出石稔/ 礒崎 初仁 編), 2011, 353면 이하. ; 礒崎 初仁, 自治体政策法務講義, 2012, 224면 이하. ; 장교식, 일본의 지방분권개혁과 조례제정권에 관한 고찰, 토지공법연구 제58집, 2012, 392-395면 참조.

48) 우리나라에서는 독일의 Gemeinde를 지방자치단체로 번역하는 것이 보통이지만 이 번역은 약간의 오해를 불러일으킬 수 있다고 본다. 우리나라의 광역자치단체는 독일에서 주(Land)에 상응하는 것이고, 독일에서 Gemeinde는 주(Land)에 속한 행정기관으로 우리나라의 기초자치단체에 상응하므로 이와 비교해서 제도들을 살펴보는 것이 보다 합리적일 것이라고 생각한다. 때문에 여기서는 Gemeinde를 기초자치단체로 번역하고자 한다.

49) 하지만, 독일의 주는 일본과 우리나라의 광역자치단체보다 더 광범위한 자치권을 갖는다.

50) BVerfGE 65, 283(289) ; Alfons Gern, Deutsches Kommunalrecht, 3.Aufl., 2003,

독일 기본법 제28조 제2항은 국가, 주와 지방자치단체의 권한에 대해서 규정한 핵심규정인데 다음과 같이 규정하고 있다.

"지방자치단체(Gemeinde)는 관할구역내의 모든 업무를 자기책임에 따라 규제할 권리가 보장되어야 한다. 자치단체연합도 법률의 기준에 따라 법적 임무의 범위내에서 자치행정권을 갖는다. 자치행정의 보장은 재정적 자기책임의 기초도 포괄한다 ; 지방자치단체에 조세징수권이 있는 세원이 이 기초에 속한다".

이 규정에 근거하여 지방자치단체는 법률에 구속되지만 자기 관할구역의 업무를 처리하기 위해 조례(Satzung)을 제정할 권리를 갖는다. 하지만, 법률의 유보와 관련해서는 일본(지방자치법 제14조 제2항)과 다르고 우리나라(지방자치법 제22조 단서)와 유사하다. 즉, 조례로 기본권관련 사항을 규정할 때에는 관습법 등의 근거가 없는 한 개별적으로 법률의 위임이 있어야 하고, 법률의 규정이 상세한 경우 조례의 제정은 허용되지 않는다.51)

일본 및 우리나라와 비교하여 독일 지방자치제도의 장점은 지방자치권을 보호하기 위한 강력한 사법적 수단을 보장하고 있다는 점이다. 독일 기본법 제93조 제1항 제4b호는 "연방헌법재판소는 기본법 제28조에 따라 인정된 자치행정권이 법률에 의해 침해되는 경우 지방자치단체나 지방자치단체연합은 헌법소원을 제기할 수 있다. 주법이 침해하는 경우에는 주헌법재판소에 헌법소원을 제기하여야 한다."고 규정하여 자치권의 사법적 보호를 위한 헌법적 근거를 규정하고 있다. 이 규정에 따라 연방법률이나 주법률이 지방자치단체의 조례제정권을 침해하는 경우 지방자치단체는 헌법소원을 제기할 수 있다.52)

S.177.

51) BVerfGE 2, 313. ; BVerfGE 9, 137 ; Alfons Gern, a.a.O., S.178-179.

52) 김해룡, 지방자치권의 내용에 관한 법령제정의 한계에 관한 연구 - 독일에서의 논의를 중심으로 -, 토지공법연구 제11집, 2001, 169면 이하 참조. ; Daniela Birkenfeld-Pfeiffer/Alfons Gern, Kommunalrecht 3.Aufl., 2001, S.319. ; Doles/Plate, Komm-

우리나라에서도 국가나 상급 지방자치단체가 법령유보원칙을 강조하면서 자치권을 침해하는지 감독할 소송제도가 절실히 필요하다. 지방자치단체의 자치입법권이나 자치행정권을 침해하는 것을 막기 위해 지방자치단체에게 헌법소원53)과 항고소송의 원고적격이 인정되어야 할 것이다.

2. 우리나라의 입법과 판례의 입장

1) 침익적 위임조례의 개념과 그의 이용확대

(1) 침익적 위임조례의 개념과 법적 근거

침익적 위임조례는 주민에게 침익적인 사항, 즉, '주민의 권리 제한 또는 의무 부과에 관한 사항이나 벌칙'(지방자치법 제22조 단서)이지만 법령에서 조례로 세부사항을 규정하도록 위임하고 있는 경우 제정되는 조례를 말한다.54)

우리 헌법 제117조 제1항은 "지방자치단체는 주민의 복리에 관한 사무를 처리하고 재산을 관리하며, 법령의 범위안에서 자치에 관한 규정을 제정할 수 있다"고 하고 있고, 지방자치법 제22조는 "지방자치단체는 법령의 범위 안에서 그 사무에 관하여 조례를 제정할 수 있다. 다만, 주민

---

unalrecht, 5.Aufl., 1999, S.18.

53) 김희곤, 자치행정시대에 있어 국가입법권행사의 원칙, 지방자치법연구 제43호, 2014, 682-684면.

54) 지방자치법 제22조 단서에 따라 '주민의 권리 제한 또는 의무 부과에 관한 사항이나 벌칙'에 관한 조례로서 법령의 위임이 있어야 제정되는 조례에 대해 침익적 조례 이외에 부담적 조례 또는 규제적 조례라는 명칭도 쓰이고 있다. 여기서는 우리 행정법상 침익적 처분/수익적 처분이라는 분류방법은 널리 쓰이고 있어 수익적 조례와 대칭적 의미를 갖는 조례명칭으로서 지방자치법 제22조 단서에서 규정한 조례를 침익적 조례라고 부르는 것이 적절하다고 보았다.

의 권리 제한 또는 의무 부과에 관한 사항이나 벌칙을 정할 때에는 법률
의 위임이 있어야 한다"고 하고 있다. 이 중에서 침익적 위임조례에 관
한 직접적 근거규정은 지방자치법 제22조 단서이다.[55]

우리나라에서 위임조례는 기관위임사무인가 단체위임사무인가 그 성
격을 묻지 않고 입법적으로 이용되고 있는데 이것은 일본과는 다른 것
이다. 구 일본지방자치법학에서는 기관위임사무와 단체위임사무를 구별
하면서 위임조례의 제정은 단체위임사무에 대해서만 허용되던 것으로
인식하였으나, 우리나라 자치입법실무에서는 사무의 성격은 묻지 않고
상위법령으로부터 형식적으로 위임이 존재하는지 여부에만 의존하여 위
임조례의 가부를 나누고 있다.

(2) 위임조례의 광범위한 이용에 따른 법적 문제들

지방자치단체는 지방자치법 제22조 본문에 따라 자치사무에 관하여
자치조례를 제정할 수 있고, 이 때 법령을 위반하지만 않으면 위임을 받
지 않더라도 조례의 제정을 방해받지는 않는다고 이해되고 있다. 하지
만, 이러한 법해석은 자치입법실무에서 거의 존중받지 못하고 있다. 주
민의 권리의무에 영향을 미치는 주민의 복리와 관련된 사무에 대해 조
례로 규율하려 할 때 자치사무임에도 위임조례방식은 광범위하게 이용
되고 있다.[56] 여기에는 몇 가지 원인이 있다.

첫째, 지방자치단체의 자치사무의 구별징표인 '관할구역의 주민복리
사무'[57]라는 기준은 지방자치법 제22조 단서에서 규정한 "주민의 권리

---

55) 지방자치법 제22조 단서에 대해서 대법원판례는 합헌이라 한다. 대법원 1995.05.12.,
    94추28.
56) 조정찬, 위임조례 위주의 조례입법 극복방안, 지방자치법연구 제4권 제2호, 2004,
    34-36면.
57) 우리 헌법 제117조 제1항에서 지방자치단체의 자치사무의 징표로서 "주민의 복리에
    관한 사무"라는 기준을 제시하고 지방자치법 제9조 제1항과 동법 제22조 본문에서는

제한 또는 의무 부과에 관한 사항이나 벌칙" 규정과의 관계에서 법해석 상 상당한 충돌이 존재하는데 단서규정이 우선 적용되면서 자치사무의 범위가 크게 축소되고 있다. 자치조례의 제정대상인 '관할구역의 주민복 리사무'는 조례의 내용이 수익적 조례이건 침익적 조례이건 그 사무의 성격을 묻지 않고 법령의 위임없이 자치조례로 규율가능한 것으로 해석 될 수 있지만, 지방자치법 제22조 단서가 적용되는 침익적 조례의 경우 에는 위임조례의 방식만 가능한 것으로 해석되어오고 있기 때문이다.[58]

둘째, 자치사무라 하더라도 법령을 준수하여야 하므로 자치조례는 법 령에서 주요내용을 규정한 것을 위반하지 않는 범위내에서 개별적 위임 이 없더라도 규정할 수 있으나, 현실적으로는 국회나 중앙부처가 법령을 제정하면서 자치사무의 범위가 불분명한 것을 이유로 사무의 성격이나 내용을 구별하지 않고 위임문언을 두는 경우가 많다. 또, 지방자치단체 가 법령의 개별적 위임규정의 위헌을 다툴 수 있는 효과적인 소송제도 가 정비되어 있지 않아 과잉금지원칙에 의한 통제가 이루어지지 않고 있다는 점도 그 이유가 되고 있다.[59] 때문에 자치입법자는 이러한 경우 에도 자치사무에 대한 법령의 위임규정을 준수하는 수밖에 없어 자치권 이 공동화될 위험앞에 놓여 있는 것이다.[60]

"관할구역의 자치사무"라는 기준을 제시하고 있는데 이 기준들에 따르면 자치사무는 지방자치단체 관할구역의 주민복리사무라고 할 수 있을 것이다.

58) 현행 지방자치법상 침익적 조례에 대해 개별적 법률유보가 필요하더라도 법령의 제 정자가 네거티브 위임방식을 택함으로써 자치입법권을 현재보다 확대하는 방식도 고 려할만 할 것이다. 즉, "법령에서 최소한의 기준을 설정하고, 그 밖의 사항에 관해서 는 지방자치단체의 조례로 정할 수 있도록 하는 포괄위임조항을 채택"하도록 할 수 있을 것이다. 최환용, 자치입법의 현황과 과제, 지방자치법연구 제20호, 2008, 92면.

59) 최근 우리나라에서 '학생인권보호조례'의 제정과정에서 자치단체와 중앙부처의 입법 권이 충돌하였는데, 자치단체는 조례를 제정하더라도 사후적으로 법령이 제정되면 그 법령의 자치권침해여부를 다툴 소송수단이 없는 실정이다. 최환용, 국가입법과 자 치입법의 제도적 갈등문제와 해결방안, 비교법연구 제15권 제3호, 2015, 85면 참조.

60) 위임조례가 만연하면서 "지방자치단체 스스로 기획하고 입안하고 시행착오를 거쳐 자생력을 배양하려고 하기보다, 중앙부처의 입법적 배려와 지원에 막연히 의존하는

자치입법실무상 사무의 성질이나 내용을 구별하지 않고 위임조례가 광범위하게 이용되면서 구체적으로 위임조례의 제정과정에서 법치행정을 위협하는 심각한 법적 문제들이 나타나고 있다.

첫째, 조례에 위임된 내용은 조례가 제정되어야 시행되는데 지방자치단체들 중에는 위임된 사항을 구체화하는 작업이나 법령의 흠결사항을 보충하는 역할을 소홀히 하여 법률의 시행일까지 위임받은 조례를 제정하지 않거나 개정된 법령을 반영하지 못한 채 과거의 위법한 조례들이 방치되는 경우들도 많이 나타나고 있다.61)

둘째, 지방자치단체들에게 위임한 법령의 문언은 매우 짧고 간략해서 시행을 위해서는 조례에 의한 구체화와 보충의 필요가 큰데 실무에서는 중앙부처에서 표준조례를 작성하여 지방자치단체들에게 제공하고 있다. 하지만, 너무 많은 법령들에서 지역관련 사무들을 조례에 위임하고 있어 표준조례가 존재하지 않는 경우들도 있을 뿐만 아니라 자치단체마다 규모나 경제상황 등이 다르고 규율대상과 관련된 문제상황도 달라 표준조례가 적합하지 않은 경우도 자주 나타나고 있다.62)

등 무사안일의 풍조"가 널리 퍼져 있다는 비판은, 문상덕, 국가와 지방자치단체간 입법권 배분 - 자치입법권의 해석론과 입법론 -, 지방자치법연구 제36호, 2012, 57면.

61) "현행 지방세조례는 법령에 규정된 내용을 불필요하게 중복입법(redundancy)하거나 집행상 필요한 사항을 입법하지 아니하는 관행이 자리 잡게 되었"다. 임재근, 부과·징수 법규로서 지방자치단체 조례의 역할과 한계, 조세연구 8-1호, 2008, 265면.; 최환용, 국가입법과 자치입법의 제도적 갈등문제와 해결방안, 84면. ; "조례로 위임된 내용은 조례가 제정되어야만 시행이 가능하기 때문에 법령의 시행일까지 조례가 제정되어야 하는데 지방자치단체의 사정으로 일부 지역에서는 그 날짜를 맞추지 못하는 경우가 많다는 문제점이 있다. 또한 대통령령이나 부령은 법제처 심사등을 거쳐 위임한계 일탈여부 타 법령과의 저촉여부 기타 자구체계 등을 다듬을 기회가 있지만 지방자치단체는 그러한 시스템이 없다". 조정찬, 위임조례 위주의 조례입법 극복방안, 42면.

62) 위임조례에서 상위법령의 문언을 중복해서 반복하는 규정만을 두는 경우 그 조례의 독자적 존재의의는 의문시된다. 자치단체들이 지역실정에 맞는 조례를 제정하려는 의지와 역량을 가져야 할 것이다. 동지의 견해로는, 임재근, 부과·징수 법규로서 지방자치단체 조례의 역할과 한계, 조세연구 8-1호, 2008, 266면. "현행 부과징수조례

법해석론의 관점에서 위와 같이 심각한 법치행정의 위험요인을 제거하고 자치권의 공동화위험을 해소하기 위해 지방자치단체들이 위임과 관련하여 일정한 범위에서 지역실정에 맞게 포괄적인 입법재량을 행사할 수 있도록 도울 수 있는 해석론들이 절실히 필요하다. 다만, 이 해석론은 우리 자치입법실무상의 구체적인 사례들을 통해 검증을 거치면서 발전되어야 할 것이다.

2) 침익적 위임조례론의 법논리

침익적 위임조례론은 지방자치법 제22조 단서에 근거를 두고 대법원 판례의 지지를 받고 있으나 조례의 포괄적 위임을 긍정한 헌법재판소의 결정이나 대법원판례들과 관계가 어떻게 설정될 수 있는 것인지 하는 의문이 존재한다.

그 동안 대법원은 침익적 처분과 관련된 행정법령의 해석에 있어서는 법문언에 엄격히 충실하게 해석할 것을 요구하여 왔다. 즉, 대법원은 침익적 처분의 근거법령의 해석에 있어서 처분청은 법령에 엄격히 기속되고 그 처분요건의 존재도 처분청이 입증해야 한다고 하였다.[63] 그런데, 이와 같은 침익적 처분의 해석에 적용되는 엄격해석론이 국민의 권리제

는 사실상 지방세법이 정하고 사항을 중복적으로 그리고 불완전하게 규정하고 있다. 과세표준과 세율과 관련하여 현행 부과징수조례는 지방세법의 규정내용과 다른 것이 없음에도 단지 지방세법에서 이 부분에 대하여 조례로써 규정할 수 있다는 점을 들어 동일한 내용을 중복적으로 규정하고 있다. 이에 반하여 지방세법에서 조례로써 규정이 가능하다는 것 이외에 법에서 정한 과세요건의 구체적인 판단기준, 지방자치단체별로 발생하는 과세대상의 특성을 고려한 입법이 이루어지고 있지 못하다".

63) "침익적 행정처분의 근거가 되는 행정법규는 엄격하게 해석·적용하여야 하고 행정처분의 상대방에게 불리한 방향으로 지나치게 확장해석하거나 유추해석하여서는 안"된다.(대법원 2008. 2. 28. 2007두13791) "징계처분, 영업정지, 취소처분 등 침익적 행정행위의 적법성에 대하여는 원칙적으로 처분청에게 주장·입증책임"이 있다.(대법원 2000.9.29. 선고 98두12772)

한 또는 의무부과에 관한 조례에 대한 위임규정의 해석에 있어서도 그대로 적용될 수 있는가?[64]

대법원은 제주특별자치도 여객자동차 운수사업에 관한 조례안 제37조 제4항에서 "제주특별자치도 이외의 지역에 등록된 자동차대여사업자 및 대여사업용 자동차는 제주특별자치도 안에서 영업을 하여서는 아니 된다."고 규정하는 것이 허용되는지와 관련하여 침익적 위임조례론을 전개하였는데 이 판결은 이후 침익적 위임조례론을 전개한 다수의 대법원판결들[65]에서 많이 인용되는 것으로 비교적 상세한 이유들을 제시하고 있다.

이 사건에서 대법원은 "제주특별자치도에서의 자동차대여사업에 관한 업무는 자치사무로서의 성격을 강하게 띠게 되었다고 할 수 있다"는 점을 인정하면서도, "위 조례안 조항은 제주특별자치도에서 자동차대여 영업을 하고자 하는 자에 대하여 사업자 및 자동차를 제주특별자치도에 등록하여야 할 의무를 부과하고 제주특별자치도가 아닌 다른 곳에 등록을 한 사업자 및 자동차는 제주특별자치도에서 영업을 하지 못하도록 함으로써 헌법 제15조가 보장하는 영업장소의 제한을 받지 아니하고 자유롭게 영업할 자유를 제한하는 내용으로서 조례안의 적용을 받는 사람에 대하여 권리제한 또는 의무부과에 관한 사항을 규정하고 있다. 따라서 위 조례안 조항은 법률의 위임이 있어야 비로소 유효하게 된다"고 했다.

또, 대법원은 "지방자치단체는 그 고유사무인 자치사무와 개별법령에 의하여 지방자치단체에 위임된 단체위임사무에 관하여 자치조례를 제정할 수 있지만 그 경우라도 주민의 권리제한 또는 의무부과에 관한 사항

---

64) 미국에서는 주법률과 지방자치단체의 자치입법사이에 충돌이 발생할 때, 엄격해석론 (strict construction), 합리적 해석론(reasonable construction)과 자유주의적 해석론 (liberal construction)이 등장하였다. 이에 관해서는, 박민영, 미국 지방자치법상 Dillon의 원칙과 선점주의의 조화, 지방자치법연구 제32호, 2011, 351면 참조.

65) 대법원 2007. 12. 13. 선고 2006추52 ; 대법원 2009. 5. 28. 선고 2007추134 ; 대법원 2014. 12. 24. 선고 2013추81 ; 대법원 2014. 2. 27. 선고 2012두15005 ; 대법원 2012. 11. 22. 선고 2010두19270 전원합의체 판결.

이나 벌칙은 법률의 위임이 있어야 하며", "기관위임사무에 관하여 제정
되는 이른바 위임조례는 개별법령에서 일정한 사항을 조례로 정하도록
위임하고 있는 경우에 한하여 제정할 수 있으므로", "주민의 권리제한
또는 의무부과에 관한 사항이나 벌칙에 해당하는 조례를 제정할 경우에
는 그 조례의 성질을 묻지 아니하고 법률의 위임이 있어야 하고 그러한
위임 없이 제정된 조례는 효력이 없다"고 했다.(대법원 2007. 12. 13. 선
고 2006추52)

대법원이 침익적 위임조례에 대한 해석에 있어 침익적 처분의 근거법
령들에 대한 해석과 마찬가지로 엄격해석론을 취하고 있는지는 아직 명
확하지 않다. 왜냐하면 포괄적 위임조례론과 추가조례론 등을 전개한 대
법원의 다른 판결들을 고려하고, 침익적 조례에 대한 상위법령의 위임규
정의 해석에 있어 명시적이고 직접적인 위임문언을 요구하는가 하는 쟁
점에 대해 명확한 입장을 밝히지 않았다는 점을 고려할 때 대법원이 위
임조례의 위법성판단에서도 엄격해석론을 따르고 있는지는 명확하지 않
기 때문이다.

하지만, 침익적 위임조례의 허용여부에 대한 엄격해석론의 입장, 즉,
상위법령의 위임규정의 해석에 있어 항상 명시적이고 직접적인 위임문
언을 요구하는 입장은 과태료조례의 허용여부에 관한 법제처의 소수의
견들에서 나타났다. 2008년의 대기환경과태료조례사례에서 법제처의 최
종의견으로 채택되지 않았지만 갑설로 주장되었는데 그 논리는 다음과
같았다.

"지방자치법 제22조는 지방자치단체가 법령의 범위 안에서 그 사무에
관한 조례를 제정할 수 있으나, 주민의 권리 제한 또는 의무 부과에 관
한 사항이나 벌칙을 정할 때에는 법률의 위임을 받아야 한다고 규정하
고 있고, 수도권대기특별법은 제28조의2에서 운행이 제한되는 자동차의
범위 및 지역을 조례로 정할 수 있다고 규정하였을 뿐 운행제한을 위반
한 자에 대한 벌칙규정이나 그러한 벌칙규정의 제정을 조례에 위임한

규정을 두지 않고 있으므로, 운행제한을 위반한 자에 대해 조례로 과태료를 부과할 수 없습니다.".

또, 2009년의 환경영향평가과태료조례사례에서 법제처의 최종의견으로 채택되지 않았지만 을설로 주장되었는데 그 논리는 다음과 같았다.

> "「지방자치법」 제22조는 지방자치단체는 법령의 범위 안에서 그 사무에 관하여 조례를 제정할 수 있고, 다만, 주민의 권리 제한 또는 의무 부과에 관한 사항이나 벌칙을 정할 때에는 법률의 위임이 있어야 한다고 규정하고 있는 바, 환경영향평가법 제5조는 시·도 조례로 환경영향평가를 실시할 수 있게 위임하였으나, 환경영향평가법 제50조제1항 및 환경영향평가법시행령 제43조제1항제13호에 따르면 과태료의 부과·징수권한은 환경부장관의 권한으로, 이를 유역환경청장 또는 지방환경청장에게 위임하고 있으므로, 과태료에 관한 사항을 시·도에 위임한 법률규정이 없어 환경영향평가법 제5조에 따라 제정되는 조례로 과태료를 정할 수 없습니다."

침익적 위임조례에 대한 엄격해석론은 상위법령에서 주민에게 침익적 의무를 부과하는 조례에 대한 위임규정의 해석에 있어 명시적이고 직접적인 위임문언을 요구한다. 또, 상위법령으로부터 원인행위인 의무부과에 대한 위임이 있을 때 그 위임의 효력은 원인행위인 해당 의무행위에만 미친다고 본다. 과태료를 제외한 다른 침익적 위임조례의 허용여부에 관한 해석의견에서 법제처는 원칙적으로 엄격해석론의 입장을 지지해온 듯하다.66)

---

66) "'고액·상습체납자 명단 공개'는 주민의 권리를 제한하는 사항으로서 법률에 직접 규정하거나 그 위임근거를 두어야 할 것인바, 법률의 위임 없이 이러한 사항을 규정한 「경기도 도로점용료 등 부과·징수 조례 전부개정조례안」 제10조는 「지방자치법」 제22조 단서에 위배되어 위법하다 할 것입니다."[의견13-0075, 2013. 3. 19., 경기도]

3) 조례에 대한 위임의 포괄성과 위임조항의 해석에 있어 엄격성의 완화

(1) 조례에 대한 위임의 포괄성

우리 헌법 제117조 제1항에서 자치사무의 징표로 "주민의 복리에 관한 사무"라는 기준을 제시할 뿐인데 주민의 권리를 제한하는 침익적 사무에 대해 엄격하게 위임을 요구하는 것으로 해석하는 것이 헌법에 적합한가? 위임법령에 규정된 간략한 위임문구로 인해 조례제정권의 범위가 매우 불분명한 상황에서 구체적 위임원칙을 엄격하게 관철시키려 하면 지방자치단체는 그 규모나 경제사회상황들이 매우 달라 문제 다양성에 적절하게 대응할 수 없게 되고 지방자치는 크게 위축되게 될 수밖에 없을 것이다. 또, 지방자치단체장이나 지방의회는 민주적 정당성도 갖고 있다.

이러한 점들을 고려하여 헌법재판소는 침익적 위임조례인 부천시담배자동판매기설치금지조례 제4조에서 "자판기는 부천시 전지역에 설치할 수 없다. 다만, 성인이 출입하는 업소 안에서는 제외한다"고 규정하는 것이 허용되는지가 문제된 사건에서 유명한 조례의 포괄적 위임론을 전개했는데 그 사건의 내용과 결정내용은 다음과 같다.

그 당시 담배사업법시행규칙은 제11조 제1항의 별표 2 "제조담배소매인의 지정기준" 중 자동판매기란에서 "1. 자동판매기는 이를 일반소매인 또는 구내소매인으로 보아 소매인 지정기준을 적용한다. (단서 생략) 2. 청소년의 보호를 위하여 지방자치단체가 조례로 정하는 장소에는 자동판매기의 설치를 제한할 수 있다."고 규정하고 있었는데, 이 사건 조례들은 위 규정들에 따라 제정된 것이라고 하면서 다음과 같은 이유를 제시했다.

"조례의 제정권자인 지방의회는 선거를 통해서 그 지역적인 민주적 정당성을 지니고 있는 주민의 대표기관이고, 헌법이 지방자치단체에 대해 포괄적인 자치권을 보장하고 있는 취지로 볼 때 조례제정권에 대한 지나친 제약은 바람직하지 않으므로 조례에 대한 법률의 위임은 법규명령에 대한 법률의 위임과 같이 반드시 구체적으로 범위를 정하여 할 필요가 없으며 포괄적인 것으로 족하다고 할 것이다."(헌재 1995. 4. 20. 92헌마264,279(병합))

이 결정에서 문제된 사례는 침익적 위임조례에 관한 것으로 구체적 위임은 필요없고 포괄적위임으로 족하다고 했는데, 국가, 지방자치단체와 법원은 자치입법재량과 관련하여 그 포괄성의 기준과 한계를 구체화할 책임을 지게 되었다.

대법원도 조례에 대한 위임의 포괄성원칙을 긍정하였다. 즉, 법률이 주민의 권리의무에 관한 사항에 관하여 구체적으로 아무런 범위도 정하지 아니한 채 조례로 정하도록 포괄적으로 위임하였다고 하더라도, 행정관청의 명령과는 달라, 조례도 주민의 대표기관인 지방의회의 의결로 제정되는 지방자치단체의 자주법인 만큼 지방자치단체가 법령에 위반되지 않는 범위 내에서 주민의 권리의무에 관한 사항을 조례로 제정할 수 있다고 한다.(대법원 1991.8.27.선고 90누6613; 대법원 1995.6.30. 선고 93추83 ; 대법원 2006. 9. 8. 선고 2004두947 판결 ; 대법원 2014. 12. 24. 선고 2013추81 판결).

(2) 위임조항의 해석에 있어 엄격성의 완화와 그 한계 - 대법원의 추가 조례론

대법원은 침익적 위임조례론을 전개하면서도 추가조례론을 제시하여 포괄적 위임조례론의 취지에 부합하는 해석론을 다음과 같이 전개하고 있다.

"지방자치단체의 조례는 그것이 자치조례에 해당하는 것이라도 법령에 위반되지 않는 범위 안에서만 제정할 수 있어서 법령에 위반되는 조

레는 그 효력이 없지만(지방자치법 제22조 및 위 구 지방자치법 제15조),
조례가 규율하는 특정사항에 관하여 그것을 규율하는 국가의 법령이 이
미 존재하는 경우에도 조례가 법령과 별도의 목적에 기하여 규율함을
의도하는 것으로서 그 적용에 의하여 법령의 규정이 의도하는 목적과
효과를 전혀 저해하는 바가 없는 때, 또는 양자가 동일한 목적에서 출발
한 것이라고 할지라도 국가의 법령이 반드시 그 규정에 의하여 전국에
걸쳐 일률적으로 동일한 내용을 규율하려는 취지가 아니고 각 지방자치
단체가 그 지방의 실정에 맞게 별도로 규율하는 것을 용인하는 취지라
고 해석되는 때에는 그 조례가 국가의 법령에 위반되는 것은 아니라고
보아야 할 것이다".(대법원 1997. 4. 25. 선고 96추244 ; 대법원 2006. 10.
12. 선고 2006추38)

Ⅲ. 의무이행 과태료조례론

1. 과태료조례의 개념과 성격

1) 과태료조례의 개념과 법적 근거

과태료는 생활사회의 질서유지와 공익의 보호를 위하여 국민에게 부
과한 의무를 위반하는 행위에 대하여 과하는 금전적 제재인데, 과태료조
례는 과태료에 관해 규정한 조례이다. 과태료는 금전적 제재로서 침익적
처분에 속하기 때문에 과태료조례는 침익적 조례에 속한다.

과태료에 관한 일반법은 질서위반행위규제법인데 행정청이 국민의 의
무이행의 확보를 위해 부과하는 과태료에만 적용되고, 민법, 상법이나
민사소송법과 같은 사법상·소송법상 의무를 위반하여 과태료를 부과하
는 행위, 그리고 법무사법이나 변호사법의 징계사유에 해당하여 과태료

를 부과하는 경우에는 질서위반행위규제법이 적용되지 않는다.(질서위
반행위규제법 제2조 제1호)

조례에 근거를 두고 부과되는 과태료에 대해서는 질서위반행위규제법
이 적용된다. 때문에, "과태료는 행정상의 질서에 장애를 야기할 우려가
있는 의무위반에 대한 '행정질서벌'로서 '과태료의 부과원인이 되는 의
무'라 함은 민·형사상의 책임이 아닌 개별법에 규정된 '행정적 의무'를
의미한다 할 것이므로 과태료 부과에 관한 조례를 제정할 수 있기 위해
서는 「지방자치법」 제22조 단서에 따라 개별 법령에서 조례로 이러한
과태료의 부과원인이 되는 행정적 의무를 위임한다는 명시적인 규정이
있어야" 한다.[67]

과태료는 금전적 제재라는 점에서 과징금, 이행강제금 등과 유사한
성격을 갖지만, 생활사회에서 기초생활질서의 유지를 위하여 부과된 의
무의 이행확보수단으로서 질서위반행위규제법이 적용된다는 점에서 독
점규제 및 공정거래에 관한 법률에 따른 과징금이나 건축법에 따른 이
행강제금과는 근거법률이나 부과목적 등에 의하여 구별된다.

2) 우리나라 지방자치제도에 있어 과태료와 과태료조례의 양면적 성격

지방자치단체는 일정한 관할구역내에서 공권력을 행사하는 행정주체
로서 국가와 마찬가지로 침해행정과 급부행정의 임무를 수행하고 있다.
상위법령의 위반행위에 대해서 지방자치단체의 장은 여러 침익적 처분
이나 행정벌에 관한 권한들을 갖는데 상위법령에서 위임이 있으면 조례
에서 과태료를 규정할 수도 있다. 이는 위임조례에 속한다.

또, 국가와 달리 자치법규인 조례위반행위에 대한 의무이행확보수단
으로서 지방자치법은 제27조 제1항에서는 "지방자치단체는 조례를 위반

---

67) 전라북도 전주시 - 무단으로 전주시(장)의 명칭을 사용하는 자에 대한 제재 관련(「지
방자치법」 제27조 관련) [의견13-0021, 2013.1.31, 전라북도] .

한 행위에 대하여 조례로써 1천만원 이하의 과태료를 정할 수 있다"고
하여,68) 상위법령의 위임없이 조례에서 독자적으로 과태료를 규정할 수
있도록 하고 있다. 또, 지방자치법 제139조 제2항에서는 "사기나 그 밖
의 부정한 방법으로 사용료·수수료 또는 분담금의 징수를 면한 자에 대
하여는 그 징수를 면한 금액의 5배 이내의 과태료를, 공공시설을 부정사
용한 자에 대하여는 50만원 이하의 과태료를 부과하는 규정을 조례로
정할 수 있다"고 한다.

이와 같이 침익적 조례임에도 위임조례 이외에 조례를 위반한 행위에
대해 지방자치단체가 위임없이 과태료를 규정할 수 있도록 한 이유는
우리나라에서 다른 행정벌이나 과징금 또는 이행강제금 그리고 범칙금
등 다른 금전적 제재수단과는 달리 과태료는 위임사무의 이행확보수단
이면서 자치사무에 관한 자치법규의 고유한 집행수단으로서 양면적 성
격을 인정받고 있기 때문이다.

2. 의무이행 과태료조례의 개념과 적용사례들

국민에게 침익적 성격의 조례를 제정할 때에는 상위법령으로부터 위
임이 필요한데 자치입법의 민주성을 고려하여 헌법재판소는 "조례에 대
한 법률의 위임은 법규명령에 대한 법률의 위임과 같이 반드시 구체적
으로 범위를 정하여 할 필요가 없으며 포괄적인 것으로 족하다고 할 것
이다."고 했다.(헌재 1995. 4. 20. 92헌마264,279(병합))

그런데, 위임조례에서 과태료를 규정할 때 어떤 기준에 따라 그 위임

---

68) 조례로 1천만원 이하의 과태료만을 부과할 수 있는 것에 대해 학계에서 찬반의견이
매우 첨예하게 대립중인 형벌은 허용하지 않더라도 자치입법의 실효성확보를 위해
행정강제를 조례로 규정할 수 있도록 하자는 의견도 주장되었다. 신봉기, 자치입법권
의 범위와 실효성 확보방안, 지방자치법연구 제2호, 2001, 97면.

의 구체성의 정도를 완화할 수 있을까? 법제처는 "'과태료에 대한 별도의 법률 위임'이 없다고 할지라도 법률에서 '과태료 부과원인이 되는 의무'의 부과를 '조례로 위임'한 경우에 과태료 부과에 관한 사항을 조례로 정할 수 있다고 할 것"이라고 하여 자치입법실무에서 위임조례로서 과태료를 규정하는 경우와 관련하여 위임의 구체성의 정도를 완화하는 독자적 해석론을 정착시켜왔다.

필자는 상위법령의 위임을 받아 조례에서 과태료를 규정할 수 있는 경우 중 '과태료 부과원인이 되는 의무'의 부과를 '조례로 위임'한 경우에 직접적인 위임이 없더라도 과태료 부과에 관한 사항을 규정한 조례를 편의상 '의무이행 과태료조례'로 부르고자 한다.

의무이행 과태료조례론은 위임조례에서 과태료규정의 허용성과 관련하여 자치입법실무상 현실적으로 대법원의 판결이나 헌법재판소의 결정과 비슷하게 확립된 판례의 역할을 하여 자치입법권의 신장에 상당한 기여를 해왔고 앞으로도 그러할 것이다.

의무이행 과태료조례론은 대상사례 이외에 다른 해석사례들에서도 적용되어 왔다.69)70)71)72)73)74)

---

69) 환경부 - 「수도권 대기환경개선에 관한 특별법」 제28조의2 등(운행 제한이 가능한 특정경유자동차의 범위 등) 관련 안건번호08-0340회신일자2008-12-02
"설사 수도권대기특별법 제28조의2에 따른 운행제한조치를 기관위임사무로 보아 법문을 엄격히 해석한다 할지라도, 「지방자치법」 제27조에 따라 조례위반 행위자에게 과태료를 부과할 수 있으려면 우선 조례에 의한 의무부과가 전제되어야 할 것이고, 조례로 의무를 부과하기 위해서는 「지방자치법」 제22조에 따라 법률의 위임이 필요한바, ① 법률에서 과태료 부과원인이 되는 의무를 부과하면서 처벌조항만을 조례에 위임하였거나 ② 법률에서 의무부과를 조례로 위임한 경우에 한하여 과태료를 조례로 정할 수 있다고 할 것" 이라고 했다.

70) 부산시 - 법률에서 일정한 의무 부과를 조례로 정할 수 있도록 위임한 경우에 과태료에 대한 별도의 법률 위임이 없더라도 조례로 과태료를 부과할 수 있는지(「부산광역시 환경영향평가 조례」관련) [의견15-0031, 2015.2.24., 부산광역시]
"조례의 실효성 확보를 위해 앞에서 검토한 바와 같이 「지방자치법」 제27조 등에 따라 조례를 위반한 행위에 대하여 조례로써 1천만원 이하의 과태료를 정할 수 있으

므로, 부산시조례안 제5조제1항제1호에서 제2조제1항을 위반하여 환경영향평가를
거치지 아니하고 공사를 한 자에게 과태료를 부과한다고 규정하는 것이 가능할 것으
로 보입니다."

71) **부산광역시 연제구 - 「부산광역시 연제구 주차장 특별회계 설치 조례」의 과태료 부
과 규정을 삭제해야 하는지(「지방자치법」 제27조 등 관련)[의견15-0253, 2015.9.25.,
부산광역시]**

"과태료 부과원인이 되는 의무의 부과 규정도 없는 것으로 보이므로 연제구조례 제
11조의 과태료 부과규정은 상위 법률의 위임 근거가 없고, '과태료 부과원인이 되는
의무의 부과에 대해서는 조례에 위임이 있는 경우'에도 해당하지 않는 것"이라고 했다.

72) **전라북도 전주시 - 무단으로 전주시(장)의 명칭을 사용하는 자에 대한 제재 관련(「지
방자치법」 제27조 관련) [의견13-0021, 2013.1.31, 전라북도]**

"'전주시' 혹은 '전주시장'이라는 명칭을 무단으로 사용하는 자에 대한 행정적 의무
부과 규정을 둔 법령은 없는 것으로 보이고, 이와 관련하여 명시적으로 조례로 위임
하도록 한 법령 또한 없는 것으로 보이므로, 위임의 근거가 되는 모법이 없어 과태료
부과에 관한 조례를 제정할 수 없다 할 것입니다."

73) **서울특별시 강북구 - 종량제봉투 판매인의 영업상 의무불이행에 대한 과태료를 부과
하는 내용을 조례에 규정할 수 있는지 여부? [의견16-0051, 2016.3.28., 서울특별시]**

"원칙적으로 법률의 위임이 없는 경우에는 「지방자치법」 제27조만을 근거로 조례로
과태료를 부과하는 규정을 둘 수는 없습니다. 다만, 법률의 위임과 관련하여 '과태료
에 대한 별도의 법률 위임'이 없다고 할지라도 법률에서 '과태료 부과원인이 되는
의무'의 부과를 '조례로 위임'한 경우에 과태료 부과에 관한 사항을 조례로 정할 수
있다고 할 것"이라고 했다.

74) **서울특별시의회 - 「지방자치법」 제42조에 따라 지방의회나 그 위원회에 출석·답변
요구를 받은 지방자치단체의 장이나 관계 공무원이 정당한 사유 없이 출석하지 아니
하거나 답변을 거부한 경우에 500만원 이하의 과태료를 부과하도록 하는 내용을 「서
울특별시의회 기본 조례」에 규정할 수 있는지(「지 방자치법」 제42조 등 관련) [의견
17-0202, 2017.8.10., 서울특별시])**

"「지방자치법」 제42조제3항에서는 지방의회나 그 위원회에 출석하여 답변할 수 있
는 '관계 공무원의 범위'를 조례로 정하도록 규정하고 있을 뿐 과태료 부과에 관한
사항을 조례로 위임하는 규정이 없고 과태료 부과의 원인이 되는 의무 부과에 관한
사항을 조례로 위임하고 있지도 않으므로, 지방의회나 그 위원회에 출석·답변 요구
를 받은 지방자치단체의 장이나 관계 공무원이 정당한 사유 없이 출석하지 아니하거
나 답변을 거부한 경우에 과태료를 부과하도록 서울시의회조례에 규정하는 것은 「지
방자치법」 제22조 단서에 위배"된다고 했다.

3. 대상사례에서 제시된 법제처의 의견과 그의 분석

법제처가 제시한 대상사례에 대한 의견, 즉, "'과태료에 대한 별도의 법률 위임'이 없다고 할지라도 법률에서 '과태료 부과원인이 되는 의무'의 부과를 '조례로 위임'한 경우에 과태료 부과에 관한 사항을 조례로 정할 수 있다고 할 것"이라는 견해는 모든 침익적 사항은 언제나 상위법령에 근거가 있어야 조례로 제정할 수 있다는 견해와는 다른 것이었다.

이러한 해석의 근거는 헌법재판소의 포괄적 위임론을 따른 것이고, 지방자치단체의 자율성과 자기책임의 완결적 이행을 위해서 과태료와 같은 실효성 확보수단이 필요하다는 점도 고려한 것이었다. 또, 지방자치법 제27조에서 조례를 위반한 행위에 대하여 조례로써 1천만원 이하의 과태료를 정할 수 있다고 규정하고 있다는 점도 고려하였다.

그 동안 우리 학계와 법원은 침익적 위임조례론을 지나치게 경직되게 해석하고 운용하여 어떤 예외도 제시하지 못하였던 것을 고려할 때, 법제처의 이 견해는 확실하게 새로운 것이라 할 것이다. 하지만, 이 해석의견이 다른 침익적 처분이나 금전적 제재에도 적용된다고 볼 수는 없을 것이다.

의무이행 과태료조례론을 통해 법제처는 위임과 관련하여 조례제정권자의 자율권을 확대하면서도 지방자치법에서 지방자치단체가 독자적 입법권을 갖도록 규정한 과태료조례에 한정하고 과태료부과의 전제가 되는 의무에 대해서는 상위법령에 위임이 있을 것을 요구하여 자치입법권의 제약없는 확대를 막고자 하는 태도도 보여주었다. 해석론을 통한 자치입법권의 확대시도를 일단이나마 보여주었다는 점에서 의미있는 시도였다고 평가할 수 있을 것이지만, 장래 보다 적극적이고 진취적인 해석론이 전개되기를 기대한다.

4. 의무이행 과태료조례론의 한계와 발전의 과제

1) 의무이행 과태료조례론의 적용한계

　법률이 주민에게 일정한 의무를 부과하는 것에 대해 조례에 위임하더라도 법규명령에서 그 의무의 불이행시 부과할 과태료에 대해 상세하게 규정하고 있다면 조례에서 별도로 과태료기준을 규정할 수는 없다. 법제처 의견제시사례에도 이러한 의견이 제시되고 있다. 즉, 폐기물관리법에서 종량제봉투의 사용의무에 관해 조례에서 규정하도록 위임하고 있다 하더라도 폐기물관리법시행령에서 과태료부과기준을 상세하게 규정하고 있는 경우 그 위임조례에서 종량제봉투사용을 강제하기 위해 새롭게 과태료에 관한 규정을 둘 수는 없다.75)

2) 자치사무의 이행확보를 위한 과태료조례의 제정권 보장

　과태료조례와 관련하여 또 다른 쟁점은 자치사무와 위임사무의 구별이 실무상 매우 혼돈속에 있기 때문에 지방자치단체가 자치사무로 이해

---

75) 종량제봉투 판매인의 영업상 의무불이행에 대한 과태료를 부과하는 내용을 조례에 규정할 수 있는지 여부? [의견16-0051, 2016.3.28., 서울특별시]. "「폐기물관리법」제68조제2항에서 다음 각 호의 어느 하나에 해당하는 자에게는 300만원 이하의 과태료를 부과한다고 하면서, 같은 항 제12호에서 제14조제7항에 따라 대행계약을 체결하지 아니하고 종량제 봉투 등을 판매한 자를 규정하고 있고, 같은 법 시행령 제38조의4 별표 8 제2호 개별기준 중 위반행위란 마목에서 대행계약을 체결하지 않고 종량제 봉투를 판매한 경우 1차 위반시 100만원, 2차위반시 200만원, 3차 위반시 300만원의 과태료를 부과한다고만 하고 있을 뿐, 「서울특별시 강북구 폐기물관리조례」제26조제1항제1호 및 제4호 위반시 과태료를 부과할 수 있도록 「폐기물관리법」과 같은 법 시행령에서 조례로 위임하고 있는 규정이 없음을 볼 때, 강북구 조례안에서 규정하고자 하는 "판매인에 대한 과태료" 부과규정은 주민에게 벌칙을 정하는 사항으로 「지방자치법」 제22조 단서에서 규정하고 있는 법률유보의 원칙에 반하는 것으로 보여집니다. 따라서, 「지방자치법」 제27조만을 근거로 종량제 봉투 판매인에게 과태료를 부과하는 내용을 신설하려는 강북구 조례안은 적절하지 않은 것으로 보입니다."

하고 있는 사무에 대해 상위법령의 위임이 없는 상태에서 과태료조례를 규정할 수 있는가 하는 점이다. 이 쟁점이 '의무이행 과태료조례'론이 적용되는 상황과 다른 점은 과태료 부과원인이 되는 의무의 부과가 자치사무로 주장되고 있기 때문에 상위법령에서 위임도 없다는 점이다.

우리 지방자치법 제27조 제1항과 제139조 제2항에서는 자치조례에 과태료를 정할 수 있도록 하고 있다. 하지만, 자치입법실무상 자치사무와 위임사무의 구별이 명확하지 않기 때문에 이러한 쟁점이 등장하고 중앙부처, 광역자치단체와 기초자치단체 사이에서 자주 분쟁의 대상이 되고 있는 것이다.

생각컨데 국회나 중앙부처의 입법자가 위임규정을 도입했는가에만 의존하여 지방자치단체의 조례제정권의 유무를 판단하는 것은 자치권을 형해화하여 헌법이 보장하는 자치권을 침해하는 것이 되므로 허용될 수 없는 해석이라 할 것이다. 특정 자치단체구역내에서 완결되는 사무로서 해당 지역주민의 생활에 직접 관련되는 사무이고 관리업무도 해당 지방자치단체가 독자적으로 수행하는 경우에는, 그리고 국가적으로나 광역적으로 통일적 기준을 통해 규율해야 할 정당화근거가 없는 때에는, 자치사무의 성격을 갖는 것으로 보아야 할 것이다. 이 때 자치사무와 관련해서는 과태료조례를 제정할 권한을 갖는다고 보아야 할 것이다.

Ⅳ. 결어

우리나라 자치입법실무상 위임조례가 점점 더 남용되면서 자치사무, 기관위임사무와 단체위임사무의 구별이 점점 그 유용성을 잃고 있고 자치입법권도 크게 위협받고 있다.

헌법재판소는 위임과 자치입법권의 관계에 관련된 법적 불안을 해소하고자 구체적인 상황에서 위임의 존부, 방식과 한계를 지도할 법해석원칙으로 포괄적 위임의 원칙으로 제시했다. 이 원칙에 의해 조례제정권을 가진 지방의회의 민주성을 고려한 법해석이 가능하게 되었지만, 법령의 위임문언의 합법성에 대해 적용해 왔던 구체적 위임의 원칙을 조례입법에 있어 어떤 기준에 따라 수정할 것인지 그리고 지방의회의 입법재량의 한계는 어디까지인지가 매우 불명확한 상황이었을 뿐만 아니라, 행정실무는 국민의 권익을 제한하는 침익적 조례는 언제나 별도의 법령상의 위임을 요구하도록 엄격하게 운용되어 왔다.

법제처는 과태료부과에 관해 상위 법령의 위임근거가 있는 경우는 물론, 과태료부과에 관한 명시적이고 직접적 위임규정이 없는 경우에도 '과태료 부과원인이 되는 의무의 부과에 대해서는 조례에 위임이 있는 경우' 해당 법률의 의무부과 위임규정에 따라 제정되는 조례로 과태료를 정하는 것이 허용되는 것으로 보았다. 이 논리는 일본에서 최근 초과조례나 추가조례 이외에 부가조례 등으로 논의되는 것들과 맥락을 같이하는 것이다.

자치권침해에 대해 국회가 독일의 헌법소원과 같은 별도의 구제제도를 도입하지 않은 가운데 자치권침해와 관련된 수많은 분쟁들은 헌법재판이나 법원의 재판에 나타나지 못하고 있다. 이 상황에서 이 글은 자치입법실무를 지배하고 있는 법제처의 의견제시사례들 중 침익적 위임조례에 있어 위임의 엄격성요구를 해석론을 통해 일부나마 깨뜨린 유일한 사례에 대해 의미를 부여하고자 하였다.

이 글에서는 이것을 '의무이행 과태료조례'로 불렀는데, 이 논리는 헌법재판소의 포괄적 위임조례론을 구체화한 내용을 갖는 것으로 자치입법권의 신장에 기여할 것으로 평가했다. 우리 현실에서 한 걸음 나아간 곳을 그것이 사소한 것이라도 경시하지 말고 주목하고 평가하려는 노력이 분권사회의 실효적 정착을 위해 절실히 필요하다 할 것이다.

참고문헌

제1편 행정행위론

제1장 행정행위와 항고소송의 대상적격

제1절 독일행정법상 행정행위 확장이론들의 등장과 발전

강희원, 이른바 "일반조항(Generalklauseln)"에 관한 기초법학적 이해, 고황법학
　　　제1권, 1994.
배병호, 건축주명의 변경신청 수리거부행위의 취소소송대상 여부, 행정법연구
　　　1997.
백윤기, 거부처분의 처분성인정요건으로서의 신청권, 행정법연구 1997.
선정원, 오스트리아 행정법상 '절차로부터 자유로운 행정행위'와 그에 대한 권
　　　리救濟 - 특히 강제행위를 중심으로 -, 행정법연구 제2호, 1998.
심헌섭, 一般條項 小考, 법학 1989.5.
조용호, 항고소송의 대상인 행정처분, 행정소송에 관한 제문제(상).

柳瀨良幹, 準法律行爲的 行政行爲の 種別について, 憲法の 諸問題, 1963.
美濃部達吉, 日本 行政法(上), 1936.
雄川一郎, 現代における 行政と 法, 現代の 法, 1966
土橋友四郞, 行政行爲法槪論, 1955.

C.H.Menger, System des verwaltungsgerichtlichen Rechtsschutzes, 1954.
C.H.Ule, Die Lehre vom Verwaltungsakt im Licht der Generalklausel, Recht/Staat/
　　　Wirtschaft Bd.III,1951.
Curt Lutz Lässig, Registereintragungen als Verwaltungsakte? - BVerwGE 77, 268.
　　　JuS 1990.
Engisch, Form und Stoff in der Jurisprudenz, in : FS.F.v.Hippel.
Ernst Forsthoff, Lehrbuch des Verwaltungsrechts, 2.Aufl., 1973.

Ernst Rasch, Der Realakt insbesondere im Polizeirecht, DVBl.1992.

Erfmeyer, Klaus, Der nichtmaterielle Verwaltungsakt - rechtswidrige und überflüssige Fiktion, DÖV 1996.

Eyermann/Fröhler, VwGO, §42, 1974.

F.O.Kopp, VwVfG, 5,Aufl., 1991.

Fickert(Fickert,H.C., Der Begriff „Einvernehmen,, im Bundesbaugesetz und seine Handhabung im Baugenehmigungsverfahren, DVBl. 1964.

Georg Mörtel, Auswirkungen der veränderten Generalklausel auf Verwaltung und Verwaltungsrechtssprechung, Wandlung der rechtsstaatlichen Verwaltung, 1962.

Gerhard Zimmer, Handlungsformen und Handlungsbefugnisse der öffentlichen Verwaltung - Eine ungelöste Grundfrage des Verwaltungsrechts -, Jura 1980.

Hans Heinlich Rupp, Zur neuen Verwaltungsgerichtsordnung : Gelöste und ungelöste Probleme, AöR 85, 1960.

Hans Joachim Knack, VwVfG, 4.Aufl., 1994.

Hans Klinger, Die Verordnung über die Verwaltungsgerichtsbarkeit in der britischen Zone, 3.Aufl.,1954.

Hartmut Borchert, Schein-Verwaltungsakt und Anfechtungsklage, NJW 1972.

Harmut Maurer, Allgemeines Verwaltungsrecht, 10.Aufl., 1995.

Harmut Zysk, System eines Verwaltungsrechtsschutzes ohne Verwaltungsakt, 1976.

Hegel, Hermann, Kann mit verpflichtungsklage auch die Verurteilung zur Vornahme einer sog. Amtshandlung begehrt werden ?, JZ 1963.

Heiko Faber, Verwaltungsrecht, 2.Aufl., 1989.

H.P.Bull, Allgemeines Verwaltungsrecht, 2.Aufl., 1986.

H.P.Ipsen, Öffentliche Subventionierung Privater, 1956.

Joachim Martens, Die Rechtssprechung zum Verwaltungsverfahrensrecht, NVwZ 1982.

Josef Hoven, Wann ist eine Bescheinigung ein Verwaltungsakt ?, Staats-und Komunalverwaltung 1968.

Jürgen Beschorner, Individualrechtsschutz bei inkonkurenten Form-Inhalt- Beziehungen des Verwaltungshandelns, 1985.

Jürgen Simon, Behöedliche Bescheinigungen als Verwaltungsakte, DVBl. 1956.

Jürgen Thomas, Verfahrensart bei Klagen gegen innerdienstliche Maßnahmen der Poliyei, NJW 1964.

Karl August Bettermann, Die Verpflichtungsklage nach der Bundesverwaltungsgerichtsordnung, NJW 1960.

Karl Kormann, System der rechtsgeschäftlichen Staatsakte, 1910.

Klaus Erfmeyer, Der nichtmaterielle Verwaltungsakt - rechtswidrige und überflüssige Fiktion, DÖV 1996.

Klaus Obermayer, Verwaltungsakt und innerdienstlicher Rechtsakt, 1956.

_____, VwVfG, 2.Aufl., 1990.

Krause, Rechtsformen des Verwaltungshandelns,

Kummer, Denkmalschutzrecht als gestaltendes Baurecht, 1981.

Kurt Egon Von Turegg, Gefährliche und gefährdete Generalklausel, 1956.

Michael Hoffmann, Der Abwehranspruch gegen rechtswidrige hoheitliche Realakte, 1969.

Michael Hoffmann, Der Abwehranspruch gegen rechtswidrige hoheitliche Realakte, 1969.

Naumann, Richard, Streitigkeiten des öffentlichen Rechts, in : Staatsbürger und Staatsgewalt, Bd.II, 1963.

Neumann, Die Anfechtung formeller Verwaltungsakte, insbesondere der Festsetzung von Zwangsmitteln, - Zur Vollziehung von Verwaltungsakten -, DVBl 1957.

Nebinger, Verwaltungsrecht, 2.Aufl.,

Otto Groetschel, Was bedeutet "Tatbestandswirkung"?, DVBl. 1959.

Pestalozza, Formenmißbrauch des Staates.

Pietzner/Ronellenfitsch, Das Assesorexamen im Öffentlichen Recht, 8.Aufl., 1993.

Rainer Pietzner, Unmittelbare Ausführung als Verwaltungsakt, Verwaltungsarchiv 82, 1991.

Schäfer, Walter, Die Klagearten nach der VwGO, DVBl 1960.

Schenke, Wolf-Rüdiger, Rechtsschutz bei Divergenz von Form und Inhalt staatlichen Verwaltungshandelns, VerwArch 72, 1981.

Schenke, Wolf-Rüdiger, Formeller oder materieller Verwaltungsaktsbegriff?, NVwZ 1990.

Schmitt Glaeser, Verwaltungsprozeßrecht, 13.Aufl,.1994.

Schmitt, Anfechtungsklage und formaler Verwaltungsakt, DVBl.1960.

Schoch/Schmidt-Aßmann/Pietzner, VwGO, 1997.

Seibert, Die Bindungswirkung von Verwaltungsakten, 1989.

Stelkens/Bonk/Sachs, VwVfG, 4.Aufl.,1993.

Walter Jellinek,Verwltungsrecht, 1931.

Wendt, Zustandekommen, Inhalt Fehlerhaftigkeit von Verwaltungsakten, JA 1980.

Wendt, Peter, Über die Rechtsnatur der Untersuchungsberichte des Luftfahrtbundesamtes, DöV 1963.

Wilfried Berg, Das Hausrecht des Landesgerichtspräsidenten - VGH München, BayVBl 1980.

Wolfgang Martens, öffentlichrechtliche Probleme des negatorischen Rechtsschutzes gegen Immission, FS.Friedrich Schack, 1966.

Wolfgang Martens, Negatorischer Rechtsschutz im öffentlichen Recht, 1973.

제2절 공부변경 및 그 거부행위의 처분성

박현순, 현실의 경계와 지적도상 경계가 상위한 경우의 법적 문제, 사법논집 제 19집, 1988. 12.

배병호, 건축주명의변경신청 수리거부행위의 취소소송대상여부, 행정법연구 창간호, 1997.

조헌수, 건축물대장 직권정정행위의 처분성, 행정판례연구 IV, 1999.

F.O.Kopp, VwVfG, 5.Aufl.

Jürgen Simon, Behöedliche Bescheinigungen als Verwaltungsakte, DVBl. 1956.

Knack, VwVfG, 6.Aufl., 1998.

Sadan/Ziekow (Hg.), VwGO, 1996.

Schoch/ Schmidt-Aßmann/Pietzner, VwGO, 1997.

Seibert, Die Bindungswirkung von Verwaltungsakten, 1989.

Stelkens/Bonk/Sachs, VwVfG, 4.Aufl.,1993.

Wendt, Zustandekommen, Inhalt Fehlerhaftigkeit von Verwaltungsakten, JA 1980.

제3절 오스트리아 행정법상 '절차로부터 자유로운 행정행위'와 그에 대한 권리구제

김도창, 일반행정법론(상), 1992.

김동희, 행정법 1, 1997.

정재황, 헌법재판소의 권한과 일반소송, 공법연구 제24집 1호 (헌법소송과 일반 소송의 관계), 1996.6.

Adamovich/Funk, Allgemeines Verwaltungsrecht,3.Aufl.,1987.

Antoniolli/Koja, Allgemeines Verwaltungsrecht, 1986.

Antoniolli/Koja. Allgemeines Verwaltungsrecht, 2 Aufl, Wien 1986.

B.C.Funk, Der verfahrensfreie Verwaltungsakt, 1975.

B.C.Funk,Die Anfechtung verfahrensfreier Verwaltungsakte bei den Gerichtshöfen des öffentlichen Rechts, Neuerungen im Verfassungsrecht, Wien 1976.

B.C.Funk, Der Verwaltungsakt im österreichischen Rechtssystem, Wien 1978.

B.C.Funk,,Von der "faktische Amtshandlung" zum "verfahrensfreie Verwaltungsakt" - ein Beitrag zur Theorie und Praxis des Rechtsschutzes im öffentlichen Recht -, ZfVB 1987.

Benjamin Davy, Gefahrenabwehr im Anlagenrecht, 1990.

Georg Ress, Die Entscheidungsbefugnis in der Verwaltungsgerichtsbarkeit, Wien 1968.

Heinz Mayer, Die "Normativität faktischer Amtshandlungen, Festschrift für Robert Walter, Wien 1991.

Heinz Mayer, Das österreichische Bundes-Verfassungsrecht, Wien 1994.

H.René Raurer, Bemerkungen zu Problemen der Parallelbeschwerde gegen Akte unmittelbarer Befehls- und Zwangsgewalt, ÖJZ 1982.

Klaus Berchtold, Zur Erweiterung des Rechtsschutzes im öffentlichen Recht, 1976.

Klaus Berchtold, Neuerung im Verfahren Vor den Gerichtshöfen des öffentlichen Rechts in Österreich, EuGRz 76.

Martin Köhler, Das Verfahren vor den unabhängigen Verwaltungssenaten, JBl 1991.

Otto Mayer,Deutsches Verwaltungsrecht I, 1895.

Peter Oberendorfer, Handlungsformen der Verwaltung und Rechtsschutz (aus österreichischer Sicht), Entwicklungstendenzen im Verwaltungsverfahrensrecht und in der Verwaltungsgerrichtsbarkeit,Wien 1990.

Peter Oberndorfer, Das österreichische Verwaltungsgerichtsbarkeit, Linz 1983.

Robert Walter/Heinz Mayer, Grundriß des österreichischen verwaltungsverfahrensrechts, 1984.

Rudolf Thienel, Das Verfahren der Verwaltungssenate, 1992.

Walter Jellinek, Verwltungsrecht, 1931.

Winkler Günther, Der Bescheid, 1956.

제2장 인허가와 행정계약

제1절 인가론의 재검토

김경열, 신토지공법, 18정판, 경영문화원, 1992.

김상용, 토지거래허가·신고제에 관한 고찰, 고시계 1989. 2.

＿＿＿, 토지거래허가·신고제의 검토 사법행정 1989. 6. 3.

김종보, 정비조합설립인가의 법적 성격, 한국행정판례연구회 2003.

김재형, 조합에 대한 법적 규율, 민사판례연구 19권, 1997.02.

석호철, 주택조합이 하는 주택건설사업에 있어서 무자격조합원의 존재와 사용
검사 허용여부, 법조 44권3호.

양승두, 행정행위의 내용상 분류에 관한 고찰 -국토 이용관리법상의 허가의 성
질을 중심으로 -. 현대행정과 공법이론(남하 서원우교수 화갑기념) 박
영사, 1991.

이영규, 토지거래허가를 요하는 토지거래계약의 법리, 부동산법학Ⅱ, 한국부동
산법학회, 1991.

이은영, 토지거래허가를 조건으로 하는 매매계약 및 손해배상예정의 효력, 판례
월보 1991. 11.

이주홍, 토지거래허가를 받지 아니한 토지매매계약의 효력(상), 법조 1990.6.

이혁우, 주택조합설립인가의 법적 성질, 대법원판례해설 제24호, 96.05.

정옥태, 부동적 결효, 사법행정 1992. 7.

渡邊宗太郎, 日本行政法, 弘文堂, 1936.

藤田宙靖, 新版行政法1, 青林書院, 1980.

柳瀬良幹, 행정행위 ; 田中二郎/原龍之助/柳瀬良幹 편, 行政法講座 제2권
　　　　行政法の 基礎理論, 1969.

美濃部達吉, 日本行政法(上), 有斐閣, 1936.

────────, 行政法撮要(上), 1935.

────────, 行政法總則, 1936.

衫村章三郎, 日本行政法講義要綱 上券, 有斐閣, 1938.

小早川光郎, 行政法 上, 弘文堂, 1999.

塩野宏, 行政法1, 有斐閣, 1991.

原龍之助, 私法關係を形成する행정행위 - 其の性質及び適用原理 -, 民商
　　　　法雜誌 제12권, 1940.

田上穰治, 行政法概論, 有斐閣, 1942.

田中二郎, 私法關係を形成する國家行爲, 法學協會雜誌 제51권 제3호, 1933.

────────, 行政法總論(法律學全集6), 1957.

田村德治, 行政法學槪論 제1권, 弘文堂, 제1권, 1937.

織田萬, 許可認可等ノ 用語, 京都法學會雜誌 제12권 제12호, 1917.

塚本富士男, 判例に 現はれた「行政官廳の 許可」について, 司法協會雜誌
　　　　제14권.

Brückner, Der privatrechtsgestaltenden Staatsakt, 1930.

C.H.Ule, Die Lehre vom Verwaltungsakt im Lichte der Generalklausel, in ; Recht
　　　　Staat Wirtschaft Bd.3, 1951.

Erichsen/Martens, Allgemeines Verwaltungsrecht, 9.Aufl..

Ernst Forsthoff, Lehrbuch des Verwaltungsrechts, 10.Aufl..

Ernst Rudolf Huber, Wirtschaftsverwaltungsrecht 1Bd., 1953.

────────────────, Wirtschaftsverwaltungsrecht 2Bd., 1954.

Gerrit Manssen, Privatrechtsgestaltung durch Hoheitsakt, 1994.

Harmut Maurer, Allgemeines Verwaltungsrecht, 10.Aufl..

Hubertus Janicki, Die Erteilung privatrechtsgestaltender behördlicher Genehmigung
　　　　nach unanfechtbarer Versagung, NJW 1963.

Karl Kormann, System der rechtsgeschäftlichen Staatsakte, 1910.

Karl Münzel, Nachträgliche Erteilung einer verweigerten Genehmigung? NJW1959.

Karl Münzel, Zur Rückwirkung der privatrechtlicher und öffentlich-rechtlichen

Genemigung unter Einschluß des Kartellrechts, NJW 1959.

Klaus Kieckebusch, Die öffentlich-rechtliche Genemigung privater Rechtsgeschäfte, Verwaltungsarchiv 1966.

Kroeber, Das Problem des privatrechtsgestaltenden Staatsaktes, 1931.

Lange, Ist die behördliche Genemigung zu einem zivilrechtsgeschäft widerruflich?, NJW 1950.

Lutz Schmidt, Unmitelbare Privatrechtsgestaltung durch Verwaltungsakt, 1975.

Manfred Bengel, Der privatrechtsgestaltende Verwaltungsakt, 1968.

Martin Bullinger, Die behördliche Genemigung privater Rechtsgeschäfte und ihre Versagung, DÖV 1957.

Meyer zum Wischen, Rechtgeschäft und behördliche Genemigung, 1956

Otto Lange, Die behördliche Genemigung und ihre zivilrechtlichen Auswirkungen, ACP 152 (1952-1953).

Otto Mayer, Deutsches Verwaltungsakt, 1Bd., 3Aufl., 1923.

Schmitt Glaeser, Verwaltungsprozeßrecht, 13.Aufl., 1994.

Thomas Groß, Kriterien des Drittschutzes bei Tarifgenemigungen, DÖV 1996.

Udo Steiner, Bindungswirkung und Bestandskraft der fingierten Bodenverke-hrsgenehmigung - zugleich ein Beitrag zur Lehre vom Verwaltungsakt, DVBl. 1970.

Walter Jellinek, Behördlicher Kündigungsschutz und Verwaltungsgerichtsbarkeit, in ; Festscrift für Richard Thoma, 1950.

Wolff/Bachof/Stober, Verwaltungsrecht I, 10.Aufl.

제2절 복합민원과 인허가의제

김종보, 건축행정법, 1999

이익현, 인·허가의제제도에 관한 연구, 법제 제437호, 1994. 5.

Hans D. Jarass, Konkurrenz, Konzentration und Bindungswirkung von Genemi-gungen, 1984.

Michael A.Wagner, Die Genemigung umweltrelevanter Vorhaven in parallen und konzentrierten Verfahren, 1987.

제3절 인허가의제의 효력범위에 관한 고찰

김동희, 행정법1 제18판, 박영사, 2012.
김재광, 행정법상 집중효제도의 검토, 토지공법연구 제9집, 2000.
김중권, 의제적 행정행위에 관한 소고, 법제, 2001.
박균성, 행정법론(상) 제11판, 박영사, 2012.
박균성/김재광, 인허가의제제도의 문제점과 개선방안, 행정법연구 제26호, 2010.
선정원, 복합민원과 인·허가의제, 행정판례연구 VI, 2001.
_____, 복합민원과 집중심사의 모델들, 공법연구 제29집 제3호, 2001.
_____, 원스탑 서비스제와 인허가의제의 입법적 개혁과 발전방향, 행정판례연구
      제15-2집, 2010.
_____, 인허가의제와 심사촉진, 공법연구 제38집 제2호, 2009.
정태용, 인허가의제제도에 관한 고찰, 법제, 2002.
홍정선, 행정법원론(상) 제18판, 2010.

DiMasi J/Hansen R/Grabowski H, The price of innovation: new estimates of drug
      development costs, J Health Econ 22 (2), 2003.

Elke Gurlit, Der Eigenwert des Verfahrens im Verwaltungsrecht, VVDStRL 70(Der
      Schutzauftrag des Rechts), 2011.
Mario Martini, Der Markt als Instrument hoheitlicher Verteilungslenkung, 2007.
Martin Eifert, Electronic Government, 2006.
笹林幹生/安積織衛, 承認條件としての市販後臨床研究－2000~2005 年承
      認取得品目に關する調査－, 医藥産業政策研究所No.33, 2006.

제4절 지방자치단체의 수의계약

1. 외국문헌

A.C.L. Davies, Accountability : A Public Law Analysis of Government by Contract,
      2001.

Alfons Gern, Deutsches Kommunalrecht, 3.Aufl., 2003,

Barbara L. Bezdek, Contractual Welfare : Non-Accountability and Diminished Democracy in Local Governments Contracts for Welfare-to-Services, 28 Fordam Urb.L.J. 2001.

Christian Lavialle, Droit administratif des biens, 1996.

Dirk Ehlers, Verwaltung in Privatrechtsform, 1984.

Janna J. Hansen, Limits of Competition : Accountability in Government Contracting, Yale Law Journal 2003.

J.Rivero/J.Waline, Droit administratif, 19éd., 2002.

Kelvin Lavery, Smart Contracting for local government services, 1999.

Peter Vincent-Johnes, Regulating Government by Contract : Towards a Public Law Framework?, The Modern Law Review 2002.

Ruth Hoogland Dehoog, Legal Issues in Contracting for Public Services, in ; Cooper/Newland (ed.), Handbook of Public Law and Administration, 1997.

Susan A. Macmanus, Why Businesses are reluctant to sell to Governments, Public Administration Review Vol.51, 1991.

Tom Madell, Local Government Bodies as Parties to Contracts, European Public Law Vol.7, 2001,

W.Noel Keyes, Government Contracts in a Nutshell, 2000.

Wolff/Bachof/Stober, Verwaltungsrecht I, 10 Aufl. 1994.

橋本 勇, 自治体行政の執行と監視, 1999.

秋田仁志/井上元(編), 住民訴訟の上手な對處法, 2003.

2. 국내문헌

김대인, 정부조달계약에 있어 투명성의 법적 의미, 행정법연구 제13호, 2005.
박정훈, 행정조달계약의 법적 성격, 행정법의 체계와 방법론, 2005.
신용락, 계약자유의 헌법적 한계, 헌법문제와 재판(하), 재판자료 제77집.
이상도, 정부계약의 방법에 관한 연구, 군사법논집 제2집, 1995.
이주흥, 계약자유의 헌법적 의미, 민사판례연구 제13집, 1991.
최성은, 행정법상 행정계약의 법리, 2003, 원광대박사논문.

제3장 행정행위의 위법통제

제1절 기부채납의 부담에 대한 독일과 미국의 사법적 통제의 비교와 그의 시사점

김경란, "행정청이 수익적 행정처분을 하면서 사전에 상대방과 체결한 협약상의 의무를 부담으로 부가하였는데 부담의 전제가 된 주된 행정처분의 근거 법령이 개정되어 부관을 붙일 수 없게 된 경우, 위 협약의 효력", 『대법원판례해설』 제79호, 2009. 상반기.

김대인, "계약의 형식으로 된 부관의 법률관계", 『행정법연구』 제26호, 2010. 4.

김동희, 『행정법1』 제22판, 2016.

김용섭, "행정행위의 부관에 관한 법리", 『행정법연구』 제2호, 1998.

김중권, "'송유관이설협약'의 법적 성질에 관한 소고", 『법률신문』, 2007. 12. 24.

박균성, 『행정법론(상)』 제16판, 2017.

박정훈, "기부채납 부담과 의사표시의 착오", 『민사판례연구』 제20집, 1998, 1-32면(동인, 『행정법의 체계와 방법론』, 2005, 283-318(306-308)면에 재수록됨).

박재윤, "행정행위의 부관에 관한 분쟁유형별 고찰", 『행정법연구』 제38호.

배병호/양은영, "국내외 기부채납제도의 비교법적 검토", 『토지공법연구』 제76집.

석종현, "국유재산 기부채납제도에 관한 법적 검토", 『토지공법연구』 제72집, 2015.

송영천, "기부채납과 토지형질변경행위허가", 『인권과 정의』 제259호, 1998.

오준근, "부동산 개발사업허가의 부관과 개발협약에 관한 한국과 미국의 비교법적 고찰", 『토지공법연구』 제40집, 2008.

유지태, "기부채납행위에 대한 현행판례검토", 『토지공법연구』 제11호, 2001.

이승민, "'불확정 부관(개방형 부관)'에 대한 법적 검토- 협의, 협약(계약) 체결, 사후 승인신청 등을 요하는 부관의 법적 문제점-", 『행정법연구』 제48호, 2017.

홍정선, 『행정법특강』 제16판, 2017.

Christopher J. St. Jeanos, "Dolan v. Tigard and the Rough Proportionality Test: Roughly Speaking, Why Isn't a Nexus Enough?", 『Fordam Law Review』 63, 1995.

Erichsen/Ehlers, 『Allgemeines Verwaltungsrecht』, 14.Aufl., 2010.

Eyermann/Fröhler, 『Verwaltungsgerichtsordnung』, 10.Aufl.,1998.

F.O.Kopp, 『Verwaltungsverfahrensgesetz』, 5.Aufl., 1991.

Harmut Maurer, 『Allgemeines Verwaltungsrecht』, 18.Aufl., 2011

H.J.Knack, 『Verwaltungsverfahrensgesetz』, 6.Aufl., 1998.

Jane C. Needleman, "EXACTIONS: EXPLORING EXACTLY WHEN NOLLAN AND DOLAN SHOULD BE TRIGGERED", 『CARDOZO LAW REVIEW』 Vol.28, 2006.

Jason R. Biggs, "Nollan and Dolan: The End of Municipal Land Use Extortion - A California Perspective", 『Santa Clara Law Review』 Volume 36, 1996.

John D. Johnston, "Constitutionality of subdivision control exactions : the quest for a rationale", 『Cornell Law Quarterly』 Vol.52, 1967.

JOHN J. DELANEY/LARRY A. GORDON/ KATHRYN J. HESS, "THE NEEDS-NEXUS ANALYSIS: A UNIFIED TEST FOR VALIDATING SUBDIVISION EXACTIONS, USER IMPACT FEES AND LINKAGE", 『LAW AND CONTEMPORARY PROBLEMS』 Vol.50, 1987.

Marc J. Herman, "The Continuing Struggle Against Government Extortion, and Why the Time Is Now Right to Employ Heightened Scrutiny to All Exactions", 『The Urban Lawyer』 Vol. 46, 2014.

Michael B. Kent Jr., "Viewing the Supreme Court's Exactions Cases Through the Prism of Anti-Evasion", 『UNIVERSITY OF COLORADO LAW REVIEW』 Vol. 87, 2016.

Michael G. Trachtman, "Subdivision Exactions : the constitutional issues, the judicial response, and the Pennsylvania situation", 『Villanova Law Review』 Vol.19, 1974.

Obermayer, 『Kommentar zum Verwaltungsverfahrensgesetz』, 3.Aufl., 1999.

Stelkens/Bonk/Sachs, 『Verwaltungsverfahrensgesetz』, 5.Aufl., 1998.

Stewart E. Sterk, "What Counts as an Exaction?", 『N.Y. REAL EST. L. REP.』, Feb. 2005.

Thomas M. Pavelko, "Subdivision Exactions : a review of judicial standards", 『Journal of Urban and Contemporary Law』 Vol.25, 1983.

Ulrich Battis, 『Öffentliches Baurecht und Raumordnungsrecht』, 2006.

Walter F. Murphy et al., 『American Constitutional Interpretation』, 1986.

Winfrod Brohm, 『Öffentliches Baurecht』, 3. Aufl., 2002.

제2절 사회복지법상 행정청의 금전지급의 거부 및 변경 행위의 법적 성질과 소송형식의 선택기준

송평근, 보험급여 지급결정이 되었음에도 지급을 거절당한 경우의 불복방법과 이와 관련한 문제점, 행정재판실무편람(II), 서울행정법원, 2002.

Binder외 8인, SGG, 2003.

Debbasch/Ricci, Contentieux, 8 édit., 2001.

Jens Meyer-Ladewig, SGG, 6.Aufl. 1998.

Jost Pietzcker, Die Verwaltungsgerichtsbarkeit als Kontrollinstanz, in : Schmidt-Aßmann/Hoffmann-Riem, Verwaltungskontrolle, 2001.

Krasney/Udsching, Handbuch des sozialgerichtlichen Verfahrens, 3.Aufl., 2002.

M. Hauriou, Précis de droit administratif, Sirey, 12 édit., 1933.

M. long/ P. Weil/G. Braibant/P.Delvolvé/B. Genevois, Les grands arrêts de la jurisprudence administrative, 13 édit., 2001.

Peter Kummer, Das sozialgerichtliche Verfahren, 2.Aufl., 2004.

René Chapus, Droit du contentieux administratif, 9 édit., 2001.

제3절 하자승계론의 몇가지 쟁점에 관한 검토

1. 국내문헌

김남진, 행정행위의 하자승계론과 규준력이론, 행정법연구 제2호, 1998

김도창, 일반행정법론(상), 1992

김동희, 행정법1, 2004,

김성수, 일반행정법 제2판, 2004

김용섭, 행정행위의 하자승계론의 재검토(하), 판례월보 1998.4

김철용, 행정법I, 2004

박균성, 행정법론(상), 2004

서원우, 현대행정법론(상), 1978
유지태, 행정행위의 하자승계논의, 고시연구 1995.7,
_____, 개별공시지가결정행위의 하자의 승계에 관한 판례, 판례연구 (고려대 법
    학연구소), 1995
정하중, 행정법총론, 제2판, 2004
홍정선, 행정법원론(상), 2004
홍준형, 행정법총론, 2001

2. 외국문헌

Andreas Kollmann, Zur Bindungswirkung von Verwltungsakten, DÖV 1990.

Curt M. Jeromin, Die Bestandskraft von Verwaltungsakten im Amtshaftungsprozeß,
    NVwZ 1991.

Debbasch/Ricci, Contentieux administratif, 8éd.

R. Chapus, Droit du contentieux administratif, 9éd., 2001.

Eberhard Haaf, Die Fernwirkungen gerichtlicher und behördlicher Entscheidungen,
    1984.

Erichsen/Knoke, Bestandskraft von Verwaltungsakten, NVwZ 1983.

François, Chevallier, La fontion contentieuse de la théorie des opérations
    administraives complexs, AJDA 1981.

Henri Jacquot/ François Priet, Droit de l'urbanisme, 5éd., 2004.

Jean-Jacques Thouroude, Pratique du contentieux administratif, 2éd., 2002.

Max-Jürgen Seibert, Die Bindungswirkung von Verwaltungsakten, 1989.

F. Kopp, Die Bestandskraft von Verwaltungsakten, DVBl., 1983.

제4절 패러다임의 변화와 기업의 불법행위에 대한 제재 시스템의 현대화

김상일, 불법적인 채권추심행위에 대한 규제와 구제, 현대상사법논집(강희갑교
    수화갑논집), 2001.12.
김원준, 과징금제도의 활성화방안, 공정거래 1991. 3.
김종두, 현행법상 과징금제도에 관한 고찰, 입법조사월보 1988, 1.
김재국, 영미법상 징벌적 손해배상의 도입에 관한 소고, 비교사법 2, 1995.

김춘환, 멸종위기야생동식물보호법에 있어서의 시민소송의 원고적격, 공법연구
　　제30집 제2호, 2001.
김호정, 새로운 행정제재수단으로서의 과징금제도, 한국외대외법논집 2000.12.

박기석 역(伊從寬, ジュリスト 1992.3.1) 독점금지법위반행위에 대한 행정처
　　분, 과징금, 형벌, 형사정책연구소식 제35호, 1996. 5/6.
박정훈, 협의의 행정벌과 광의의 행정벌, 서울대학교 법학 제41권 제4호, 2001.
＿＿＿, 행정소송법 개정의 기본방향 - 행정소송의 구조·종류·대상을 중심으로 -,
　　현대공법학의 과제(청담최송화교수화갑기념논문집), 2002
＿＿＿, 행정소송법 개정의 주요쟁점, 2002. 12. 21, 한국공법학회 발표문
서원우 역, 공익소송에 있어서 법관의 역할, 법조 1984. 9.10.11.
＿＿＿, 공공소송에 관한 연구, 법학(서울대학교), 제26권 제1, 2, 3호, 1985.
선정원, 전자정부와 개인정보보호, 공법연구 29권3호, 2001.05.
＿＿＿, 규제개혁과 정부책임-건설산업의 규제개혁실패와 공법학의 임무-,공법연
　　구 30권 1호, 2001.12.
소재선, 징벌적손해배상의 기능과 한계, 경희대론문집 27, 1998.
손동원, 미국 환경법상의 시민소송에 관한 연구, 1988, 전남대 박사학위논문.
신봉기, 경제규제입법에 있어서 과징금제도의 내용과 문제점, 법학논총(단국대
　　법과대학) 1992.
윤정환, 영미법에 있어서 징벌적 손해배상, 단국대법학논총 15, 1989.
이상철, 과징금의 유형구분과 그 법적 성질, 법제 1998. 1.
이원우, 원고적격과 협의의 소의 이익 : 행정소송법의 개정방향, 2002.7 행정소
　　송법법관세미나 자료.
이한성, 미국환경법상의 시민소송제도, 행정법연구 2000.
＿＿＿, 미국 환경법상의 원고적격에 관한 판례의 동향, 현대공법학의 과제(청담
　　최송화교수화갑기념논문집), 2002.
이헌석, 환경규제 수단으로서 과징금제도, 서원대사회과학연구 1998.2.
장재옥, 징벌적 손해배상의 합헌성에 관한 미연방대법원판결 소고, 강원법학 4,
　　1990.
조상희, 징벌적 손해배상을 명한 미국법원판결의 집행에 관한 독일과 일본의
　　판례, 인권과 정의 1993.
최송화, 행정법학에 있어 공·사법구별론의 사상사적 검토, 법치행정과 공익, 박
　　영사, 2002

허찬무/신영호, 사업자단체의 공정거래위반행위에 참가한 사업자에 대한 과징금에 대한 소고, 공정경쟁 1999.5.

Amelia C. Waller, State Standing in Police-Misconduct Cases: Expanding the Boundaries of Parens Patriae, Georgia Law Review Summer, 1982.

Barry Boyer/Errol Meidinger, Privatizing Regulatory Enforcement : A Preliminary Assessment of Citizen Suits under Federal Environment Laws, Buffalo Law Review, 1985.

Cass R. Sunstein, Standing and the Privatization of Public Law, Columbia Law Review 1988.

Cass R. Sunstein/Daniel Kahneman/David Schkade, Assessing Punitive Damages, Yale Law Journal 1998.

Charles Wolf, Jr., Markets or Governments - Choosing between Imperfect Alternatives -, 1997.

Charles A. Sullivan, Enforcement of Government Antitrust Decrees by private Parties: Third Party Beneficiary Rights and Intervenor Status, University of Pennsylvania Law Review, 1975.

Curtis, The Checkered Career of Parens Patriae : The State as Parent or Tyrant? 25 Depaul Law Review. 1976.

David Luban, A Flawed Case Against Punitive Damages, Georgia Law Journal 1998.

Eberhard Schmidt-Aßmann, Öffentliches Recht und Privatrecht : Ihre Funktionen als wechselseitige Auffangordnungen, in ; Hoffmann-Riem/Schmidt-Aßmann (Hg.), Öffentliches Recht und Privatrecht als wechselseitige Auffangordnungen, 1996.

Elizabeth Rae Potts, A Proposal for an Alternative to the Private Enforcement of Environmental Regulations and Statutes through Citizen Suits: transferable Property Rights in Common Resources, San Diego Law Review Spring 1999.

Hans-Heinlich Trute, Wechselseitige Verzahnungen zwischen Privatrecht und Öffentliches Recht, in ; Hoffmann-Riem/Schmidt-Aßmann (Hg.), Öffentliches Recht und Privatrecht als wechselseitige Auffangordnungen, 1996.

Jonathan M. Karpoff/ John R. Lott, Jr. On the Determinants and Importance of

Punitive Damage Awards, Journal of Law and Economics 1999.

Joseph L. Sax, Defending the Environment: A Strategy for Citizen Action, 1970.

Kerrigan/Berrettini/Callahan/Entas, The Decriminalization of Administrative Law Penalties, Civil Remedies, Alternatives, Policy, and Constitutional Implications, Administrative Law Review 1993.

Michael S. Greve/Fred L. Smith, Jr.(ed.), Environmental Politics: Public Costs, Private Rewards, 1992, p.112. ; Ann E. Carlson, Standing for the Environment, 45 UCLA L. Rev. 1998.

Neil K. Komesar, Injuries and Institutions : Tort Reform, Tort Theory, and Beyond, N.Y.U. Law Review 1990.

Reich, The New Property, Yale Law Journal 1964.

Richrd B. Stewart/Cass R. Sunstein, Public Programs and Private Rights, Harvard Law Review 1982.

Richard W. Murpy, Punitive Damages, Explanotory Verdicts, and the Hard Look, Washington Law Review 2001.

Robert A. Klinck, The Punitive Damage Debate, Harvard Journal on Legislation 2001.

Rodger/MacCulloch, Community Competition Law Enforcement Deregulation and Re-regulation : The Commission, National Authorities and Private Enforcement, Columbia Journal of European Law 1988.

Scott Ilgenfritz, The Failure of private Actions as an ECOA Enforcement Tool : A Call for active Government Enforcement and statutory Reform, University of Florida Law Review 1984.

Steven Garber, Punitive Damages and Deterrence of Efficiency -Promoting Analysis : a Problem without a Solution?, Stanford Law Review 2000.

제2편 행정입법과 자치입법

제1장 행정입법

제1절 항고소송의 대상에 관한 입법적 검토

김남진, 횡단보도 설치행위의 법적 성질 등 - 대법원 2000. 10. 27 선고, 98두
    8964 판결과 관련하여 -, 자치공론 2001.2.

김도창, 행정법론(상), 1964.

김종석, 규제개혁의 과제와 방향, 김대중행정부규제개혁평가, 규제연구 제8권
    특집호, 1999.

김학성, 위헌심사형 헌법소원, 강원법학 제11호.

박정훈, 행정조달계약의 공공적 성격, 2002. 2. 23 행정법이론실무학회 발표문.

_____, 행정소송의 종류와 대상, 2002.4.29 행정소송법개정위원회 기초자료.

_____, 지방자치단체의 자치권을 보장하기 위한 행정소송, 한국지방자치법학회
    제2회 학술발표회 발표문, 2001. 11. 14.

서원우, 현대행정과 행정법학의 과제, 행정법학30년의 회고와 전망, 사법행정
    1978, 5.

선정원, 행정소송상 제3자보호와 소송참가에 관한 고찰, 행정법연구 창간호,
    1997.

_____, 오스트리아 행정법상 '절차로부터 자유로운 행정행위'와 그에 대한 권리
    구제 - 특히 강제행위를 중심으로 -, 행정법연구 제2호, 1998.

_____, 항고소송의 대상 - 권력적 사실행위-, 대법원특별소송연구회 발표문,
    2001, 12.

_____, 직업공무원의 법지식의 개선과 법집행의 합리성 증대, 공법연구 제28집
    제2호, 2000.1.

선정원, 행정의 공증에 대한 사법적 통제의 의미와 기능의 명확화, 2002. 5. 17
    행정판례연구회 발표문.

성낙인, 헌법소원심판에 관한 연구, 영남법학 1997. 2.

이동흡, 세계각국의 헌법재판제도개관 -법원과 헌법재판소의 관계를 중심으로-,
    헌법재판제도의 이해, 재판자료 제92집, 2001.

이인복, 우리나라 헌법재판제도의 연혁과 전개, 헌법재판제도의 이해, 재판자료

제92집, 2001.

정하중, 교통표지판의 법적 성격-법규명령과 행정행위의 한계설정, 행정판례연구IV, 1999.

최승원, 권한쟁의심판과 기관소송, 법학논집 제4권 제4호, 2000. 2.

홍기태, 권한쟁의심판, 헌법재판제도의 이해, 재판자료 제92집, 2001. 11.

홍성필, 횡단보도설치 취소소송 판례연구, 교통안전연구논문 제20권, 2001.

황동준, 행정법론(하), 1955.

행정법과 행정법학의 당면과제, 윤세창교수와 박수혁교수의 대담, 고시계, 1985, 11.

Alfred C. Aman, Jr, Proposals for reforming the Administrative Procedure Act : Globalization, Democracy and the Futherance of a global public Interest, Indiana Journal of Global Legal Studies, 1999.

Amelia C. Waller, STATE STANDING IN POLICE-MISCONDUCT CASES: EXPANDING THE BOUNDARIES OF PARENS PATRIAE, Georgia Law Review Summer, 1982.

Amy L. Chua, Markets, Democracy, and Etnicity : Toward a New Paradigm for Law and Development, The Yale Law Journal 1998.

B.C.Funk, Der verfahrensfreie Verwaltungsakt, 1975.

B.C.Funk, Von der "faktische Amtshandlung" zum "verfahrensfreie Verwaltungsakt" - ein Beitrag zur Theorie und Praxis des Rechtsschutzes im öffentlichen Recht - ZfVB 1987.

Carl Emery, Administrative Law : Legal Challenges to Official Action, 1999.

Cass R. Sunstein, On the Costs and Benefits of aggressive judicial Review of Agency Action, Duke Law Journal, 1989.

Ch. Pestalozza, Verfassunsprozeßrecht, 1991.

David M. Trubek, Toward a social Theory of Law : An Essay on the Study of Law and Development, The Yale Law Journal 1972.

Debbasch/Ricci, Contentieux administratif, 8éd., 2001.

Donna Morris Duvall, Moving toward a better-defined Standard of public Interest in administrative Decisions to suspend Government Contrators, American University Law Review 1987.

Douglas O. Smith, Understanding Government Contracts, Wisconsin Lawyer 1990.

Edward J. Schoenbaum, Improving public Trust & Confidence in administrative Adjudication : What administrative Law Practitioners, Judges, and Academicians can do, Administrative Law Review 2001.

Eberhard Schmidt-Aßmann, Die kommunale Rechtsetzung im Gefüge der administrativen Handlungsformen und Rechtsquellen - Aufgaben, Verfahren, Rechtsschutz-, 1981.

Elsa Kircher Cole/Stevene M. Goldblatt, Award of Construction Contracts : Public Institution' Authority to select the lowest Responsible Bidder, Journal of College and University Law, 1989.

Eyermann, Verwaltungsgerichtsordnung, 10.Aufl., 1998.

Frederick Davis, Judicial Review of Rulemaking : New Patterns and New Problems, Duke Law Journal, 1981.

Gerhardt, in ; Schoch/Schmidt-Aßmann-Pietzner, 47 VwGO.

Heinz Mayer, Bundesverfassungsrecht, 1994, VfGG §57.

Jean M. Boylan/ Barbara R Gadbois, Public Contracts and competitive Bidding, Probate and Property, 1997.

John J. Watkins/ Debora S. Beck, Judicial Review of Rulemaking under THE ADMINISTRATIVE PROCEDURE AND TEXAS REGISTER ACT, Baylor Law Review 1982.

Jones/Thompson, Garner's Administrative Law, 8ed. 1996.

Karl Korinek, Die Verfassungsgerichtsbarkeit in Österreich, in ; Verfassungsgerichtsbarkeit in Westeuropa, 1986.

Klecatsky/Öhlinger, Die Gerichtsbarkeit des öffentlichen Rechts, 1984.

Oliver Wendell Holmes, The Path of the Law, Havard Law Review 1897.

Peter Oberndorfer, Das österreichische Verwaltungsgerichtsbarkeit, Linz 1983.

Pierre Delvolvé, l'acte administratif, Sirey 1983.

Pieter M. Schenkkan, WHEN AND HOW SHOULD TEXAS COURTS REVIEW AGENCY RULES?, Baylor Law Review 1995.

René Chapus; Droit qd,inistrqtif générql; Tom 1, 6éd, 1992.

Robert Walter/Heinz Mayer, Grundriß des österreichischen Bundesverfassungsrechts, 6.Aufl., 1988.

Ruth Hoogland Dehoog, Legal Issues in Cotracting for Public Services, in ; Handbook of Public Law and Administration, 1997.

Schmitt Glaeser, Verwaltungsprozeßrecht, 1994.

S.H.Bailey, Cross on Principles of Local Government Law, 2ed., 1997.
STATE STANDING TO CHALLENGE FEDERAL ADMINISTRATIVE ACTION:
    A RE-EXAMINATION OF THE PARENS PATRIAE DOCTRINE,
    University of Pennsylvania Law Review, 1977.
Thomas M. Franck, The new Development : Can american Law and legal
    Institutions help developing Countries ?, Wisconsin Law Review 1972.
Thomas Würtenberger, Verwaltungsprozeßrecht, 1998.
Wade/Forsyth, Administrative Law, 8ed., 2000.

제2절 행정입법의 부수적 통제에 대한 비교법적 고찰

김도창, 행정법론(상), 1964.
동인, 한국에 있어서의 입법의 이상과 현실, 국회보 제217호, 1984.
김도창, 한국법제의 현황진단 -입법에 대한 국민적 관심을-, 법제연구 1992.
선정원, 항고소송의 대상에 관한 입법적 검토, 2002.7.2. 행정소송법법관세미나
    자료.

Brian Jones/Katharine Thompson, Garner's Administrative Law, 8.ed., 1996.
Carl Emery, Administrative Law : Legal Challenges to Official Action, 1999.
Debbasch/Ricci, Contentieux administratif, 8éd., 2001.
Eberhard Schmidt-Aßmann, Die kommunale Rechtsetzung im Gefüge der adminis-
    trativen Handlungsformen und Rechtsquellen - Aufgaben, Verfahren,
    Rechtsschutz-, 1981.
Edward J. Schoenbaum, Improving public Trust & Confidence in administrative
    Adjudication : What administrative Law Practitioners, Judges, and Acade-
    micians can do, Administrative Law Review 2001.
Emmanuel Langavant/Marie-Christine Rouault, Le Contentieux administratif, 1987.
Gerhardt, in : Schoch/Schmidt-Aßmann/Pietzner, VwGO.
Hans-Jürgen Dageförde, Prinzipale und inzidente Kontrolle desseben Bebauung-
    splanes, Verwaltungs-Archiv 1988.

Pierre Delvolvé, l'acte administratif, Sirey 1983.

P.P. Craig, Administrative Law, 4.ed., 1999.

Schmitt Glaeser, Verwaltungsprozeßrecht, 1994.

Thomas Würtenberger, Verwaltungsprozeßrecht, 1998.

William Wade/Christopher Forsyth, Administrative Law, 8.ed., 2000.

Wolf-Rüdiger Schenke, Verwaltungprozeßrecht, 1994.

Ziekow, in : Sodan/Ziekow, VwGO, 1998.

제3절 시행규칙의 법적 성질과 부수적 통제의 실효성강화

김남진, 법규명령과 행정규칙의 구분 등, 법제 1998. 5.

김동희, 법규명령과 행정규칙, 법제 1999. 1.

김동건, 대법원 판례에 비추어 본 법규명령과 행정규칙, 고시계 1998. 11.

김용섭, 법규명령 형식의 제재적 처분기준, 판례월보 1999.1.

김유환, 법규명령과 행정규칙의 구별기준 : 행정입법의 외부법적 효력의 인정기
　　　준과 관련하여, 고시계 1998.11.

김원주, 법규명령과 행정규칙 구별의 실익, 고시계 1998. 11.

김철용, 이른바 법규명령형식의 행정규칙·행정규칙형식의 법규명령론, 법제
　　　1999. 3.

선정원, 항고소송의 대상에 관한 입법적 검토, 2002.7.2 행정소송법법관세미나
　　　자료 참조.

최광률, 농지전용에 관한 위임명령의 한계, 행정판례연구7, 2002.

최완주, 헌법불합치결정, 헌법재판제도의 이해, 재판자료 제92집, 2001. 11.

홍정선, 제재적 행정처분의 기준 : 법규명령인가, 행정규칙인가, 법제 1998.11.

홍준형, 법규명령과 행정규칙의 구별 : 제재적 행정처분의 기준을 정한 시행규
　　　칙·시행령의 법적 성질을 중심으로, 법제 1998.8.

제2장 자치입법

제1절 자치법규기본조례와 자치입법권의 보장

김홍대, 지방자치입법론, 박영사, 1999.
문상덕, 자치입법의 위상 및 기능 재고, 행정법연구 제7호, 2001.
문상덕, 국가와 지방자치단체의 관계에 관한 기본원칙의 확립, 행정법연구 제9
호, 2003.
박영도, 자치입법의 이론과 실제, 한국법제연구원, 1998.
신봉기, 자치입법권의 범위와 실효성확보방안, 지방자치법연구 제1권 제2호
2001. 12.
홍정선, 지방자치법주해 서문, 지방자치법주해 (한국지방자치법학회편), 2004, 8.

金井利之, 廣がりを見せ 始めた「自治基本條例」, 自治研 2004.1.
北村喜宣, 自治体の 法環境と 政策法務, 都市問題 2004.5.
田中孝南/木佐茂南, 自治体法務, 2004.
天野巡一, 自治体政策法務と訴訟法務, 都市問題 제95권 제5호, 2004.5.

Brian Jones/ Katharine Thompson, Administrative Law, 1996.
Christoph Gößwein, Allgemeines Verwaltungs(verfahrens)recht der administrativen
    Normsetzung?, 2000.
Ernst Pappermann, Bürokratische Beeinträchtigungen der kommunalen Selbs-
    tverwaltung : Regelungsperfektionismus und Zweckzuweisungssystem, in ;
    Deutsche Richterakademie (hg.), Kommunen, Bürger und Verwaltungs-
    gerichte, 1984.
Ferdinand Kirchhof, Rechtspflicht zur Zusatzveröffentlichung kommunaler Normen,
    DÖV 1982.
Harmut Mauer, Rechtsfragen kommunaler Satzunggebung, DÖV 1993.
Hermann Hill, Soll das kommunale Satzungsrecht gegenüber staatlicher und
    gerichtlicher Kontrolle gestärk werden?, 1990.
Hermann Pünder, Exekutive Normsetzung in den Vereinigten Staaten von Amerika
    und der Bundesrepublik Deutschland, 1995.
Janbernd Oebbecke, Kommunale Satzungsgebung und verwaltungsgerichtliche

Kontrolle, NVwZ 2003.

Martin Weber, Die gemeindliche Satzungsgewalt im Spannungsverhältnis zwischen autonomer Rechtsgestaltung und staatlicher Einflußnahme, BayVBl. 1998.

제2절 도와 시·군간 조례제정권의 배분기준에 관한 고찰

김재광, 지방분권개혁과 조례제정권의 범위, 지방자치법연구 제5권 제2호, 2005.

김해룡, 지방자치단체의 조례, 법제연구 제21호, 2001.

문상덕, 자치입법의 기능 및 위상 재고 – 한·일에 있어서의 자치입법 한계논의를 기초로 -, 행정법연구 제7호, 2001.

선정원, 자치법규기본조례와 자치입법권의 보장, 지방자치법연구 제4권 제2호, 2004.

신봉기/조연팔, 자치입법권의 범위와 한계에 관한 일 고찰, 토지공법연구 제58집, 2012.

이경준/서문진희, 농촌지역 노인들의 이동권증진을 위한 교통복지적 대안연구, 한국자치행정학보 제27권 제1호, 2013.

이혜영, 자치조례의 범위와 한계, 지방자치법연구 제16권 4호, 2016.

조정찬, 위임조례위주의 조례입법 극복방안, 지방자치법연구 제4권 제2호, 2004.

Eva Schmidt, Kommunalaufsicht in Hessen, 1990.

제3절 침익적 위임조례에 있어 위임의 포괄성과 그 한계

김해룡, 지방자치권의 내용에 관한 법령제정의 한계에 관한 연구 – 독일에서의 논의를 중심으로 -, 토지공법연구 제11집, 2001.

김희곤, 자치행정시대에 있어 국가입법권행사의 원칙, 지방자치법연구 제43호, 2014.

문상덕, 국가와 지방자치단체간 입법권 배분 – 자치입법권의 해석론과 입법론 -, 지방자치법연구 제36호, 2012.

박민영, 미국 지방자치법상 Dillon의 원칙과 선점주의의 조화, 지방자치법연구 제32호, 2011.

신봉기, 자치입법권의 범위와 실효성 확보방안, 지방자치법연구 제2호, 2001.

임재근, 부과·징수 법규로서 지방자치단체 조례의 역할과 한계, 조세연구 8-1
　　호, 2008.
장교식, 일본의 지방분권개혁과 조례제정권에 관한 고찰, 토지공법연구 제58집,
　　2012.
조성규, 조례와 법률의 관계, 국가법연구 제12집 1호, 2016.
조정찬, 위임조례 위주의 조례입법 극복방안, 지방자치법연구 제4권 제2호,
　　2004.
최환용, 자치입법의 현황과 과제, 지방자치법연구 제20호, 2008.
　　　　, 기초지방자치단체의 자치입법실태와 법제발전방안, 지방자치법연구 제24
　　호, 2009.
　　　　, 국가입법과 자치입법의 제도적 갈등문제와 해결방안, 비교법연구 제15권
　　제3호, 2015.

岩橋健定, 分權時代の條例制定權 - 現狀と課題, 自治体政策法務(北村喜
　　宣/山口道昭/出石稔/ 礒崎 初仁 編), 2011.
礒崎 初仁, 自治体政策法務講義, 2012.
Alfons Gern, Deutsches Kommunalrecht, 3.Aufl., 2003.
Daniela Birkenfeld-Pfeiffer/Alfons Gern, Kommunalrecht 3.Aufl., 2001.
Doles/Plate, Kommunalrecht, 5.Aufl., 1999.

\<행정법의 작용형식 수록논문의 출처\>

제1편 행정행위론

제1장 행정행위와 항고소송의 대상적격

제1절 독일행정법상 행정행위 확장이론들의 등장과 발전, 공법연구 제27권 제2
　　　호, 1999.11, 519~550면.
　　　- 행정행위의 유형론
제2절 공부변경 및 그 거부행위의 처분성, 행정판례연구 제7권, 2002.12, 275~
　　　314면.
제3절 오스트리아 행정법상 `절차로부터 자유로운 행정행위`와 그에 대한 권리
　　　구제-특히 강제행위를 중심으로-, 행정법연구 제2호, 1998.4, 60~103면.

제2장 인허가와 행정계약

제1절 인가론의 재검토, 행정법연구 제10호, 2003.10, 171~205면.
제2절 복합민원과 인허가의제, 행정판례연구 제6권, 2001, 98~126면.
제3절 인허가의제의 효력범위에 관한 고찰, 행정법연구 제34호, 2012.12, 49~64면.
제4절 지방자치단체의 수의계약, 행정법연구 제14호, 2005.10, 205~238면.

제3장 행정행위의 위법통제

제1절 기부채납의 부담에 대한 독일과 미국의 사법적 통제의 비교와 그의 시사
　　　점, 행정법연구 제50호, 2017.8, 1~27면.
제2절 사회복지법상 행정청의 금전지급의 거부 및 변경행위의 법적 성질과 소
　　　송형식의 선택기준 - 대법원 2003. 9. 5. 선고 2002두3522 판결, 2005.- ,
　　　행정법연구 제13호, 223~239면.
제3절 하자승계론의 몇가지 쟁점에 관한 검토, 행정판례연구 제10권, 2005,
　　　170~209면.

제4절 패러다임의 변화와 기업의 불법행위에 대한 제재시스템의 현대화, 법제
　　　제545호, 2003.5, 30~64면.

제2편 행정입법과 자치입법

제1장 행정입법

제1절 항고소송의 대상에 관한 입법적 검토, 행정법연구 제9호, 2003.05, 1~58면.
제2절 시행규칙의 법적 성질과 부수적 통제의 실효성강화, 행정판례연구 제8권,
　　　2003.12, 3~37면.
제3절 행정입법의 부수적 통제에 관한 비교법적 고찰, 한국공법이론의 새로운
　　　전개-특히 직접적 통제와의 관계를 중심으로-(김도창박사 팔순기념논문
　　　집), 2005.6.20, 23~254면.

제2장 자치입법

제1절 자치법규기본조례와 자치입법권의 보장, 지방자치법연구 제4권 제2호,
　　　2004, 59~80면.
제2절 도와 시·군간 조례제정권의 배분기준에 관한 고찰, 지방자치법연구 제18
　　　권 제2호, 2018, 133~159면.
제3절 침익적 위임조례에 있어 위임의 포괄성과 그 한계 - 과태료조례를 중심
　　　으로, 지방자치법연구 제60호, 2018.12, 3-27면.

지은이 선정원

서울대학교 법과대학 졸업
서울대학교 대학원 석사, 동대학원 박사
독일 Bayreuth 대학교 방문교수
독일 Texas Law School 방문교수
강릉대학교 교수
명지대학교 법과대학 학장
법제처 법령해석심의위원
중앙선거관리위원회 행정심판위원
현재 명지대학교 법과대학 교수

저서

지방자치법주해(공저), 박영사, 2004
주민소송(공저), 박영사, 2005
공무원과 법, 박영사, 2013
규제개혁과 정부책임, 대영문화사, 2017

행정법의 연구 I
행정법의 작용형식

초판 1쇄 발행   2019년 01월 25일
초판 2쇄 발행   2019년 12월 02일

지 은 이   선정원
발 행 인   한정희
발 행 처   경인문화사
편 집 부   한명진 김지선 박지현 유지혜 한주연
마 케 팅   전병관 하재일 유인순
출 판 번 호   제406-1973-000003호
주   소   경기도 파주시 회동길 445-1 경인빌딩 B동 4층
전   화   031-955-9300   팩 스   031-955-9310
홈 페 이 지   www.kyunginp.co.kr
이 메 일   kyungin@kyunginp.co.kr

ISBN   978-89-499-4791-4   93360
값 48,000원

ⓒ 선정원, 2019